개정판 중등교원임용 2차 시험 대비

선생님을 위한 수업실연

김태규
지선영
이혜승
김민지
공편저

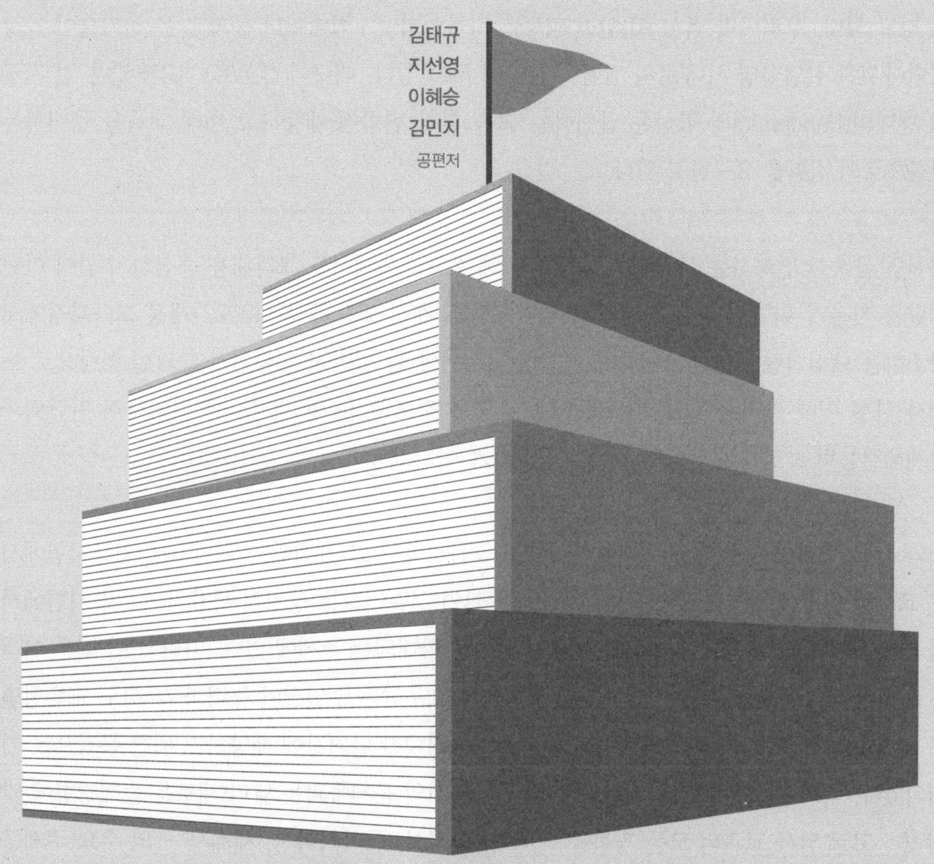

2025	최신 출제경향을 반영한 47개의 중학교 역사, 고등학교 한국사·동아시아사·세계사 문항수록	
2차 시험 대비 전략	지도안·수업실연	예시문항 & 답안

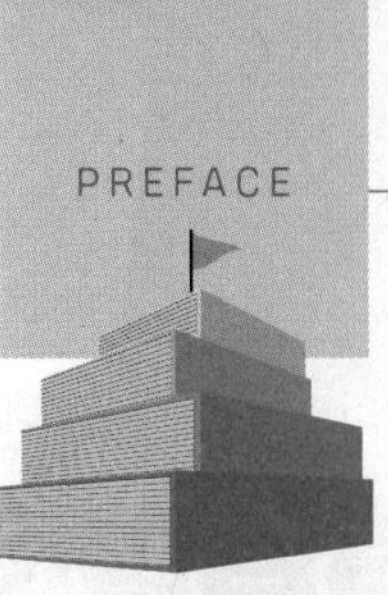

이 책의 머리말

지금 전 세계는 20세기 말 이후부터 진행된 세계화와 지구화, 그리고 정보화로 대변혁의 물결을 타고 있다. 우리나라 역시 AI(인공 지능) · 사물인터넷 · 빅데이터 등과 같은 신기술이 등장하면서 '4차 산업혁명 시대'로의 진입을 눈앞에 두고 있다. 더구나 COVID-19와 같은 전 지구적 팬데믹(Pandemic)의 확산은 급변하는 교육 환경 변화에 대응하고 미래 교육을 준비하는 방향으로의 전환을 요구하고 있다.

이처럼 급속히 변화하는 상황에 대응하기 위해 학교교육에서도 교과내용 중심의 수업이 아닌 역량을 키우기 위한 수업을 요구하고 있다. 2015 개정 교육과정과 2022 개정 교육과정에서 강조하는 핵심역량은 창의 · 융합형 인재가 갖추어야 할 일반적 능력이자 교과별 역량으로 ▷역사 사실 이해 ▷역사 자료 분석과 해석 ▷역사 정보 활용 및 의사소통 ▷역사적 판단력과 문제해결능력 ▷정체성과 상호 존중을 중요하게 여기고 있다.

이와 같은 변화에 능동적으로 대응하기 위해 최근 역사 교사 선발을 위한 교원임용시험에서도 교사의 역량을 강조하고 있으며, 지자체별 교원 선발이라는 장기적 목표하에 2차 시험에서의 지역 교육청과 교육감의 재량권은 날이 갈수록 확대되는 추세에 있다. 따라서 이 책은 이러한 변화에 맞추어 변화된 교원임용 2차 시험에서 요구하는 수업실연 능력과 각 시도 교육청별로 차별화된 면접 능력, 그리고 수업 성찰 능력을 최대한 단기간에 배양하기 위한 목적으로 기획되었다. 특히 새로운 개정판에서는 기존 판본에서의 문제들과는 달리 새로운 출제경향에 맞춰 중 · 고교 역사 교과의 모든 과목들 – 역사, 한국사, 동아시아사, 세계사 – 의 주요 주제들을 선별하여 예상문항과 모범답안을 새롭게 담아내고자 했다. 새로운 개정판은 기존 판본의 22문항과 비교해 25문항이 증가한 총 47문항으로 구성했고, 다음과 같은 내용 구성 방식을 취하였다.

선생님을 위한
수업실연

첫째 이 책은 PART 1 2차 시험 이해하기, PART 2 수업지도안 작성과 수업실연, PART 3 수업지도안 작성과 수업실연 실전연습으로 구성되어 있다. 2차 시험에서 가장 변별력이 높은 수업실연에서의 고득점을 위해 세 단계로 나누어 알기 쉽게 접근하였다.

둘째 PART 1 2차 시험 이해하기는 2차 시험에 대한 파악과, 지역별 요강, 월별 준비 사항 예시, 자주 하는 질문으로 구성했고, PART 2 수업지도안 작성과 수업실연은 2차 시험 준비에 앞서 해야 할 일, 수업지도안 작성, 수업실연의 실제와 발문, 피드백, 수업 방법과 평가 사례, 판서 등으로 구성했다.

셋째 PART 3 수업지도안 작성과 수업실연 실전연습에서는 기출문항들의 조건들을 분석하고, 지난 5개년 기출 복기 문항을 실었다. 그리고 실전 능력을 배양하기 위해 총 47문항의 예상문항을 제작하였다. 예상문항은 중학교 역사 ①·② 16문항, 고등학교 한국사 11문항, 동아시아사 10문항, 세계사 10문항 등 총 47개의 실전문항 스타일로 출제하였고, 이에 대한 예시답안 일부까지 첨부하였다. 늘어난 문항수로 인해 2차 시험에서의 적중도도 높아질 것이라 자부한다.

이 책의 기획부터 출간에 이르기까지 모든 과정은 저자 4인의 고민과 협의에서 이루어진 것이므로, 내용의 오류나 잘못은 공동의 책임이다. 이는 개정판을 통해 꾸준히 개선하고 보다 나은 책이 될 수 있도록 노력할 것이라는 각자의 성찰로 대신하고자 한다. 끝으로 바쁜 일정을 쪼개 원고 정리와 조언을 아끼지 않았던 서울시 교육청 소속 윤진섭, 이정은 선생께 감사의 마음을 전한다.

많은 수험생들의 합격을 기원하며

김태규·지선영·이혜승·김민지 씀

STRUCTURE

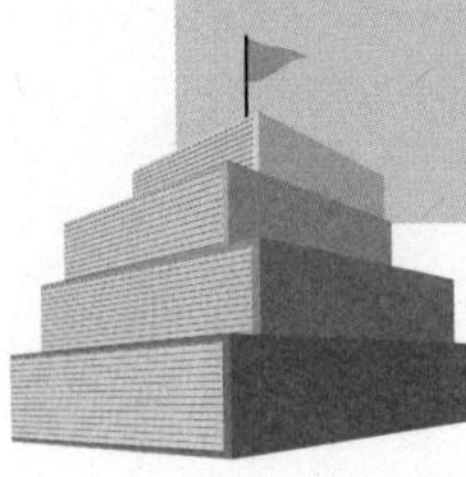

이 책의 구성 및 특징

2차 시험 합격을 위한 다양한 전략 제시

최종 합격자들이 2차 시험 준비 과정에서 터득한 합격 전략을 상세히 수록했다. 수업지도안 작성과 수업실연, 교직적성 심층면접으로 구성된 2차 시험의 지역별 시험 요강과 2차 시험 대비를 위한 월별 스터디 및 공부 계획 작성 사례, 2차 시험을 준비하며 수험생들이 자주 하는 질문과 그에 대한 답변 등 합격을 위한 다양한 TIP을 제시했다.

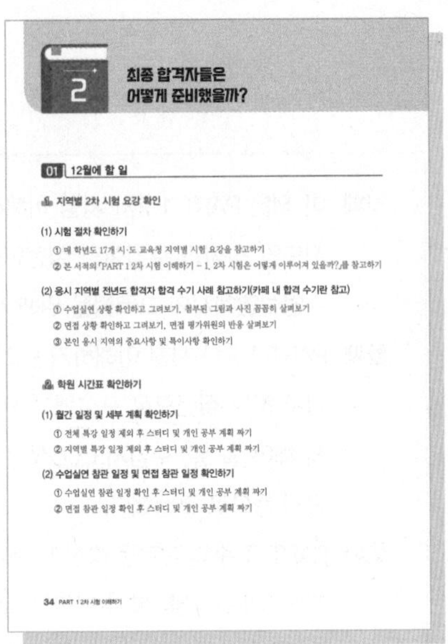

2 최종 합격자들은 어떻게 준비했을까?

01 12월에 할 일

지역별 2차 시험 요강 확인

(1) 시험 절차 확인하기

① 매 학년도 17개 시·도 교육청 지역별 시험 요강을 참고하기
② 본 서적의 「PART 1 2차 시험 이해하기 – 1. 2차 시험은 어떻게 이루어져 있을까?」를 참고하기

(2) 응시 지역별 전년도 합격자 합격 수기 사례 참고하기(카페 내 합격 수기란 참고)

① 수업실연 상황 확인하고 그려보기, 첨부된 그림과 사진 꼼꼼히 살펴보기
② 면접 상황 확인하고 그려보기, 면접 평가위원의 반응 살펴보기
③ 본인 응시 지역의 중요사항 및 특이사항 확인하기

학원 시간표 확인하기

(1) 월간 일정 및 세부 계획 확인하기

① 전체 특강 일정 제외 후 스터디 및 개인 공부 계획 짜기
② 지역별 특강 일정 제외 후 스터디 및 개인 공부 계획 짜기

(2) 수업실연 참관 일정 및 면접 참관 일정 확인하기

① 수업실연 참관 일정 확인 후 스터디 및 개인 공부 계획 짜기
② 면접 참관 일정 확인 후 스터디 및 개인 공부 계획 짜기

34 PART 1 2차 시험 이해하기

폭넓은 이해를 돕는 장치들

수험생들의 빠른 이해를 돕기 위해 몇 가지 장치를 마련했다. 우선 합격자의 TIP 을 통해 합격자가 말하는 중요 포인트를 제시하고 있다. 또 Check 를 통해 꼭 확인하고 넘어가야 할 내용들을 짚어주고, 예 를 통해 구체적인 예시를 살펴봄으로써 내용을 이해하는 데 도움이 되도록 했다.

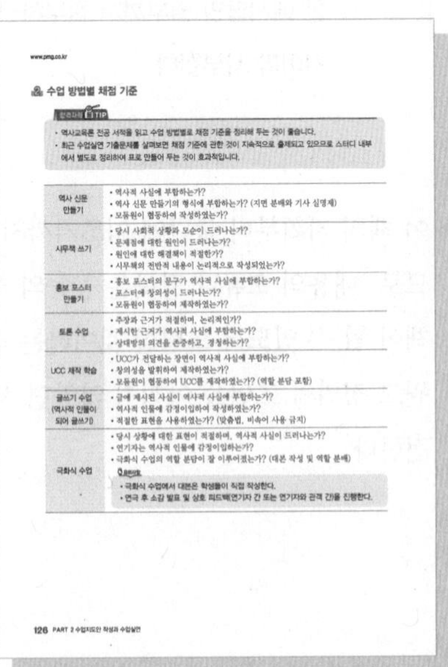

www.pmg.co.kr

수업 방법별 채점 기준

합격자의 TIP

- 역사교육론 전공 서적을 읽고 수업 방법별로 채점 기준을 정리해 두는 것이 좋습니다.
- 최근 수업실연 기출문제를 살펴보면 채점 기준에 관한 것이 지속적으로 출제되고 있으므로 스터디 내부에서 별도로 정리하여 표로 만들어 두는 것이 효과적입니다.

수업 방법	채점 기준
역사 신문 만들기	• 역사적 사실에 부합하는가? • 역사 신문 만들기의 형식에 부합하는가? (지면 분배와 기사 실명제) • 모둠원이 협동하여 작성하였는가?
시무책 쓰기	• 당시 사회적 상황과 모순이 드러나는가? • 문제점에 대한 원인이 드러나는가? • 원인에 대한 해결책이 적절한가? • 시무책의 전반적 내용이 논리적으로 작성되었는가?
홍보 포스터 만들기	• 홍보 포스터의 문구가 역사적 사실에 부합하는가? • 포스터에 창의성이 드러나는가? • 모둠원이 협동하여 제작하였는가?
토론 수업	• 주장과 근거가 적절하며, 논리적인가? • 제시한 근거가 역사적 사실에 부합하는가? • 상대방의 의견을 존중하고, 경청하는가?
UCC 제작 학습	• UCC가 전달하는 장면이 역사적 사실에 부합하는가? • 창의성을 발휘하여 제작하였는가? • 모둠원이 협동하여 UCC를 제작하였는가? (역할 분담 포함)
글쓰기 수업 (역사적 인물이 되어 글쓰기)	• 글에 제시된 사실이 역사적 사실에 부합하는가? • 역사적 인물에 감정이입하여 작성하였는가? • 적절한 표현을 사용하였는가? (맞춤법, 비속어 사용 금지)
극화식 수업	• 당시 상황에 대한 표현이 적절하며, 역사적 사실이 드러나는가? • 연기자는 역사적 인물에 감정이입하는가? • 극화식 수업의 역할 분담이 잘 이루어졌는가? (대본 작성 및 역할 분배) • 극화식 수업에서 대본은 학생들이 직접 작성한다. • 연극 후 소감 발표 및 상호 피드백(연기자 간 또는 연기자와 관객 간)을 진행한다.

126 PART 2 수업지도안 작성과 수업실연

지도안 작성 방법과 답안지의 실제 피드백 사례 수록

전년도 기출문항을 통해 수업지도안의 구조를 파악하고 단계별 작성 방법을 담아냈으며, 실제 수험생의 지도안 작성 답안지에 첨삭한 사례를 수록했다. 특히 피드백과 꿀TIP뿐만 아니라 질문과 예 등의 다양한 요소를 통해 전문성을 갖춘 현직 교사의 구체적인 피드백 예시를 제시함으로써, 수험생이 실수하기 쉬운 부분을 보완해 실전에 대비할 수 있도록 했다.

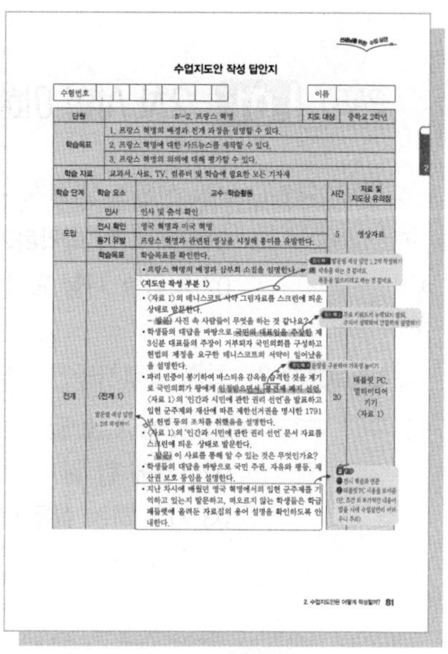

수업지도안 작성 답안지

수험번호		이름	

단원	Ⅷ-2. 프랑스 혁명		지도 대상	중학교 2학년
학습목표	1. 프랑스 혁명의 배경과 전개 과정을 설명할 수 있다.			
	2. 프랑스 혁명에 대한 카드뉴스를 제작할 수 있다.			
	3. 프랑스 혁명의 의의에 대해 평가할 수 있다.			
학습 자료	교과서, 사료, TV, 컴퓨터 및 학습에 필요한 모든 기자재			

학습 단계	학습 요소	교수·학습활동	시간	자료 및 지도상 유의점
도입	인사	인사 및 출석 확인	5	영상자료
	전시 확인	영국 혁명과 미국 혁명		
	동기 유발	프랑스 혁명과 관련된 영상을 시청해 흥미를 유발한다.		
	학습목표	학습목표를 확인한다.		
전개	〈전개 1〉	• 프랑스 혁명의 배경과 삼부회 소집을 설명한다. 〈지도안 작성 부분 1〉 • 〈자료 1〉의 테니스코트 서약 그림자료를 스크린에 띄운 상태로 발문한다. – 발문) 사진 속 사람들이 무엇을 하는 것 같나요? • 학생들의 대답을 바탕으로 국민의 대표임을 주장한 제3신분 대표들의 주장이 거부되자 국민의회를 구성하고 헌법의 제정을 요구한 테니스코트의 서약이 일어났음을 설명한다. • 파리 민중이 봉기하여 바스티유 감옥을 습격한 것을 계기로 국민의회가 왕에게 인정받으면서, 봉건제 폐지 선언, 〈자료 1〉의 '인간과 시민에 관한 권리 선언'을 발표하고 입헌 군주제와 재산에 따른 제한선거권을 명시한 1791년 헌법 등의 조치를 취했음을 설명한다. • 〈자료 1〉의 '인간과 시민에 관한 권리 선언' 문서 자료를 스크린에 띄운 상태로 발문한다. – 발문) 이 사료를 통해 알 수 있는 것은 무엇인가요? • 학생들의 대답을 바탕으로 국민 주권, 자유와 평등, 재산권 보호 등임을 설명한다. • 지난 차시에 배웠던 영국 혁명에서의 입헌 군주제를 기억하고 있는지 발문하고, 떠오르지 않는 학생들은 학급 패들렛에 올려둔 자료집의 용어 설명을 확인하도록 안내한다.	20	태블릿 PC, 멀티미디어 기기 〈자료 1〉

2. 수업지도안은 어떻게 작성할까? 81

과목별 수업지도안·수업실연 실전문항 및 모범답안 수록

2024~2020학년도의 최근 5개년 기출 복기 문항과 이를 상세하게 분석한 내용을 함께 수록했으며, 2019학년도 이전 문항의 기출 주제와 특징을 요약하여 제시했다.
또 수업지도안 작성 및 수업실연 실전문항(중학교 역사 ①·②, 고등학교 한국사·동아시아사·세계사)은 물론 수업지도안 답안 작성 예시도 수록해, 실전을 앞둔 예비교사들이 여러 주제와 수업 조건에 확실히 대비할 수 있도록 했다. 마지막으로 수험생의 편의를 위해 A3 크기의 지도안 작성 용지를 다음 김구전공역사 카페에서 다운받아 사용 가능하도록 했다.

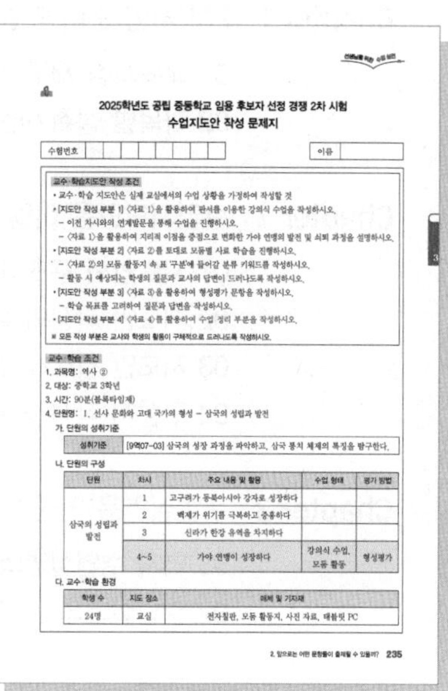

2025학년도 공립 중등학교 임용 후보자 선정 경쟁 2차 시험
수업지도안 작성 문제지

수험번호		이름	

교수·학습지도안 작성 조건
• 교수·학습 지도안은 실제 교실에서의 수업 상황을 가정하여 작성할 것
• [지도안 작성 부분 1] 〈자료 1〉을 활용하여 판서를 이용한 강의식 수업을 작성하시오.
– 이전 차시와의 연계발문을 통해 수업을 진행하시오.
– 〈자료 1〉을 활용하여 지리적 이점을 중점으로 변화한 가야 연맹의 발전 및 쇠퇴 과정을 설명하시오.
• [지도안 작성 부분 2] 〈자료 2〉를 토대로 모둠별 사료 학습을 진행하시오.
– 〈자료 2〉의 모둠 활동지 속 표 '구분'에 들어갈 분류 키워드를 작성하시오.
– 활동 시 예상되는 학생의 질문과 교사의 답변이 드러나도록 작성하시오.
• [지도안 작성 부분 3] 〈자료 3〉을 활용하여 형성평가 문항을 작성하시오.
– 학습 목표를 고려하여 질문과 답변을 작성하시오.
• [지도안 작성 부분 4] 〈자료 4〉를 활용하여 수업 정리 부분을 작성하시오.
※ 모든 작성 부분은 교사와 학생의 활동이 구체적으로 드러나도록 작성하시오.

교수·학습 조건
1. 과목명: 역사 ②
2. 대상: 중학교 3학년
3. 시간: 90분(블록타임제)
4. 단원명: Ⅰ. 선사 문화와 고대 국가의 형성 – 삼국의 성립과 발전

가. 단원의 성취기준

성취기준	[9역07-03] 삼국의 성장 과정을 파악하고, 삼국 통치 체제의 특징을 탐구한다.

나. 단원의 구성

단원	차시	주요 내용 및 활용	수업 형태	평가 방법
삼국의 성립과 발전	1	고구려가 동북아시아 강자로 성장하다		
	2	백제가 위기를 극복하고 중흥하다		
	3	신라가 한강 유역을 차지하다		
	4~5	가야 연맹이 성장하다	강의식 수업, 모둠 활동	형성평가

다. 교수·학습 환경

학생 수	지도 장소	매체 및 기자재
24명	교실	전자칠판, 모둠 활동지, 사진 자료, 태블릿 PC

2. 앞으로는 어떤 문항들이 출제될 수 있을까? 235

이 책의 차례

선생님을 위한
수업실연

선생님을 위한

수업실연

PART

01

2차 시험 이해하기

2차 시험은 어떻게 이루어져 있을까?

01 2차 시험 파악하기

1 시험의 구성과 일반 유의사항

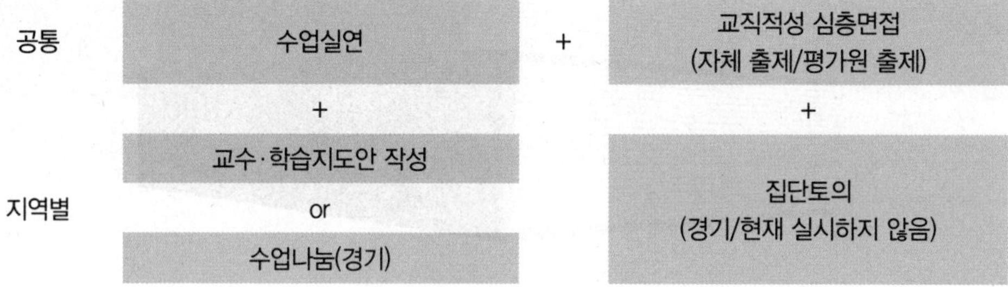

(1) 교수·학습지도안 작성

① 1문항을 60분 동안 작성

② 답안 작성 용지는 B4이며 2쪽 이내로 앞면에만 작성, 초안 작성 용지로 B4 2장 제공

③ 답안 작성은 반드시 지워지거나 번지지 않는 검정색 필기구만 사용(연필, 사인펜 사용 불가)

④ 답안 작성 중 수정할 사항은 수정 부분에 두 줄(=)을 긋고 작성하며, 수정액·수정테이프 등을 사용한 부분은 채점하지 않음

⑤ 답안 작성 시 가로선을 그어 줄을 추가할 수 있으나 〈응시자 작성 부분〉란 내에서만 활용 가능하며, 이외 공간에 작성한 답안은 채점하지 않음

⑥ 문항에서 요구하는 내용의 가짓수가 제한되어 있는 경우, 첫 번째로 작성한 내용부터 문항에서 요구한 가짓수에 해당하는 내용까지만 순서대로 평가함

⑦ 시험 종료 후 문제지, 초안 작성 용지, 답안지 모두를 반드시 제출

(2) 수업실연

① 구상실로 이동하여 문제지와 본인이 작성한 지도안 사본(지도안 작성 지역)을 받아 정해진 시간 동안 수업을 구상, 구상 시 문제지에 메모 가능함

② 실연 중 문제지에 수험생이 메모한 내용 참고 가능, 문제지에 메모한 내용은 평가하지 않음

③ 평가실 입실 후 진행 과정과 관련한 평가위원과 수험생의 멘트가 지역별로 다르므로 당해 공고 숙지 필요

④ 시험 종료 후 지도안 사본, 수업실연 문제지, 관리번호 명찰 반드시 제출

(3) 수업나눔(경기)

① 자신의 수업에 대한 성찰적 질의응답으로, 주어진 문제에 대해 즉답형으로 답변

② 총 3문항, 평가 시간 10분 이내

③ 수업능력평가(수업실연+수업나눔)는 평가실 내 이동시간을 포함하여 25분 동안 진행

④ 경기도의 경우 수업실연 30점, 수업나눔 30점으로 배점이 상당히 크므로 철저히 준비

(4) 심층면접

① 평가원 출제지역과 자체 출제지역이 있으며 문항 수와 답변 시간은 지역별로 다름

② 구상형과 즉답형으로 구성

구분	내용
구상형	구상실에서 배부받은 문제지에 상황과 질문이 함께 제시되어 있음
즉답형	• 구상실에서 제공하는 문제지에는 상황만 제시되어 있음 • 질문은 평가실의 응시자용 책상 위에 비치되어 있으며, 해당 문항에 대해 답변하기 직전에 확인할 수 있음

③ 문항 순서를 바꿔서 답변할 수 없음

④ 답변요령: 문제는 읽지 않고, 문항번호만 말한 후 답변하며 각 문항에 대한 답변이 끝나면 종료 표시

㉠ "1번 문항에 대하여 답변 드리겠습니다."

㉡ (1번 문항 마치면) "이상입니다."

㉢ 다음 문항도 같은 형식으로 답변

㉣ 답변을 마친 후 즉답형 질문을 확인하고 "즉답형 문항에 대해 답변 드리겠습니다."

㉤ (즉답형 문항 답변을 마치면) "이상입니다"라고 이야기하고 (안내에 따라) 퇴실

⑤ 만약 '○'가지 방안을 제시하라는 문제가 나오는 경우 수험생이 차례로 답변한 ○가지만 채점하고, 그 다음 답변부터는 채점하지 않음

⑥ 시험 종료 후 면접 문제지, 관리번호 명찰 반드시 제출

(5) 집단토의(경기)

① 경기도 심층면접은 원래 집단토의(20점)와 개별면접(20점)으로 구성되어 있었으나, 코로나19 확산 이후 현재까지 집단토의를 시행하지 않고 있으며 개별면접으로만 40점을 배정함

② 구상 시간 40분, 토의 시간 6인 기준 42분 배정

2 시험일 Timetable 미리 보기

수업능력평가 1일, 심층면접평가 1일 총 2일간 진행

(1) 교수·학습지도안 작성 및 수업실연 일정 예시

시험 과목	일정	내용	비고
교수학습 지도안 작성	08:30~09:00	유의사항 안내, 문답지 배부	
	09:00~10:00	교수학습지도안 작성	
	10:00~10:50	관리번호 추첨 및 좌석 재배치	지도안 작성 전 관리번호를 추첨하는 지역도 있음
	10:50~11:50	중식	도시락 지참(외출/배달 불가)
수업실연	~11:50	응시자 대기실 입실 완료	
	12:00~	수업실연	• 관리번호 순으로 진행 • 문제지와 지도안 사본 제공

(2) 비지도안 지역 수업실연 일정 예시

시험 과목	일정	내용	비고
수업실연	08:10~09:00	관리번호 추첨, 유의사항 안내	수험번호 순으로 추첨
	09:00~11:20	수업실연	관리번호 순으로 진행
	11:20~12:30	중식	도시락 지참(외출/배달 불가)
	12:30~12:40	응시자 대기실 입실 완료	
	12:40~	수업실연	관리번호 순으로 진행

(3) 교직적성 심층면접 일정 예시

시험 과목	일정	내용	비고
교직적성 심층면접	08:30~08:40	유의사항 안내	
	08:40~08:55	면접위원 조 추첨	응시자 대표가 추첨
	08:55~09:20	관리번호 추첨	
	09:20~12:00	심층면접	관리번호 순으로 진행
	12:00~13:00	중식	별도의 점심시간이 없는 지역도 있음
	13:00~	심층면접	관리번호 순으로 진행

3 시험 당일 동선 및 평가 진행 과정

(1) 시험장 모습과 동선

① 구상실과 평가실

구상실 / 평가실(면접) / 평가실(수업) / 평가실(수업-경기)

◆ 경기도 수업 평가실은 네 번째 사진과 같이 교실 중앙에 수업나눔을 위한 별도의 좌석이 마련되어 있음

② 수험생 동선

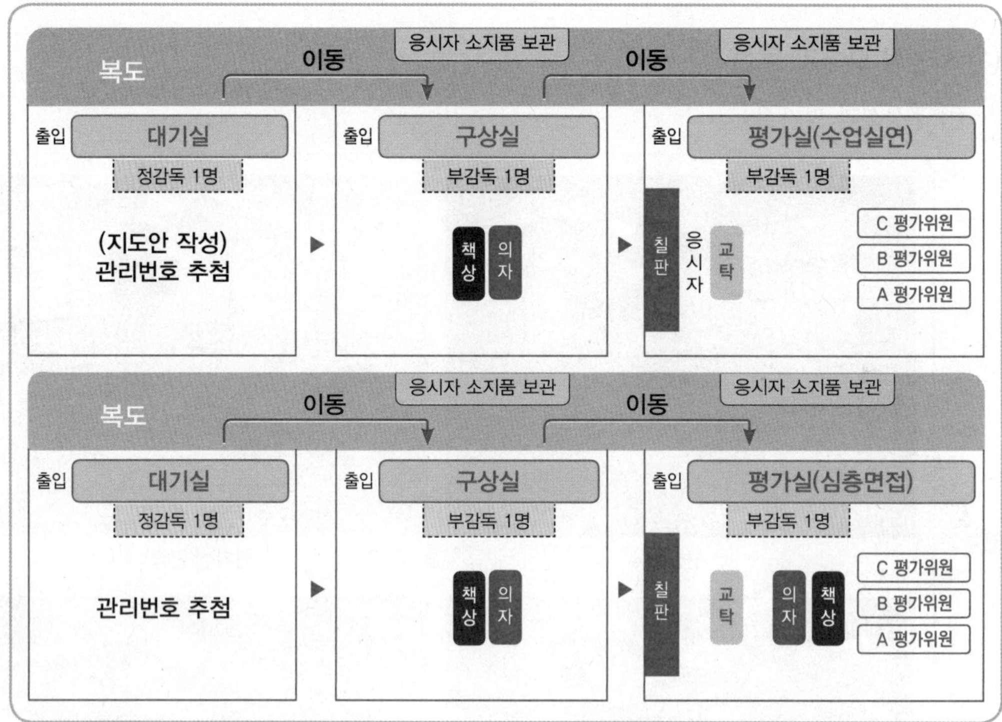

- 지도안 작성 지역은 대기실이 오전에는 지도안 작성 시험장으로, 중식 이후에는 대기실로 운영됨
- 지역에 따라 평가실을 2개 이상 운영하는 곳이 있으며, 이 경우 구상실에 2명 이상이 입실함
- 대기실에서 종이 서적류의 자료를 열람할 수 있는 지역과 불가한 지역이 있으니 확인 필요
- 평가위원의 수는 지역에 따라 다를 수 있음

(2) 평가실 내 시험 진행 과정(지역별 시험 요강에 상세 언급)

① 수험생이 관리번호를 말하는 지역

㉠ 입실 후, 인사와 함께 수험생이 "(○○과목) 관리번호 ○○입니다"라고 언급

㉡ 평가위원의 안내에 따라 수업실연 시작

㉢ 타이머 종료음이 울리거나 실연을 마치면 "이상입니다"로 종료 표시

㉣ 심층면접도 동일하게 진행

② 평가위원이 수험생에게 관리번호를 묻는 지역

㉠ 입실 후 평가위원이 "관리번호 ○○이 맞습니까?"라고 질문, 수험생은 "네/아니오"로 답변

㉡ 평가위원 "시작하십시오" 후 실연 시작

㉢ 타이머 종료음이 울리거나 실연을 마치면 "이상입니다"로 종료 표시

㉣ 심층면접도 동일하게 진행

③ 관리위원이 평가위원에게 관리번호를 말하는 지역

㉠ 입실 후 관리위원이 평가위원에게 응시과목과 관리번호를 말함. 응시자가 말하면 안 됨

㉡ 타이머 종료음이 울리거나 실연을 마치면 "이상입니다"로 종료 표시

㉢ 심층면접도 동일하게 진행

4 시험 당일 챙겨야 할 것들

(1) 평가와 관련한 것들

① 수험표는 반드시 컬러프린터로 출력하여 신분증과 함께 지참

② 지워지거나 번지지 않는 검은색 필기구: 연필 및 사인펜 종류 사용 불가

③ 대기실에는 시계가 없는 경우가 많으므로 아날로그 손목시계 지참: 전자시계 및 스톱워치 사용 불가

④ 대기실에서 종이 자료(서적, 신문, 잡지) 등 열람이 가능한 지역은 지참

(2) 컨디션 조절과 관련한 것들

① 따뜻한 복장: 얇은 옷을 여러 겹 입는 것을 추천. 평가 시 모자, 장갑, 귀마개, 무릎담요 등 사용 불가

② 생수 및 간단한 간식, 중식·석식 시간이 있을 경우 도시락 지참

③ 시험실에 실내화를 신고 입실해야 하는 지역은 실내화 지참

④ 추가 및 변경 공지가 있을 수 있으므로 시험 전일에 반드시 해당 교육청 공고문 확인

02 지역별 시험 요강(24학년도 공고 기준)

1 지도안 작성 지역

서울(www.sen.go.kr)

(1) 시험 요강

<table>
<tr><th>시험 과목</th><th>평가 요소</th><th colspan="2">문항 수</th><th colspan="2">시험 시간</th><th>배점</th></tr>
<tr><td>교수·학습
지도안 작성</td><td>교수·학습지도안 작성 능력</td><td colspan="2">1문항</td><td colspan="2">60분</td><td>15점</td></tr>
<tr><td>수업실연</td><td>교사로서의 학습지도
능력과 의사소통 능력</td><td colspan="2">1문항</td><td colspan="2">• 구상 20분
• 실연 20분</td><td>45점</td></tr>
<tr><td rowspan="3">교직적성
심층면접
(자체 출제)</td><td rowspan="3">교사로서의 적성, 교직관, 인격 및 소양, AI·디지털 교육, 생태환경 교육 등 서울교육정책</td><td>구상형</td><td>2문항</td><td>6분 이내</td><td rowspan="3">• 구상 15분
• 면접 15분</td><td rowspan="3">40점</td></tr>
<tr><td>즉답형</td><td>1문항</td><td>3분 이내</td></tr>
<tr><td>추가질문</td><td>2문항</td><td>각 3분 이내</td></tr>
</table>

(2) 평가 진행 절차

① 수업실연 진행 절차

㉠ 구상실에서 본인이 작성한 지도안 사본 및 수업실연 문제지를 보고 20분간 구상(문제지 및 지도안 사본에 메모 가능), 문제지와 지도안 사본을 들고 평가실 입실

㉡ 평가실 입실 후, "관리번호 ○번입니다"라고 말한 후 교탁에 정위치 ➡ 실연 종료 후, "이상입니다"로 표시

② 심층면접 진행 절차

㉠ 구상실에서 15분간 구상 후(문제지에 메모 가능), 구상형 문제지를 들고 평가실 입실

㉡ 평가실 입실 후, "관리번호 ○번입니다"라고 말한 후 응시자 좌석에 착석 ➡ 평가관의 안내에 따라 구상형 문제, 즉답형 문제, 평가관의 추가질문에 답변(구상형 문제에 대한 답변을 마친 후 각각 "이상입니다"로 표시)

㉢ 답변은 구상형 2문항(6분 이내) ➡ 추가질문 1문항(3분 이내) ➡ 즉답형 1문항(3분 이내) ➡ 추가질문 1문항(3분 이내)으로 하되, 시간 관리는 응시자 본인의 책임

(3) 기타 유의사항

① 대기실 내에서 응시자 자료 열람 및 메모 절대 불가(점심시간 및 쉬는 시간 포함)

② 답안 작성 시 자 사용 불가

③ 수업실연 평가 종료 시 판서 내용 깨끗이 지우고 퇴실

대전(www.dje.go.kr)

(1) 시험 요강

시험 과목	평가 요소	문항 수		시험 시간	배점
교수·학습 지도안 작성	교수·학습지도안 작성 능력	1문항		60분	15점
수업실연	교사로서의 의사소통 능력과 학습지도 능력	1문항		• 구상 20분 • 실연 20분	45점
교직적성 심층면접 (평가원 출제)	교사로서의 적성, 교직관, 인격 및 소양	구상형	3문항	• 구상 10분 • 면접 10분	40점
		즉답형	1문항		

(2) 평가 진행 절차

① 수업실연 진행 절차

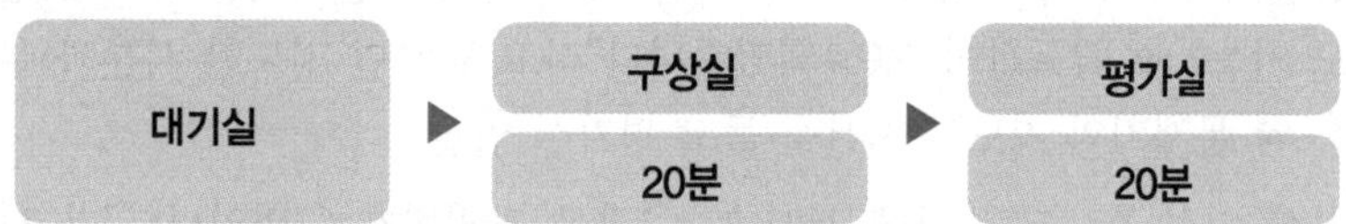

㉠ 구상실에서 본인이 작성한 지도안 사본 및 수업실연 문제지를 보고 20분간 구상(문제지에 메모 가능), 문제지와 지도안 사본을 가지고 평가실 입실

㉡ 평가실 입실 후, "관리번호 ○번입니다"라고 말한 후 칠판 중앙으로 가서 실연 시작 ➡ 실연 종료 후, "이상입니다"로 표시

② 심층면접 진행 절차

㉠ 구상실에서 10분간 구상 후(문제지에 메모 가능), 구상형 문제지를 들고 평가실 입실

㉡ 평가실 입실 후, "관리번호 ○번입니다"라고 말한 후 안내에 따라 면접 시작

(3) 기타 유의사항

① 시험실에는 실내화를 신고 입실하여야 하므로 실내화는 개인별로 지참

② 대기실 내에서 본인이 지참한 자료(종이류) 및 도서의 열람은 가능하나 메모는 불가

경북(www.gbe.kr)

(1) 시험 요강

시험 과목	평가 요소	문항 수		시험 시간	배점
교수·학습 지도안 작성	교수·학습지도안 작성 능력	1문항		60분	15점
수업실연	교사로서의 의사소통 능력과 학습지도 능력	1문항		• 구상 20분 • 실연 20분	45점
교직적성 심층면접 (평가원 출제)	교사로서의 적성, 교직관, 인격 및 소양	구상형	3문항	• 구상 10분 • 면접 10분	40점
		즉답형	1문항		

(2) 평가 진행 절차

① 수업실연 진행 절차

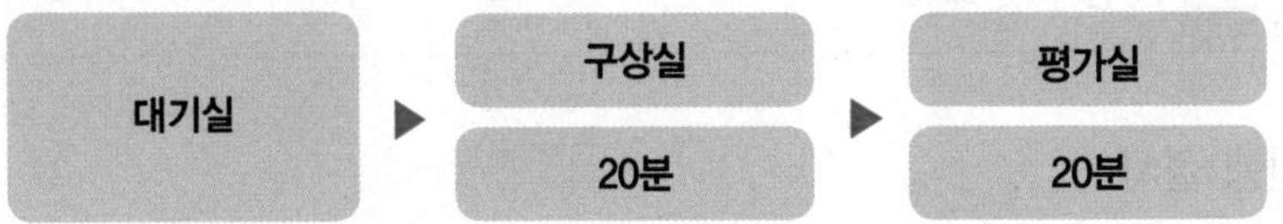

㉠ 구상실에서 본인이 작성한 지도안 사본 및 수업실연 문제지를 보고 20분간 구상(문제지에 메모 가능) ➡ 감독관이 "종료되었습니다"라고 말하면 지도안 사본과 문제지를 책상 위에 덮음 ➡ 문제지와 지도안 사본을 들고 평가실 입실

㉡ 평가실 입실 후, 교탁 앞에 서서 "○○과목 관리번호 ○번입니다"라고 말함 ➡ 감독관의 "시작하십시오"라는 말과 동시에 실연 시작 ➡ 실연 종료 후, "이상입니다"로 표시

② 심층면접 진행 절차

㉠ 구상실에서 10분간 구상 후(문제지에 메모 가능), 구상형 문제지를 들고 평가실 입실

㉡ 평가실 입실 후, "○○과목 관리번호 ○번입니다"라고 말한 후 응시자 좌석에 착석 ➡ 감독관의 시작 안내 ➡ 구상형 차례로 답변 ➡ 즉답형 문제 확인 ➡ 즉답형 답변

(3) 기타 유의사항

① 대기실 내에서 종이 서적은 열람 가능(전자책, 전자사전 등 전자기기 일절 사용 불가)

② 평가실에서 특정 대학 로고 등이 있는 옷 착용 금지

경남(www.gne.go.kr)

(1) 시험 요강

시험 과목	평가 요소	문항 수		시험 시간	배점
교수·학습 지도안 작성	교수·학습지도안 작성 능력	1문항		60분	15점
수업실연	교사로서의 의사소통 능력과 학습지도 능력	1문항		• 구상 20분 • 실연 20분	45점
교직적성 심층면접 (평가원 출제)	교사로서의 적성, 교직관, 인격 및 소양	구상형	3문항	• 구상 10분 • 면접 10분	40점
		즉답형	1문항		

(2) 평가 진행 절차

① 수업실연 진행 절차

㉠ 구상실에서 본인이 작성한 지도안 사본 및 수업실연 문제지를 보고 20분간 구상(메모 가능), 문제지와 지도안 사본을 들고 평가실 입실

㉡ 평가실 입실 후, "관리번호 ○번입니다"라고 말하고 실연 시작 ➡ 실연 종료 후, "이상입니다"로 표시

② 심층면접 진행 절차

㉠ 구상실에서 10분간 구상 후(문제지에 메모 가능), 구상형 문제지를 들고 평가실 입실

㉡ 평가실 입실 후, 면접위원 앞에서 "관리번호 ○번입니다"라고 말하고 응시자 좌석에 착석 ➡ 면접관의 시작 안내 ➡ 구상형 차례로 답변 ➡ 즉답형 문제 확인 ➡ 즉답형 답변

(3) 기타 유의사항

① 대기실 내에서 서적 열람 가능

② 지도안 작성 시 30cm 자 사용 가능

부산(www.pen.go.kr)

(1) 시험 요강

<table>
<tr><th>시험 과목</th><th>평가 요소</th><th colspan="2">문항 수</th><th>시험 시간</th><th>배점</th></tr>
<tr><td>교수·학습 지도안 작성</td><td>교수·학습지도안 작성 능력</td><td colspan="2">1문항</td><td>60분</td><td>15점</td></tr>
<tr><td>수업실연</td><td>교사로서의 의사소통 능력과 학습지도 능력</td><td colspan="2">1문항</td><td>• 구상 20분
• 실연 20분</td><td>45점</td></tr>
<tr><td rowspan="2">교직적성 심층면접 (평가원 출제)</td><td rowspan="2">교사로서의 적성, 교직관, 인격 및 소양</td><td>구상형</td><td>3문항</td><td rowspan="2">• 구상 10분
• 면접 10분</td><td rowspan="2">40점</td></tr>
<tr><td>즉답형</td><td>1문항</td></tr>
</table>

(2) 평가 진행 절차

① 수업실연 진행 절차

㉠ 구상실에서 본인이 작성한 지도안 사본 및 수업실연 문제지를 보고 20분간 구상(문제지에 메모 가능), 문제지와 지도안 사본을 들고 평가실 입실

㉡ 평가실 입실 후, 관리위원이 평가위원에게 응시과목과 관리번호를 말함(응시자가 말하면 안 됨) ➡ 관리위원의 시작 안내에 따라 실연 시작 ➡ 실연 종료 후, "이상입니다"로 표시

② 심층면접 진행 절차

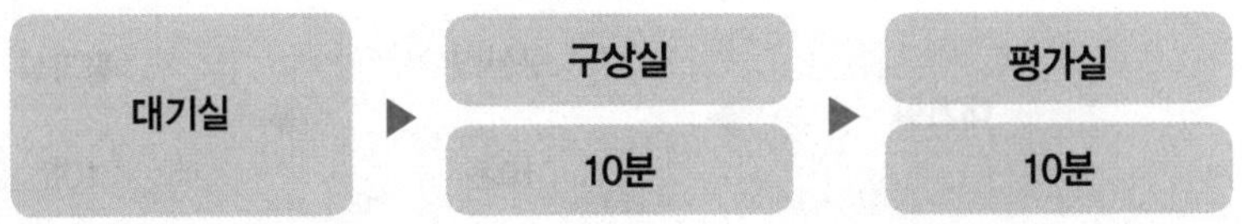

㉠ 구상실에서 10분간 구상 후(메모 가능), 구상형 문제지를 들고 평가실 입실

㉡ 평가실 입실 후, 관리위원이 평가위원에게 응시과목과 관리번호를 말함(응시자가 말하면 안 됨) ➡ 응시자 좌석에 착석 ➡ 구상형 차례로 답변 ➡ 즉답형 문제 확인 ➡ 즉답형 답변

(3) 기타 유의사항

대기실 내에서 종이 서적 열람 가능

울산(www.use.go.kr)

(1) 시험 요강

시험 과목	평가 요소	문항 수		시험 시간	배점
교수·학습 지도안 작성	교수·학습지도안 작성 능력	1문항		60분	15점
수업실연	교사로서의 의사소통 능력과 학습지도 능력	1문항		• 구상 20분 • 실연 20분	45점
교직적성 심층면접 (평가원 출제)	교사로서의 적성, 교직관, 인격 및 소양	구상형	3문항	• 구상 10분 • 면접 10분	40점
		즉답형	1문항		

(2) 평가 진행 절차

① 수업실연 진행 절차

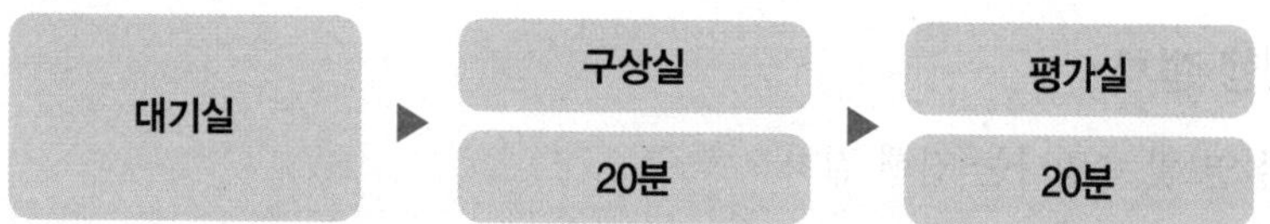

㉠ 구상실에서 본인이 작성한 지도안 사본 및 수업실연 문제지를 보고 20분간 구상(문제지에 메모 가능), 문제지와 지도안 사본을 들고 평가실 입실

㉡ 평가실 입실 후, 응시자 지정석에서 인사와 함께 "○○과목에 응시한 관리번호 ○번입니다"라고 말하고 대기 ➡ 진행위원의 "시작하십시오"라는 안내에 따라 실연 시작 ➡ 실연 종료 후, "이상입니다"로 표시

② 심층면접 진행 절차

㉠ 구상실에서 10분간 구상 후(문제지에 메모 가능), 구상형 문제지를 들고 평가실 입실

㉡ 평가실 입실 후, 인사와 함께 "○○과목에 응시한 관리번호 ○번입니다"라고 말하고 응시자 좌석에 착석 ➡ 진행위원의 "시작하십시오"라는 안내에 따라 답변 시작 ➡ 구상형 차례로 답변 ➡ 즉답형 문제 확인 ➡ 즉답형 답변

(3) 기타 유의사항

① 대기실 내에서 개인자료(종이 서적류) 열람 가능, 메모 불가

② 시험장 학교 실내는 실내화를 신고 들어가므로 실내화 준비

③ 30cm 자는 울산광역시 교육청에서 제공

2 비지도안 지역

경기(www.goe.go.kr)

(1) 시험 요강

시험 과목		평가 요소	문항 수		시험 시간	배점
수업능력 평가	수업실연	교사로서의 학습지도 능력과 의사소통 능력	1문항		• 구상 25분 • 실연 15분	30점
	수업나눔	수업에 대한 성찰적 질의 응답	3문항		10분 이내	30점
심층면접 평가 (자체 출제)	개별면접	교사로서의 적성, 교직관, 인격 및 소양 등	구상형	3문항	• 구상 15분 • 면접 15분	40점
			즉답형	2문항		

(2) 평가 진행 절차

① 수업실연 및 수업나눔 진행 절차

㉠ 구상실에서 수업실연 문제지를 보고 25분간 구상(문제지에 메모 가능), 문제지를 들고 평가실 입실

㉡ 평가실 입실 후, 인사와 함께 "관리번호 ○번입니다"라고 말하고 교탁 옆 대기석에 착석 ➡ 평가위원의 안내에 따라 교탁 앞으로 이동 ➡ 평가위원의 "수업을 실연하십시오"라는 말과 함께 실연 시작 ➡ 종료 후, "이상입니다"로 표시 후 수업나눔 답변을 위해 대기

㉢ 평가위원 안내에 따라 답변석으로 이동 ➡ 평가위원의 "총 10분 동안 수업나눔 3문항을 보시고 차례대로 말씀하십시오"라는 안내에 따라 답변 시작(책상 위에 수업나눔 문제 비치) ➡ 답변 후 "이상입니다"로 종료 표시 ➡ 평가위원이 "나가셔도 됩니다/퇴실하십시오"라고 안내 ➡ 인사 후 문제지 반납 후 퇴실

② 심층면접 진행 절차

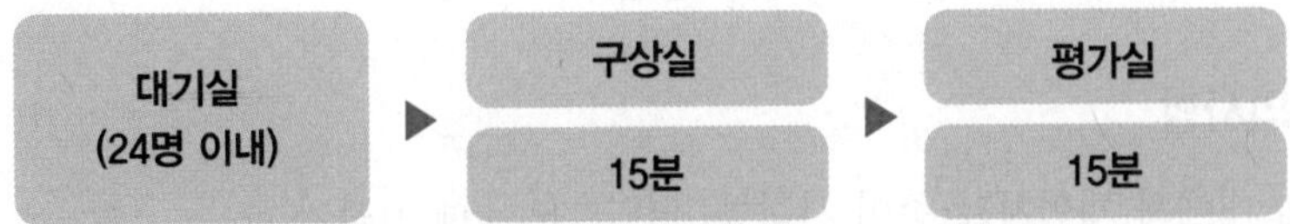

㉠ 구상실에서 15분간 구상 후(문제지에 메모 가능), 구상형 문제지를 들고 평가실 입실

㉡ 평가실 입실 후, 인사와 함께 "관리번호 ○번입니다"라고 말하고 교탁 옆 대기석에 착석 ➡ 평가위원 안내에 따라 면접석으로 이동 ➡ 시작령 이후 안내에 따라 준비한 답변 발표 ➡ 구상형 문항 모두 답변 후 "이상입니다"로 종료 표시 ➡ 책상에 비치된 즉답형 문항 모두 답변 후 "이상입니다"로 종료 표시

㉢ 종료령 이후 평가위원이 "나가셔도 됩니다/퇴실하십시오"라고 안내 ➡ 인사 후 구상문제지 반납 후 퇴실

(3) 기타 유의사항

① 대기실 내에서 각종 자료를 열람하거나 메모할 수 없음

② 수업실연과 수업나눔은 평가실 내 이동시간을 포함해 25분 동안 진행하므로, 실연을 15분 이전에 종료 시 교탁 옆 대기석에 앉아 대기

③ 수업나눔과 개별면접 문항별 답변 시간은 수험생 스스로 안배하여 답변(시간 구분 안내 없음)

강원(www.gwe.go.kr)

(1) 시험 요강

시험 과목	평가 요소	문항 수		시험 시간	배점
수업실연	교사로서의 의사소통 능력과 학습지도 능력	1문항		• 구상 15분 • 실연 15분	50점
교직적성 심층면접 (평가원 출제)	교사로서의 적성, 교직관, 인격 및 소양	구상형	2문항	• 구상 15분 • 면접 15분	50점
		즉답형	3문항		

➋ 25학년도부터 수업 구상 20분/실연 20분, 면접 구상 10분/면접 10분으로 시험 시간 변경

(2) 평가 진행 절차

① 수업실연 진행 절차

㉠ 구상실에서 수업실연 문제지를 보고 15분간 구상(메모 가능), 문제지를 들고 평가실 입실

㉡ 평가실 입실 후 교탁에 위치, 평가위원이 “관리번호 ○번이 맞습니까?”라고 질문 ➡ 응시자는 “네/아니오”로 답변 ➡ 평가위원의 “시작하십시오”라는 말과 동시에 실연 시작

② 심층면접 진행 절차

㉠ 구상실에서 15분간 구상 후(메모 가능), 구상형 문제지를 들고 평가실 입실

㉡ 평가실에 입실하여 지정 자리에 선 후, 평가위원이 “관리번호 ○번이 맞습니까?”라고 질문 ➡ 응시자는 “네/아니오”로 답변 후 착석 ➡ 평가위원의 “시작하세요”라는 안내에 따라 답변 시작

(3) 기타 유의사항

① 대기실 내에서 지류로 된 자료 열람 가능

② 25학년도부터 2차 시험의 구상 및 평가 시간이 변경되므로 시험 공고문 반드시 숙지

인천(www.ice.go.kr)

(1) 시험 요강

시험 과목	평가 요소	문항 수		시험 시간	배점
수업실연	교사로서의 의사소통 능력과 학습지도 능력	1문항		• 구상 20분 • 실연 20분	50점
교직적성 심층면접 (평가원 출제)	교사로서의 적성, 교직관, 인격 및 소양	구상형	3문항	• 구상 10분 • 면접 10분	50점
		즉답형	1문항		

(2) 평가 진행 절차

① 수업실연 진행 절차

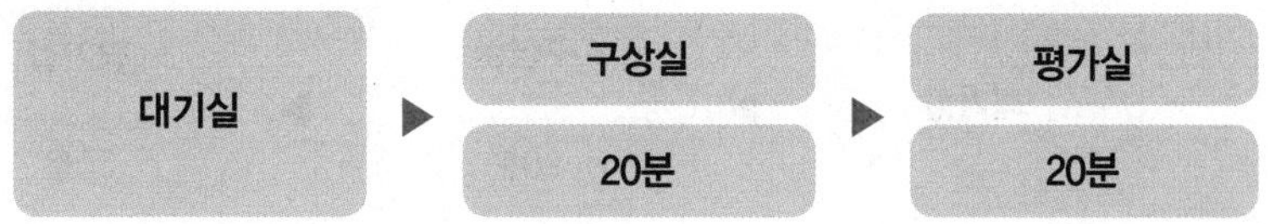

㉠ 구상실에서 수업실연 문제지를 보고 20분간 구상(문제지에 메모 가능), 문제지를 들고 평가실 입실

㉡ 평가실 입실 후, 인사와 함께 "관리번호 ○번입니다"라고 말하고 칠판 중앙에 위치 ➡ 행정요원의 "시작하십시오"라는 안내에 따라 실연 시작 ➡ 종료 후 "이상입니다"로 표시

② 심층면접 진행 절차

㉠ 구상실에서 10분간 구상 후(구상형 문제지에 메모 가능), 구상형 문제지를 들고 평가실 입실

㉡ 평가실 입실 후, 인사와 함께 "관리번호 ○번입니다"라고 말하고 준비된 좌석에 착석 ➡ 행정요원의 "시작하십시오" 안내에 따라 답변 시작 ➡ 구상형 차례로 답변 ➡ 즉답형 문제 확인 ➡ 즉답형 답변

(3) 기타 유의사항

대기실 내에서 개인 자료(종이 서적류) 열람 가능, 메모 불가

충북(www.cbe.go.kr)

(1) 시험 요강

<table>
<tr><th>시험 과목</th><th>평가 요소</th><th colspan="2">문항 수</th><th>시험 시간</th><th>배점</th></tr>
<tr><td>수업실연</td><td>교사로서의 의사소통 능력과 학습지도 능력</td><td colspan="2">1문항</td><td>• 구상 20분
• 실연 20분</td><td>50점</td></tr>
<tr><td rowspan="2">교직적성
심층면접
(평가원 출제)</td><td rowspan="2">교사로서의 적성, 교직관, 인격 및 소양</td><td>구상형</td><td>3문항</td><td rowspan="2">• 구상 10분
• 면접 10분</td><td rowspan="2">50점</td></tr>
<tr><td>즉답형</td><td>1문항</td></tr>
</table>

(2) 평가 진행 절차

① 수업실연 진행 절차

㉠ 구상실에서 수업실연 문제지를 보고 20분간 구상(문제지에 메모 가능), 문제지를 들고 평가실 입실

㉡ 평가실 입실 후 칠판 앞에 서서 인사 ➡ "관리번호 ○번입니다"로 실연 시작(멘트와 동시에 계측용 전자시계 작동) ➡ 종료 후 "이상입니다"로 표시

② 심층면접 진행 절차

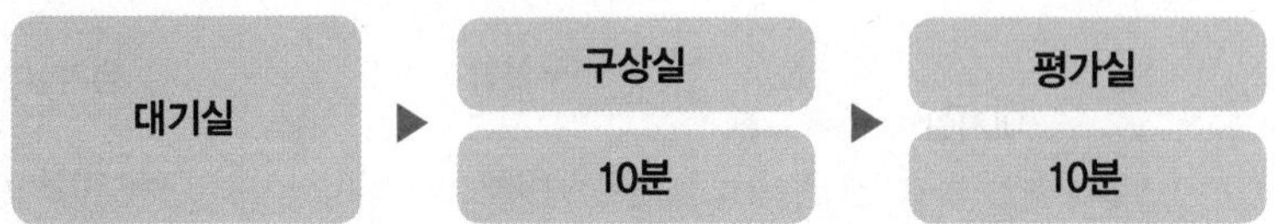

㉠ 구상실에서 10분간 구상 후(메모 가능), 구상형 문제지를 들고 평가실 입실

㉡ 평가실에 입실하여 평가위원에게 인사 후 준비된 의자에 착석 ➡ "관리번호 ○번입니다"로 면접 시작(멘트와 동시에 계측용 전자시계 작동) ➡ 구상형 차례로 답변 ➡ 즉답형 문제 확인 ➡ 즉답형 답변

(3) 기타 유의사항

① 대기실 내에서 자료 열람 및 메모 허용

② 평가실의 계측용 전자시계는 탑-다운 방식으로 시간 감소

③ 평가 종료 후 문제지 반납 후 퇴실, 1층 현관 출입구에서 관리번호 명찰 반납

충남(www.cne.go.kr)

(1) 시험 요강

시험 과목	평가 요소	문항 수		시험 시간	배점
수업실연	교사로서의 의사소통 능력과 학습지도 능력	1문항		• 구상 20분 • 실연 20분	50점
교직적성 심층면접 (평가원 출제)	교사로서의 적성, 교직관, 인격 및 소양	구상형	3문항	• 구상 10분 • 면접 10분	50점
		즉답형	1문항		

(2) 평가 진행 절차

① 수업실연 진행 절차

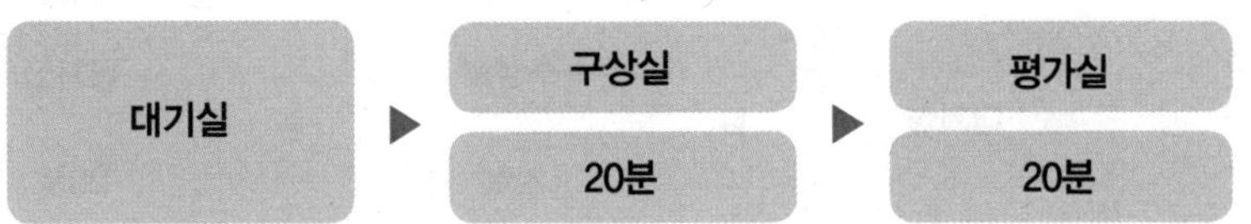

㉠ 구상실에서 수업실연 문제지를 보고 20분간 구상(문제지에 메모 가능), 문제지를 들고 평가실 입실

㉡ 평가실 입실 후 교탁 앞에 서서 평가위원에게 인사 ➡ “관리번호 ○번입니다” ➡ 평가위원장의 “시작하세요”라는 말과 동시에 실연 시작 ➡ 종료 후 “이상입니다”로 표시

② 심층면접 진행 절차

㉠ 구상실에서 10분간 구상 후(메모 가능), 구상형 문제지를 들고 평가실 입실

㉡ 평가실에 입실하여 책상 앞에 서서 평가위원에게 인사 ➡ “관리번호 ○번입니다”라고 말한 후 준비된 의자에 착석 ➡ 평가위원장의 “시작하세요”라는 말과 동시에 시작종이 울리고 면접 시작 ➡ 구상형 차례로 답변 ➡ 즉답형 문제 확인 ➡ 즉답형 답변

(3) 기타 유의사항

대기실 내에서 종이 자료 열람 가능

세종(www.sje.go.kr)

(1) 시험 요강

시험 과목	평가 요소	문항 수		시험 시간	배점
수업실연	교사로서의 의사소통 능력과 학습지도 능력	1문항		• 구상 20분 • 실연 20분	50점
교직적성 심층면접 (자체 출제)	교사로서의 적성, 교직관, 인격 및 소양	구상형	5문항 내외	• 구상 15분 • 면접 15분	50점
		즉답형			

(2) 평가 진행 절차

① 수업실연 진행 절차

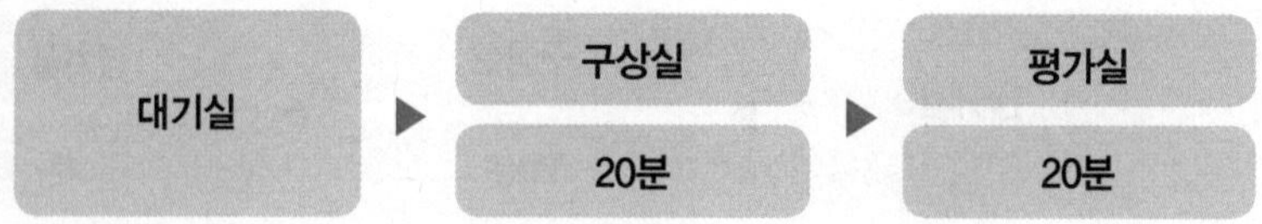

㉠ 구상실에서 수업실연 문제지를 보고 20분간 구상(문제지에 메모 가능), 문제지를 들고 평가실 입실

㉡ 평가실 입실 후 지정 자리 앞에서 인사와 함께 "관리번호 ○번입니다" ➡ 평가위원의 시작 안내에 따라 실연 시작 ➡ 종료 후 "이상입니다"로 표시

② 심층면접 진행 절차

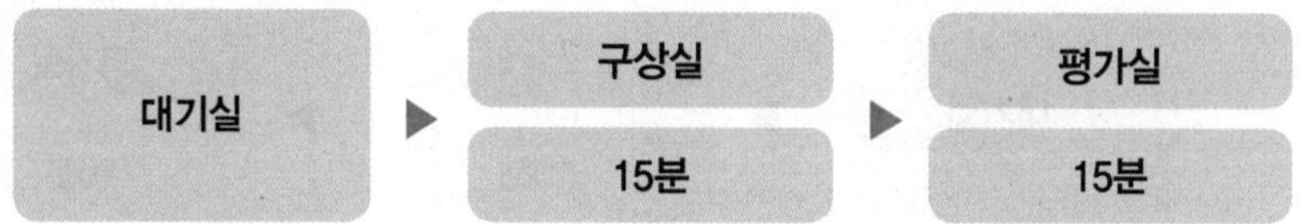

㉠ 구상실에서 15분간 구상 후(메모 가능), 구상형 문제지를 들고 평가실 입실

㉡ 평가실에 입실하여 "관리번호 ○번입니다"라고 한 후 지정석에 착석 ➡ 평가위원의 시작 안내에 따라 답변 시작 ➡ 구상형 차례로 답변 ➡ 즉답형 문제 확인 ➡ 즉답형 답변

(3) 기타 유의사항

① 대기실 내에서 종이 자료 열람 가능

② 수업실연 평가 종료 후 칠판을 지우고 퇴실

③ 평가실을 포함한 모든 시험실에서 실내화를 신어야 하므로 응시자 개인 실내화 준비

대구(www.dge.go.kr)

(1) 시험 요강

시험 과목	평가 요소	문항 수		시험 시간	배점
수업실연	교사로서의 의사소통 능력과 학습지도 능력	1문항		• 구상 25분 • 실연 25분	40점
교직적성 심층면접 (평가원 + 자체)	교사로서의 적성, 교직관, 인격 및 소양	평가원	4문항	• 구상 25분 • 면접 25분	20점
		자체	3문항		40점

(2) 평가 진행 절차

① 수업실연 진행 절차

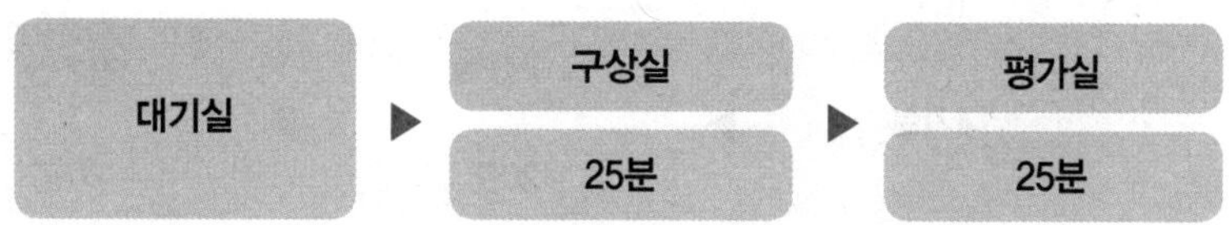

㉠ 구상실에서 수업실연 문제지를 보고 25분간 구상(문제지 메모 가능)

㉡ 평가실 입실 후 "안녕하십니까? ○○과 관리번호 ○○번입니다"라고 인사 ➡ 감독관이 "시작하세요"라고 말하고 타이머 작동 후 실연 시작 ➡ 종료 후 "이상입니다"로 표시

② 심층면접 진행 절차

㉠ 구상실에서 25분간 구상 후(메모 가능), 구상형 문제지를 들고 평가실 입실

㉡ 평가실 입실 후 "안녕하십니까? ○○과 관리번호 ○○번입니다"라고 인사 후 지정석에 착석 ➡ 감독관이 "시작하세요"라고 말하고 타이머 작동 후 답변 시작 ➡ 한국교육과정평가원 출제 구상형 문항 우선 답변 ➡ 즉답형 문항 확인 후 답변 ➡ 대구광역시교육청 출제 구상형 문항 답변 ➡ 문항별로 답변 후 "이상입니다"로 종료 표시 ➡ 퇴실

(3) 기타 유의사항

① 대기실 내에서 종이 서적(전공 서적 포함) 열람 및 메모 가능

② 구상실에서는 대구광역시교육청에서 준비한 필기구만 사용 가능

전북(www.jbe.go.kr)

(1) 시험 요강

시험 과목	평가 요소	문항 수		시험 시간	배점
수업실연	교사로서의 의사소통 능력과 학습지도 능력	1문항		• 구상 20분 • 실연 20분	60점
교직적성 심층면접 (평가원 출제)	교사로서의 적성, 교직관, 인격 및 소양	구상형	3문항	• 구상 10분 • 면접 10분	40점
		즉답형	1문항		

(2) 평가 진행 절차

① 수업실연 진행 절차

㉠ 구상실에서 수업실연 문제지를 보고 20분간 구상(문제지에 메모 가능), 문제지를 들고 평가실 입실

㉡ 평가실 입실 후 인사와 함께 "관리번호 ○번입니다"라고 말하고 칠판 중앙에 서서 대기 ➡ 평가위원의 시작 안내에 따라 실연 시작 ➡ 종료 후 "이상입니다"로 표시

② 심층면접 진행 절차

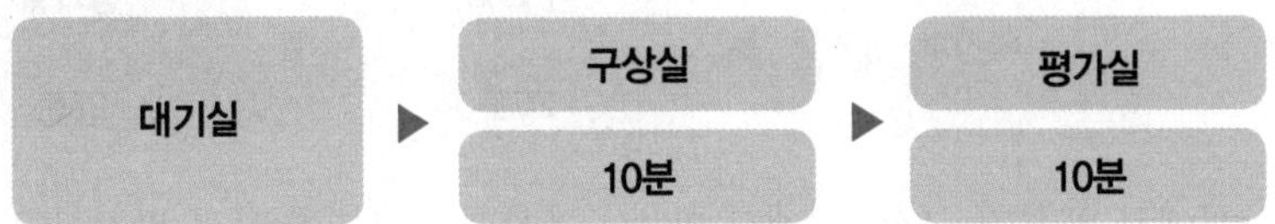

㉠ 구상실에서 10분간 구상 후(메모 가능), 구상형 문제지를 들고 평가실 입실

㉡ 평가실에 입실하여 "관리번호 ○번입니다"라고 한 후 지정석에 착석 ➡ 평가위원의 시작 안내에 따라 답변 시작 ➡ 구상형 차례로 답변 ➡ 즉답형 문제 확인 ➡ 즉답형 답변

(3) 기타 유의사항

① 2차 시험 계획 공고문에 평가실 내 진행 절차 안내가 없었으므로 일반 절차로 안내함

② 필기도구는 감독관이 제공하는 검은색 펜 이외에 사용 불가

③ 응시자 개인 실내화 준비

전남(www.jne.go.kr)

(1) 시험 요강

시험 과목	평가 요소	문항 수		시험 시간	배점
수업실연	교사로서의 의사소통 능력과 학습지도 능력	1문항		• 구상 20분 • 실연 20분	50점
교직적성 심층면접 (평가원 출제)	교사로서의 적성, 교직관, 인격 및 소양	구상형	3문항	• 구상 10분 • 면접 10분	50점
		즉답형	1문항		

(2) 평가 진행 절차

① 수업실연 진행 절차

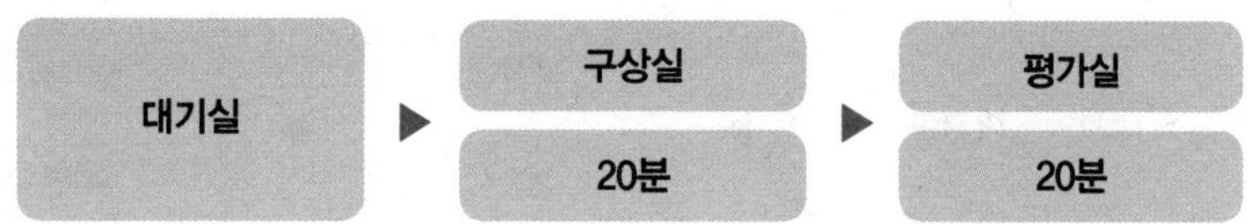

㉠ 구상실에서 수업실연 문제지를 보고 20분간 구상(문제지에 메모 가능), 문제지를 들고 평가실 입실

㉡ 평가실 입실 인사와 함께 "관리번호 ○번입니다"라고 말하고 칠판 중앙에 서서 대기 ➡ 진행요원이 시작종을 울리고 실연 시작 ➡ 종료 후 "이상입니다"로 표시

② 심층면접 진행 절차

㉠ 구상실에서 10분간 구상 후(메모 가능), 구상형 문제지를 들고 평가실 입실

㉡ 평가실에 입실하여 인사와 함께 "관리번호 ○번입니다"라고 말하고 준비된 좌석에 착석 ➡ 진행요원이 시작종을 울리고 답변 시작 ➡ 구상형 차례로 답변 ➡ 즉답형 문제 확인 ➡ 즉답형 답변

(3) 기타 유의사항

① 대기실 내에서 종이 서적 열람 가능

② 시험실에서 실내화를 신어야 하므로 응시자 개인 실내화 준비

③ 수업실연 시 칠판에 판서를 한 경우 지우고 퇴실

④ 평가시간은 디지털 타이머로 계측, 탑-다운 방식으로 시간 감소

광주(www.gen.go.kr)

(1) 시험 요강

시험 과목	평가 요소	문항 수		시험 시간	배점
수업실연	교사로서의 의사소통 능력과 학습지도 능력	1문항		• 구상 20분 • 실연 20분	60점
교직적성 심층면접 (평가원 출제)	교사로서의 적성, 교직관, 인격 및 소양 ① 문제 해결 능력, ② 교직 소명 의식, ③ 가치관 및 판단 능력, ④ 인성 및 태도	구상형	3문항	• 구상 10분 • 면접 10분	40점
		즉답형	1문항		

(2) 평가 진행 절차

① 수업실연 진행 절차

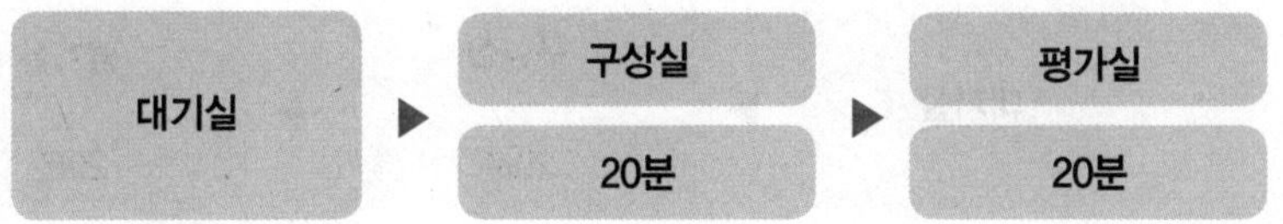

㉠ 구상실에서 수업실연 문제지를 보고 20분간 구상(문제지에 메모 가능), 문제지를 들고 평가실 입실

㉡ 평가실 입실 후 인사와 함께 "관리번호 ○번입니다"라고 말하고 칠판 중앙에 서서 대기 ➡ 평가위원이 시작종을 울리고 실연 시작 ➡ 종료 후 "이상입니다"로 표시

② 심층면접 진행 절차

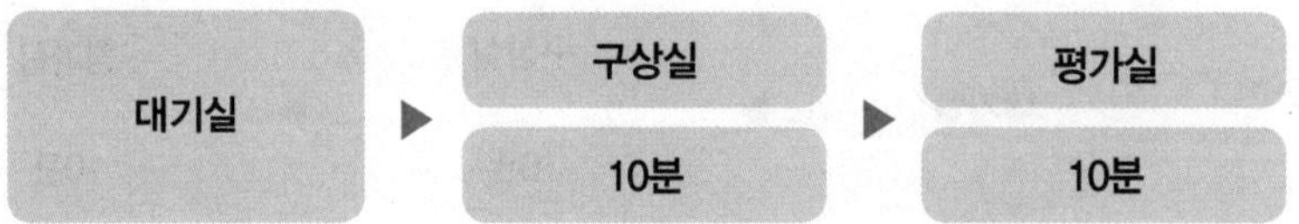

㉠ 구상실에서 10분간 구상 후(메모 가능), 구상형 문제지를 들고 평가실 입실

㉡ 평가실에 입실하여 인사와 함께 "관리번호 ○번입니다"라고 말하고 준비된 좌석에 착석 ➡ 진행요원이 시작종을 울리고 답변 시작 ➡ 구상형 차례로 답변 ➡ 즉답형 문제 확인 ➡ 즉답형 답변

(3) 기타 유의사항

① 대기실 내에서 책(자료) 열람 가능, 메모 불가

② 평가시간은 디지털 타이머로 계측, 탑-다운 방식으로 시간 감소

제주(www.jje.go.kr)

(1) 시험 요강

시험 과목	평가 요소	문항 수		시험 시간	배점
수업실연	교사로서의 의사소통 능력과 학습지도 능력	1문항		• 구상 20분 • 실연 20분	50점
교직적성 심층면접 (평가원 출제)	교사로서의 적성, 교직관, 인격 및 소양	구상형	3문항	• 구상 10분 • 면접 10분	50점
		즉답형	1문항		

(2) 평가 진행 절차

① 수업실연 진행 절차

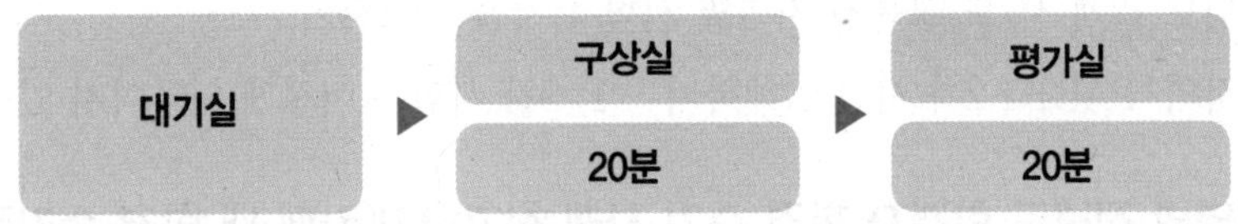

㉠ 구상실에서 수업실연 문제지를 보고 20분간 구상(문제지에 메모 가능), 문제지를 들고 평가실 입실

㉡ 평가실 입실 후 감독관의 안내에 따라 응시자 지정석(칠판 앞 중앙)에서 "관리번호 ○번입니다"라고 말함 ➡ 평가실 감독관의 안내에 따라 실연 시작 ➡ 종료 후 "이상입니다"로 표시

② 심층면접 진행 절차

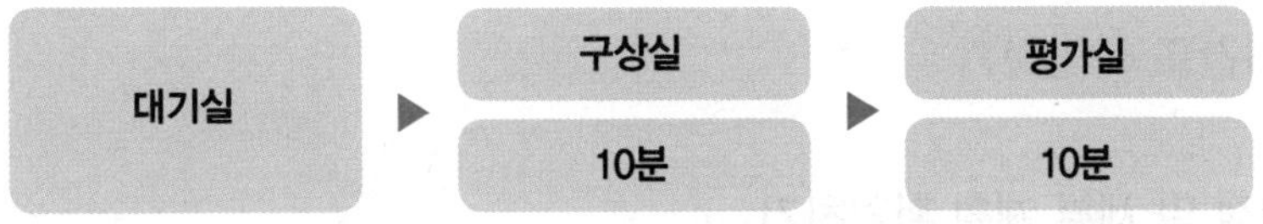

㉠ 구상실에서 10분간 구상 후(메모 가능), 구상형 문제지를 들고 평가실 입실

㉡ 평가실에 입실하여 "관리번호 ○번입니다"라고 말하고 평가석에 착석 ➡ 감독관의 안내에 따라 답변 시작 ➡ 구상형 차례로 답변 ➡ 즉답형 문제 확인 ➡ 즉답형 답변

(3) 기타 유의사항

① 대기실 내에서 개인 서적 등 자료 열람 가능

② 평가시간은 디지털 타이머로 계측, 탑-다운 방식으로 시간 감소

최종 합격자들은 어떻게 준비했을까?

01 12월에 할 일

1 지역별 2차 시험 요강 확인

(1) 시험 절차 확인하기

① 매 학년도 17개 시·도 교육청 지역별 시험 요강을 참고하기

② 본 서적의「PART 1 2차 시험 이해하기 - 1. 2차 시험은 어떻게 이루어져 있을까?」를 참고하기

(2) 응시 지역별 전년도 합격자 합격 수기 사례 참고하기(카페 내 합격 수기란 참고)

① 수업실연 상황 확인하고 그려보기, 첨부된 그림과 사진 꼼꼼히 살펴보기

② 면접 상황 확인하고 그려보기, 면접 평가위원의 반응 살펴보기

③ 본인 응시 지역의 중요사항 및 특이사항 확인하기

2 학원 시간표 확인하기

(1) 월간 일정 및 세부 계획 확인하기

① 전체 특강 일정 제외 후 스터디 및 개인 공부 계획 짜기

② 지역별 특강 일정 제외 후 스터디 및 개인 공부 계획 짜기

(2) 수업실연 참관 일정 및 면접 참관 일정 확인하기

① 수업실연 참관 일정 확인 후 스터디 및 개인 공부 계획 짜기

② 면접 참관 일정 확인 후 스터디 및 개인 공부 계획 짜기

❸ 스터디 및 개인 공부 계획 작성

(1) 팀원 구성하기

① 성별, 2차 시험 응시 여부, 지역별 특성을 고려해 팀 구성하기

② 카페 내 스터디 멤버 구하기, 이때 스터디 계획과 방향을 구체적으로 제시하는 것이 효과적

③ 통상 11월 초~11월 말까지 구하는 편이나 빠를수록 좋음

④ 1차 스터디 팀원끼리 2차까지 연장하는 것도 좋음

⑤ 여러 학생들의 성향과 정보를 잘 알고 있는 학원 선생님께 부탁하여 스터디 구성하기

(2) 스터디 계획 작성

① 월간 계획 사례(참고용)

수업스터디: ▬ 면접스터디: ▬ 학원강의: ▬ 수업참관: ▬

	일	월	화	수	목	금	토
		11/27	11/28	11/29	11/30	1	2
오전		2차반 접수				수업실연 및 지도안 작성 스터디	수업실연 특강
오후		해설 & 스터디 조직					지도안 특강
야간						서울지역 OT, 합격자 사례 특강	
	3	4	5	6	7	8	9
오전	휴식			구쌤 피드백 참관		구쌤 피드백 참관	서울 면접 특강
오후			면접 스터디	구쌤 피드백 참관		구쌤 피드백 참관	지도안 특강
야간				전체 면접 특강		수업실연 및 지도안 작성 스터디	
	10	11	12	13	14	15	16
오전	휴식	김쌤 피드백 참관			김쌤 피드백 참관	수업실연 및 지도안 작성 스터디	서울 면접 특강
오후		김쌤 피드백 참관	면접 스터디		김쌤 피드백 참관		지도안 특강
야간		수업실연 및 지도안 작성 스터디		전체 면접 특강	수업실연 및 지도안 작성 스터디		

	17	18	19	20	21	22	23
오전	휴식	김쌤 피드백 참관		연합 스터디		구쌤 피드백 참관	
오후		김쌤 피드백 참관	면접 스터디	연합 스터디		연합 스터디	면접 스터디
야간		연합 스터디		전체 면접 특강	수업실연 및 지도안 작성 스터디	연합 스터디	
	24	25	26	27	28	29	30
오전	휴식				1차 합격자 발표		
오후			면접 스터디		스터디 조직		
야간		수업실연 및 지도안 작성 스터디		수업실연 및 지도안 작성 스터디			

② 일간 계획 사례(참고용)

구분	12월 12일		
오전	수업 실연 및 지도안 작성 스터디	07:00	기상
		08:30	스터디 장소 도착
		09:00 ~ 10:00	지도안 작성
		10:10 ~ 10:30	공동구상
		10:40 ~ 11:00	수업실연 1
		11:00 ~ 11:20	수업실연 1 피드백
		11:20 ~ 11:40	수업실연 2
		11:40 ~ 12:00	수업실연 2 피드백
		12:00 ~ 13:00	점심식사
오후	김태규 선생님 피드백 참관	14:00 ~ 17 :00	
야간	수업 실연 및 지도안 작성 스터디	17:00 ~18:00	저녁식사
		18:10 ~ 18:30	수업실연 3
		18:30 ~ 18:50	수업실연 3 피드백
		19:00 ~ 19:20	수업실연 4
		19:20 ~ 19:40	수업실연 4 피드백
		19:40 ~ 20:00	하루 성찰
		20:00 ~	개인 공부

③ 일간 계획 유의사항

㉠ 가급적 오전, 오후, 야간으로 나누어 계획

㉡ 오전은 수업 실연, 오후는 참관, 야간은 면접 등으로 번갈아가며 시행

㉢ 지도안 작성 지역은 매일 1개씩 모의 지도안 작성 연습

㉣ 하루에 2회 이상 수업 실연이나 면접 연습은 지양

㉤ 다른 스터디 그룹과 연합 스터디 제안하여 실행하기

(3) 연합 스터디 구성하기

① 스터디 구성 후 2~3주차 이후 매너리즘 방지 차원

② 수업 실연, 모의 면접으로 나누어 진행하기

③ 동일 응시 지역 연합 스터디 또는 다른 응시 지역 연합 스터디로 구성

4 수업실연 준비

① 교재 내 기출 문항 및 교재 내용 점검하기

② 카페 내 합격 수기에 제시된 지도안 읽어 보기

③ 도입, 전개, 정리 부분으로 나누어 한 부분씩 지도안 작성 연습하기

④ 도입·전개 부분, 전개·정리 부분, 도입·전개·정리 부분으로 나누어 단계별로 작성해보기

⑤ 기출 문항의 문항 조건 꼼꼼하게 분석하기

⑥ 성취기준 및 교과서 분석하기(중학교 역사, 고등학교 한국사 등)

단계	활동
교육과정 뜯어보기	단원명, 성취기준, 학습요소, 성취기준 해설, 교수·학습 방법 및 유의사항, 평가 방법 및 유의사항 살펴보기
성취기준 및 교과서 분석	• 교과서와 연계하여 학습 내용 뽑아내기 • 교육과정 속 학생 활동을 정리하고 실제 교과서의 활동 확인하기

5 면접 준비

① 교재(『사이다 면접』) 내 기출 문항 및 교재 내용 점검하기

② 카페 내 합격 수기에 제시된 면접 상황 살펴 보기

③ 기출 문항의 문항 내용과 조건 꼼꼼하게 분석하기

④ 카페 내 합격 수기를 참고하여 면접 관련 전 영역을 훑어보기

⑤ 답변 방식 및 지역별 주의사항 숙지하기

⑥ 지역별 시책 확인하기(자체 출제 지역)

02 1월에 할 일

1 스터디 구성과 운영

(1) 동일 응시 지역끼리 구성하기

① 응시자 간 신뢰와 단합력이 좋은 경우

② 1차 스터디 멤버가 같이 합격한 경우

(2) 동일 시험 방식끼리 구성하기

① 지도안 지역끼리 구성

② 비지도안 지역끼리 구성

(3) 운영 방식

① 월간 계획 사례

일	월	화	수	목	금	토
				12/28	12/29	12/30
				• 1차 합격자 발표 • 스터디 조직		
12/31	1	2	3	4	5	6
	• 수업실연 (11~16시) • 스터디 일정, 방향 등 조율 (16~17시)	면접 (15:30~18:30)	수업실연 (9~15시)	면접 (10~13시)	수업실연 (9~15시)	지도안 오프라인 모의고사 (17~18시)
7	8	9	10	11	12	13
	• 수업 온라인 피드백 댓글 참여 (1/6 수업 녹화 영상) • 수업실연 (18~22시)	면접 (15:30-18:30)	수업실연 (13~17시)	면접(10~13시)	수업실연 (9~14시)	면접 오프라인 피드백 (14:50~16:00)
14	15	16	17	18	19	20
	수업실연 (9~14시)	면접 (15:30~18:30)	수업실연 (8~12시)	면접 (10~13시)	수업실연 (9~15시)	• 수업실연 (8~12시) • 면접 (15:30~18:30)
21	22	24	24	25	26	27
• 수업실연 (8~12시) • 면접 (15:30~18:30)	• 수업실연 (8~12시) • 면접 (15:30~18:30)	2차 시험 (지도안, 수업실연)	2차 시험 (심층면접)			

② 일간 계획 사례(참고용)

시간	내용
12:00~13:00	지도안 작성(50분 작성 목표, 10분 화장실 등 정비)
13:00~16:00	(수업실연 + 피드백) × 4 ※ 자체 출제한 문제로 실연하는 경우, 출제자가 작성한 지도안 보면서 출제자 위주로 피드백 ※ 피드백은 초반에는 다 같이, 후반에는 출제자 위주로 간단히
16:00~17:00	간단하게 식사
17:00~21:00	12:00~16:00의 과정과 동일

일차	회차	내용
1일차	1	최신 기출(2024, 2023, 2022) 및 향후 방향 확정(OT)
	2	
2일차	3	역사 ② 고대(대단원 1~2)
	4	역사 ② 고대(대단원 1~2)
3일차	5	동아시아사 전근대(대단원 1~3)
	6	동아시아사 근현대(대단원 4~5)
4일차	7	한국사 현대(대단원 4)
	8	한국사 현대(대단원 4)
5일차	9	역사 ① 동아시아사 전근대(대단원 1~3)
	10	역사 ① 동아시아사 근현대(대단원 4~6)
6일차	11	역사 ① 세계사 근현대(대단원 4~6)
	12	세계사 서양시민혁명파트와 근현대(대단원 4 일부~대단원 6)
7일차	13	역사 ② 중세(대단원 3)
	14	역사 ② 중세(대단원 3)
8일차	15	역사 ② 조선 전기(대단원 4)
	16	역사 ② 조선 전기(대단원 4)
9일차	17	역사 ② 조선 후기(대단원 5)
	18	역사 ② 조선 후기(대단원 5)
10일차	19	한국사 개항기(대단원 2)
	20	한국사 개항기(대단원 2)
11일차	21	한국사 일제강점기(대단원 3)
	22	한국사 일제강점기(대단원 3)
12일차	23	모의고사식으로 제일 중요한 주제로 연습해 보기
	24	

2 멘탈 관리와 현직 교사로부터 피드백 받기

(1) 멘탈 관리

① 마지막 관문에 도달한 현실에 감사하기

② 12월을 알차게 보냈다면 이미 합격할 확률이 매우 높음

③ 1.5배수 이내에 든 만큼 합격할 확률이 매우 높음

④ 교사다운 말투와 행동, 걸음걸이, 품위 유지하기

⑤ 아침, 저녁으로 웃는 얼굴과 자신에게 어울리는 말투 되찾기

⑥ 매일매일 희망에 찬 느낌으로 하루 시작하기

⑦ 부모님과 가족들에게 칭찬받고 인정받기

⑧ 첫인상에 대한 본인의 이미지를 파악해서 보다 자신감 있고, 당당한 이미지 구축하기

⑨ 조언은 조언일 뿐, 자신감 잃지 않기

(2) 현직 교사로부터 피드백 받기

① 학교 선배, 학원 선배들을 통해 교정받기

② 가능하다면 연령대별로 피드백 받기(20대, 30대, 40대, 50대)

③ 평가위원의 성별 비율은 남자 선생님 대 여자 선생님의 비율이 대체로 3:1에서 2:1임을 고려하여 피드백 받기

④ 강점과 약점을 나누어 표시하고, 공통적으로 지적되는 약점을 파악하기

03 자주 하는 질문 FAQ

1 학원 강의 관련

학원 강의는 꼭 수강해야 하나요?

2차 관련 학원 강의는 체계적이거나 종합적이지 못한 경우가 많습니다. 하지만 김구전공역사팀 강의는 수업실연 및 면접을 전·현직 교사분들과 함께 나누어 약 한 달간 진행되는 만큼 강의의 질과 효과가 아주 높다고 자부합니다.

인강으로는 수강할 수 없나요?

2차 강의의 특성상 대규모 강의와 1:1 강의가 맞물려 진행되는 만큼 개인 정보 유출 가능성이 있어 인강은 진행하지 않습니다.

김태규·구영모 선생님께 따로 조언을 받을 수는 없나요?

강의 없는 시간과 쉬는 시간 틈틈이 가능합니다.

자습실 사용은 불가능한가요?

강의 일자를 확인하시고 강의 없는 시간은 가능합니다.

응시한 지역에 아는 선후배가 없어서 조언을 얻기가 어렵습니다. 방법이 없을까요?

학원을 통해 합격하신 전년도 및 이전 합격자분들이 많이 도와주실 겁니다. 카페에서도 질문을 통해 해결 가능하리라 봅니다.

2 스터디 관련

스터디 조직은 필수일까요?

2차 시험을 준비하는 데에 있어 스터디 조직이 필수인 것은 아닙니다. 다만, 수업실연의 경우에는 스터디를 하게 되면 시간 관리의 효율성, 반강제성, 나도 몰랐던 습관 교정, 다른 스터디원의 수업을 볼 수 있다는 점, 수업 피드백을 통한 발전 등 많은 도움을 받을 수 있기 때문에 권장하는 편입니다.

어느 정도 스터디에 의존해야 하나요?

수업실연을 오로지 스터디로만 100% 채울 수는 없습니다. 스터디는 2차 시험을 준비하는 선생님들과 '합격'이라는 목표를 달성하기 위해 조직된 것이기에, 서로에게 가장 효율적으로 운영되어야 할 것입니다. 이를 위해 개인 공부 시간 확보는 필수적이며, 스터디 준비를 하는 과정이 곧 수업실연을 준비하는 과정임을 인지하고, 실연이나 면접은 내가 준비한 내용을 스터디원 앞에서 발휘하고, 평가받고, 교정받는 과정임을 이해해야 합니다.

스터디 조직은 어떻게 하나요?

김구전공역사 카페(cafe.daum.net/kimkoohistory)를 통해 구하거나 불가능할 경우, 김태규 선생님께 도움을 요청해도 됩니다.

스터디를 위한 별도의 학습 공간 마련은 어떻게 해야 할까요?

통상 스터디 멤버 가운데 한 분이 강의실을 빌리는 경우가 가장 많습니다. 출신 학교의 동의나 허가를 얻어 3~4명이 함께 할 수 있는 공간을 대여하는 것입니다. 또 다른 경우로는 2차 준비가 가능한 칠판, 필기구, 녹화 보조 장치 등이 확보된 카페나 업체를 활용하는 것입니다. 마지막으로 학원 내 빈 강의실을 활용하는 경우도 있습니다.

3 수업실연 관련

참관은 필수일까요?

그렇습니다. 타인의 수업실연과 면접을 통해 배울 점, 보완할 점, 극복해야 할 점 등이 눈에 들어옵니다.

참관은 언제, 얼마만큼 하는 것이 가장 좋은가요?

대체적으로 첫 주보다는 두 번째 주부터 안정적이고 실력이 향상되는 경우가 많습니다. 물론 그런 분들도 첫 주부터 보고, 들으며 스스로에게 피드백을 하신 분들이긴 합니다만, 통상 첫 주에 10여 명, 두 번째 주에 10여 명 정도 보는 것을 권합니다. 이 과정을 거치고 나면 몇 가지 자기만의 색깔과 팁을 만들 수 있습니다.

수업실연 과정에서 가장 중요한 것은 무엇일까요?

무엇보다 첫인상입니다. 자신감과 밝은 표정, 그리고 미소 띤 얼굴이라면 누구나 호감을 갖고 참관하게 되겠지요? 물론 자신에게 어울리는 복장과 화장도 중요하다고 봅니다. 그 다음은 목소리 톤과 발성, 정확한 발음, 억양과 동작 등의 조화입니다. 여기까지가 수업실연 문항과 관계없이 가장 중요하게 자신을 어필하고 점수를 끌어올릴 수 있는 효과적인 방법입니다.

수업실연과 관련한 수업 기법을 어느 정도 알아야 하나요?

교재에 제시된 것과 거기에 더해 몇 가지 정도 숙지하면 충분할 것 같습니다. 예를 들어 '배움 그래프(첫걸음–도움닫기–도약하기)'와 같은 3단계를 통해 배움중심수업 장면을 묘사하거나, 〈전개 1〉은 배움하기, 학생 활동은 실천하기, 모둠 활동은 함께하기 등으로 수업을 운영하는 것도 좋습니다.

학원에서 하는 수업실연에서 나만의 무기를 모두 보여줘야 하나요?

아닙니다. 자기만의 독창적인 수업 방식이나 기법들은 가급적 드러내지 않는 것이 좋습니다. 동일 지역 응시자가 아니라면 상관없겠지만, 동일 지역 응시자끼리는 수업 구호, 독창적 강화나 피드백, 모둠 명칭, 창의적인 동기 유발 방식, 자기만의 평가 방식 등은 공유하지 않아야 하겠지요.

작년 수업실연 중 평가관의 표정이 좋지 않았던 것이 불합격한 요소일까요?

각 평가관은 각자의 역할에 따라 자신의 일을 수행합니다. 그들의 행동과 반응에 주목하기보다는 문항 조건에 충실했느냐가 더 중요한 판단 기준입니다. 평가관의 표정과 반응에 흔들리지 말고 자신이 계획한 순서대로 진행해 나가야 합니다.

순회 지도는 반드시 해야 하는 활동인가요?

네. 반드시 그런 것은 아니지만, 대체로 모든 응시자가 포함하는 활동입니다. 단, 순회 지도 시 다음과 같은 몇 가지 사항은 유의하셔야 합니다. 첫째, 교탁을 기준으로 좌우 4걸음 이내에서 진행할 것. 둘째, 비언어적 의사소통의 방식이므로 올바른 자세, 온화한 표정, 허용적 분위기를 유지할 것. 셋째, 평가위원에게 지나치게 다가가지 말 것. 넷째, 시선을 최대한 골고루 분산시킬 것. 다섯째, 2명 정도 지도하는 것으로 준비하고, 한 명은 긍정적 강화, 또 다른 한 명은 교정을 위한 강화를 제공하는 형식을 취할 것. 여섯째, 평가위원들을 학생이라 가정하고 진행하지 말 것 등입니다.

4 교재 관련

다른 교재와 차이가 있나요?

2차 시험에 대한 안내와 분석, 이론적 접근과 실전 문항의 완성도는 여러분 스스로 판단하실 수 있을 것이라 봅니다.

교재 구입은 꼭 해야 하나요?

각 지역별 특색에 맞춰 집필된 것인 만큼 가급적 구입하시는 것을 권합니다.

교재에 제시된 문항들은 모두 풀어야 하나요?

교재에 제시된 문항 가운데 출제 확률이 높은 것들이 많습니다. 가급적 다 풀어보시길 권합니다.

교재 내용만으로도 충분할까요?

교재 내용과 교과서, 교사용 지도서 정도면 충분합니다.

선생님을 위한

수업실연

PART

02

수업지도안 작성과 수업실연

2차 시험 준비에 앞서 해야 할 일은 무엇일까?

01 교육과정 재구성하기

1 절차

교육과정 뜯어보기 → 성취기준 및 교과서 분석하기

2 필요성

(1) 2차 시험의 평가요소로써의 중요성

① 개론서 수준의 지식을 '얼마나 많이 아는가?'보다 교육과정과 교과서 내용을 재구성하며 '얼마나 잘 가르치는가?'가 평가의 요소가 됨

② 성취기준 및 학습 요소에 대한 분석, 교과서 수준의 단어와 개념에 대한 정확한 이해와 활용 필요

Check 성취기준의 중요성

- 가르쳐야 할 내용, 가르칠 방법을 국가에서 제시해 놓은 문서
- 핵심 내용과 학습목표, 교수·학습 방법과 이에 따른 평가 방법 및 기준이 제시되어 있음
- 모든 문항의 출제 근거는 교육과정이기 때문

(2) 교과서 활용의 중요성

① 교과서는 교육과정이 실현되어 있는 텍스트이자 활동집

② 학교급별로 학습 내용의 깊이, 활용할 용어 수준, 교수·학습 방향을 고려하여 정리

③ 소주제별 활동, 중단원 마무리 활동, 대단원 마무리 활동을 중심으로 학생 활동 확인

④ 1차 시험 직후 스터디를 구성해 과목별·출판사별로 나누어 정리할 것을 추천

⑤ 그러나 정리본에만 의지하지 말고 꼭 한 번씩 교과서를 전체적으로 읽어보기

02 과목별 성취기준 및 교과서 분석하기

1 교육과정 뜯어보기

(10) 조선의 성립과 변천

조선의 성립 이후 양난까지 문물제도 정비를 통한 정치와 문화의 발전 과정을 다룬다. 이 시기에 조선 정치의 기틀이 형성되고 사림의 등장으로 성리학적 사회 질서가 자리 잡았음을 이해한다. 유교 문화의 보급과 더불어 문화와 과학이 발달하였음을 파악한다. 왜란과 호란의 발발 배경과 전개 과정, 영향을 동아시아의 국제질서와 연관하여 파악한다.

성취기준 → 학생들이 교과를 통해 배워야 할 내용과 이를 통해 수업 후 할 수 있거나 할 수 있기를 기대하는 능력을 결합하여 나타낸 수업 활동의 기준

[9역10-01] 조선의 유교적 통치 이념을 통치 체제의 정비와 대외 관계를 통해 탐구한다.
[9역10-02] 사림 세력의 성장 과정과 사림 세력의 집권에 따른 정치 변화 내용을 이해한다.
[9역10-03] 조선 전기 문화 사업을 조사하여 조선 정부가 유교 문화를 보급하려고 한 배경과 노력을 이해한다.
[9역10-04] 왜란과 호란이 동아시아 정세에 미친 영향을 파악한다.

학습 요소 → 성취기준에서 학생들이 배워야 할 학습 내용을 핵심어로 제시한 것

소주제	학습요소
통치 체제와 대외 관계	조선 건국, 통치 체제, 사대교린
사림 세력과 정치 변화	왕권, 신권, 사화, 붕당
문화의 발달과 사회 변화	유교 윤리, 훈민정음, 과학 기술
왜란·호란의 발발과 영향	임진왜란, 병자호란, 명·청 교체

성취기준 해설 → • 제시한 성취기준 중 자세한 해설이 필요한 성취기준에 대한 부연 설명 • 강조되어야 할 성취기준을 의미하는 것은 아님

[9역10-04] 왜란과 호란이 동아시아 정세의 변화에 큰 영향을 끼쳤음을 확인한다. 전쟁의 피해, 명·청·일본과의 교류를 둘러싼 문제 등과 관련하여 실제 진행되었던 토론 등을 탐구하고, 전쟁 과정과 전쟁이 끝난 뒤 이루어진 동아시아 3국의 문화적 교류의 내용도 파악한다.

교수·학습 방법 및 유의사항 → • 해당 영역의 교수·학습을 위해 제안한 방법과 유의사항 • 학생 참여 중심의 수업 및 유의미한 학습 경험 제공 등을 유도하는 내용을 제시

조선의 건국, 사화 등의 학습 주제와 관련된 핵심 인물을 선정하여 모둠별로 그 인물에 대한 보고서를 작성하거나 가상 인터뷰를 진행하는 수업을 진행할 수 있다. 이를 통해 자료를 수집하고 비판적으로 분석하여 역사적 지식을 구성하는 능력을 기를 수 있다. '문화유산과 과학기술로 보는 조선'이라는 주제로 탐구 학습을 실시하여 조선의 문화와 유교 윤리의 확산 과정의 관계를 이해하게 할 수 있다.

평가 방법 및 유의사항
- 해당 영역의 평가를 할 수 있도록 제안한 방법과 유의사항
- 해당 영역의 교수·학습 방법에 따른 다양한 평가, 특히 과정 중심 평가가 이루어질 수 있도록 관련 내용 제시

핵심 인물에 대한 보고서 작성, 가상 인터뷰 수업은 인물의 신변잡기적 내용보다는 당시 상황에 대한 핵심적인 내용의 포함 유무가 평가기준이 되어야 한다. 주제별 탐구 수업에서는 주제 선정의 적절성, 조사 내용의 정확도, 문화유산이나 과학 기술에 대한 이해도를 체크리스트 방식으로 평가할 수 있다. 모둠별로 발표하는 수업을 통해 집단 평가를 병행할 수도 있다.

2 성취기준 및 교과서 분석 예시

(1) 교과서와 연계하여 학습 내용 뽑아내기

성취기준(예시 해당 부분만 발췌)

[9역10-02] ① 사림 세력의 성장 과정과 ② 사림 세력의 집권에 따른 정치 변화 내용을 이해한다.

학습 요소

소주제	학습요소
사림 세력과 정치 변화	왕권, 신권, 사화, 붕당

출판사별 학습목표 및 핵심 키워드 정리 예시

① 사림이 정치 세력으로 성장하다(비상 교과서 소제목)		
학습 목표	천재	조선의 유교적 이상 정치의 의미를 이해하고 사림의 성장 과정을 말할 수 있다.
	비상	• 사림의 성장 과정에 대해 말할 수 있다. • 사림과 훈구가 갈등하게 된 이유와 사화의 과정을 설명할 수 있다.
	금성	사림의 등장 배경과 사화를 설명할 수 있다.
	미래엔	사림 세력의 등장과 성장 과정을 설명할 수 있다.
핵심 키워드	훈구, 공신, 대토지 소유, 사림, 왕도 정치, 향촌 자치, 왕권과 신권의 조화, 3사의 언관직, 공론 정치, 무오사화, 갑자사화, 중종반정, 조광조, 소격서 폐지, 현량과 실시, 위훈 삭제, 기묘사화, 을사사화	

② 사림이 세력을 키우고 붕당을 형성하다(비상 교과서 소제목)		
학습 목표	천재	붕당이 형성된 배경과 서원·향약을 통한 성리학적 질서의 확산을 설명할 수 있다.
	비상	• 사림이 향촌에서 세력을 키울 수 있었던 이유를 설명할 수 있다. • 붕당이 형성되는 과정을 설명할 수 있다.
	금성	사림 세력의 성장 과정과 붕당의 형성 배경을 말할 수 있다.
	미래엔	사림 세력의 집권에 따른 정치 변화를 설명할 수 있다.
핵심 키워드	• 서원, 제사와 교육, 정치 여론 형성, 향약, 유교 덕목 보급, 지방민 교화 및 통제, 향촌 주도권 장악 • 이조 전랑, 동인, 서인, 붕당, 정치적·학문적 의견 차이, 건전한 비판과 상호 견제, 남인, 북인	

합격자의 TIP

- 교육과정의 성취기준과 학습 요소를 참고하여 출판사별 학습목표와 핵심 키워드를 선별하여 정리
- 이를 바탕으로 관련 주제의 주요 서술 내용을 파악하고 지도안 작성 및 수업실연 시 빼놓지 않아야 할 핵심 내용을 숙지
- 학습목표와 핵심 키워드를 고려하여 예상 질문과 피드백 등을 준비

주요 내용 정리 예시

주제(from 학습목표)	관련 내용(from 핵심 키워드)
훈구와 사림	• 훈구: 세조 즉위 과정의 공신, 고위 관직 차지, 대토지 소유, 왕실과 혼인 • 사림: 조선 건국에 협력하지 않고 향촌에서 성리학 연구하던 학자들을 계승, 왕도 정치, 향촌 자치 주장, 공론 정치 주도
조선의 유교적 이상 정치	왕권과 신권의 조화(3사의 언관직), 상소, 신문고
사림의 등장 배경	성종 대 훈구 세력 견제와 왕권 강화를 위해 사림 대거 등용
훈구와의 갈등 이유	훈구 세력의 권력 독점 비판, 개혁 주장
사화의 과정	무오사화(연산군, 김종직, 조의제문) ➡ 갑자사화(연산군, 폐비 윤씨) ➡ 중종 반정 ➡ 기묘사화(조광조, 현량과 실시, 소격서 폐지, 위훈 삭제) ➡ 을사사화(명종, 외척 간 다툼)

주제(from 학습목표)	관련 내용(from 핵심 키워드)
사림 세력의 성장 과정	• 서원: 덕망 높은 유학자 제사, 양반 자제 교육, 성리학 보급, 학파 형성 ➡ 정치 여론 형성(정치적 기반) • 향약: 마을 주민들이 지켜야 할 자치 규약, 중국 여씨향약 번역, 우리나라 실정에 맞는 향약을 만들어 보급, 유교 덕목에 따른 지방민 교화와 통제 ➡ 향촌 사회의 주도권 장악
성리학적 질서의 확산	
향촌에서 세력을 키울 수 있었던 이유	
붕당의 형성 과정(배경)	이조 전랑 임명 문제로 동인과 서인으로 분열, 붕당은 정치적·학문적 의견 차이에 따라 형성, 건전한 비판과 상호 견제로 정치 운영, 동인은 남인과 북인으로 나뉨
사림 세력의 집권에 따른 정치 변화	

내용 관련 질문 예시

Q 훈구와 사림은 어디에서 비롯되었나?

A 훈구: 세조의 즉위를 도운 공신 세력,
사림: 조선 건국에 협력하지 않고 향촌에서 학문과 교육에 힘쓰던 유학자

Q 훈구와 사림의 정치적 성향과 경제적 기반 차이는 무엇인가?

A 정치 성향: 훈구 – 중앙집권추구, 사림 – 향촌자치추구,
경제 기반: 훈구 – 대지주 계층, 사림 – 중소지주 계층

Q 사림이 주로 임명된 3사는 어떤 특징을 가진 기관인가?

A 언론기관으로 훈구 세력의 비리를 비판, 국왕이 정치를 바르게 이끌어나갈 수 있도록 의견 제시

Q 사림에 대한 훈구의 반격으로 시작된 사건들은 무엇이고, 각각의 원인은 무엇인가?

A 사화, 무오사화: 김종직의 '조의제문', 갑자사화: 폐비윤씨 사건, 기묘사화: 조광조 개혁정치, 을사사화: 외척의 대립

Q 조광조가 추진한 개혁은 무엇인가? 그것들의 공통된 목적은 무엇이었을까?

A 현량과 실시, 소격서 폐지, 위훈 삭제 – 왕도정치, 유교적 이상 정치 실현

Q 네 번의 사화에도 불구하고 사림이 학문적 입지와 영향력을 넓힐 수 있었던 이유는 무엇인가?

A 서원: 제사와 교육을 담당하며 학파와 정치적 여론 형성,
향약: 유교 덕목에 따라 지방민 교화와 통제, 향촌 사회의 주도권 장악

Q 이조 전랑은 무슨 자리이기에 다툼이 일어났을까?

A 여론 형성에 중요한 기관인 3사의 관리를 추천, 자신의 후임자 추천권 소유

Q 붕당의 형성에는 어떤 이유가 영향을 미쳤을까?

A 학문적 입장 + 정치적 입장

Q 붕당 정치의 성격은 무엇인가?

A 서로의 차이를 인정하며 건전한 비판과 상호 견제를 바탕으로 정치를 이끌어 나감

내용적 피드백 예시

❶ ○○이가 조선의 유교적 이상 정치의 의미를 잘 이해하고 설명해 주었네요. 모두의 이해에 도움이 되었나요?

❷ ○○이가 훈구 세력과 사림 세력의 차이점을 비교하여 잘 설명해 주었네요. 다만 정치적 성향은 상세하게 잘 나타나 있는데, 경제적 기반에 대한 내용은 조금 더 보충하면 좋을 것 같아요. ○○이의 대답에 조금 더 보충해서 발표해 줄 친구 있나요?

❸ ○○이가 네 번의 사화에 대해 정확하고도 참신하게 설명해 주었어요, ○○이 발표에서 궁금한 점이나 인상 깊었던 점이 있나요?

❹ ○○이가 마치 자신이 조광조가 된 것처럼 개혁 정치의 내용을 잘 발표해 주었어요. 그럼 이에 대한 훈구의 반응은 어땠을까요? 훈구 세력의 입장에서 발표해 줄 친구 있을까요?

❺ ○○이가 사림 세력의 집권에 따른 정치의 변화를 잘 파악하고 이야기해 주었네요. 그런데 ~의 내용을 추가하면 변화상이 더 잘 드러날 것 같은데, 선생님의 제안을 포함해서 다시 한번 설명해 줄래요?

❻ 원래 붕당 정치는 건전한 비판과 상호견제가 이루어지는 정치였어요. 그런데 이 정치가 잘 지속되었을까요? (학생 대답) 네, 맞아요. ○○이가 그렇게 생각한 이유는 무엇인가요?

(2) 교육과정 속 학생 활동을 정리하고 실제 교과서의 활동 확인하기

교수·학습 방법 및 유의사항

조선의 건국, 사화 등의 학습 주제와 관련된 핵심 인물을 선정하여 모둠별로 그 인물에 대한 보고서를 작성하거나 가상 인터뷰를 진행하는 수업을 진행할 수 있다. 이를 통해 자료를 수집하고 비판적으로 분석하여 역사적 지식을 구성하는 능력을 기를 수 있다. '문화유산과 과학기술로 보는 조선'이라는 주제로 탐구 학습을 실시하여 조선의 문화와 유교 윤리의 확산 과정의 관계를 이해하게 할 수 있다.

평가 방법 및 유의사항

핵심 인물에 대한 보고서 작성, 가상 인터뷰 수업은 인물의 신변잡기적 내용보다는 당시 상황에 대한 핵심적인 내용의 포함 유무가 평가기준이 되어야 한다. 주제별 탐구 수업에서는 주제 선정의 적절성, 조사 내용의 정확도, 문화 유산이나 과학 기술에 대한 이해도를 체크리스트 방식으로 평가할 수 있다. 모둠별로 발표하는 수업을 통해 집단 평가를 병행할 수도 있다.

출판사별 학생 활동 확인

출판사		내용
천재	활동	가상 인터뷰 – '조광조 선생님과의 만남'
	역량	정보 활용 능력, 역사 사실 이해
	관련 질문	인터뷰 대본 1. 위 인터뷰에서 빈칸에 들어갈 내용을 작성해 보자. 2. 위 인터뷰 이후 어떤 사건이 일어났을지 역사적 사실에 근거하여 이야기 해 보자.
	기타	미래엔 교과서에도 다른 형태로 수록
천재	활동	우리 학급 향약 만들기
	역량	창의적 사고력, 정체성과 상호 존중
	관련 질문	그림자료(만화) / 향약의 주요 덕목 1. 위 그림을 보고 조선 사회에서 향약이 어떤 역할을 하였을지 생각해 보자. 2. 향약의 주요 덕목을 참고하여 우리 학급 구성원들이 지켜야 할 자치 규약을 만들어 보자.
	비고	미래엔 교과서에도 다른 형태로 수록
비상	활동	인물 탐구(특집기사) – '긴급진단: 조광조의 개혁, 무엇이 달라지나?'
	역량	자료 분석과 해석, 의사소통
	관련 질문	1. 위의 내용을 바탕으로 조광조가 개혁을 추진한 목적을 말해 보자. 2. 조광조의 개혁 정책에 대해 훈구와 사림 세력은 어떻게 반응하였을지 각각 정리해 보자.
비상	활동	답사 계획서 작성하기 – '서원으로 떠나 봅시다!'
	역량	사실 이해, 정보 활용
	관련 질문	1. 자료를 바탕으로 서원의 설립 목적과 기능을 말해 보자. 2. 자신이 사는 지역과 가까운 서원을 찾아보고, 이곳을 답사할 계획서를 작성해 보자. 〈답사 계획서를 만들 때에는〉 • 일정을 정하고, 방문할 곳을 선정한다. • 지도를 확인하여 효율적인 이동 경로를 찾는다. • 선정한 서원의 누리집, 각 시·도청의 문화 관광 누리집 등을 활용하여 선정한 서원에 대해 조사한다. • 수집한 자료와 지도를 바탕으로 답사 계획서를 작성한다.

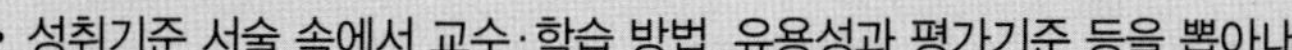

- 성취기준 서술 속에서 교수·학습 방법, 유용성과 평가기준 등을 뽑아내기
- 해당 주제를 서술한 교과서에 제시된 학생 활동에 역사교육론 내용을 더하여 정리
[각 활동의 역사과 핵심역량, 유용성(활동 목적), 활동 유의사항, 채점 기준 등을 중심으로 정리]
- 소주제뿐만 아니라 각 중단원, 대단원 마무리에 있는 학생 활동도 확인하기
(수업 주제, 활용하는 자료의 특성, 활동의 목적 및 특성을 고려하여 채점 기준 작성 및 활동 단계 안내 등의 패턴을 익히기)

성취기준 속 예상 학생 활동 정리 예시

인물 탐구 보고서 작성, 가상 인터뷰	유용성	주제와 관련된 핵심 인물을 선정하고 조사하며, 자료를 수집하고 비판적으로 분석하여 역사적 지식을 구성하는 능력 향상
	평가기준	당시 상황에 대한 핵심적인 내용의 포함 유무
주제 탐구 학습	유용성	조선의 문화와 유교 윤리 확산 과정의 관계를 이해
	평가기준	• 주제 선정의 적절성, 조사 내용의 정확도, 문화유산이나 과학 기술에 대한 이해도 • 체크리스트 방식으로 평가 가능 • 모둠별 발표 수업을 통해 집단 평가 병행

출판사별 예상 학생 활동 정리 예시

인물 탐구(특집기사, 가상 인터뷰 등)	
핵심역량	역사 자료 분석과 해석, 의사소통 / 역사 사실 이해, 정보 활용 능력
활동 목적 (유용성)	주제와 관련된 핵심 인물을 선정하고 조사하며, 자료를 수집하고 비판적으로 분석하여 역사적 지식을 구성하는 능력 향상
채점 기준	• 당시 상황에 대한 핵심적인 내용을 포함하였는가? • 역사적 사실에 근거하여 기사(인터뷰 시나리오)를 작성했는가? • 인물과 관련된 적절한 자료를 준비하였는가?

중·대단원 마무리 활동으로 활동 단계 및 채점 기준 작성 패턴 익히기(역사 ① 교과서 예시)

<table>
<tr><th>출판사</th><th colspan="2">내용</th></tr>
<tr><td rowspan="4">지학사</td><td>활동</td><td>인물 카드 만들기</td></tr>
<tr><td>역량</td><td>역사 사실 이해, 역사 자료 분석과 해석</td></tr>
<tr><td>단계</td><td>1. 카드를 만들 준비물을 준비한다.
2. 다음 인물 중 한 사람을 선정한다(인물 리스트 제공).
3. 선정한 인물과 관련된 자료를 수집한다.
4. 모둠 토의를 통해 인물 카드에 들어갈 내용을 선정하고 인물 카드를 제작한다.</td></tr>
<tr><td>평가</td><td>1. 인물의 특징과 업적을 반영한 제목을 선정하였는가?
2. 인물과 관련된 자료를 검색하여 업적을 잘 소개하였는가?
3. 인물 카드를 만드는 과정에서 모둠원이 잘 협력하였는가?</td></tr>
<tr><td rowspan="4">지학사</td><td>활동</td><td>역사 답사 자료집 만들기</td></tr>
<tr><td>역량</td><td>역사 정보 활용 및 의사소통, 정체성과 상호 존중</td></tr>
<tr><td>단계</td><td>1. 각 문화권을 대표할 만한 나라를 선정하고, 해당 국가를 선정한 이유를 작성한다.
2. 각 문화권의 특징을 보여 줄 수 있는 유물과 유적을 선정하여 조사한다.
3. 서적, 인터넷 등을 통해 역사 및 여행을 다룬 다양한 컨텐츠를 수집하고 이를 바탕으로 3박 4일 가량의 답사를 진행할 수 있는 자료집을 만든다. 이때 다음의 내용이 포함되도록 한다. ① 방문 도시, ② 유물·유적의 특징, ③ 숙박시설 및 식사, ④ 이동수단, ⑤ 비용 등</td></tr>
<tr><td>평가</td><td>1. 해당 문화권을 대표할 만한 국가, 유물, 유적을 선정하였는가?
2. 유물·유적에 관한 자세한 설명을 담은 답사 자료집을 작성하였는가?
3. 구체적인 여행 계획을 담은 답사 자료집을 작성하였는가?</td></tr>
<tr><td rowspan="4">지학사</td><td>활동</td><td>뉴스 속보 만들기</td></tr>
<tr><td>역량</td><td>역사 정보 활용 및 의사소통</td></tr>
<tr><td>단계</td><td>1. 모둠별로 일정 시기에 발생한 여러 사건을 조사하여 하나의 주제를 정한다. 이때 모둠장들이 회의하여 주제가 겹치지 않도록 한다.
2. 책, 신문, 인터넷 등을 활용하여 주제와 관련된 내용을 조사한다.
3. 조사한 내용을 바탕으로 제목과 주요 내용을 넣어 보도 형식의 가상 뉴스 대본을 작성한다.
4. 역할을 분담한 뒤 실제 뉴스를 진행하는 것처럼 발표한다.
5. 모둠별로 제작한 뉴스 장면은 사건이 일어난 순서대로 시청하고 평가한다.</td></tr>
<tr><td>평가</td><td>1. 뉴스의 제목이 적절하였는가?
2. 뉴스 대본의 내용이 정확하였는가?
3. 분량에 맞게 내용을 전달하였는가?
4. 뉴스의 형식을 갖추고 있는가?
5. 모든 모둠원이 적극적으로 참여하였는가?</td></tr>
</table>

<table>
<tr><td rowspan="5">동아</td><td>활동</td><td colspan="2">유적 홍보물 만들기</td></tr>
<tr><td>역량</td><td colspan="2">역사 정보 활용 및 의사소통</td></tr>
<tr><td>단계</td><td colspan="2">1. 모둠을 만들고 홍보할 유적을 선택한다.
2. 선택한 유적의 특징을 조사한다.
3. 조사한 내용을 바탕으로 홍보물을 만든다.
4. 제작한 홍보물을 전시한다.
5. 전시된 홍보물을 보고 내용을 평가한다.</td></tr>
<tr><td rowspan="2">평가</td><td>자기평가</td><td>1. 홍보물에 들어갈 유적의 특징을 충실히 조사하였는가?
2. 조사한 내용을 홍보물의 성격에 맞게 구성하였는가?</td></tr>
<tr><td>동료평가</td><td>1. 유적의 특징을 이해하기 쉽게 전달하였는가?
2. 홍보물을 보고 해당 유적에 방문하고 싶다는 생각이 들었는가?</td></tr>
<tr><td rowspan="5">동아</td><td>활동</td><td colspan="2">연설문 작성하기</td></tr>
<tr><td>역량</td><td colspan="2">역사 정보 활용 및 의사소통</td></tr>
<tr><td>단계</td><td colspan="2">1. 그리스와 로마의 인물 중 연설문을 쓸 인물을 결정한다.
2. 교과서에서 해당 인물이 살았던 시대의 상황을 확인한다.
3. 각 상황에서 선택한 인물이 제시한 정책을 정리하여 연설문을 작성한다.
4. 역사적 인물이 되었다고 생각하며 연설문을 발표한다.
5. 발표가 끝나면 활동에 대해 평가한다.</td></tr>
<tr><td rowspan="2">평가</td><td>자기평가</td><td>1. 자신이 선정한 인물이 살았던 시대의 상황을 정확히 조사하였는가?
2. 연설문의 내용을 논리적으로 작성하였는가?</td></tr>
<tr><td>동료평가</td><td>1. 연설문에서 인물의 주장이 잘 드러났는가?
2. 연설문의 내용에 공감할 수 있었는가?</td></tr>
<tr><td rowspan="5">동아</td><td>활동</td><td colspan="2">교역 계획서 작성하기</td></tr>
<tr><td>역량</td><td colspan="2">역사 정보 활용 및 의사소통</td></tr>
<tr><td>단계</td><td colspan="2">1. 신항로 개척 이후 발달한 대서양 무역을 주도한 유럽 국가를 선택한다.
2. 선택한 국가의 상황을 조사하여 교역 대상 지역과 교역 물품을 선정한다.
3. 선정한 교역 지역과 물품(살 물건, 팔 물건)을 바탕으로 교역 계획서를 작성한다.
4. 모둠별로 작성한 교역 계획서를 발표한다.
5. 발표가 끝나면 활동에 대해 평가한다.</td></tr>
<tr><td rowspan="2">평가</td><td>자기평가</td><td>1. 교역 계획서에 구체적인 지역과 물품을 선정하였는가?
2. 교역 계획서를 자신 있게 발표하였는가?</td></tr>
<tr><td>동료평가</td><td>1. 교역 대상 지역을 합리적으로 선택하였는가?
2. 교역 계획을 구체적으로 제시하였는가?</td></tr>
</table>

<table>
<tr><td rowspan="4">미래엔</td><td>활동</td><td>모의재판하기</td></tr>
<tr><td>단계</td><td>1. 모둠별로 아메리카 원주민 측 검사 또는 콜럼버스의 변호사 중 하나를 선택하고, 모의재판에 쓸 대본을 작성해보자.
2. 검사 측은 유죄의 근거를 다양한 경로로 수집하여 기소장을 작성하고 형량을 구형한다. 콜럼버스 변호인은 측은 무죄의 근거를 모아 변론문을 작성한다.
3. 작성한 기소장 또는 변론문에 근거하여 모의재판을 진행한다.
4. 판사가 두 입장을 모두 정리한 뒤 판결을 내린다.</td></tr>
<tr><td>유의 사항</td><td>1. 모둠 구성원의 역할을 적절히 분담한다.
(유죄 또는 무죄 자료 정리, 기소장 또는 변론문 작성, 기소장과 변론문의 오류 수정, 판사의 재판 결과 정리)
2. 콜럼버스에 대한 다양한 평가 자료를 찾아 기소와 변론의 근거를 마련한다.</td></tr>
<tr><td>평가 방법</td><td>1. 모의재판 시나리오를 역사적 사실에 부합하게 작성하였는가?
2. 기소장과 변론문을 논리적으로 작성하였는가?
3. 모둠원 모두가 주어진 역할에 충실히 활동하였는가?
4. 다른 모둠의 발표를 경청하고 상호 작용을 잘 하였는가?</td></tr>
<tr><td rowspan="4">미래엔</td><td>활동</td><td>세계사 신문 제작하기</td></tr>
<tr><td>단계</td><td>1. 모둠별로 인도, 동남아시아, 동아시아, 이슬람 세계, 유럽 중 한 지역이나 국가를 선정한다.
2. 특정 주제에 어울리는 적절한 형식으로 기사를 작성한다.
① 머리기사, 사설, 인터뷰, 만평, 광고면으로 나누어 지면을 구성한다.
② 각자 역할은 나누어 기사를 작성하고 사진, 그림 등을 함께 싣는다.
③ 사설은 주장하는 관점이 분명히 드러나도록 작성한다.
④ 문화, 만평, 광고 등은 당시의 시대상을 보여줄 수 있는 소재로 구성한다.
3. 맡은 역할에 따라 모둠원이 협동하여 신문을 제작한다.
4. 작성한 신문의 내용을 발표한다.</td></tr>
<tr><td>유의 사항</td><td>1. 4~6명을 한 모둠으로 편성한다
2. 모둠별로 주제가 중복되지 않도록 한다.
3. 모둠 구성원의 역할을 적절히 분담한다.
(시대 또는 사건 선정하기, 자료 조사, 기사 작성, 신문 발표)</td></tr>
<tr><td>평가 방법</td><td>1. 주제를 적절하게 선정하였는가?
2. 신문이 발간된 시기의 시대상이 잘 반영되었는가?
3. 신문 기사에 역사적 오류, 문법적 오류·오타가 없는가?
4. 발표를 유창하게 하였는가?</td></tr>
</table>

<table>
<tr><td rowspan="4">미래엔</td><td>활동</td><td>마인드맵 그리기</td></tr>
<tr><td>단계</td><td>1. 모둠별로 마인드맵의 주제를 정한다.
* 다음과 같은 주제를 생각해 볼 수 있다.

의회 정치의 발전, 프랑스 혁명, 나폴레옹, 근대 국민 국가의 건설, 빈 체제, 자유주의 운동, 민족주의 운동, 산업 혁명, 제국주의, 입헌 체제의 도입, 아시아의 근대화, 반제국주의

2. 교과서, 참고도서, 인터넷 등을 활용하여 주제에 대한 자료를 조사하여 정리한다.
3. 모둠원이 돌아가면서 연상되는 단어와 문장을 자유롭게 말하고 준비한 종이에 마인드맵을 그린다.
4. 모둠별로 마인드맵의 주제를 선정한 이유, 마인드맵 구성 요소들의 연관 관계를 발표한다.</td></tr>
<tr><td>유의 사항</td><td>1. 3~4명으로 한 모둠을 구성한다.
2. 마인드맵을 그릴 때는 중앙에 주제를 그리고 나뭇가지를 그리듯이 가지를 연결하여 연상되는 내용을 적는다.
3. 단어, 문장, 이미지 등 다양한 형태로 연상 내용을 표현한다.
4. 색연필 등을 이용하여 가운데에 쓴 주제와 관련 정도를 구분하면서 가지를 그려나간다.</td></tr>
<tr><td>평가 방법</td><td>1. 주제와 관련된 내용으로 잘 구성되었는가?
2. 내용의 연결이 매끄럽게 이루어졌는가?
3. 내용의 오류 없이 완성되었는가?
4. 모둠원이 모두 협력하여 활동하였는가?</td></tr>
</table>

수업지도안은 어떻게 작성할까?

01 지도안의 구조 파악하기

1 기출 지도안 작성 답안지 뜯어보기

❶

단원	V. 오늘날의 동아시아 - 제2차 세계대전 전후 처리와 냉전 체제	지도 대상	고등학교 2학년
학습목표	1. 동아시아의 전후 처리 과정을 설명할 수 있다.		
	2. 냉전으로 인한 국제 관계의 변화를 분석하고, 미국의 대일본 정책의 변화를 설명할 수 있다.		
	3. 미국이 주도한 연합국의 전후 처리 방식에 대해 평가할 수 있다.		
학습 자료	교과서, 사료, TV, 컴퓨터 및 학습에 필요한 모든 기자재		

❷

학습 단계	학습 요소	교수·학습활동	시간	자료 및 지도상 유의점
도입	인사	인사 및 출석 확인을 한다.	5	
	전시 확인	전시 학습을 확인한다.		
	동기 유발	미주리호에서 미국 대표와 일본 천황이 만나, 일본 천황이 항복 선언에 서명하는 모습을 보여주며 동기를 유발한다.		
	학습목표	학습목표를 확인한다.		

❸-㉠

학습 단계	학습 요소	교수·학습활동	시간	자료 및 지도상 유의점
전개	〈전개 1〉	• 연합국의 전후 처리 구상에 대해 설명한다. • 카이로 회담, 얄타 회담, 포츠담 회담의 내용을 확인한다. 〈지도안 작성 부분 1〉	20	〈자료 1〉 〈자료 2〉

❸-㉡	전개	〈전개 2〉	〈지도안 작성 부분 2〉	15	〈자료 3〉 〈자료 4〉
❸-㉢		〈전개 3〉	〈지도안 작성 부분 3〉 2모둠 ⋮ [수험생 작성 부분] ♥ 2 ◯ 2 [교사] 연합국의 입장만을 대변한 것이 아닐까요? [서율] 전쟁 피해국의 입장도 고려하면 좋겠어요.	50	〈자료 4〉 〈자료 5〉 태블릿 PC
❹	정리	정리	• 질의응답을 통해 학습 내용을 정리한다. 〈지도안 작성 부분 4〉	10	〈자료6〉 역사학습의 의미와 목적에 대해 성찰하도록 한다.
		차시예고	다음 차시를 예고한다.		
		인사	인사하고 마친다.		

(1) 지도안의 구성

① ❶ 수업내용과 교실상황 + ❷ 수업 도입부 + ❸ 수업 전개부(❸-㉠ + ❸-㉡ + ❸-㉢) + ❹ 수업 정리부

② 수업 흐름에 따라 구분

③ 제3자(관찰자)가 수업의 진행 상황을 한눈에 파악할 수 있도록 구체화하여 작성

(2) 채워진 공간과 빈 공간

① 수업단원 및 학습목표, 교실상황과 단계별 활용해야 할 자료 및 유의사항 등을 확인

② 이미 수업이 진행되었거나 진행될 것이라 가정된 부분이 채워져 있으므로 이를 제외하고 작성

③ 〈지도안 작성 부분〉으로 비워져 있는 곳이 수험생이 지도안을 작성하고 구상 조건에 따라 수업을 실연해야 하는 부분

2 단계별 활동 알아보기

(1) 수업내용과 교실상황 파악

① 단원: 지도안 작성 및 실연해야 할 내용 확인

② 지도 대상: 내용 수준과 용어·설명 수준 결정

③ 학습목표: 수업의 전체적인 방향성 파악, 학습자가 도달해야 하는 목표 파악, 학생 활동 파악

④ 학습 자료: 수업 구상 및 실연에서 언급해야 할 기자재 파악

단원	V. 오늘날의 동아시아 - 제2차 세계대전 전후 처리와 냉전 체제	지도 대상	고등학교 2학년
학습목표	1. 동아시아의 전후 처리 과정을 설명할 수 있다.		
	2. 냉전으로 인한 국제 관계의 변화를 분석하고, 미국의 대일본 정책의 변화를 설명할 수 있다.		
	3. 미국이 주도한 연합국의 전후 처리 방식에 대해 평가할 수 있다.		
학습 자료	교과서, 사료, TV, 컴퓨터 및 학습에 필요한 모든 기자재		

(2) 도입 단계

① 소요 시간은 약 5~10분으로 배정

② 도입 단계는 학습 내용을 안내하고 동기 유발 및 학습자의 주의집중을 목표로 하는 단계

③ 본시 학습 내용과 관련된 이야기 및 매체들을 제공 ➡ 사진, 영화, 인터넷, 영상자료 등 다양하게 활용

④ 전시 학습을 확인하고 본시 학습과 연결

⑤ 학습목표를 제시하되 행동적 학습목표로 진술, 목표의 명료화·구체화·위계화 필요

학습 단계	학습 요소	교수·학습활동	시간	자료 및 지도상 유의점
도입	인사	인사 및 출석 확인을 한다.	5	
	전시 확인	전시 학습을 확인한다.		
	동기 유발	미주리호에서 미국 대표와 일본 천황이 만나, 일본 천황이 항복 선언에 서명하는 모습을 보여주며 동기를 유발한다.		
	학습목표	학습목표를 확인한다.		

(3) 전개 단계

① 소요 시간은 약 30~40분으로 배정, 블록타임 수업의 경우 약 60~70분 배정

② 전개 단계는 본격적인 교수·학습활동이 이루어지는 단계 ➡ 보편적으로 교사의 강의 + 학생 활동 + 발표 및 평가, 피드백으로 이루어짐

③ 학습 내용에 따른 학습 자료의 효율적 제시와 활용이 필요

④ 학생 참여 활동 및 피드백 제공

⑤ 학습 내용에 맞는 적절한 수업 기법 활용

㉠ 전개 1

- 전개 1에서는 보통 학습 내용에 대한 교사의 강의식 수업을 요구
- 학습 내용에 대한 구조화된 판서 필요 ➡ 교육과정 및 교과서 수준의 학습 요소 포함
- 이미 전개된 수업 내용을 파악하고, 이와 연계하여 다음 내용 작성
- 자료 및 지도상 유의점에 표시된 내용을 참고하여 제공된 자료를 충분하고도 적절하게 활용해야 함

학습 단계	학습 요소	교수·학습활동	시간	자료 및 지도상 유의점
전개	〈전개 1〉	• 연합국의 전후 처리 구상에 대해 설명한다. • 카이로 회담, 얄타 회담, 포츠담 회담의 내용을 확인한다. **〈지도안 작성 부분 1〉**	20	〈자료 1〉 〈자료 2〉

㉡ 전개 2

- 전개 2에서는 보통 학생 활동에 대한 안내와 활동 수행의 장면을 요구
- 최근에는 기출과 같이 전개 1에 이어 자료를 활용하는 사료탐구 기반의 강의식 수업 장면도 요구
- 개인별·모둠별 학생 활동 상황에 대한 알맞은 지도 및 피드백 필요
- 학생 활동의 목적, 핵심역량과의 관련성, 장·단점, 유의사항, 채점 기준 등을 안내

학습 단계	학습 요소	교수·학습활동	시간	자료 및 지도상 유의점
전개	〈전개 2〉	〈지도안 작성 부분 2〉	15	〈자료 3〉 〈자료 4〉

㉢ 전개 3

- 전개 3에서는 보통 학생 활동 발표, 학생 활동에 대한 평가와 피드백 장면을 요구
- 자기평가, 동료평가, 형성평가, 생활기록부 작성 근거 등 학습자가 본시 학습을 통해 학습한 내용을 확인하고 평가하는 단계

학습 단계	학습 요소	교수·학습활동	시간	자료 및 지도상 유의점
전개	〈전개 3〉	〈지도안 작성 부분 3〉 2모둠 ⋮ [수험생 작성 부분] ♥ 2 ◯ 2 [교사] 연합국의 입장만을 대변한 것이 아닐까요? [서울] 전쟁 피해국의 입장도 고려하면 좋겠어요.	50	〈자료 4〉 〈자료 5〉 태블릿 PC

(4) 정리 단계

① 소요 시간은 활동 내용에 따라 5~15분으로 배정

② 정리 단계는 수업을 마무리하며 정리하는 단계

③ 본시 학습 내용을 요약 및 정리

④ 평가 및 학습목표 도달 여부 확인

⑤ 학습자의 목표 도달 여부에 따라 수준의 차이를 고려한 추가 과제 제시

⑥ 차시예고와 끝인사로 수업을 마무리함

정리	정리	• 질의응답을 통해 학습 내용을 정리한다. 〈지도안 작성 부분 4〉	10	〈자료6〉 역사학습의 의미와 목적에 대해 성찰하도록 한다.
	차시예고	다음 차시를 예고한다.		
	인사	인사하고 마친다.		

02 지도안 작성의 실제

1 단계별 작성 방법 및 유의사항

Check 지도안을 작성하기에 앞서 고려할 것

- 학교급별 특성
- 학습자의 특성
- 과목의 특성(중학교 역사/고등학교 한국사/고등학교 동아시아사/고등학교 세계사) 및 계열성
- 학습목표, 학습 자료, 수업 매체 확인

Check 지도안 작성 시 유의사항

- 반드시 기억해야 할 2가지 요소
  ① 조건 충족을 최우선으로 두기
  ② 교과서 수준의 내용지식 누락시키지 않기
- 하나의 지도안을 통해 수업의 큰 흐름이 읽혀야 함
- 기호와 위계 통일하기(기호는 상관없으나 위계를 정확히 정해놓고 사용할 것)
  예 큰 활동과 주제는 '•', 활동과 주제에 달린 내용은 '–'
    • 서임권 투쟁을 둘러싼 교황권과 황제권의 대립을 설명한다.
    – 〈자료 1〉을 활용하여 카노사의 굴욕의 배경과 결과를 설명한다.
    – 서임권 투쟁을 통해 서유럽 사회가 어떻게 변화하였는지 설명한다.
- 50분 시간제한 두고 지도안 작성 연습(현장에서 예상치 못한 상황과 문제를 마주했을 때를 연습하기)
- 조건은 눈에 들어올 수 있도록 넘버링하기
  예 〈자료 2〉를 활용하여 발문 2가지를 제시하시오.
    발문 ①) 나폴레옹이 대륙봉쇄령을 내린 이유는 무엇일까?
    발문 ②) 대륙봉쇄령 이후 유럽의 상황은 어떻게 전개되었을까?

(1) 도입

<table>
<tr><th>구분</th><th>내용</th></tr>
<tr><td>학습목표</td><td>• 학습목표는 대체로 2~3개로 구성
• 학습목표는 성취기준을 바탕으로 작성(하나의 학습목표에 하나의 성취기준 내포)
• 학습목표는 구체적인 행동을 나타내는 동사 사용(내용+행동)

예시
동사: 비교할 수 있다, 표현할 수 있다, 말할 수 있다, 추론할 수 있다.
예 그리스 아테네와 스파르타의 통치 체제 특징을 비교할 수 있다.
예 굽타 왕조의 발전과 힌두교의 형성을 관련지어 설명할 수 있다.
예 십자군 전쟁이 유럽 사회에 끼친 영향에 대해 추론할 수 있다.

합격자의 꿀TIP
• 먼저 학습목표를 통해 수업에 대한 전반적인 흐름을 구성(학습목표와의 일관성 중요)
• 수업 중 학습목표가 꾸준히 드러날 수 있도록 수업 구성
• 지도안 작성과 수업실연의 핵심은 성취기준 ➡ 반드시 성취기준 분석</td></tr>
<tr><td>전시 학습</td><td>• 본시 학습과 연관 지어 전시 학습 구성
• 명료한 수렴적 발문 활용</td></tr>
<tr><td>동기 유발</td><td>• 아이들의 다양한 생각 및 흥미 유발을 위해 확산적 발문을 활용
예 "중국을 CHINA라고 부르는 이유는 무엇일까?"
• 동기 유발이 지도안 작성에 나올 시에 일상 소재 및 신문 기사를 활용
예 브렉시트에 관한 기사를 활용하여 유럽연합(EU)의 탄생에 대하여 발문한다.
• 다양한 영상 및 자료를 활용하여 동기 유발 가능(단, 너무 포괄적인 작성은 지양)
예 영화 〈레미제라블〉 속 7월 혁명 동영상을 시청하고 발문한다.</td></tr>
</table>

(2) 전개

합격자의 꿀TIP

- 최근 블록타임제를 기반으로 하여 문제가 출제되기에 전개를 크게 3가지로 분류 (강의식/사료 및 탐구 학습/학생 활동 및 피드백)
- 전개 과정 중 블록타임에 대한 안내 포함
- 전개에서는 교과서의 흐름과 학생과의 상호작용을 보여주는 것이 중요
- 〈자료〉를 활용하거나 성취기준이 드러나도록 발문 구성
- 한눈에 들어올 수 있는 구조화된 판서 구성에 대해 고려하며 수업 및 지도안 구성

<table>
<tr><td>전개 1</td><td>• 반드시 수업의 구성 및 교과서 지식이 지도안만으로 드러나야 함
• 지도안 작성 시 아래와 같은 동사 활용
예 설명한다, 제시한다, 발문한다, 안내한다, 정리한다

• 강의식 수업
- 조건 충족이 명확하게 드러나게 작성
- 교과서 수준과 용어에 대한 이해가 선행
- 성취기준과 핵심 요소를 파악하여 수업에 해당 내용이 빠지지 않게 구성
(교과서 수준 내용지식 누락 시 감점)
- 다양한 형태의 발문을 활용
(수렴/확산/감정이입적 발문 등 다양한 형태의 발문 포함 권장)

• 문답식 수업
- 교사의 영역과 학생의 영역을 구분하여 수업을 구성(학생의 질문 혹은 대답을 활용하여 수업을 구성하되 교사가 마지막에 한 번 더 정리하는 과정 필요)
- 핵심 요소의 경우 교사가 다시 한번 언급하여 재확인
- 모범 답안 및 정답만을 이야기하는 경우 지도안의 완성도 떨어짐
(우수한 학생과 부진한 학생 모두 설정하여 답변하도록 설정)
- 다양한 확산적 발문을 활용(단순한 수렴적 질문은 제한적 사용)
- 다른 시각을 통해 평가하는 발문 활용
(긍정적, 부정적 측면 모두 생각할 수 있도록 발상의 전환 유도)</td></tr>
<tr><td>전개 2</td><td>사료 탐구 학습
• 1단계) 개괄적 설명
- 사료 내용 개괄적으로 설명하기
- 사료 탐구과정에서 중점적으로 보아야 할 부분 사전에 언급하기
예 전쟁의 전개 과정에 집중하여 탐구가 진행되도록 안내한다.

• 2단계) 활동 안내
- 사료활동에 대한 사전 안내 필수
- 활동 시간과 역할 분배에 대해 명확하게 설정하여 작성

• 3단계) 탐구 활동
- 순회 지도 시간을 활용하여 학생들에게 비계 설정
- 소외되는 학생이 없도록 지도한다는 느낌을 준 지도안 작성
예 소외된 학생이 없도록 순회 지도를 진행한다.
활동에 어려움을 겪는 학생에게 ~과 같은 내용을 제공하고 격려한다.

• 4단계) 학생 대답을 토대로 추가 설명 및 정리
- 학생의 대답에 대한 추가 질문
예 위 답변과 같이 생각한 이유에 대해 발문하며 학생이 지닌 오개념을 교정한다.
- 학생 대답을 토대로 핵심 내용 및 개념 정리
예 학생의 답변을 토대로 하여 신대륙 발견의 결과 가격혁명, 상업혁명이 일어났음을 설명한다.</td></tr>
</table>

<table>
<tr><td>전개 3</td><td>
• 활동의 목적, 평가기준, 유의사항
– 자기평가 혹은 동료평가 진행 시 사전에 안내하기
예 자기평가, 동료평가가 진행됨을 안내한다.
– 체크리스트 및 자기평가와 관련된 기준을 정해놓기
– 평가기준
예 내용의 오류 여부, 내용의 충실도, 자료 활용도, 형식과 분량, 발표 태도, 개인 역할 기여도
– 활동상의 유의점에 인성적인 측면 포함하기
예 배려심, 공동체의식, 공평한 역할분배
– 평가기준과 활동상의 유의점이 중복되지 않도록 작성하기

합격자의 TIP 활동의 목적 및 평가기준에 핵심역량 포함하기
<table>
<tr><th>2015 교육과정 핵심역량</th><th>역사과 핵심역량</th></tr>
<tr><td>• 자기관리 역량
• 지식정보 처리 역량
• 창의적 사고 역량
• 심미적 감성 역량
• 의사소통 역량
• 공동체 역량</td><td>• 역사 사실 이해
• 자료 분석과 해석
• 정보 활용 및 의사소통능력
• 판단력과 문제해결능력
• 정체성과 상호 존중</td></tr>
</table>

• 피드백
– 평가기준을 토대로 하여 논리적으로 근거를 들어 피드백하기
– 긍정적인 피드백과 교정적인 피드백 모두 시행하기
– 교정적인 피드백의 경우 논리적인 근거를 들어 지도하되 마지막에 성장가능성 등을 언급하여 긍정적으로 마무리하기
</td></tr>
</table>

(3) 정리

<table>
<tr><td rowspan="2">정리</td><td>형성평가</td><td>• 핵심 요소를 확인할 수 있는 질문 제공하기
예 오늘 배운 내용 중 핵심적인 키워드는 어떠한 것들이 있을까요?
• 학습목표를 반드시 확인하여 목표에 부합하는 내용을 발문하기
예 [2023학년도 기출 참고] 학습목표를 고려하여 〈자료 3〉의 형성평가 문항을 작성하시오.</td></tr>
<tr><td>차시예고 및 인사</td><td>다음 시간에 배울 단원(내용) 간단하게 설명하기</td></tr>
</table>

2 조건에 맞춰 지도안 작성해보기

(1) 실전문항 지도안 작성

• 지도안 작성 문제지는 254페이지 참고

① 조건 파악하기

학습목표	1. 삼국 통일 이후 신라와 발해의 대외 교류를 설명할 수 있다. 2. 문화 유산 및 유적을 통해 남북국과 주변 지역의 교류를 파악할 수 있다. 3. 문화 유산 소개 카드 작성하기 활동을 통해 남북국이 교류하였던 국가에 대해 설명할 수 있다.
〈전개 2〉	자료 활용 탐구활동 ❶ 〈자료 1〉의 각 자료별로 발문을 하나씩 제공하시오. ❷ 학생의 탐구과정이 드러나도록 〈자료 2〉의 학습지 속 질문을 작성하시오. ❸ 〈자료 2〉 속 지도를 활용하여 통일신라와 발해의 대표적인 교역품에 대해 설명하시오.
〈전개 3〉	문화유산 소개카드 제작하기 ❹ 활동 시 유의점을 포함하여 모둠활동을 안내하시오. ❺ 〈자료 3〉 문화유산 소개카드 예시를 작성하고 이를 토대로 활동 방법을 설명하시오. ❻ 활동 과정에서 예상되는 학생의 질문 2가지와 답변을 작성하시오.
〈전개 4〉	피드백 ❼ 〈자료 4〉에 대한 교사의 피드백을 포함하되 근거를 제시하여 작성하시오. ❽ 이 외에 교사의 피드백을 추가 사례로 제시하여 작성하시오.

② 조건 분석하기

❶ 〈자료 1〉의 각 자료별로 발문을 하나씩 제공하시오.

• 〈자료 1〉의 (가), (나), (다), (라) 각각 발문 1개씩 총 4개의 발문 제공

• 위와 같은 조건의 경우, 각 자료별로 발문 및 답변을 개별적으로 진행하는 것이 더 명확한 조건 충족

우수 사례	• 〈자료 1〉의 남북국의 교류와 관련된 문화유산을 토대로 남북국의 대외교류 양상을 탐구한다. • 스마트 TV를 통해 〈자료 1〉의 4가지 문화유산을 보여주고, 이를 토대로 발문한다. …(중략)… – 발문 3) (다)의 원성왕릉 무인석의 외형에서 나타나는 통일신라의 대외 교류 흔적은 무엇일까요? – 예상답변 3) 꼬불꼬불한 머리가 흔적 같아요, 외국과 교류를 한 것 같아요. • 학생 답변을 토대로 서역과 통일신라의 교류 흔적을 살펴볼 수 있음을 언급한다.

❷ 학생의 탐구과정이 드러나도록 〈자료 2〉의 학습지 속 질문을 작성하시오.

- 〈자료 2〉 학습지 속 질문을 작성하되, 〈자료 2〉 속 지도를 적극 활용
- 학습목표와 연관하여 '남북국과 주변 지역의 대외 교류'가 드러날 수 있도록 학생의 탐구를 자극해줄 수 있는 질문 고민하기

우수 사례	• ㄱ이 당시 당나라 땅에 생길 수 있었던 배경은 무엇일까? • ㄷ의 지리적 이점을 무엇일까? • ㄷ은 당, 신라, 일본의 교역에서 어떠한 역할을 하였나요?

❸ 〈자료 2〉 속 지도를 활용하여 통일신라와 발해의 대표적인 교역품에 대해 설명하시오.

- 통일신라와 발해의 대표적인 교역품(수출·수입품)을 명확히 작성하지 않으면 감점
- 교과서 및 성취기준 분석 필요 ➡ 역사2 교과서 속 교역품을 알고 이를 지도안에 작성하기

미흡 사례	• 〈자료 2〉의 질문을 띄운 채로 통일신라와 발해의 대표적인 교역품이 무엇이었을지 발문한다. – 발문) 여러분이 발해나 신라의 상인이라면 어떤 상품을 주력 상품으로 내세웠을까요? – 예상답변) 석굴암을 본따서 만든 불상 장식품을 만들어 각국의 상인들에게 팔았을 것 같아요, 발해의 추운 환경도 잘 견디는 말들을 당나라 상인들에게 팔았을 것 같아요.
우수 사례	• 학생의 대답을 토대로 통일신라와 발해의 교역품을 정리한다. – 통일신라에서는 금, 은 세공품을 수출하는 대신 당으로부터 귀족의 사치품을, 일본에게는 견직물의 원료를 수입했음을 설명한다. – 발해에서는 모피, 인삼 등을 수출하는 대신 당으로부터 비단, 서적을 수입했고, 일본에게는 비단, 귀금속을 들여왔음을 설명한다.

❹ 활동 시 유의점을 포함하여 모둠활동을 안내하시오.

- 모호하지 않은 명확한 유의사항 작성

유의 사항 예시	• 검색을 위한 전자기기의 사용은 모둠활동 목적 외에는 사용하지 않는다. • 〈자료 1〉에 언급되었던 문화유산은 활용하지 않는다.

❺ 〈자료 3〉 문화유산 소개카드 예시를 작성하고 이를 토대로 활동 방법을 설명하시오.

- 역사적 사실에 어긋나지 않도록 소개카드 예시를 작성하고 이를 토대로 모둠 활동 전반적인 과정을 안내
- 대부분 소개카드 예시를 토대로 모둠 활동 전반적인 과정을 소략하게 설명하여 감점

<table>
<tr><td rowspan="6">소개카드
예시</td><td colspan="2">문화유산 소개카드</td></tr>
<tr><td colspan="2">통일신라 및 발해의 교류를 주제로 문화유산 소개카드를 만들어 보자</td></tr>
<tr><td rowspan="4">[그림]</td><td>• 이름: 뼈항아리(국립 경주 박물관)</td></tr>
<tr><td>• 관련 시기: 8세기</td></tr>
<tr><td>• 문화유산 소개하기: 당에서 유행한 삼채 도자기가 경주에서 출토되었습니다.</td></tr>
<tr><td>• 알 수 있는 점: 당시 경주에 살던 사람들이 사망하고 화장한 뒤에 담는 뼈항아리를 당삼채 용기에 담은 것으로 보아 당시 당과 신라가 활발한 교류를 했음을 알 수 있습니다.</td></tr>
<tr><td>활동 방법
설명</td><td colspan="2">• 문화유산 소개카드 예시를 스마트TV에 띄우고 이를 토대로 활동방법을 안내한다.
예 '조별 문화유산 정하기' – '문화유산 조사하기' – '활동지 작성하기' – '칠판에 붙이기' 순서로 진행됨을 안내한다.</td></tr>
</table>

❻ 활동 과정에서 예상되는 학생의 질문 2가지와 답변을 작성하시오.

- 활동 과정에서 이해하지 못하였거나 활동 안내 이후에 들 수 있는 의문점을 해결하기 위해 학생의 입장에서 질문을 2가지 제시하는 조건

학생 질문 예시	• 예상 질문 1) 교과서에 나온 문화유산만 소개해야 하나요? • 예상 질문 2) '알 수 있는 점'에는 어떠한 내용을 써야 할까요? • 예상 질문 3) '문화유산 소개하기'와 '알 수 있는 점'이 같다면 어떻게 해야 할까요?

❼ 〈자료 4〉에 대한 교사의 피드백을 포함하되 근거를 제시하여 작성하시오.

- 〈자료 4〉의 내용을 토대로 역사적 사실에 어긋나는 부분을 찾아 교정적인 피드백을 진행하라는 조건

<table>
<tr><td rowspan="2">피드백
예시</td><td>• 동료평가 과정을 통해 피드백 받았던 〈자료 4〉를 스마트 TV에 띄우고 이에 대한 동료평가 피드백을 발표를 통해 들어보도록 한다.
– 동료평가) 태정관은 일본의 기관이 아닌가요?
– 학생의 피드백을 기반으로 태정관은 일본의 최고 권력기관임을 설명하여 교정적 피드백을 제공하고, 그럼에도 해당 문서에 발해 사절단의 이름이 적혀있었다는 것은 잘 분석해냈음을 칭찬한다.</td></tr>
<tr><td>• 모둠별 문화유산 소개카드를 발표하고 교사가 우수 사례와 미흡 사례에 대한 피드백을 제공한다.
– 〈자료 4〉 피드백) 문화유산으로 흔히 꼽히지 않는 외교문서를 택해 발해의 사절단을 통한 교류사례를 잘 나타냈어요. 하지만 태정관은 당이 아닌 일본의 기관이기에 역사적 사실에 맞지 않는 내용이 있어 수정이 필요합니다. 그럼에도 독창적인 문화유산을 소개해준 점 대단합니다.</td></tr>
</table>

❽ 이 외에 교사의 피드백을 추가 사례로 제시하여 작성하시오.

- 〈자료 4〉를 제외한 활동의 예시를 하나 선정하여 피드백을 진행하라는 조건

피드백 예시	• 다른 모둠의 문화유산 소개카드를 스크린을 통해 제공하고 교사 피드백을 제공한다. – 피드백) 배려모둠은 자료조사를 통해 신라와 사산왕조 페르시아의 교류를 보여주는 사자공작무늬 돌을 소개해 주었어요. 평가기준도 모두 잘 충족해 주었습니다. 지난 시간에 비해 역사자료 분석과 해석 역량이 한층 성장한 것 같아요.

(2) 기출문제 지도안 작성

① 2024학년도

- 지도안 작성 문제지는 175페이지 참고

단원	V-1. 제2차 세계대전 전후 처리와 냉전 체제		지도 대상	고등학교 2학년
학습목표	1. 동아시아의 전후 처리 과정을 설명할 수 있다. 2. 냉전으로 인한 국제 관계의 변화를 분석하고, 미국의 대일본 정책의 변화를 설명할 수 있다. 3. 미국이 주도한 연합국의 전후 처리 방식에 대해 평가할 수 있다.			
학습 단계	학습 요소	교수·학습활동	시간	자료 및 지도상 유의점
도입	인사	인사 및 출석 확인을 한다.	5	
	전시 확인	전시 학습을 확인한다.		
	동기 유발	미주리호에서 미국 대표와 일본 천황이 만나, 일본 천황이 항복 선언에 서명하는 모습을 보여주며 동기를 유발한다.		
	학습목표	학습목표를 확인한다.		
전개	〈전개 1〉	• 연합국의 전후 처리 구상에 대해 설명한다. • 카이로 회담, 얄타 회담, 포츠담 회담의 내용을 확인한다. 〈지도안 작성 부분 1〉 • 일본의 항복으로 2차 세계대전이 종전되었음을 설명하고, 이후 일본의 전후 상황에 대해 〈자료 1〉, 〈자료 2〉를 활용하여 발문한다. – 발문 1) 〈자료 1〉 속 각 인물의 국적은 어디일까요? – 예상답변1) 서양국가와 일본이요. – 발문 2) 두 인물이 만나게 된 이유는 무엇일까요? – 예상답변 2) 사과를 하기 위해 만났어요, 앞으로 계획을 수립하기 위해 만났어요. • 두 인물이 미국의 맥아더와 일본의 쇼와천황임을 알리고, 패전국 일본의 전후 처리를 위해 만났음을 설명한다.	20	〈자료 1〉 〈자료 2〉

		• 일본의 전후 처리를 위해 〈자료 2〉가 공포되었음을 알리고, 그 내용과 관련하여 발문한다. - 발문 1) 천황의 지위가 〈자료 2〉 공포 이전엔 어떠하였을까요? - 예상답변 1) 절대적이었어요, 엄청 강했어요. - 발문 2) 헌법 공포로 일본에 생긴 변화는 무엇일까요? - 예상답변 2) 군대가 없어졌어요, 평화로워졌어요. • 〈자료 2〉의 공포로 비군사화, 민주화 두 가지 방향으로 일본의 전후 처리가 이루어졌음을 설명하고 판서한다.		
	〈전개 2〉	〈지도안 작성 부분 2〉 • 2차 세계대전 전쟁범죄자 처벌을 위해 〈자료 3〉과 같이 도쿄재판이 이루어졌음을 설명한다. - 발문) 도쿄재판에서 어떠한 인물이 처벌받았을까요? - 예상답변) 군인이요, 천황이요. • 도쿄재판을 통해 소수만이 처벌을 받고 왕족과 핵심관료는 면벌받았음을 설명한다. • 이를 토대로 아래 탐구 질문에 대한 답변을 작성하도록 한다. - 탐구질문) 도쿄재판이 철저하게 이루어지지 못한 이유는 무엇일까요? • 어려워하는 학생들을 위해 당시 동아시아 상황을 고민해보며 작성할 수 있도록 지도한다. • 탐구질문에 대한 학생들의 답변을 듣고 당시 한국에서는 6·25 전쟁이, 중국에서는 국공내전으로 중화인민공화국 건국과 같은 일이 벌어졌음을 설명한다. • 전자칠판에 동아시아 지도를 띄워놓고 각 국가의 상황을 판서해 동아시아의 공산화 확산을 시각적으로 보여준다. • 동아시아 상황으로 인해 미국이 일본을 반공기지로 정하고, 대일본 정책을 변경하였음을 설명한다. • 그 결과 〈자료 4〉의 조약이 체결되었음을 설명한다.	15	〈자료 3〉 〈자료 4〉
	〈전개 3〉	〈지도안 작성 부분 3〉 • 〈자료 4〉의 핵심적인 내용을 찾아보는 모둠별 활동을 진행한다. • 전자칠판에 띄워놓은 〈자료 4〉의 내용 중 각 모둠이 공통되게 중요하다고 발표한 내용을 표시한다. • 표시된 내용을 토대로 일본의 주권 회복과 일본에 대한 청구권 포기가 이루어졌음을 설명한다. • 〈자료 4〉의 체결 과정에서 한국, 중국과 같은 피해국은 참여하지 못하였으며, 이에 대해 사과와 배상 또한 없다는 한계를 설명한다. • 〈자료 4〉에 대한 평가를 진행하는 모둠활동을 안내한다. - 15분의 시간을 부여하며, 모둠별 작성한 평가를 태블릿PC를 활용하여 구글 클래스룸에 업로드할 수 있도록 안내한다. • 〈자료 5〉와 같이 각 모둠이 업로드한 내용에 대해 좋아요, 댓글 등을 통해 자신의 생각을 표현할 시간을 5분간 부여한다. • 각 모둠의 〈자료 4〉에 대한 평가를 함께 살펴보며 피드백을 진행한다.	50	〈자료 4〉 〈자료 5〉 태블릿 PC

		2모둠 [수험생 작성 부분] 이 조약으로 인해 공산화되고 있는 동아시아에 최후 보루가 생겼어요. 만약 일본에게 주권회복을 시켜주지 않았다면 동아시아 전체가 공산화될 위험이 있었어요. 과거보다 미래가 중요하기에, 지나간 일보다 앞으로의 위험을 막기위한 최선의 선택이었다고 생각합니다. ♥ 2 ◯ 2 [교사] 연합국의 입장만을 대변한 것이 아닐까요? [서율] 전쟁 피해국의 입장도 고려하면 좋겠어요.		
정리	정리	• 질의응답을 통해 학습 내용을 정리한다. 〈지도안 작성 부분 4〉 • 오늘 학습한 내용을 토대로 5문항을 제공하여 제2차 세계대전 전후 처리에 대한 선다형 평가를 진행한다. • 〈자료 6〉의 내용을 토대로 한반도의 분단이 이루어지게 된 동아시아 상황에 대해 설명한다. • 이와 같이 역사적 사건을 통해 아쉬운 점을 찾고, 발전적으로 나아가야 할 방향에 대해 생각할 수 있도록 안내한다.	10	〈자료 6〉 역사학습의 의미와 목적에 대해 성찰하도록 한다.
	차시예고	다음 수업 주제를 안내한다.		
	인사	인사하고 마친다.		

② 2023학년도

- 지도안 작성 문제지는 185페이지 참고

<table>
<tr><td>단원</td><td colspan="3">V-5. 조선 후기의 사회 변동</td><td>지도 대상</td><td>중학교 3학년</td></tr>
<tr><td rowspan="3">학습목표</td><td colspan="5">1. 성리학적 사회규범이 확산되면서 나타난 가족제도의 양상을 파악할 수 있다.</td></tr>
<tr><td colspan="5">2. 부계 중심의 가족 질서 강화로 인한 여성의 지위 변화에 대해 파악할 수 있다.</td></tr>
<tr><td colspan="5">3. 사료를 비교, 탐구하여 가족 제도의 변화된 모습을 이해할 수 있다.</td></tr>
<tr><td>학습 자료</td><td colspan="5">교과서, 사료, TV, 컴퓨터 및 학습에 필요한 모든 기자재</td></tr>
<tr><td>학습 단계</td><td>학습 요소</td><td colspan="2">교수·학습활동</td><td>시간</td><td>자료 및 지도상 유의점</td></tr>
<tr><td rowspan="4">도입</td><td>인사</td><td colspan="2">인사 및 출석 확인</td><td rowspan="4">5</td><td rowspan="4">그림자료</td></tr>
<tr><td>전시 확인</td><td colspan="2">전시 학습을 확인한다.</td></tr>
<tr><td>동기 유발</td><td colspan="2">김홍도의 〈신행〉을 통해 동기를 유발한다.</td></tr>
<tr><td>학습목표</td><td colspan="2">학습목표를 확인한다.</td></tr>
<tr><td>전개</td><td>〈전개 1〉</td><td colspan="2">• 고려시대 가족제도에서 남녀가 동등한 권리와 의무를 지녔음을 설명한다.
• 조선 전기 부계와 모계가 모두 중요시되었음을 설명한다.
• 조선 후기 성리학적 생활규범이 나타나면서 어떤 변화가 있었는지 비교하여 설명한다.

〈판서 계획〉

1. 조선 후기 사회 변동
조선 전기 ——→ 조선 후기
성리학의 보급
혼인풍속) 데릴사위제 ——→ 시집살이
재산상속) 남녀균등 ——→ 적장자
제사) 남녀 모두 ——→ 남성중심(양자)
부계중심 사회로의 변화

〈지도안 작성 부분 1〉

• 〈자료 1〉의 키워드를 제시한 뒤, 조선 전기에 비해 변화된 조선 후기의 생활상을 찾도록 발문한다.
- 발문 1) 부계와 모계가 모두 중시되었던 조선 전기에 비해 조선 후기의 혼인 풍속은 어떻게 변화하였을까요?
- 예상 답변 1) 여자가 남자 집에 가서 살았을 것 같아요, 남자가 따로 집을 마련했을 것 같아요.</td><td>35</td><td>〈자료 1〉</td></tr>
</table>

<table>
<tr>
<td rowspan="2">전개</td>
<td></td>
<td>• 부계중심 사회로 변화함에 따른 혼인 풍속과 재산상속 제도의 변화를 판서하며 설명한다.
• 부계중심 사회에 대하여 발문한다,
- 발문 1) 제사를 지낼 아들이 없다면 어떻게 해야할까요?
- 예상 답변 1) 장녀를 제사지내게 시켰을 것 같아요, 조카에게 부탁했을 것 같아요.
• 양자제도를 통해 제사를 지냈다는 사실을 설명하고 시집살이가 정착됨에 따라 여성의 생활에 변화가 일어났음을 언급한다.
• 조선 전기와 조선 후기의 변화를 〈자료 1〉의 키워드를 활용하여 판서 계획과 같이 판서하고 설명한다.

• 이러한 모습이 시대적 상황에 따른 특징이었음을 이해하고, 당시 조선 후기에 다양한 삶의 모습이 있었음을 설명한다.</td>
<td></td>
<td></td>
</tr>
<tr>
<td>〈전개 2〉</td>
<td>〈지도안 작성 부분 2〉

1. (가)~(라)의 핵심어를 찾아 밑줄 그어 보자.
2. (나), (다)를 비교하여 성리학적 규범질서 확립으로 재산상속과 제사문화에 어떠한 내용이 변화하였는지 추론해 보자.
- 모둠 의견:
3. (가), (라)를 비교하여 성리학적 규범질서 확립으로 사회가 어떻게 변화하였는지 추론해 보자.
- 모둠 의견:

• '역사쏙쏙' 시간을 통해 〈자료 2〉를 활용한 모둠별 활동방법에 대해 안내한다.
• 모둠별 사료 학습이 수행평가에 반영됨을 설명하고 채점 기준 및 유의사항에 대해 안내한다,
- 채점 기준 1) 〈자료 1〉의 키워드를 활용하여 질문에 답하였는가?
채점 기준 2) 모둠 간 경청과 토의를 통한 활동이 잘 이루어졌는가?
- 유의사항 1) 개인별로 〈자료 2〉 질문을 답하고 모둠별로 토의할 것
유의사항 2) 어려운 단어나 내용이 있을 시에 선생님께 질문할 것
• 10분간 활동을 진행하고 순회 지도를 통해 소외되는 학생이 없도록 지도한다,
- 〈자료 2〉 속 어려운 단어에 대해 설명한다.
• 활동을 마무리하고 활동지 속 질문에 대해 모둠별로 발표한다.

• 모둠별 활동에 대한 발표를 정리한다.
• 긍정적 피드백과 교정적 피드백을 제공한다.</td>
<td>30</td>
<td>〈자료 2〉
수행평가를
안내할 것</td>
</tr>
</table>

	〈전개 3〉	〈지도안 작성 부분 3〉 구술식 1. 조선 후기 재산상속이 어떻게 변화하였나요? 답변: 남녀 균분상속에서 적장자 중심 상속으로 변화되었어요. 구술식 2. 조선 후기 가족 내에서 제사를 주도하였던 인물은 누구인가? 답변: 남성 중심이며 특히나 장남중심으로 이루어졌습니다. 구술식 3. 조선 후기 성리학적 규범의 확립으로 변화된 사회의 모습은 무엇인가? 답변: 양자문화가 확립되었습니다, 여성의 지위가 하락하였습니다.	10	〈자료 3〉 학습목표를 확인할 수 있는 형성평가를 진행
정리	정리	학습목표 달성을 확인하고 질의응답 시간을 가진다. 〈지도안 작성 부분 4〉 - 답변) 성리학적 규범질서 확립 이후 변화하였지만, 결혼 이후 가정 내에서 다양한 역할을 하며 행복하게 살았습니다. 더불어 문화활동 등에 참여하여 사회적으로 활동하는 여성도 있었습니다.	10	〈자료 4〉
	차시예고	다음 차시를 예고한다.	5	
	인사	인사하고 마친다.		

03 지도안 검토하기

1 실제 피드백 사례 살펴보기

(1) 2021학년도 기출문제

수업지도안 작성 문제지

수험번호									이름	

교수·학습지도안 작성 조건

- 교수·학습지도안은 실제 교실에서의 수업 상황을 가정하여 작성할 것
- [지도안 작성 부분 1] 〈자료 1〉을 활용하여 교수·학습활동을 작성하시오.
  - 〈자료 1〉을 활용하여 프랑스 혁명의 전개 과정을 시간 순으로 작성하시오.
  - 자료에 대한 각각의 발문을 포함하여 작성하시오.
- [지도안 작성 부분 2] 〈자료 2〉를 활용하여 교수·학습활동을 작성하시오.
  - 〈자료 2〉에 대한 지도를 포함하여 작성하시오.
  - (가) 사료 외에 추가 사료 하나를 포함·제시하여 작성하시오.
  - 사료의 특성을 바탕으로 사료 활용 시 유의점을 포함하여 지도하는 장면을 작성하시오.
- [지도안 작성 부분 3] 〈자료 3〉과 〈자료 4〉에 대해 교사의 피드백을 제공하는 장면을 작성하시오.
  - 〈자료 3〉에 대한 교사의 피드백을 추가 사례를 제시하여 작성하시오.
  - 〈자료 4〉에 대한 교사의 피드백을 포함하되 근거를 제시하여 작성하시오.

교실 상황

- 대상: 중학교 2학년
- 시간: 90분(블록타임제)
- 단원 및 학습 내용

Ⅳ. 제국주의 침략과 국민 국가 건설 운동 – 유럽과 아메리카의 국민 국가 체제

단원	교수·학습 방법
영국 혁명과 미국 혁명(1차시)	강의식 수업
프랑스 혁명(2~3차시) – 본 차시	강의식, 모둠 활동, 발표 활동
국민 국가의 형성(4차시)	강의식 수업

성취기준	[9역04-01] 유럽과 아메리카의 시민 혁명과 국민 국가 형성 과정을 이해한다.

- 기자재: 컴퓨터, 빔 프로젝터, 태블릿 PC, 스크린, 칠판, 활동지

자료 ❶

그림 자료	나폴레옹의 쿠데타	문서 자료	인간과 시민의 권리 선언
	테르미도르의 반동		
	테니스코트의 서약		
	루이 16세의 처형		

자료 ❷ 모둠별 카드뉴스 기획안 □□ 모둠

- 탐구 주제: 프랑스 혁명을 바라보는 상반된 시선
- 주제 선정 이유: …(생략)…
- (가) 활용 사료

국민의회는 고래의 모든 것을 파괴하는 과오를 범했다. 당신들은 자신들의 모든 것을 멸시했다. 당신네들이 품었던 잘못된 생각과 헛된 기대감은 결코 없앨 수 없는 실제 불평등을 더욱 악화하고 쓰라리게 만드는 데 기여했을 뿐이다. …… 프랑스인들의 반역으로 인민들은 가난해지고 신분도 구제되지 못했으며 무정부 상태가 되었다. 이것이 불가피했는가? 이 비극은 내전에 따른 참화가 아니라 태평스러운 시기에 채택된 성급하고 무지한 기획이 초래한 결과다. 그들은 국가를 무너뜨리고 자신들은 국가를 위해 피 한 방울 흘리지 않았으며 왕을 감금하고 시민들을 죽이고 국가적 빈곤과 고통을 일으켰다. …… 또한 국민의회는 신분 위계가 소멸된 이래 그를 규제할 어떤 법, 관습도 지니고 있지 않으며 그들은 그 헌법을 만들어내는 권력을 지녔다. …… 프랑스에서 일어난 혼란은 생명 그 자체의 기반을 공격하고 사람들의 명예를 깡그리 짓밟았다. 그들은 자연의 원리, 불평등을 강제로 전복하려는 자들에 불과하다.

– 에드먼드 버크, 「프랑스 혁명에 관한 고찰」

자료 ❸ △△ 모둠

〈주제〉 프랑스 혁명이 남긴 유산	라 마르세예즈	프랑스의 삼색기

자료 ❹ ☆☆ 모둠

〈주제〉 영화로 보는 프랑스 혁명 (18세기 후반)	잔 다르크	레 미제라블

관리번호	

수업지도안 작성 답안지

수험번호									이름	

단원	Ⅳ-2. 프랑스 혁명	지도 대상	중학교 2학년
학습목표	1. 프랑스 혁명의 배경과 전개 과정을 설명할 수 있다. 2. 프랑스 혁명에 대한 카드뉴스를 제작할 수 있다. 3. 프랑스 혁명의 의의에 대해 평가할 수 있다.		
학습 자료	교과서, 사료, TV, 컴퓨터 및 학습에 필요한 모든 기자재		

학습 단계	학습 요소	교수·학습활동	시간	자료 및 지도상 유의점
도입	인사	인사 및 출석 확인	5	영상자료
	전시 확인	영국 혁명과 미국 혁명		
	동기 유발	프랑스 혁명과 관련된 영상을 시청해 흥미를 유발한다.		
	학습목표	학습목표를 확인한다.		
전개	〈전개 1〉	• 프랑스 혁명의 배경과 삼부회 소집을 설명한다. 〈지도안 작성 부분 1〉 • 〈자료 1〉의 테니스코트 서약 그림자료를 스크린에 띄운 상태로 발문한다. - 발문) 사진 속 사람들이 무엇을 하는 것 같나요? • 학생들의 대답을 바탕으로 국민의 대표임을 주장한 제3신분 대표들의 주장이 거부되자 국민의회를 구성하고 헌법의 제정을 요구한 테니스코트의 서약이 일어났음을 설명한다. • 파리 민중이 봉기하여 바스티유 감옥을 습격한 것을 계기로 국민의회가 왕에게 인정받으면서, 봉건제 폐지 선언, 〈자료 1〉의 '인간과 시민에 관한 권리 선언'을 발표하고 입헌 군주제와 재산에 따른 제한선거권을 명시한 1791년 헌법 등의 조치를 취했음을 설명한다. • 〈자료 1〉의 '인간과 시민에 관한 권리 선언' 문서 자료를 스크린에 띄운 상태로 발문한다. - 발문) 이 사료를 통해 알 수 있는 것은 무엇인가요? • 학생들의 대답을 바탕으로 국민 주권, 자유와 평등, 재산권 보호 등임을 설명한다. • 지난 차시에 배웠던 영국 혁명에서의 입헌 군주제를 기억하고 있는지 발문하고, 떠오르지 않는 학생들은 학급 패들렛에 올려둔 자료집의 용어 설명을 확인하도록 안내한다.	20	태블릿 PC, 멀티미디어 기기 〈자료 1〉

피드백 1 발문별 예상 답안 1, 2개 작성하기
예 약속을 하는 것 같아요, 폭동을 일으키려고 하는 것 같아요.

피드백 2 주요 키워드가 누락되지 않되, 수식어 생략하여 간결하게 설명하기

피드백 3 문장을 구분하여 가독성 높이기

발문별 예상 답안 1, 2개 작성하기

꿀TIP
❶ 전시 학습과 연관
❷ 태블릿 PC 사용을 보여줌 (단, 조건 외 부가적인 내용이 많을 시에 수업실연이 어려우니 주의)

<table>
<tr><td rowspan="2">전개</td><td></td><td>
• 혁명의 파급을 우려한 오스트리아, 프로이센의 위협에 혁명전쟁을 시작하고, 전쟁에서의 패배와 물가 상승으로 생활이 어려워지자 일어난 파리 민중들의 왕궁 습격을 계기로 급진파에 의해 국민공회 수립, 공화정의 선포, 루이 16세의 처형이 일어났음을 설명한다.
• 〈자료 1〉의 루이 16세의 처형 그림 자료를 스크린에 띄우며 발문한다.
– 발문) 루이 16세를 바라보는 당시 프랑스 사람들의 마음이 어땠을까요?
– 예상 답변) 화가 났을 것 같아요, 무서웠을 것 같아요.
• 로베스피에르가 반혁명 세력을 숙청하는 등 공포정치를 실시했음을 설명한다.
• 〈자료 1〉의 테르미도르의 반동 그림 자료를 스크린에 띄우며 발문한다.
– 발문) 이처럼 로베스피에르가 정권에서 물러나게 된 이유가 무엇일까요?
– 예상 답변) 공포정치가 두려워서요, 로베스피에르를 미워했을 것 같아요.
• 총재 정부가 국내외의 혼란을 수습하지 못하자 대외 전쟁의 승리로 영웅이 된 나폴레옹이 쿠데타를 일으켰음을 설명한다.
• 〈자료 1〉의 나폴레옹 쿠데타 그림을 스크린에 띄우며 발문한다.
– 발문) 만약 내가 나폴레옹이었다면 쿠데타를 일으킨 이유가 무엇일까요?
• 학생들의 대답을 통해 다양한 이유로 나폴레옹이 쿠데타를 일으켰을 것이라고 설명한다.
</td><td></td><td></td></tr>
<tr><td>〈전개 2〉</td><td>
• 모둠별 카드뉴스 제작에 대한 절차를 안내한다.
– 절차: 모둠별 카드뉴스 기획안 작성 ➡ 카드뉴스 제작 ➡ 발표
〈지도안 작성 부분 2〉
• 채점 기준과 유의사항을 안내한다.
– 채점 기준 1) 역사적 사실과의 부합성 (내용)
채점 기준 2) 카드뉴스 형식의 적합성 (형식)
– 유의사항 1) 역할을 분담할 것 (형식 ➡ 내용)
유의사항 2) 전문지식이 없는 사람도 이해할 수 있도록 작성할 것 (형식)
• 15분간의 시간을 안내하고 활동과 순회 지도를 실시한다.
– 〈자료 2〉에 대해 프랑스 혁명을 부정적으로 바라보는 자료뿐만 아니라 긍정적으로 바라볼 수 있는 '봉건제 폐지 선언'에 대한 자료를 활용하도록 지도한다.
– 작성자의 관점이나 해석이 개입되어 있을 수 있다는 사료의 특징을 토대로 비판적으로 읽을 수 있도록 지도한다.
</td><td>20</td><td>〈자료 2〉</td></tr>
</table>

문장 구분하기

꿀TIP
• 발문에 대한 예상 답변을 2가지 이상 작성하기
• 정해진 답의 경우, 우수답변 1개 / 미흡답변 1개로 구성

예상 답안 1, 2개 작성하기

꿀TIP
❶ 조건의 경우, 눈에 띌 수 있도록 숫자 넘버링하기
❷ 내용/형식 적절하게 분배하기

	〈전개 3〉	모둠별 카드뉴스를 제작한다.	20	
전개	〈전개 4〉	〈지도안 작성 부분 3〉 • 모둠별로 제작한 카드뉴스를 발표한다. – 발표 과정에서 교사는 학생들의 활동 내용을 기록하며 피드백한다. • 〈자료 3〉에 대한 협동모둠의 발표 내용을 피드백한다. – 라 마르세예즈와 삼색기가 프랑스 혁명기에 등장하였음을 언급하고 역사 사실 이해 역량이 뛰어나다고 피드백한다. – 더불어 프랑스 혁명이 남긴 유산이 무엇인지 발문한다. – 학생들의 대답을 바탕으로 미터법과 프랑스어의 공용화가 있었음을 제시한다. • 〈자료 4〉에 대한 민주 모둠의 발표 내용을 피드백한다. – 내용의 오류가 있음을 알리고 수정할 수 있도록 지도한다. – 잔 다르크는 백년전쟁과, 레 미제라블은 후에 학습할 7월 혁명과 관련 있는 작품이라고 설명한다. – 주체적으로 오류를 찾고 수정한 민주 모둠에 대해 긍정적인 피드백을 실시한다. • 학생의 발표를 통해 프랑스 혁명의 의의를 정리한다.	20	〈자료 3〉 〈자료 4〉
정리	정리	프랑스 혁명에 대한 형성평가를 실시한다.	5	
	차시예고	국민 국가의 형성		
	인사	인사하고 마친다.		

피드백 4 발문의 형태 앞과 동일하게 구성하기
발문) 프랑스 혁명이 남긴 유산이 무엇일까요?
예상 답변) 미터법, 프랑스어의 공용화

꿀 TIP
❶ 미흡사례의 경우, 논리적 근거를 들어 피드백하기
❷ 긍정적인 내용으로 마무리하기

관리번호	

(2) 자체 출제 문제 1

수업지도안 작성 문제지

수험번호										이름	

교수·학습지도안 작성 조건

- 교수·학습지도안은 실제 교실에서의 수업 상황을 가정하여 작성할 것
- [지도안 작성 부분 1] 〈자료 1〉을 활용하여 동기 유발을 진행하시오.
  - 〈자료 1〉의 활용과정에서 예상되는 질문 2가지와 이에 대한 답변을 작성하시오.
- [지도안 작성 부분 2] 〈자료 2〉를 활용하여 사료 탐구 및 강의식 수업을 진행하시오.
  - 〈자료 2〉를 활용하는 과정에서 학생의 오개념이 포함된 질문 2가지와 이를 교정하는 과정을 포함하시오.
- [지도안 작성 부분 3] 〈자료 3〉, 〈자료 4〉를 활용하여 강의식 수업을 진행하시오.
  - 〈자료 3〉을 활용하여 발문을 제공하시오.
  - 〈자료 4〉의 키워드 중 최소 4개 이상의 키워드를 활용 및 판서하시오.
- [지도안 작성 부분 4] 〈자료 5〉를 활용하여 자기소개서 작성활동을 진행하시오.
  - 활동의 목적과 활동 과정을 안내하시오.
  - 활동 시 유의사항(3가지)과 채점 기준표(내용적 측면 2가지)를 포함하시오.
  - 동료평가와 자기평가를 진행하고, 우수 및 미흡사례에 대한 피드백을 진행하시오.

교수·학습 조건

1. 과목명: 한국사
2. 대상: 고등학교 1학년
3. 시간: 100분(블록타임제)
4. 단원명: Ⅱ. 근대 국민 국가 수립 운동 – 일본의 침략 확대와 국권 수호 운동

가. 단원의 성취기준

성취기준	[10한사02-04] 일본의 국권 침탈 과정과 이에 맞선 국권 수호 운동의 내용을 파악한다.

나. 단원의 구성

단원	주요 내용 및 활용	수업 형태	평가 방법
일본의 침략 확대와 국권 수호 운동	일본의 국권 침탈		
	국권 수호를 위한 항일 의병		
	애국 계몽 운동의 전개		

다. 교수·학습 환경

학생 수	지도 장소	매체 및 기자재
20명	교실	칠판, 교사용 컴퓨터, 빔 프로젝터, 스크린, 스마트 TV, 활동지

자료 ❶ 러·일 전쟁

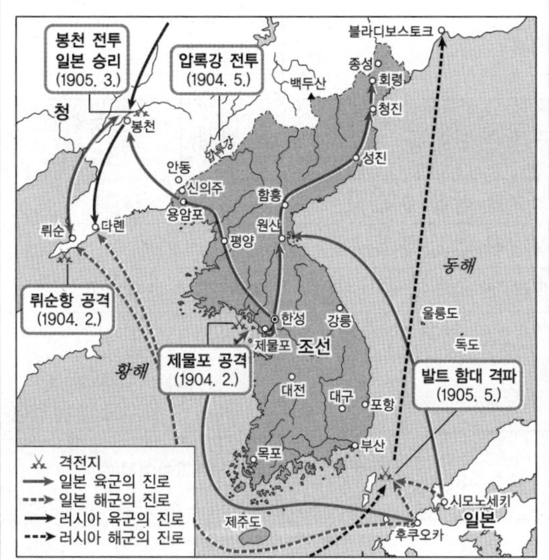

자료 ❷ 국권침탈

(가) 가쓰라·태프트 밀약(1905. 7.)
필리핀은 미합중국에 의해 통치되어야 하며 일본은 필리핀을 침공할 의사가 없다. 러·일 전쟁 후 한국을 그대로 두면 국제 분쟁이 재연될 가능성이 있으니 일본은 조선에 확고한 입장을 취해야 한다.

(나) 제2차 영·일 동맹(1906. 8.)
일본국은 한국에서 정치·군사 및 경제적으로 우월한 이익을 옹호 증진하기 위해 지도 감리 및 보호 조치를 한국에 취할 권리를 가진다.

(다) 포츠머스 조약(1905. 9.)
러시아 제국 정부는 일본국이 한국에서 우월한 이익을 갖는다는 것을 인정하고, 일본국 정부가 한국에 지도·보호·감리의 조치를 하는 것을 간섭하지 않는다.

자료 ❸

만약 정말로 충의의 열정을 참을 수 없고 진실된 마음으로 국권을 만회코자 한다면, 눈앞의 치욕을 참고 국가의 원대한 계획을 생각해 일체 무기를 버리고 각자 고향으로 돌아가 각기 산업에 종사하여 재산을 저축하고 자식을 교육하여 지성을 계발하고 실력을 양성하면 다른 날 독립을 회복할 기회를 기대할 수 있을 것이니 우리가 어찌 억지로 의병을 나무라는 것이겠는가?

– 황성신문(1907. 9. 25.)

자료 ❹

【키워드】 보안회, 일진회, 헌정 연구회, 입헌 군주제, 대한 자강회, 고종의 강제 퇴위 반대, 신민회, 공화정체, 신문지법, 보안법

자료 ❺ 애국 계몽 단체 가입을 위한 자기소개서(cover letter)

<table>
<tr><td>가입 희망 단체</td><td></td></tr>
<tr><td>희망자 이름</td><td></td></tr>
<tr><td colspan="2">1. 지원자는 우리 단체의 어떤 점이 인상 깊어 지원하게 되었습니까?</td></tr>
<tr><td colspan="2"></td></tr>
<tr><td colspan="2">2. 지원자는 우리 단체에서 어떤 역할을 담당하고자 합니까?</td></tr>
<tr><td colspan="2"></td></tr>
<tr><td colspan="2">3. 앞으로 우리 단체가 어떤 단체가 되기를 희망합니까? 지원자가 희망하는 우리 단체의 미래에 대해서 이야기해 보세요.</td></tr>
<tr><td colspan="2"></td></tr>
</table>

관리번호	

수업지도안 작성 답안지

수험번호									이름	

단원	Ⅱ-4. 일본의 침략 확대와 국권 수호 운동		지도 대상	고등학교 1학년
학습목표	1. 일제의 국권 침탈 과정을 사건 중심으로 말할 수 있다. 2. 애국 계몽 운동 단체들의 활동을 설명할 수 있다. 3. 단체 가입 소개서 작성하기를 통해 애국 계몽 운동 단체의 특징을 표현할 수 있다.			
학습 자료	교과서, 사료, TV, 컴퓨터 및 학습에 필요한 모든 기자재			
학습 단계	학습 요소	교수·학습활동	시간	자료 및 지도상 유의점
도입	인사	인사 및 출석 확인	5	
	전시 확인	대한제국과 광무개혁		
	동기 유발	〈지도안 작성 부분 1〉 • 국내에서의 침략과 더불어 국외에서 일본의 영향력이 증대되고 있음을 설명한다. • 한반도에 대한 영향력을 두고 러·일 전쟁이 일어났음을 설명하고, 〈자료 1〉을 통해 궁금한 점을 질문하도록 한다. – 예상 질문 1) 러시아와 일본의 전쟁인데, 왜 제물포를 공격하였나요? – 답변 1) 제물포에 러시아 군이 주둔해있었기 때문입니다. – 예상 질문 2) 러시아와 일본의 전쟁인데 왜 청나라인 뤼순과 다롄을 공격하였나요? – 답변 2) 뤼순과 다롄은 당시 러시아에게 빌려준 상태였기 때문입니다. • 러·일 전쟁의 결과와 그것이 조선에 끼친 영향을 이번 시간을 통해 함께 살펴보도록 안내한다.		〈자료 1〉
	학습목표	학습목표를 확인한다.		
전개	〈전개 1〉	〈지도안 작성 부분 2〉 • 러·일 전쟁의 배경을 설명한다. • 러·일 전쟁 외에도 조선 내 영향력 확대를 위해 일본이 외교적으로 노력하였음을 설명한다. • 러·일 전쟁의 결과와 일제의 침략과정을 모둠별 탐구 활동인 '탐구쏙쏙'을 통해 알아보도록 한다. – 〈자료 2〉가 포함된 학습지를 활용하도록 안내한다 – 일본이 맺은 조약·동맹의 내용에 집중하여 진행하도록 안내한다.	15	〈자료 2〉

피드백 1 조금 더 구체적으로 작성하기
예 삼국간섭 이후 한반도와 만주에서 러시아와 일본이 대립하고 있었음을 설명한다.

피드백 2 예상 질문의 내용이 유사하기에 다른 내용으로 구성하기

질문 1 러시아와 일본의 전쟁인데, 왜 제물포를 공격하나요?
질문 2 한반도에서 일어난 전쟁에서 대한제국은 어느 편에 서서 참전하였나요?

피드백 3 교과서 수준의 내용 지식이 누락되지 않도록 구체적으로 작성

꿀TIP 자신만의 활동 명칭 정해놓고 쓰기

꿀TIP 사료 탐구 시 중점적으로 보아야 할 부분 사전 안내하기

전개		• 교사는 소외되는 학생이 없도록 순회 지도를 한다. – 예상 질문 1) 〈자료 2〉에서 미합중국은 중국인가요? – 답변 1) 미합중국은 미국을 의미합니다. – 예상 질문 2) 가쓰라·태프트처럼 포츠머스도 이름인가요? – 답변 2) 포츠머스는 지명입니다. • 학생들이 탐구 학습한 내용을 정리하여 판서하고, 조약을 맺은 원인을 질문한다. – 질문) 일본이 왜 이러한 조약을 맺었을까요? – 예상 답변) 조선을 차지하기 위해서입니다. • 조선 침략과정에서 일본이 대외적으로 위와 같은 과정을 거쳤음을 정리한다.		
	〈전개 2〉	• 을사늑약부터 한·일 병합 조약까지의 과정을 설명한다.	10	
	〈전개 3〉	**〈지도안 작성 부분 3〉** • 국권 회복을 위한 독립운동의 방향을 〈자료 3〉을 통해 찾아보도록 한다. • 〈자료 3〉을 토대로 알 수 있는 사실을 발표한다. – 발문) 〈자료 3〉을 통해 어떠한 사실을 알 수 있나요? – 예상 답변) 의병을 혼내는 것 같아요, 아직 한·일 병합 조약 이전이에요 • 독립운동의 방식으로 의병운동과 애국 계몽 운동이 있었음을 설명한다. • 애국 계몽을 위해 다양한 단체들을 구성하였음을 설명한다. – 발문) 여러분이 당시 독립운동가였다면 어떠한 단체를 구성하였을 것 같나요? – 예상 답변) 영어나 외국어를 배워서 외국에 어려움을 알릴 것 같아요. • 비주얼 씽킹을 통해 애국 계몽 단체들인 보안회, 일진회, 헌정연구회, 대한자강회, 신민회를 설명한다. • 애국 계몽 운동 단체들이 일제의 신문지법, 보안법 등에 의해 해산되었음을 설명한다. • 쉬는 시간을 안내한다.	20	〈자료 3〉 〈자료 4〉
	〈전개 4〉	**〈지도안 작성 부분 4〉** • 자기소개서 작성하기 유의사항 1. 모둠별 하나의 단체를 정하여 작성할 것 2. 당시의 인물에 감정이입하여 1인칭으로 작성할 것 3. 〈자료 3〉에 유의하여 애국 계몽 단체의 성격을 포함할 것	45	〈자료 5〉

피드백 4 단순한 수렴적 질문으로 오개념이 포함되지 않음
예 당시 필리핀도 한반도에 영향력을 확대하기 위해 노력하였나요?

피드백 5 〈자료 2〉와 관련하여 학생들이 알아야 하는 내용을 구체적으로 작성하기

피드백 6 애국 계몽 운동의 개념과 활동에 대해 설명하기

피드백 7 수렴적 발문의 경우, 예상 답변 2개 정도 구성

피드백 8
1. 단순 나열 형식이 아닌 각 단체별 활동 간단하게 작성하기
2. '~ 설명하고 판서한다'라고 작성하여 조건 충족 명확하게 보여주기

전개		• 자기소개서 작성하기 채점 기준 1. (내용) 애국 계몽 단체의 활동을 포함하였는가? 2. (내용) 〈자료 3〉의 내용을 토대로 애국 계몽 단체의 성격이 드러났는가? 3. (형식) 모둠의 협동이 잘 이루어졌는가? • ‘역사쏙쏙’ 시간을 통해 애국 계몽 단체 가입을 위한 자기소개서 작성하기 활동을 진행할 것임을 안내한다. • 자기소개서 활동의 목적을 발문하고 설명한다. – 목적) 당시의 상황에 감정이입함으로써 애국 계몽 운동에 대해 심도있게 이해하고, 모둠 활동을 통해 의사소통 역량을 증진시키기 위해서이다. • 활동 시 유의사항과 채점 기준을 설명한다. • 활동에 대해 궁금한 점을 질문하도록 유도한다. – 예상 질문) 자기소개서 인물을 가상으로 설정해도 되나요? – 답변) 오늘은 여러분이 가입한다고 생각하고 진행하였으면 좋겠습니다. • 활동을 진행하고, 교사는 소외되는 학생이 없도록 순회 지도를 진행한다. • 활동 이후, 각자 모둠의 결과물을 벽에 붙이도록 안내한다. • 갤러리워크에 대해 설명하고, 동료평가를 진행한다. – 채점 기준에 준수하여 돌아다니며 동료평가를 진행하도록 안내한다. – 각자의 모둠에 포스트잇을 통해 피드백하도록 지도한다. • 긍정적인 피드백이 제일 많은 조와 적은 조에 대해 피드백을 진행한다. • 동료평가 이후, 자신의 조로 돌아와 자기평가를 하도록 지도한다. • 오늘 활동에 대한 자기평가와 느낀 점 등을 원하는 사람에 한해 발표하도록 한다. • 발표한 학생에 대해 피드백을 진행한다.		
정리	정리	일제의 침략과 국권 수호 운동에 대해 정리한다.	5	
	차시예고	개항 이후 경제·사회 구조의 변화		
	인사	인사하고 마친다.		

피드백 9 형식의 경우, ‘주어진 〈자료 5〉의 형식을 준수하였는지’에 대한 내용 활용

꿀TIP 2015 역사과 핵심역량 활용

피드백 10 동료평가와 자기평가가 진행됨을 사전에 안내하기

꿀TIP
❶ 동료평가 및 자기평가에 대한 유의사항을 설명하는 것이 완성도가 높은 지도안
❷ 피드백에 대한 자세한 예시 1가지 정도를 지도안에 작성하면 더 완성도 높은 지도안

관리번호	

(3) 자체 출제 문제 2

수업지도안 작성 문제지

수험번호									이름	

교수·학습지도안 작성 조건

- 교수-학습지도안은 실제 교실에서의 수업 상황을 가정하여 작성할 것
- [지도안 작성 부분 1] 〈자료 1〉, 〈자료 2〉를 활용하여 문답 중심의 강의식 수업을 진행하시오.
  - 〈자료 1〉의 (가), (나) 사료를 바탕으로 비판적 읽기의 과정이 드러나도록 각각의 발문을 포함하여 작성하시오.
  - 〈자료 2〉의 키워드를 모두 사용하여 연표를 활용한 판서 계획을 작성하시오.
- [지도안 작성 부분 2] 〈자료 3〉을 활용하여 모둠별 탐구 활동을 진행하시오.
  - 〈자료 3〉의 모둠 활동지 속 질문 2가지를 작성하시오.
  - 활동 시 예상되는 학생의 질문과 교사의 대답을 각각 작성하시오.
  - (가), (나) 자료 외에 영국의 자유주의 개혁과 관련된 추가 사료 하나를 포함·제시하여 활동을 진행하시오.
- [지도안 작성 부분 3] 〈자료 3〉, 〈자료 4〉를 활용하여 모둠별 포스터 제작하기 활동을 진행하시오.
  - 〈자료 3〉, 〈자료 4〉를 활용하여 포스터 만들기 활동의 단계를 안내하시오.
  - 포스터 만들기 활동 과정에서의 유의사항과 평가기준을 내용적 측면과 형식적 측면으로 나누어 제시하시오.

교수·학습 조건

1. 과목명: 세계사
2. 대상: 고등학교 2학년
3. 시간: 100분(블록타임제)
4. 단원명: Ⅳ. 유럽·아메리카 지역의 역사 – 시민 혁명과 산업 혁명

가. 단원의 성취기준

성취기준	[12세사04-04] 시민 혁명과 국민 국가의 형성 과정을 이해하고, 산업 혁명의 세계사적 의미를 해석한다.

나. 단원의 구성

단원	주요 내용 및 활용	수업 형태	평가 방법
국민 국가의 형성	빈체제의 성립		
	프랑스의 7월 혁명과 2월 혁명, 영국의 자유주의 개혁	강의식 수업, 사료 학습, 포스터 제작 학습	수행평가
	이탈리아와 독일의 통일		
	러시아와 미국의 발전		

다. 교수·학습 환경

학생 수	지도 장소	매체 및 기자재
25명	교실	칠판, 교사용 컴퓨터, 스마트 TV, 활동지, 태블릿 PC

자료 ❶ 7월 혁명과 2월 혁명

(가) 7월 칙령

정기 간행물의 발행 자유를 정지한다. … 어떠한 신문, 정기 간행물, 준 정기 간행물도 … 당국의 허가를 받지 않고는 발행할 수 없다. … 하원은 해산한다. … 향후 의회에서 하원 의원의 수를 줄인다. … 하원의 헌법 수정 권한을 철회한다. 선거권과 피선거권은 오로지 정해진 납세액에 따라 결정된다.

(나) 2월 혁명

반동적인 과도 정부(7월 왕정)는 파리 민중의 영웅적인 행위로 물러났다. … 임시 정부는 공화정을 바란다. … 이제부터 정부는 모든 계급의 시민으로 이루어진 인민의 통일체이며, 인민에 의한 인민의 정부이다. 원리로 말하자면 '자유, 평등, 우애'이고 표어로는 '민중'이다. 여기에 프랑스가 의무감을 가지고 힘써 지키고자 하는 민주 정부가 존재하는 것이다.

자료 ❷

【키워드】 부르봉 왕조, 루이 필리프, 입헌 군주제, 벨기에, 산업 혁명, 메테르니히

자료 ❸ 모둠 활동지

활동지

(가) 차티스트 운동

우리는 자유인의 의무를 수행하고 있고 자유인의 특권을 가져야 한다. 그러므로 … 모든 성인 남자에게 의원 선거권을 부여할 것, 앞으로 있을 모든 의원 선거를 비밀 선거로 할 것, 그렇게 선출된 의원의 임기가 어떤 상황에서도 1년을 넘지 않도록 할 것, 피선거권자의 모든 재산 자격을 철폐할 것, 의원의 봉직 기간에 대해 적절한 보상을 제공할 것을 주장한다.

(나) 선거법 개정

구분	연도	확대된 유권자	유권자 비율
1차	1832	산업 자본가	5%
2차	1867	소시민, 도시 노동자	9%
3차	1884	농민, 광산 노동자	19%
4차	1918	만 21세 이상 남자, 31세 이상 여자	46%
5차	1928	만 21세 이상 남녀	62%
6차	1969	만 18세 이상 남녀	71%

…(추가 제시 자료)…

1. (가)의 주장을 정리해보자.

2. (나)의 1차 선거권 개정에 영향을 미친 요인은 무엇이고, 개정 이전에 유권자는 누구였을까?

3. [수험생 작성부분]

4. [수험생 작성부분]

5. 곡물법이 당시 영국 경제에 끼친 영향은 무엇일까?

자료 ❹ 포스터 제작

[제목]	2학년 3반 OO모둠
[포스터]	[포스터에 대한 설명 및 해설]

관리번호	

수업지도안 작성 답안지

수험번호									이름	

단원	Ⅳ-4. 시민 혁명과 산업 혁명	지도 대상	고등학교 2학년
학습목표	1. 자유주의와 민족주의 운동 사례를 통해 근대 국민 국가가 형성되는 과정을 파악할 수 있다. 2. 프랑스 자유주의 운동의 전개과정을 설명할 수 있다. 3. 사료를 활용하여 영국의 자유주의 개혁을 정치·경제·종교로 나누어 설명할 수 있다.		
학습 자료	칠판, 교사용 컴퓨터, 스마트 TV, 활동지, 태블릿 PC		

꿀TIP
학습목표를 통해 포함되어야 할 내용요소 확인하기

학습 단계	학습 요소	교수·학습활동	시간	자료 및 지도상 유의점
도입	인사	인사 및 출석 확인	5	
	전시 확인	전시학습을 확인한다.		
	동기 유발	들라크루아의 「민중을 이끄는 자유의 여신」을 통해 동기를 유발한다.		
	학습목표	학습목표를 확인한다.		
전개		**〈판서 계획〉** 왕정복고 (부르봉 왕조) 7월 혁명 - 영향) 벨기에 독립 7월 왕정 - 루이 필리프 - 입헌군주제 2월 혁명 - 제2 공화정 수립 - 영향) 메테르니히 몰락, 빈체제 붕괴		
	〈전개 1〉	**〈지도안 작성 부분 1〉** • 메테르니히 주도로 열린 빈회의의 결과 유럽에 복고왕정이 들어섰음을 설명한다. • 연표와 함께 프랑스에는 부르봉 왕조의 입헌군주제가 성립되었음을 설명한다. – 발문 1) (가), (나)가 각각 어떤 역사적 사건과 관련있는지 교과서를 통해 말해볼까요? – 예상 답변 1) (가)는 7월 혁명, (나)는 2월 혁명입니다. – 발문 2) (가)에서 규정하는 내용을 찾아볼까요? – 예상 답변 2) 하원의 해산이요, 신문 발행의 자유를 정지해요. • 7월 혁명의 결과 프랑스에서는 루이 필리프를 새로운 왕으로 삼았으며, 이는 다른 유럽에도 영향을 끼쳤음을 설명한다. – 발문 3) (나)에서 임시정부가 지향하는 정치체제는 무엇일까요? – 예상 답변 3) 왕이 없는 정치형태요, 공화정이요.	25	〈자료 1〉 〈자료 2〉

피드백 1 〈자료 2〉 키워드 추가하기
'산업혁명의 영향, 혁명세력의 보수화' 추가

피드백 2
비판적 사고를 드러내기 위해서는 표면적 발문+맥락적 발문 필요
예 (가)에서 규정하는 내용을 찾아볼까요?
예 (나)의 '민주정부'가 지향하는 바를 (가)를 통해 유추해볼까요?

피드백 3 정확하고 구체적으로 작성하기
예 벨기에 독립에 영향을 끼쳤음을 설명한다.

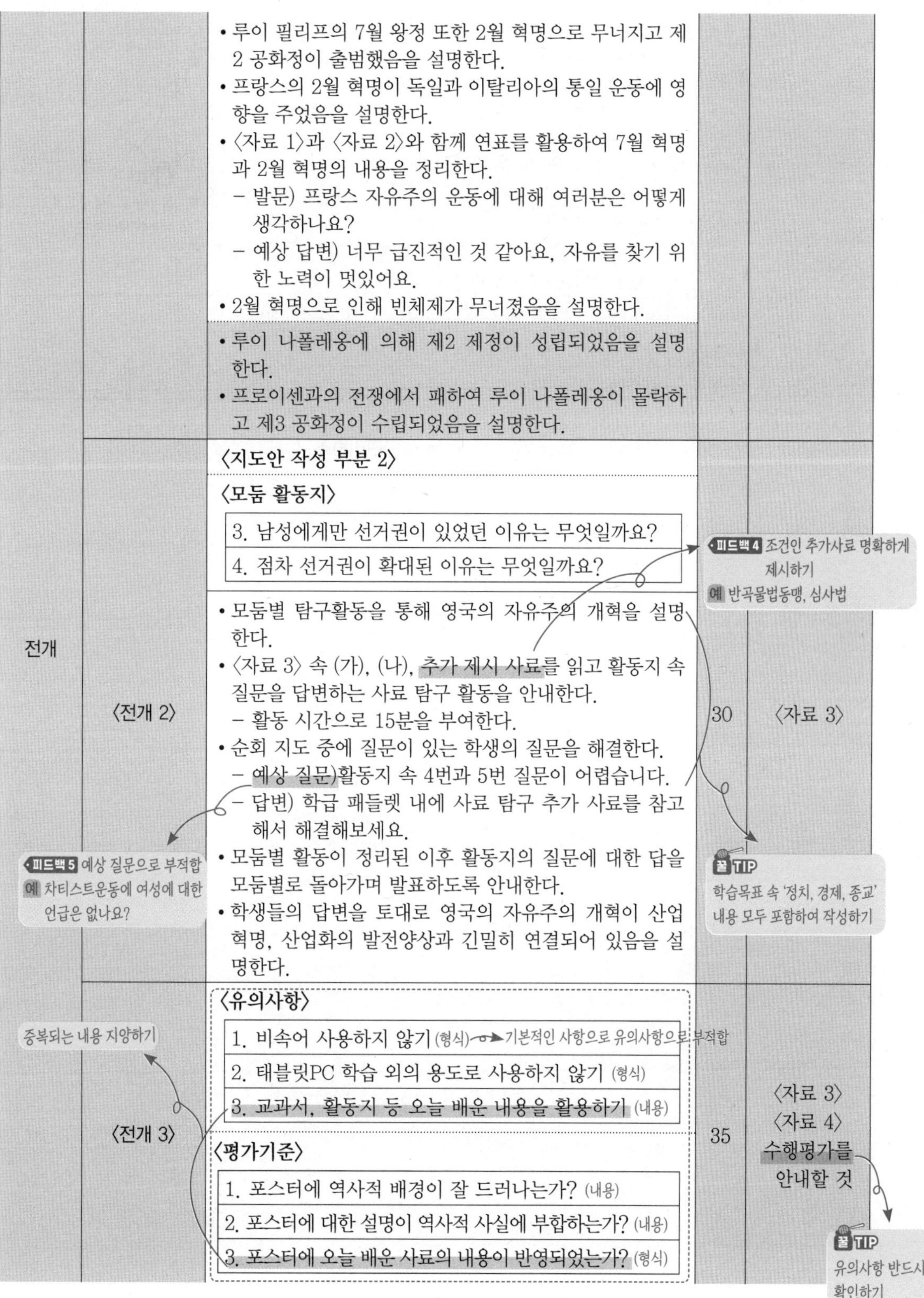

전개		• 루이 필리프의 7월 왕정 또한 2월 혁명으로 무너지고 제2 공화정이 출범했음을 설명한다. • 프랑스의 2월 혁명이 독일과 이탈리아의 통일 운동에 영향을 주었음을 설명한다. • 〈자료 1〉과 〈자료 2〉와 함께 연표를 활용하여 7월 혁명과 2월 혁명의 내용을 정리한다. – 발문) 프랑스 자유주의 운동에 대해 여러분은 어떻게 생각하나요? – 예상 답변) 너무 급진적인 것 같아요. 자유를 찾기 위한 노력이 멋있어요. • 2월 혁명으로 인해 빈체제가 무너졌음을 설명한다. • 루이 나폴레옹에 의해 제2 제정이 성립되었음을 설명한다. • 프로이센과의 전쟁에서 패하여 루이 나폴레옹이 몰락하고 제3 공화정이 수립되었음을 설명한다.		
	〈전개 2〉	〈지도안 작성 부분 2〉 〈모둠 활동지〉 3. 남성에게만 선거권이 있었던 이유는 무엇일까요? 4. 점차 선거권이 확대된 이유는 무엇일까요? • 모둠별 탐구활동을 통해 영국의 자유주의 개혁을 설명한다. • 〈자료 3〉 속 (가), (나), 추가 제시 사료를 읽고 활동지 속 질문을 답변하는 사료 탐구 활동을 안내한다. – 활동 시간으로 15분을 부여한다. • 순회 지도 중에 질문이 있는 학생의 질문을 해결한다. – 예상 질문)활동지 속 4번과 5번 질문이 어렵습니다. – 답변) 학급 패들렛 내에 사료 탐구 추가 사료를 참고해서 해결해보세요. • 모둠별 활동이 정리된 이후 활동지의 질문에 대한 답을 모둠별로 돌아가며 발표하도록 안내한다. • 학생들의 답변을 토대로 영국의 자유주의 개혁이 산업혁명, 산업화의 발전양상과 긴밀히 연결되어 있음을 설명한다.	30	〈자료 3〉
	〈전개 3〉	〈유의사항〉 1. 비속어 사용하지 않기 (형식) 2. 태블릿PC 학습 외의 용도로 사용하지 않기 (형식) 3. 교과서, 활동지 등 오늘 배운 내용을 활용하기 (내용) 〈평가기준〉 1. 포스터에 역사적 배경이 잘 드러나는가? (내용) 2. 포스터에 대한 설명이 역사적 사실에 부합하는가? (내용) 3. 포스터에 오늘 배운 사료의 내용이 반영되었는가? (형식)	35	〈자료 3〉 〈자료 4〉 수행평가를 안내할 것

피드백 4 조건인 추가사료 명확하게 제시하기
예 반곡물법동맹, 심사법

피드백 5 예상 질문으로 부적합
예 차티스트운동에 여성에 대한 언급은 없나요?

꿀TIP 학습목표 속 '정치, 경제, 종교' 내용 모두 포함하여 작성하기

→ 기본적인 사항으로 유의사항으로 부적합

중복되는 내용 지양하기

꿀TIP 유의사항 반드시 확인하기

전개		• 영국 자유주의 개혁에 대한 포스터 제작 활동을 안내한다. • 주제 선정 → 포스터 제목 작성 → 포스터 완성 → 해설 작성 순으로 진행됨을 안내한다. • 유의사항과 평가기준에 대해 위와 같이 안내하며 수행평가가 진행됨을 설명한다. • 모둠 활동을 20분 부여한다. • 완성본을 패들렛에 올리고 투표를 진행할 것임을 안내한다. • 투표 결과를 토대로 다음 시간을 활용하여 피드백이 진행될 것임을 설명한다.		
정리	정리	학습목표 달성을 확인하고 질의응답 시간을 가진다.	5	
	차시예고	다음 차시를 예고한다.		
	인사	인사하고 마친다.		

꿀TIP
활동안내 시에 구체적으로 단계 나누어 작성하기

관리번호	

2 지도안 Level Up! 하기

(1) 자주 묻는 질문 Q&A

교사의 발문에 대한 학생의 예상 답변을 써야 할까요?

역사교육론적 측면에서는 학생의 답변을 예상하고 발문을 한다는 것이 의아할 수 있지만, 수업실연은 아이들과 상호작용을 통해 온전히 수업하는 모습을 보여주는 시험입니다. 이에 발문에 예상 답변을 2개 정도 작성하는 것이 무난한 지도안으로 보입니다.

합격자의 꿀TIP

| 수렴형 발문1 | 조선 후기 사회에 확산된 종교가 공통적으로 주장하였던 사상은 무엇인가?

| 예상 답변 1 | 모두가 평등하다는 사상을 주장하였어요. 새로운 왕조가 열린다고 주장하였어요.

→ 이처럼 우수한 학생의 대답과 부진한 학생의 대답을 모두 제시할 것

| 확산형 발문1 | 민족협동전선은 이후 어떠한 활동으로 이어질까요?

| 예상 답변 1 | 군사적 조직을 통일했을 것 같아요. 사회운동을 함께 해 나갔을 것 같아요.

→ 확산형 발문이기에 2개 이상의 답변을 제시할 것

교과서 수준의 지식을 어느 정도 포함해야 할까요?

교과서 수준의 내용 지식, 핵심 용어가 지도안 및 수업에 포함되지 않을 경우 감점 가능성이 큽니다. 해당 단원의 주제 및 핵심 용어를 반드시 포함해서 지도안을 작성하셔야 합니다.

예 십자군 전쟁의 결과에 대해 설명한다.

➡ 십자군 전쟁의 결과 교황권의 쇠퇴, 왕권의 강화, 상공업의 발달과 도시의 성장이 이루어졌음을 설명한다.

교과서 수준의 내용 지식을 어떻게 파악하는 것이 좋을까요?

과목별(역사/한국사/세계사/동아시아사)로 하나의 역사 교과서를 선정하여 대단원/중단원/주제를 파악 및 탐구하는 연습이 중요합니다. 그래도 어려움이 있다면 EBS 교재나 교사용 지도서 '내용정리' 부분과 같이 중요 내용만 정리되어 있는 교재를 활용하여 내용 지식을 정리하는 것을 추천합니다.

주제별 활용할 만한 학생 활동은 어떻게 알 수 있을까요?

교과서별 탐구 활동과 생각해 보기 질문 등을 활용하여 주제별로 활용할 만한 학생 활동을 선별하는 과정이 필요합니다. 예를 들어 2020학년도 문제(동아시아사-임진왜란)도 교과서에 있는 활동이 그대로 기출된 내용입니다. 이처럼 스터디 차원 혹은 개인별 교과서 분석 과정에서 교과서에 있는 활동을 파악하고 자체적으로 수업 구성을 해 보는 것을 추천합니다.

학생 활동과 관련하여 미리 생각해 볼 만능틀이 있을까요?

교과서별 활동의 목적, 활동 시 유의사항, 활동과정 안내, 채점 기준, 역할 배분 등을 미리 각 항목별로 2~3가지 이상 구성해 놓으면 지도안 작성 시 시간을 절약할 수 있습니다. 역사교육론의 내용을 기본으로 하되 활동과정에서 학생들이 어려움을 겪을 만한 내용을 고민하여 추가하면 더 다채로운 수업이 될 수 있을 것 같습니다.

합격자의 꿀 TIP

| 활동의 목적 | 2015 역사과 핵심역량을 활용하기

예 ① 역사적 인물에 관해 스스로 평가를 내리며 역사적 판단력과 문제해결능력을 기를 수 있다.
② 다양한 자료를 활용하여 기획안을 만드는 과정을 통해 역사 자료 분석과 역사 정보 활용 역량을 기를 수 있다.
③ 개혁 정책 글쓰기 활동을 통해 고려 후기의 상황과 관련 사건에 대한 지식을 습득하고 심화하여 역사 이해 역량을 증진시킬 수 있다.

| 활동 시 유의사항 |

예 ① 역사적 사실에 근거하여 작성할 수 있도록 한다.
② 과거의 사실을 설명하는 것이 아닌 비판적으로 재구성하도록 지도한다.
③ 역사적 인물이 살았던 시대의 배경 및 주요 활동 내용이 포함되어 작성할 수 있도록 한다.

| 채점 기준 안내 |

예 ① (내용) 역사적 사실에 근거하여 작성하였는가?
② (내용) 주제에 맞는 역사적 자료를 활용하였는가?
③ (내용) 시대 상황을 정확히 이해하고 작성하였는가?
④ (내용) 역사적 인물에 충분히 감정이입하여 1인칭의 시점으로 작성하였는가?
⑤ (형식) 맞춤법과 띄어쓰기를 정확하게 지켰는가?
⑥ (형식) 모둠원 간에 역할 분배를 통해 모든 모둠원이 참여하였는가?
⑦ (형식) 서로 존중하는 태도를 기반으로 민주적인 의사소통 과정이 이루어졌는가?

(2) 지도안 및 수업 실연 셀프 피드백 시 중점적으로 보아야 할 점

① 사전에 항목별 체크리스트 작성하기

예시

| 조건 수행 |

□ 판서가 구조화되었는가?
□ 학습목표를 달성하였는가?
□ 조건을 정확하게 수행하였는가?
□ 교수 매체 활용이 원활하게 이루어졌는가?
□ 학생의 수준을 고려한 발문과 피드백이 이루어졌는가?
□ 역사적 사실에 오류 없이 교과서 수준의 내용 지식을 전달하였는가?

| 태도 |

□ 목소리 크기와 속도가 적절하였는가?
□ 전개 과정이 매끄럽게 연결되었는가?
□ 내용 요소를 전달력 있게 수업하였는가?
□ 표정과 시선이 자연스럽게 처리되었는가?

② 피드백 시에 가져야 할 마음가짐

㉠ 모든 것을 수용할 수는 없다는 사실 인정하기

- 내 수업의 가치관 세우기
- 좋은 아이디어라고 해도 내가 소화할 수 없으면 의미 없다는 것 인지하기
- '수용할 수 있는 것'과 '수용할 수 없는 것' 2개로 구분하여 수업 발전시키기

㉡ 조건 준수를 최우선으로 생각하기

- 다양한 수업의 기법을 활용하는 것도 좋지만 조건 준수를 명확하게 보여주는 것이 최우선
- 넘버링 및 재차 강조를 통해 조건 준수를 명확하게 드러내기

04 구상지 작성하기

1 구상지의 의미와 작성 시 유의사항

(1) 구상지의 의미

① 수업실연 중 전체적인 수업 진행의 절차와 내용을 간략히 서술하여 참고하기 위한 용지를 의미

② 유형에 따른 구분

지도안 작성 지역	문제지(구상지)와 본인이 작성한 지도안 사본을 기반으로, 정해진 시간 동안 수업을 구상하기 위한 계획적인 양식
비지도안 지역	전체적인 수업 진행을 위한 조건과 과정을 구획별로 나누어 정리한 양식

(2) 구상지 작성 시 유의사항

① 구상실 입실 후 진행요원의 안내에 따라 수업 구상 시작

② 문제지(구상지) 및 지도안 사본에 메모하여 수업실연 시 참고

③ 지도안 작성 지역의 경우 지도안의 내용과 일치하게 작성할 것

④ 모든 문항 조건에 빠짐없이 충실해야 하며, 문항 조건과 관계된 부분은 별도로 강조('★' 또는 '꼭', '중요') 표시하는 것이 좋음

⑤ 수험생 본인의 역사관, 역사교육관, 학생관과 같은 수업 철학과 연계된 요소까지 구상지에 포함할 것

⑥ 반복적으로 연습하여 구획별로 나누어 정형화된 형태로 정리할 것

⑦ 한눈에 알아보기 쉽게, 다음 단계의 진행 과정을 한 번에 찾아 확인할 수 있게 구조화할 것

⑧ 휴대하기 편하게 접어서 한 손에 들고 참고할 수 있도록 작성할 것

2 구상지 작성의 실제

(1) 4구획법

① 구상지를 4개의 구획으로 나누어 수업 전체의 흐름과 문항 조건에 해당하는 내용을 수록

② 단원명과 인사말을 제외하고 분할하는 방식

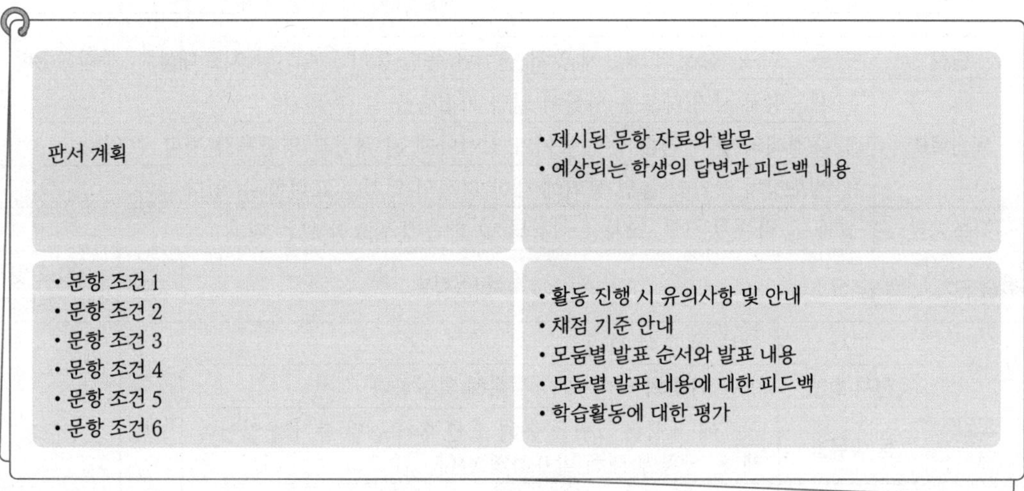

판서 계획
• 제시된 문항 자료와 발문
• 예상되는 학생의 답변과 피드백 내용
• 문항 조건 1
• 문항 조건 2
• 문항 조건 3
• 문항 조건 4
• 문항 조건 5
• 문항 조건 6
• 활동 진행 시 유의사항 및 안내
• 채점 기준 안내
• 모둠별 발표 순서와 발표 내용
• 모둠별 발표 내용에 대한 피드백
• 학습활동에 대한 평가

(2) 6구획법

① 구상지를 6개의 구획으로 나누어 수업 전체의 흐름과 문항 조건에 해당하는 내용을 수록

② 4구획법에 비해 자세하지만 분량 안배에 신경 써야 하는 분할 방식

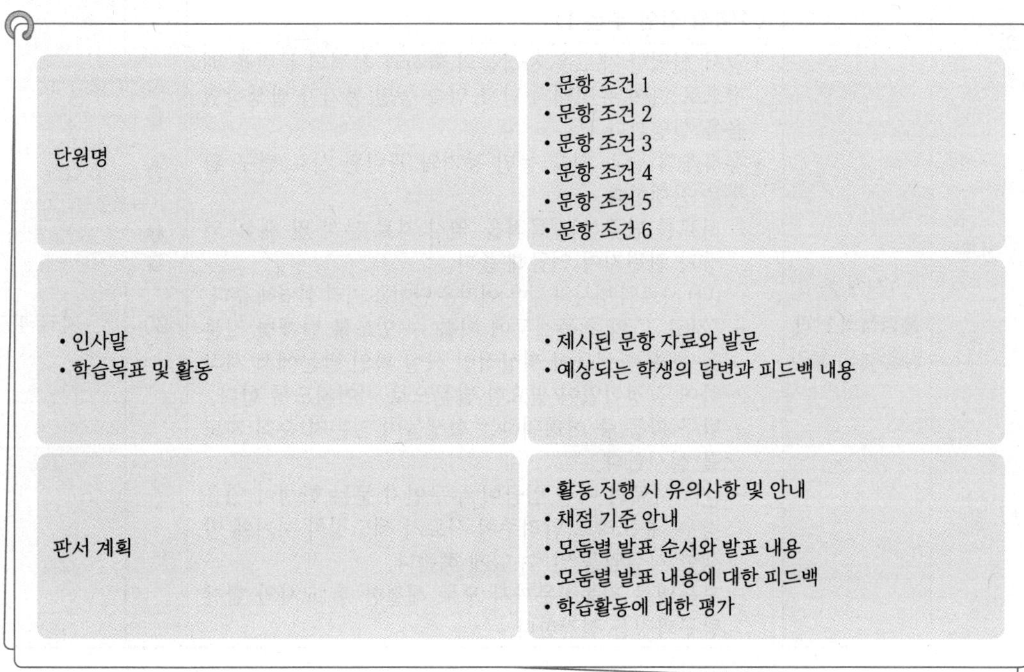

단원명
• 문항 조건 1
• 문항 조건 2
• 문항 조건 3
• 문항 조건 4
• 문항 조건 5
• 문항 조건 6
• 인사말
• 학습목표 및 활동
• 제시된 문항 자료와 발문
• 예상되는 학생의 답변과 피드백 내용
판서 계획
• 활동 진행 시 유의사항 및 안내
• 채점 기준 안내
• 모둠별 발표 순서와 발표 내용
• 모둠별 발표 내용에 대한 피드백
• 학습활동에 대한 평가

3 구상지 작성 사례

(1) 지도안 지역

교수·학습지도안 답안지에 기초한 구상지

수험번호								이름	

단원	V-2. 삼정의 폐단에 맞서 일어난 농민 봉기	지도 대상	중학교 3학년
학습목표	1. 세도정치 시기 새로운 사상이 널리 퍼졌음을 알 수 있다. 2. 홍경래의 난과 임술 농민 봉기가 일어나게 된 배경과 영향을 설명할 수 있다. 3. 세도정치 시기의 농민 봉기에 대한 자신의 의견을 표현할 수 있다.		
학습 자료	교과서, 학습지, TV, 교사용 컴퓨터 및 학습에 필요한 모든 자재		

학습 단계	학습 요소	교수·학습활동	시간	자료 및 지도상 유의점
도입	인사	인사 및 출석 확인	5	
	전시 확인	양난 이후의 국가 재건에 대해 확인한다.		
	동기 유발	PPT에 제시된 그림을 통해 조선 후기 농민 봉기가 일어나게 된 상황에 대해 발표하게 한다.		
	학습목표	학습목표를 제시한다.		
전개	〈전개 1〉 새로운 사상의 확산	• 〈정감록〉과 미륵신앙, 무속 신앙이 유행한 배경을 설명한다. • 동학의 창시 배경, 성장과정, 정부의 탄압 과정을 파악하게 한다.	15	
	〈전개 2〉 홍경래의 난과 임술 농민 봉기	**〈수험생 실연 부분 1〉** • 앞서 설명한 새로운 사상들의 확산과 삼정의 문란을 배경으로 하여 홍경래의 난과 임술 농민 봉기가 발생하였음을 설명한다. • 홍경래의 난과 임술 농민 봉기와 관련된 사료 탐구 활동을 진행한다. – 사료를 탐구하는 목적을 '역사 자료 분석 및 해석' 역량과 관련지어 언급해 준다. – (나) 사료의 병사와 같은 어려운 단어를 미리 설명해 준다. – 〈자료 1〉의 최종질문에 이를 수 있도록 단계별 질문을 통해 학생들이 피상적인 사실 확인 발문에서 시작하여 감정이입이 필요한 발문으로 이어지도록 한다. – 탐구 활동 중 어려워하는 학생들이 있는지 순회 지도를 실시한다. – (가) 사료의 어린 임금이 누구인지 묻는 학생이 있을 경우, 순조라고 알려주어 사료가 세도정치 시기에 발생한 사실임을 알 수 있게 해준다. – 모둠별로 최종질문까지 모두 해결한 후 교사와 함께 탐구과정을 점검한다.	25	〈자료 1〉

구상지 메모 내용 1

❶ 새로운 사상 + 새로운 종교
→ 홍경래의 난, 임술 농민 봉기

❷ 사료 탐구 활동
→ 역량 언급, 어려운 용어 및 개념 선명

❸ 〈자료 1〉 사실 확인 → 감정이입 발문

❹ 순회 지도 → 학생 발문 → 교사 답변

<table>
<tr><td rowspan="1"></td><td>〈전개 3〉
격문과 개혁안
작성 및 발표</td><td>〈수험생 실연 부분 2〉
• 홍경래의 난과 임술 농민 봉기에 대해 배운 내용을 토대로 '나와 반란에 가담 안 할래?' 시간을 진행한다.
– '역사 정보 활용 및 의사소통' 역량과 관련하여 본 활동의 필요성을 언급해준다.
– 활동과 관련하여 다음 평가기준을 안내한다.
1. 당시 사회적 모순이 적나라하게 드러났는가?
2. 문제의 원인이 잘 드러나 있는가?
3. 문제 원인에 대한 해결책이 적절한가?
– 활동과 관련하여 다음 유의사항들을 안내한다.
1. 단순한 사실 나열이 아니라 당시 반란에 참여한 인물들의 감정이 드러나도록 작성할 것
2. 모둠원 간 각각 다른 색깔 펜을 이용하여 빠짐없이 참여했음을 표시할 것
– 활동을 하면서 어려움은 없는지 순회 지도를 하면서 학생들을 살펴본다.
– 활동이 끝난 후 각 모둠별로 발표를 진행한 후, 발표가 끝난 작품은 복도쪽 창가에 있는 갤러리에 게시한다.
• 발표가 끝난 후 모둠별로 각각 다른 색깔의 별 스티커를 이용해 다른 모둠의 작품을 동료평가하도록 안내한다.
– 학생들이 〈자료 3〉의 사례를 우수한 사례로 평가한 이유를 듣고 이에 대한 적절한 피드백을 제시한다.</td><td>40</td><td>〈자료 1〉
〈자료 2〉
〈자료 3〉</td></tr>
<tr><td rowspan="3">정리</td><td>정리</td><td>조선 후기의 농민 봉기에 대해 정리한다.</td><td rowspan="3">5</td><td rowspan="3"></td></tr>
<tr><td>차시예고</td><td>다음 수업인 새로운 학문의 등장에 대해 소개한다.</td></tr>
<tr><td>인사</td><td>인사하고 마친다.</td></tr>
</table>

구상지 메모 내용 2
❶ 활동 안내 → 역량 제시 → 평가기준 제시 → 활동 시 유의사항 안내
❷ 순회 지도
❸ 모둠별 발표 → 교사 강화 → 학생 강화 → 갤러리 게시
❹ 스티커를 활용한 동료평가
❺ 〈자료 3〉 사례 → 피드백 제공

자료 ❶

(가) 조정에서는 서쪽 땅을 더러운 흙과 같이 여긴다. 심지어 권세 있는 집의 노비들도 서쪽 사람들을 보면 '평안도 놈'이라고 일컫는다. 서쪽 땅에 있는 자로서 어찌 억울하고 원통하지 않겠는가? …… 지금 나이 어린 임금이 위에 있어서 권신들의 간악한 짓은 날이 갈수록 심해지고 김조순, 박종경의 무리가 국가의 권력을 제멋대로 일삼으니 …… 이제 격문을 띄워 여러 고을의 수령들에게 보내나니 절대로 동요치 말고 성문을 활짝 열어 우리 군대를 맞으라!

–『패림』

(나) 임술년 2월 19일, 진주 백성 수만 명이 머리에 흰 수건을 두르고 손에는 나무 몽둥이를 들고 무리를 지어 진주 읍내에 모여 서리들의 가옥 수십 호를 불태우고 부수었다. …… 병사가 해산하고자 장시에 나가니 백성이 그를 둘러싸고 재물을 횡령한 조목, 아전들이 세금을 강제로 징수한 일들을 문책했다.

–『임술록』

Question. (가) 홍경래의 난, (나) 임술 농민 봉기의 배경을 각각 써봅시다.

자료 ❷ 모둠 활동지: 봉기 참여를 독려하는 격문과 개혁안 쓰기

제목:	개혁안
[도대체 무엇이 문제인가?] ○○○○년 ○월 지도자 ○○○(○모둠)	[이렇게 바꿉시다!] 1. 2. 3. 4. … ○○○ 일동(○모둠)

자료 ❸ 우수사례(4모둠)

제목:	개혁안
[도대체 무엇이 문제인가?] 1. 평안도 차별, 더 이상 참을 수 없다! 2. 조선 백성의 대다수는 평민이다! 평민도 사람답게 살고 싶다! 3. 직업에 귀천은 없다. 어느 직업이든 소중하다. 4. 이 모든 원흉들을 제거하려고 한다. ○○○○년 ○월 지도자 홍경래 등(4모둠)	[이렇게 바꿉시다!] 1. 지역차별 철폐, 행정구역 개편! 2. 신분제 철폐, 만민 평등! 3. 모든 신분에 직업 선택의 자유 부여! 4. 탐관오리 퇴출, 관료 공개 채용! … 홍경래 일동(○모둠)

(2) 비지도안 지역

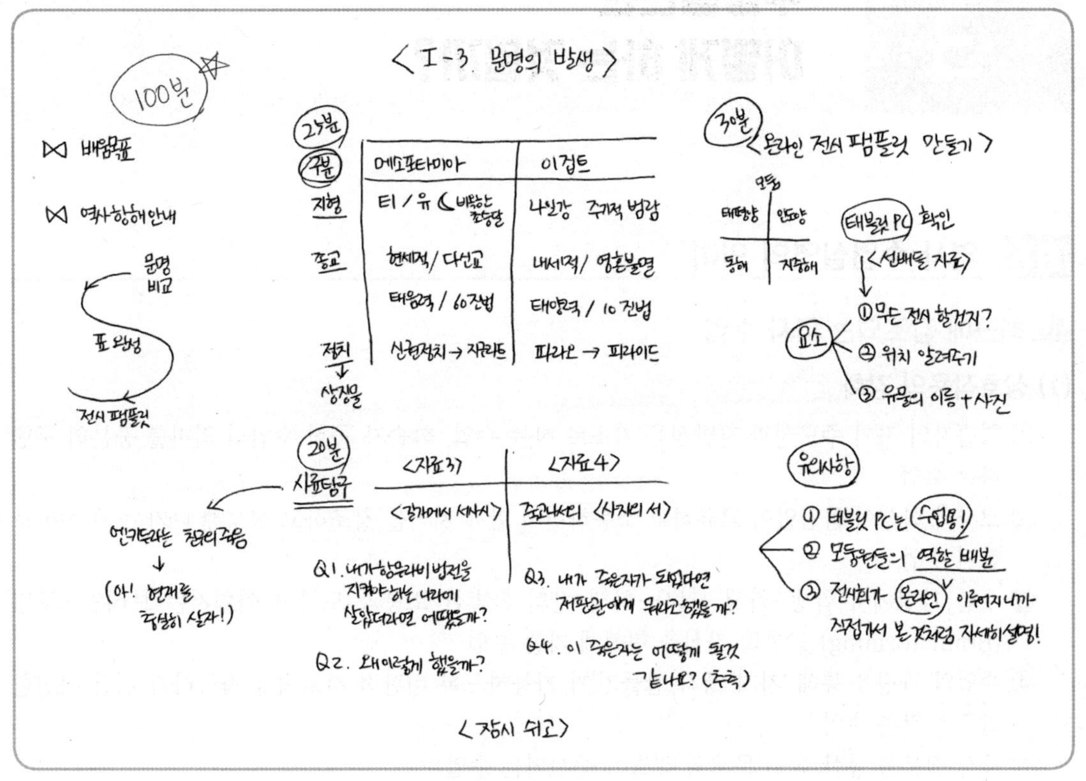

공간 분할을 고려한 실제 구상지 사례

수업실연은 어떻게 하는 것일까?

01 역사 수업실연의 의미

1 최근에 강조되는 역사 수업

(1) 상호작용의 강화

① 학습자의 자기 주도성과 자발성을 기초로 하는 수업, 학습자 중심 수업의 의미를 충분히 구현하는 수업

② 교사와 학생이 끊임없이 교류하고 소통하면서 함께 지식을 창조하고 형성해 나가는 과정이 포함된 수업

③ 수업 과정에서 학생–학생, 교사–학생 간의 활발한 소통과 토론이 이뤄지는 브레인스토밍(Brainstorming)을 통해 지식을 형성해 가는 수업

④ 수업의 과정을 통해 '자기 생각 만들기'가 가능하도록 비판적 사고력을 자극하기 위한 적절한 발문을 갖춘 수업

⑤ 중심 질문을 통한 탐구 문제의 해결이 중시되는 수업

(2) 역사가처럼 사고하기

① '역사가처럼 사고하기'를 모델링하는 수업

② 사료를 기초로 논증하는 수업

③ 사료비판, 사료 분석 및 해석 과정을 포함하는 수업

④ 역사 내러티브를 비판적·작품적·해체적으로 읽고, 자기만의 역사 내러티브를 구성하는 수업

⑤ 궁극적으로 역사의 논쟁성과 역사 해석의 다양성을 강조하는 수업

2 역사를 어떻게 가르칠 것인가?

(1) 고려 사항

① 역사 교사의 교육적 의도: 교육관, 교수 신념, 역사관, 역사교육관, 역사 수업의 지향, 수업에서의 의사결정

② 가르칠 내용으로서의 역사: 역사적 사실, 역사 해석, 사학사, 역사 연구의 방법

(2) 교수·학습의 재인식

① 역사화에 토대를 둔 새로운 인식론적 접근 대두

② 교사의 수많은 의사결정이 복합적으로 이루어진 복잡하고 다층적인 사고활동의 결과물

③ 가르치는 데 적합한 교수법과 교재의 범주: 교사와 학생의 활동, 교재의 특성

3 역사 수업실연의 의미

(1) 광의

① 수업실연(授業實演)은 학습을 촉진시키는 모든 활동을 교사(예비교사)가 실제로 하여 보이는 것을 의미

② 교사(예비교사)가 수업을 한다는 것은 가르칠 내용과 방법에 관한 의사결정을 내리고 이를 실행에 옮기는 것을 의미

③ 이때 교사는 수많은 의사결정 과정을 거치게 되는데, 교사가 수업을 위해 해야 할 의사결정은 교육 목표와 수업의 목표, 학생의 특성과 요구, 가르칠 내용, 가르칠 방법에 관한 것이라 할 수 있음

(2) 협의

① 역사 수업실연의 의미는 제한된 시간(15~20분) 내에 주어진 문항을 참고로 하여 문항 조건에 따라 교사(예비교사)가 가르칠 내용과 방법에 관한 의사결정을 내리고 이를 실행에 옮기는 것을 의미

② 예비교사가 수업 전문성을 갖춘 교사가 되기 위해 기초 자질과 소양을 검증받는 과정

4 역사 수업실연을 위한 전제 조건

일반론	• 자신감 있는 표정과 당당한 자세, 그리고 정확한 발음, 억양, 본인에게 어울리는 어조는 전달 능력을 배가시키는 아주 중요한 요소임 – 빠른 시간 내에 본인에게 어울리는 표정, 자세, 발음, 억양, 어조를 찾아야 함 • 전달 능력 가운데 가장 중요한 것은 호흡과 쉼 – 문장 전체를 빠르게 말하는 습관보다는 일정 구간 내에서 끊고 말하는 연습과 일정 구간 말한 다음 쉬어가며 다시 말하는 연습을 반복해야 함 – 이를 위해 전사노트를 활용하고 목소리만 녹음해서 말의 속도와 전달 능력을 점검하고 개선해야 함 • 과목 내용에 대한 전문적인 이해, 교육과정 및 교과서에 대한 이해, 교사 교육과정 구성에 대한 이해가 요구
특수론	• 역사 수업실연은 지도안 내용과의 일치가 가장 중요. 지도안에 작성된 순서와 학습활동을 수업실연에 동일하게 구현하는 것이 좋은 성적을 받기 위한 기본임 • 수업실연 초반에 전체적인 수업의 흐름을 안내하는 것은 문항 조건과 상관없이 의미 있는 활동임. 평가자의 관점에서 어떤 수업 활동이 진행될 것인가에 대한 이해를 도모하기 때문 • 각 단계별 수업 활동이 끝난 경우, 가급적 간단하게라도 수행한 학습활동에 대한 정리가 필요. 평가자의 관점에서 명확하게 한 단계의 수업 활동이 종료되었음을 알리는 데도 효과적이기 때문 • 실수를 노출하지 않는 것도 능력 – 수업실연 중 조건 한 가지를 놓치는 것은 흔한 일 – 버벅대거나 긴장해서 말실수하는 것도 흔함 – 하지만 이런 상황에서 자연스럽게 넘어가는 것도 좋은 점수를 얻는 과정임 – 당황하지 말고 최대한 원래 계획했던 활동이나 단계로 넘어가면 됨 • 수업은 상호작용임. 학생의 예상 반응까지 수렴하는 교사의 활동이 계획적으로 보이기 마련

02 수업실연의 실제와 발문

1 역사 수업을 여는 독창적인 인사말 녹여내기

(1) 인사말의 중요성

① 수업 전 학생들과 눈을 맞추고, 학습활동을 준비하며, 전반적인 교실 분위기를 조정하는 데는 수업 활동을 시작하는 인사말이 중요

② 수업 시작 전 주의를 환기시키고, 학습 분위기를 조성하여 몰입도 높은 수업을 이끌어간다는 측면에서도 중요

③ 평가위원들에게도 응시자의 수업관을 어필하고, 기대감을 높이는 데 효과적임

④ 자신만의 인사말을 만들어내기 위해서는 해당 시·도 교육청의 교육감 인사말, 시·도 교육청의 지표, 역점 사업, 중점 사항 등을 숙지하여 수험생(응시자) 본인의 교육관을 드러내는 형태가 좋음

(2) 인사말 예시

지향	멘트
탐구 중심 수업	• 함께 읽고, 함께 탐구하고, 함께 써보는 역사 수업! 지금 시작합니다. • 사료와 함께 떠나는 내러티브 만들기 수업, 오늘도 함께할까요?
논쟁 문제 수업	• 역사는 논쟁적이다. 우리 다함께 구호 외치면서 출발해 볼까요? • 쟁점을 이해하고, 주장을 정당화하는 첨예한 대립의 장으로 떠나 봅시다.
사료 활용 능력	탐정에게는 '단서', 역사가에게는 '사료', 사료 읽기와 함께하는 즐거운 역사 수업 시간입니다.
배움 중심 학습	행복한 배움이 함께하는 역사수업, 우리 함께 만들어 가볼까요?
성장하는 수업	비판적 사고, 날카로운 지성이 함께 하는 역사수업, 오늘도 배움과 성장이 함께하는 시간이 되길 바랍니다.
핵심역량 연계	정보화 시대의 필수 능력, 역사가처럼 사료 읽고 논증하는 즐거운 역사 수업 시간이 돌아왔습니다.
소외받지 않는 학교 교육	함께 하는 역사 수업, 누구도 소외받지 않는 함께 하는 역사 이야기 만들기 시간, 우리 함께 떠나 볼까요?

2 수업철학, 역사관, 역사교육관 녹여내기

(1) 수업철학

① 교사의 수업철학은 교사의 교육과정 구성 과정에서 발생하는 다양한 형태의 의사결정의 준거가 됨

② 교사가 수업철학을 명료화하는 것은 이후 교사 교육과정을 구성하는 데 도움을 줄 수 있음

(2) 교사의 역사관(역사학에 대한 인식)

① 교사의 역사관(역사학에 대한 인식)은 역사학의 본질이 무엇인가에 대한 교사의 이해 방식을 의미

② 교사가 구성하는 교육과정의 방향 및 전체적인 얼개에 영향을 미침

③ 유형

비고	입장
유형 1	역사는 과거에 있었던 사실이며, 역사가는 남아 있는 증거에 입각하여 사실로서의 역사를 서술한다는 입장
유형 2	포스트모던적 역사인식으로, 역사는 과거를 해석한 것이며, 어떤 해석이 더 정확한지를 판단할 수 있는 객관적인 기준은 존재하지 않는다는 입장
유형 3	역사는 과거를 해석한 것으로, 시대와 상황에 따라 해석이 바뀌기는 하지만 더 설득력 있는 해석이 존재한다는 입장

(3) 교사의 역사교육관(역사 교과에 대한 인식)

① 학문으로서의 역사가 아니라 학교에서 가르치는 교과로서의 역사에 대한 인식

② 학생들이 '알아야 할 역사가 무엇인지에 대한 교사의 관점', '역사에서 교육적으로 가르쳐야 할 가치가 있는 학습 내용은 무엇인가에 대한 교사의 관점'을 의미

③ '역사학과 학생에 대한 이해가 종합되어 나타나는 인식'을 의미

④ 연구자에 따라 '역사교육관', '역사교육의 효용성', '역사교육의 목적'이라는 용어로 쓰임

⑤ 교사의 역사 교과에 대한 인식

역사 교과에 대한 인식	강조점
역사의 전체적인 흐름과 내용에 대한 이해를 중요하게 여기는 입장	역사 교육과정 구성에서 내용 지식의 습득이나 정체성의 고취를 강조하는 경향
역사학이라는 학문의 지식이 구성되는 방식 또는 역사 지식의 구성적·해석적 성격을 강조하는 입장	학생들이 역사가의 연구 과정이나 역사적 사고를 경험할 수 있도록 교육과정을 구성해야 한다고 생각
민주 시민으로서의 소양을 함양하는 것을 중요하게 여기는 입장	역사 수업과 학생의 삶의 연관성을 강조하며 현재 사회의 문제해결을 중시하는 경향

⑥ '역사를 안다'의 의미

역사를 안다	역사교육의 목적 또는 강조하는 학습 활동
개별적인 역사적 사실에 대한 기억	• 개별 사실의 기억에 수업의 초점을 맞추는 교사는 보통 교양을 넓히거나 다른 과목을 공부하는 데 필요한 폭넓은 지식 습득에 역사 학습의 목적을 둔다. • 교사의 설명이나 문답 위주로 수업을 전개한다.

역사적 사실들 간의 관계, 특히 인과관계를 파악	• 역사적 인과관계의 파악을 중시하는 교사는 자료를 통해 역사를 맥락적으로 이해하거나 자료를 분석하고 해석하는 능력을 기르는 것이 역사교육의 본질이라고 생각한다. • 사료를 활용한 탐구식 수업을 선호한다.
역사적 행위의 동기나 목적에 대한 이해	• 역사적 행위의 동기나 목적을 이해하는 데에 비중을 둘 경우, 교사는 역사를 배운다는 것은 인간의 삶에 대한 체험이라고 생각한다. • 학생의 추체험이나 감정이입이 포함되는 수업이 여기에 해당한다.
역사적 사실에 대한 평가	• 역사적 사실에 대한 평가가 의미 있다고 생각하는 교사는 역사란 객관적인 사실이 아니며, 역사가의 가치관이 내포되어 있다고 본다. • 자신의 관점에서 역사를 판단하는 눈을 기르는 것이 역사교육의 본질이라고 생각한다.

3 역사과 핵심역량과 교수·학습 및 평가 방향 드러내기

(1) 역사과 핵심역량과 교수·학습 및 평가 방향

역량	교수·학습 및 평가 방향
역사 사실 이해의 측면	• 역사 학습은 과거 사실을 다루는 과정에서 진위 여부 확인, 자료 비판, 상반된 견해의 비교 등 다양한 지적 활동을 포함한다. • 중학교 과정에서는 초보적인 수준에서 지식과 기능을 결합한 학습활동을 제시함으로써 인터넷 등을 활용하여 학습자 스스로 역사 자료를 다루는 과정에서 역사 개념을 익히고 그 의미를 파악하도록 한다.
	평가는 교수·학습과정과 관련하여 지속적으로 피드백을 제공하여 학생들의 잘못된 개념을 바로잡도록 한다.
역사 자료 분석과 해석, 역사 정보 활용 및 의사소통	• 중학생들에게 지나치게 많은 사실과 개념을 암기하도록 하거나 사료를 분석하게 하는 것은 어려울 수 있으므로 학습목표에서 제시한 개념을 이해하고 그 사례를 조사하도록 하거나 사례를 통해 개념을 이해하는 방식을 적절하게 사용하도록 지도한다. • 상반되는 견해를 분석하고 검토하는 사료 학습, 온라인 소(小)회의방을 이용한 토론을 통해 분석·비판 능력을 양성할 수 있고, 다양한 온라인 컨텐츠를 활용하여 민주 시민으로서의 자질과 태도를 함양할 수 있다.
	• 평가는 관찰 평가, 동료평가, 포트폴리오 평가 등 다양한 평가의 방법을 사용할 수 있다. • 다른 견해에 대한 비판적 검토를 통해 자료 분석과 해석 능력, 정보 활용 능력 등을 측정할 수 있다.
역사적 판단력과 문제해결능력	• 오늘날 세계가 직면한 문제를 역사적으로 파악하고 문제를 해결하려는 태도를 기른다. • 과거 사실에 대한 이해를 바탕으로 스스로 문제를 해결하거나 추론할 수 있는 역사적 사고력을 향상시킬 수 있는 교수·학습 방안을 마련한다.
	과거의 사실을 바탕으로 한 문제해결능력, 역사에 대한 흥미·관심·태도 등을 함께 측정할 수 있는 복합 평가 방법이나 종합 평가 방법을 사용할 수 있다.

정체성과 상호 존중	• 시간과 공간 속에서 서로 다르게 나타나는 문화와 전통, 가치를 인정하고, 민주와 평화의 정신을 존중하는 자세를 기른다. • 그리고 우리나라와 세계의 역사가 상호 연관성을 가지고 유기적으로 발전했음을 이해하도록 한다.
	역사의 기본 사실·개념과 같은 지식 영역, 역사를 탐구하는 데 필요한 분석·비교·유추 능력 등의 기능 영역, 가치와 태도의 변화를 가져오는 정서적 영역을 균형 있게 측정할 수 있는 방안을 마련해야 한다.

(2) 역사과 핵심역량과 평가의 연계

성취기준	[역9221] 3·1 운동이 일어난 배경과 과정을 파악하고, 이를 계기로 대한민국 임시 정부가 수립되었음을 설명할 수 있다.
교과역량	• 역사 사실 이해(중요한 과거 사실을 기억, 역사 용어나 개념을 이해하는 능력) • 역사 자료 분석과 해석(역사 자료에 담겨 있는 주요 내용을 분석하는 능력) • 역사적 판단력과 문제해결능력(오늘날 문제를 역사적으로 검토해 질문을 선정하고 해결 방법을 모색하는 능력)
교수·학습 – 평가 방법	설명, 협력학습, 자료 기반 글쓰기 평가
세부 평가 방법	• 평가: 3·1 운동을 대표하는 인물은 누구인가? 3·1 운동을 대표하는 인물을 기념하는 방법은 무엇일까? • 논술형 글쓰기 평가기준

영역	등급	평가 척도	배점
형식 (2)	평가 기준	• 글의 분량이 적정한가? • 정확한 의미를 전달하기 위해 적확한 단어 및 문장을 사용하고 있는가?	
	A	위의 평가 요소 모두를 만족하는 경우	2
	B	위의 평가 요소 중 1가지 이하를 만족하는 경우	1
내용 (8)	평가 기준	• 자신이 선택한 인물이 누구인지 알고 있는가? • 해당 인물의 선택 근거를 3가지 이상 제시하고 있는가? • 기념하는 방법을 구체적으로 제시하고 있는가? • 기념사업의 기대효과를 설득력 있게 제시하고 있는가?	
	A	위의 평가 요소 모두를 만족하는 경우	8
	B	위의 평가 요소 중 3가지를 만족하는 경우	6
	C	위의 평가 요소 중 2가지를 만족하는 경우	4
	D	위의 평가 요소 중 1가지 이하를 만족하는 경우	2
기본점수		본인의 의사에 의한 논술 수행평가 미응시자	2

4 역사 수업에 활용 가능한 발문

(1) 발문의 의미

① 발문은 교사가 교수·학습과정에서 교육적인 효과를 얻기 위해 학습자에게 의도적으로 던지는 물음으로서 학습자들의 사고활동을 유발시키기 위한 문제제기를 의미

② 질문이 '~을 아는가'를 확인하는 것이라면, 발문은 '~에 대해 어떻게 생각하는가'를 확인하는 것으로 구분

(2) 발문의 목적

① 교사가 발문을 하는 근본 목적은 학습자의 사고를 자극하기 위한 것

② 발문을 통해 단순한 암기나 이해부터 적용, 분석, 종합, 평가능력에 이르기까지 다양한 학습자의 사고를 자극하기 위한 것

③ 교사는 발문을 통하여 학생들의 비판적 사고, 반성적 사고, 합리적 사고 등 다양한 수준의 사고를 자극하고 이끌어 줌

④ 교사의 발문은 학생들의 주의를 환기시키고 호기심과 지적 활동을 일깨워주고 수업 참여를 유도

⑤ 교사의 발문은 학생의 이해도를 확인하여 피드백을 제공하는 데도 목적이 있음

⑥ 더불어 학생의 주의를 집중시키거나, 설명의 단서를 제공하고자 할 경우, 학습 내용을 정리하고자 할 경우에도 활용

⑦ 교사와 학생, 학생과 학생의 상호작용을 촉진하기 위함

(3) 발문의 구분

① 가비(Brian Garvey)와 크룩(Mary Krug)의 교사가 유도하고자 하는 학생들의 사고 작용을 기준으로 한 구분

구분	의미
의례적 질문(routine question)	학습 내용이 무엇이건 간에 수업 현장에서는 으레 나타나는 질문
기억 질문(recall question)	기억 질문은 특정한 사실이나 개념들을 알고 있느냐를 묻는 질문
이해 질문 (comprehension question)	학생들로 하여금 자신이 보고 읽은 것을 다른 형태로 표현하거나 기록 자료를 읽고 거기에 나타나 있는 역사적 사실의 모습을 떠올려 보도록 하는 질문
해석 질문(interpretation question)	자료를 외부 지식과 비교하거나 연관 짓도록 요구하는 질문
삽입 질문(extrapolation question)	가설, 추론, 상상적 추측을 거쳐 결론을 도출할 것을 요구하는 질문
창의성 질문(invention question)	자신을 역사적 상황 속에 몰입시켜 생각하도록 하는 질문
평가적 질문(evaluation question)	신뢰성과 타당성에 대한 검토를 요구하는 질문

② Barth의 사고의 폭에 따른 발문의 유형

구분	의미	사례
인지·기억적 발문 (cognitive memory question)	어떠한 사실, 개념, 또는 기억된 정보를 재생하고 명명하거나 지적하는 것을 요구하는 발문	• 임진왜란은 언제 일어났지요? • 고려의 호족 억제 정책이 무엇이죠? • 한글 창제 동기에 세 가지가 있다고 했는데 말해 볼 사람?
수렴적 사고 발문 (convergent thinking question)	제시된 조건이나 범위 내에서 기억된 자료를 분석하거나 통합하여 어떠한 관계를 기술하거나 설명을 요구하는 발문	• 고려와 조선의 정치제도의 차이점은? • 과거제도가 실시되면서 유학의 발달에 어떤 영향을 끼쳤을까요?
확산적 사고 발문 (divergent thinking question)	어떠한 상황의 결과 또는 불확실한 미래를 예언하거나, 가설 수립, 추론, 분석된 요소들의 재구성을 요구하는 발문	• 갑신정변이 성공했더라면 우리 역사가 어떻게 변화되었을까요? • 토지제도에 관한 다음 그래프를 통해 어떤 것들을 알 수 있을까요?
평가적 사고 발문 (evaluative thinking question)	자신의 판단, 가치선택의 정당화, 입장의 방어, 선택과 의사결정 등을 요구하는 발문	• 웅장하고 화려한 문화는 작고 섬세한 문화보다 더 훌륭하다고 볼 수 있나요? • 김구에 의해 주도된 애국테러와 조만식에 의해 주도된 물산 장려 운동 중 어느 것이 더 현실적이었을까요?

Check

작년 수업이 김부식, 묘청의 정치적 입장과 사상적인 차이를 살펴보는 데 주력했다면, 올해에는 핵심적인 발문을 몇 가지 추가하여 생각해 볼 지점을 제공했다. '서경으로 도읍을 옮기자는 주장의 속뜻은 무엇이었을까?', '서경천도운동은 단순히 땅을 옮기자는 주장일까?', '수도를 옮기는 데 반대한 사람들은 어떤 사람들이었을까?', '도읍을 옮기는 데 반대한 사람들의 속마음은 어땠을까?' 등이다. 도읍의 이동은 권력의 이동, 즉 기존 도읍에서 쌓은 권력을 무너뜨리는 것을 뜻한다. 수박 겉핥기식의 이해가 아니라 역사적 상황 속에서 인물들의 행동과 그 이면의 생각을 이해하고 공감할 수 있도록 하기 위해 다양한 발문들로 아이들과 대화를 나누었다.

– 경력 교사의 수업 성찰 中 일부

③ 교수행동에 따른 발문

구분	의미	사례
수업 개시적인 발문 (opening question)	어떠한 주제를 수업하기 바로 전에 학습자들의 주의를 환기시키며 흥미를 불러일으키기 위한 발문으로 충분한 개방성과 초점을 갖추고 있어야 함	• 당나라 하면 생각나는 사람은? • 여러분 가운데 서원을 가 본 경험이 있는 사람?
초점을 맞추기 위한 발문 (focusing question)	지금 가르치고 배우는 특정 내용에 집중하도록 던지는 발문	• 김홍도의 그림과 신윤복의 그림의 느낌의 차이를 말한다면? • 현직관리에게만 토지를 지급하고 전직 관리에게는 토지를 지급하지 않게 되면서 어떠한 변화가 나타났을까?

사고의 차원을 끌어올리는 발문 (lifting question)	첫 번째 발문에 이어서 한 단계 더 높은 사고를 요구하는 발문	• 동학운동의 폐정개혁 12개조와 갑신정변 개혁 14개 조항의 차이점은? 두 가지에서 찾아볼 수 있는 공통점은? • 청동기 시대에 청동제 무기가 사용되었어요. 이로 인하여 어떤 사회적 변화가 나타났을까요? 전쟁이 자주 있었을 거라구요? 그래서 또 어떤 변화가 나타났을까요?
사고를 확장시키는 발문 (extending question)	평면적으로 사고를 넓히는 발문	• 산업혁명이 일어나게 된 원인을 정치적인 면에서 찾아본다면? 그것을 경제적인 면에서 찾아본다면? • 왕명을 집행하는 비서실인 승정원의 기능이 강화되었다는 것은 왕권이 어떻게 되었다는 것인가? 사간원의 역할이 강화되었다면 국왕권은 어떻게 되었을까?
부가적인 보조 발문 (supporting question)	일단 던져진 발문에 대하여 학습자가 모호함을 느끼고 있을 때 추가로 던지게 되는 발문. 특히 1차 발문에 대한 반응이 기대에 못 미칠 때 그 반응을 학습에 활용하고자 할 때 사용	이와 같이 조선 후기에는 토지를 대상으로 한 세금 징수가 많아지게 됩니다. 이렇게 되니까 지주들은 어떤 반응을 보이게 될까요? ('대부분이 환영하게 됩니다.') 아, 그래요? 왜 그렇게 되죠? ('토지세만 내기 때문입니다.') 그렇다면 지주들의 세금 부담은 늘어날까요? 줄어들까요?

④ 발문의 방식에 따른 분류

구분	질문의 단계		
	1단계 '바로 거기에' 질문	2단계 '생각·탐색' 질문	3단계 '나 자신에게' 질문
하향식 질문 (교사 ➡ 학생)	유관순이 태어난 곳은?, 유관순의 신분은?	수형자 기록표는 누가, 어디서 작성했을까?	그 밖에 수형자 기록표를 보고 알게 된 점은?
상향식 질문 (학생 ➡ 교사)	소요보안법이 무엇인가요?	광무와 명치는 무엇이 다른가요?	유관순 외에 다른 학생들은 없었나요?
일대일 질문 (학생 ➡ 학생)	유관순의 정확한 키는?	천안에서 잡혔는데 경성 감옥으로 간 이유는?	너라면 3·1 운동 때 어떻게 행동했을까?
다대다 질문 (팀 ➡ 팀)	3·1 운동 당시 유관순의 나이는?	왜 유관순의 형기가 줄어들었을까?	누가 3·1 운동을 주도하였을까?

⑤ 논증적 사고 신장을 위한 질문 전략

질문유형	설명
정보 기억을 확인하는 질문	상황과 관련 없이 사실들을 기억하도록 요구 예 구석기 시대에 사용된 유물들에 무엇이 있지?
이름 짓기 질문	그것이 어떤 역사적 상황과 관련 있는지 보여 주지 않고, 어떤 것의 이름을 짓도록 요구 예 (돌칼의 사진을 제시하고) 이 사진 속의 유물의 이름을 지어 보자. 무엇이라고 할 수 있을까?
관찰하는 질문	그 상황에 대한 학생들의 지식과 관련짓지 말고, 그것 자체에 대해 묘사하라고 요구 예 (움집 사진을 제시하고) 사진에 무엇이 있는지 묘사해 보자.
자료를 찾도록 하는 질문	관련된 자료를 찾도록 요구 예 보여준 사진 속의 자료 이외에 신석기 시대 사람들의 생활에 대해 알아보려면 어떤 종류의 자료를 더 찾아야 할까?
가설을 세우도록 하는 질문	원인이 무엇이고, 어떤 결과가 나타났을까 생각해 보도록 요구 예 신석기 시대에 농경이 시작될 수 있었던 조건이 무엇이고, 농경이 시작되면서 무엇이 달라졌을까?
논증하는 질문	증거를 사용하여 설명하도록 요구 예 (움집, 돌칼, 토기 등의 사진) 그 사진들은 신석기 시대 사람들의 생활에 대해 무엇을 말해 주는가? 왜 그렇게 생각하는가?
생각해 보게 하는, 상상하게 하는 질문	어떻게 상황이 전개되었을까를 생각해 보게 요구 예 (신석기 시대 도구들을 보여주고) 이러한 도구들이 어떻게 사용되었을까, 도구를 사용하여 사냥하였을 때 어떤 일이 일어날 수 있었을까?
비교하게 하는 질문	증거에 개인적으로 개입하도록 요구 예 신석기 시대 유물이나 유적에서 구석기 시대에 볼 수 없었던 것은 무엇인가?
평가하게 하는 질문	그 사건의 영향, 의미를 생각해 보도록 요구 예 신석기 시대로의 변화는 인간 생활에 어떤 영향을 주었을까?
종합하게 하는 질문	모든 질문들과 그 질문에 대한 답을 통합하여 문제를 해결하도록 요구 예 지금까지 탐구한 것을 토대로 신석기 시대 사람들의 생활에 대한 이야기를 써 보자.

Check 역사적 딜레마를 제공하는 수업

역사는 반복된다. 그 속에서 우리는 역사적 상황 속의 딜레마를 만나게 된다. 원나라 세력에 기생한 권문세족의 선택은 정당한가? 궁예, 견훤, 왕건 중 왕의 자질을 갖춘 사람은 누구인가? 이방원과 정몽주 중에 누구를 지지하는가? 우리는 아이들이 역사적 상황에 대해 고민하게 하는 발문을 만들었다. 적절한 발문을 준비하기 위해 수업 계획 단계에서부터 심도 있는 협의를 했다. 발문은 옳고 그름을 생각하는 단답형이 아닌, 현재 우리의 상황에 비추어 생각해 볼 수 있게 만들었다. 현재를 알아야 답할 수 있는 발문이 있을 때는 뉴스를 시청하고 와서 참여하게 했다. 이와 같은 딜레마 상황에 대해 생각해 보는 것은 역사가 과거의 사건을 단순히 아는 것에 그치지 않음을 아이들에게 알려 주기 위해서였다. 역사적인 사건에 대해 지금 판단해 보는 것이 앞으로 우리의 미래에 도움이 되리라는 생각, 같은 실수를 하지 않을 것이라는 메시지를 전달하려고 노력했다. 딜레마 상황을 제공하려면 교사들이 계속해서 역사적인 사건의 다른 면을 보고 다르게 생각해 보아야 했다. 이런 경험을 통해 아이들뿐 아니라 교사도 함께 배우고 성장했다.

– 경력 교사의 수업 성찰 中 일부

(4) 효과적인 발문 기법 사례

기법	의미	사례
기다리기	학생의 반응을 기다리거나 학생이 반응한 후 판정을 유보 또는 되묻는 것	• "아, 그래요. 복잡한 질문이죠. 2분간 시간을 더 드릴게요." • "자, 태규가 아주 자세하게 말했는데, 여기에 대해서 다른 의견을 말할 사람?"
명료화	학생의 반응에 대하여 정확한 의미를 요구하는 것	• "아주 잘 이야기했는데 한 마디로 말해서 국가가 어떻게 해야 한다는 것이죠? • "지금 태규가 한 이야기를 요약한다면 이런 뜻인가요?"
부추기기	학생의 반응이 없을 경우 발문을 고쳐서 재발문하는 것	• "이 질문이 좀 어려웠나요? 그러면 이렇게 한 번 물어볼게요." • "자 그렇다면 질문을 바꿔 볼게요. 주제어 대신 핵심 단어나 문구를 찾아보세요."
입증하기	학생의 반응에 담긴 생각이나 정보에 대해 증거 제시를 요구하는 것	• "참 독특한 생각이네요, 그렇게 생각하는 이유가 무엇인가요?" • "자, 그렇다면 이런 경우에도 같은 현상이 일어난다는 것인가요?"
방향 다지기	발문에 여러 학생이 반응하게 하여 학습방향을 강조하는 것	"백년 전쟁은 왜 일어나게 되는 것일까요. 자유롭게 한 번 이야기해보죠. 먼저 태규가 한 번 이야기해볼까? 다음에는 선영이, 아 좋아요. 다음 또 누가 말해볼까요?"

(5) 발문에 힘이 되는 말

① 학생들이 뭔가에 도전하는 상황에서 힘이 되는 말들도 소통이 있는 수업을 위한 좋은 방략

표준	변형
이걸 알면 자신감이 생길 거야.	틀려도 괜찮아. 모르니까 배우는 거지. 다 알면 뭐 하러 힘들게 학교에 다니겠니?
알고 나면 별것 아니야.	금방 알게 될 거야.
마음만 먹으면 할 수 있어.	함께 해 보자.
네가 다 풀 때까지 지켜볼게.	네 이야기를 들어줄게.
너는 결국 알게 될 거야.	대단하구나, 넌 우리 반의 비타민이야!

② 발문 후 학생들을 독려하는 표현도 풍부할수록 좋음

기본	심화
더 많은 학생이 손을 들었으면 좋겠어, 좀 더 적극적으로 자기 생각을 표현해 봐.	우리가 방금 배운 내용으로 돌아가 볼까?
처음 생각이 최선이 아닐 수 있어.	대답할 문장이 어디 있는지 찾아보자. 10초 후에 다시 물어볼게.
태규가 중요한 질문을 했어요. 모두가 들어야 할 내용이에요.	99% 정답입니다. 훌륭해요. 누가 나머지 1%를 채워 주세요.
첫 발표는 아주 힘든 일입니다. 용감하게 발표해 줘서 고마워요.	용감하게 발표해 준 태규의 발표에 이어 또 용기를 내어서 발표해 줄 사람 없나요?

(6) 수업 단계별 발문 예시

① 발문 목적과 사례에 따른 구분

수업 단계	발문 목적과 사례	
도입 단계	전시와 본시 연결을 위한 발문	지난 시간에 이어 이번 시간에 더 자세히 알아보기로 한 것은 무엇이었나요?
	생활경험의 상기	~에 관해서 보거나 들은 적이 있나요?
	학습의욕 유발	선생님이 준비한 이 봉투 속에는 무엇이 들어 있을까요?
	학습주제를 상기시키는 발문	여러분 책상에 놓인 자료를 보세요! 오늘은 무슨 공부를 할 것 같나요?
전개 단계	자신감을 심어주기 위한 발문	아는 데까지만 말하면 돼요.
	힌트나 단서를 주는 발문	~점에서 다시 생각해 보면 어떨까요?
	사고를 유도하는 발문	그렇죠. 그런데 ~한 방향에서 생각해 보면 다른 방법이 있지 않을까요?
정리 단계	학습한 내용을 정리하기 위한 발문	• 이 시간에 공부한 내용은 무엇이었나요? • 어떤 순서와 어떤 방법으로 공부했나요? • 새로 알게 된 점은 무엇인가요? • 더 알아보고 싶은 것은 무엇인가요? • 이 시간에 공부한 내용들을 묶어 하나의 법칙으로 정리해 볼까요?
	적용·발전 단계에서의 발문 (생활에 적용하기)	이 원리를 적용하여 만든 것이 있는데 우리 함께 찾아볼까요?
	차시 학습을 대비한 발문	다음 시간에는 역사 퍼즐 게임을 할 테니 게임 규칙에 대해서 알아 오도록 할까요?

② 예시

㉠ 일제 강점기 수업

단계	발문 예시
도입	▪ **인사 및 출석체크** ▪ **전시 학습 확인** **① 자, 지난 시간에 공부한 내용을 떠올려 볼까요? 일제강점기의 통치 방식에 대해 공부했었죠? 우선 일본의 식민지 통치 방식은 크게 몇 단계로 나눌 수 있죠?** ➡ 전시 학습 내용에 대해 포괄적으로 묻고 있는 것으로, 학생들 모두를 대상으로 하는 발문이다. 묻고자 하는 내용은 단순 기억을 요구하는 인지기억 발문을 활용하고 있으나, 추가 발문을 염두에 두고 있다. **② 네, 3단계로 구분한다고 잘 말해 줬어요. 그럼 3단계를 지칭하는 표현은 무엇이었을까요? (웃으며 골고루 시선을 맞춘 뒤) 사랑 모둠의 태규가 한번 말해줄래요?** ➡ 약간의 시차를 두고 추가 발문을 한다. 한 명의 학생을 지명해서 다른 학생에게 발문의 기회를 추가 제공할 것을 염두에 두고 있다.

	③ 태규가 지난 시간에 배운 내용을 잘 기억하고 있구나. 그런데 한 가지가 빠졌지? 자, 그럼 누가 한 가지를 말해 줄까? 그래! 선영이가 말해 줄래? 맞아요. 태규가 헌병경찰 통치와 문화통치를, 선영이가 덧붙여서 민족 말살 통치까지 답변해 줬어요. ➡ 또 다른 학생을 지명해서 앞서 답변한 학생의 답을 보충하도록 사고 활동을 유도하고 있다. 이후 두 학생의 답변에 대한 강화를 제공하고 있다. ④ 자, 여러분. 두 친구가 지난 시간에 배운 내용 가운데 일본의 식민지 통치 방식을 3단계로 나누어 답변해 줬는데요. 어때요? 잘 답변했습니까? 네, 맞습니다. 두 사람 답변 고맙고요, 마무리 확인 답변까지 해준 여러분 모두 고맙습니다. ➡ 두 학생의 반응 내용을 교사가 판단하여 답을 말하지 않고 전체를 대상으로 확인 발문하여 학생들의 사고를 자극하고 있다. ⑤ 자, 그럼 3단계 통치 방식의 특징에 대해서 하나씩 살펴볼까요? 우선 헌병경찰통치의 특징은 무엇인가요? 누가 말해 볼까요? 네, 좋아요. 혜승이가 말해 보죠. ➡ 설명을 요구하는 답을 전체를 대상으로 발문하고 있다. 발문의 난이도가 있기 때문에 전체를 대상으로 하되 희망학생에 대하여 대답하도록 하고 있다. ⑥ 이후 3단계의 통치 방식의 특징을 교사가 간단히 비교·설명한다. 지난 시간 배웠던 내용을 잘 기억하고 있어서 다행입니다. 여러분 모두 적극적으로 참여하고 답변해 줘서 고마워요. ➡ 선수 학습에 대한 나머지 복습 부분은 교사의 설명을 통해 시간을 절약하면서 전시 학습 확인을 마무리 짓고 있다.

㉡ 임진왜란 수업

단계	발문 예시
전개 1	■ **학생들의 관심, 흥미, 주의 집중을 유도하는 학습 자료와 함께하는 발문** ① 아이들에게 수업을 시작하면서 조선왕조 계보도를 나눠 주었다. 그리고 "이것에서 찾을 수 있는 특징이 무엇인 것 같니?"라고 질문을 하니 아이들은 "끝이 조나 종으로 끝나요", "어떤 사람은 군으로 끝나는 사람도 있어요."라는 대답을 했다. 그래서 "그럼, 왕들은 왜 다 이름을 비슷하게 지었을까? 이것은 실제 불리던 이름일까?"라는 발문을 하고 나서 영상을 시청했다. ➡ 학생들의 관심을 끌기 위한 발문에서 시작하여 연계발문을 유도한 후 영상을 시청하고 있다. 시청한 뒤에는 영상에 관련된 내용들과 그전의 질문들을 연관시켜 함께 정리하는 시간을 가졌다. 그리고 조선왕조 계보도 활동지를 역사 노트 뒤에 붙인 다음에 앞으로 조선 수업이 진행되면서 그 왕들에 대해 배운 내용을 스스로 정리해 나가도록 했다. ② 이 수업에서는 선조와 임진왜란에 대해 전반적으로 이야기를 한 후에 웹툰 〈조선왕조실록〉의 내용을 보며 정리했다. 왜구들이 공격해 오는 모습, 선조가 도망가는 모습, 경복궁이 불타는 모습을 담은 웹툰의 일부 내용을 먼저 보여 주고 "왜 이런 사건이 일어났을까? 왕은 왜 도망갔을까? 어디로 간 것일까?"라는 발문으로 학생들의 흥미를 유발하고, 학습동기를 부여하고자 했다. ➡ 학생들의 흥미와 관심, 학습 동기를 유발하는 발문을 활용

	③ 선조에 대한 이야기를 마무리하면서 역사채널e 〈어떤 반란〉 영상을 시청했다. 임해군, 순화군 왕자의 횡포를 더 이상 견디지 못한 백성들이 그들을 포로로 잡아가도록 도왔다는 내용을 통해 당시의 사회 분위기를 읽을 수 있었다. 영상의 마지막 부분에 "나를 어루만져 주면 임금이요. 나를 학대하면 원수이니. 누구를 섬긴들 임금이 아니랴"라는 글귀가 나온다. 그것을 본 뒤에 아이들과 '백성들에게 절실하게 필요했던 임금은 어떤 임금이었을까?'로 이야기를 나누었다. ➡ 학생들의 확산적 사고력을 이끌기 위한 감정이입적 발문 활용
전개 2	■ **활동명 제시(역사쏙쏙): 라떼(나 때)는 말이야(가상 인터뷰), 나도 역사가** ■ **활동 시작 때 필요성을 느끼게 하는 발문/흥미를 유도하는 발문** ① 인터뷰를 보거나 직접 해 본 적이 있나요? 신문의 논설이나 기사를 본 적이 있나요? ② 인터뷰나 신문 기사를 쓰기 위해서는 어떤 구성 요소를 포함해야 할까요? ③ 활동 과정에서 어떤 점이 좋았나요? ■ **활동에 대해 구체적으로 안내하기** ■ **활동의 목적을 역사과 핵심역량과 관련지어 설명한다(역사 정보 활용 및 의사소통, 역사 자료 분석 및 해석, 역사 사실의 이해 등).** ■ **활동의 유용성을 설명한다.** ④ 활동을 하고 나면 우리는 어떤 점을 배울 수 있을까요? ■ **활동 시 유의사항을 안내하고 이를 반드시 숙지하여 활동할 수 있도록 한다.** ■ **활동 시 채점 기준 또는 평가기준을 제시하고 이는 자기평가, 동료평가, 교사평가가 이뤄짐을 설명한다. 더불어 채점 및 평가 과정에서 유의사항을 안내한다.** ⑤ 자, 여러분. 자기평가나 동료평가의 과정에서 유의해야 할 사항은 무엇이 있을까요?

(7) 수업에 활용 가능한 중심 또는 핵심 질문의 사례

① 중심 질문의 사례

《역사가처럼 읽기》의 개요

목차	미국사 단원	중심 질문	주요 역사적 사고 개념	교수 전략
1. 포카혼타스	신항로 탐험과 식민지화	포카혼타스가 정말 존 스미스를 구했는가?	신화와 구별되는 역사란 무엇인가?	탐구 단원
2. 렉싱턴 평원	미국혁명	렉싱턴 평원에서 무슨 일이 일어났는가?	출처에 대한 질문 – 출처 확인	이미지 분석: 자료를 통한 설명
3. 에이브러햄 링컨	남북전쟁	링컨은 인종주의자인가?, 우리는 과거를 어떻게 판단할 수 있는가?	출처에 대한 질문 – 맥락화	구조화된 학술적 논쟁(SAC): 맥락화를 통한 분명한 설명

4. 크리스토퍼 콜럼버스	이주 (19세기 후반)	1492년과 1892년 중 어느 날이 더 중요한가?	출처에 대한 질문 – 맥락화	정치만화(카툰) 분석, 맥락을 밝히는 수업
5. 토머스 에디슨과 기술	1920년대	적기와 여성 노동: 누가, 언제 사실상 혜택을 입었는가?	출처에 대한 질문 – 확증과 일반화 도출	인터넷 기반 수업: 확증 학습
6. 먼지폭풍	1930년대 /대공황	먼지폭풍을 야기한 것은?, 어떤 이야기가 전해지는가?	내러티브 – 여러 이야기와 원인 고려하기	교과서를 넘어서 수업(OUT)
7. 로자 파크스	민권운동	그날 로자 파크스는 실제 어디에 앉았는가?, 몽고메리 버스 보이콧은 어떻게 성공했는가?	내러티브 – 자료에 대해 질문하기	학생의 글쓰기와 법적 문서 분석
8. 쿠바 미사일 위기	냉전	제3차 세계대전은 '누군가 은폐해서' 막을 수 있었는가?	내러티브 – 교과서, 증거, 바뀐 이야기	OUT, 서로 다른 교과서 서술의 비교

② 핵심 발문의 사례

Ⅵ. 현대 세계의 전개와 과제			
차시	주제명	핵심 발문	내용 요소
1	냉전의 형성과 냉전 속의 열전	냉전은 무엇이고, 어떻게 시작되었을까?	냉전, 트루먼 독트린, 베를린 봉쇄, 열전(6·25, 베트남 전쟁)
2	제3세계의 형성과 냉전의 완화	제3세계는 어떻게 형성되었고, 냉전 체제가 완화된 계기는 무엇인가?	아시아·아프리카의 새로운 국가 건설, 제3세계, 닉슨 독트린, 서독의 동방정책
3	사회주의권의 붕괴와 경제 개방	소련은 왜 개혁·개방 정책을 펼쳤을까?	소련의 개혁·개방, 독일의 통일과 동유럽 사회주의의 붕괴, 중국의 변화
4	유럽연합과 신자유주의 경제 체제(경제의 세계화)	냉전의 종식이 국제 사회와 자본주의에 미친 영향은 무엇일까?	유럽연합, 세계화, 1970년대 오일쇼크, 신자유주의
5	탈권위주의 운동과 대중문화 발달	68혁명과 대중문화가 민주화에 끼친 영향은 무엇일까?	68혁명, 민권운동, 여성운동, 대중문화
6	21세기 인류의 과제	오늘날 세계가 평화롭게 공존하기 위해 어떤 노력이 필요할까?	반전 평화, 난민 문제

03 수업에 활용 가능한 피드백

1 피드백의 개념

(1) 의의

① 피드백은 수업의 결과를 보고 환류하는 작업으로서 수업-평가의 종료이자 새로운 시작에 해당되는 작업

② 학습자의 학습행동에 대해서 교사가 적절한 반응을 보이는 일

(2) 피드백의 변화

평가 주체의 변화	피드백의 기능 변화	피드백의 영역 확장
• 교사만이 평가자로 존재하는 것이 아닌 학생들이 참여하는 피드백 • 동료평가(모둠 내 평가/모둠 간 평가), 자기평가 등을 권장 • 학생들을 평가에 참여시킴으로써 동료 학생의 발표를 훨씬 더 경청하도록 만들려는 의도도 포함	• 평가가 수업을 돕기 위한 일, 또는 수업의 일부로서 기능하기 때문에 결과를 지적하는 데 그치지 않고, 성취한 것과 이루지 못한 것을 판단하고, 이에 따라 어느 부분을 보완해야 하는지 짚어 주는 것으로 변화 • 피드백을 통해 학생들이 평가 점수를 받아 들고 돌아서는 게 아니라 다시 노력해서 한 단계 더 성장하고, 성취기준에 도달할 수 있도록 동기 부여를 하는 역할을 하는 것으로 변화	• 지식 외에도 정서와 감수성, 학습태도 등에 대해서도 피드백 하는 등 영역 확장 • 개정 교육과정에서 강조하는 핵심역량의 신장을 고려해 볼 때, 단순한 지식의 획득이 아니라 공부하고 싶은 마음을 갖도록 격려하는 것, 포기하지 않고 도전하도록 의욕을 북돋우는 등의 피드백도 필요

2 피드백의 유형

(1) 일반적 구분

구두 피드백	적합한 장소를 선택, 내용을 구조화, 격려의 어조를 사용
서면 피드백	서면 피드백 역시 격려의 어조를 사용, 선별적인 지적
동료 피드백	동료 튜터링, 동료 반응, 공감과 격려
자기 피드백	스스로의 성장과 발달을 관찰할 수 있도록 비교 대상의 기준을 학생 자신으로 잡을 때

(2) 바람직한 피드백과 구체적인 수단

바람직한 피드백	구체적인 수단
• 결과보다 노력을 칭찬하는 '과정'을 중시하는 피드백 • 과제의 성격에 따라 즉각적으로 피드백할 수도 있고, 시간을 두고 피드백하는 경우도 있음 • 순회 지도 시 조언이나 힌트를 주는 것도 좋은 방법 • 먼저 과제를 끝낸 모둠과 그렇지 못한 모둠의 시차가 발생할 경우, '1분 스파이' 활동을 허용하여 짧은 시간에 다른 모둠으로 이동하여 설명을 듣고 와서 자기 모둠의 과제를 완료하게 하는 방법도 효과적임 • 학생끼리 피드백을 주고받는 방법을 활용하여 교사의 수고를 덜고, 친구 가르치기도 활성화시킬 수 있음 • 활동 후 칭찬, 박수 유도 등도 간단하지만 좋은 피드백임	• 포스트잇 메모나 줄글 써주기로 개별적인 격려를 해줄 수도 있음 • 말과 글 외에 도표나 연대표, 그림, 지도, 사진 등을 활용하여 다양하고 구체적으로 피드백을 하는 것도 방법 • 긴 말보다는 결과물의 핵심을 짚어서 부각시키는 피드백이 좋음 • 관심을 틈틈이 보이며 슬쩍 한마디 얹어 주는 피드백도 효과적임 • 모둠 활동 시, 곁에서 독려하는 선제적 피드백이 중요함 • 배움이 느린 학생이나 학습된 무기력에 빠져 있는 학생을 위해 일회적이거나 단편적이지 않고, 애정을 담아 학생들에게 용기와 의욕을 주는 교사의 피드백이 필요 • 피드백 내용을 정리하여 학기말에 교과별 세부능력 및 특기사항(소위 교과세특)을 기록하면, 교-수-평-기 일체화의 과정이 완성 • 교-수-평-기 일체화의 과정을 거쳐 학생의 성장과정과 성장 가능성을 진술할 수도 있음

(3) 피드백의 비교

부적절한 피드백	적절한 피드백
신분제도 문제들을 모두 정확히 풀었구나. 역시~ 너는 역사 천재야!	어려운 신분제도와 역사 용어에 대해 잘 설명했구나. 그러나 만적의 난에서 노비들이 느꼈던 고통을 충분히 설명하지 못한 것 같아. 다음에는 그는 왜 그랬을까, 나라면 어떻게 할까를 상상하면서 글을 준비하면 더 설득력이 있을 거야.
➡ 칭찬에서 시작해 비약으로 끝남	➡ 잘된 점을 칭찬하되 아쉬운 부분을 짚고, 그에 대한 해법도 제시하는 경우

3 단계별 피드백 예시 사례

(1) 과제에 대한 피드백

① 교정적 피드백: 학생의 실수를 해결하고자 제공하는 것

㉠ 직접 피드백: 과제에 대해 정확한 정보를 제시하는 것

㉡ 간접 피드백: 교사가 오류는 확인하지만, 학생에게 수정사항을 제공하지 않는 것

㉢ 메타 언어적 피드백: 학생이 자신의 오류에 대해 스스로 바로잡을 수 있도록 단서를 제공하는 것

② 교정적 피드백의 예시

요소	수업 상황
직접 피드백	1번 문제는 정확하게 정답이야!
간접 피드백	그런데, 2번은 아쉽게도 틀렸어. 이 부분의 문장을 다시 읽고 풀어 보렴.
메타 언어적 피드백	이 부분이 조금 어색하다. 더 자연스럽게 이어질 수 있도록 어떤 연결어를 사용하면 좋을까? 생각해 보렴.

(2) 처리 과정에 대한 피드백

① 의미: 처리 과정을 중심으로 교사는 학생들이 그 과정을 활용할 수 있도록 피드백과 스캐폴딩을 제공하는 형태, 학생들이 학습과정에 대해 자기 책임을 고무시킬 수 있음

② 예시

요소	수업 상황
처리 과정에 대한 피드백	역사가의 사고 절차에 따라서 사료를 읽었니? (과정 확인)
	이 부분을 활용해서 다음 부분을 예측해 볼까?
	예를 들어 ~로 표현해 보는 거야.
	○○이의 답변을 보니까 우리가 핵심 개념에서 배웠던 △△의 개념에 대해 헷갈리고 있는 것 같다는 생각이 들었어.

(3) 자기 조절에 대한 피드백

① 의미: 학생들은 자신의 능력, 지식, 인지전략, 성취도를 스스로 평가하는 방법을 배워 목표를 달성하는 과정 동안 스스로 태도와 행동을 조절할 수 있도록 피드백을 제공해야 함

② 예시

요소	수업 상황
자기 조절에 대한 피드백	• ○○이의 답변이 1모둠이 ~를 이해하는 데 큰 도움이 된 것 같구나. • 서로의 의견에 반응하고, 끄덕이면서 듣는다면 경청하고 있는 듯한 모습이 보일 거야. • ○○이의 약속에서 ~의 목표를 달성할 것 같은데? • 무엇이 이 문제를 푸는 데 도움이 된 것 같니?

(4) 개인적 특성에 대한 피드백

① 의미: 피드백은 개개인의 특성을 고려하여 학생들의 노력이나 관심, 참여, 효능감에 변화를 줄 수 있음. 특히, 칭찬은 과제의 완성을 위하여 필요한 노력과 자기조절력을 이끌어 낼 수 있도록 활용되어야 함

② 예시: 칭찬을 덧붙이는 피드백

요소	수업 상황
개인적 특성에 대한 피드백	• ~의 방법을 활용한 것은 매우 좋은 시도였어. 그런데, 사료의 출처를 확인해 본다면 좀 더 사료 내용을 잘 이해할 수 있을 거야. • 이걸 포기하지 않고 계속 시도하는 모습을 보니 끈기가 대단하구나! • ○○는 매우 창의적인 생각을 하는 것 같아. 아이디어 뱅크야! • ○○가 생각했던 것이 실제로 효과가 있었네! ○○는 ○○ 자신이 정말 자랑스러울 것 같아.

(5) 칭찬의 예시

칭찬의 예시	
언어적 칭찬 표현	비언어적 칭찬 표현
• 아 그렇지! 바로 그거야! • 점점 더 나아지고 있구나! • 나는 너를 믿어! • 너무 대단하구나! • 우와, 드디어 해냈구나! • 선생님은 ○○가 이렇게 하는 것 보니까 너무 대견하구나! • 어쩜 그런 생각을 했니? • 오늘 정말 ○○가 많은 일을 했구나. • 너무 좋은 생각이야.	• 하이파이브 • 엄지 치켜세우기 • 미소 짓기 • 어깨를 토닥이기 • 박수 치기 • 미소 띤 얼굴로 눈 마주하기

합격자의 꿀TIP 칭찬하는 법

- 칭찬을 할 때 '왜' 칭찬을 받는지 행동에 대해 구체적으로 이야기하자.
  ➡ 초기 단계의 수업실연 시 단순히 '잘했어요, 멋지네요.'라는 칭찬만 많은 편이다. 학생의 행동을 구체적으로 묘사하고, 왜 칭찬을 받는 것인지 말해 주자.
- '학생 자체'를 칭찬하는 것보다 '학생의 행동'을 칭찬하자.
  ➡ 칭찬을 듣는 다른 학생들도 칭찬에 대해 수용하며 또래 모델링의 효과가 발휘되어 바람직한 행동을 기대할 수 있다.
- 교사가 학생에게만 칭찬하는 방법이 아닌, 학급 친구들도 함께 칭찬하자.
  ➡ 교사 혼자 칭찬하는 것보다 학급 전체 학생들이 칭찬하는 것이 보다 더 큰 인정 욕구 충족과 나비효과가 일어날 수 있다.
- 발문 예시
  ➡ 우와, ○○가 △△의 발표에 대해 끄덕이면서 듣고 있네요, 이건 바로 경청의 행동이었죠? 경청하는 모습이 참 보기 좋아요.
  ➡ 정말 참신한 내용이네요. 이런 내용을 선생님도 생각하지 못했는데 대단해요.
  ➡ 그렇구나, 우리 ○○의 의견대로 한다면 이 문제가 풀릴 것 같은데요? 좋아요.
  ➡ 너무 좋은 방법들이다. □□ 모둠에서 여러 방면으로 생각을 많이 했구나.
  ➡ 정말 깊이 생각했군요. 어떻게 해서 그런 생각을 할 수 있게 되었나요?
  ➡ 저번 시간보다 ~의 면에서 훨씬 더 발전했네요.
  ➡ 너무 좋은 예시야. 누구나 확실하게 알 수 있도록 설명을 적절하게 해 주었구나.
  ➡ ○○의 발표 내용을 정말 잘 들었네! 특히 좋은 점과 아쉬운 부분에 대해서 표시했구나.

(6) 질문 형태의 피드백

① 학생이 어느 정도 이해하고 있는지 확인하려면 수준에 적절한 질문을 활용해야 함

② 학생들의 사고력을 향상시킬 목적으로 교사들이 심화적이며 열린 질문을 제공할 수도 있음

③ 예시

확인 질문	이유, 증거 제시 질문	함의, 결과 관련 질문	대체 의견 탐구질문
그걸 설명할 수 있나요?	왜 그렇게 생각하나요?	그것의 결과는 어떻게 될까요?	그걸 다르게 표현할 수 있을까요?
그게 무슨 의미죠?	우리는 그것에 대해 어떻게 알죠?	그것이 사실인 것을 어떻게 알 수 있을까요?	또 다른 견해는 없을까요?
예를 하나 들어줄 수 있을까요?	그것에 대한 이유는 뭐죠?	지금 한 말에 이어서 후속적으로 할 수 있는 것이 무엇일까요?	다른 사람이 ~라고 제안한다면 어떻게 하겠어요?
그게 어떻게 도움이 될까요?	그것에 대한 증거가 있나요?	그 견해는 먼저 말한 것과 일치하나요? 모순되지는 않나요?	견해 A와 견해 B의 차이점은 무엇인가요?
이 개념에 대해 질문 있는 사람 있나요?	그 의견을 어떻게 정당화할 수 있을까요?		학생의 의견에 동의하지 않는 사람을 무엇이라고 말할까요?

(7) 동료 피드백

① 의미: 학생들 간에 주고받는 피드백을 의미함

② 효과: 모둠 활동이나 협동수업을 할 때 판단력 신장에도 도움이 되고 학습에 대해 오류를 발견할 수 있으며 교수·학습 개선을 위한 아이디어를 교환할 때 사용해도 좋음

합격자의 TIP 동료평가 시 tip

동료평가 시 가장 중요한 것은 평가에 대해 허용적인 분위기를 조성하는 것입니다. 우리가 지금 이 활동을 하는 목적은 '더 나아지기 위한 과정'임을 설명합시다! 함께 고민하며 함께 성장할 수 있다는 것을 알 수 있어야 합니다.

특히, 다른 사람의 과제물을 평가한다는 개념이 다소 모호하게 느껴질 수 있습니다. 동료에게 피드백을 제공할 시 어떤 말을 해야 할지, 어떤 점을 보아야 할지 등을 교사가 먼저 동료평가를 하는 시범을 보이며 학생들이 행동을 모델링할 수 있도록 해도 좋습니다. 또한 예시 과제를 활용하여 동료평가를 직접 해 보는 연습을 사전에 진행해도 좋고, 동료평가를 위한 체크리스트나 루브릭을 제공하여도 좋습니다.

(8) 수업실연을 위한 스터디 모임에서 활용한 피드백 예시 사례

구분	내용
스터디원들의 피드백 내용	① 주어와 서술어 일치시킬 것 ② '어, 맞아요'보다는 다양한 말 사용하기 ③ 손 가만히 두기(구상지 가만히 두기) ④ 표정 다양하게 하기(웃는 표정을 유지하되 감정이입이 필요할 때는 실감나는 표정 짓기) ⑤ 목소리 관리 잘하기(어미가 떨리지 않게 문장 끝맺음 확실히 하기) ⑥ 강화를 줄 때, 학생 두 명에 대한 각각의 피드백이 필요함 ➡ 특이한 답변을 하더라도 긍정적인 피드백 활용, 도움 줄 수 있는 친구(학생) 활용
셀프 피드백	① '잘 보인다고 하네요.'와 같은 전언 형식 지양 ② 상상 더하기 시간 부각시킬 수 있도록 어조 변화 필요 ➡ 말풍선 채우기/피드백(아이들이 발표한다고 가정할 필요 ○) ③ 상상 더하기 시간에 사용하는 발문 구체화하여 제시하기(확산 1, 수렴 1) ④ 학습목표 판서하면서 학생들 바라보기 ⑤ 구상지 적당히 보기 ⑥ 언어 수호와 관련된 발문 좋았음. 모둠별로 지키고 싶은 문화 포스트잇이 좋음 ⑦ 역사 퍼즐을 강화물로 제공 ➡ 역사 구절이나 시로 변형, 역사스티커 고정 등 ⑧ '선생님이~'를 반복하는 습관 줄이기, '성생님이~'로 시작하는 발음 교정하기 ⑨ '말해 주실 친구' ➡ '말해 볼까요?'로 수정 ⑩ 태블릿 PC 이용은 좋음(일단 수업지도안에 있는 기자재 이용 필요) ⑪ 판서 시 끝까지 똑바로 쓰기 ⑫ 조선어학회 사건과 관련된 이야기를 해주면 더 좋을 것 같음 ⑬ '구래요' ➡ '그래요'로 시정(일상적인 말투 사용 금지) ⑭ 학습목표 동그라미는 수업했다고 가정하고, 동그라미 채우기 ⑮ 시간 지킴이에 시간 준수하는 역할 부여하기 ⑯ 역할 분담에 앞서 학생들에게 먼저 자신이 무엇을 하고 싶은지 물어보기 ⑰ 평화 두레 사례는 조금 부적절했던 것으로 지금은 판단됨 ➡ 조와 두레 혼동하여 사용, 두레만을 사용하도록 지도 ⑱ '모두 잘 말해 주었네요.' ➡ '모두 잘 말했어요.'로 수정 ⑲ '어떤 생각이 들었어요?' ➡ '어떤 느낌이 들었나요?'로 수정

04 다양한 수업 방법과 평가 사례

1 대표적인 역사 수업 방법 예시

활동모형	역사 신문 만들기
목적	역사 정보 활용 및 의사소통 역량
유용성 (장점)	① 해당 시대에 대한 생생한 현장감 ➡ 역사에 대한 흥미 유발 ② 신문에 들어갈 사건을 선정하는 과정을 통해 역사적 판단력과 역사적 사고 함양 ③ 해당 시대와 현재와의 연관성 파악 ④ 시대의 흐름이나 변화를 종합적으로 이해할 수 있음 ⑤ 자료 수집, 검토, 선택, 종합하는 과정에서 자료처리능력이 배양됨
방법	① 소재(주제): 예 양란 ② 신문에서 다룰 해당 시대의 주요한 사건, 제도, 인물 등을 선정 ③ 신문의 구성양식(예 사설, 사건 사고, 광고, 인터뷰, 만화)을 준수 ④ 모둠원 간 역할을 적절히 분담해 신문을 완성
유의사항	① 기사 1개 + 다른 신문 구성양식 1개, 육하원칙 준수 ② 소수의 모둠원에게 활동이 치우치지 않도록 유의. 1인 1역 ③ 태블릿 PC는 활동와 관련 없는 용도로 사용하지 않도록 유의 ④ 역사 신문에 담을 내용의 범위, 즉 시간과 장소를 정하고 중요한 사건을 선택 ⑤ 신문의 형식과 포함할 지면 구성 내용요소를 결정
평가기준	① 학습목표 3번 ② 신문의 구성양식을 준수하였는가? 신문의 형식에 부합하는가? ③ 역사적 사실에 부합하는가?, 〈자료 ○〉를 적절히 활용하였는가?
동료평가	모둠 간 동료평가 ① 해당 시대를 이해하기 쉽도록 간결하게 표현하였는가? ② 관련 자료들을 적절히 활용하였는가? ③ 창의적으로 표현되었는가?
피드백	① 민주 모둠 - 미흡 ㉠ 학생의 피드백: “민주 모둠의 태규는 꿈이 기자라서 정말 논리적으로 표현했구나.” ㉡ 교사의 피드백: “하지만, 민주 모둠의 역사 신문 내용은 역사적 사실과 어긋나는 부분이 있어요.” ② 창의 모둠 - 우수 ㉠ 학생의 피드백: “자료들을 다양하게 준비했다.” (학습목표 달성) ㉡ 교사의 피드백: “학습목표 3번 달성” (역사 정보 활용 및 의사소통 역량)

2 수업 방법별 채점 기준

합격자의 꿀TIP

- 역사교육론 전공 서적을 읽고 수업 방법별로 채점 기준을 정리해 두는 것이 좋습니다.
- 최근 수업실연 기출문제를 살펴보면 채점 기준에 관한 것이 지속적으로 출제되고 있으므로 스터디 내부에서 별도로 정리하여 표로 만들어 두는 것이 효과적입니다.

수업 방법	채점 기준
역사 신문 만들기	• 역사적 사실에 부합하는가? • 역사 신문 만들기의 형식에 부합하는가? (지면 분배와 기사 실명제) • 모둠원이 협동하여 작성하였는가?
시무책 쓰기	• 당시 사회적 상황과 모순이 드러나는가? • 문제점에 대한 원인이 드러나는가? • 원인에 대한 해결책이 적절한가? • 시무책의 전반적 내용이 논리적으로 작성되었는가?
홍보 포스터 만들기	• 홍보 포스터의 문구가 역사적 사실에 부합하는가? • 포스터에 창의성이 드러나는가? • 모둠원이 협동하여 제작하였는가?
토론 수업	• 주장과 근거가 적절하며, 논리적인가? • 제시한 근거가 역사적 사실에 부합하는가? • 상대방의 의견을 존중하고, 경청하는가?
UCC 제작 학습	• UCC가 전달하는 장면이 역사적 사실에 부합하는가? • 창의성을 발휘하여 제작하였는가? • 모둠원이 협동하여 UCC를 제작하였는가? (역할 분담 포함)
글쓰기 수업 (역사적 인물이 되어 글쓰기)	• 글에 제시된 사실이 역사적 사실에 부합하는가? • 역사적 인물에 감정이입하여 작성하였는가? • 적절한 표현을 사용하였는가? (맞춤법, 비속어 사용 금지)
극화식 수업	• 당시 상황에 대한 표현이 적절하며, 역사적 사실이 드러나는가? • 연기자는 역사적 인물에 감정이입하는가? • 극화식 수업의 역할 분담이 잘 이루어졌는가? (대본 작성 및 역할 분배) 유의사항 • 극화식 수업에서 대본은 학생들이 직접 작성한다. • 연극 후 소감 발표 및 상호 피드백(연기자 간 또는 연기자와 관객 간)을 진행한다.

3 고등학교 교과서에 제시된 수행평가의 사례

유형	절차 및 특징
PMI 기법에 따라 주요 역사적 사건 평가하기	① 주요 사건 중 평가할 사건(주제)을 선정한다. ② 선정한 사건(주제)을 다각도로 검토·토론하여 긍정적인 면(P)과 부정적인 면(M)을 기록한다. ③ 긍정적·부정적 측면을 고려하여 흥미롭게 발전시킬 수 있는 가능성(I)에 대해 토론한 후, 결론을 정리하여 발표한다.
암행어사 보고서 작성하기	① 당시 조선의 문제(삼정의 문란)에 대해 정리한다. ② 문제점에 대한 자신의 생각을 정리한다. ③ 문제점을 해결할 수 있는 구체적인 개선 방안을 정리한다.
연꽃 기법 사용하기	연꽃에서 힌트를 얻은 것으로 '로터스 블로섬(Lotus Blossom)'이라고도 불린다. 이는 아이디어, 문제, 이슈, 주제 등을 3칸과 3줄로 이루어진 표에 배열하는 데서부터 시작한다. ① 9개로 칸을 나눈 9개의 박스를 만들어 3줄로 배열한다. 이때 한가운데에는 '결론'에 해당하는 박스를 두고, 그 박스의 한가운데에는 주제를 적는다. 그리고 박스의 가장자리에는 (가)~(아)까지 기호를 매긴 후, 주제를 위한 필요 요소나 해결책이라고 생각되는 것의 핵심 단어를 적어 넣는다. ② ①~⑧번까지의 박스의 한가운데에는 1단계에 적었던 (가)~(아)에 해당하는 내용을 적는다. 그리고 박스의 가장자리에는 (가)~(아)를 위한 필요 요소나 해결 방법이 되는 핵심 단어를 적어 넣는다. ③ 2단계에서 박스의 가장자리에 적었던 내용 중 가장 적절하다고 생각하는 것을 1~2개 선택하여 '○' 표시한다. ④ ①~⑧번에서 ○표를 한 내용을 바탕으로 주제의 방법에 대해 정리하고, 모둠의 대표가 발표해 본다.
답사 보고서 만들기	① 모둠을 구성하여 역할을 분담한다. ② 모둠별로 답사 주제를 정하고, 주제와 관련된 자료를 조사한다. ③ 주제를 선정한 이유를 정리하고, 답사 일정을 계획한다. ④ 각 모둠별로 선정한 지역을 답사하고, 답사 내용을 정리하여 보고서를 작성한다. **합격자의 꿀TIP** 채점 기준 예시: 유적지에 대한 가는 방법, 견학 내용, 실제로 보고 느낀 점, 모둠원의 얼굴이 들어가 있는 유적지
10대 역사적 사건 정하기	① 4~5명의 모둠을 만든다. ② 각자 중요하다고 생각하는 역사적 사건을 10개를 뽑아 적어낸다. ③ 모둠원이 적어낸 사건 가운데 공통적인 사건을 뽑는다. ④ 나머지 사건을 대상으로 모둠원이 협의하여 10개 사건을 정하고, 사건을 정한 이유를 기록한다. ➡ 학급 활동으로 넓히기: 칠판에 모둠이 정한 10대 사건을 적은 후 공통 사건을 선정한다. **유의사항** • 정치, 경제, 사회, 문화 분야에서 골고루 선정한다. • 당시 상황에 대해 정확하게 이해하고, 선정한 이유를 제시한다.

<table>
<tr><td>가상 인터뷰</td><td>① 인터뷰할 인물을 선정한다. 이때 교사가 미리 예시를 들어주는 것이 좋다.
② 인터뷰 대상의 활동이나 업적을 조사한다.
③ 인터뷰 형식에 맞추어 글을 작성한다.
유의사항
• 예시에 나타난 인물을 선정하거나 다른 인물을 선택할 수 있다.
• 활동이나 업적의 배경과 그 내용, 결과 및 영향 등을 시간 순서에 맞게 논리적으로 서술한다.
• 기자가 질문하고, 인터뷰 대상이 답하는 형식을 갖추도록 한다.</td></tr>
<tr><td>문화유산 홍보 책자 만들기</td><td>① 문화유산 중 한 개를 선택한다.
② 수집한 자료를 토대로 홍보 책자를 작성한다.
㉠ 문화유산과 관련된 사진을 포함할 것
㉡ 문화유산으로 등재된 이유를 서술할 것</td></tr>
<tr><td>가상 일기 쓰기</td><td>① 역사적 인물과 사건을 선정한다.
② 역사적 인물 및 사건과 관련된 자료를 수집한다.
③ 수집한 자료를 바탕으로 일기 내용을 결정한다.
④ 일기 형식을 갖추어 글을 쓴다.
유의사항
• 분량은 제한되어 있다.
• 일기의 내용은 시대 상황을 반영하여 구체적으로 쓴다.
• 인물의 활동과 당시 상황이 드러나도록 쓴다.
• 일기 형식: 연도, 날짜, 날씨 등을 기록한다. 사건의 연도와 날짜가 정확하지 않을 경우, 교사의 지도가 필요하다.
• 필요에 따라 하루가 아닌 며칠 분량으로 나누어 쓸 수 있다.</td></tr>
<tr><td>그림(민화)의 말풍선 작성하기</td><td>① 제시된 그림을 바탕으로 당시 시대 모습과 각 신분·계층이 처한 상황을 정리한다.
② 그림에 나온 인물 중 대사할 사람을 선정한다.
③ 말풍선을 작성한다.</td></tr>
<tr><td>역사 신문 만들기</td><td>① 모둠을 구성한 뒤 신문 이름, 주제와 시기, 기사 종류와 제목, 편집 방향을 정한다.
② 모둠별 주제에 해당하는 내용과 자료를 역할을 맡아 조사한다.
③ 조사한 자료를 바탕으로 신문의 성격을 정한다(신문에서 강조할 내용 결정).
④ 신문 지면을 구성할 코너들을 결정한다(기사, 사설, 만평, 광고, 다른 나라 소식 등).
⑤ 모둠원 각자가 맡은 부분의 기사를 작성한다. 이때 인용 자료나 사진의 경우에는 출처를 밝힌다.
⑥ 모둠별로 완성된 기사를 수정 및 보완한다.
⑦ 신문의 표제를 정하고, 각 코너에 맞는 기사를 넣는다.
유의사항
• 역사적 상상력을 발휘하되, 사실에 근거하여 기사를 작성한다.
• 기사는 유기적 연관성을 갖도록 배치한다.</td></tr>
</table>

격문 만들기	① 교과서에 등장하는 사회 변혁과 관련된 역사적 사건을 선택한다(형평운동, 노동운동 등). ② 자신을 해당 시기의 사건을 주도하였던 인물이라 가정하고, 자신의 주장을 글로 표현한다. ③ 작성한 글에 표제나 구호 등을 제시하고 사진이나 만화, 지도 등을 덧붙여 완성한다.
역사 만평 그리기	① 모둠별 주제를 선정하고, 해당 주제에 대한 자료를 조사한다. ② 모둠별로 해당 주제 자료를 토대로 구성 방식에 대해 논의한다. ③ 해당 주제의 핵심 내용을 추출하고, 말풍선에 들어갈 내용을 정한다. ④ 만평에 대한 해설을 추가하여 독자의 이해를 돕는다. 유의사항 그림의 완성도보다는 역사과 수행평가에 맞도록 내용을 충실히 작성하도록 한다.

05 판서의 활용

1 판서의 유의사항

(1) 일반적 유의사항

① 필순에 유의하고, 크고 정확하게 하되 가능하면 빠르게 할 것

② 서체는 교과서의 활자체(정자체)에 따르되, 띄어쓰기 등에 유의할 것

③ 학습자의 시야를 가리지 않는 위치에서 판서할 것

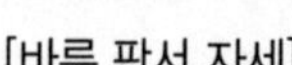

[바른 판서 자세]

[바르지 못한 판서 자세]

④ 판서를 하다가도 학습활동에 방해가 되는 행동을 하는 학생이 있으면 즉시 주의를 줄 수 있는 자세로 판서를 할 것

⑤ 판서한 내용을 가급적 지우지 않을 것

⑥ 저학년 판서 크기는 12~13cm, 중학년 판서 크기는 9~10cm, 고학년 판서 크기는 6~7cm 정도가 적당

글자 / 학년	글자의 크기	1행의 글자 수	총 행 수
저학년	15~10㎝	17~22자	7~10행
중학년	10~9㎝	24~26자	10~12행
고학년	9~7㎝	26~18자	12~15행

(2) 수업에 활용할 경우 유의사항

① 판서는 학습목표에 밀접하게 관련되고 간결해야 함

② 학습자가 쉽게 파악할 수 있을 만큼 명료하게 구조화하여 판서 계획을 세울 것

③ 판서의 내용, 양, 시기 등을 고려해 학습자의 사고를 자극할 것

④ 수업의 흐름에 맞게 학습자가 사고를 발전시켜 나갈 수 있도록 할 것

⑤ 연표, 지도, 구조도, 스키머 등을 조화롭게 활용할 수 있도록 할 것

⑥ 다른 매체 또는 교구와 병행하여 융통성 있게 활용할 수 있도록 할 것

⑦ 학생의 학습지 내용과 연관된 판서가 되도록 할 것

⑧ 학생의 참여를 고려하는 계획적인 판서가 되도록 할 것

⑨ 판서 시 항목을 나타내는 부호는 일치시킬 것

⑩ 학습자의 발표와 동시에 판서할 것

⑪ 학습자의 발표와 동시(발표 내용을 종합하는 경우도 예상됨)에 판서할 것

⑫ 학습자의 사고를 도울 수 있는 발문을 던지고 그들의 답을 듣고 판서할 것

⑬ 학습자를 칠판에 나와 풀게 하고 설명도 하게 하여 역동적인 학습활동이 이루어지도록 할 것

2 판서의 계획과 단계, 그리고 공간분할

(1) 판서의 계획

① 학습 과제 분석 시 본시에 지도해야 할 필수(핵심) 요소만을 선정할 것

② 판서 위치를 정할 것(예를 들면, 칠판을 세로로 3등분, 가로로 2등분한 다음, 나누어진 공간에 어떤 내용을 판서할 것인가를 구상)

③ 강조점을 표시하되, 강조하는 방법으로는 글씨의 크기 조정, 색분필 활용(글씨 쓰기, 밑줄 긋기, 기호 표시 등) 등이 가능

④ 수업 활동(판서가 진행됨에 따라)의 전개 상황을 감지할 수 있어야 함(기록된 판서안만 보고도 칠판의 어느 위치에 어떤 형태로 판서 내용이 기록되어 있는가를 알 수 있도록 판서 계획을 세울 것)

⑤ 진체 내용의 개요를 적어 놓으면 효과적임

⑥ 칠판은 강의의 전체 윤곽을 잡아 줄 수 있도록 활용해야 하며 따라서 미리 계획하는 것이 필요

⑦ 복잡한 표나 수식, 그림 등은 미리 복사하거나 파워포인트 등을 활용하는 것도 한 방법

(2) 판서의 단계

단계	판서 활동
도입	① 개조형의 판서와 약간의 색채감이 주어지면 효과적 ② 학습의 방향을 제시하거나 목적 또는 문제를 제시할 때 활용하는 것
전개	① 수업 내용을 요약하고 정리하는 데 중점을 둔 것 ② 교과의 특징, 단원의 성격, 내용 조직의 특성에 따라 융통성을 발휘해야 함 ③ 구조적인 내용을 설명할 때나 이해가 어렵다고 생각되는 추상적인 사고를 설명할 때 활용
정리	① 전개 단계에서 판서 내용 중 재정리할 것을 간추려 내고자 할 때 활용 ② 과제 제시 및 성취기준 도달 여부를 확인하고자 할 경우 활용 ③ 수업 내용 전체를 요약, 정리, 확인할 때 활용 ④ 저학년의 경우 과제나 숙제를 제시할 때 활용

(3) 칠판의 공간 분할과 각 구역별 판서 내용

① 쓸 양이 많을 때는 칠판을 3, 4등분하여 좌·상으로부터 우·하 순으로 활용

② 쓸 양이 적을 때는 가운데에 판서할 것

③ 학생의 판서가 포함된 학습활동의 경우 교사는 상반부에 학생은 하반부에 쓸 것

④ 각 구역별 판서 내용

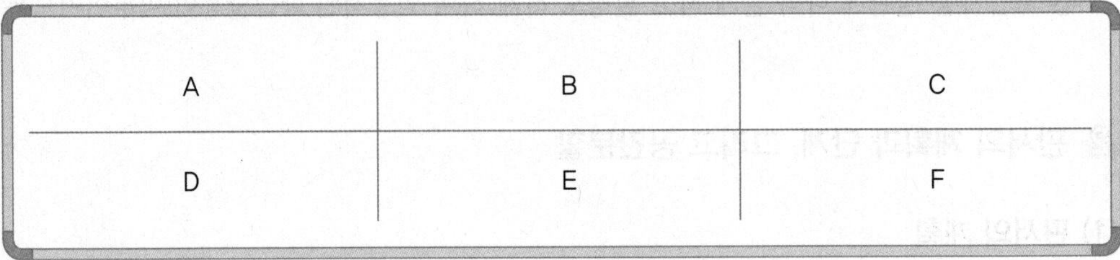

㉠ A구역은 학습목표나 성취기준을 진술하는 것이 일반적임

㉡ B구역은 중단원, 소단원명을 적음. 단, 학습주제를 적어도 무방함

㉢ C구역은 모둠별 발표 내용을 구조화하여 제시할 것

㉣ D구역에 학습활동의 흐름이나 수행평가 계획을 진술하는 것도 좋음

㉤ E구역은 주요 학습 내용을 최소 필수 학습 요소로 선정하여 진술할 것

㉥ F구역은 핵심 어휘나 학생의 판서 영역으로 남겨둘 것

③ 판서의 유형과 최근의 경향

(1) 판서의 유형

① 병렬형: 학습 사항이나 학생의 발언을 나열해 가는 형태

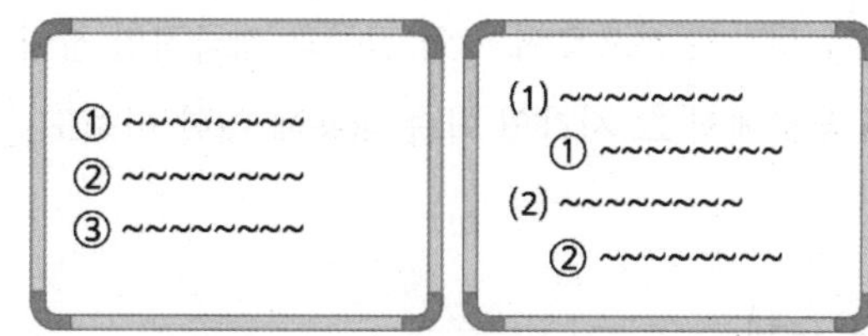

② 대조형: 상, 하, 좌, 우에 각기 내용의 특색을 쓰고 그 차이를 비교, 대조해 가는 형태

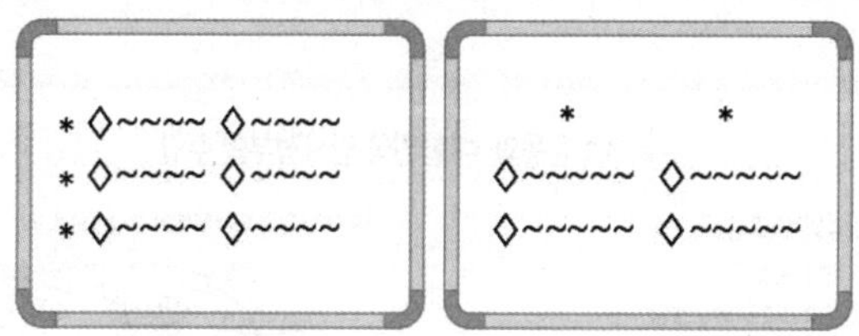

③ 구조형: 교재를 계통화, 체계화해서 지도 내용의 요점을 구조화하는 형태

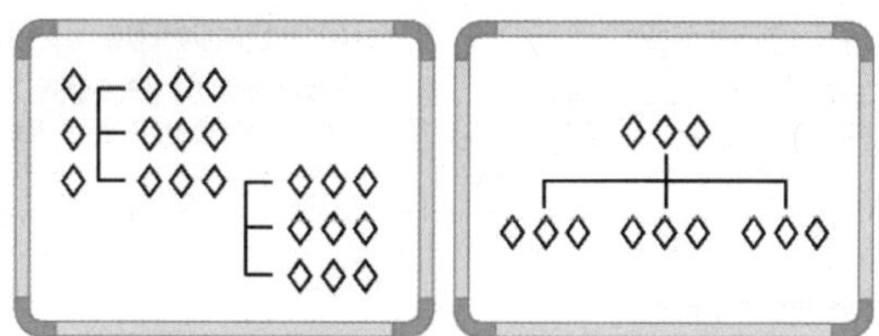

④ 귀납형: 부분을 묶어서 전체를 이해시키기 위하여 쓰는 방법으로 하나하나의 사례를 묶어서 결론을 적어감

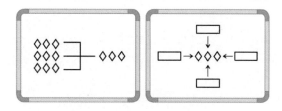

⑤ 연역형: 전체를 통하여 부분을 이해시키기 위하여 쓰는 방법

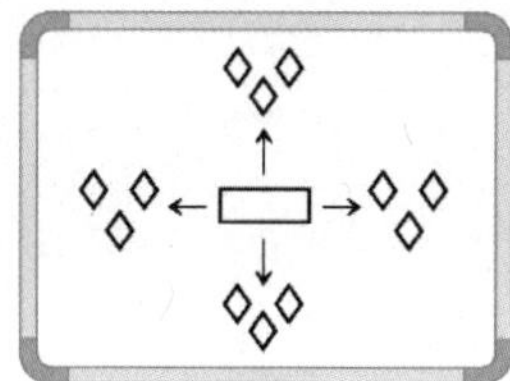

(2) 최근의 경향

① 교사가 학생들의 발표 내용을 주의 깊게 듣고 간결하게 판서함

② 모둠별 발표 내용을 판서하기 위한 다각적 방안에 대해 고민해야 함

③ 빈칸을 이용한 판서로 흥미 유발과 형성평가의 효과를 내는 것도 가능

④ 빈칸에 들어갈 내용을 생각해 봄으로써 수업 집중과 적극적인 참여 능력 배양이 가능

⑤ 또한 수업의 마무리 부분에서 그 시간의 학습 내용에 대한 이해도를 측정 가능

4 실제 합격자들 판서 사례

(1) 사례 1

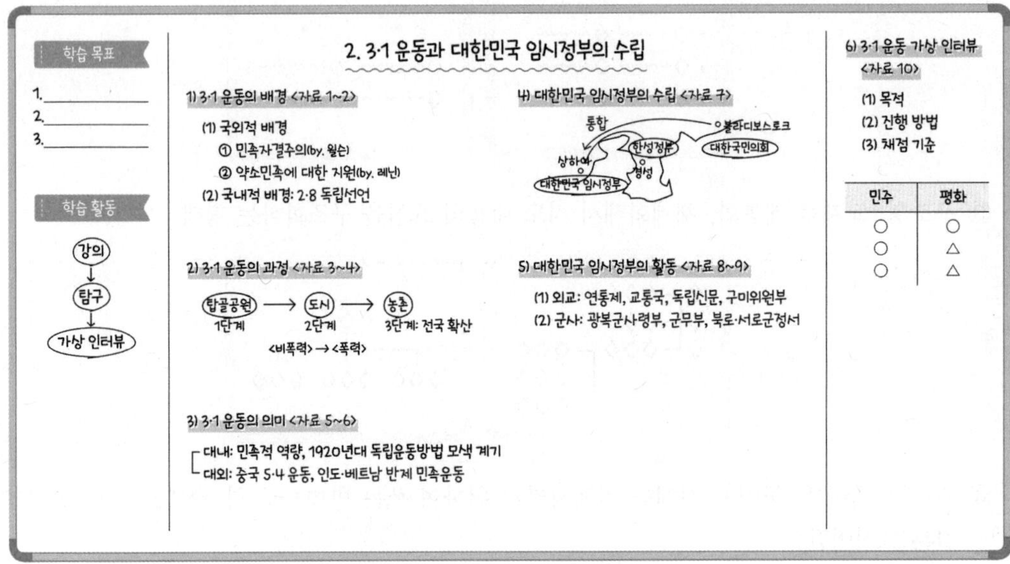

(2) 사례 2

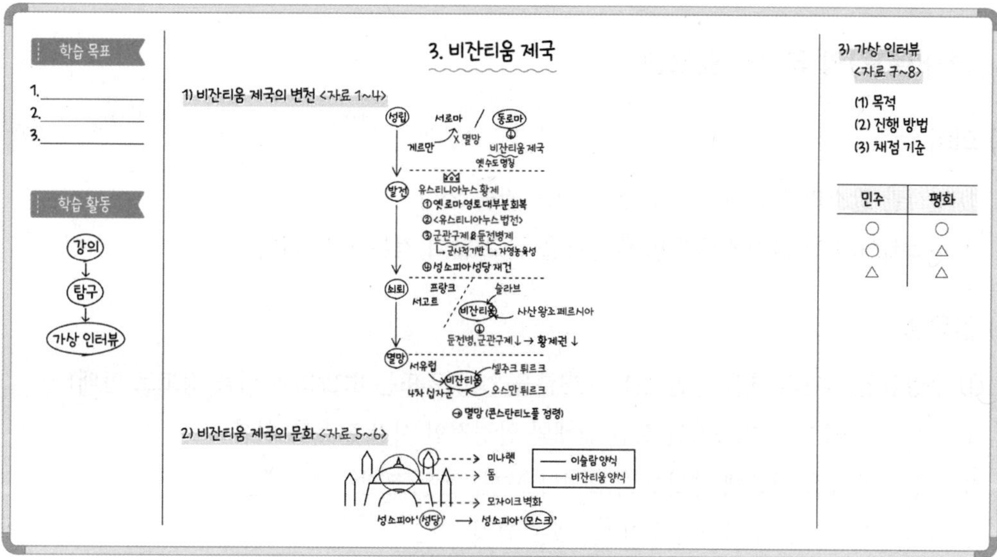
학습 목표
1.
2.
3.
학습 활동
강의
탐구
가상 인터뷰
3. 비잔티움 제국
1) 비잔티움 제국의 변천 <자료 1~4>
성립
서로마
동로마
게르만
X 멸망
비잔티움 제국
옛수도 명칭
발전
유스티니아누스 황제
①옛 로마 영토 대부분 회복
②<유스티니아누스 법전>
③군관구제 & 둔전병제
군사적 기반
자영농 육성
④성 소피아 성당 재건
쇠퇴
프랑크
서고트
슬라브
비잔티움
사산 왕조 페르시아
둔전병, 군관구제↓ → 황제권↓
멸망
서유럽
4차 십자군
비잔티움
셀주크 튀르크
오스만 튀르크
멸망 (콘스탄티노플 점령)
2) 비잔티움 제국의 문화 <자료 5~6>
미나렛
돔
모자이크 벽화
이슬람 양식
비잔티움 양식
성 소피아 '성당' → 성 소피아 '모스크'
3) 가상 인터뷰 <자료 7~8>
(1) 목적
(2) 진행 방법
(3) 채점 기준
민주
평화
○ ○
○ △
△ △

(3) 사례 3

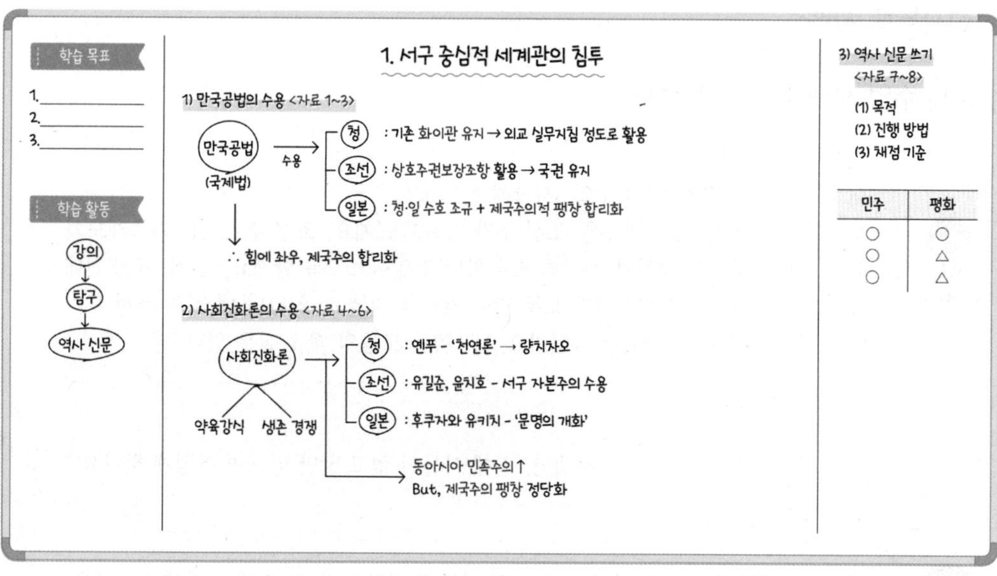
학습 목표
1.
2.
3.
학습 활동
강의
탐구
역사 신문
1. 서구 중심적 세계관의 침투
1) 만국공법의 수용 <자료 1~3>
만국공법 (국제법)
수용
청 : 기존 화이관 유지 → 외교 실무지침 정도로 활용
조선 : 상호주권보장조항 활용 → 국권 유지
일본 : 청·일 수호 조규 + 제국주의적 팽창 합리화
∴ 힘에 좌우, 제국주의 합리화
2) 사회진화론의 수용 <자료 4~6>
사회진화론
약육강식
생존 경쟁
청 : 옌푸 - '천연론' → 량치차오
조선 : 유길준, 윤치호 - 서구 자본주의 수용
일본 : 후쿠자와 유키치 - '문명의 개화'
동아시아 민족주의↑
But, 제국주의 팽창 정당화
3) 역사 신문 쓰기 <자료 7~8>
(1) 목적
(2) 진행 방법
(3) 채점 기준
민주
평화
○ ○
○ △
○ △

06 전사노트 작성

1 전사(傳寫)의 의미와 필요성

(1) 의미

① 전사란 말소리를 음성 문자로 옮겨 적는 것을 의미

② 수업실연의 전 과정에서의 발언 내용을 글로 옮겨 적는 것을 의미

(2) 필요성

① 수업실연 시간의 효율적 안배(14~28분을 2:10:2 또는 3:12:3의 비율 정도로 안배)

② 문항 조건에 따른 효율적인 시간 안배와 안정적인 시간 활용을 위함

③ 수업실연 내용 가운데 불필요한 말이나 표현, 행동 교정

④ 무의식적인 습관적 발언이나 표현, 행동 교정

⑤ 절제되고 간결한 언어 및 행동 사용

2 전사노트 사례

(1) 실제 수업 사례에 기초한 전사

더 나은 미래를 위한 역사 수업, 시작해 볼까요?
오늘 우리가 함께 배울 내용은 '조선 후기 가족제도'예요. 조선 후기에는 가족제도가 어떻게 변화했는지 이전과 비교하면서 하나씩 알아보도록 할게요. 먼저 '제사'인데요. 조선 전기에는 남자와 여자 모두 같이 제사를 지낼 수 있었던 데 비해 조선 후기에는 남자만 제사를 지낼 수 있었어요. 네, 평등 모둠의 태규 질문 있나요?

선생님, 집에 아들이 없고 딸만 있으면 어떻게 하나요?

네, 좋은 질문이에요, 그럼 우리 태규의 질문에 대한 답을 다 같이 생각해 볼까요? 당시 딸만 있는 집은 제사를 어떻게 지냈을까요?

양자를 들여서 입양을 했을 것 같아요.

왜 그렇게 생각했죠? 조선 후기를 배경으로 한 영화를 봤는데 거기서 양자를 입양하는 장면을 봤어요? 야~! 정말 선영이가 잘 대답해 주었어요. 선영이가 영화에서 본 내용을 수업 시간에 잘 기억해서 답변해 주었네요. 선영이 말대로 당시 제사를 지내기 위해 아들이 없는 경우에는 양자를 입양해 제사를 지냈어요.

우리 집에서는 엄마가 제사를 지내는 것을 엄청 싫어하세요.

소영이네 집은 제사를 지내기 싫어한다구요? 맞아요. 조선 후기에는 성리학적 질서가 자리 잡아서 가부장적 질서와 제사와 같은 의례를 중요시했는데 요즘은 제사에 대한 생각이 많이 변하였죠. 소영이네처럼 제사도 시대에 따라서 그 중요도나 인식이 변한다는 것을 알 수 있겠네요. 제사뿐만이 아니라 시간이 흐르면서 어떤 것들은 변화하는데, 또 어떤 것들은 변화하지 않고 우리 삶 속에 지속되는 경우도 있답니다.

네, 그럼 다음은 상속제도에 관한 이야기를 해 볼까요?
조선 전기에 모든 형제들에게 재산을 골고루 나누어 준 것과 다르게 조선 후기에는 첫째, 즉 장자에게 재산을 상속해 주었습니다. 왜 장자에게 재산을 상속해 주게 되었을까요? 우리 공존 모임의 희원이가 한번 말해 볼까요?

경제가 발달하고 토지가 중요해지니까, 모두에게 똑같이 나누어 줘서 모두가 가난해지기보다, 첫째에게 다 상속해 주고 가족들을 책임지도록 한 것 아닐까요?

좋습니다. 시대상을 고려한 아주 훌륭한 답변입니다. 지금처럼 열심히 공부해서 희원이의 꿈인 학예사가 되길 바랄게요. 이렇게 조선 후기에는 전기와 다르게 〈적장자 상속〉을 한 모습을 확인할 수 있었어요.

자, 다음으로는 혼인 제도를 살펴보도록 할게요. 선생님이 스크린에 올려둔 그림 하나를 같이 볼까요?
여러분~! 어떤 그림인 것 같아요? 아, 표정을 보니까 여자가 결혼하고 남자 집에 가는 그림인 것 같아요? 맞아요. 조선 전기에는 혼인을 한 후에 남자가 여자 집에서 살았지만, 조선 후기에는 반대로 여자가 남자 집에 가서 사는 시집살이가 시작되었습니다. 여러분들이 당시 여성이었다면 어떤 기분이었을 것 같나요?

억울했을 것 같아요.

당시 상황이라면 어쩔 수 없었을 것 같아요.

현수는 억울했을 것 같고요, 혜영이는 당시는 성리학적 질서가 자리하고 있어서 당연하다고 생각했을 것 같아요? 모두 좋아요. 당시 여성들도 이렇게 다양하게 생각하지 않았을까요?

선생님, 그런데 요즘은 시집살이가 좋지 않은 의미로 쓰이지 않나요?

맞아요. 조선 후기에는 성리학적 질서가 강하게 자리 잡고 있었지만 지금은 그 의미가 많이 달라졌죠? 이렇게 시대에 따라서 제도들의 의미가 달라질 수 있다는 것도 중요하답니다.
자, 우리 이렇게 지금까지 조선 후기의 가족제도에 대해서 알아보았는데요. 학습목표 1번 모두 달성할 수 있었나요~? 그럼 우리 일교시 열심히 달려왔으니까 조금 일찍 10분 쉬고, 활동으로 만나도록 할게요!

자, 여러분! 10분 동안 잘 쉬었죠? 모둠 활동지 다들 준비되었나요? 활동지에 사료를 첨부했거든요? 우리 매번 함께 하는 '사료 돋보기' 활동입니다. 지금부터 여러분들이 직접 사료를 분석하고 해석하는 시간을 가져 보도록 하겠습니다. 우리 모두 함께 '사료 돋보기' 활동을 마치면 여러분의 자료 분석 및 해석 능력이 한 단계 더 상승할 겁니다. 여러분이 이번 학기에 사료를 읽는 능력이 점점 향상되어 가서, 오늘은 사료를 분석하고 해석하는 활동을 수행평가로 진행해 보려고 합니다.
오늘 수행평가는 이번 학기 포트폴리오에 반영될 예정이니까 이 점 유의해서 활동해 주면 되겠구요('수행평가-포트폴리오' 판서). 돋보기는 무슨 의미인지 알고 있죠? 돋보기처럼 사료를 들여다보면서 숨겨진 의미를 찾고 비판적으로 읽어 보는 겁니다.
그럼 여러분들 자료 2를 보겠습니다(자료를 보면서 활동 안내, '활동 안내' 판서하고 2가지 질문도 각각 판서). 오늘 활동은 모둠별로 진행할 거구요. 자료 2에 자료 4가지가 있죠. 여기서 자료 (가)와 (나)는 조선 후기 이전 시기, 즉 고려 또는 조선 전기의 사료고요. 자료 (다)와 (라)는 오늘 배운 조선 후기의 상황이 담긴 사료입니다. 여러분들은 모둠별로 각 자료를 읽고 먼저 첫 번째로 핵심어에 밑줄을 쳐보구요. 두 번째로는 선생님이 던지는 두 번째, 세 번째 질문에 대한 답을 찾아보면 되겠습니다. 두 번째 질문은, "나와 다를 비교하여 조선 후기 제사와 상속 방식이 어떻게 변화했는지 작성해 보자." 세 번째 질문은 "가와 라를 비교하여 조선 후기 여성의 지위가 어떻게 변화했는지 작성해 보자."입니다.

다음으로 오늘 활동하면서 지켜야 할 유의사항과 채점 기준을 알려드리겠습니다('유의사항', '채점 기준' 판서). 먼저 유의사항입니다. 첫째, 여러분이 자료를 읽으면서 어려운 단어나 이해하기 어려운 단어들은 우리 배움책 맨 뒷페이지에 역사용어해설집이 있죠? 해설집 참고하면서 활동하면 되겠습니다. 둘째, 오늘은 모둠별로 활동하는 거니까요. 모둠원 역할 이끎이, 기록이, 나눔이, 칭찬이, 점검이로 꼭 나눠서 활동 수행해 주면 되겠습니다. 다음은 채점 기준인데요, 여러분이 활동한 결과물을 스스로 평가해 본 뒤 여러분이 친구들 결과물도 평가해 보고, 마지막으로 선생님이 여러분을 평가하는 기준이 되죠? 먼저 첫 번째, 선생님이 항상 강조하는 여러분이 작성한 내용이 역사적 사실과 일치해야 합니다. 사실의 오류가 없어야 하겠구요. 두 번째, 오늘 배운 가족제도와 일상생활의 변화와 관련된 핵심 키워드를 2가지 이상 포함해야 합니다. 세 번째, 오늘 자료를 바탕으로 답변을 작성하는 것이기 때문에, 자료의 구체적인 내용을 근거로 논리적으로 작성해 주어야 하겠습니다.

자, 그럼 지금부터 모둠별로 질문에 답하는 시간 30분 가져 보도록 할게요! 자, 지금부터 시작해 주세요.

(순회 지도 중) 좋습니다. 혹시 사료 읽기 활동 중 어려움을 겪고 있는 모둠이 있다면 모둠 내 도움 깃발을 들어주세요. 네, 미래 모둠! 무엇이 어려운가요? 아, 사료 내에 있는 용어 ~이 어렵다고요? 그럼, 활동지 맨 뒷부분에 선생님이 추가로 써놓은 역사용어해설집 부분을 참고해보세요, 도움이 될 겁니다. 네, 그리고 균형 모둠의 구성원들은 좀 더 적극적으로 협력해 가는 모습을 보여 줄래요? 함께 사료를 소리 내어 읽어 보고, 그 의미가 무엇인지 탐구해 가면서 구성원 간의 책임의식도 가질 수 있었으면 해요.

자, 모둠 활동 종료 1분 전입니다. 활동 내용을 잘 정리하고 이제 마무리해 주세요. 자, 이제 모둠 활동 마치겠습니다. 그럼 활동지 2번 질문에 답해볼 모둠이 있을까요? 좋아요, 미래 모둠이 말해 볼까요? 미래 모둠은 첫 번째 사료에서는 ~인 모습을 보였는데 두 번째 사료에서는 ~한 모습으로 변화한 모습을 잘 찾아 주었네요. 특히 첫 번째 사료의 ~번째 줄에서의 ~과 두 번째 사료 ~번째 줄을 보고 그렇게 생각했군요? 우리 미래조는 사료를 분석하고 해석하는 능력이 이번 학기 들어 점점 성장하고 있네요! 좋습니다.

자, 그렇다면 이어서 3번 질문에 답해 볼 모둠은요? 균형 모둠! 우리 균형 모둠은 첫 번째 사료에서는 ~인 모습을 보였는데 두 번째 사료에서는 ~한 모습으로 변화된 모습을 잘 찾아 주었어요. 당시 성리학적 질서의 강화로 인해 남편이 죽으면 따라 죽는 것을 좋게 보는 시각이 자리했다는 점을 잘 발견해 주었네요. 모둠 구성원 간 협력의식이 뛰어난 우리 균형 모둠 구성원들에게 우리 모두 박수쳐 줍시다. 우리 균형모둠도 사료를 직접 잘 분석해 주었습니다. 이것으로 우리 모두 학습목표 2번을 잘 달성했습니다.

자, 여러분. 오늘 수업을 우리 함께 해 보았는데요. 오늘 함께 한 수업 내용이나 활동 과정에 대해서 질문 있는 친구 있나요?

활동지 3번의 내용처럼 여성들의 지위가 너무 낮았던 것은 아니었나요?

네~ 조선의 활동지 3번의 내용처럼 여성들의 지위가 너무 낮았던 것 아니냐구요? 아니에요~ 우리 조선 후기의 '역사적 상황'을 생각해 볼까요? 당시는 성리학적 질서가 자리하고 있었고 가부장적인 사회 분위기가 있었죠. 이러한 질서하에서 조선의 여성들도 나름대로 열심히 생활하고 자신의 역량을 펼치기도 하였습니다. 그럼 한번 '현재의 상황'을 생각해 볼까요? 현재에는 여성과 남성이 동등한 지위를 지향하고 있는 거 같아요? 요즘에도 여성이 차별받는 성차별적인 분위기가 존재하는 것 같지 않나요? 맞아요. 아직도 우리 사회에는 성차별적인 요소들이 곳곳에 존재하고 있기도 하죠. 우리 한번 우리 사회에 존재하고 있는 성차별적인 요소들을 조사해서 패들렛에 올리고 이야기를 나눠보는 시간을 가져 볼까요?
패들렛에 여러 가지 의견들이 많이 올라왔어요. 여러분도 차근차근 읽어 보도록 하고요. 자 그럼 오늘 수업 질의응답 시간 가지고 마쳐 보도록 할게요. 혹시 질문 있는 친구 있나요?
네! 기현이 말해볼까요? "선생님, 그럼 지금과 비교하면 조선 후기 여성들은 모두 열악한 조건에서 살았던 거네요?"라고 질문해 주었습니다. 우리 이 질문, 다 같이 생각해 볼 여지가 있는 것 같아요. 혹시 여기에 다른 생각 있는 친구 있나요?
네, 진섭이가 얘기해 볼게요. 아 진섭이는 예외는 어디 곳, 어느 시기에나 있다, 아까 일상생활의 다양한 모습에서 본 것처럼 예외인 사례가 있을 수 있다고 얘기해 주었네요. 선생님이 이 질문에 대해서 두 가지 관점에서 답변해 줄 수 있을 것 같아요.
먼저 첫 번째는 '모두'에 초점을 맞춰볼게요. 우리 지난 시간, '학문과 예술의 새로운 경향' 단원에서 배운 것처럼, 당시 역사적 맥락을 고려해보면 조선 후기에 서당교육이 발전하고, 서민문화도 발달하면서 여성들도 교육을 받거나 화가나 작가로 활동한 사람들도 있었어요. 그렇죠? 그렇기 때문에 조선 후기의 모든 여성들이 열악한 조건에서 살았다고 말하는 것은 조금 위험한 관점일 수 있을 것 같아요. 이 부분은 역사가들도 매우 주의하는 부분입니다. 우리가 모든 과거 사람들의 생활을 알 수 없기 때문에 '반드시 이랬을 것이다'라고 말하는 것은 힘들겠죠?
두 번째로, 우리 기현이가 현재와 비교를 해 주었는데요. 현재 사회에는 그럼 열악한 조건이라고 할 만한 사례는 없는지 생각해 볼까요? 사회생활에서 여성들이 제약을 받는 이러한 상황에 대해 어떤 사람들은 굉장히 열악하다고 느낄 수 있겠죠. 그렇기 때문에 우리는 '현재가 과거보다 반드시 더 발전했다'라고 말할 수 없고, 이를 평가하는 기준도 사람마다 다를 것이기 때문에, 우리는 이 점을 꼭 유의해야겠습니다.
네, 오늘 우리는 사료 읽기에서 시작해서 맥락적 이해를 바탕으로 한 조선 후기 가족제도에 대해 살펴보았습니다. 과거와 현재가 다르다는 전제하에 현재주의적으로 과거를 읽어서는 안 된다는 것을 배웠고, 사료 일기의 절차와 유의사항에 대해서도 함께 배웠습니다. 여러분과 함께 한 역사하기(Doing history)의 경험이 매우 즐거웠고요, 다음 시간에도 우리 함께 하는 역사 수업을 기대하도록 하겠습니다. 오늘 수업 모두 고생하셨고요, 마지막으로 다음 시간에 어떤 내용을 배울지 안내하고 마치도록 할게요.

(2) 본인의 수업실연의 전 과정에서의 발언 내용을 글로 옮겨 적어 볼 것

도입	
전개 1	
전개 2	
전개 3	
정리	

07 모둠 편성과 순회 지도

1 모둠 편성의 원리와 유의사항

(1) 모둠 편성의 원리

① 해당 시·도 교육청의 홈페이지를 방문해 지표나 중점 추진 사항, 슬로건 등을 활용하여 모둠 명칭 설정

② 모둠 내 학생 이름은 친구, 가족 등의 이름을 활용하여 기억하기 쉽게 함

③ 모둠 편성 시 성별 인원 고려, 모둠 개수 고려

④ 가상의 학급 구성도를 그려 놓고 이미지 메이킹

(2) 유의사항

① 이질적 모둠 편성(학업수준, 흥미, 관심도, 성별 등)

② 모둠 구성원 숫자는 4명이 적당

③ 다문화 학생을 일부러 포함하는 것은 바람직하지 않음

2 모둠 편성의 예시

(1) 학급 내 모둠 편성과 명단 편성

평등 모둠		공존 모둠		미래 모둠	
민아	종석	희원	하영	기성	경환
호현	택인	지훈	찬희	다빈	호정
성장 모둠		협력 모둠		창의 모둠	
은지	영현	남주	혜연	지우	현준
길림	재유	제윤	정욱	서영	새미

(2) 수업실연을 위한 가상 학급 구성도

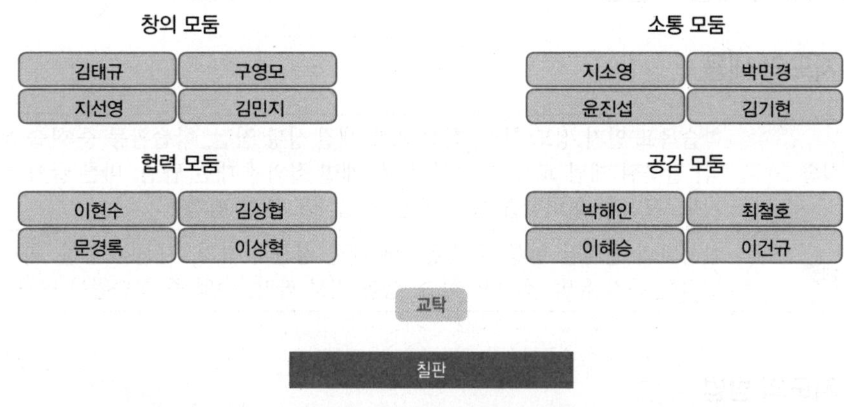

수업실연을 위한 가상 학급 구성도

3 순회 지도의 의미와 기능

(1) 순회 지도의 의미

① 수업 중에 교사가 학습목표를 달성하는 업무를 수행하기 위하여 학생들에게 접근하는 것

② 교사의 수업에 대한 적극성을 나타내고, 학생에 대한 친밀성을 표현하는 것이기도 하며, 학습에 대한 통제의 수단

③ 순회 지도는 대체로 학생들과의 물리적 거리를 좁히는 것이며, 학생들과의 접촉을 보다 용이하게 해 주어 심리적 거리를 줄이는 역할도 하여 학습의 효과를 배가시킴

(2) 순회 지도의 기능

① 개별지도 기능: 교수·학습 시 학생들의 학습 능력 차이로 성취 속도가 각각 다르기 때문에 순시를 하면서 이를 파악하여 학생의 능력에 맞게 개별지도가 가능

② 주의집중 기능: 학생들은 수업 중 종종 주의가 산만해지기 때문에 순시는 이러한 학생들을 계속적으로 관찰하고 주의를 주어 성실하게 수업에 임할 수 있도록 하는 데 도움

③ 학습에 대한 성취 의욕 고취 기능: 순시를 하면서 해결한 과제 내용에 대해 확인해 주고 인정해줌으로써 학생 스스로 학습에 대한 성취 의욕을 제고하는 데 도움

④ 학생의 욕구, 필요성 발견 기능: 학습의 효과를 높이기 위해서는 학습자의 흥미, 욕구 등을 잘 파악해야 하는데, 순시를 통하여 그들 나름의 특별한 생각이나 요구를 파악하는 것이 가능

4 순회 지도의 내용과 방법

(1) 순회 지도의 내용

학습	학습목표 인지 정도 확인, 학습 과제 해결 상황 점검, 학습활동 중 학습 문제 오류 파악, 잘못된 개념 교정, 학습지 점검, 개별 질의에 대한 답변, 바른 글씨 쓰기 및 자세 지도, 모둠별 협력학습 상황 확인, 학습태도 관찰 평가
생활	학생과의 친밀감 형성, 학습활동에 대한 칭찬과 격려, 자신감 형성, 학습의욕 고취, 적절한 동기 유발, 학생의 학습·생활 정보 파악, 수업 중 학습활동 방관 예방

(2) 순회 지도의 방법

① 수업 중 학생들의 주의집중이 떨어질 때, 또는 수업 자체의 생동감이 필요하다고 판단될 때 시행

② 일반적으로는 모둠 학습 진행의 경우 1~2차례 진행하는 것이 일반적

③ 모둠 활동이 시작되기 전, 학습활동에 대한 안내 사항을 전달한 뒤, 약간의 시간을 두고 순회를 시작

④ 순회 지도의 대상은 보통 2~3명 정도이나, 2명 정도를 대상으로 하고 하나는 모둠 전체에 대한 지도로 이루어지는 것도 효과적임

⑤ 학생들 스스로 아이디어나 정보를 정리하고 조직화하도록 도와주는 방식으로 이루어지는 것이 좋음

⑥ 평가위원들에게 수업의 조정자라는 이미지를 보여주기 위해 허용적 분위기를 최대화하고, 여유롭고 온화한 태도와 자세로 임하는 것이 좋음

⑦ 아이들을 향한 채 허리를 굽히거나 무릎을 굽히며 눈높이를 맞추려는 시도도 좋음

⑧ 학생들의 반응이나 답변을 기다리는 '쉼'도 필요

⑨ 학생들의 학습을 혼란시키지 않는 범위에서 의미 있게 이루어져야 함

⑩ 학생들의 학습태도를 면밀히 관찰한 후 그들에게 신체적 반응을 할 수 있는 기회를 제공해야 함

⑪ 교사는 학생들의 개인차를 확인하고 그에 따른 적절한 개별지도가 이루어지도록 해서 학습결손의 누적을 예방하여야 함

(3) 수업 단계별 순회 지도 사례

도입	수업 준비물 확인	교수·학습활동 시 준비물의 점검
	사전 과제 확인	• 교수·학습활동 시 사전 과제 확인 • 사전 과제 확인 시에는 교사가 눈높이를 맞추어서 지도하는 것이 바람직함
전개	개별지도	• 교수·학습활동 시 학습 지진 및 학습 부진 학생의 학습 곤란 내용을 파악하여 개별지도 • 개별지도 시에는 교사가 눈높이를 맞추어서 지도하는 것이 바람직함
	학습지 작성 및 바른 글씨 쓰기나 태도 지도	학습지 정리의 정도, 학습지 정리 시 글씨 모양, 필순, 쓰는 자세를 지도
	모둠별 학습 상황 확인	• 모둠별 학습활동 시 순회 지도를 통해 학생들의 토론 내용이나 토론 상황에 대해 지도 • 토의 학습지도 시에는 교사가 눈높이를 맞추어서 지도하는 것이 바람직함
	칭찬과 격려	• 순회 지도를 하면서 학생들의 학습활동에 대한 칭찬이나 격려를 하여 학생들이 자신감을 갖도록 유도 • 학생의 성장과정과 발전가능성에 대한 언급을 통해 자존감 향상에 기여 • 모둠 구성원 간의 협력의 정도에 대한 긍정적 강화를 통해 의사소통 능력을 배가시키는 것도 효과적
정리	과제 제시	학습활동의 정리 단계 시 학습지를 해결하거나 과제를 제시함에 있어 개별 또는 모둠별로 제시하거나 지도

(4) 순회 지도 시 유의사항

① 교사는 너무 잦은 이동이나 큰 동선을 바탕으로 한 순회 지도를 지양

② 학습효과를 전제로 한 의도적이고 계획적인 순회 지도를 시행

③ 평가위원들에게 지나치게 다가가기보다는 일정한 거리를 두고 자신의 순회 지도 활동임을 알리는 선에서 진행

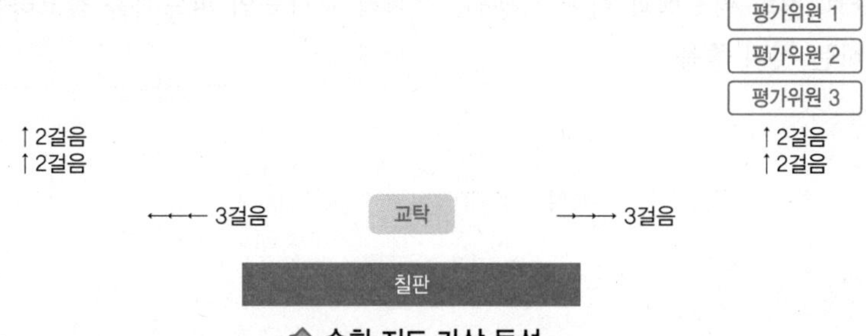

순회 지도 가상 동선

④ 순회 지도 시 교사는 학생의 잘못을 지적하거나 처벌하고 비난하는 것을 지양해야 함

⑤ 온정적이며 친밀한 태도로 학생과 눈높이를 맞추어 지도해야 함

08 수업 만능틀의 이해와 활용

1 만능틀의 의미와 필요성

(1) 의미

① 교수·학습지도안 작성 및 수업실연의 기본적인 형식이 되는 대본

② 각자 자신의 수업에서 꼭 필요하다고 생각하는 학습 요소 및 활동들을 선정하여 수업 전체의 틀로 구성한 것

(2) 필요성

① 각자만의 장점을 극대화한 수업, 기본과 흐름, 문항조건 수행에 충실한 수업을 실연하기 위함

② 수업의 도입부터 마무리까지 어떤 부분이 출제되어도 당황하지 않도록 하기 위함

③ 작성한 지도안 문제의 일부분을 반드시 실연 부분에 포함하므로 '만능 대본'은 다양한 출제 가능성에 대비하는 데 유용한 역할을 함

2 작성 방법 및 단계별 포함되어야 할 활동

(1) 작성 방법

① 수업의 도입·전개·정리 부분에 따라 세부적으로 작성할 것

② 기본적으로 강의식–사료 탐구(모둠별이나 개별)–학생 활동–평가기준 및 유의사항 안내 등의 활동이 포함된 만능틀 작성이 효과적임

③ 만능 대본 자체를 한 번에 다 쓰기보다는 수차례 수업실연 연습이 된 상태에서 작성하는 것이 효과적임

④ 작성된 지도안과 만능 대본 내용의 일치 여부를 확인하고, 스터디원들과 반드시 첨삭의 과정을 거치는 것이 좋음

⑤ 이후 스터디원의 피드백과 학원 선생님, 전현직 교사들의 피드백을 참고하여 여러 차례에 걸쳐 수정하는 것이 좋음

(2) 단계별 포함되어야 할 활동

단계	활동	만능틀에 포함되어야 할 주요 활동
도입	인사	자기만의 독창적 인사
	학습 준비 상태 확인	학습지, 준비물, 교과서, 모둠별 좌석 배치 등을 확인
	학습 단원 제시	최근 시험에서 제외되는 추세
	전시 학습 확인	
	동기 유발	
	학습목표 제시	
	블록타임 안내	조건에 제시된 경우 첫 번째 시간과 두 번째 시간을 나누어 활동을 진행하며, 각 시간에 구체적인 어떤 활동이 이루어질지 안내하는 것
전개 1 (블록타임 1교시)	교사 중심 수업 활동	• 강의식으로 진행 • 판서하며 학습활동 안내
	사료 탐구 활동	• 모둠별, 개인별(모둠명칭 미리 선정, 발표 학생 이름과 순서 미리 선정) • 사료 탐구 활동 시 유의사항 및 목적 안내 • 질문 카드나 타이머 제시 • 사료 탐구를 위한 발문 제시 ➡ 활동 중 학생 질문 ➡ 답변 정리(이 과정에서 오개념 교정, 확산적 발문 제공, 유도 발문이나 연계 발문 제공) • 순회 지도 실시(사료 학습을 힘들어하는 학생 포함) • 순회 지도는 내용 측면과 형식 측면으로 나누어 진행하는 것도 효과적 • 활동 시간 안내 멘트 추가 • 모둠별, 개인별 강화 제공 후 마무리
전개 2 (블록타임 2교시)	블록타임 안내	• 주의 환기, 학습 준비 상태 점검 • 학생 활동 중심 수업에 대한 진행 멘트
	학습활동 안내	• 학생 중심 학습활동에 대한 안내 • 활동의 목적을 핵심역량과 연계해 안내 • 진행 시 유의사항 및 채점 기준에 대한 안내 • 활동 시간 안내
	학습활동 진행	• 활동 시작 안내 • 교사의 순회 지도 내용 안내 • 활동 시간 안내(중간) • 모둠별 발표
전개 3 (블록타임 2교시)	피드백	• 교사의 모둠별 발표 내용에 대한 피드백 • 학생들의 동료평가도 포함
학습활동 정리	학습 내용 정리 및 차시예고	• 학습목표 도달도 여부를 포함한 학습활동에 대한 평가 • 학습활동의 성공적 마무리에 대한 긍정적 피드백 • 차시예고 및 인사

3 만능틀 활용 방안과 예시 사례

(1) 활용 방안

① 예시를 기반으로 더욱 자세하고, 창의적인 자신만의 만능틀을 제작할 것
② 최근 3개년 기출 문항을 만능틀 제작에 참고할 것
③ 자신만의 만능틀은 가급적 공개하지 말고, 학원 선생님이나 현직 교사를 대상으로 한 수업실연 과정에서 피드백 받을 것

(2) 예시 사례

학습 단계	학습 요소	교수·학습 내용	비고
도입	인사 및 출결 확인	구호 외치고 수업을 시작하도록 하겠습니다. 질문이 있는 역사수업, 사랑이 넘치는 교실! 사랑합니다.	
	학습단원 제시	오늘 배울 내용을 선생님이 칠판에 적어 보겠습니다. 오늘은 ○ 단원, (　　)에 대해 배워 볼 것입니다.	
	전시 학습 확인	지난 시간에 (　　)에 대해 배워 보았죠? 간단하게 선생님이 주요 사항을 퀴즈로 준비했는데, 같이 풀어 봅시다. ① 답을 아는 친구 있나요? 우리 친구들이 그럼 다 같이 대답해 볼까요? 네, 아주 잘 대답해 주었네요. ② 답을 아는 친구는 손을 들어주세요. 네, ○○가 대답해 주세요. 그래요, 복습을 잘한 ○○에게 역사 스티커를 주도록 하겠습니다.	
	동기 유발	[Case 1] 오늘 배울 내용과 관련해서 선생님이 사진을 한 장 가져왔어요. • 이 사진이 무엇을 의미하는 것 같나요?/이 사진에서 특이한 점이 있다면 무엇이 있을까요?/이 사진의 인물들은 어떤 표정을 짓고 있나요?/다른 의견을 가진 친구도 있나요? [Case 2] 오늘 배울 내용과 관련된 동영상을 하나 볼 것인데요. ~에 유의하여 동영상을 살펴보도록 합시다. • 잘 보았나요? ○○는 어떤 기분이 들었어요?/동영상에는 어떤 내용이 주로 나오고 있나요?/다른 의견을 가진 친구도 있나요? [Case 3] 우리 교실에서/사회에서 ~한 일이 일어난다면, 어떤 기분이 들까요?	
	학습목표	오늘 배울 학습목표를 살펴보도록 합시다. 우리 친구들이 다 같이 읽어 보도록 합시다.	
전개 1	학습 내용 강의	⊙번째 학습목표인 (　　)에 대해서 살펴보도록 합시다. [나도 역사가 시간] • 학습활동지의 〈자료 ○〉을 읽고 (　　)를 살펴보려고 하는데, 아나운서(혹은 연극부 부원) ○○이가 읽어줄까요? 그럼 나머지 친구들은 중요한 부분에 밑줄을 치면서 어떤 내용이 담겨 있는지 살펴봅시다.	• 수렴적 발문 • 확산적 발문 (감정이입) • 연속 발문 • 일제 답

		• ○○가 실감나게 아주 잘 읽어 주었네요. 혹시 이 자료는 어떤 내용을 담고 있는지 말해 줄 친구 있나요? 어떤 부분을 보고 그렇게 생각했어요? • 그렇다면 자료를 읽어준 ○○는 자료를 읽고 어떤 생각이 들었나요? ○○라면 어떻게 했을까요? 혹시 다른 의견을 가진 친구도 있나요? • 〈자료 ○〉과 관련된 내용을 토대로 선생님이 설명해 주겠습니다. • 저기서 ○○이가 손을 들고 질문해 주었네요! 어떤 부분이 궁금한가요? • 선생님이 설명해 주지 않은 부분은 여러분들이 모둠별로 학습활동지와 교과서를 보면서 빈칸을 채워 봅시다. 지금부터 ○분을 주도록 할게요. • 지금까지 조사한 내용을 모둠별로 하나씩 맡아서 발표해 볼까요?	
전개 2	학습활동	• 오늘 배운 내용과 관련해 학습활동으로는 (　　)을 하려고 합니다. 이때 어떤 채점 기준을 가지고 평가할 것인지 살펴봅시다. • 이 채점 기준을 토대로 여러분도 (　　) 활동이 끝나면 학습활동지 뒷면에 있는 동료평가지를 작성하고, 자신의 모둠을 제외하고 가장 잘했다고 생각하는 모둠에 스티커를 붙여주세요. 여러분이 직접 평가한 결과도 당연히 수행평가에 반영하도록 할게요. [순회 지도] • 내용 측면 • 형식 측면: 토론식 수업에서 서로 말하려고 다투는 경우, 포스트잇에 자기 생각을 적고 비슷한 것끼리 분류해 보도록 유도 • 여러분, 학습활동이 3분 정도 남았습니다. 활동 마무리 준비를 해 주시고, 완성된 결과를 앞에 게시해 주세요. (앞에서 발표할 준비를 해 주세요.) 그리고 가장 마음에 드는 모둠의 결과물에 스티커를 붙여 주세요.	
전개 3	피드백	자, 이렇게 활동이 마무리되었습니다. 고생한 우리 친구들에게 박수! • 가장 스티커를 많이 받은 모둠은 ○○ 모둠이네요. 모둠 이끎이 친구가 어떤 내용인지 설명해 볼까요? 그러면 여기에 스티커를 붙인 친구 중 ○○는 왜 ○○ 모둠에게 투표했나요? 다른 의견을 가진 친구도 있나요? • 선생님도 ○○ 모둠의 의견에 아주 동감합니다. 그런데 (　　)의 측면에서는 역사적 사실의 오류가 있네요. 이것을 고쳐주면 더욱 완벽한 결과물이 될 수 있을 것 같아요. • ○○ 모둠은 스티커 숫자는 많지 않지만 (　　)의 측면에서는 아주 높이 평가할 만한 것 같아요. 다른 모둠의 결과물에는 없는 것인데, 아주 잘 정리한 것 같아요. 칭찬합니다. • 지금까지 선생님이 피드백 해 준 내용을 좀 더 보완해서 제출해 주면 선생님이 수행평가에 반영하도록 하겠습니다.	
정리	정리/ 차시예고/ 인사	• 오늘 배운 내용을 간단히 정리해 볼까요? 오늘 배운 내용 중 가장 중요한 키워드를 선생님이 꼽아 보았어요. '(　　)은 네모이다.'에서 네모 칸을 채워보는 시간을 가져봅시다. • 다음 시간에는 (　　)에 대해 배울 겁니다. 미리 관련된 교과서 부분을 읽고 오면 좋겠어요. • 인사를 하고 수업을 마칩시다. 모두 수고 많았습니다.	

4 수업실연을 위한 만능틀 작성을 위한 팁

(1) 학생 활동

① 학생 가운데 모둠별 역할 설정(성장 도우미, 역사탐구 동아리)

② 창의적인 모둠명 설정(모둠명–정다운, 꿈더하기, 두드림, 수평선, 꿈길 등)

③ 원격수업일 경우, 줌 프로그램에 '소회의실' 기능 사용하여 모둠별 입장 유도

④ 목표와 역사과 핵심역량을 결합시켜 학습 안내(~ 이를 위해 모둠별 활동지와 자료를 ~하게 사용하고, ~한 기자재를 활용)

⑤ 다양한 학습 도구 활용(패들렛, 구글설문지, 페어택, ppt 등)

⑥ 극화식 수업, 대립 논쟁이나 모의재판 등의 경우는 바뀐 학생의 생각 묻기

(2) 순회 지도

① 다문화 학생에 대한 배려(예 한국어 어려움 – 검색 + 성장도우미 활용, 모의재판 수업에서는 서기, 토론식 수업에서는 사회자를 시켜 객관성 확보)는 적당한 수준에서만 활용

② 모둠별 '모둠 이끎이' 선정하여 시간 체크

③ 내용 및 형식적 측면(사료 내용이 어려울 때 짝이 알려주거나 설명, 또는 모둠 구성원들과 협력할 것 제안)

④ 성장과 긍정적 강화 중심의 마무리 멘트 필요

09 수업실연 평가 기준

1 교수·학습과정안과 평가표 사례

(1) 《역사 수업의 길을 묻다》(윤종배, 2018, 휴머니스트, 321~322쪽에서 인용)에 제시된 사례

① 교수·학습과정안

<table>
<tr><th colspan="3">▶ 교수·학습과정안</th></tr>
<tr><td colspan="2" rowspan="2">내용목표 진술</td><td>교사가 재구성한 자료를 바탕으로 친구들과 협력활동을 펼치고, 공민왕이 실시한 반원자주화 정책들의 궁극적인 목적을 말할 수 있다.</td></tr>
<tr><td>[역9144-1] 공민왕의 반원자주화 노력을 설명할 수 있다.
[2015 개정-기능] 역사 자료에 담겨 있는 주요 내용을 분석하고 이해할 수 있다.
[지역 교육과정] 정치세력이 사회 변화에 끼친 영향이 무엇인지 말할 수 있다.</td></tr>
<tr><td colspan="2">역사적 사고력</td><td>• 역사는 과거의 기록을 해석한 것임을 알 수 있다.
• 사료를 근거로 당시 상황을 상상하거나 추론할 수 있다.</td></tr>
<tr><td colspan="2">역사 용어</td><td>• 원 간섭기 원과 고려의 관계
• 황제·왕·태자 등의 호칭
• 연호 사용의 정치적 의미
• 정동행성, 쌍성총관부 등의 기관명</td></tr>
<tr><td rowspan="5">학습 활동</td><td>도입 (5분)</td><td>전시 학습 확인 및 본시 학습 안내
• 공민왕이 추진한 반원자주화 정책의 내용을 확인하기
• 중심 질문 제기: 공민왕이 반원자주화 정책을 실시한 목적은 무엇일까?</td></tr>
<tr><td rowspan="3">전개 (20분)</td><td>• 1번 발문: 왕기는 고려의 왕이 되기 위해 어떤 노력을 했을까?
• 교과서 192쪽 고려왕조 계보도, 사료 1 활용</td></tr>
<tr><td>• 2번 발문: 잔치의 자리 배치 그려 보기와 자리 배치를 통해 알 수 있는 사실 찾기
• 사료 2 활용</td></tr>
<tr><td>• 3번 발문: 공민왕의 개혁 이후 고려와 원의 관계를 추측한 뒤 사료를 통해 확인하기
• 교사의 질문 ➡ 모둠별 활동 ➡ 교사의 질문 ➡ 모둠별 활동
• 사료 3, 사료 4 순차적으로 활용</td></tr>
<tr><td>정리 (15분)</td><td>• 4번 발문을 모둠별로 해결하고 모둠 칠판에 적은 뒤 칠판에 붙이기
• 각 모둠 칠판에 적힌 내용을 확인하면서 교사가 보충 설명하기
• 차시예고: 조선의 중앙정치조직</td></tr>
<tr><td colspan="2">평가</td><td>중심 질문에 대한 모둠별 발표 내용을 토대로 학습목표 달성 여부 판단</td></tr>
<tr><td colspan="2">참고자료</td><td>고려사(한국사 데이터베이스), 공민왕 관련 논문들(추후 목록 정리 예정)</td></tr>
</table>

▶ 수업에 활용한 사료	
사료 1	충정왕에게 밀려 고려 국왕에 오르지 못했던 왕기(공민왕)는 이후 고려 왕이 되기 위해 노국대장공주와 혼인을 하였고, 원나라 황태자(기황후의 아들)가 세운 단본당에 들어가 황태자를 모시는 일을 하기도 했다.
사료 2	원나라에서 태자와 신하를 보내 영안왕 대부인(기황후의 어머니)을 위한 잔치를 열었다. 노국대장공주와 원나라 태자는 북쪽에 앉았고, 공민왕과 영안왕 대부인은 각각 서쪽과 동쪽에 앉았다. 공민왕이 먼저 무릎을 꿇고 태자에게 술을 드리니 태자가 서서 마셨다. 이번에는 태자가 술을 부어 먼저 대부인에게 드리고 이어 공민왕과 노국대장공주에게 드렸다. (북 / 서 / 동 / 남)
사료 3	1356년 7월, (공민왕이) 고려 장수의 목을 베고, 원 황제에게 글을 보냈다. 기철의 반역으로 인해 어쩔 수 없이 그 일당을 처형하게 되었으며, 국경의 소란을 일으킨 장수를 처형했다는 내용이었다.
사료 4	1356년 10월, 원 황제가 고려에 글을 보냈다. 기철 처형과 국경의 소란을 용서한다는 내용이었다. (공민왕은) 황제의 너그러움에 감사를 표한다는 글을 보냈다.

② 수업실연의 평가표 사례

일시		지도교사		참관자	
단원명		지도학급		장소	

영역	요소	분석 관점	평가			비고
			상	중	하	
수업 설계	목표 진술	수업목표가 목표 수준에 맞고 진술원칙에 부합하고 실현 가능성이 있고 가치 있는 것인가				
	교재 내용의 구조화	목표 수준과 관련지어 전후 수업시간과 연관되는 학습구조인가				
	지도계획	학습량을 고려한 적절한 계획인가				
	평가계획	진단·형성·총괄 평가가 수업목표 도달을 위하여 계획적인가				
	지원계획	자료의 활용이 적절한가				
교수 활동	교사 발문	목표 수준에 맞고 학습활동 조성을 위해 적절한 발문을 하고 있는가				
	교수기술	동기 유발이 적절하고 지도방법 등이 수업목표 달성을 위해 적절한가				
	개별화 지도	학생 중심의 수업인가				
	수업과정의 준수	사전 계획된 과정이 착실히 진행되고 있으며 시간 조절이 적절한가				

	판서활동	목표 수준과 관련을 갖고 시기, 양, 위치, 내용, 기술 등이 적절한가				
	자료 활용	자료의 선택, 제시방법이 적절한가				
	평가활동	목표 도달 여부를 파악하기 위한 평가로 평가방법이 적절한가				
학생 활동	학생 발언	목표 수준별로 요령 있는 발표, 폭넓은 거수, 적절한 발언 분포인가				
	의욕과 참여	뚜렷한 목표 의식으로 자주적인 학습 참여인가				
	학습 방법 훈련	목표 수준별로 자발적인 협의, 조사, 발표, 토론, 필기 등이 훈련되어 있는가				
	학습 자료 활용	학습효과를 높이는 자료이며, 활용 시기가 적절하고 활용 능력 등이 목표 수준에 부합되는가				
	필기 활용	필기의 양, 시간, 능력 등이 목표 수준에 부합되는가				
	자기평가	학생 스스로 객관적인 태도로 자기평가 활동을 하며 학습 목표에 근접하고 있는가				
수업 분위기	학습 분위기	물리적·심리적 학습 분위기가 조성되어 있는가				
	학습 안내	학습과 관련된 적절한 안내인가				
총평						

(2) 수업실연과 관련한 의사소통 능력

의사소통 능력의 영역	권장 사항
언어적 영역	• 경어체를 활용할 것. 교사와 학생, 학생 간 상호 존중 필요성 • 학습자의 연령 및 수준에 적합한 언어 사용 • 비속어 및 유행어 사용 금지
반언어적 영역	• 전달력(목소리 크기, 톤, 속도, 억양) • 단어와 단어, 문장과 문장 간의 쉼 • 정확한 발성과 발음 • 교정해야 하는 습관성 멘트(지금부터 본격적으로~, 선생님이, 시간, 음, 어, 에 등)
비언어적 영역	• 밝고 긍정적인 표정, 미소 띤 얼굴 • 교사로서의 품위에 걸맞는 단정한 복장 • 경박스럽거나 지나치게 엄숙한 분위기 지양 • 적절한 걸음걸이와 이동 동선 • 상호작용을 위한 시선 처리의 자연스러움 • 배려와 존중을 위한 학생과의 눈높이 맞춤 • 적절한 손동작과 몸 행동

2 수업기법 우수교사 인증 평가(관찰) 방법 예시

요소	내용	평가(관찰) 방법
동기유발 및 주의집중	학습동기유발	학습목표를 제시할 때 학생들의 경험과 흥미를 연계하여 동기유발을 하고 있는지 확인한다.
	주의환기	다양한 신체 활동, 언어 등 학생들과의 약속된 학습훈련을 활용하여, 교수·학습과정 중 자연스럽게 주의를 환기시키는지 확인한다.
학습훈련	기본학습훈련	거수, 발표, 듣기, 글씨 쓰기, 책 읽기 등 기본 학습훈련 상태가 바르게 형성되었는지 확인한다.
	모둠학습	• 기본자세(경어사용, 의견존중), 질문 요령, 토론 요령, 듣는 방법, 모둠원끼리 말하기 방법 등 모둠학습 훈련상태가 바르게 형성되었는지 확인한다. • 학생들을 학습활동에 능력별로 참여하고 있는지 확인한다.
	의견교환 및 협력학습	자신의 생각을 명료하게 표현하는지, 개별 및 협력 학습이 조화를 이루는지, 학습 활동 중 친구들끼리 서로 돕는지, 주의 깊게 경청하는지 등을 확인한다.
	학습활동과 과제수행 참여	학생들이 뚜렷한 목표 의식을 갖고 자주적이고 적극적으로 학습에 참여하는지 확인한다.
	학습준비 상태 및 정리	• 선수학습의 정착 및 본 학습의 준비태도가 양호한지 확인한다. • 공부한 내용을 잘 이해하고 정리를 바르게 하는지, 학습활동에 사용한 용구의 정돈을 잘 하는지 확인한다.
발문	발문수준과 응답시간 고려	학생들이 응답하기 전에 생각할 시간을 적절히 주는지, 불완전한 응답에 대해 추가적인 질문을 하는지, 질문 시 자주 오류를 범하고 있지 않은지 등을 확인한다.
	다양한 반응 유도	학생들의 의견이나 해석을 구하는 발문, 가치나 판단을 묻는 발문, 어떤 일을 설명하거나 예증을 구하는 발문, 어떤 일의 원인이나 결과를 구하는 발문 등 학생들이 스스로 다양한 생각을 표현할 수 있는 발문이 이루어지는지 확인한다.
	발표에 대한 응답처리	학생의 발표를 듣고 내용이 정리되도록 도와주기, 다른 각도에서 생각해 보게 하기, 공동사고에 의해 정답 만들어가기, 오답에 대한 응답처리가 적절한지 확인한다.
	예상 외 상황 처리	학습내용 외의 질문이나 예상하지 못한 상황에 대한 처리와 수업 중 학생들이 어려움을 느낄 때 융통성 있게 지도 계획을 변경하여 진행하는지 확인한다.
	칭찬과 격려	학생이 하는 말을 지지하고, 칭찬하는 말, 격려하는 말을 자주 하며, 비언어적 표현을 사용하여 칭찬과 격려를 하는지 확인한다.
	평가 및 결과의 활용	학습목표 및 내용에 적절한 평가를 적시에 실행하였는지, 학생의 학습결과물 및 학생평가 결과를 활용하는지 평가한다.

	과제 제시 및 차시 예고	학생의 수준을 고려하는 과제를 제시하는지, 차시 예고에 따른 과제 해결 방법을 자세히 안내하는지 확인한다.
	교사의 언어적 특성	학생의 발달 수준에 맞는 어휘 선택으로 학생의 이해를 돕고 학습상황에 따른 적절한 어조, 성량, 억양을 구사하는지 확인한다.
자료제시 및 활용	교과서, 학습지 활용	교과서는 제쳐두고 학습지만 가지고 수업하는지, 교과서에 없는 부분을 길게 설명하거나 아주 간단하게 서술된 부분을 중점적으로 강조하는지, 학생의 발표나 학습정리에 학습장을 활용하는지 확인한다.
	적시·적절성	학생의 특성과 요구에 적절한 수업자료와 매체를 활용하는지, 적량을 적시에 적절한 시간 동안 활용하는지, 단위수업만을 위한 일회성 자료를 활용하지는 않는지 등을 확인한다.
	기자재 활용	• 자료를 제시하거나 활용할 수 있는 컴퓨터, 태블릿 PC, 프로젝터, 프로젝션 TV 등을 원활하게 호환하여 활용하는지 관찰한다. • 직접적인 자료제시와 상관없는 경로를 찾아들어가는 등의 예비동작이 없는지 확인한다.
판서	판서의 구조화	학습목표와 관련지어 교사와 학생이 공동으로 사고하여, 수업의 핵심 내용을 구조적으로 판서하고 활용이 적절한지 확인한다.
	판서 방법	학습의 시작 전, 학습 진행 도중, 학습이 끝나고 난 후 등 시기에 따른 내용이 적절한지, 교재의 성질이나 학습자 수준을 고려한 내용인지, 학생들의 인식 과정과 사고 활동을 고려한 위치나 양인지 등을 확인한다.

선생님을 위한 수업실연

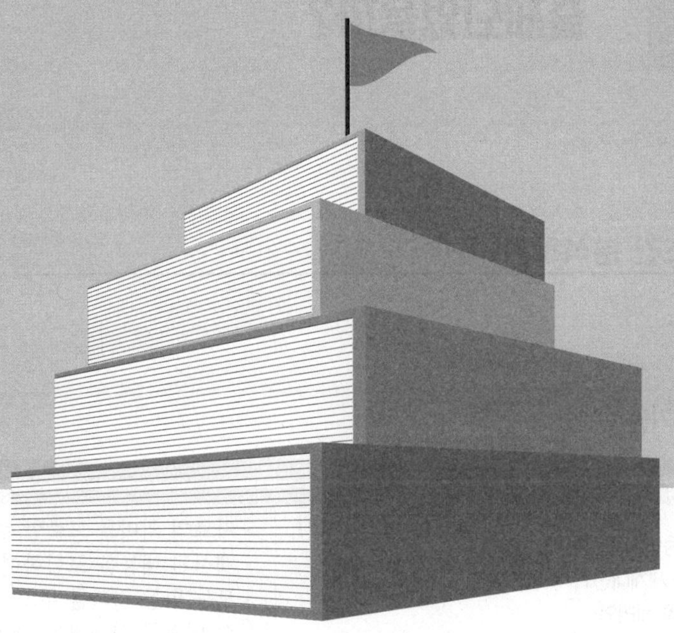

PART

03

수업지도안 작성과 수업실연 실전연습

1 그동안 어떤 문항들이 출제되었을까?

01 기출 조건 분석하기

1 요약

(1) 최근 5개년 기출 문항

학년도	주제	수업 기법	실연 조건
2024	고2 동아시아사: 제2차 세계대전의 전후 처리와 동아시아	강의식 수업(문답식 수업), 모둠별 사료 탐구 학습	• 자료의 의미를 도출할 수 있는 발문 두 가지 • 제시된 내용을 포함하여 강의 • 모둠 활동 결과를 주고, 그러한 결과가 나올 수 있도록 설계하여 학생 활동 진행 • 역사 학습의 의미와 목적을 성찰하는 정리부
2023	중3 역사: 조선 후기 사회 변동 (가족제도)	강의식 수업(문답식 수업), 모둠별 사료 탐구 학습	• 모든 키워드 활용, 문답 중심 • 학생의 탐구 과정이 드러나는 사료 학습 • 역사적 맥락이 드러나게 학생 질문 답변 • 역사 인식 2가지 측면에서 교정
2022	고2 세계사: 제2차 세계대전	강의식 수업(총괄적 설명 방식), 문답식 수업(학생 질문 활용), 역사 지도 만들기, 글쓰기 활동	• 모든 키워드 활용, 총괄적 설명 방식 • 역사 지도의 특성에 유의하여 피드백 • 학생 질문 활용한 문답식 수업 진행 • 사료 형식에 입각한 유의사항 • 글쓰기 활동 채점 기준 제시(학습목표 고려)
2021	중2 역사: 프랑스 혁명	강의식 수업(시간의 흐름에 따라), 카드뉴스 제작	• 시간에 따른 전개 과정 강의 • 자료 각각에 대한 발문 포함 • 사료 활용 시 유의점(사료의 특성 고려) • 추가 사료 제시 • 교사 피드백(추가 사례 제시, 피드백 근거 제시)
2020	고2 동아시아사: 17세기 전후 동아시아전쟁	강의식 수업(전개 과정), 사료 탐구 학습, 가상 인터뷰 계획서, 토론 수업	• 자료 활용 발문 • 주요 전투 3가지 포함하여 전개 과정 설명 • 가상 인터뷰 유의사항(내용 측면/방법 측면) • 활동 중 예상되는 학생 질문과 교사 답변 • 우수사례에 대한 학생 피드백 • 평가기준(역사과 핵심역량 2가지 활용)

(2) 2019학년도 이전 기출 문항

학년도	기출 주제	주요 활동
2019	동학농민운동과 갑오개혁	거꾸로 수업(지도안 작성 문제), 인과관계 고려한 발문, UCC 스토리보드 작성
2018	신간회	글쓰기 활동, 가입 신청서 작성
2017	개화파와 갑신정변	학습 목표 작성, 글쓰기 수업, 토론 활동
2016	신라 하대 사회적 혼란과 새로운 문화	토의식 수업, 사료 학습
2015	광종의 왕권 강화책	동기유발 실연, 글쓰기 학습
2014	흥선대원군의 개혁	모의 재판
2013	조선 후기 서민문화	• 학습 자료 제시 후 수업 전개 요구 • 수업 방법에 대한 요구 없음 • 교사와 학생 활동 한 가지씩 요구하는 수준
2012	광해군과 병자호란	
2011	신라 하대 혼란상과 새로운 문화	

3

(3) 영역별 기출 시대

학년도	기출 영역	기출 시대
2024	동아시아사	현대사
2023	한국사	조선 후기
2022	서양사	현대사
2021	서양사	근대사
2020	동아시아사	근대사
2019	한국사	개항기
2018	한국사	일제강점기
2017	한국사	개항기
2016	한국사	남북국 시대
2015	한국사	고려 전기
2014	한국사	개항기
2013	한국사	조선 후기
2012	한국사	조선 중기
2011	한국사	남북국 시대

2 상세 분석

(1) 2024학년도

주제/수업기법	
주제	제2차 세계대전의 전후 처리와 동아시아
강의식 수업	문답식 수업
학생 활동 수업	모둠별 사료 탐구 학습
교수·학습 조건	
과목	동아시아사
대상	고등학교 2학년
시간	100분(블록타임제)
단원명	제2차 세계대전 전후 처리와 냉전 체제
성취기준	[12동사05-01] 제2차 세계대전의 전후 처리 과정을 알아보고, 동아시아에서 냉전의 심화·해체 과정과 그 영향을 분석한다.
학생 수	24명
매체 및 기자재	전자칠판, 모둠 활동지, 사진 자료, 태블릿 PC
지도안 작성 조건	
작성 부분 1	〈자료 1〉, 〈자료 2〉를 활용하여 판서를 이용한 강의식 수업을 작성할 것
	ㄴ 일본의 전후처리 과정이 드러나도록 작성할 것
	ㄴ 자료의 의미를 분석하고 이를 도출할 수 있도록 각각 두 가지씩의 발문을 제공할 것
작성 부분 2	〈자료 3〉, 〈자료 4〉를 활용하여 강의식 수업을 작성할 것
	ㄴ 미국의 대일본 정책 변화를 설명할 것
	ㄴ 당시 한국과 중국의 상황을 포함할 것
작성 부분 3	〈자료 4〉, 〈자료 5〉를 활용하여 모둠별 활동을 진행할 것
	ㄴ 〈자료 4〉를 활용하여 모둠 활동을 진행하되, 〈자료 5〉의 결과가 나오도록 활동을 설계하여 작성할 것
	ㄴ 〈자료 5〉의 [A]에 들어갈 내용을 작성할 것
작성 부분 4	〈자료 6〉을 활용하여 수업 정리 부분을 작성할 것
수업실연 조건	
지도안 지역	교수·학습 지도안의 〈작성 부분 2〉 ~ 〈작성 부분 4〉에 해당하는 부분을 실연할 것
	〈자료 3〉 ~ 〈자료 6〉을 활용하여 실연할 것

실연 부분 1	비	〈자료 1〉 ~ 〈자료 3〉을 활용하여 학생과의 문답을 통한 강의식 수업을 실연할 것
		당시 한국과 중국의 상황을 포함하여 일본에 대한 전후 처리 변화 과정을 설명할 것
실연 부분 2	비	〈자료 3〉을 바탕으로 〈자료 4〉가 도출되도록 모둠별 활동을 진행할 것
		교사 피드백과 학생의 피드백을 참고하여 〈자료 4〉의 수험생 작성 부분 [A]를 채워 실연할 것
실연 부분 3	비	〈자료 5〉를 활용하여 학습을 정리할 것
유의사항	교사와 학생의 상호작용이 구체적으로 드러나도록 실연할 것	

(*비: 비지도안 지역)

(2) 2023학년도

주제/수업기법	
주제	조선 후기 가족제도
강의식 수업	문답식 수업
학생 활동 수업	모둠별 사료 탐구 학습
교수·학습 조건	
과목	역사 ②
대상	중학교 3학년
시간	90분(블록타임제)
단원명	조선 후기 사회 변동
성취기준	[9역11-04] 조선 후기에 나타난 사회 변화를 파악한다.
학생 수	25명
매체 및 기자재	칠판, 스크린, 교사용 컴퓨터, 빔 프로젝터, 그림자료, 모둠 활동지
지도안 작성 조건	
작성 부분 1	〈자료 1〉의 모든 키워드를 활용하여 발문과 판서를 작성할 것
	ㄴ 판서 계획을 작성할 것
	ㄴ 〈자료 1〉의 키워드를 모두 활용하여 문답 중심으로 강의할 것
작성 부분 2	〈자료 2〉의 특징을 토대로 모둠별 사료 학습을 진행할 것
	ㄴ 〈자료 2〉의 모둠 활동지 속 질문을 작성할 것
	ㄴ 학생의 탐구과정이 드러나도록 작성할 것
작성 부분 3	학습목표를 고려하여 〈자료 3〉 형성평가 문항의 질문과 답변을 작성할 것
작성 부분 4	〈자료 4〉의 학생의 질문에 대한 답변을 역사적 맥락이 드러나도록 작성할 것
	질문에서 드러나는 학생의 역사 인식을 2가지 측면에서 교정할 것

수업실연 조건		
실연 부분 1	지	〈자료 1〉의 키워드를 모두 활용하여 문답 중심으로 강의식 수업을 실연할 것
	비	〈자료 1〉의 키워드를 활용하여 판서하고, 학생과 상호작용하며 수업을 진행할 것
실연 부분 2	지	〈자료 2〉를 활용하여 모둠별 사료 학습을 진행하되, 학생의 탐구과정이 드러나도록 실연할 것
	비	〈자료 2〉의 질문 A, B를 제시하고, 학생들의 사료 분석 및 해석 과정이 드러나도록 탐구 활동을 실연할 것
실연 부분 3	지	〈자료 3〉의 학생 질문에 대해 역사적 맥락이 드러나도록 답변하고, 학생의 역사 인식을 2가지 측면에서 교정할 것
	비	〈자료 3〉의 학생의 질문에 대하여 역사적 맥락을 고려해 교사의 답변 C를 실연할 것
유의사항	교수학습과정과 평가, 교사와 학생의 활동이 구체적으로 드러나도록 실연할 것	
	수업의 전개 과정부터 실연하므로 학습목표는 판서하지 말 것	

(*지: 지도안 지역　*비: 비지도안 지역)

(3) 2022학년도

주제/수업기법	
주제	제2차 세계대전
강의식 수업	총괄적 설명 방식, 문답식 수업(학생 질문 활용)
학생 활동 수업	역사 지도 만들기, 글쓰기
교수·학습 조건	
과목	세계사
대상	고등학교 2학년
시간	100분(블록타임제)
단원명	제2차 세계대전
성취기준	[12세사05-02] 제1,2차 세계대전의 원인과 결과를 알아보고, 세계평화를 실현하기 위한 방법에 대해 토론한다.
학생 수	20명
매체 및 기자재	칠판, 스크린, 교사용 컴퓨터, 빔 프로젝터, 태블릿 PC
지도안 작성 조건	
작성 부분 1	〈자료 1〉의 모든 키워드를 활용하여 총괄적 설명으로 제시할 것
	발문과 판서를 포함한 강의식 수업을 작성할 것

구분		내용
작성 부분 2		〈자료 2〉를 활용하여 역사 지도 만들기 활동을 안내할 것
		과제 ①의 사례 2가지를 제시할 것
		과제 ②에서 2가지 질문을 받고, 역사 지도의 특징에 입각한 피드백을 작성할 것
		〈자료 2〉에서 학생들이 제작한 질문을 활용하여 문답식으로 작성할 것
작성 부분 3		학습목표 3을 고려하고 〈자료 3〉을 활용하여 글쓰기 수업을 안내하는 과정을 작성할 것
		〈자료 3〉에서 (가)~(다)의 형식에 입각한 유의사항을 제시할 것
		〈자료 4〉를 활용하여 글쓰기 활동의 채점 기준을 작성할 것
수업실연 조건		
실연 부분 1	지	〈자료 1〉의 모든 키워드를 활용하여 총괄적 설명으로 제시하고, 발문과 판서를 포함한 강의식 수업을 실연할 것
	비	〈자료 1〉의 모든 키워드를 활용하여 총괄적 설명 방식으로 실연하되, 발문과 판서를 포함한 강의식 수업을 실연할 것
실연 부분 2	지	〈자료 2〉를 활용하여 역사 지도 만들기 활동을 안내할 것
		과제 ①의 사례 2가지를 제시할 것
		과제 ②에서 2가지 질문을 받고, 역사 지도의 특징에 입각한 피드백을 제시할 것
		〈자료 2〉에서 학생들이 제작한 질문을 활용하여 문답식으로 실연할 것
	비	〈자료 2〉를 활용하여 학생들의 발표 사례 2가지를 제시하고, 역사 지도의 특성에 유의하여 각각 피드백을 실연할 것
		〈자료 2〉에서 학생들이 제작한 질문 2가지를 활용하여 문답식 수업을 진행할 것
실연 부분 3	지	〈자료 3〉, 〈자료 4〉를 활용하여 학생 활동을 안내하는 과정을 실연할 것
	비	〈자료 3〉의 (가), (나), (다) 사료의 형식에 유의하여 활용할 때의 주의사항을 안내할 것
		학습목표 3을 고려하여 〈자료 4〉의 평가기준표의 채점 기준을 완성하여 제시할 것
유의사항		일정량의 판서를 포함하여 실연할 것
		수업의 전개 과정부터 실연하므로 학습목표는 판서하지 말 것
		교수학습과정과 평가, 교사와 학생의 활동이 구체적으로 드러나도록 실연할 것

(*지: 지도안 지역 *비: 비지도안 지역)

(4) 2021학년도

<table>
<tr><th colspan="3">주제/수업기법</th></tr>
<tr><td>주제</td><td colspan="2">프랑스 혁명</td></tr>
<tr><td>강의식 수업</td><td colspan="2">시간의 흐름에 따른 설명 방식</td></tr>
<tr><td>학생 활동 수업</td><td colspan="2">카드뉴스 제작</td></tr>
<tr><th colspan="3">교수·학습 조건</th></tr>
<tr><td>과목</td><td colspan="2">역사</td></tr>
<tr><td>대상</td><td colspan="2">중학교 2학년</td></tr>
<tr><td>시간</td><td colspan="2">90분(블록타임제)</td></tr>
<tr><td>단원명</td><td colspan="2">유럽과 아메리카의 국민 국가 체제</td></tr>
<tr><td>성취기준</td><td colspan="2">[9역04-01] 유럽과 아메리카의 시민 혁명과 국민 국가의 형성 과정을 이해한다.</td></tr>
<tr><td>학생 수</td><td colspan="2">25명</td></tr>
<tr><td>매체 및 기자재</td><td colspan="2">칠판, 스크린, 교사용 컴퓨터, 빔 프로젝터, 태블릿 PC, 활동지</td></tr>
<tr><th colspan="3">지도안 작성 조건</th></tr>
<tr><td rowspan="2">작성 부분 1</td><td colspan="2">〈자료 1〉을 활용하여 프랑스 혁명의 전개 과정을 시간 순으로 작성할 것</td></tr>
<tr><td colspan="2">자료에 대한 각각의 발문을 포함하여 작성할 것</td></tr>
<tr><td rowspan="3">작성 부분 2</td><td colspan="2">〈자료 2〉에 대한 지도를 포함하여 작성할 것</td></tr>
<tr><td colspan="2">(가) 사료 외에 추가 사료 하나를 포함하여 작성할 것</td></tr>
<tr><td colspan="2">사료의 특성을 바탕으로 사료 활용 시 유의점을 지도할 것</td></tr>
<tr><td rowspan="2">작성 부분 3</td><td colspan="2">〈자료 3〉에 대한 교사의 피드백을 추가 사례를 제시하여 작성할 것</td></tr>
<tr><td colspan="2">〈자료 4〉에 대한 교사의 피드백을 근거를 제시하여 작성할 것</td></tr>
<tr><th colspan="3">수업실연 조건</th></tr>
<tr><td rowspan="4">실연 부분 1</td><td rowspan="2">지</td><td>〈자료 1〉을 활용하여 프랑스 혁명의 전개 과정을 시간 순으로 판서로 정리할 것</td></tr>
<tr><td>자료에 대한 발문을 각각 포함하여 실연할 것</td></tr>
<tr><td rowspan="2">비</td><td>〈자료 1〉을 활용하여 시간에 따른 혁명의 전개 과정을 강의식 수업으로 실연할 것</td></tr>
<tr><td>자료에 대한 각각의 발문을 포함하여 실연할 것</td></tr>
<tr><td rowspan="3">실연 부분 2</td><td>지</td><td>〈자료 2〉에 대한 지도를 포함하고, (가) 이외에 사료 하나를 보충하여 실연할 것(단, 〈자료 1〉의 문서 자료는 제외할 것)</td></tr>
<tr><td rowspan="2">비</td><td>〈자료 2〉를 활용하여 실연하되, (가) 이외에 사료 하나를 보충하여 실연할 것</td></tr>
<tr><td>사료의 주제와 특성을 고려하여 (가) 사료 활용 시 유의사항을 안내할 것</td></tr>
</table>

실연 부분 3	지	〈자료 3〉에 대한 교사의 피드백에 추가 사례를 포함하여 실연할 것
		〈자료 4〉에 대한 교사의 피드백에 근거를 포함하여 실연할 것
	비	〈자료 3〉에 대한 교사의 피드백을 실연하되, 추가 사례 한 가지를 포함하여 실연할 것
		〈자료 4〉에 대한 교사의 피드백을 실연하되, 근거를 포함하여 실연할 것
유의사항	일정량의 판서를 포함하여 실연할 것	
	수업의 전개 과정부터 실연하므로 학습목표는 판서하지 말 것	

(*지: 지도안 지역　*비: 비지도안 지역)

(5) 2020학년도

주제/수업기법	
주제	임진왜란과 정유재란
강의식 수업	전개 과정에 따른 설명 방식, 사료 탐구 학습
학생 활동 수업	가상 인터뷰 계획서 작성, 토론 수업
교수·학습 조건	
과목	동아시아사
대상	고등학교 2학년
시간	100분(블록타임제)
단원명	17세기 전후 동아시아 전쟁
성취기준	[12동사03-01] 17세기 전후 동아시아 전쟁의 배경, 전개 과정 및 그 결과로 나타난 각국의 변화를 파악한다.
학생 수	25명
매체 및 기자재	칠판, 스크린, 교사용 컴퓨터, 빔 프로젝터, 태블릿 PC
지도안 작성 조건	
작성 부분 1	〈자료 1〉을 활용하여 강의식 수업, 사료 탐구 학습으로 작성할 것
	ㄴ 〈자료 1〉을 활용하여 학생에게 발문을 제공할 것
	ㄴ 주요 전투 3개를 포함하여 전개 과정을 설명할 것
작성 부분 2	〈자료 2〉를 활용하여 모둠별로 가상 인터뷰를 계획하는 활동을 작성할 것
	ㄴ 학생 활동 시 유의사항을 내용과 방법 측면에서 각각 작성할 것
	ㄴ 학생 활동 시 예상되는 학생의 질문과 대답을 각각 작성할 것

<table>
<tr><td rowspan="3">작성 부분 3</td><td colspan="2">〈자료 3〉을 바탕으로 토론 수업을 작성할 것</td></tr>
<tr><td colspan="2">ㄴ〈자료 3〉의 2번을 고려하여 1번의 학생 활동을 작성할 것</td></tr>
<tr><td colspan="2">ㄴ 토론 수업의 활동 방법을 안내할 것</td></tr>
<tr><td rowspan="2">작성 부분 4</td><td colspan="2">〈자료 4〉의 우수사례에 대한 피드백을 역사과 역량 중에서 2가지와 관련시켜 작성할 것</td></tr>
<tr><td colspan="2">〈자료 5〉와 관련하여 학교생활기록부에 쓸 기초자료를 작성할 것</td></tr>
<tr><th colspan="3">수업실연 조건</th></tr>
<tr><td rowspan="4">실연 부분 1</td><td rowspan="2">지</td><td>〈자료 1〉을 활용하여 학생에게 발문을 제공할 것</td></tr>
<tr><td>주요 전투 3가지를 포함하여 전개 과정을 설명할 것</td></tr>
<tr><td rowspan="2">비</td><td>〈자료 1〉을 활용하여 학생에게 발문을 제공하되, 강의식 수업으로 실연할 것</td></tr>
<tr><td>임진왜란의 주요 전투 3가지를 판서에 포함하여 왜란의 전개 과정을 설명할 것</td></tr>
<tr><td rowspan="6">실연 부분 2</td><td rowspan="3">지</td><td>〈자료 2〉를 활용해 모둠별로 가상 인터뷰 계획서를 작성하는 학생 활동을 실연할 것</td></tr>
<tr><td>ㄴ 학생 활동 시 유의사항을 내용과 방법 측면에서 각각 실연할 것</td></tr>
<tr><td>ㄴ 학생 활동 시 예상되는 학생의 질문과 교사의 답변을 각각 실연할 것</td></tr>
<tr><td rowspan="3">비</td><td>〈자료 2〉를 활용해 모둠별로 가상 인터뷰 계획서를 작성하는 학생 활동을 실연할 것</td></tr>
<tr><td>ㄴ 학생 활동 시 유의사항을 내용과 방법 측면에서 각각 실연할 것</td></tr>
<tr><td>ㄴ 학생 활동 과정에서 예상되는 학생의 질문과 교사의 답변을 포함하여 실연할 것</td></tr>
<tr><td rowspan="5">실연 부분 3</td><td rowspan="2">지</td><td>〈자료 3〉의 우수사례에 대한 피드백을 역사과 역량 중에서 2가지와 관련시켜 실연할 것</td></tr>
<tr><td>〈자료 4〉와 관련하여 학교생활기록부에 쓸 기초자료를 제시할 것</td></tr>
<tr><td rowspan="3">비</td><td>토의·토론 수업이 끝났음을 가정하여 실연할 것</td></tr>
<tr><td>〈자료 3〉이 우수사례로 선정되었다고 가정하고, 그에 대한 학생의 피드백을 포함하여 실연할 것</td></tr>
<tr><td>역사과 핵심역량 중 2가지를 평가기준에 포함하여 수업실연에 반영할 것</td></tr>
<tr><td rowspan="3">유의사항</td><td colspan="2">교사와 학생의 활동이 구체적으로 드러나도록 실연할 것</td></tr>
<tr><td colspan="2">동아시아사 과목의 특성을 고려하여 실연할 것</td></tr>
<tr><td colspan="2">수업의 전개 과정부터 실연하므로 학습목표는 판서하지 말 것</td></tr>
</table>

(*지: 지도안 지역 *비: 비지도안 지역)

02 앞으로 출제 가능한 조건

1 교수·학습 방법과 실연 조건

Check

- 최근 강의식 수업에 구체적인 설명 방식 등 수업 기법이 조건으로 제시되었으므로, 강의식 수업에 대한 대비와 학생 활동에 대한 대비로 나누어 준비하기
- 강의식 수업 조건과 학생 활동 조건을 교차로 묶어 수업 전개 방식 연습해보기

(1) 강의식 수업 예시

설명 방식	강의에 포함되어야 할 조건
문답식	구체적인 역사 사실 포함
총괄적 설명	사료 탐구
시간의 흐름·전개 과정에 따른 설명	자료 분석 및 관련 발문
인과적 설명	모든 키워드 활용
비교적 설명	학생의 오개념 교정
유추적 설명	학생의 역사 인식 교정
행위 설명(합리적/성향적)	구조화된 판서

(2) 학생 활동 예시

활동	학생 활동 시 수행되어야 할 조건
사료 탐구 학습	활동 결과를 보고 학생 활동 설계하기
토의 및 토론	각 활동 방법 및 순서 안내
역사 지도 만들기	학생의 탐구 과정 드러내기
카드뉴스 제작	유의사항 및 평가기준 안내
가상 인터뷰 계획서 작성	활동 과정에서 예상되는 질문과 답변 제시
역사 신문 제작·기사 작성	역사과 핵심역량으로 활동의 목적 및 평가기준 안내
조사연구보고서 작성	역사과 핵심역량을 활용한 피드백
과거의 인물이 되어 글쓰기(가상 일기, 상소문 …)	자료의 특징에 입각한 피드백
모의 선거(선거 포스터 작성, 후보자 연설)	동료 피드백·교사 피드백
UCC 제작(스토리보드)	자기평가·동료평가·체크리스트
인물 카드 제작(갤러리 워크)	세부능력 및 특기사항 작성

2 2015 개정 교육과정에 제시된 주제별 교수·학습 방법 및 평가 방법

(1) 역사 ①

<table>
<tr><th>대주제</th><th colspan="2">교수·학습 방법 및 평가 방법</th></tr>
<tr><td rowspan="2">문명의 발생과 고대 세계의 형성</td><td>교수·학습 방법</td><td>• 삽화 그리기: 유물과 유적을 바탕으로 선사 시대 생활 모습 그리기
• 가상 일기: 유물과 유적을 바탕으로 당대 생활 모습 추론하기
• 연설문: 그리스·로마의 대표적인 인물의 입장에서 연설문 쓰기
• 백지도: 각 지역 문화가 발달한 범위 파악하기</td></tr>
<tr><td>평가 방법</td><td>• 삽화, 가상 일기: 증거를 바탕으로 한 역사적 상상력 및 표현력 평가
• 백지도: 범위를 공간적으로 파악하는지를 평가</td></tr>
<tr><td rowspan="2">세계 종교의 확산과 지역 문화의 형성</td><td>교수·학습 방법</td><td>• 가상 일기: 일상생활에 종교가 미친 영향과 그에 따른 정치적·문화적 특징 파악
• 가상 인터뷰: 해당 지역의 인물을 선정하여 그 생활을 인터뷰 형식으로 구성
• 비문자 자료, 지도 활용</td></tr>
<tr><td>평가 방법</td><td>• 가상 인터뷰: 내용의 이해 정도, 시대와 지역의 맥락의 이해, 표현의 적절성, 인터뷰를 진행하는 태도 등을 평가
• 관찰평가, 동료평가 체크리스트 활용</td></tr>
<tr><td rowspan="2">지역 세계의 교류와 변화</td><td>교수·학습 방법</td><td>• 지도 활용: 아프리카, 유럽, 아시아를 연결하는 교류의 확대 과정을 개관, 다양한 사료를 활용하여 교역 범위를 지도상에 표시하기
• 교역 계획서: 상인의 입장에서 교역 대상 지역과 교역 물품을 선정
• 역사 글쓰기: 여행기들에 나오는 이야기를 바탕으로 가상 편지, 가상 일기, 등 다양한 역사 글쓰기</td></tr>
<tr><td>평가 방법</td><td>• 지도 활용: 지역 간 공간적 이해
• 교역 계획서: 해당 지역의 경제적 요구, 경로의 적절성, 조사 내용의 정확도 등을 평가
• 역사 글쓰기: 사료를 바탕으로 당시에 있었을 만한 사건, 인물의 생각과 생활 모습, 서술자의 상상력 등을 평가</td></tr>
<tr><td rowspan="2">제국주의 침략과 국민 국가 건설 운동</td><td>교수·학습 방법</td><td>• 가상 인터뷰: 산업 혁명 시기 노동자의 일상 생활을 조사하여 산업 형명이 끼친 긍정적·부정적 영향 파악
• 토론: 제국주의 침략에 맞서기 위한 아시아 지역의 개혁 운동 방안
• 지역·시대별 글쓰기: 국민 국가의 건설 이해, 논술형·내러티브형 글쓰기</td></tr>
<tr><td>평가 방법</td><td>• 토론: 학습 과제의 이해 정도, 근거를 바탕으로 한 주장, 표현의 적절성, 논지의 명료성, 개혁 방법의 타당성, 토론에 임하는 태도 등 평가
• 지역·시대별 글쓰기: 증거를 바탕으로 한 역사적 추론과 상상력, 논리 전개의 명료성, 서술 구조와 특징 등 평가</td></tr>
</table>

세계대전과 사회 변동	교수·학습 방법	• 전기 쓰기: 주제와 관련된 인물 조사 • 뉴스 보도 글쓰기: 주제와 관련된 사건 조사 • 모의재판, 모의청문회, 드라마: 모둠별 탐구를 통해 진행, 실제 그 사건과 관련된 인물의 발언을 찾아 활동에 포함
	평가 방법	• 전기: 인물의 생각과 활동을 보여주는 구체적인 증거 제시 여부 • 뉴스 보도: 사건의 인과관계에 대한 설명이 증거에 기초했는가 여부 • 모의재판, 모의청문회, 드라마: 증거를 활용하여 역사를 재현했는지 평가 • 동료평가: 모둠 내에서 기여도, 역할 충실도 평가
현대 세계의 전개와 과제	교수·학습 방법	• 지역 조사 포트폴리오: 한 지역을 선정하여 사례 중심으로 작성, 신자유주의 경제 체제 속의 노동과 자본의 흐름 파악 • 주제 발표: 외국인 노동자 문제 • 토론: 빈곤과 질병 문제, 환경문제
	평가 방법	• 포트폴리오: 충분한 자료 수집 여부, 이주민으로 인한 변화를 보는 다각적 시각, 정확한 문제 진단과 해결 방안 제시 여부 등 평가 • 주제 발표: 주제 선정의 적절성, 내용의 논리성, 발표력 등 평가 • 토론: 근거의 타당성, 주장이나 반박의 논리성, 다른 사람의 주장을 듣는 태도 등 평가

(2) 역사 ②

대주제	교수·학습 방법 및 평가 방법	
선사 문화와 고대 국가의 형성	교수·학습 방법	• 그림 및 만화 그리기: 구석기·신석기 시대의 특징을 잘 드러낼 수 있는 장면 그리기, 시대의 특징을 종합적으로 이해 • 마인드맵 그리기: 고조선 및 여러 나라의 특징을 비교하고 생생하게 이해
	평가 방법	• 그림 및 만화: 시대별 특징을 드러낼 수 있는 도구나 생활 모습 포함 여부, 역사적 사실의 표현 여부 등 평가 • 마인드맵: 각 나라 풍습의 공통적 의미나 배경을 잘 드러냈는지 평가
남북국 시대의 전개	교수·학습 방법	가상 뉴스 대본 작성: 특정 사건이나 이와 연관 있는 여러 사건들을 선정하며 역사적 사건들을 비판적으로 재구성
	평가 방법	가상 뉴스 대본: 헤드라인의 적절성, 대본의 완성도, 6하 원칙에 따른 뉴스의 형식, 전달력, 발표의 유창성 등 평가

고려의 성립과 변천	교수·학습 방법	• 그림 그리기: 각 세력의 입장(왕, 권문세족, 신진 사대부) 중 하나를 선택하여 정리하고 그림으로 표현, 고려 후기 상황과 관련된 사건·인물 등에 대한 지식 습득 • 역사 신문 만들기: 고려의 문화를 주제별로 나누어 신문을 만들며 고려 문화에 대해 종합적으로 파악
	평가 방법	• 그림: 작품의 완성도, 역사적 사실의 정확성, 역사적 상상력·창의력 등 평가 • 역사 신문: 신문의 형식적 완성도, 사실의 정확성, 신문 기사로서의 전달력 등 평가
조선의 성립과 발전	교수·학습 방법	• 인물 보고서, 가상 인터뷰: 학습 주제와 관련된 핵심 인물을 선정하고 조사하여 작성, 자료를 수집하고 비판적으로 분석하여 역사적 지식을 구성하는 능력 향상 • 주제 탐구 학습: 조선의 문화와 유교 윤리 확산 과정의 관계를 이해
	평가 방법	• 인물 보고서, 가상 인터뷰: 당시 상황에 대한 핵심적인 내용의 포함 유무 • 주제 탐구 학습: 주제 선정의 적절성, 조사 내용의 정확도, 문화유산이나 과학 기술에 대한 이해도 등 평가
조선 사회의 변동	교수·학습 방법	• 드라마 대본, 소설, 영화 각본 쓰기: 봉기 등에 참여한 여러 계층의 사람들에 대한 자료를 분석하여 각종 글을 작성, 이를 통해 역사 자료를 읽고 자료를 증거로 활용하여 역사를 구성하는 방법을 익힘 • 모둠별 주제 탐구 발표: 조선 후기 문화에서 각 분야의 특정 작자나 작품을 선정하고 탐구하여 조선 전기와는 다른 경향을 이해
	평가 방법	• 드라마 대본, 소설, 영화 각본: 역사적 증거의 활용, 증거에 기초한 역사적 상상력과 아이디어의 독창성, 표현의 적절성 등 평가 • 모둠별 주제 탐구: 하나의 소재를 중심으로 조선 후기 변화상을 잘 설명했는지, 모둠 내 역할 분담의 적절성, 주제에 대한 이해도, 발표의 유창성 등 평가
근·현대 사회의 전개	교수·학습 방법	• 연표 제작: 일련의 사건이나 개념들의 큰 흐름 이해, 주요 사건에 관련 사진이나 그림을 넣도록 지도하면 이해에 도움이 됨 • 표어 제작, 포스터 그리기: 분단 및 통일에 대한 표어나 포스터 만들기, 역사적 판단력과 문제 해결 능력 신장
	평가 방법	• 연표: 주요 사건 표시 여부, 사건이 시간 순서대로 되어 있는지 등 평가 • 표어, 포스터: 주제 선정의 적절성, 표어의 적절성 등 평가, 작문이나 그림 실력은 평가에서 제외하는 것이 바람직함

(3) 한국사

대주제	교수·학습 방법 및 평가 방법	
전근대 한국사의 이해	교수·학습 방법	• 역할극: 북벌론·북학론(청에 대한 상반된 인식) • 풍속화, 문학 작품: 당시 사회 변화를 구체적으로 느낄 수 있게 함 • 보고서: 조선 후기 청에 대한 인식 변화와 사회·경제의 변화 양상 이해
	평가 방법	역할극: 논리적인 주장의 전개, 타당성을 중심으로 평가
근대 국민 국가 수립 운동	교수·학습 방법	• 사료 학습: 개화 정책의 방향, 근대 국민 국가 수립 노력, 열강의 경제적 침략과 그에 대한 대응 파악(개혁안, 문집, 조선왕조실록, 조약문 활용) • 신문, 사진 자료: 서구 문물의 유입으로 변화된 생활상 학습 • 역사 신문, UCC 제작: 개화 정책을 둘러싼 갈등, 서구 문물이 유입되기 전과 후 비교
	평가 방법	역사 신문, UCC 제작: 역사적 맥락에 부합하는지 여부, 과제 참여도에 대한 동료평가 등 반영
일제 식민지 지배와 민족운동의 전개	교수·학습 방법	• 역할극: 독립운동에 참여한 인물의 활동을 소재로 하여 식민지 차별을 경험한 학생들의 생각과 감정을 추체험 • 독서 토론: 일제 강점기를 살았던 다양한 인간 군상이 등장하는 문학 작품을 소재로 토론, 주인공들의 입장과 생각을 역사적 사실과 연결 • 일본 정부에 보내는 편지 쓰기: 식민지 피해 사과와 배상을 주제로 작성
	평가 방법	편지 쓰기: 역사적 상황을 구체적으로 이해하였는지, 한일 간 역사적 갈등 속에 내재된 주장이나 쟁점을 인식하였는지를 평가
대한민국의 발전	교수·학습 방법	• 사료 학습: 민주주의 발전 과정을 당시 발표된 자료 활용하여 학습 • 영상 활용: 시민의 참여 상황, 민주화 요구 파악 • 소감문, 인터뷰 기사 작성: 사진 및 영상 자료를 보고, 당시 민주화 운동에 참여한 사람의 입장에서 작성 • 역사 신문 제작: 민주화 운동에 대해 작성 • 자료 활용: 경제 성장의 성과 및 문제점 관련 도표, 통계, 사진 등을 활용
	평가 방법	• 소감문, 인터뷰 기사: 민주주의의 발전 과정 이해 정도 평가 • 포트폴리오 평가: 각 시기별로 나누어 경제 성장의 성과 및 문제점 정리 • 모둠별 조사·발표: 산업별 경제 성장 과정을 조사하고 발표

(4) 동아시아사

대주제		교수·학습 방법 및 평가 방법
동아시아 역사의 시작	교수·학습 방법	• 프로젝트 수업: 현재 동아시아 국가들이 당면한 문제 • 논술 평가: 동아시아 각국의 당면 과제와 해결 방안
	평가 방법	• 프로젝트 수업: 스스로 배움을 얻어가는 과정 평가, 학습자 간의 소통, 협력, 존중, 배려 등 정의적 평가를 겸함 • 논술 평가: 각국의 갈등 사례와 근거, 해결 방안 제시를 통해 자신의 생각을 논리적으로 표현할 수 있는가를 평가
동아시아 세계의 성립과 변화	교수·학습 방법	• 모둠별 조사·발표: 유학이 동아시아 사회에 끼친 영향에 대한 사례를 중심으로 하여 유학이 동아시아 문화권에서 가지는 의미 이해 • 포스터 제작: 각국을 대표하는 불교 문화 유산 관련 글이나 사진으로 제작, 동아시아 불교 문화의 내용 파악
	평가 방법	• 모둠별 조사·발표: 교사평가, 동료평가 진행 • 포스터 제작: 자료 조사 및 포스터 제작 과정을 단계적으로 평가, 문화유산에 대한 문화적 소양·가치·태도 등 정의적 영역도 평가
동아시아의 사회 변동과 문화 교류	교수·학습 방법	• 모둠별 조사·발표: 은 교역망 확대와 변화 내용 • 토론 수업: '19세기 광둥 무역 체제와 아편 전쟁'을 주제로 중국 또는 영국의 입장에서 토론, 논점에서 벗어나지 않도록 교사가 적절히 개입, 균형 잡힌 사고를 통해 역사 갈등 해결을 위한 감각 제고
	평가 방법	• 수행 평가: 모둠별 발표, 포트폴리오 병행 • 논술 평가: 아편 전쟁의 발생 배경과 결과 등
동아시아의 근대화 운동과 반제국주의 민족운동	교수·학습 방법	• 사료 학습: 동아시아 각국의 개항을 초래한 조약의 원문을 분석, 불평등한 요소를 파악하게 하여 사료 분석 능력 제고 • 비교 학습: 각국의 근대화 운동과 민족 운동의 전개 양상을 분석하여 각국의 근대적 움직임의 공통점과 차이점 파악 • 연대기 작성: 각국의 근대화 운동을 주도했던 인물 • 역사 신문 제작: 특정 시기 동아시아 각국의 상황을 입체적으로 분석
	평가 방법	• 연대기 작성: 인물 선정의 적정성, 인물 활동의 요약·정리 내용의 정확성 등 평가 • 역사 신문 제작: 시대 상황에 알맞은 사실 선택 여부, 사실의 정확도, 역사적 상상력 발휘 정도 등을 평가

오늘날의 동아시아	교수·학습 방법	• 연표 작성: 현재 동아시아 각국의 모습이 형성되는 과정을 파악할 수 있는 국가별 주요 사건 정리 • 보고서 작성: 냉전을 상징하는 사건 조사 • 인물 조사: 각국의 경제 성장 과정에서 주도적인 역할을 했던 인물 조사 • 비교 학습: 현재 전개되고 있는 '역사 현안'을 바라보는 각국의 입장 비교
	평가 방법	• 보고서 작성: 사건이 차지하는 비중이나 의미 파악, 자료 수집 정도와 정확도 등을 평가 • 인물 조사: 인물의 사상이나 지향점에 대한 이해도와 영향을 평가, 긍정적·부정적 측면의 양면을 공정하게 보고 있는지 평가

(5) 세계사

대주제	교수·학습 방법 및 평가 방법	
인류의 출현과 문명의 발생	교수·학습 방법	• 비교 학습: 구석기–신석기 생활 모습 비교 • 시청각 자료 활용: 영화, 다큐멘터리 • 세계지도 활용: 각 문명의 지리적인 공통점 찾기 • 신문 기사 스크랩, 글쓰기: 세계사 학습의 필요성 인식 • 역할극, 가상 일기 쓰기, 도구 만들기: 시대의 특징적 생활 모습 재현 • 안내책자 만들기: 각 문명의 유물, 유적, 제도 등 소개
	평가 방법	• 역할극, 가상 일기 쓰기, 도구 만들기: 역사적 상상력, 역사적 사실에 근거하였는지를 평가 • 안내책자 만들기: 해당 시기에 대한 지식, 모둠 활동을 통해 정의적 요소(소통, 협력, 배려 등) 평가
동아시아 지역의 역사	교수·학습 방법	• 동아시아 문화권의 공통 요소와 각국의 독자적 발전 모습을 균형 있게 학습 • 역사 신문, UCC 제작 • 보고서 작성: 오늘날 중국의 소수민족이 처한 상황
	평가 방법	• 서·논술형 문항: 역사적 사실들이 중국사의 전개 과정에서 가지는 의미를 종합적으로 사고할 수 있는지 평가 • 역사 신문, UCC 제작: 역사적 사실에 기반을 두었는지 여부 평가 • 보고서: 지식 평가, 다민족 사회에 대한 올바른 가치관 확립 여부 확인
서아시아·인도 지역의 역사	교수·학습 방법	• 서아시아 여러 제국이 공유하고 있는 측면에 초점을 맞춰 이해 유도 • 신문 기사 스크랩, 자료 수집 포트폴리오: 서아시아 지역의 여러 분쟁의 원인이나 해결 방안을 모색하는 과정에서 올바른 시각 정립 • 모둠별 조사·발표: 이슬람교에 대한 이해를 위해 궁금한 점을 목록화해 조사 • 관광 안내서 만들기: 불교·힌두교·이슬람교 유적지, 인도에서 다양한 종교와 문화가 등장한 배경 이해
	평가 방법	• 수행평가: 기사 스크랩, 포트폴리오, 관광 안내서 제작 등 • 모둠별 조사·발표: 조사 내용 발표 후 모둠별로 의견 공유

<table>
<tr><td rowspan="2">유럽·아메리카 지역의 역사</td><td>교수·학습 방법</td><td>• 비교 학습: 그리스·로마의 정치제도와 오늘날의 민주주의
• 연설, 투표, 토론: 그리스·로마의 민주 정치 요소를 활용하며 민주시민으로서의 자질 함양
• 매체 활용 수업: 시민혁명·산업혁명 관련 영화, 음악, 미술 등을 통해 흥미와 이해도 고취
• 가상 답사 자료집, 관광 안내서 만들기: 유럽의 역사적·사회적 모습 간접 경험
• 조사 보고서: 종교개혁, 신항로 개척에서 유래한 오늘날의 여러 모습
• 글쓰기: 산업혁명의 긍정적·부정적 결과를 함께 쓰기</td></tr>
<tr><td>평가 방법</td><td>• 수행평가: 연설, 투표, 토론, 가상 답사 자료집, 관광 안내서, 조사 보고서
• 글쓰기: 역사적 사건을 균형 잡힌 시각으로 바라볼 수 있는지 평가</td></tr>
<tr><td rowspan="2">제국주의와 두 차례 세계대전</td><td>교수·학습 방법</td><td>• 사례 중심 수업: 제국주의 침략에 저항하는 각국의 민족 운동 사례를 전체적 흐름과 맥락 속에서 파악
• 조사 보고서: 제국주의 침략에 대응했던 민족의 저항이 현재 양국에 미친 결과를 파악하고 과거와 현재의 관련성 이해
• 전체적 흐름, 역사적 의미 중심 학습: 두 차례 세계대전의 과정과 의의
• 시청각 자료 활용: 세계대전의 참상 이해, 평화 강조
• 역사 포스터 그리기, 가상 평화 회담문 작성: 평화를 주제로 그리기 및 글쓰기 학습
• 참전 병사의 가상 편지, 가상 일기 쓰기, 평화 UCC 만들기: 반전 평화 의식, 공존공영의 가치관 형성</td></tr>
<tr><td>평가 방법</td><td>• 수행평가: 가상 편지 쓰기, 가상 일기 쓰기, 평화 UCC 만들기
• 마인드맵, 보고서 쓰기: 세계대전이 갖는 세계사적 의미를 이해하고 있는지 종합적으로 평가</td></tr>
<tr><td rowspan="2">현대 세계의 변화</td><td>교수·학습 방법</td><td>• 세계지도 활용: 냉전의 전개 과정을 지도에 표시하여 냉전에 대한 시간적·지리적 개념 종합적 이해
• 역사 신문 만들기: 냉전 체제가 각국에 미친 영향 파악
• 모둠별 조사 보고서 작성: 세계화·정보화 등 현대 세계의 다양한 현상 조사
• 글쓰기: 현대 사회의 갈등 및 분쟁, 해결 방안에 대한 글쓰기</td></tr>
<tr><td>평가 방법</td><td>• 모둠별 조사 보고서: 협동심, 표현력, 정보 탐색 능력 평가
• 글쓰기: 역사적 사고력, 문제 해결 능력 평가</td></tr>
</table>

03 5개년 기출 복기 문항

1 2024학년도

(1) 지도안 지역

2024학년도 공립 중등학교 임용 후보자 선정 경쟁 2차 시험
수업지도안 작성 문제지

수험번호									이름	

선발분야(역사)	작성 시간 60분	감독관 확인	(인)

교수·학습지도안 작성 조건

- 교수·학습 지도안은 실제 교실에서의 수업 상황을 가정하여 작성할 것
- [지도안 작성 부분 1] 〈자료 1〉, 〈자료 2〉를 활용하여 판서를 이용한 강의식 수업을 작성하시오.
  - 일본의 전후처리 과정이 드러나도록 작성하시오.
  - 자료의 의미를 분석하고 이를 도출할 수 있도록 각각 두 가지씩의 발문을 제공하시오.
- [지도안 작성 부분 2] 〈자료 3〉, 〈자료 4〉를 활용하여 강의식 수업을 작성하시오.
  - 미국의 대일본 정책 변화를 설명하시오.
  - 당시 한국과 중국의 상황을 포함하시오.
- [지도안 작성 부분 3] 〈자료 4〉, 〈자료 5〉를 활용하여 모둠별 활동을 진행하시오.
  - 〈자료 4〉를 활용하여 모둠 활동을 진행하되, 〈자료 5〉의 결과가 나오도록 활동을 설계하여 작성하시오.
  - 〈자료 5〉의 [A]에 들어갈 내용을 작성하시오.
- [지도안 작성 부분 4] 〈자료 6〉을 활용하여 수업 정리 부분을 작성하시오.

※ 모든 작성 부분은 교사와 학생의 활동이 구체적으로 드러나도록 작성하시오.

교실 상황

1. 과목명: 동아시아사
2. 대상: 고등학교 2학년
3. 시간: 100분(블록타임제)
4. 단원명: V. 오늘날의 동아시아 – 제2차 세계대전 전후 처리와 냉전 체제

가. 단원의 성취기준

성취기준	[12동사05-01] 제2차 세계대전의 전후 처리 과정을 알아보고, 동아시아에서 냉전의 심화·해체 과정과 그 영향을 분석한다.

나. 단원의 구성

단원	차시	주요 내용 및 활용	수업 형태	평가 방법
제2차 세계 대전 전후 처리와 냉전 체제	1~2	제2차 세계대전의 전후 처리와 동아시아	강의식 수업, 모둠 활동	선다형 평가
	3	냉전과 동아시아의 전쟁		
	4	냉전의 완화와 동아시아 각국의 국교 수립		

다. 교수·학습 환경

학생 수	지도 장소	매체 및 기자재
24명	교실	전자칠판, 모둠 활동지, 사진 자료, 태블릿 PC

자료 ❶ 맥아더와 히로히토

자료 ❷ 일본국 헌법(평화헌법)

제1조 천황은 일본국의 상징이며 일본 국민 통합의 상징으로서 그 지위는 주권을 가진 일본 국민의 총의로부터 나온다.

제9조 일본 국민은 정의와 질서를 기조로 하는 국제 평화를 성실히 희구하며, 국제 분쟁을 해결하는 수단으로써 국권이 발동되는 전쟁과 무력에 의한 위협 또는 무력의 행사는 영구히 포기한다. 전항의 목적을 달성하기 위하여 육해공군, 그 밖의 전력을 보유하지 아니한다. 국가 교전권은 인정하지 아니한다.

자료 ❸ 도쿄 재판에 앉혀진 A급 전범들

자료 ❹

제1조 연합국은 일본과 및 그 영해에 대한 일본 국민의 완전한 주권을 인정한다.

제14조 연합국은 본 조약에 특별한 규정이 있는 경우를 제외하고, 연합국의 모든 배상 청구권, 전쟁 수행 과정에서 일본 및 그 국민이 자행한 어떤 행동으로부터 발생한 연합국 및 그 국민의 다른 청구권, 그리고 점령에 따른 직접적인 군사적 비용에 관한 연합국의 청구권을 포기한다.

자료 ❺ 〈자료 4〉, 과연 최선의 조치였을까?

온라인 학습 게시판

1모둠 ⋮	2모둠 ⋮
이 조약은 일본에 대한 청구권을 포기한 것으로 일본을 국제사회의 일원으로 복귀시키는 계기가 되었어요. 그러나 전범국에 일방적인 면죄부를 주었고 조약 체결의 과정에서 중국, 한국 등 피해국의 의견은 배제되었으므로 최선이라 할 수 없어요.	[A: 수험생 작성 부분]
♥ 16 ◯ 2 [민준] 조약에 대한 긍정적, 부정적 측면을 모두 다뤄서 이해하기 좋았어요. [교사] 조약의 의미와 체결과정에서의 문제점을 잘 짚어주었네요.	♥ 2 ◯ 2 [교사] 연합국의 입장만을 대변한 것이 아닐까요? [서율] 전쟁 피해국의 입장도 고려하면 좋겠어요.

자료 ❻

크로닌(Cronin)은 냉전을 진영 간 관계, 진영 내 관계, 그리고 국가의 안과 밖이 서로 작용했던 특수한 체제로 묘사하면서 아래와 같이 지적하였다. 희망은 (과거의) 경로를 되돌아봄으로써 우리가 현재 살고 있는 세계와 우리가 미래를 만들어 나가야 하는 조건들을 탄생시킨 환경에 대해 좀 더 명확히 이해하는 데 존재한다.

관리번호	

2024학년도 공립 중등학교 임용 후보자 선정 경쟁 2차 시험
수업지도안 작성 답안지

수험번호									이름	

선발분야(역사)	작성 시간 60분	감독관 확인	(인)

<table>
<tr><td colspan="2">단원</td><td colspan="2">V. 오늘날의 동아시아
- 제2차 세계대전 전후 처리와 냉전 체제</td><td>지도 대상</td><td>고등학교 2학년</td></tr>
<tr><td colspan="2" rowspan="3">학습목표</td><td colspan="4">1. 동아시아의 전후 처리 과정을 설명할 수 있다.</td></tr>
<tr><td colspan="4">2. 냉전으로 인한 국제 관계의 변화를 분석하고, 미국의 대일본 정책의 변화를 설명할 수 있다.</td></tr>
<tr><td colspan="4">3. 미국이 주도한 연합국의 전후 처리 방식에 대해 평가할 수 있다.</td></tr>
<tr><td>학습 단계</td><td>학습 요소</td><td colspan="2">교수·학습활동</td><td>시간</td><td>자료 및 지도상 유의점</td></tr>
<tr><td rowspan="4">도입</td><td>인사</td><td colspan="2">인사 및 출석 확인</td><td rowspan="4">5</td><td rowspan="4"></td></tr>
<tr><td>전시 확인</td><td colspan="2">전시학습 확인</td></tr>
<tr><td>동기 유발</td><td colspan="2">미주리호에서 미국 대표와 일본 천황이 만나, 일본 천황이 항복 선언에 서명하는 모습을 보여주며 동기를 유발한다.</td></tr>
<tr><td>학습목표</td><td colspan="2">학습목표를 확인한다.</td></tr>
<tr><td>전개</td><td>〈전개 1〉</td><td colspan="2">• 연합국의 전후 처리 구상에 대해 설명한다.
• 카이로 회담, 얄타 회담, 포츠담 회담의 내용을 확인한다.
〈지도안 작성 부분 1〉</td><td>20</td><td>〈자료 1〉
〈자료 2〉</td></tr>
</table>

전개	〈전개 2〉	〈지도안 작성 부분 2〉	15	〈자료 3〉 〈자료 4〉
	〈전개 3〉	〈지도안 작성 부분 3〉 2모둠 ⋮ [수험생 작성 부분] ♥ 2 ◯ 2 [교사] 연합국의 입장만을 대변한 것이 아닐까요? [서울] 전쟁 피해국의 입장도 고려하면 좋겠어요.	50	〈자료 4〉 〈자료 5〉 태블릿 PC
정리	정리	• 질의응답을 통해 학습 내용을 정리한다. 〈지도안 작성 부분 4〉	10	〈자료 6〉 역사학습의 의미와 목적에 대해 성찰하도록 한다.
	차시예고	다음 수업 주제를 안내한다.		
	인사	인사하고 마친다.		

관리번호	

2024학년도 공립 중등학교 임용 후보자 선정 경쟁 2차 시험
수업지도안 작성 구상지

수험번호									이름	

선발분야(역사)	작성 시간 60분	감독관 확인	(인)

구상 조건
- 교수·학습 지도안의 〈작성 부분 2〉 ~ 〈작성 부분 4〉에 해당하는 부분을 실연하시오.
- 〈자료 3〉 ~ 〈자료 6〉을 활용하여 실연하시오.

자료 ❶ 맥아더와 히로히토

자료 ❷ 일본국 헌법(평화헌법)

제1조 천황은 일본국의 상징이며 일본 국민 통합의 상징으로서 그 지위는 주권을 가진 일본 국민의 총의로부터 나온다.

제9조 일본 국민은 정의와 질서를 기조로 하는 국제 평화를 성실히 희구하며, 국제 분쟁을 해결하는 수단으로써 국권이 발동되는 전쟁과 무력에 의한 위협 또는 무력의 행사는 영구히 포기한다. 전항의 목적을 달성하기 위하여 육해공군, 그 밖의 전력을 보유하지 아니한다. 국가 교전권은 인정하지 아니한다.

자료 ❸ 도쿄 재판에 앉혀진 A급 전범들

자료 ❹

제1조 연합국은 일본과 및 그 영해에 대한 일본 국민의 완전한 주권을 인정한다.

제14조 연합국은 본 조약에 특별한 규정이 있는 경우를 제외하고, 연합국의 모든 배상 청구권, 전쟁 수행 과정에서 일본 및 그 국민이 자행한 어떤 행동으로부터 발생한 연합국 및 그 국민의 다른 청구권, 그리고 점령에 따른 직접적인 군사적 비용에 관한 연합국의 청구권을 포기한다.

자료 ❺ 〈자료 4〉, 과연 최선의 조치였을까?

온라인 학습 게시판

1모둠 ⋮	2모둠 ⋮
이 조약은 일본에 대한 청구권을 포기한 것으로 일본을 국제사회의 일원으로 복귀시키는 계기가 되었어요. 그러나 전범국에 일방적인 면죄부를 주었고 조약 체결의 과정에서 중국, 한국 등 피해국의 의견은 배제되었으므로 최선이라 할 수 없어요.	[A: **수험생 작성 부분**]
♥ 16 ◯ 2 [민준] 조약에 대한 긍정적, 부정적 측면을 모두 다뤄서 이해하기 좋았어요. [교사] 조약의 의미와 체결과정에서의 문제점을 잘 짚어주었네요.	♥ 2 ◯ 2 [교사] 연합국의 입장만을 대변한 것이 아닐까요? [서율] 전쟁 피해국의 입장도 고려하면 좋겠어요.

자료 ❻

크로닌(Cronin)은 냉전을 진영 간 관계, 진영 내 관계, 그리고 국가의 안과 밖이 서로 작용했던 특수한 체제로 묘사하면서 아래와 같이 지적하였다. 희망은 (과거의) 경로를 되돌아봄으로써 우리가 현재 살고 있는 세계와 우리가 미래를 만들어 나가야 하는 조건들을 탄생시킨 환경에 대해 좀 더 명확히 이해하는 데 존재한다.

관리번호	

(2) 비지도안 지역

2024학년도 중등학교 교사 신규임용후보자 선정 경쟁 시험 (2차)
역사 수업실연 문제지

수험번호									성명		관리번호	

선발분야(역사)	작성 시간 60분	감독관 확인	(인)

- 문항에서 요구하는 내용의 가짓수가 제한되어 있는 경우, 요구한 가짓수까지의 내용만 실연하시오.
- 칠판과 분필 등을 활용한 판서만 가능하며, 기자재를 활용해야 하는 경우 언급으로 대신하시오.

【문제】 다음에 제시된 〈실연 방법〉, 〈교수학습조건〉, 〈자료〉, 〈교수학습지도안〉을 반영해 수업을 실연하시오.

실연 방법

1. 〈교수학습지도안〉의 [수업실연 1] ~ [수업실연 3]에 해당하는 부분을 수업으로 실연하시오.
2. [수업실연 1] 〈자료 1〉, 〈자료 2〉, 〈자료 3〉을 활용하여 학생과의 문답을 통한 강의식 수업을 실연하시오.
   1) 당시 한국과 중국의 상황을 포함하여 일본에 대한 전후 처리 변화 과정을 설명하시오.
3. [수업실연 2] 〈자료 3〉, 〈자료 4〉를 활용하여 모둠 활동을 실연하시오.
   1) 〈자료 3〉을 바탕으로 〈자료 4〉가 도출되도록 모둠별 활동을 진행하시오.
   2) 교사 피드백과 학생의 피드백을 참고하여 〈자료 4〉의 수험생 작성 부분 [A]를 채워 실연하시오.
4. [수업실연 3] 〈자료 5〉를 활용하여 정리 부분을 실연하시오.
   1) 〈자료 5〉를 활용하여 학습을 정리하시오.

* 유의사항
교사와 학생의 상호작용이 구체적으로 드러나게 실연하시오.

교수·학습 조건

1. 과목명: 동아시아사
2. 대상: 고등학교 2학년
3. 시간: 100분(블록타임제)
4. 단원명: Ⅴ. 오늘날의 동아시아 – 제2차 세계대전 전후 처리와 냉전 체제

성취기준	[12동사05-01] 제2차 세계대전의 전후 처리 과정을 알아보고, 동아시아에서 냉전의 심화·해체 과정과 그 영향을 분석한다.		
단원의 구성	차시	주요 내용 및 활용	수업 형태
	1~2	제2차 세계대전의 전후 처리와 동아시아	강의식 수업, 모둠 활동, 선다형 평가
	3	냉전과 동아시아의 전쟁	
	4	냉전의 완화와 동아시아 각국의 국교 수립	

5. 교수·학습 환경

학생 수	지도 장소	매체 및 기자재
24명	교실	전자칠판, 모둠 활동지, 사진 자료, 태블릿 PC

자료 ❶ 일본국 헌법(평화헌법)

제1조 천황은 일본국의 상징이며 일본 국민 통합의 상징으로서 그 지위는 주권을 가진 일본 국민의 총의로부터 나온다.

제9조 일본 국민은 정의와 질서를 기조로 하는 국제 평화를 성실히 희구하며, 국제 분쟁을 해결하는 수단으로써 국권이 발동되는 전쟁과 무력에 의한 위협 또는 무력의 행사는 영구히 포기한다. 전항의 목적을 달성하기 위하여 육해공군, 그 밖의 전력을 보유하지 아니한다. 국가 교전권은 인정하지 아니한다.

자료 ❷ 도쿄 재판에 앉혀진 A급 전범들

자료 ❸

제1조 연합국은 일본과 및 그 영해에 대한 일본 국민의 완전한 주권을 인정한다.

제14조 연합국은 본 조약에 특별한 규정이 있는 경우를 제외하고, 연합국의 모든 배상 청구권, 전쟁 수행 과정에서 일본 및 그 국민이 자행한 어떤 행동으로부터 발생한 연합국 및 그 국민의 다른 청구권, 그리고 점령에 따른 직접적인 군사적 비용에 관한 연합국의 청구권을 포기한다.

자료 ❹ 〈자료 3〉, 과연 최선의 조치였을까?

온라인 학습 게시판

1모둠 ⋮	2모둠 ⋮
이 조약은 일본에 대한 청구권을 포기한 것으로 일본을 국제사회의 일원으로 복귀시키는 계기가 되었어요. 그러나 전범국에 일방적인 면죄부를 주었고 조약 체결의 과정에서 중국, 한국 등 피해국의 의견은 배제되었으므로 최선이라 할 수 없어요.	[A]
♥ 16 ◯ 2 [민준] 조약에 대한 긍정적, 부정적 측면을 모두 다뤄서 이해하기 좋았어요. [교사] 조약의 의미와 체결과정에서의 문제점을 잘 짚어주었네요.	♥ 2 ◯ 2 [교사] 연합국의 입장만을 대변한 것이 아닐까요? [서율] 전쟁 피해국의 입장도 고려하면 좋겠어요.

자료 ❺

크로닌(Cronin)은 냉전을 진영 간 관계, 진영 내 관계, 그리고 국가의 안과 밖이 서로 작용했던 특수한 체제로 묘사하면서 아래와 같이 지적하였다. 희망은 (과거의) 경로를 되돌아봄으로써 우리가 현재 살고 있는 세계와 우리가 미래를 만들어 나가야 하는 조건들을 탄생시킨 환경에 대해 좀 더 명확히 이해하는 데 존재한다.

2024학년도 중등학교 교사 신규임용후보자 선정 경쟁 시험 (2차)
역사 수업실연 문제지 [지도안]

수험번호									성명		관리번호	

선발분야(역사)	작성 시간 60분	감독관 확인	(인)

단원	V. 오늘날의 동아시아 – 제2차 세계대전 전후 처리와 냉전 체제	차시	1~2
학습목표	1. 동아시아의 전후 처리 과정을 설명할 수 있다. 2. 냉전으로 인한 국제 관계의 변화를 분석하고, 미국의 대일본 정책의 변화를 설명할 수 있다. 3. 미국이 주도한 연합국의 전후 처리 방식에 대해 평가할 수 있다.		

학습 단계	학습 요소	교수·학습활동	자료 및 지도상 유의점	시간
도입	인사	인사 및 출석 확인		5
	전시 확인	전시학습 확인		
	동기 유발	미주리호에서 미국 대표와 일본 천황이 만나, 일본 천황이 항복 선언에 서명하는 모습을 보여주며 동기를 유발한다.		
	학습목표	학습목표 확인		
전개	〈전개 1〉 일제의 패망과정	• 연합국의 전후 처리 구상에 대해 설명한다. • 카이로 회담, 얄타 회담, 포츠담 회담의 내용을 확인한다. • 맥아더와 히로히토의 사진으로 당시 일본의 상황을 설명한다.	〈자료 1〉 〈자료 2〉 〈자료 3〉	10
		〈수업실연 1 부분〉		35
	〈전개 2〉 모둠 활동 및 피드백	〈수업실연 2 부분〉 2모둠 ⋮ [A] ♥ 2 ○ 2 [교사] 연합국의 입장만을 대변한 것이 아닐까요? [서율] 전쟁 피해국의 입장도 고려하면 좋겠어요.	〈자료 3〉 〈자료 4〉 태블릿 PC	40

<table>
<tr><td rowspan="3">정리</td><td>정리</td><td>• 질의응답을 통해 학습 내용을 정리한다.

〈수업실연 3 부분〉</td><td>〈자료 5〉
역사학습의 목적과 의미를 성찰하도록 한다.</td><td rowspan="3">10</td></tr>
<tr><td>차시예고</td><td>다음 수업 주제를 안내한다.</td><td rowspan="2"></td></tr>
<tr><td>인사</td><td>인사하고 마친다.</td></tr>
</table>

2 2023학년도

(1) 지도안 지역

2023학년도 공립 중등학교 임용 후보자 선정 경쟁 2차 시험 수업지도안 작성 문제지

수험번호									이름	

선발분야(역사)	작성 시간 60분	감독관 확인	(인)

교수·학습지도안 작성 조건

- 교수·학습지도안은 실제 교실에서의 수업 상황을 가정하여 작성할 것
- [지도안 작성 부분 1] 〈자료 1〉의 모든 키워드를 활용하여 발문과 판서를 작성하시오.
  - 판서 계획을 작성하시오.
  - 〈자료 1〉의 키워드를 모두 사용하여 학생과의 문답 중심으로 강의식 수업을 진행하시오.
- [지도안 작성 부분 2] 〈자료 2〉의 특징을 토대로 모둠별 사료 학습을 진행하시오.
  - 〈자료 2〉의 모둠 활동지 속 질문을 작성하시오.
  - 학생의 탐구과정이 드러나도록 작성하시오.
- [지도안 작성 부분 3] 학습목표를 고려하여 〈자료 3〉의 형성평가 문항을 작성하시오.
  - 〈자료 3〉을 활용하여 질문과 답변을 작성하시오.
- [지도안 작성 부분 4] 〈자료 4〉를 통해 학생의 질문에 대한 답변을 작성하시오.
  - 역사적 맥락이 드러나게 작성하시오.
  - 학생의 역사 인식을 2가지 측면에서 교정하시오.

교수·학습 조건

1. 과목명: 역사 ②
2. 대상: 중학교 3학년
3. 시간: 90분(블록타임제)
4. 단원명: Ⅴ. 조선 후기 사회 변동 – 생활과 문화의 새로운 양상

가. 단원의 성취기준

성취기준	[9역11-04] 조선 후기에 나타난 사회 변화를 파악한다.

나. 단원의 구성

단원	차시	주요 내용 및 활용	수업 형태	평가 방법
조선 후기 사회 변동	1~2	조선 후기의 정치 변동		
	3	사회 변화와 농민 봉기		
	4~5	조선 사회의 변동	사료 탐구 학습	

다. 교수·학습 환경

학생 수	지도 장소	매체 및 기자재
25명	교실	칠판, 스크린, 교사용 컴퓨터, 빔 프로젝터, 그림자료, 모둠 활동지

자료 ❶

【키워드】 제사, 재산상속, 혼인 풍속, 적장자, 양자, 데릴사위, 시집살이

자료 ❷ 모둠 활동지

사료로 보는 가족제도와 일상생활의 변화

(가)
의붓아버지가 가난을 이유로 공부시키지 않고 자기 친아들과 같은 일을 하게 되자, (이승장의) 어머니는 그럴 수 없다며 고집하기를, "……… 유복자(이승장)가 다행히 잘 자라 학문에 뜻을 둘 나이가 되었으니, 그 친아버지가 다니던 사립학교에 입학시켜 뒤를 잇게 해야 합니다. 안 그러면 죽은 뒤에 내가 무슨 낯으로 전 남편을 보겠어요?"라 하였다. 마침내 결단하여 솔성재에서 공부하게 하니, 전 남편의 옛 학업을 뒤따르게 하였다.

– '이승장 묘지명'

(다)
우리 집안에서는 단연코 사위나 외손의 집에서 제사를 지내지 못하도록 하기로 결정하였다. …… 딸은 부모가 살아있을 때 봉양하는 도리가 없고 죽은 뒤에도 제사를 지내는 예가 없으니, 어찌 재산을 아들과 동등하게 나누어 주겠는가. 딸에게는 3분의 1만 주어도 정과 도리에 비추어 볼 때 조금도 잘못된 일이 아니다.

–「부안 김씨 분재 문서」

(나)
1545년 어머니의 기일이다. 제사는 큰 누님 댁 차례다. 일찍 큰 형의 아들과 함께 청파동 큰 누님 댁에 갔더니 작은 형의 아들도 막 도착해 있었다. 신주는 큰형 집 사당에 안치되어 있으나, …

(라)
화순 귀주는 평소 성품이 부드럽고 고우며 덕의가 순일하게 갖추어 있었으니, 대체로 본디부터 죽고 사는 의리의 경중을 잘 알고 있으므로 외고집의 성품인 사람이 자결한 것과 비교가 되지 않는다. 아! 참으로 어질도다. 화순 귀주와 같은 뛰어난 행실이 있으면 정문의 은전을 어찌 베풀지 않을 수 있겠는가? 내가 이를 잊은 적이 없었으나 미처 거행하지 못하였다. 지금 각도의 효열을 포상하는 때를 맞아 슬픈 감회가 더욱 더 일어난다. 유사로 하여금 화순 귀주의 마을에 가서 정문을 세우고 열녀문(烈女門)이라고 명명하라.

–「정조실록」

1. (가)~(라)의 핵심어를 찾아 밑줄 그어보자.
2. (나), (다) **[수험생 작성 부분 1]** __________
 – 모둠 의견: __________
3. (가), (라) **[수험생 작성 부분 2]** __________
 – 모둠 의견: __________

자료 ❸ 형성평가

구술식 1. 조선 후기 재산상속이 어떻게 변화하였나요?

남녀 균분상속에서 적장자 중심 상속으로 변화되었어요.

구술식 2. [수험생 작성 부분 3]

답 변: [수험생 작성 부분 4]

구술식 3. [수험생 작성 부분 5]

답 변: [수험생 작성 부분 6]

자료 ❹

조선 후기의 모든 여성들은 지금의 여성에 비해 열악한 환경이었나요?

그렇지만은 않아요. [수험생 작성 부분 7]

관리번호	

2023학년도 공립 중등학교 임용 후보자 선정 경쟁 2차 시험
수업지도안 작성 답안지

수험번호									이름	

선발분야(역사)	작성 시간 60분	감독관 확인	(인)

<table>
<tr><td>단원</td><td colspan="3">V-4. 조선 후기의 사회 변동</td><td>지도 대상</td><td>중학교 3학년</td></tr>
<tr><td rowspan="3">학습목표</td><td colspan="5">1. 성리학적 사회규범이 확산되면서 나타난 가족제도의 양상을 파악할 수 있다.</td></tr>
<tr><td colspan="5">2. 부계 중심의 가족 질서 강화로 인한 여성의 지위 변화에 대해 파악할 수 있다.</td></tr>
<tr><td colspan="5">3. 사료를 비교, 탐구하여 가족제도의 변화된 모습을 이해할 수 있다.</td></tr>
<tr><td>학습 자료</td><td colspan="5">교과서, 사료, TV, 컴퓨터 및 학습에 필요한 모든 기자재</td></tr>
<tr><td>학습 단계</td><td>학습 요소</td><td colspan="2">교수·학습활동</td><td>시간</td><td>자료 및 지도상 유의점</td></tr>
<tr><td rowspan="4">도입</td><td>인사</td><td colspan="2">인사 및 출석 확인</td><td rowspan="4">5</td><td rowspan="4">그림자료</td></tr>
<tr><td>전시 확인</td><td colspan="2">전시 학습을 확인한다.</td></tr>
<tr><td>동기 유발</td><td colspan="2">김홍도의 〈신행〉을 통해 동기를 유발한다.</td></tr>
<tr><td>학습목표</td><td colspan="2">학습목표를 확인한다.</td></tr>
<tr><td>전개</td><td>〈전개 1〉</td><td colspan="2">• 고려시대 가족제도에서 남녀가 동등한 권리와 의무를 지녔음을 설명한다.
• 조선 전기 부계와 모계가 모두 중요시되었음을 설명한다.
• 조선 후기 성리학적 생활규범이 나타나면서 어떤 변화가 있었는지 비교하여 설명한다.
〈판서 계획〉</td><td>30</td><td>〈자료 1〉</td></tr>
</table>

<table>
<tr><td rowspan="2">전개</td><td></td><td>〈지도안 작성 부분 1〉

• 이러한 모습이 시대적 상황에 따른 특징이었음을 이해하고, 당시 조선 후기에 다양한 삶의 모습이 있었음을 설명한다.</td><td></td><td></td></tr>
<tr><td>〈전개 2〉</td><td>〈지도안 작성 부분 2〉
1. (가)~(라)의 핵심어를 찾아 밑줄 그어보자.
2. (나), (다) [수험생 작성 부분 1]
– 모둠 의견:
3. (가), (라) [수험생 작성 부분 2]
– 모둠 의견:

• 모둠별 활동에 대한 발표를 정리한다.
• 긍정적 피드백과 교정적 피드백을 제공한다.</td><td>30</td><td>〈자료 2〉
수행평가를 안내할 것</td></tr>
</table>

<table>
<tr><td rowspan="2">전개</td><td rowspan="2">〈전개 3〉</td><td>〈지도안 작성 부분 3〉</td><td rowspan="2">10</td><td rowspan="2">〈자료 3〉
학습목표를
확인할 수 있는
형성평가를
진행</td></tr>
<tr><td>구술식 1. 조선 후기 재산상속이 어떻게 변화하였나요?
답변: 남녀 균분상속에서 적장자 중심 상속으로 변화되었어요.
구술식 2. [수험생 작성 부분 3]
답변: [수험생 작성 부분 4]
구술식 3. [수험생 작성 부분 5]
답변: [수험생 작성 부분 6]</td></tr>
<tr><td rowspan="3">정리</td><td>정리</td><td>• 학습목표 달성을 확인하고 질의응답 시간을 가진다.
〈지도안 작성 부분 4〉</td><td>10</td><td>〈자료 4〉</td></tr>
<tr><td>차시예고</td><td>다음 차시를 예고한다.</td><td rowspan="2">5</td><td rowspan="2"></td></tr>
<tr><td>인사</td><td>인사하고 마친다.</td></tr>
</table>

관리번호	

2023학년도 공립 중등학교 임용 후보자 선정 경쟁 2차 시험
수업지도안 작성 구상지

수험번호										이름	

선발분야(역사)	작성 시간 60분	감독관 확인	(인)

구상 조건

- [지도안 작성 부분 1], [지도안 작성 부분 2], [지도안 작성 부분 4]를 실연하시오.
- 〈자료 1〉의 키워드를 모두 사용하여 학생과의 문답 중심으로 강의식 수업을 진행하시오.
- 〈자료 2〉를 활용하여 모둠별 사료 학습을 진행하시오. 학생의 탐구과정이 드러나도록 실연하시오.
- 〈자료 3〉을 통해 학생의 질문에 대한 답변을 역사적 맥락이 드러나게 실연하시오. 학생의 역사 인식을 2가지 측면에서 교정하시오.
- 기자재: 칠판, 스크린, 교사용 컴퓨터, 빔 프로젝터, 그림자료, 모둠 활동지

※ 학습이 이미 진행되어 전개 부분부터 실연하므로 학습목표는 판서하지 마시오.

자료 ❶

【키워드】 제사, 재산상속, 혼인 풍속, 적장자, 양자, 데릴사위, 시집살이

자료 ❷ 모둠 활동지

사료로 보는 가족제도와 일상생활의 변화

(가)
의붓아버지가 가난을 이유로 공부시키지 않고 자기 친아들과 같은 일을 하게 되자, (이승장의) 어머니는 그럴 수 없다며 고집하기를, "……… 유복자(이승장)가 다행히 잘 자라 학문에 뜻을 둘 나이가 되었으니, 그 친아버지가 다니던 사립학교에 입학시켜 뒤를 잇게 해야 합니다. 안 그러면 죽은 뒤에 내가 무슨 낯으로 전 남편을 보겠어요?"라 하였다. 마침내 결단하여 솔성재에서 공부하게 하니, 전 남편의 옛 학업을 뒤따르게 하였다.

– '이승장 묘지명'

(다)
우리 집안에서는 단연코 사위나 외손의 집에서 제사를 지내지 못하도록 하기로 결정하였다. …… 딸은 부모가 살아있을 때 봉양하는 도리가 없고 죽은 뒤에도 제사를 지내는 예가 없으니, 어찌 재산을 아들과 동등하게 나누어 주겠는가. 딸에게는 3분의 1만 주어도 정과 도리에 비추어 볼 때 조금도 잘못된 일이 아니다.

–「부안 김씨 분재 문서」

(나)
1545년 어머니의 기일이다. 제사는 큰 누님 댁 차례다. 일찍 큰 형의 아들과 함께 청파동 큰 누님 댁에 갔더니 작은 형의 아들도 막 도착해 있었다. 신주는 큰형 집 사당에 안치되어 있으나, …

(라)
화순 귀주는 평소 성품이 부드럽고 고우며 덕의가 순일하게 갖추어 있었으니, 대체로 본디부터 죽고 사는 의리의 경중을 잘 알고 있으므로 외고집의 성품인 사람이 자결한 것과 비교가 되지 않는다. 아! 참으로 어질도다. 화순 귀주와 같은 뛰어난 행실이 있으면 정문의 은전을 어찌 베풀지 않을 수 있겠는가? 내가 이를 잊은 적이 없었으나 미처 거행하지 못하였다. 지금 각도의 효열을 포상하는 때를 맞아 슬픈 감회가 더욱 더 일어난다. 유사로 하여금 화순 귀주의 마을에 가서 정문을 세우고 열녀문(烈女門)이라고 명명하라.

–「정조실록」

1. (가)~(라)의 핵심어를 찾아 밑줄 그어보자.
2. (나), (다) **[수험생 작성 부분]**
   – 모둠 의견:
3. (가), (라) **[수험생 작성 부분]**
   – 모둠 의견:

관리번호	

(2) 비지도안 지역

2023학년도 중등학교 교사 신규임용후보자 선정경쟁 시험 (2차)
역사 수업실연 문제지

수험번호									성명			관리번호	

선발분야(역사)	작성 시간 60분	감독관 확인	(인)

o 문항에서 요구하는 내용의 가짓수가 제한되어 있는 경우, 요구한 가짓수까지의 내용만 실연하시오.
o 칠판과 분필 등을 활용한 판서만 가능하며, 기자재를 활용해야 하는 경우 언급으로 대신하시오.

【문제】 다음에 제시된 〈실연 방법〉, 〈교수학습조건〉, 〈자료〉, 〈교수학습지도안〉을 반영해 수업을 실연하시오.

실연 방법

1. 〈교수학습지도안〉의 [수업실연 1]~[수업실연 3]에 해당하는 부분을 수업으로 실연하시오.
2. [수업실연 1] 〈전개 1〉에서 〈자료 1〉을 활용하여 강의식 수업을 진행하시오.
   1) 〈자료 1〉의 키워드를 활용하여 판서하시오.
   2) 학생과 상호작용하며 수업을 진행하시오.
3. [수업실연 2] 〈전개 2〉에서 〈자료 2〉를 활용하여 사료 탐구 학습을 진행하시오.
   1) 〈자료 2〉를 활용하여 질문 A, B를 제시하고 탐구 활동을 진행하시오.
   2) 학생들의 사료 분석 및 해석 과정이 드러나도록 실연하시오.
4. [수업실연 3] 〈정리〉에서 〈자료 3〉을 활용하여 수업을 진행하시오.
   1) 〈자료 3〉 학생의 질문에 대하여 역사적 맥락을 고려하여 교사의 답변 C를 실연하시오.

* 유의사항
1. 교수학습과정과 평가, 교사와 학생의 주장이 구체적으로 드러나도록 실연하시오.
2. 수업의 전개 과정부터 실연하므로 학습목표는 판서하지 마시오.

교수·학습 조건

1. 과목명: 역사 ②
2. 대상: 중학교 3학년
3. 시간: 90분(블록타임제)
4. 단원명: Ⅴ. 조선 후기 사회 변동 – 생활과 문화의 새로운 양상

성취기준	[9역11-04] 조선 후기에 나타난 사회 변화를 파악한다.		
단원의 구성	차시	주요 내용 및 활용	수업 형태
	1~2	조선 후기의 정치 변동	
	3	사회 변화와 농민 봉기	
	4~5(본시)	조선 사회의 변동	사료 탐구 학습

5. 교수·학습 환경

학생 수	지도 장소	매체 및 기자재
25명	교실	칠판, 스크린, 교사용 컴퓨터, 빔 프로젝터, 그림자료, 모둠 활동지

자료 ❶

【키워드】 제사, 재산 상속, 혼인 풍속, 적장자 ,양자, 데릴사위, 시집살이

자료 ❷ 모둠 활동지

사료로 보는 가족제도와 일상생활의 변화

(가)
의붓아버지가 가난을 이유로 공부시키지 않고 자기 친아들과 같은 일을 하게 되자, (이승장의) 어머니는 그럴 수 없다며 고집하기를, "……… 유복자(이승장)가 다행히 잘 자라 학문에 뜻을 둘 나이가 되었으니, 그 친아버지가 다니던 사립학교에 입학시켜 뒤를 잇게 해야 합니다. 안 그러면 죽은 뒤에 내가 무슨 낯으로 전 남편을 보겠어요?"라 하였다. 마침내 결단하여 솔성재에서 공부하게 하니, 전 남편의 옛 학업을 뒤따르게 하였다.

– '이승장 묘지명'

(다)
우리 집안에서는 단연코 사위나 외손의 집에서 제사를 지내지 못하도록 하기로 결정하였다. …… 딸은 부모가 살아있을 때 봉양하는 도리가 없고 죽은 뒤에도 제사를 지내는 예가 없으니, 어찌 재산을 아들과 동등하게 나누어 주겠는가. 딸에게는 3분의 1만 주어도 정과 도리에 비추어 볼 때 조금도 잘못된 일이 아니다.

–「부안 김씨 분재 문서」

(나)
1545년 어머니의 기일이다. 제사는 큰 누님 댁 차례다. 일찍 큰 형의 아들과 함께 청파동 큰 누님댁에 갔더니 작은 형의 아들도 막 도착해 있었다. 신주는 큰형 집 사당에 안치되어 있으나, …

(라)
화순 귀주는 평소 성품이 부드럽고 고우며 덕의가 순일하게 갖추어 있었으니, 대체로 본디부터 죽고 사는 의리의 경중을 잘 알고 있으므로 외고집의 성품인 사람이 자결한 것과 비교가 되지 않는다. 아! 참으로 어질도다. 화순 귀주와 같은 뛰어난 행실이 있으면 정문의 은전을 어찌 베풀지 않을 수 있겠는가? 내가 이를 잊은 적이 없었으나 미처 거행하지 못하였다. 지금 각도의 효열을 포상하는 때를 맞아 슬픈 감회가 더욱 더 일어난다. 유사로 하여금 화순 귀주의 마을에 가서 정문을 세우고 열녀문(烈女門)이라고 명명하라.

–「정조실록」

1. (가)~(라)의 핵심어를 찾아 밑줄 그어보자.
2. (나), (다) [A] ______
 – 모둠 의견: ______
3. (가), (라) [B] ______
 – 모둠 의견: ______

자료 ❸

2023학년도 중등학교 교사 신규임용후보자 선정경쟁 시험 (2차)
역사 수업실연 문제지 [지도안]

수험번호									성명		관리번호	

선발분야(역사)	작성 시간 60분	감독관 확인	(인)

단원	V-4. 조선 후기 사회 변동		차시	4~5/5
학습목표	1. 성리학적 사회규범이 확산되면서 나타난 가족제도의 양상을 파악할 수 있다. 2. 부계 중심의 가족 질서 강화로 인한 여성의 지위 변화에 대해 파악할 수 있다. 3. 사료를 비교, 탐구하여 가족 제도의 변화된 모습을 이해할 수 있다.			
학습 단계	학습 요소	교수·학습활동	자료 및 지도상 유의점	시간
도입	인사	인사 및 출석 확인을 한다.		5
	전시 확인	전시 학습 내용을 확인한다.		
	동기 유발	동기를 유발한다.		
	학습목표	학습목표를 확인한다.		
전개	〈전개 1〉 자료를 활용한 문답식 수업	• 고려시대 가족제도에서 남녀가 동등한 권리와 의무를 지녔음을 설명한다. • 조선 전기 부계와 모계가 모두 중요시되었음을 설명한다. • 조선 후기 성리학적 생활 규범이 나타나면서 어떤 변화가 있었는지 비교하여 설명한다. 〈수업실연 1 부분〉	〈자료 1〉	30
	〈전개 2〉 모둠 활동	〈수업실연 2 부분〉 • 발표를 진행하고 교사의 피드백을 제공한다.	〈자료 2〉 수행평가 상황 유의	30
	〈전개 3〉	• 형성평가를 진행한다.		10

정리	정리	〈수업실연 3 부분〉	〈자료 3〉	10
	차시예고	다음 수업 주제를 안내한다.		5
	인사	인사하고 마친다.		

3 2022학년도

(1) 지도안 지역

2022학년도 공립 중등학교 임용 후보자 선정 경쟁 2차 시험
수업지도안 작성 문제지

수험번호										이름	

선발분야(역사)	작성 시간 60분	감독관 확인	(인)

교수·학습지도안 작성 조건

- 교수·학습지도안은 실제 교실에서의 수업 상황을 가정하여 작성할 것
- [지도안 작성 부분 1] 〈자료 1〉을 활용하여 교수·학습활동을 작성하시오.
  - 〈자료 1〉의 모든 키워드를 활용하여 총괄적 설명으로 제시하고, 발문과 판서를 포함한 강의식 수업을 작성하시오.
- [지도안 작성 부분 2] 〈자료 2〉를 활용하여 교수·학습활동을 작성하시오.
  - 〈자료 2〉를 활용하여 역사 지도 만들기 활동을 안내하고, 과제 1의 사례 2가지를 제시하고, 과제 2에서 질문 2가지를 받은 뒤, 역사 지도의 특징에 입각한 피드백을 작성하시오.
  - 〈자료 2〉에서 학생들이 제작한 질문을 활용하여 문답식으로 작성하시오.
- [지도안 작성 부분 3] 〈자료 3〉과 〈자료 4〉에 대해 교사의 피드백을 제공하는 장면을 작성하시오.
  - 학습목표 3을 고려하고, 〈자료 3〉을 활용하여 글쓰기 수업을 안내하는 과정을 작성하시오.
  - 〈자료 4〉를 활용하여 글쓰기 활동의 채점 기준을 작성하시오.
  - 〈자료 3〉에서 (가)~(다)의 형식에 입각한 유의사항을 제시하시오.

교수·학습 조건

1. 과목명: 세계사
2. 대상: 고등학교 2학년
3. 시간: 100분(블록타임제)
4. 단원명: Ⅴ. 제국주의와 두 차례의 세계대전 – 두 차례의 세계대전

가. 단원의 성취기준

성취기준	[12세사05-02] 제1, 2차 세계대전의 원인과 결과를 알아보고, 세계 평화를 실현하기 위한 방법에 대해 토론한다.

나. 단원의 구성

단원	차시	주요 내용 및 활용	수업 형태	평가 방법
두 차례의 세계대전	1~2차시	제1차 세계대전	사료 학습	수행평가
	3차시	제1차 세계대전 이후의 세계	토의	수행평가
	4~5차시(본시)	제2차 세계대전	강의 및 모둠 활동	수행평가

다. 교수·학습 환경

학생 수	지도 장소	매체 및 기자재
25명	교실	칠판, 교사용 컴퓨터, 빔 프로젝터, 스크린, 태블릿 PC, 활동지

자료 ❶

【키워드】 이탈리아의 파시즘, 무솔리니, 로마 진군, 대공황, 독일의 나치즘, 히틀러, 일본의 군국주의, 만주사변

자료 ❷ 모둠 활동지 1

제2차 세계대전의 전개 과정을 지도로 이해하기

• 활동 순서: 모둠별 지도 제작 ➡ 모둠별 지도의 특징 작성 ➡ 발표 ➡ 질문 만들기

① 과제: 제2차 세계대전의 전개 과정을 나타내는 역사 지도를 제작하고 우리 모둠 지도의 특징 쓰기

역사 지도(모둠별 제작)	우리 모둠 지도의 특징

② 과제: 다른 모둠이 제작한 지도를 보고 제2차 세계대전의 전개 과정과 관련한 질문 만들기

자료 ❸ 모둠 활동지 2

제2차 세계대전을 살았던 사람들

• 활동 순서: 자료를 해석, 분석하고 모둠별 토의 ➡ 개별 역사 글쓰기

※ '제2차 세계대전을 살았던 사람들'을 제목으로 자료 (가)~(다)를 활용해 제2차 세계대전의 참상을 이해하고 글로 표현한다.

(가) 우리는 유대인들의 반역자이다. 유대인은 독일을 둘로 쪼개 놓았고 이것이 바로 제1차 세계대전 패전과 혁명의 타락을 가져온 화근이었다. …… 유대인은 가상적 생명체이고 창조성 없는 타락한 악령이고, 우리 인종의 의도적인 파괴자이다.

– 괴벨스의 연설문

(나) 도대체 독일군들은 어린 여자들을 어디로 데리고 간다는 걸까? 하지만 언니는 절대 가지 않을 거야. 엄마가 그렇게 말했거든. 우리가 피신해야 한다고 아빠가 말했던 게 바로 이 일 때문이었구나 하는 생각이 들었어. 피신. 어디에 숨는 걸까? 시내일까, 아니면 시골일까? 보통 집일까, 오두막일까? 그리고 언제 어떻게 가게 될까 …….

– 안네 프랑크의 일기

(다) 괴트가 닭 절도 사건을 조사 중이다. "누가 닭을 훔쳤어? 자수할 때까지 한 명씩 죽이겠어!" 맨 왼쪽에 서있던 유태인이 괴트의 총을 맞고 고꾸라진다. 괴트가 다음 유대인을 향해 방아쇠를 당기려 할 때 한 소년이 앞으로 나선다. "네가 훔쳤냐?" "아니요." "범인을 알고 있나?" 소년이 쓰러진 유태인을 손으로 가리킨다. "저 사람이 훔쳤어요." 쉰들러가 소년을 자기 공장으로 데려간다.

– 토마스 키닐리의 소설, 「쉰들러 리스트」

자료 ❹ 평가기준표

학습목표	3. 제2차 세계대전 중 사람들의 삶을 통해 전쟁의 참상을 이해하여 평화의 소중함을 깨닫고 이를 글쓰기로 표현할 수 있다.

내용	1. **[수험생 작성 부분 1]**
	2. **[수험생 작성 부분 2]**
	3. **[수험생 작성 부분 3]**
	4. 자료 (가)~(다)를 활용하였는가?
	5. 학습목표에 부합하는가?
형식	6. 주어-서술어-목적어의 문장구조가 정확하고 논리적인가?

관리번호	

2022학년도 공립 중등학교 임용 후보자 선정 경쟁 2차 시험
수업지도안 작성 답안지

수험번호									이름	

선발분야(역사)	작성 시간 60분	감독관 확인	(인)

단원	V-2. 두 차례의 세계대전		지도 대상	고등학교 2학년
학습목표	1. 제2차 세계대전의 배경에 대해 설명할 수 있다. 2. 제2차 세계대전의 전개 과정을 역사 지도로 제작할 수 있다. 3. 제2차 세계대전 중 사람들의 삶을 통해 전쟁의 참상을 이해하여 평화의 소중함을 깨닫고 이를 글쓰기로 표현할 수 있다.			
학습 자료	교과서, 사료, TV, 컴퓨터, 태블릿 PC 및 학습에 필요한 모든 기자재			

학습 단계	학습 요소	교수·학습활동	시간	자료 및 지도상 유의점
도입	인사	인사 및 출석 확인	5	영상자료
	전시 확인	제1차 세계대전 이후의 세계		
	동기 유발	제2차 세계대전과 관련된 영상을 시청해 흥미를 유발시킨다.		
	학습목표	학습목표를 확인한다.		
전개	〈전개 1〉	• 대공황과 미국, 영국, 프랑스의 대처 방안을 설명한다. 〈지도안 작성 부분 1〉	15	〈자료 1〉 태블릿 PC, 멀티미디어 기기

<table>
<tr><td rowspan="2">전개</td><td>〈전개 2〉</td><td>• 제2차 세계대전의 전개 과정을 설명한다.
〈지도안 작성 부분 2〉</td><td>30</td><td>〈자료 2〉</td></tr>
<tr><td>〈전개 3〉</td><td>〈지도안 작성 부분 3〉
<table><tr><th></th><th>평가기준표</th><th>총합(20점)</th></tr><tr><td rowspan="5">내용</td><td>1. [수험생 작성 부분 1]</td><td>3점</td></tr><tr><td>2. [수험생 작성 부분 2]</td><td>3점</td></tr><tr><td>3. [수험생 작성 부분 3]</td><td>4점</td></tr><tr><td>4. 자료 (가)~(다)를 활용하였는가?</td><td>4점</td></tr><tr><td>5. 학습목표에 부합하는가?</td><td>4점</td></tr><tr><td>형식</td><td>6. 주어-서술어-목적어의 문장구조가 정확하고 논리적인가?</td><td>2점</td></tr></table>
• 모둠별 활동과 개인별 글쓰기를 진행한다.</td><td>45</td><td>〈자료 3〉
〈자료 4〉</td></tr>
<tr><td rowspan="3"></td><td>형성평가</td><td>제2차 세계대전에 대한 형성평가를 실시한다.</td><td rowspan="3">5</td><td rowspan="3"></td></tr>
<tr><td>차시예고</td><td>냉전과 탈냉전</td></tr>
<tr><td>인사</td><td>인사하고 마친다.</td></tr>
</table>

관리번호	

2022학년도 공립 중등학교 임용 후보자 선정 경쟁 2차 시험
수업지도안 작성 구상지

수험번호									이름	

선발분야(역사)	작성 시간 60분	감독관 확인	(인)

구상 조건

- [지도안 작성 부분 1] ~ [지도안 작성 부분 3]을 실연하시오.
- 〈자료 1〉의 모든 키워드를 활용하여 총괄적 설명으로 제시하고, 발문과 판서를 포함한 강의식 수업을 실연하시오.
- 〈자료 2〉를 활용하여 역사 지도 만들기 활동을 안내하고, 과제 1의 사례 2가지를 제시하고, 과제 2에서 질문 2가지를 받은 뒤, 역사 지도의 특징에 입각한 피드백을 제시하는 과정을 실연하시오.
- 〈자료 2〉에서 학생들이 제작한 질문을 활용하여 문답식으로 실연하시오.
- 〈자료 3〉과 교수·학습지도안 작성 시 완성한 〈자료 4〉를 활용하여 학생 활동을 안내하는 과정을 실연하시오.
- 일정량의 판서를 사용하여 실연하시오.
- 기자재: 컴퓨터, 빔 프로젝터, 태블릿 PC, 스크린, 칠판, 활동지

※ 학습이 이미 진행되어 전개 부분부터 실연하므로 학습목표는 판서하지 마시오.

자료 ❶

【키워드】 이탈리아의 파시즘, 무솔리니, 로마 진군, 대공황, 독일의 나치즘, 히틀러, 일본의 군국주의, 만주사변

자료 ❷ 모둠 활동지 1

제2차 세계대전의 전개 과정을 지도로 이해하기

- 활동 순서: 모둠별 지도 제작 ➡ 모둠별 지도의 특징 작성 ➡ 발표 ➡ 질문 만들기

① 과제: 제2차 세계대전의 전개 과정을 나타내는 역사 지도를 제작하고 우리 모둠 지도의 특징 쓰기

역사 지도(모둠별 제작)	우리 모둠 지도의 특징

② 과제: 다른 모둠이 제작한 지도를 보고 제2차 세계대전의 전개 과정과 관련한 질문 만들기

자료 ❸ 모둠 활동지 2

제2차 세계대전을 살았던 사람들

- 활동 순서: 자료를 해석, 분석하고 모둠별 토의 ➡ 개별 역사 글쓰기

※ '제2차 세계대전을 살았던 사람들'을 제목으로 자료 (가)~(다)를 활용해 제2차 세계대전의 참상을 이해하고 글로 표현한다.

(가) 우리는 유대인들의 반역자이다. 유대인은 독일을 둘로 쪼개 놓았고 이것이 바로 제1차 세계대전 패전과 혁명의 타락을 가져온 화근이었다. …… 유대인은 가상적 생명체이고 창조성 없는 타락한 악령이고, 우리 인종의 의도적인 파괴자이다.

– 괴벨스의 연설문

(나) 도대체 독일군들은 어린 여자들을 어디로 데리고 간다는 걸까? 하지만 언니는 절대 가지 않을 거야. 엄마가 그렇게 말했거든. 우리가 피신해야 한다고 아빠가 말했던 게 바로 이 일 때문이었구나 하는 생각이 들었어. 피신. 어디에 숨는 걸까? 시내일까, 아니면 시골일까? 보통 집일까, 오두막일까? 그리고 언제 어떻게 가게 될까 …….

– 안네 프랑크의 일기

(다) 괴트가 닭 절도 사건을 조사 중이다. "누가 닭을 훔쳤어? 자수할 때까지 한 명씩 죽이겠어!" 맨 왼쪽에 서있던 유태인이 괴트의 총을 맞고 고꾸라진다. 괴트가 다음 유대인을 향해 방아쇠를 당기려 할 때 한 소년이 앞으로 나선다. "네가 훔쳤냐?" "아니요." "범인을 알고 있나?" 소년이 쓰러진 유태인을 손으로 가리킨다. "저 사람이 훔쳤어요." 쉰들러가 소년을 자기 공장으로 데려간다.

– 토마스 키닐리의 소설, 「쉰들러 리스트」

3

자료 ❹ 평가기준표

학습목표	3. 제2차 세계대전 중 사람들의 삶을 통해 전쟁의 참상을 이해하여 평화의 소중함을 깨닫고 이를 글쓰기로 표현할 수 있다.

내용	1. [수험생 작성 부분]
	2. [수험생 작성 부분]
	3. [수험생 작성 부분]
	4. 자료 (가)~(다)를 활용하였는가?
	5. 학습목표에 부합하는가?
형식	6. 주어-서술어-목적어의 문장구조가 정확하고 논리적인가?

관리번호	

(2) 비지도안 지역

2022학년도 중등학교 교사 신규임용후보자 선정경쟁 시험 (2차)
역사 수업실연 문제지

수험번호									성명		관리번호	

선발분야(역사)	작성 시간 60분	감독관 확인	(인)

○ 문항에서 요구하는 내용의 가짓수가 제한되어 있는 경우, 요구한 가짓수까지의 내용만 실연하시오.
○ 칠판과 분필 등을 활용한 판서만 가능하며, 기자재를 활용해야 하는 경우 언급으로 대신하시오.

【문제】 다음에 제시된 〈실연 방법〉, 〈교수학습조건〉, 〈자료〉, 〈교수학습지도안〉을 반영해 수업을 실연하시오.

실연 방법

1. 〈교수학습지도안〉의 [수업실연 1]~[수업실연 3]에 해당하는 부분을 수업으로 실연하시오.
2. [수업실연 1]에서는 다음의 조건을 포함하여 실연하시오.
   1) 〈자료 1〉의 키워드를 모두 활용하여 총괄적 설명 방식으로 실연하시오.
   2) 발문과 판서를 포함하여 강의식 수업으로 실연하시오.
3. [수업실연 2]에서는 다음의 조건을 포함하여 실연하시오.
   1) 〈자료 2〉를 활용하여 실연하시오.
   2) 학생들의 발표 사례 2가지를 제시하고, 역사 지도의 특성에 유의하여 각각 피드백을 실연하시오.
   3) 학생들이 제작한 질문 2가지를 활용하여 문답식 수업을 진행하시오.
4. [수업실연 3]에서는 다음의 조건을 포함하여 실연하시오.
   1) 〈자료 3〉과 〈자료 4〉를 활용하여 실연하시오.
   2) 〈자료 3〉의 (가), (나), (다) 사료의 형식에 유의하여 활용할 때의 주의사항을 안내하시오.
   3) 학습목표 3을 고려하여 〈자료 4〉의 평가기준표의 '채점 기준'을 완성하여 제시하시오.

* 유의사항
1. 수업의 전개 과정부터 실연하므로 학습목표는 판서하지 마시오.
2. 교수학습과정과 평가, 교사와 학생의 활동이 구체적으로 드러나도록 실연하시오.

교수·학습 조건

1. 과목명: 세계사
2. 대상: 고등학교 2학년
3. 시간: 100분(블록타임제)
4. 단원명: V. 제국주의와 두 차례의 세계대전 – 두 차례의 세계대전

성취기준	[12세사05-02] 제1, 2차 세계대전의 원인과 결과를 알아보고, 세계 평화를 실현하기 위한 방법에 대해 토론한다.		
단원의 구성	차시	주요 내용 및 활용	수업 형태
	1~2	제1차 세계대전	사료 학습
	3	제1차 세계대전 이후의 세계	토의 학습
	4~5(본시)	제2차 세계대전	모둠 제작 활동

5. 교수·학습 환경

학생 수	지도 장소	매체 및 기자재
25명	교실	교사용 컴퓨터, 빔 프로젝터, 칠판, 태블릿 PC

자료 ❶

【키워드】 이탈리아 파시즘, 무솔리니, 로마진군, 대공황, 독일의 나치즘, 히틀러, 일본 군국주의, 만주사변

자료 ❷ 모둠 활동지

제2차 세계대전 전개 과정 역사 지도 그리기

[활동 안내]

1) 모둠별로 제2차 세계대전의 전개 과정을 담은 역사 지도를 제작하고, 지도의 특징을 작성한다.

2) 제작한 지도를 발표한다.

3) 다른 모둠 친구들의 지도를 바탕으로 질문을 만든다.

역사 지도(모둠별 제작)	우리 모둠 지도의 특징은?

* 다른 모둠의 역사 지도를 바탕으로 제2차 세계대전 전개 과정에 대한 질문 만들기

질문: ______________________________

자료 ❸ 활동지

참혹했던 전쟁, 제2차 세계대전

[활동 안내]

1) 2차 세계대전의 참상과 피해 상황에 대한 (가), (나), (다) 자료를 모둠원과 협동하여 분석 및 해석, 토의한다.

2) 2차 세계대전의 참상을 이해하는 개별 글쓰기 활동을 진행한다.

(가) 우리는 유대인의 반대자들이다. 유대인은 독일을 둘로 쪼개 놓았고 이것이 바로 제1차 세계대전 패전과 혁명의 타락을 가져온 화근이었다. …… 유대인은 기생적 생명체이고 창조성 없는 타락한 악령이고, 우리 인종의 의도적인 파괴자이다.

– 괴벨스의 연설문(랄프 게오로크 로이트, 『괴벨스, 대중 선동의 심리학』)

(나) 도대체 독일군들은 어린 여자들을 어디로 데리고 간다는 걸까? 하지만 언니는 절대 가지 않을 거야. 엄마가 그렇게 말했거든. 우리가 피신해야 한다고 아빠가 말했던 게 바로 이 일 때문이었구나 하는 생각이 들었어. 피신. 어디에 숨는 걸까? 시내일까, 아니면 시골일까? 보통 집일까, 오두막일까? 그리고 언제 어떻게 가게 될까 …….

– 안네 프랑크의 일기

(다) 괴트가 닭 절도 사건을 조사 중이다. "누가 닭을 훔쳤어? 자수할 때까지 한 명씩 죽이겠어!" 맨 왼쪽에 서 있던 유태인이 괴트의 총을 맞고 고꾸라진다. 괴트가 다음 유태인을 향해 방아쇠를 당기려 할 때 한 소년이 앞으로 나선다. "네가 훔쳤나?" "아니요." "범인을 알고 있나?" 소년이 쓰러진 유태인을 손으로 가리킨다. "저 사람이 훔쳤어요." 쉰들러가 소년을 자기 공장으로 데려간다.

– 토마스 키닐리의 소설, 『쉰들러 리스트』

자료 ❹ 개별 글쓰기 활동지

* 학습목표 3. 제2차 세계대전의 피해상에 대한 글쓰기 활동을 통해 전쟁의 참상을 이해할 수 있다.

	평가 점검표
내용적 측면	1. (가), (나), (다) 사료를 적절하게 활용하였는가?
	2. 학습목표에 부합하는가?
	3. **[수험생 실연 부분]**
	4. **[수험생 실연 부분]**
	5. **[수험생 실연 부분]**
형식적 측면	6. 주어-서술어-목적어의 문장구조가 정확하고 논리적인가?

2022학년도 중등학교 교사 신규임용후보자 선정경쟁 시험 (2차)
역사 수업실연 문제지 [지도안]

<table>
<tr><td>수험번호</td><td></td><td></td><td></td><td></td><td></td><td></td><td></td><td>성명</td><td></td><td>관리번호</td><td></td></tr>
</table>

<table>
<tr><td>선발분야(역사)</td><td>작성 시간 60분</td><td>감독관 확인</td><td>(인)</td></tr>
</table>

<table>
<tr><td>단원</td><td colspan="2">V-2. 두 차례의 세계대전</td><td>차시</td><td>4~5/5</td></tr>
<tr><td rowspan="3">학습목표</td><td colspan="4">1. 제2차 세계대전의 배경을 설명할 수 있다.</td></tr>
<tr><td colspan="4">2. 제2차 세계대전의 전개 과정을 모둠별 역사 지도에 표현할 수 있다.</td></tr>
<tr><td colspan="4">3. 제2차 세계대전의 피해상에 대한 글쓰기 활동을 통해 전쟁의 참상을 이해할 수 있다.</td></tr>
<tr><td>학습 단계</td><td>학습 요소</td><td>교수·학습활동</td><td>자료 및 지도상 유의점</td><td>시간</td></tr>
<tr><td rowspan="4">도입</td><td>인사</td><td>인사 및 출석 확인</td><td rowspan="4"></td><td rowspan="4">5</td></tr>
<tr><td>전시 확인</td><td>제1차 세계대전 이후의 세계</td></tr>
<tr><td>동기 유발</td><td>제2차 세계대전과 관련된 영상을 시청해 흥미를 유발시킨다.</td></tr>
<tr><td>학습목표</td><td>학습목표를 확인한다.</td></tr>
<tr><td rowspan="2">전개</td><td>〈전개 1〉
제2차
세계대전의
배경</td><td>• 대공황의 시작과 대공황 극복을 위한 노력을 설명한다.
– 미국의 뉴딜 정책, 영국과 프랑스 등의 블록 경제

〈수업실연 1 부분〉

• 이탈리아와 독일, 일본의 팽창 과정을 설명한다.</td><td>〈자료 1〉</td><td>15</td></tr>
<tr><td>〈전개 2〉
제2차
세계대전의
전개 과정</td><td>• 제2차 세계대전의 전개 과정 역사 지도 제작 모둠 활동을 안내한다.

〈수업실연 2 부분〉</td><td>〈자료 2〉</td><td>30</td></tr>
</table>

<table>
<tr><td>전개</td><td>〈전개 3〉
역사 글쓰기
활동</td><td>〈수업실연 3 부분〉

• 모둠별 활동과 개별 글쓰기 활동을 진행한다.</td><td>〈자료 3〉
〈자료 4〉</td><td>45</td></tr>
<tr><td rowspan="3">정리</td><td>형성평가</td><td>제2차 세계대전에 대한 형성평가를 실시한다.</td><td rowspan="3"></td><td rowspan="3">5</td></tr>
<tr><td>차시예고</td><td>냉전과 탈냉전</td></tr>
<tr><td>인사</td><td>인사하고 마친다.</td></tr>
</table>

4 2021학년도

(1) 지도안 지역

2021학년도 공립 중등학교 임용 후보자 선정 경쟁 2차 시험
수업지도안 작성 문제지

수험번호									이름	

선발분야(역사)	작성 시간 60분	감독관 확인	(인)

교수·학습지도안 작성 조건

- 교수·학습지도안은 실제 교실에서의 수업 상황을 가정하여 작성할 것
- [지도안 작성 부분 1] 〈자료 1〉을 활용하여 교수·학습활동을 작성하시오.
  - 〈자료 1〉을 활용하여 프랑스 혁명의 전개 과정을 시간 순으로 작성하시오.
  - 자료에 대한 각각의 발문을 포함하여 작성하시오.
- [지도안 작성 부분 2] 〈자료 2〉를 활용하여 교수·학습활동을 작성하시오.
  - 〈자료 2〉에 대한 지도를 포함하여 작성하시오.
  - (가) 사료 외에 추가 사료 하나를 포함·제시하여 작성하시오.
  - 사료의 특성을 바탕으로 사료 활용 시 유의점을 포함하여 지도하는 장면을 작성하시오.
- [지도안 작성 부분 3] 〈자료 3〉과 〈자료 4〉에 대해 교사의 피드백을 제공하는 장면을 작성하시오.
  - 〈자료 3〉에 대한 교사의 피드백을 추가 사례를 제시하여 작성하시오.
  - 〈자료 4〉에 대한 교사의 피드백을 포함하되 근거를 제시하여 작성하시오.

교수·학습 조건

- 대상: 중학교 2학년
- 시간: 90분(블록타임제)
- 단원명: Ⅳ. 제국주의 침략과 국민 국가 건설 운동 – 유럽과 아메리카의 국민 국가 체제

단원	교수·학습 방법
영국 혁명과 미국 혁명(1차시)	강의식 수업
프랑스 혁명(2~3차시) – 본 차시	강의식, 모둠 활동, 발표 활동
국민 국가의 형성(4차시)	강의식 수업

성취기준	[9역04-01] 유럽과 아메리카의 시민 혁명과 국민 국가 형성 과정을 이해한다.

- 기자재: 컴퓨터, 빔 프로젝터, 태블릿 PC, 스크린, 칠판, 활동지

자료 ❶

그림 자료	나폴레옹의 쿠데타	문서 자료	인간과 시민의 권리 선언
	테르미도르의 반동		
	테니스코트의 서약		
	루이 16세의 처형		

자료 ❷ 모둠별 카드뉴스 기획안

□□ 모둠

- 탐구 주제: 프랑스 혁명을 바라보는 상반된 시선
- 주제 선정 이유: …(생략)…
- (가) 활용 사료

국민의회는 고래의 모든 것을 파괴하는 과오를 범했다. 당신들은 자신들의 모든 것을 멸시했다. 당신네들이 품었던 잘못된 생각과 헛된 기대감은 결코 없앨 수 없는 실제 불평등을 더욱 악화하고 쓰라리게 만드는 데 기여했을 뿐이다. …… 프랑스인들의 반역으로 인민들은 가난해지고 신분도 구제되지 못했으며 무정부 상태가 되었다. 이것이 불가피했는가? 이 비극은 내전에 따른 참화가 아니라 태평스러운 시기에 채택된 성급하고 무지한 기획이 초래한 결과다. 그들은 국가를 무너뜨리고 자신들은 국가를 위해 피 한 방울 흘리지 않았으며 왕을 감금하고 시민들을 죽이고 국가적 빈곤과 고통을 일으켰다. …… 또한 국민의회는 신분 위계가 소멸된 이래 그를 규제할 어떤 법, 관습도 지니고 있지 않으며 그들은 그 헌법을 만들어내는 권력을 지녔다. …… 프랑스에서 일어난 혼란은 생명 그 자체의 기반을 공격하고 사람들의 명예를 깡그리 짓밟았다. 그들은 자연의 원리, 불평등을 강제로 전복하려는 자들에 불과하다.

– 에드먼드 버크, 「프랑스 혁명에 관한 고찰」

자료 ❸

△△ 모둠

〈주제〉 프랑스 혁명이 남긴 유산	라 마르세예즈	프랑스의 삼색기

자료 ❹

☆☆ 모둠

〈주제〉 영화로 보는 프랑스 혁명 (18세기 후반)	잔 다르크	레 미제라블

관리번호	

2021학년도 공립 중등학교 임용 후보자 선정 경쟁 2차 시험
수업지도안 작성 답안지

수험번호									이름	

선발분야(역사)	작성 시간 60분	감독관 확인	(인)

<table>
<tr><td>단원</td><td colspan="3">Ⅳ-1. 유럽과 아메리카의 국민 국가 체제</td><td>지도 대상</td><td>중학교 2학년</td></tr>
<tr><td rowspan="3">학습목표</td><td colspan="5">1. 프랑스 혁명의 배경과 전개 과정을 설명할 수 있다.</td></tr>
<tr><td colspan="5">2. 프랑스 혁명에 대한 카드뉴스를 제작할 수 있다.</td></tr>
<tr><td colspan="5">3. 프랑스 혁명의 의의에 대해 평가할 수 있다.</td></tr>
<tr><td>학습 자료</td><td colspan="5">교과서, 사료, TV, 컴퓨터, 태블릿 PC 및 학습에 필요한 모든 기자재</td></tr>
<tr><td>학습 단계</td><td>학습 요소</td><td colspan="2">교수·학습활동</td><td>시간</td><td>자료 및 지도상 유의점</td></tr>
<tr><td rowspan="4">도입</td><td>인사</td><td colspan="2">인사 및 출석 확인</td><td rowspan="4">5</td><td rowspan="4">영상자료</td></tr>
<tr><td>전시 확인</td><td colspan="2">영국 혁명과 미국 혁명</td></tr>
<tr><td>동기 유발</td><td colspan="2">프랑스 혁명과 관련된 영상을 시청해 흥미를 유발시킨다.</td></tr>
<tr><td>학습목표</td><td colspan="2">학습목표를 확인한다.</td></tr>
<tr><td rowspan="2">전개</td><td rowspan="2">〈전개 1〉</td><td colspan="2">• 프랑스 혁명의 배경과 삼부회 소집을 설명한다.</td><td rowspan="2">20</td><td rowspan="2">〈자료 1〉
태블릿 PC,
멀티미디어
기기</td></tr>
<tr><td colspan="2">〈지도안 작성 부분 1〉</td></tr>
</table>

<table>
<tr><td rowspan="5">전개</td><td>〈전개 2〉</td><td>• 모둠별 카드뉴스 제작에 대한 절차를 안내한다.
– 절차: 모둠별 카드뉴스 기획안 작성 ➡ 카드뉴스 제작 ➡ 발표
〈지도안 작성 부분 2〉</td><td>20</td><td>〈자료 2〉</td></tr>
<tr><td>〈전개 3〉</td><td>• 모둠별 카드뉴스를 제작한다.</td><td>20</td><td></td></tr>
<tr><td>〈전개 4〉</td><td>〈지도안 작성 부분 3〉
• 학생의 발표를 통해 프랑스 혁명의 의의를 정리한다.</td><td>20</td><td>〈자료 3〉
〈자료 4〉</td></tr>
<tr><td rowspan="3">정리</td><td>정리</td><td>프랑스 혁명에 대한 형성평가를 실시한다.</td><td rowspan="3">5</td><td rowspan="3"></td></tr>
<tr><td>차시예고</td><td>국민 국가의 형성</td></tr>
<tr><td>인사</td><td>인사하고 마친다.</td></tr>
</table>

관리번호	

2021학년도 공립 중등학교 임용 후보자 선정 경쟁 2차 시험
수업지도안 작성 구상지

수험번호									이름	

선발분야(역사)	작성 시간 60분	감독관 확인	(인)

구상 조건

- [지도안 작성 부분 1] ~ [지도안 작성 부분 3]을 실연하시오.
- 〈자료 1〉을 활용하여 프랑스 혁명의 전개 과정을 시간 순으로 판서로 정리하고, 자료에 대한 발문을 각각 포함하여 실연하시오.
- 〈자료 2〉에 대한 지도를 포함하고 (가) 외에 사료 하나를 보충하여 실연하시오. (단, 〈자료 1〉의 문서 자료는 제외할 것)
- 〈자료 3〉에 대한 교사의 피드백에 추가 사례를 포함하여 실연하시오.
- 〈자료 4〉에 대한 교사의 피드백에 근거를 포함하여 실연하시오.
- 일정량의 판서를 사용하여 실연하시오.
- 기자재: 컴퓨터, 빔 프로젝터, 태블릿 PC, 스크린, 칠판, 활동지

※ 학습이 이미 진행되어 전개 부분부터 실연하므로 학습목표는 판서하지 마시오.

자료 ❶

그림 자료	나폴레옹의 쿠데타	문서 자료	인간과 시민의 권리 선언
	테르미도르의 반동		
	테니스코트의 서약		
	루이 16세의 처형		

자료 ❷ 모둠별 카드뉴스 기획안

□□ 모둠

- 탐구 주제: 프랑스 혁명을 바라보는 상반된 시선
- 주제 선정 이유: …(생략)…
- (가) 활용 사료

> 국민의회는 고래의 모든 것을 파괴하는 과오를 범했다. 당신들은 자신들의 모든 것을 멸시했다. 당신네들이 품었던 잘못된 생각과 헛된 기대감은 결코 없앨 수 없는 실제 불평등을 더욱 악화하고 쓰라리게 만드는 데 기여했을 뿐이다. …… 프랑스인들의 반역으로 인민들은 가난해지고 신분도 구제되지 못했으며 무정부 상태가 되었다. 이것이 불가피했는가? 이 비극은 내전에 따른 참화가 아니라 태평스러운 시기에 채택된 성급하고 무지한 기획이 초래한 결과다. 그들은 국가를 무너뜨리고 자신들은 국가를 위해 피 한 방울 흘리지 않았으며 왕을 감금하고 시민들을 죽이고 국가적 빈곤과 고통을 일으켰다. …… 또한 국민의회는 신분 위계가 소멸된 이래 그를 규제할 어떤 법, 관습도 지니고 있지 않으며 그들은 그 헌법을 만들어내는 권력을 지녔다. …… 프랑스에서 일어난 혼란은 생명 그 자체의 기반을 공격하고 사람들의 명예를 깡그리 짓밟았다. 그들은 자연의 원리, 불평등을 강제로 전복하려는 자들에 불과하다.
>
> – 에드먼드 버크, 「프랑스 혁명에 관한 고찰」

자료 ❸

△△ 모둠

〈주제〉 프랑스 혁명이 남긴 유산	라 마르세예즈	프랑스의 삼색기

자료 ❹

☆☆ 모둠

〈주제〉 영화로 보는 프랑스 혁명 (18세기 후반)	잔 다르크	레 미제라블

관리번호	

(2) 비지도안 지역

2021학년도 중등학교 교사 신규임용후보자 선정경쟁 시험 (2차)
역사 수업실연 문제지

수험번호									성명		관리번호	

선발분야(역사)	작성 시간 60분	감독관 확인	(인)

○ 문항에서 요구하는 내용의 가짓수가 제한되어 있는 경우, 요구한 가짓수까지의 내용만 실연하시오.
○ 칠판과 분필 등을 활용한 판서만 가능하며, 기자재를 활용해야 하는 경우 언급으로 대신하시오.

【문제】 다음에 제시된 〈실연 방법〉, 〈교수학습조건〉, 〈자료〉, 〈교수학습지도안〉을 반영해 수업을 실연하시오.

실연 방법

1. 〈교수학습지도안〉의 [수업실연 1]~[수업실연 3]에 해당하는 부분을 수업으로 실연하시오.
2. [수업실연 1]에서는 다음의 조건을 포함하여 실연하시오.
   1) 〈자료 1〉을 활용하여 실연하되, 시간에 따른 혁명의 전개 과정을 강의식 수업으로 실연하시오.
   2) 자료에 대한 각각의 발문을 포함하여 실연하시오.
3. [수업실연 2]에서는 다음의 조건을 포함하여 실연하시오.
   1) 〈자료 2〉를 활용하여 실연하되, (가) 이외에 하나의 사료를 추가하여 실연하시오.
   2) 사료의 주제와 특성을 고려하여 (가) 사료 활용 시 유의사항을 안내하시오.
4. [수업실연 3]에서는 다음의 조건을 포함하여 실연하시오.
   1) 〈자료 3〉에 대한 교사의 피드백을 실연하되, 추가 사례 한 가지를 포함하여 실연하시오(단, 〈자료 1〉에 제시된 자료는 제외할 것).
   2) 〈자료 4〉에 대한 교사의 피드백을 실연하되, 근거를 포함하여 실연하시오.

* 유의사항
1. 일정량의 판서를 포함하여 실연하시오.
2. 수업의 전개 과정부터 실연하므로 학습목표는 판서하지 마시오.

교수·학습 조건

1. 과목명: 역사 ①
2. 대상: 중학교 2학년
3. 시간: 90분(블록타임제)
4. 단원명: Ⅳ. 제국주의 침략과 국민 국가 건설 운동 - 유럽과 아메리카의 국민 국가 체제

성취기준	유럽과 아메리카의 시민 혁명과 국민 국가 형성 과정을 이해한다.		
단원의 구성	차시	주요 내용 및 활용	수업 형태
	1~2	영국 혁명과 미국 혁명	블렌디드 러닝, 강의식 수업
	3~4(본시)	프랑스 혁명	오프라인 수업, 강의식, 모둠 활동, 수행평가
	5	국민 국가의 형성(특강)	온라인 수업, 강의식 수업

5. 교수·학습 환경

학생 수	지도 장소	매체 및 기자재
25명	교실	칠판, 교사용 컴퓨터, 빔 프로젝터, 스크린, 개인별 태블릿 PC

자료 ❶

그림 자료	나폴레옹의 쿠데타	문서 자료	인간과 시민의 권리 선언
	테르미도르의 반동		
	테니스코트의 서약		
	루이 16세의 처형		

자료 ❷ 모둠별 카드뉴스 기획안

□□ 모둠

- 탐구 주제: 프랑스 혁명을 바라보는 상반된 시선
- 주제 선정 이유: …(생략)…
- (가) 활용 사료

국민의회는 고래의 모든 것을 파괴하는 과오를 범했다. 당신들은 자신들의 모든 것을 멸시했다. 당신네들이 품었던 잘못된 생각과 헛된 기대감은 결코 없앨 수 없는 실제 불평등을 더욱 악화하고 쓰라리게 만드는 데 기여했을 뿐이다. …… 프랑스인들의 반역으로 인민들은 가난해지고 신분도 구제되지 못했으며 무정부 상태가 되었다. 이것이 불가피했는가? 이 비극은 내전에 따른 참화가 아니라 태평스러운 시기에 채택된 성급하고 무지한 기획이 초래한 결과다. 그들은 국가를 무너뜨리고 자신들은 국가를 위해 피 한 방울 흘리지 않았으며 왕을 감금하고 시민들을 죽이고 국가적 빈곤과 고통을 일으켰다. …… 또한 국민의회는 신분 위계가 소멸된 이래 그를 규제할 어떤 법, 관습도 지니고 있지 않으며 그들은 그 헌법을 만들어내는 권력을 지녔다. …… 프랑스에서 일어난 혼란은 생명 그 자체의 기반을 공격하고 사람들의 명예를 깡그리 짓밟았다. 그들은 자연의 원리, 불평등을 강제로 전복하려는 자들에 불과하다.

– 에드먼드 버크, 「프랑스 혁명에 관한 고찰」

자료 ❸

△△ 모둠

〈주제〉 프랑스 혁명이 남긴 유산	라 마르세예즈	프랑스의 삼색기

자료 ❹

☆☆ 모둠

〈주제〉 영화로 보는 프랑스 혁명 (18세기 후반)	잔 다르크	레 미제라블

2021학년도 중등학교 교사 신규임용후보자 선정경쟁 시험 (2차)
역사 수업실연 문제지 [지도안]

수험번호									성명		관리번호	

선발분야(역사)	작성 시간 60분	감독관 확인	(인)

단원	Ⅳ-1. 제국주의 침략과 국민 국가 건설 운동		차시	3~4/5
학습목표	1. 프랑스 혁명의 배경과 전개 과정을 설명할 수 있다. 2. 프랑스 혁명을 주제로 한 카드뉴스를 제작하고 발표할 수 있다. 3. 프랑스 혁명의 의의에 대한 자신의 생각을 말할 수 있다.			
학습 단계	**학습 요소**	**교수·학습활동**	**자료 및 지도상 유의점**	**시간**
도입	인사	인사 및 출석 확인을 한다.		5
	전시 확인	영국 혁명과 미국 혁명에 대한 전시 학습 내용을 상기한다.		
	동기 유발	프랑스 혁명에 관한 동영상을 활용하여 흥미를 유발한다.		
	학습목표	학습목표를 확인한다.		
전개	〈전개 1〉 프랑스 혁명의 배경과 전개 과정	• 프랑스 혁명의 배경과 삼부회 소집을 설명한다. 〈수업실연 1 부분〉	〈자료 1〉	20
	〈전개 2〉 카드뉴스 제작	• 모둠별 카드뉴스 제작 시 주의사항을 안내한다. • 절차: 모둠별 기획안 작성 – 카드뉴스 제작 – 발표 〈수업실연 2 부분〉	〈자료 2〉 태블릿 PC를 활용하여 추가 자료 검색 안내	20
	〈전개 3〉 카드뉴스 발표	• 카드뉴스에 대해 발표한다.		20

전개	〈전개 4〉 카드뉴스 피드백	〈수업실연 3 부분〉	〈자료 3〉 〈자료 4〉	10
	〈전개 5〉 프랑스 혁명 의의	• 학생들의 발표를 통해 프랑스 혁명의 의의를 정리한다.		10
정리	정리	프랑스 혁명에 대한 형성평가를 실시한다.		5
	차시예고	국민 국가 형성 과정에 대해 학습한다.		
	인사	안사하고 마친다.		

5 2020학년도

(1) 지도안 지역

2020학년도 공립 중등학교 임용 후보자 선정 경쟁 2차 시험
수업지도안 작성 문제지

수험번호									이름	

선발분야(역사)	작성 시간 60분	감독관 확인	(인)

교수·학습지도안 작성 조건

- 교수·학습지도안은 실제 교실에서의 수업 상황을 가정하여 작성할 것
- 5명을 한 모둠으로 가정할 것
- [지도안 작성 부분 1] 〈자료 1〉을 활용하여 강의식 수업, 사료 탐구 학습으로 작성하시오.
  - 〈자료 1〉을 활용하여 학생에게 발문을 제공하시오.
  - 주요 전투 3개를 포함하여 전개 과정을 설명하시오.
- [지도안 작성 부분 2] 〈자료 2〉를 활용하여 작성하시오.
  - 〈자료 2〉를 활용해서 모둠별로 가상 인터뷰를 계획하는 활동을 작성하시오.
  - 학생 활동 시 유의사항을 내용과 방법 측면에서 각각 작성하시오.
  - 학생 활동 시 예상되는 학생의 질문과 대답을 각각 작성하시오.
- [지도안 작성 부분 3] 〈자료 3〉을 바탕으로 토론 수업으로 작성하시오.
  - 〈자료 3〉의 2번을 고려하여 1번의 학생 활동을 작성하시오.
  - 토론 수업의 활동 방법을 안내하시오.
- [지도안 작성 부분 4] 〈자료 4〉를 바탕으로 학생 활동에 대한 피드백 과정을 작성하시오.
  - 〈자료 4〉의 우수사례에 대한 피드백을 역사과 역량 중에서 2가지와 관련시켜 작성하시오.
  - 〈자료 5〉와 관련하여 학교생활기록부에 쓸 기초자료를 작성하시오.

교실 상황

1. 과목명: 동아시아사
2. 대상: 고등학교 2학년
3. 시간: 100분(블록타임제)
4. 단원명: Ⅲ. 동아시아의 사회변동과 문화교류 - 17세기 전후 동아시아 전쟁

가. 단원의 성취기준

성취기준	[12동사03-01] 17세기 전후 동아시아 전쟁의 배경, 전개 과정 및 그 결과로 나타난 각국의 변화를 파악한다.

나. 단원의 구성

단원	차시	주요 내용 및 활용	수업 형태	평가 방법
동아시아의 사회변동과 문화교류	1차시	16세기 동아시아 정세의 변동	강의식 수업	수행평가
	2~3차시(본시)	17세기 전후의 동아시아 전쟁	강의 및 모둠 수업	수행평가
	4차시	국제 질서의 재편과 교류의 재개	강의식 수업	수행평가

다. 교수·학습 환경

학생 수	지도 장소	매체 및 기자재
25명	교실	칠판, 교사용 컴퓨터, 빔 프로젝터, 스크린, 스마트 TV, 활동지

자료 ❶

(가) …… 세계에서 유례없는 명예롭고 감탄할 만한 계획을 내 힘으로 성취하고자 한다. …… 일본 가까이에 조선이 있고 이 나라는 중국에 근접해 있으므로 먼저 그 나라를 무력으로 정복한 뒤, 그곳에서 중국으로 나가는 데 필요한 탄약이나 식량을 보급하도록 한다면 일거양득이다.

– 프로이스, 『일본사』

(나) 신이 근심하는 것은 조선이 아니라 우리나라(명) 국경입니다. …… 랴오둥은 베이징의 팔 같은 것이고, 조선은 랴오둥의 울타리 같은 것입니다. …… 200년 동안 푸젠성과 저장성이 항상 왜(왜구)의 화를 입었으나, 랴오양과 톈진에 왜가 없었던 것은 조선이 울타리처럼 막았기 때문입니다.

–『선조수정실록』

(다) 섬 오랑캐가 쳐들어왔다. …… 충의란 마땅히 나라를 위해 죽는 것이니, 무기를 들고 군량을 모으며, 말에 올라타 앞장서 전쟁터로 달리자. 기꺼이 쟁기를 던지고 논밭에서 일어나 능력이 되는 데까지 오직 충의로 돌아가라.

– 고경명, 『제봉선생집』

자료 ❷ 모둠 학습지 1

1. 가상 인터뷰 대상	
2. 가상 인터뷰 대상 선정 이유	
3. 가상 인터뷰 질문	

자료 ❸ 모둠 학습지 2

1. 학생 활동	**[수험생 작성 부분 1]**
2. 임진왜란, 정유재란 전쟁	명칭:
	이유:

자료 ❹ 우수활동 사례(3모둠)

[모둠 학습지 1]

1. 가상 인터뷰 대상	김충선
2. 가상 인터뷰 대상 선정 이유	(생략)
3. 가상 인터뷰 질문	(생략)

[모둠 학습지 2]

1. 학생 활동	(생략)
2. 임진왜란, 정유재란 전쟁	명칭: 임진 전쟁, 조·일 전쟁
	이유: 국제전의 성격이 드러나고 ……

자료 ❺ 교사의 수업 일지

오늘 수업 단원	[수험생 작성 부분 2]
활동	[수험생 작성 부분 3]
우수사례	[수험생 작성 부분 4]

관리번호	

2020학년도 공립 중등학교 임용 후보자 선정 경쟁 2차 시험
수업지도안 작성 답안지

수험번호									이름	

선발분야(역사)	작성 시간 60분	감독관 확인	(인)

단원	Ⅲ-1. 17세기 이후 동아시아 전쟁		지도 대상	고등학교 1학년
학습목표	1. 17세기 전후 동아시아의 전쟁을 설명할 수 있다.			
	2. 가상 인터뷰 활동을 통해 17세기 전후 동아시아 국제 전쟁의 상황에 대해 탐구할 수 있다.			
	3. 17세기 전후 동아시아의 전쟁 명칭에 대해 토론할 수 있다.			
학습 자료	교과서, 사료, TV, 컴퓨터 및 학습에 필요한 모든 기자재			

학습 단계	학습 요소	교수·학습활동	시간	자료 및 지도상 유의점
도입	인사	인사 및 출석 확인	5	각종 자료
	전시 확인	16세기 동아시아 정세의 변동		
	동기 유발	임진왜란과 관련된 동영상이나 이야기로 동기를 유발시킨다.		
	학습목표	학습목표를 확인한다.		
전개	〈전개 1〉	〈지도안 작성 부분 1〉	20	〈자료 1〉

<table>
<tr><td rowspan="2">전개</td><td>〈전개 2〉</td><td>〈지도안 작성 부분 2〉</td><td>25</td><td>〈자료 2〉</td></tr>
<tr><td>〈전개 3〉</td><td>〈지도안 작성 부분 3〉

• 모둠 학습지 1
<table><tr><td>1. 학생 활동</td><td>[수험생 작성 부분 1]</td></tr><tr><td rowspan="2">2. 임진왜란, 정유재란 전쟁</td><td>명칭:</td></tr><tr><td>이유:</td></tr></table></td><td>20</td><td>〈자료 3〉</td></tr>
</table>

<table>
<tr>
<td>전개</td>
<td>〈전개 4〉</td>
<td>〈지도안 작성 부분 4〉

• 교사의 수업 일지
<table>
<tr><td>오늘 수업 단원</td><td>[수험생 작성 부분 2]</td></tr>
<tr><td>활동</td><td>[수험생 작성 부분 3]</td></tr>
<tr><td>우수사례</td><td>[수험생 작성 부분 4]</td></tr>
</table>
</td>
<td>25</td>
<td>〈자료 4〉
〈자료 5〉</td>
</tr>
<tr>
<td rowspan="3">정리</td>
<td>정리</td>
<td>17세기 전후의 동아시아 전쟁을 정리한다.</td>
<td rowspan="3">5</td>
<td rowspan="3"></td>
</tr>
<tr>
<td>차시예고</td>
<td>국제 질서의 재편과 교류의 재개</td>
</tr>
<tr>
<td>인사</td>
<td>인사하고 마친다.</td>
</tr>
</table>

관리번호	

2020학년도 공립 중등학교 임용 후보자 선정 경쟁 2차 시험
수업지도안 작성 구상지

수험번호									이름	

선발분야(역사)	작성 시간 60분	감독관 확인	(인)

구상 조건

- 〈전개 1〉, 〈전개 2〉, 〈전개 4〉를 발문을 포함하여 학생의 활동이 잘 드러나도록 실연하시오.
- 〈전개 1〉을 실연하되, 〈자료 1〉을 활용하여 실연하시오.
  - 〈자료 1〉을 활용하여 학생에게 발문을 제공하시오.
  - 주요 전투 3개를 포함하여 전개 과정을 설명하시오.
- 〈전개 2〉를 실연하되, 〈자료 2〉를 활용하여 실연하시오.
  - 〈자료 2〉를 활용해서 모둠별로 가상 인터뷰를 계획하는 활동을 작성하시오.
  - 학생 활동 시 유의사항을 내용과 방법 측면에서 각각 실연하시오.
  - 학생 활동 시 예상되는 학생의 질문과 대답을 각각 실연하시오.
- 〈전개 4〉를 실연하되, 〈자료 3〉, 〈자료 4〉를 활용하여 실연하시오.
  - 〈자료 3〉의 우수사례에 대한 피드백을 역사과 역량 중에서 2가지와 관련시켜 실연하시오.
  - 〈자료 4〉와 관련하여 학교생활기록부에 쓸 기초자료를 제시하시오.
- 일정량의 판서를 사용하여 실연하시오.
- 기자재: 교사용 컴퓨터, 빔 프로젝터, 스마트 기기, 스크린, 칠판

※ 학습이 이미 진행되어 전개 부분부터 실연하므로 학습목표는 판서하지 마시오.

자료 ❶

(가) …… 세계에서 유례없는 명예롭고 감탄할 만한 계획을 내 힘으로 성취하고자 한다. …… 일본 가까이에 조선이 있고 이 나라는 중국에 근접해 있으므로 먼저 그 나라를 무력으로 정복한 뒤, 그곳에서 중국으로 나가는 데 필요한 탄약이나 식량을 보급하도록 한다면 일거양득이다.

– 프로이스, 『일본사』

(나) 신이 근심하는 것은 조선이 아니라 우리나라(명) 국경입니다. …… 랴오둥은 베이징의 팔 같은 것이고, 조선은 랴오둥의 울타리 같은 것입니다. …… 200년 동안 푸젠성과 저장성이 항상 왜(왜구)의 화를 입었으나, 랴오양과 톈진에 왜가 없었던 것은 조선이 울타리처럼 막았기 때문입니다.

– 『선조수정실록』

(다) 섬 오랑캐가 쳐들어왔다. …… 충의란 마땅히 나라를 위해 죽는 것이니, 무기를 들고 군량을 모으며, 말에 올라타 앞장서 전쟁터로 달리자. 기꺼이 쟁기를 던지고 논밭에서 일어나 능력이 되는 데까지 오직 충의로 돌아가라.

– 고경명, 『제봉선생집』

자료 ❷ 모둠 학습지 1

1. 가상 인터뷰 대상	
2. 가상 인터뷰 대상 선정 이유	
3. 가상 인터뷰 질문	

자료 ❸ 우수활동 사례(3모둠)

[모둠 학습지 1]

1. 가상 인터뷰 대상	김충선
2. 가상 인터뷰 대상 선정 이유	(생략)
3. 가상 인터뷰 질문	(생략)

[모둠 학습지 2]

1. 학생 활동	(생략)
2. 임진왜란, 정유재란 전쟁	명칭: 임진 전쟁, 조·일 전쟁
	이유: 국제전의 성격이 드러나고 ……

자료 ❹ 교사의 수업 일지

오늘 수업 단원	[수험생 작성 부분]
활동	[수험생 작성 부분]
우수사례	[수험생 작성 부분]

관리번호	

(2) 비지도안 지역

2020학년도 중등학교 교사 신규임용후보자 선정경쟁 시험 (2차)
역사 수업실연 문제지

수험번호									성명		관리번호	

선발분야(역사)	작성 시간 60분	감독관 확인	(인)

○ 문항에서 요구하는 내용의 가짓수가 제한되어 있는 경우, 요구한 가짓수까지의 내용만 실연하시오.
○ 칠판과 분필 등을 활용한 판서만 가능하며, 기자재를 활용해야 하는 경우 언급으로 대신하시오.

【문제】 다음에 제시된 〈실연 방법〉, 〈교수학습조건〉, 〈자료〉, 〈교수학습지도안〉을 반영해 수업을 실연하시오.

실연 방법

1. 〈교수학습지도안〉의 [수업실연 1]~[수업실연 3]에 해당하는 부분을 수업으로 실연하시오.
2. [수업실연 1]에서는 다음의 조건을 포함하여 실연하시오.
   1) 〈자료 1〉을 활용하여 학생에게 발문을 제공하되, 강의식 수업으로 실연하시오.
   2) 임진왜란의 주요 전투 3가지를 판서에 포함하여 왜란의 전개 과정을 설명하시오.
3. [수업실연 2]에서는 다음의 조건을 포함하여 실연하시오.
   1) 〈자료 2〉를 활용하여 실연하되, 모둠별로 가상 인터뷰 계획서를 작성하는 학생 활동이 드러나도록 실연하시오.
   2) 학생 활동 시 유의사항을 내용과 방법 측면에서 각각 실연하시오.
   3) 학생 활동 과정에서 예상되는 학생의 질문과 교사의 답변을 포함하여 실연하시오.
4. [수업실연 3]에서는 다음의 조건을 포함하여 실연하시오.
   1) 토의·토론 수업 활동이 끝났음을 가정하여 실연하시오.
   2) 〈자료 3〉이 우수사례로 선정되었다고 가정하고, 그에 대한 학생의 피드백을 포함하여 실연하시오.
   3) 역사과 핵심역량 중 2가지를 평가기준에 포함하여 수업실연에 반영하시오.

* 유의사항
1. 교사와 학생의 활동이 구체적으로 드러나도록 실연하되, 동아시아사 과목의 특성을 고려하여 실연하시오.
2. 수업의 전개 과정부터 실연하므로 학습목표는 판서하지 마시오.

교수·학습 조건

1. 과목명: 동아시아사　　2. 대상: 고등학교 2학년　　3. 시간: 100분(블록타임제)
4. 단원명: Ⅲ. 동아시아의 사회변동과 문화교류 – 17세기 전후 동아시아 전쟁

성취기준	17세기 전후 동아시아 전쟁의 배경, 전개 과정 및 그 결과로 나타난 각국의 변화를 파악한다.		
단원의 구성	차시	주요 내용 및 활용	수업 형태
	1	16세기 동아시아 정세의 변동	강의식 수업, 서술형 평가
	2~3(본시)	임진왜란과 정유재란	강의식 및 모둠 수업 모둠 활동지 평가
	4~5	정묘호란과 병자호란	토론학습, 관찰평가
	5	전후 동아시아 사회의 변화	강의식 수업, 선다형 평가

5. 교수·학습 환경

학생 수	지도 장소	매체 및 기자재
24명	교실	칠판, 교사용 컴퓨터, 빔 프로젝터, 스크린, 태블릿 PC

자료 ❶

(가) …… 세계에서 유례없는 명예롭고 감탄할 만한 계획을 내 힘으로 성취하고자 한다. …… 일본 가까이에 조선이 있고 이 나라는 중국에 근접해 있으므로 먼저 그 나라를 무력으로 정복한 뒤, 그곳에서 중국으로 나가는 데 필요한 탄약이나 식량을 보급하도록 한다면 일거양득이다.

– 프로이스, 『일본사』

(나) 신이 근심하는 것은 조선이 아니라 우리나라(명) 국경입니다. …… 랴오둥은 베이징의 팔 같은 것이고, 조선은 랴오둥의 울타리 같은 것입니다. …… 200년 동안 푸젠성과 저장성이 항상 왜(왜구)의 화를 입었으나, 랴오양과 톈진에 왜가 없었던 것은 조선이 울타리처럼 막았기 때문입니다.

– 『선조수정실록』

(다) 섬 오랑캐가 쳐들어왔다. …… 충의란 마땅히 나라를 위해 죽는 것이니, 무기를 들고 군량을 모으며, 말에 올라타 앞장서 전쟁터로 달리자. 기꺼이 쟁기를 던지고 논밭에서 일어나 능력이 되는 데까지 오직 충의로 돌아가라.

– 고경명, 『제봉선생집』

자료 ❷ 모둠 활동지 1

2학년 ___반 모둠명 ○○○○

1. 가상 인터뷰 대상:
2. 가상 인터뷰 대상 선정 이유
•
•
3. 가상 인터뷰를 위한 질문
•
•

자료 ❸

모둠 활동지 1

2학년 ___반 모둠명 ○○○○

1. 가상 인터뷰 대상: 김충선(사야카)
2. 가상 인터뷰 대상 선정 이유
   • 전쟁 중에 국적을 바꾼 점이 인상 깊어…
   •
3. 가상 인터뷰를 위한 질문
   • 전쟁을 끝내기 위해 다른 일본인을 어떻게 설득하겠습니까?…
   답변: ____________________

모둠 활동지 2

2학년 ___반 모둠명 ○○○○

1. 학생 활동: (생략)
2. 임진왜란을 대신하여 동아시아 국가들이 공통으로 사용할 수 있는 전쟁의 명칭과 그 이유를 토론해 보자.

명칭	임진 전쟁, 조·일 전쟁
이유	국제 전쟁의 성격이 잘 드러나고…

2020학년도 중등학교 교사 신규임용후보자 선정경쟁 시험 (2차)
역사 수업실연 문제지 [지도안]

수험번호									성명		관리번호	

선발분야(역사)	작성 시간 60분	감독관 확인	(인)

단원	Ⅲ-1. 17세기 이후 동아시아 전쟁		차시	2~3/6
학습목표	1. 임진왜란의 배경과 전개 과정을 설명할 수 있다. 2. 가상 인터뷰 활동을 통해 임진왜란이 동아시아 각국에 끼친 영향에 대해 탐구할 수 있다. 3. 동아시아 국가들이 공통으로 사용할 수 있는 전쟁의 명칭과 그 이유를 모둠별로 토론하여 발표할 수 있다.			
학습 단계	학습 요소	교수·학습활동	자료 및 지도상 유의점	시간
도입	인사	인사 및 출석을 확인한다.		10
	전시 확인	16세기 동아시아 정세에 대해 발문을 통해 확인한다.		
	동기 유발	임진왜란과 관련된 동영상 자료를 보여주며 흥미를 유발한다.		
	학습목표	본시 학습목표를 제시한다.		
전개	〈전개 1〉 임진왜란의 배경과 전개 과정	〈수업실연 1 부분〉	〈자료 1〉	15
	〈전개 2〉	• 전쟁의 피해와 동아시아 정세의 변화 등 왜란의 영향을 설명한다.		10
	〈전개 3〉 가상 인터뷰 계획서	〈수업실연 2 부분〉	〈자료 2〉	30
	〈전개 4〉	• 학생들이 모둠 활동지 2를 작성한다.		20

<table>
<tr><td>전개</td><td>〈전개 5〉
활동에 대한
평가 및
피드백</td><td>〈수업실연 3 부분〉</td><td>〈자료 3〉</td><td>10</td></tr>
<tr><td rowspan="3">정리</td><td>정리</td><td>임진왜란의 주요 내용을 문답식으로 확인한다.</td><td rowspan="3"></td><td rowspan="3">5</td></tr>
<tr><td>차시예고</td><td>차시에 정묘호란과 병자호란에 대해 학습할 것을 안내한다.</td></tr>
<tr><td>인사</td><td>인사하고 마친다.</td></tr>
</table>

앞으로는 어떤 문항들이 출제될 수 있을까?

01 중학교 역사 ①·② 실전문항

번호	문항 주제	난이도
1	삼국과 가야의 대외관계와 체제 정비	★★☆☆☆
2	삼국의 문화	★★★☆☆
3	신라와 발해의 대외교류	★★☆☆☆
4	묘청의 서경 천도 운동	★★★☆☆
5	고려의 대외관계	★★★★☆
6	몽골의 간섭과 고려의 개혁	★★★☆☆
7	호란의 발발과 영향	★★★★☆
8	영·정조의 개혁 정치	★★★☆☆
9	서학의 수용과 실학의 발달	★★★★☆
10	독립협회의 활동과 대한제국의 수립	★★★★★
11	로마의 발전과 문화	★★★☆☆
12	굽타왕조와 힌두교의 발전	★★★★☆
13	미국 독립 혁명	★★★★☆
14	러시아 혁명	★★★★☆
15	대량 학살과 인권유린	★★★☆☆
16	여성과 노동자의 권리 확대	★★★★★

수업실연 시간이 15분인 지역의 경우, 괄호 안의 조건을 생략할 수 있음

1

2025학년도 공립 중등학교 임용 후보자 선정 경쟁 2차 시험
수업지도안 작성 문제지

수험번호										이름	

교수·학습지도안 작성 조건

- 교수·학습 지도안은 실제 교실에서의 수업 상황을 가정하여 작성할 것
- [지도안 작성 부분 1] 〈자료 1〉을 활용하여 판서를 이용한 강의식 수업을 작성하시오.
  - 이전 차시와의 연계발문을 통해 수업을 진행하시오.
  - 〈자료 1〉을 활용하여 지리적 이점을 중점으로 변화한 가야 연맹의 발전 및 쇠퇴 과정을 설명하시오.
- [지도안 작성 부분 2] 〈자료 2〉를 토대로 모둠별 사료 학습을 진행하시오.
  - 〈자료 2〉의 모둠 활동지 속 표 '구분'에 들어갈 분류 키워드를 작성하시오.
  - 활동 시 예상되는 학생의 질문과 교사의 답변이 드러나도록 작성하시오.
- [지도안 작성 부분 3] 〈자료 3〉을 활용하여 형성평가 문항을 작성하시오.
  - 학습 목표를 고려하여 질문과 답변을 작성하시오.
- [지도안 작성 부분 4] 〈자료 4〉를 활용하여 수업 정리 부분을 작성하시오.

※ 모든 작성 부분은 교사와 학생의 활동이 구체적으로 드러나도록 작성하시오.

교수·학습 조건

1. 과목명: 역사 ②
2. 대상: 중학교 3학년
3. 시간: 90분(블록타임제)
4. 단원명: Ⅰ. 선사 문화와 고대 국가의 형성 – 삼국의 성립과 발전

가. 단원의 성취기준

성취기준	[9역07-03] 삼국의 성장 과정을 파악하고, 삼국 통치 체제의 특징을 탐구한다.

나. 단원의 구성

단원	차시	주요 내용 및 활용	수업 형태	평가 방법
삼국의 성립과 발전	1	고구려가 동북아시아 강자로 성장하다		
	2	백제가 위기를 극복하고 중흥하다		
	3	신라가 한강 유역을 차지하다		
	4~5	가야 연맹이 성장하다	강의식 수업, 모둠 활동	형성평가

다. 교수·학습 환경

학생 수	지도 장소	매체 및 기자재
24명	교실	전자칠판, 모둠 활동지, 사진 자료, 태블릿 PC

자료 ❶ 가야의 발전과 변화

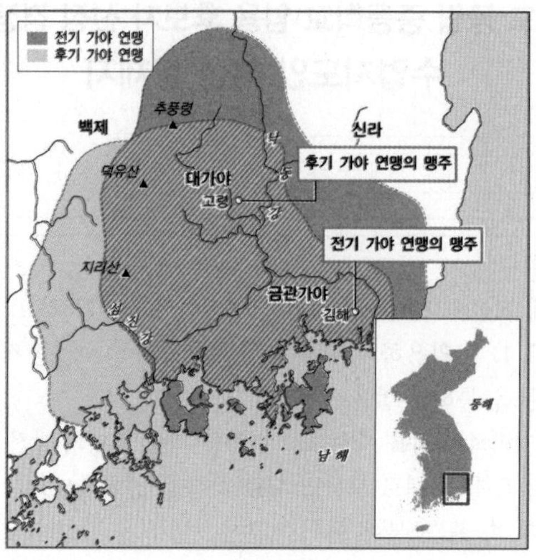

자료 ❷ 모둠 활동지

삼국의 중앙 집권 국가로의 성장

(가)
광개토왕 20년, 무릇 쳐부순 성이 64개, 촌이 1,400개이다.

– 광개토대왕릉비

진흥왕 12년, 거칠부 등에게 명하여 고구려에 침입하였는데, 이긴 기세를 타고 10개 군을 빼앗았다.

–『조선사연구초』

(나)
눌지마립간이 왕위에 올랐다. 내물왕의 아들이다. 근구수왕은 근초고왕의 아들이다. …… 침류왕은 근구수왕의 맏아들이다. …… 아신왕은 침류왕의 맏아들이다.

–『삼국사기』

(다)
법흥왕 15년, …… (이차돈의) 목을 베자 피가 솟구쳤는데, 그 색이 우윳빛처럼 희었다.

–『삼국사기』

(라)
법흥왕 7년, 율령을 처음 반포하고 모든 관리의 공복을 제정하였고, 붉은색, 자주색으로 위계를 정하였다.

–『삼국사기』

1. (가)–(라)를 읽고 삼국이 중앙 집권 국가로 발전하면서 나타난 모습을 찾아 써보자.

구분	고구려	백제	신라
[수험생 작성 부분]			
[수험생 작성 부분]			
[수험생 작성 부분]			
[수험생 작성 부분]			

자료 ❸ 형성평가

구술식 1. 가야가 연맹 왕국에 머물렀던 대내적 요인은 무엇인가요?
답변: [**수험생 작성 부분**]
구술식 2. 가야가 연맹 왕국에 머물렀던 대외적 요인은 무엇인가요?
답변: [**수험생 작성 부분**]
구술식 3. [**수험생 작성 부분**]
답변: [**수험생 작성 부분**]

자료 ❹ 그림자료

김해 대성동 무덤	고령 지산동 고분군

관리번호	

2025학년도 공립 중등학교 임용 후보자 선정 경쟁 2차 시험
수업지도안 작성 답안지

수험번호									이름	

단원	Ⅰ. 선사문화와 고대 국가의 형성 – 삼국의 성립과 발전	지도 대상	중학교 3학년
학습목표	1. 가야 연맹의 성립 과정을 파악하고, 대가야를 중심으로 한 가야 연맹의 변천을 설명할 수 있다.		
	2. 삼국이 중앙 집권 국가로 발전하면서 나타난 공통적인 모습을 정리할 수 있다.		
	3. 가야가 연맹 왕국에서 중앙 집권 국가로 발전하지 못한 대내외적 이유를 설명할 수 있다.		

학습 단계	학습 요소	교수·학습활동	시간	자료 및 지도상 유의점
도입	인사	인사 및 출석 확인	5	
	전시 확인	전시학습 확인		
	동기 유발	상형 토기로 가야인의 생활 모습을 유추해 보며 동기를 유발한다.		
	학습목표	학습목표를 확인한다.		
전개	〈전개 1〉	〈지도안 작성 부분 1〉	35	〈자료 1〉

<table>
<tr><td rowspan="2">전개</td><td>〈전개 2〉</td><td>〈지도안 작성 부분 2〉

<table><tr><th>구분</th><th>고구려</th><th>백제</th><th>신라</th></tr><tr><td>[수험생 작성 부분]</td><td></td><td></td><td></td></tr><tr><td>[수험생 작성 부분]</td><td></td><td></td><td></td></tr><tr><td>[수험생 작성 부분]</td><td></td><td></td><td></td></tr><tr><td>[수험생 작성 부분]</td><td></td><td></td><td></td></tr></table></td><td>30</td><td>〈자료 2〉</td></tr>
<tr><td>〈전개 3〉</td><td>〈지도안 작성 부분 3〉
<table><tr><td>구술식 1. 가야가 연맹 왕국에 머물렀던 대내적 요인은 무엇인가요?</td></tr><tr><td>답변: [수험생 작성 부분]</td></tr><tr><td>구술식 2. 가야가 연맹 왕국에 머물렀던 대외적 요인은 무엇인가요?</td></tr><tr><td>답변: [수험생 작성 부분]</td></tr><tr><td>구술식 3. [수험생 작성 부분]</td></tr><tr><td>답변: [수험생 작성 부분]</td></tr></table></td><td>10</td><td>〈자료 3〉
학습목표를 확인할 수 있는 형성평가를 실시한다.</td></tr>
<tr><td rowspan="3">정리</td><td>정리</td><td>〈지도안 작성 부분 4〉</td><td rowspan="3">10</td><td rowspan="3">〈자료 4〉</td></tr>
<tr><td>차시예고</td><td>다음 수업 주제를 안내한다.</td></tr>
<tr><td>인사</td><td>인사하고 마친다.</td></tr>
</table>

관리번호	

3

2025학년도 중등학교 교사 신규임용후보자 선정 경쟁 시험 (2차)
역사 수업실연 문제지

수험번호									성명		관리번호	

○ 문항에서 요구하는 내용의 가짓수가 제한되어 있는 경우, 요구한 가짓수까지의 내용만 실연하시오.
○ 칠판과 분필 등을 활용한 판서만 가능하며, 기자재를 활용해야 하는 경우 언급으로 대신하시오.

【문제】 다음에 제시된 〈실연 방법〉, 〈교수학습조건〉, 〈자료〉, 〈교수학습지도안〉을 반영해 수업을 실연하시오.

실연 방법

1. 〈교수학습지도안〉의 [수업실연 1] ~ [수업실연 3]에 해당하는 부분을 수업으로 실연하시오.
2. [수업실연 1] 〈자료 1〉을 활용하여 강의식 수업을 실연하시오.
   1) 이전 차시와의 연계발문을 통해 수업을 진행하시오.
   2) 〈자료 1〉을 활용하여 지리적 이점을 중점으로 변화한 가야 연맹의 발전 및 쇠퇴 과정을 실연하시오.
3. [수업실연 2] 〈자료 2〉를 활용하여 모둠별 사료 탐구 학습을 진행하시오.
   1) 〈자료 2〉를 활용하여 '구분'에 해당하는 분류 키워드를 제시하고, 탐구활동을 진행하시오.
   2) 활동 시 예상되는 학생의 질문과 교사의 답변이 드러나도록 실연하시오.
4. [수업실연 3] 〈자료 3〉을 활용하여 수업 정리 부분을 실연하시오.
   1) 〈자료 3〉을 활용하여 학습을 정리하시오.

* 유의사항
교사와 학생의 상호작용이 구체적으로 드러나게 실연하시오.

교수·학습 조건

1. 과목명: 역사 ②
2. 대상: 중학교 3학년
3. 시간: 90분(블록타임제)
4. 단원명: Ⅰ. 선사문화와 고대 국가의 형성 – 삼국의 성립과 발전

성취기준	[9역07-03] 삼국의 성장 과정을 파악하고, 삼국 통치 체제의 특징을 탐구한다.		
단원의 구성	차시	주요 내용 및 활용	수업 형태
	1	고구려가 동북아시아 강자로 성장하다	
	2	백제가 위기를 극복하고 중흥하다	
	3	신라가 한강 유역을 차지하다	
	4~5	가야 연맹이 성장하다	강의식 수업, 모둠 활동

5. 교수·학습 환경

학생 수	지도 장소	매체 및 기자재
24명	교실	전자칠판, 모둠 활동지, 사진자료, 태블릿 PC

자료 ❶ 가야의 발전과 변화

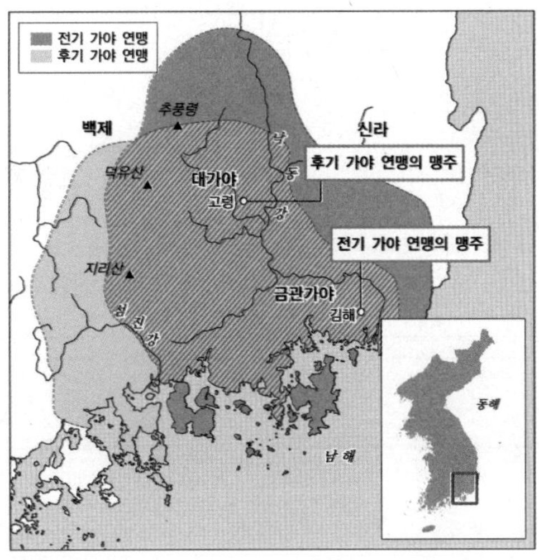

자료 ❷ 모둠 활동지

삼국의 중앙 집권 국가로의 성장

(가)
광개토왕 20년, 무릇 쳐부순 성이 64개, 촌이 1,400개이다.

– 광개토대왕릉비

진흥왕 12년, 거칠부 등에게 명하여 고구려에 침입하였는데, 이긴 기세를 타고 10개 군을 빼앗았다.

–『조선사연구초』

(나)
눌지마립간이 왕위에 올랐다. 내물왕의 아들이다. 근구수왕은 근초고왕의 아들이다. …… 침류왕은 근구수왕의 맏아들이다. …… 아신왕은 침류왕의 맏아들이다.

–『삼국사기』

(다)
법흥왕 15년, …… (이차돈의) 목을 베자 피가 솟구쳤는데, 그 색이 우윳빛처럼 희었다.

–『삼국사기』

(라)
법흥왕 7년, 율령을 처음 반포하고 모든 관리의 공복을 제정하였고, 붉은색, 자주색으로 위계를 정하였다.

–『삼국사기』

1. (가)–(라)를 읽고 삼국이 중앙 집권 국가로 발전하면서 나타난 모습을 찾아 써보자.

구분	고구려	백제	신라
[수험생 실연 부분]			
[수험생 실연 부분]			
[수험생 실연 부분]			
[수험생 실연 부분]			

자료 ❸ 그림자료

김해 대성동 무덤	고령 지산동 고분군

2025학년도 중등학교 교사 신규임용후보자 선정 경쟁 시험 (2차)
수업실연 문제지 [지도안]

수험번호									성명			관리번호	

<table>
<tr><td>단원</td><td colspan="3">Ⅰ. 선사문화와 고대 국가의 형성 – 삼국의 성립과 발전</td><td>차시</td><td>4~5</td></tr>
<tr><td rowspan="3">학습목표</td><td colspan="5">1. 가야 연맹의 성립과정을 파악하고, 대가야를 중심으로 한 가야 연맹의 변천을 설명할 수 있다.</td></tr>
<tr><td colspan="5">2. 삼국이 중앙 집권 국가로 발전하면서 나타난 공통적인 모습을 정리할 수 있다.</td></tr>
<tr><td colspan="5">3. 가야가 연맹 왕국에서 중앙 집권 국가로 발전하지 못한 대내외적 이유를 설명할 수 있다.</td></tr>
<tr><td>학습 단계</td><td>학습 요소</td><td colspan="2">교수·학습활동</td><td>자료 및 지도상 유의점</td><td>시간</td></tr>
<tr><td rowspan="4">도입</td><td>인사</td><td colspan="2">인사 및 출석 확인</td><td rowspan="4"></td><td rowspan="4">5</td></tr>
<tr><td>전시 확인</td><td colspan="2">전시학습 확인</td></tr>
<tr><td>동기 유발</td><td colspan="2">상형 토기로 가야인의 생활 모습을 유추해보며 동기 유발한다.</td></tr>
<tr><td>학습목표</td><td colspan="2">학습목표를 확인한다.</td></tr>
<tr><td rowspan="3">전개</td><td>〈전개 1〉
가야 연맹의 성장</td><td colspan="2">〈수업실연 1 부분〉</td><td>〈자료 1〉</td><td>35</td></tr>
<tr><td>〈전개 2〉
모둠 활동 및 피드백</td><td colspan="2">〈수업실연 2 부분〉
<table><tr><th>구분</th><th>고구려</th><th>백제</th><th>신라</th></tr><tr><td>[수험생 실연 부분]</td><td></td><td></td><td></td></tr><tr><td>[수험생 실연 부분]</td><td></td><td></td><td></td></tr><tr><td>[수험생 실연 부분]</td><td></td><td></td><td></td></tr><tr><td>[수험생 실연 부분]</td><td></td><td></td><td></td></tr></table></td><td>〈자료 2〉</td><td>30</td></tr>
<tr><td>〈전개 3〉
형성평가</td><td colspan="2">• 형성평가를 진행한다.</td><td></td><td>10</td></tr>
</table>

<table>
<tr><td rowspan="3">정리</td><td>정리</td><td>〈수업실연 3 부분〉</td><td>〈자료 3〉</td><td rowspan="3">10</td></tr>
<tr><td>차시예고</td><td>다음 수업 주제를 안내한다.</td><td rowspan="2"></td></tr>
<tr><td>인사</td><td>인사하고 마친다.</td></tr>
</table>

2025학년도 공립 중등학교 임용 후보자 선정 경쟁 2차 시험
수업지도안 작성 문제지

수험번호								

이름	

교수·학습지도안 작성 조건

- 교수·학습지도안은 실제 교실에서의 수업 상황을 가정하여 작성할 것
- [지도안 작성 부분 1] 〈자료 1〉을 활용하여 탐구 및 강의식 수업을 진행하시오.
  - 〈자료 1〉을 학생들이 참고할 때, 고대 고분 양식의 특징을 탐구할 수 있는 [질문 1], [질문 2]를 작성하시오.
  - 학생의 오개념을 교정해주는 과정을 포함하시오.
  - 학생들의 탐구 활동을 바탕으로 삼국 시대 고분 문화의 발달을 판서하시오.
  - 정치적 특징과 문화 양식을 관련지을 수 있는 발문을 포함하시오.
- [지도안 작성 부분 2] 〈자료 2〉를 활용한 탐구식 수업을 진행하시오.
  - 〈자료 2〉의 [질문 A], [질문 B]에 대한 구체적인 발표 내용을 각각 1가지 이상 포함하시오.
- [지도안 작성 부분 3] 〈자료 2〉의 (라)를 활용하여 학생 활동을 진행하시오.
  - 활동 시 유의사항을 2가지 제시하시오.
  - 구체적인 사례에 대한 동료 피드백 및 역사적 사고력에 근거한 교사의 피드백 과정을 포함하시오.

교수·학습 조건

1. 과목명: 역사 ②
2. 대상: 중학교 3학년
3. 시간: 90분(블록타임제)
4. 단원명: Ⅰ. 선사 문화와 고대 국가의 형성 – 삼국의 문화와 대외 교류

가. 단원의 성취기준

성취기준	[9역07-04] 삼국 문화의 성격을 비교하고, 대외 교류의 양상과 그 영향을 파악한다.

나. 단원의 구성

단원	차시	주요 내용 및 활용	수업 형태	평가 방법
삼국의 문화와 대외 교류	1~2	삼국의 불교 문화와 사상		
	3~4	삼국과 가야인의 생활과 문화	강의식, 탐구식	동료평가
	5	삼국의 대외 교류		

다. 교수·학습 환경

학생 수	지도 장소	매체 및 기자재
20명	교실	칠판, 스크린, 교사용 컴퓨터, 전자칠판, 학습지, 활동지

자료 ❶ 학습지

고대의 고분 구조

(가) 돌무지무덤

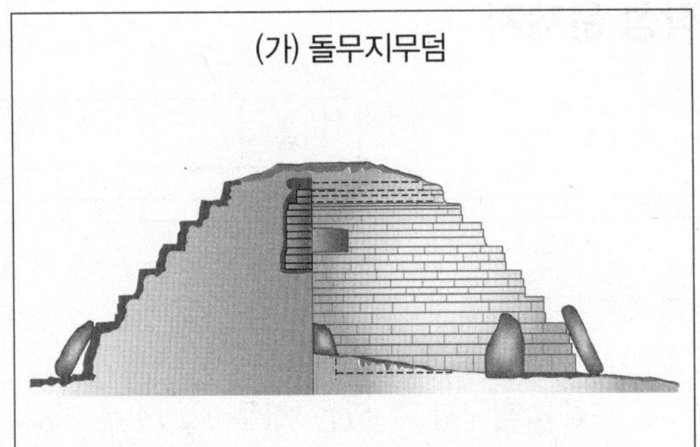

(나) 굴식 돌방무덤

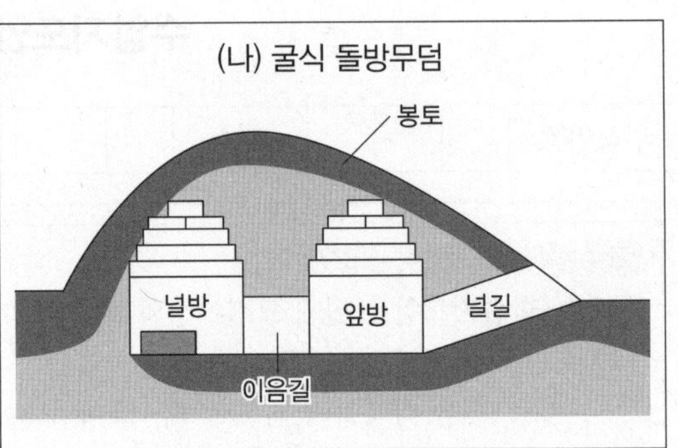

(다) 벽돌무덤

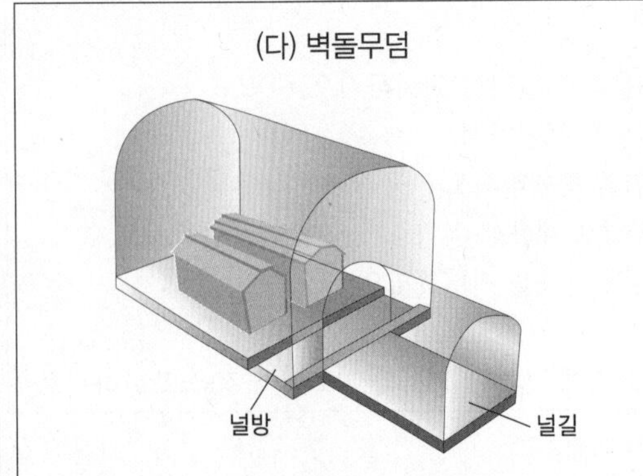

(라) 돌무지덧널무덤

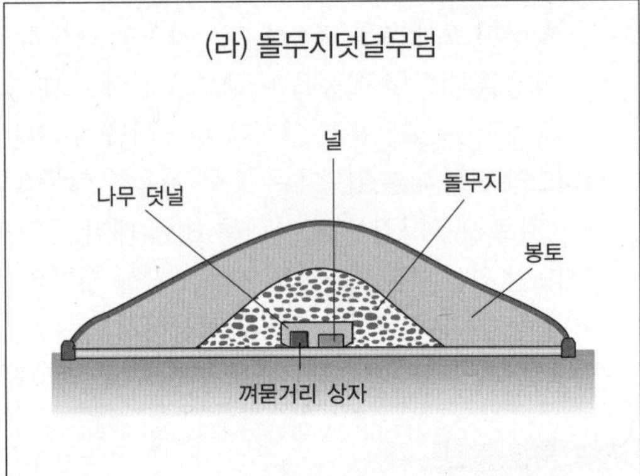

[질문 1]	[수험생 작성 부분]
모둠 의견	
[질문 2]	[수험생 작성 부분]
모둠 의견	
[질문 3]	껴묻거리 상자 안에는 어떤 것들이 있을까요?
모둠 의견	

자료 ❷ 활동지

벽화를 통해 본 고구려 사람들의 생활

(가) 고구려 안악 3호분 벽화

(나) 고구려 무용총 벽화

(다) 고구려 수산리 고분 벽화

[질문 A]	(가), (나), (다)를 통해 알 수 있는 고대인의 생활 모습은 무엇인가요?
모둠 의견	
[질문 B]	그림 속 사람들의 크기가 다르게 그려진 이유는 무엇일까요?
모둠 의견	

(라) 가상 일기 쓰기

- 일시: • 날씨:
- 제목:
- 내용:

우리 모둠에서 가장 인상 깊은 작품은?

- 추천 작품:
- 이유:

관리번호	

2025학년도 공립 중등학교 임용 후보자 선정 경쟁 2차 시험
수업지도안 작성 답안지

수험번호									이름	

단원	I-4. 삼국의 문화와 대외교류		지도 대상	중학교 3학년
학습목표	1. 삼국의 생활 모습을 신분제와 고분 문화를 통해 파악할 수 있다.			
	2. 고분 벽화와 껴묻거리를 통해 삼국 시대 사람들의 생활 모습과 생각을 이해할 수 있다.			
	3. 삼국 시대의 시대적 특징과 사람들의 생활 모습을 반영하여 가상 일기를 작성할 수 있다.			
학습 자료	교과서, 사료, TV, 컴퓨터 및 학습에 필요한 모든 기자재			

학습 단계	학습 요소	교수·학습활동	시간	자료 및 지도상 유의점
도입	인사	인사 및 출석 확인	5	영상자료
	전시 확인	전시 학습을 확인한다.		
	동기 유발	〈한성 백제인의 하루〉 동영상을 시청한다.		
	학습목표	학습목표를 확인한다.		
전개	〈전개 1〉	• 삼국 시대의 대표적 고분 양식인 〈자료 1〉의 그림 (가), (나), (다), (라)를 소개한 후 제작 방식을 간략히 설명한다. 〈지도안 작성 부분 1〉	30	〈자료 1〉

<table>
<tr><td rowspan="3">전개</td><td></td><td>〈판서 계획〉</td><td></td><td></td></tr>
<tr><td>〈전개 2〉</td><td>〈지도안 작성 부분 2〉</td><td>15</td><td>〈자료 2〉
(가), (나),
(다)</td></tr>
<tr><td>〈전개 3〉</td><td>〈지도안 작성 부분 3〉</td><td>35</td><td>〈자료 2〉
(라)</td></tr>
<tr><td rowspan="3">정리</td><td>정리</td><td>학습목표 달성을 확인하고 질의응답 시간을 가진다.</td><td rowspan="3">5</td><td rowspan="3"></td></tr>
<tr><td>차시예고</td><td>다음 차시를 예고한다.</td></tr>
<tr><td>인사</td><td>인사하고 마친다.</td></tr>
</table>

관리번호	

2025학년도 공립 중등학교 임용 후보자 선정 경쟁 2차 시험
수업실연 문제지

수험번호								성명		관리번호	

○ 문항에서 요구하는 내용의 가짓수가 제한되어 있는 경우, 요구한 가짓수까지의 내용만 실연하시오.
○ 칠판과 분필 등을 활용한 판서만 가능하며, 기자재를 활용해야 하는 경우 언급으로 대신하시오.

【문제】 다음에 제시된 〈실연 방법〉, 〈교수학습조건〉, 〈자료〉, 〈교수학습지도안〉을 반영해 수업을 실연하시오.

실연 방법

1. 〈교수학습지도안〉의 [수업실연 1]~[수업실연 2]에 해당하는 부분을 수업으로 실연하시오.
2. [수업실연 1] 〈전개 1〉에서 〈자료 1〉을 활용하여 모둠별 탐구 수업 및 강의식 수업을 진행하시오.
   1) 〈자료 1〉에서 고분 양식의 특징을 파악할 수 있는 [질문 1], [질문 2]를 완성하여 질문하시오.
   2) 학생의 오개념을 교정해주는 과정을 실연하시오.
   3) 〈자료 1〉을 활용하여 삼국과 가야의 고분 문화 발달을 판서로 정리하시오.
   4) (정치적 특징과 문화 양식을 관련지을 수 있는 발문을 포함하시오.)
3. [수업실연 2] 〈전개 3〉에서 〈자료 2〉를 활용한 개별 글쓰기 활동 및 피드백을 진행하시오.
   1) (라)의 활동을 진행할 때에 유의사항 2가지를 제시하시오.
   2) 구체적인 사례에 대하여 학생 상호 간 피드백 내용이 드러나도록 실연하시오.

* 유의사항
1. 학습목표는 판서하지 마시오.
2. 일정량의 판서를 사용하여 실연하시오.
3. 학생의 발표 장면은 실연하지 마시오.

교수·학습 조건

1. 과목명: 역사 ②
2. 대상: 중학교 3학년
3. 시간: 90분(블록타임제)
4. 단원명: Ⅰ. 선사문화와 고대 국가의 형성 – 삼국의 문화와 대외 교류

성취기준	[9역07-04] 삼국 문화의 성격을 비교하고, 대외 교류의 양상과 그 영향을 파악한다.		
단원의 구성	차시	주요 내용 및 활용	수업 형태
	1~2	삼국의 불교 문화와 사상	
	3~4	삼국과 가야인의 생활과 문화	강의식, 탐구식
	5	삼국의 대외 교류	

5. 교수·학습 환경

학생 수	지도 장소	매체 및 기자재
20명	교실	칠판, 스크린, 교사용 컴퓨터, 전자칠판, 학습지, 활동지

자료 ❶ 학습지

고대의 고분 구조

(가) 돌무지무덤

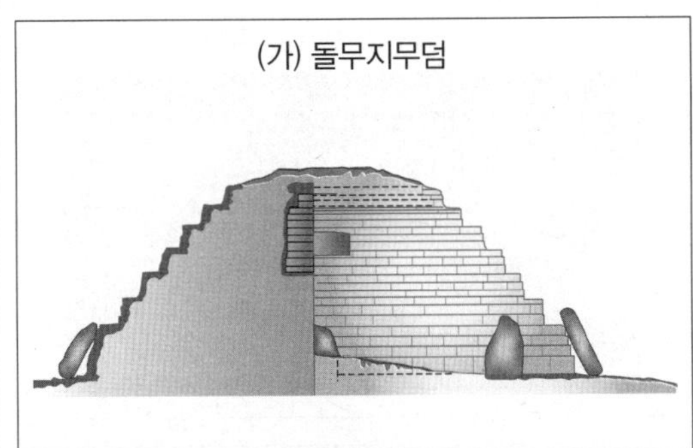

(나) 굴식 돌방무덤

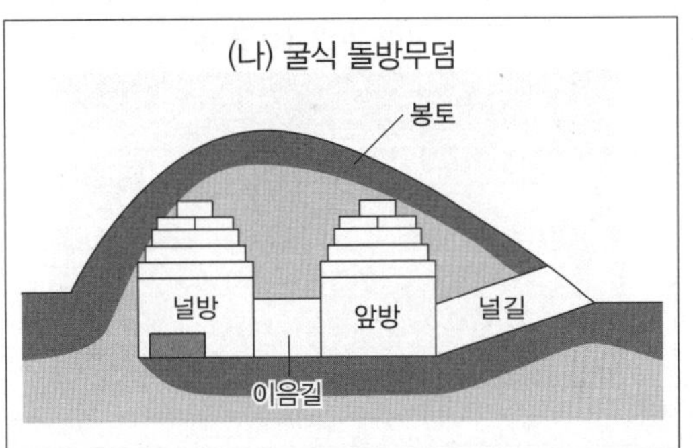

(다) 벽돌무덤

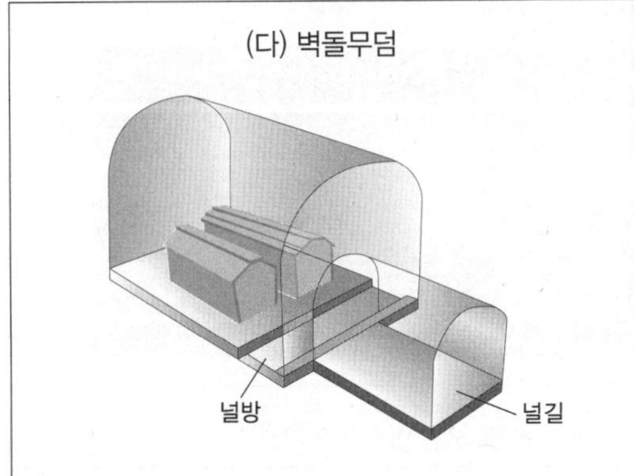

(라) 돌무지덧널무덤

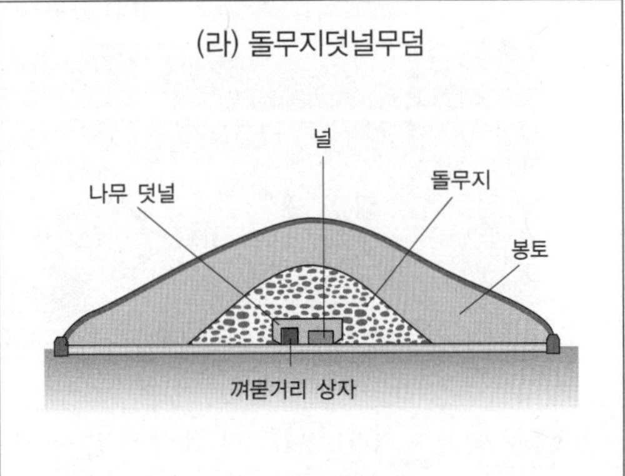

[질문 1]	[수험생 실연 부분]
모둠 의견	
[질문 2]	[수험생 실연 부분]
모둠 의견	
[질문 3]	껴묻거리 상자 안에는 어떤 것들이 있을까요?
모둠 의견	

3

자료 ❷ 활동지

벽화를 통해 본 고구려 사람들의 생활

(가) 고구려 안악 3호분 벽화

(나) 고구려 무용총 벽화

(다) 고구려 수산리 고분 벽화

[질문 A]	(가), (나), (다)를 통해 알 수 있는 고대인의 생활 모습은 무엇인가요?
모둠 의견	
[질문 B]	그림 속 사람들의 크기가 다르게 그려진 이유는 무엇일까요?
모둠 의견	

(라) 가상 일기 쓰기
• 일시: • 날씨: • 제목: • 내용:
우리 모둠에서 가장 인상 깊은 작품은? • 추천 작품: • 이유:

2025학년도 공립 중등학교 임용 후보자 선정 경쟁 2차 시험
수업실연 문제지 [지도안]

수험번호									성명		관리번호	

단원	I-4. 삼국의 문화와 대외교류		차시	3~4
학습목표	1. 삼국의 생활 모습을 신분제와 고분 문화를 통해 파악할 수 있다. 2. 고분 벽화와 껴묻거리를 통해 삼국 시대 사람들의 생활 모습과 생각을 이해할 수 있다. 3. 삼국 시대의 시대적 특징과 사람들의 생활 모습을 반영하여 가상 일기를 작성할 수 있다.			

학습 단계	학습 요소	교수·학습활동	자료 및 지도상 유의점	시간
도입	인사	인사 및 출석 확인		5
	전시 확인	삼국의 불교 문화와 사상		
	동기 유발	〈한성 백제인의 하루〉 동영상을 시청한다.		
	학습목표	학습목표를 확인한다.		
전개	〈전개 1〉 삼국의 고분 문화 특징과 발달과정	• 삼국 시대의 대표적인 고분 양식의 제작 방식을 간략히 설명한다. 〈수업실연 1 부분〉	〈자료 1〉	30
	〈전개 2〉 삼국과 가야인의 생활	• 〈자료 2〉의 (가), (나), (다)에 대한 모둠별 탐구 내용을 발표한 후 신분에 따른 삼국과 가야인의 의식주 생활을 정리한다.	〈자료 2〉 (가), (나), (다)	15
	〈전개 3〉 가상 일기 쓰기 활동 및 평가	〈수업실연 2 부분〉	〈자료 2〉 (라)	35
정리	정리	학습목표 달성을 확인하고 질의응답 시간을 가진다.		5
	차시예고	다음 수업 주제를 안내한다.		
	인사	인사하고 마친다.		

3

2025학년도 공립 중등학교 임용 후보자 선정 경쟁 2차 시험
수업지도안 작성 문제지

수험번호									이름	

교수·학습지도안 작성 조건

- 교수·학습지도안은 실제 교실에서의 수업 상황을 가정하여 작성할 것
- [지도안 작성 부분 1] 〈자료 1〉, 〈자료 2〉를 활용하여 탐구 활동을 진행하시오.
  - 〈자료 1〉의 각 자료별로 발문을 하나씩 제공하시오.
  - 학생의 탐구과정이 드러나도록 〈자료 2〉의 활동지 속 질문을 작성하시오.
  - 〈자료 2〉 속 지도를 활용하여 통일신라와 발해의 대표적인 교역품에 대해 설명하시오.
- [지도안 작성 부분 2] 〈자료 3〉을 활용하여 문화유산 소개카드 제작하기 활동을 진행하시오.
  - 활동 시 유의사항 3가지를 포함하여 모둠 활동을 안내하시오.
  - 〈자료 3〉 문화유산 소개카드 예시를 작성하고 이를 토대로 활동 방법을 설명하시오.
  - 활동 과정에서 예상되는 학생의 질문 2가지와 답변을 작성하시오.
- [지도안 작성 부분 3] 〈자료 4〉에 대해 교사의 피드백을 제공하는 장면을 작성하시오.
  - 〈자료 4〉에 대한 교사의 피드백을 포함하되 근거를 제시하여 작성하시오.
  - 이 외에 교사의 피드백을 추가 사례로 제시하여 작성하시오.

교수·학습 조건

1. 과목명: 역사 ②
2. 대상: 중학교 3학년
3. 시간: 90분(블록타임제)
4. 단원명: Ⅱ. 남북국 시대의 전개 – 남북국의 문화와 대외 관계

가. 단원의 성취기준

성취기준	[9역08-03] 남북국 시기 문화 내용과 대외 교류 양상을 이해한다.

나. 단원의 구성

단원	차시	주요 내용 및 활용	수업 형태	평가 방법
남북국의 문화와 대외 관계	1	통일신라에서 다양한 사상과 예술이 발달하다	강의식 수업, 글쓰기 수업	수행평가
	2	발해, 다양한 문화를 융합하다	강의식 수업	
	3~4	남북국이 여러 나라와 교류하다	강의식 수업, 제작학습	수행평가

다. 교수·학습 환경

학생 수	지도 장소	매체 및 기자재
20명	교실	칠판, 교사용 컴퓨터, 빔 프로젝터, 스크린, 스마트 TV, 활동지

자료 ❶ 남북국의 교류

(가) 왕오천축국전

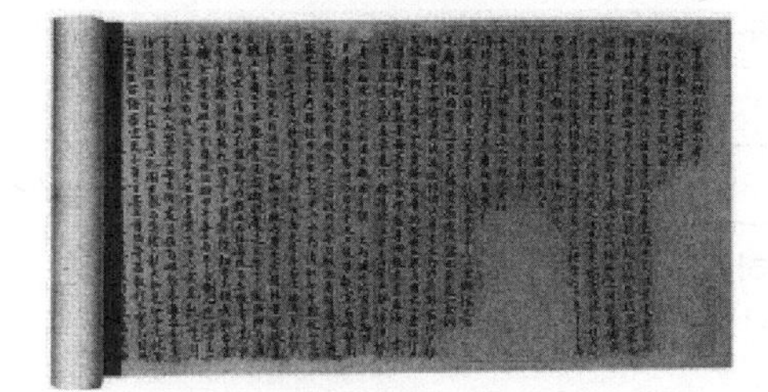

(나) 청해진

(다) 원성왕릉 무인석

(라) 소그드 은화

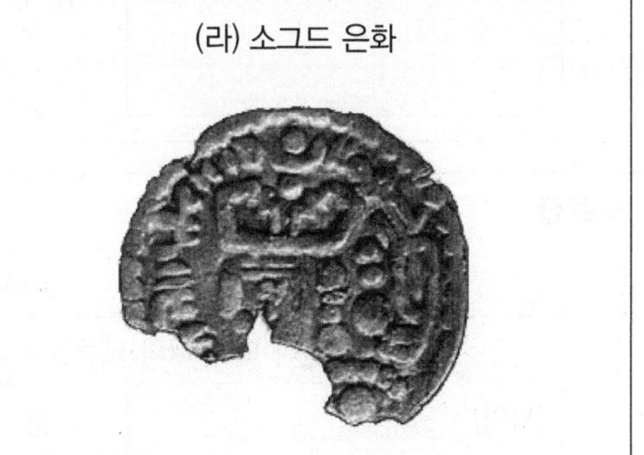

자료 ❷ 학습지

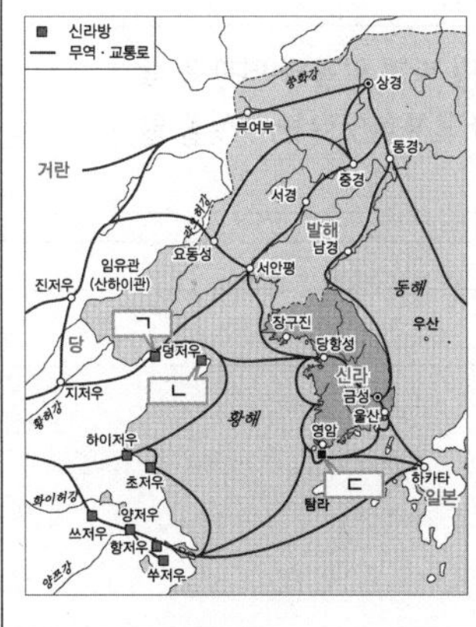

[질문 1]	ㄱ에 들어갈 신라인과 발해인의 숙박시설을 찾아봅시다.
답변	
[질문 2]	ㄴ과 ㄷ에 들어갈 명칭은 교과서와 자료에서 찾아봅시다.
답변	
[질문 3]	[수험생 작성 부분 1]
답변	
[질문 4]	[수험생 작성 부분 2]
답변	

자료 ❸

문화유산 소개카드	
통일신라 및 발해의 교류를 주제로 문화유산 소개카드를 만들어 보자.	
[그림]	• 이름:
	• 관련 시기:
	• 문화유산 소개하기:
	• 알 수 있는 점

자료 ❹

문화유산 소개카드	
통일신라 및 발해의 교류를 주제로 문화유산 소개카드를 만들어 보자.	
[그림] 	• 이름: 발해 중대성에서 태정관에 보낸 외교 문서
	• 관련 시기: 841년경
	• 문화유산 소개하기: 발해 사절단이 가져갔던 문서로 100여 명의 발해 사절단의 이름이 적혀있습니다.
	• 알 수 있는 점: 발해 사절단의 구성 및 파견 인물과 역할을 알 수 있으며 이를 통해 당시 발해가 당과 교류하였다는 사실을 알 수 있습니다.

관리번호	

2025학년도 공립 중등학교 임용 후보자 선정 경쟁 2차 시험
수업지도안 작성 답안지

수험번호									이름	

단원	Ⅱ-3. 남북국의 문화와 대외 관계		지도 대상	중학교 3학년
학습목표	1. 삼국 통일 이후 신라와 발해의 대외 교류를 설명할 수 있다.			
	2. 문화 유산 및 유적을 통해 남북국과 주변 지역의 교류를 파악할 수 있다.			
	3. 문화 유산 소개 카드 작성하기 활동을 통해 남북국의 교류하였던 국가에 대해 설명할 수 있다.			
학습 자료	교과서, 사료, 빔 프로젝터, 컴퓨터			

학습 단계	학습 요소	교수·학습활동	시간	자료 및 지도상 유의점
도입	인사	인사 및 출석 확인	5	
	전시 확인	전시 학습을 확인한다.		
	동기 유발	역사저널 그날 〈장보고, 해상 무역에 진출하다〉를 보고 통일신라의 대외 교류에 대해 설명한다.		
	학습목표	학습목표를 확인한다.		
전개	〈전개 1〉		15	
	〈전개 2〉	〈지도안 작성 부분 1〉 [질문 3] [수험생 작성 부분 1] [질문 4] [수험생 작성 부분 2]	25	〈자료 1〉 〈자료 2〉

<table>
<tr><td rowspan="2">전개</td><td>〈전개 3〉</td><td>〈지도안 작성 부분 2〉

<table><tr><th colspan="2">문화유산 소개카드</th></tr><tr><th colspan="2">통일신라 및 발해의 교류를 주제로
문화유산 소개카드를 만들어 보자.</th></tr><tr><td rowspan="4">[그림]</td><td>• 이름:</td></tr><tr><td>• 관련 시기:</td></tr><tr><td>• 문화유산 소개하기:</td></tr><tr><td>• 알 수 있는 점</td></tr></table>
• 유의사항<table><tr><td>1.</td></tr><tr><td>2.</td></tr><tr><td>3.</td></tr></table></td><td>25</td><td>〈자료 3〉</td></tr>
<tr><td>〈전개 4〉</td><td>〈지도안 작성 부분 3〉</td><td>15</td><td>〈자료 4〉</td></tr>
<tr><td rowspan="3">정리</td><td>정리</td><td>학습목표 달성을 확인하고 질의응답 시간을 가진다.</td><td rowspan="3">5</td><td rowspan="3"></td></tr>
<tr><td>차시예고</td><td>다음 차시를 예고한다.</td></tr>
<tr><td>인사</td><td>인사하고 마친다.</td></tr>
</table>

관리번호	

2025학년도 공립 중등학교 임용 후보자 선정 경쟁 2차 시험
수업실연 문제지

수험번호									성명		관리번호	

- 문항에서 요구하는 내용의 가짓수가 제한되어 있는 경우, 요구한 가짓수까지의 내용만 실연하시오.
- 칠판과 분필 등을 활용한 판서만 가능하며, 기자재를 활용해야 하는 경우 언급으로 대신하시오.

【문제】 다음에 제시된 〈실연 방법〉, 〈교수학습조건〉, 〈자료〉, 〈교수학습지도안〉을 반영해 수업을 실연하시오.

실연 방법

1. [수업실연 1] 〈전개 2〉에서 〈자료 1〉, 〈자료 2〉를 활용하여 탐구 활동을 진행하시오.
   1) 〈자료 1〉의 각 자료별로 발문을 하나씩 제공하시오,
   2) 〈자료 2〉의 활동지 속 질문을 활용하여 문답식 수업을 진행하되 이 과정에서 학생의 오개념을 교정하는 활동을 1가지 포함하시오.
   3) 〈자료 2〉 속 지도를 활용하여 통일신라와 발해의 대표적인 교역품에 대해 설명하시오.
2. [수업실연 2] 〈전개 3〉에서 문화유산 소개카드 제작하기 활동을 진행하시오.
   1) 〈자료 3〉 문화유산 소개카드 예시를 작성하고 이를 활용하여 모둠 활동을 안내하시오.
   2) 활동 과정에서 예상되는 학생의 질문 2가지와 답변을 작성하시오.
3. [수업실연 3] 〈전개 4〉에서 발표에 대해 피드백을 진행하시오.
   1) 학생들의 발표가 끝났다고 가정하고, 〈자료 4〉에 대한 교사의 피드백을 제공하시오.
   2) 이 외에 교사의 피드백을 추가 사례로 제시하시오.

* 유의사항
일정량의 판서를 사용하여 실연하시오.

교수·학습 조건

1. 과목명: 역사 ②
2. 대상: 중학교 3학년
3. 시간: 90분(블록타임제)
4. 단원명: Ⅱ. 남북국 시대의 전개 – 남북국의 문화와 대외 관계

성취기준	[9역08-03] 남북국 시기 문화 내용과 대외 교류 양상을 이해한다.		
단원의 구성	차시	주요 내용 및 활용	수업 형태
	1	통일신라에서 다양한 사상과 예술이 발달하다	강의식 수업, 글쓰기 학습
	2	발해, 다양한 문화를 융합하다	강의식 수업
	3~4	남북국이 여러 나라와 교류하다	강의식 수업, 제작 학습

5. 교수·학습 환경

학생 수	지도 장소	매체 및 기자재
20명	교실	칠판, 교사용 컴퓨터, 빔 프로젝터, 스크린, 스마트 TV, 활동지

자료 ❶ 남북국의 교류

(가) 왕오천축국전

(나) 청해진

(다) 원성왕릉 무인석

(라) 소그드 은화

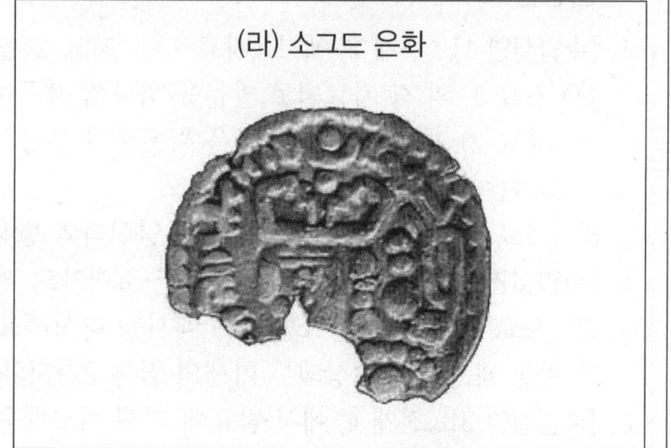

자료 ❷ 학습지

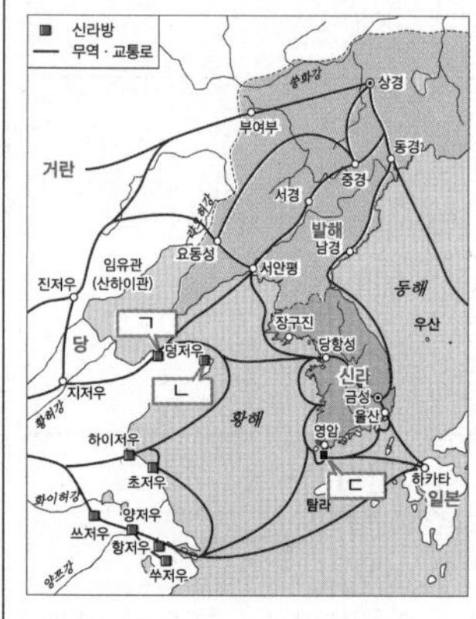

[질문 1]	ㄱ에 들어갈 신라인과 발해인의 숙박시설을 찾아봅시다.
답변	
[질문 2]	ㄴ과 ㄷ에 들어갈 명칭은 교과서와 자료에서 찾아봅시다.
답변	
[질문 3]	**[수험생 실연 부분]**
답변	
[질문 4]	**[수험생 실연 부분]**
답변	

자료 ❸

<table>
<tr><th colspan="2">문화유산 소개카드</th></tr>
<tr><th colspan="2">통일신라 및 발해의 교류를 주제로 문화유산 소개카드를 만들어 보자.</th></tr>
<tr><td rowspan="4">[그림]</td><td>• 이름:</td></tr>
<tr><td>• 관련 시기:</td></tr>
<tr><td>• 문화유산 소개하기:</td></tr>
<tr><td>• 알 수 있는 점</td></tr>
</table>

자료 ❹

<table>
<tr><th colspan="2">문화유산 소개카드</th></tr>
<tr><th colspan="2">통일신라 및 발해의 교류를 주제로 문화유산 소개카드를 만들어 보자.</th></tr>
<tr><td rowspan="4">[그림]
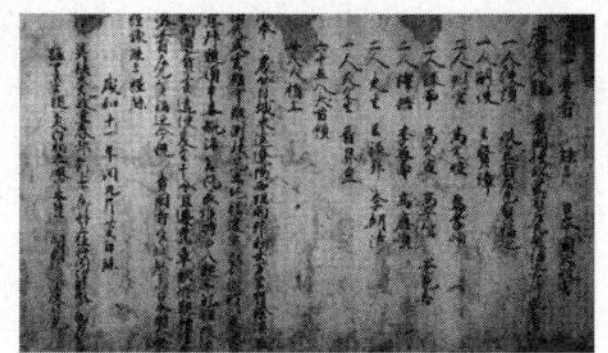</td><td>• 이름: 발해 중대성에서 태정관에 보낸 외교 문서</td></tr>
<tr><td>• 관련 시기: 841년경</td></tr>
<tr><td>• 문화유산 소개하기: 발해 사절단이 가져갔던 문서로 100여 명의 발해 사절단의 이름이 적혀있습니다.</td></tr>
<tr><td>• 알 수 있는 점: 발해 사절단의 구성 및 파견 인물과 역할을 알 수 있으며 이를 통해 당시 발해가 당과 교류하였다는 사실을 알 수 있습니다.</td></tr>
</table>

2025학년도 공립 중등학교 임용 후보자 선정 경쟁 2차 시험
수업실연 문제지 [지도안]

수험번호									성명		관리번호	

단원	Ⅱ-3. 남북국의 문화와 대외 관계		차시	3~4
학습목표	1. 삼국 통일 이후 신라와 발해의 대외 교류를 설명할 수 있다. 2. 문화유산 및 유적을 통해 남북국과 주변 지역의 교류를 파악할 수 있다. 3. 문화유산 소개카드 작성하기 활동을 통해 남북국의 교류하였던 국가에 대해 설명할 수 있다.			
학습 단계	학습 요소	교수·학습활동	자료 및 지도상 유의점	시간
도입	인사	인사 및 출석 확인		5
	전시 확인	전시 학습을 확인한다.		
	동기 유발	역사저널 그날 〈장보고, 해상 무역에 진출하다〉를 시청한다.		
	학습목표	학습목표를 확인한다.		
전개	〈전개 1〉 통일신라와 발해의 대외 교류			15
	〈전개 2〉 탐구 활동	〈수업실연 1 부분〉	〈자료 1〉 〈자료 2〉	25
	〈전개 3〉 문화유산 소개카드 작성하기 활동	〈수업실연 2 부분〉	〈자료 3〉	25
	〈전개 4〉 발표 및 피드백	〈수업실연 3 부분〉	〈자료 4〉	15
정리	정리	학습목표 달성을 확인하고 질의응답 시간을 가진다.		5
	차시예고	다음 수업 주제를 안내한다.		
	인사	인사하고 마친다.		

2025학년도 공립 중등학교 임용 후보자 선정 경쟁 2차 시험
수업지도안 작성 문제지

수험번호									성명		관리번호	

교수·학습지도안 작성 조건

• 교수·학습지도안은 실제 교실에서의 수업 상황을 가정하여 작성할 것
• [지도안 작성 부분 1] 〈자료 1〉, 〈자료 2〉를 활용하여 강의 및 탐구식 수업을 진행하시오.
 – 〈자료 1〉의 각 자료를 활용하여 확산적 발문을 1가지씩 제공하시오.
 – 〈자료 1〉을 활용하여 모둠별 탐구 활동을 진행하고 학생들의 사료 분석 과정이 드러나도록 작성하시오.
 – 〈자료 2〉 판서를 포함하여 강의식 수업 내용을 구성하시오.
• [지도안 작성 부분 2] 〈자료 3〉을 활용하여 가상 인터뷰 쓰기 활동을 진행하시오.
 – 활동 안내 및 채점 기준 3가지를 작성하시오.
 – 〈자료 3〉을 활용한 가상 인터뷰 쓰기 활동을 어려워하는 학생이 있다고 가정하고, 이에 대한 교사의 해결책을 포함하여 작성하시오.
• [지도안 작성 부분 3] 〈자료 4〉를 활용하여 묘청의 서경천도운동을 평가하는 활동을 진행하시오.
 – 역사적 사건 평가 시에 유의점을 안내하시오.
 – 논리적인 근거를 들어 평가하지 못하는 학생이 있다고 가정하고 피드백을 진행하시오.

교수·학습 조건

1. 과목명: 역사 ②
2. 대상: 중학교 3학년
3. 시간: 90분(블록타임제)
4. 단원명: Ⅲ. 고려의 성립과 변천 – 고려의 건국과 정치 변화

 가. 단원의 성취기준

성취기준	[9역09-01] 고려의 후삼국 통일과 체제 정비 과정을 통해 고려 지배 체제의 특징을 파악한다.

 나. 단원의 구성

단원	차시	주요 내용 및 활용	수업 형태	평가 방법
고려의 건국과 정치 변화	1~2	나라의 기틀을 다지다	강의식 수업, 극화 수업	수행평가
	3	통치 체제를 정비하다	탐구 학습	
	4~5	정치 질서가 동요하고 무신 정권이 성립하다	강의식 수업, 탐구 학습, 글쓰기 학습	수행평가

 다. 교수·학습 환경

학생 수	지도 장소	매체 및 기자재
20명	교실	칠판, 교사용 컴퓨터, 스마트 TV, 활동지, 태블릿 PC

자료 ❶ 묘청과 김부식

(가)

묘청은 서경의 승려로, 후에 정심(淨心)으로 이름을 고쳤다. …(중략)… 정지상도 서경 사람인데, 그들의 말을 깊이 믿고 상경의 운이 이미 쇠진하였으며 궁궐이 다 타 없어졌지만 서경(평양)은 제왕의 기운이 있으므로 임금이 이곳으로 수도를 옮겨야 한다고 생각하였다. …(중략)… 묘청과 백수한이 또 왕에게 아뢰기를 "개경의 지세가 쇠퇴하였으므로 하늘이 재앙을 내려 궁궐이 모두 타 버렸으니 자주 서경으로 행차하여 재앙을 물리치고 복을 맞이하여 무궁한 큰 업적을 이룩하소서!"라고 하였다. 이에 왕이 여러 일관에게 물으니 모두 다 "아닙니다"라고 하였다. 그러나 정지상, 김안 그리고 몇 명의 대신이 말하기를 "묘청이 말하는 것은 즉 성인의 법이니 어길 수 없습니다"라고 하였다.

국호를 대위(大爲)라 하고 연호는 천개(天開)라 하였으며 그 군대를 천견충의군(天遣忠義軍)이라 하였다. 그리고 관속을 배치하였는데 양부에서 각 주군의 수령에 이르기까지 모두 서경 사람으로 임명하였다.

(나)

신 부식(富軾) 등은 아뢰옵니다.

지난 을묘년(1135, 고려 인종 13) 봄 정월에 서경이 반역을 계획하므로 신 등은 엎드려 명령을 받들고 정벌하러 나갔으나, 지리가 험하고 성이 견고하여 오랫동안 평정하지 못하였습니다. 그래서 겨울 10월부터 성 서남쪽에 흙과 나무를 쌓아 올려 산을 만들고, 포차를 그 위에 줄지어 세워두고 큰 돌을 날리니 부딪치는 곳은 다 무너졌습니다. 계속해서 크게 공격하니 성문과 성가퀴가 모두 부서졌습니다.

그리고 금년 2월 19일 새벽을 기하여 몰래 군사를 출동시켜 쳐들어가니 적은 달아나고 저항하지 못하였습니다. 역적들이 거짓으로 칭하였던 원수 최영과 죽은 부원수 조광의 시체를 묶고 성을 나와 항복하므로, 신 등은 성으로 들어가 성 안을 정리하고 군사들과 백성들을 안심시키고 위로하였습니다. 왕의 군사는 정벌은 있으나 전쟁은 없는 것이니, 하늘의 위엄이 미치는 곳은 그날로 누그러지는 것입니다.

자료 ❷ 판서 계획

[수험생 작성 부분]

구분	서경 세력	개경 세력
중심 인물		
사상		
대외 정책		

자료 ❸ 가상 인터뷰 기사 작성하기

가상 인터뷰 기사 작성하기	
가상 인터뷰 대상	
질문 1	
답변 1	
질문 2	
답변 2	
질문 3	
답변 3	

자료 ❹ 학습지

신채호의 서경천도운동 인식
조선 역사상 일천년래 제일 대사건 …(중략)… 조선의 역사는 원래 낭가의 독립사상과 유가의 사대주의로 나눠져 있었다. 그런데 갑자기 불교도인 묘청이 낭가의 이상을 실현하려다 그 거동이 지나치게 이치에 맞지 않음으로써 패망하고 드디어 사대주의파의 천하가 되고 말았다. 낭가의 윤언이 등은 유가의 압박 아래에서 겨우 남은 목숨을 유지하게 되었다. 그 뒤 몽고의 난을 지나면서 더욱 유가의 사대주의가 득세하게 되었고, 조선의 창업이 유가의 사대주의로 이루어지자 낭가는 완전히 없어지고 말았다. –『조선사연구초』

묘청의 서경천도운동 평가하기
• 서경천도운동의 의의
• 나의 생각 표현하기

관리번호	

2025학년도 공립 중등학교 임용 후보자 선정 경쟁 2차 시험
수업지도안 작성 답안지

수험번호									이름	

단원	Ⅲ-3. 고려의 건국과 정치 변화	지도 대상	중학교 3학년
학습목표	1. 이자겸의 난과 서경천도운동이 일어난 배경을 이해할 수 있다.		
	2. 가상 인터뷰 활동을 통해 서경 세력과 개경 세력의 주장을 비교하여 표현할 수 있다.		
	3. 묘청의 서경천도운동에 대해 논리적인 근거를 들어 평가할 수 있다.		
학습 자료	교과서, 사료, 빔 프로젝터, 컴퓨터 및 태블릿 PC		

학습 단계	학습 요소	교수·학습활동	시간	자료 및 지도상 유의점
도입	인사	인사 및 출석 확인	5	
	전시 확인	전시 학습을 확인한다.		
	동기 유발	왕실과 경원 이씨의 혼인 관계도를 통해 고려시대의 문벌귀족에 대해 설명한다.		
	학습목표	학습목표를 확인한다.		
전개	〈전개 1〉		15	
	〈전개 2〉	〈지도안 작성 부분 1〉 〈판서 계획〉	25	〈자료 1〉 〈자료 2〉

〈판서 계획〉

구분	서경 세력	개경 세력
중심 인물		
사상		
대외 정책		

전개	〈전개 3〉	〈지도안 작성 부분 2〉 • 채점 기준 1. 2. 3.	20	〈자료 3〉
	〈전개 4〉	〈지도안 작성 부분 3〉 • 유의점 1. 2. 3.	20	〈자료 4〉
정리	정리	학습목표 달성을 확인하고 질의응답 시간을 가진다.	5	
	차시예고	다음 차시를 예고한다.		
	인사	인사하고 마친다.		

관리번호	

2025학년도 공립 중등학교 임용 후보자 선정 경쟁 2차 시험
수업실연 문제지

수험번호									성명		관리번호	

○ 문항에서 요구하는 내용의 가짓수가 제한되어 있는 경우, 요구한 가짓수까지의 내용만 실연하시오.
○ 칠판과 분필 등을 활용한 판서만 가능하며, 기자재를 활용해야 하는 경우 언급으로 대신하시오.

【문제】 다음에 제시된 〈실연 방법〉, 〈교수학습조건〉, 〈자료〉, 〈교수학습지도안〉을 반영해 수업을 실연하시오.

실연 방법

1. [수업실연 1] 〈전개 2〉에서 〈자료 1〉, 〈자료 2〉를 활용하여 강의 및 탐구식 수업을 진행하시오.
   1) 〈자료 1〉의 각 자료를 활용하여 확산적 발문을 1가지씩 제공하시오.
   2) 〈자료 1〉을 활용하여 모둠별 탐구 활동을 진행하고 학생들의 사료 분석 과정이 드러나도록 작성하시오.
   3) (모둠별 탐구 활동 과정에서 예상되는 학생의 질문을 1가지 가정하고 이에 대해 답변하시오.)
   4) 〈자료 2〉 판서를 포함하여 강의식 수업 내용을 구성하시오.
2. [수업실연 2] 〈전개 3〉에서 〈자료 3〉을 활용하여 가상 인터뷰 쓰기 활동을 진행하시오.
   1) 활동 안내 및 채점 기준 3가지를 작성하시오.
   2) 〈자료 3〉을 활용한 가상 인터뷰 쓰기 활동을 어려워하는 학생이 있다고 가정하고, 이에 대한 교사의 해결책을 포함하여 작성하시오.

* 유의사항
일정량의 판서를 사용하여 실연하시오.

교수·학습 조건

1. 과목명: 역사 ②
2. 대상: 중학교 3학년
3. 시간: 90분(블록타임제)
4. 단원명: Ⅲ. 고려의 성립과 변천 – 고려의 건국과 정치 변화

성취기준	[9역09-01] 고려의 후삼국 통일과 체제 정비 과정을 통해 고려 지배 체제의 특징을 파악한다.		
단원의 구성	차시	주요 내용 및 활용	수업 형태
	1~2	나라의 기틀을 다지다	강의식 수업, 극화학습
	3	통치 체제를 정비하다	탐구 학습
	4~5	정치 질서가 동요하고 무신 정권이 성립하다	강의식 수업, 탐구 학습, 글쓰기 학습

5. 교수·학습 환경

학생 수	지도 장소	매체 및 기자재
20명	교실	칠판, 교사용 컴퓨터, 스마트 TV, 활동지, 태블릿 PC

자료 ❶ 묘청과 김부식

(가)
묘청은 서경의 승려로, 후에 정심(淨心)으로 이름을 고쳤다. …(중략)… 정지상도 서경 사람인데, 그들의 말을 깊이 믿고 상경의 운이 이미 쇠진하였으며 궁궐이 다 타 없어졌지만 서경(평양)은 제왕의 기운이 있으므로 임금이 이곳으로 수도를 옮겨야 한다고 생각하였다. …(중략)… 묘청과 백수한이 또 왕에게 아뢰기를 "개경의 지세가 쇠퇴하였으므로 하늘이 재앙을 내려 궁궐이 모두 타 버렸으니 자주 서경으로 행차하여 재앙을 물리치고 복을 맞이하여 무궁한 큰 업적을 이룩하소서!"라고 하였다. 이에 왕이 여러 일관에게 물으니 모두 다 "아닙니다"라고 하였다. 그러나 정지상, 김안 그리고 몇 명의 대신이 말하기를 "묘청이 말하는 것은 즉 성인의 법이니 어길 수 없습니다"라고 하였다.
국호를 대위(大爲)라 하고 연호는 천개(天開)라 하였으며 그 군대를 천견충의군(天遣忠義軍)이라 하였다. 그리고 관속을 배치하였는데 양부에서 각 주군의 수령에 이르기까지 모두 서경 사람으로 임명하였다.

(나)
신 부식(富軾) 등은 아뢰옵니다.
지난 을묘년(1135, 고려 인종 13) 봄 정월에 서경이 반역을 계획하므로 신 등은 엎드려 명령을 받들고 정벌하러 나갔으나, 지리가 험하고 성이 견고하여 오랫동안 평정하지 못하였습니다. 그래서 겨울 10월부터 성 서남쪽에 흙과 나무를 쌓아 올려 산을 만들고, 포차를 그 위에 줄지어 세워두고 큰 돌을 날리니 부딪치는 곳은 다 무너졌습니다. 계속해서 크게 공격하니 성문과 성가퀴가 모두 부서졌습니다.
그리고 금년 2월 19일 새벽을 기하여 몰래 군사를 출동시켜 쳐들어가니 적은 달아나고 저항하지 못하였습니다. 역적들이 거짓으로 칭하였던 원수 최영과 죽은 부원수 조광의 시체를 묶고 성을 나와 항복하므로, 신 등은 성으로 들어가 성 안을 정리하고 군사들과 백성들을 안심시키고 위로하였습니다. 왕의 군사는 정벌은 있으나 전쟁은 없는 것이니, 하늘의 위엄이 미치는 곳은 그날로 누그러지는 것입니다.

자료 ❷ 판서 계획

[수험생 실연 부분]

구분	서경 세력	개경 세력
중심 인물		
사상		
대외 정책		

3

자료 ❸ 가상 인터뷰 기사 작성하기

가상 인터뷰 기사 작성하기	
가상 인터뷰 대상	
질문 1	
답변 1	
질문 2	
답변 2	
질문 3	
답변 3	

2025학년도 공립 중등학교 임용 후보자 선정 경쟁 2차 시험
수업실연 문제지 [지도안]

수험번호									성명		관리번호	

단원		Ⅲ-3. 고려의 건국과 정치 변화	차시	4~5
학습목표		1. 이자겸의 난과 서경천도운동이 일어난 배경을 이해할 수 있다. 2. 가상 인터뷰 활동을 통해 서경 세력과 개경 세력의 주장을 비교하여 표현할 수 있다. 3. 묘청의 서경천도운동에 대해 논리적인 근거를 들어 평가할 수 있다.		
학습 단계	학습 요소	교수·학습활동	자료 및 지도상 유의점	시간
도입	인사	인사 및 출석 확인		5
	전시 확인	전시 학습을 확인한다.		
	동기 유발	왕실과 경원 이씨의 혼인 관계도를 통해 고려시대의 문벌귀족에 대해 설명한다.		
	학습목표	학습목표를 확인한다.		
전개	〈전개 1〉 이자겸의 난			15
	〈전개 2〉 서경천도 운동	〈수업실연 1 부분〉	〈자료 1〉 〈자료 2〉	25
	〈전개 3〉 가상 인터뷰 기사 활동	〈수업실연 2 부분〉	〈자료 3〉	20
	〈전개 4〉 평가			20
정리	정리	학습목표 달성을 확인하고 질의응답 시간을 가진다.		5
	차시예고	다음 수업 주제를 안내한다.		
	인사	인사하고 마친다.		

5

2025학년도 공립 중등학교 임용 후보자 선정 경쟁 2차 시험
수업지도안 작성 문제지

수험번호								성명		관리번호	

교수·학습지도안 작성 조건

- 교수·학습지도안은 실제 교실에서의 수업 상황을 가정하여 작성할 것
- [지도안 작성 부분 1] 〈자료 1〉, 〈자료 2〉를 활용하여 강의식 수업을 진행하시오.
  - 〈자료 1〉의 (가), (나), (다)를 모두 활용하여 국제 관계의 변화와 이에 대한 고려의 대응을 학생과의 문답을 중심으로 강의하시오.
  - 〈자료 2〉의 학생의 오개념을 역사 지도의 특성에 근거하여 교정하는 교사의 답변을 작성하시오.
- [지도안 작성 부분 2] 〈자료 3〉, 〈자료 4〉를 활용하여 학생 활동을 준비하는 과정을 작성하시오.
  - 모의재판극의 준비과정을 단계별로 설명하고, 유의사항을 안내하시오.
  - 활동을 진행하는 목적을 역사과 핵심역량 2가지와 연관하여 설명하고, 이를 고려하여 〈자료 4〉의 채점 기준을 작성하여 안내하시오.
- [지도안 작성 부분 3] 후속 토론 및 피드백 과정을 작성하시오.
  - 후속 토론 과정에서 학생들의 토론을 유도할 수 있는 교사의 발문을 2가지 이상 작성하시오.
  - 우수 모둠에 대한 교사의 내용적, 정의적 측면에서의 피드백을 각각 작성하시오.

교수·학습 조건

1. 과목명: 역사 ②
2. 대상: 중학교 3학년
3. 시간: 90분(블록타임제)
4. 단원명: Ⅲ. 고려의 성립과 변천 – 고려의 대외 관계

가. 단원의 성취기준

성취기준	[9역09-02] 고려와 송, 거란, 여진과의 관계를 중심으로 대외 관계를 이해한다.

나. 단원의 구성

단원	차시	주요 내용 및 활용	수업 형태	평가 방법
고려의 대외 관계	1~2	다원적 국제 질서가 만들어지다	강의식, 모의재판	수행평가
	3	몽골의 침입에 맞서 싸우다		수행평가

다. 교수·학습 환경

학생 수	지도 장소	매체 및 기자재
20명	교실	칠판, 스크린, 교사용 컴퓨터, 빔 프로젝터, 태블릿 PC, 모둠 활동지

자료 ❶ 활동지

(가)

① 만약 여진족을 쫓아내고 우리 옛 땅을 돌려주어 성을 쌓고 도로를 통하게 해준다면 거란과 관계를 맺을 것이다. – 『고려사』
② 제가 일찍이 선왕의 밀지를 받았고 이제 또 전하의 명령을 받았으니, 어찌 감히 우리 강토를 개척하고 지난날 국가의 치욕을 씻지 않을 수 있겠습니까? – 『고려사』
③ 금이 군사가 세어 날로 강대해질 뿐만 아니라 우리의 국경과 인접하고 있으니 형편상 섬기지 아니할 수 없고 또한 작은 나라로서 큰 나라를 섬기는 것은 옛날 제왕이 취한 도리이니 우선 사신을 보내 예방해야 합니다. – 『고려사』

서희	윤관	이자겸
• 해당 사료: • 대립국: • 대응 방법:	• 해당 사료: • 대립국: • 대응 방법:	• 해당 사료: • 대립국: • 대응 방법:

(나) 10~12세기 동아시아의 정세

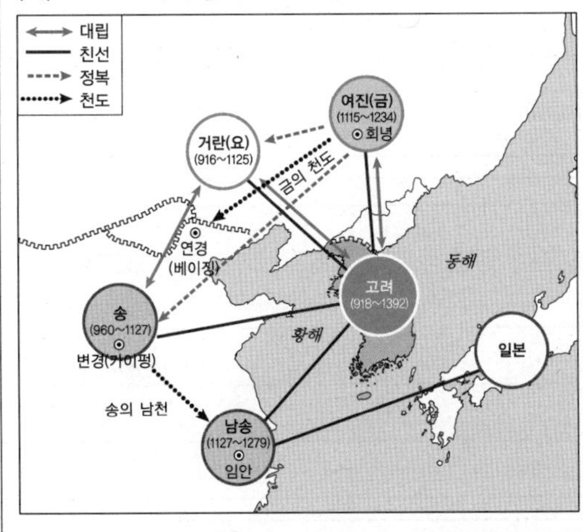

(다) 거란의 격퇴와 여진 정벌

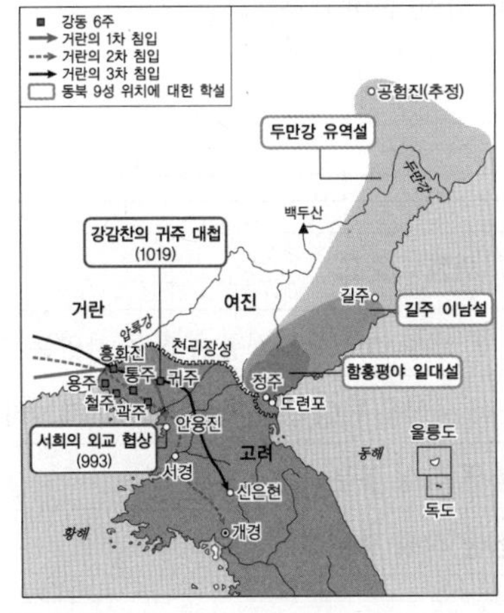

자료 ❷

(나) 지도를 보니 거란
과 여진이 동시에 쳐
들어와 고려가 많이
힘들었을 것 같아요.

자료 ❸ 모의재판

[사건 개요]
- 피고인: 이자겸
- 사건내용: 피고인 이자겸은 금이 고려에 강요한 군신의 관계 요구에 대하여 "금이 급격하게 세력을 일으켜 요와 송을 멸망시켰고 병력이 강성하여 나날이 강대해지고 있습니다. 또 우리와는 서로 국경이 맞닿아 있어 섬기지 않을 수 없는 상황입니다."라고 하며 금의 사대 요구를 받아들였다. 많은 신하들이 반대했음에도 불구하고 자신의 정권의 안정을 위해 이를 수용하여 고려에 치욕을 안겨주었으니, 이를 고발한다.

[모의재판하기] 준비 순서
1.
2.
3.

자료 ❹ 채점 기준표

1. 자신이 맡은 역할에 적절한 주장을 하였는가?
2. 역사적 사실을 반영한 근거를 적절히 제시하였는가?
3. **[수험생 작성 부분 2]**
4. **[수험생 작성 부분 3]**

관리번호	

2025학년도 공립 중등학교 임용 후보자 선정 경쟁 2차 시험
수업지도안 작성 답안지

수험번호									이름	

<table>
<tr><td>단원</td><td colspan="2">Ⅲ-2. 고려의 대외관계</td><td>지도 대상</td><td>중학교 3학년</td></tr>
<tr><td rowspan="3">학습목표</td><td colspan="4">1. 고려가 거란의 침입을 막아 낸 과정을 정리할 수 있다.</td></tr>
<tr><td colspan="4">2. 여진(금)의 세력 변화에 대한 고려의 대응을 파악할 수 있다.</td></tr>
<tr><td colspan="4">3. 모의재판을 통해 역사적 인물의 행위에 대한 다양한 의견을 제시할 수 있다.</td></tr>
<tr><td>학습 자료</td><td colspan="4">교과서, 사료, TV, 교사용 컴퓨터, 태블릿 PC 및 학습에 필요한 모든 기자재</td></tr>
</table>

<table>
<tr><td>학습 단계</td><td>학습 요소</td><td>교수·학습활동</td><td>시간</td><td>자료 및 지도상 유의점</td></tr>
<tr><td rowspan="4">도입</td><td>인사</td><td>인사 및 출석 확인</td><td rowspan="4">5</td><td rowspan="4">영상자료</td></tr>
<tr><td>전시 확인</td><td>전시 학습을 확인한다.</td></tr>
<tr><td>동기 유발</td><td>드라마 〈보보경심 려〉 속 팔관회 모습을 보여주며 동기를 유발한다.</td></tr>
<tr><td>학습목표</td><td>학습목표를 확인한다.</td></tr>
<tr><td>전개</td><td>〈전개 1〉</td><td>〈지도안 작성 부분 1〉

• 고려가 송, 거란, 여진 및 일본과 활발히 교류하였음을 설명한다.</td><td>25</td><td>〈자료 1〉
〈자료 2〉</td></tr>
</table>

3

<table>
<tr><td rowspan="3">전개</td><td>〈전개 2〉</td><td>〈지도안 작성 부분 2〉
<table><tr><td>1. 자신이 맡은 역할에 적절한 주장을 하였는가?</td></tr><tr><td>2. 역사적 사실을 반영한 근거를 제시하였는가?</td></tr><tr><td>3. [수험생 작성 부분 2]</td></tr><tr><td>4. [수험생 작성 부분 3]</td></tr></table></td><td>20</td><td>〈자료 3〉
〈자료 4〉</td></tr>
<tr><td>〈전개 3〉</td><td>• 모의재판을 진행한다.</td><td>20</td><td></td></tr>
<tr><td>〈전개 4〉</td><td>〈지도안 작성 부분 3〉</td><td>15</td><td></td></tr>
<tr><td rowspan="3">정리</td><td>정리</td><td>학습목표 달성을 확인하고 질의응답 시간을 가진다.</td><td rowspan="3">5</td><td rowspan="3"></td></tr>
<tr><td>차시예고</td><td>다음 차시를 예고한다.</td></tr>
<tr><td>인사</td><td>인사하고 마친다.</td></tr>
</table>

관리번호	

2025학년도 공립 중등학교 임용 후보자 선정 경쟁 2차 시험
수업실연 문제지

수험번호									성명		관리번호	

○ 문항에서 요구하는 내용의 가짓수가 제한되어 있는 경우, 요구한 가짓수까지의 내용만 실연하시오.
○ 칠판과 분필 등을 활용한 판서만 가능하며, 기자재를 활용해야 하는 경우 언급으로 대신하시오.

【문제】 다음에 제시된 〈실연 방법〉, 〈교수학습조건〉, 〈자료〉, 〈교수학습지도안〉을 반영해 수업을 실연하시오.

실연 방법

1. 〈교수학습지도안〉의 [수업실연 1]~[수업실연 3]에 해당하는 부분을 수업으로 실연하시오.
2. [수업실연 1] 〈전개 1〉에서 〈자료 1〉, 〈자료 2〉를 활용하여 강의식 수업을 진행하시오.
   1) 〈자료 1〉의 (가), (나), (다)를 모두 활용하여 당시의 국제 관계의 변화와 이에 대한 고려의 대응을 학생과의 문답을 중심으로 강의하시오.
   2) 〈자료 2〉에 나타난 학생의 오개념을 역사 지도의 특성에 근거하여 교정하는 장면을 실연하시오.
3. [수업실연 2] 〈전개 2〉에서 〈자료 3〉, 〈자료 4〉를 활용하여 학생 활동을 준비하는 과정을 실연하시오.
   1) 〈자료 3〉을 활용하여 모의재판극의 준비과정과 유의사항을 안내하시오.
   2) 활동을 진행하는 목적을 역사과 핵심역량 2가지와 연관하여 설명하고, 이를 고려하여 〈자료 4〉의 채점 기준을 안내하시오.
4. [수업실연 3] 〈전개 4〉에서 후속 토론 및 피드백을 진행하는 과정을 실연하시오.
   1) 후속 토론 과정에서 학생들의 토론을 유도할 수 있는 교사의 발문을 제시하시오.
   2) (우수 모둠에 대한 교사의 내용적, 정의적 측면의 피드백을 각각 실연하시오.)

* 유의사항
1. 일정량의 판서를 사용하여 실연하시오.
2. 수업의 전개 과정부터 실연하므로 학습목표는 판서하지 마시오.

교수·학습 조건

1. 과목명: 역사 ②
2. 대상: 중학교 3학년
3. 시간: 90분(블록타임제)
4. 단원명: Ⅲ. 고려의 성립과 변천 – 고려의 대외 관계

성취기준	[9역09-02] 고려와 송, 거란, 여진과의 관계를 중심으로 대외관계를 이해한다.		
단원의 구성	차시	주요 내용 및 활용	수업 형태
	1~2	다원적 국제 질서가 만들어지다	강의식, 모의재판
	3	몽골의 침입에 맞서 싸우다	

5. 교수·학습 환경

학생 수	지도 장소	매체 및 기자재
20명	교실	칠판, 스크린, 교사용 컴퓨터, 빔 프로젝터, 태블릿 PC, 모둠 활동지

자료 ❶ 활동지

(가)

① 만약 여진족을 쫓아내고 우리 옛 땅을 돌려주어 성을 쌓고 도로를 통하게 해준다면 거란과 관계를 맺을 것이다. -『고려사』
② 제가 일찍이 선왕의 밀지를 받았고 이제 또 전하의 명령을 받았으니, 어찌 감히 우리 강토를 개척하고 지난날 국가의 치욕을 씻지 않을 수 있겠습니까? -『고려사』
③ 금이 군사가 세어 날로 강대해질 뿐만 아니라 우리의 국경과 인접하고 있으니 형편상 섬기지 아니할 수 없고 또한 작은 나라로서 큰 나라를 섬기는 것은 옛날 제왕이 취한 도리이니 우선 사신을 보내 예방해야 합니다. -『고려사』

서희	윤관	이자겸
• 해당 사료: • 대립국: • 대응 방법:	• 해당 사료: • 대립국: • 대응 방법:	• 해당 사료: • 대립국: • 대응 방법:

(나) 10~12세기 동아시아의 정세

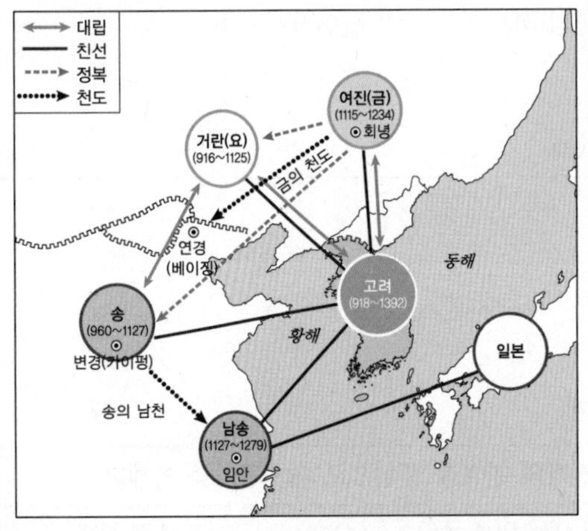

(다) 거란의 격퇴와 여진 정벌

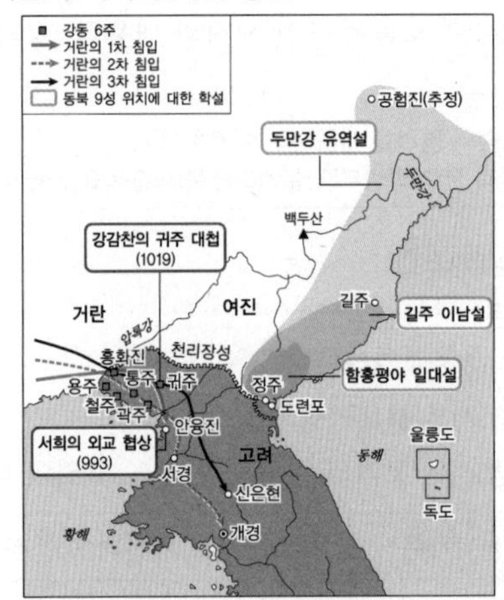

자료 ❷

(나) 지도를 보니 거란과 여진이 동시에 쳐들어와 고려가 많이 힘들었을 것 같아요.
아, 그렇지 않아요.
[수험생 실연 부분]

자료 ❸ 모의재판

[사건 개요] • 피고인: 이자겸 • 사건내용: 피고인 이자겸은 금이 고려에 강요한 군신의 관계 요구에 대하여 "금이 급격하게 세력을 일으켜 요와 송을 멸망시켰고 병력이 강성하여 나날이 강대해지고 있습니다. 또 우리와는 서로 국경이 맞닿아 있어 섬기지 않을 수 없는 상황입니다."라고 하며 금의 사대 요구를 받아들였다. 많은 신하들이 반대했음에도 불구하고 자신의 정권의 안정을 위해 이를 수용하여 고려에 치욕을 안겨주었으니, 이를 고발한다.
[모의재판하기] 준비 순서 1. 2. 3.

자료 ❹ 채점 기준표

1. 자신이 맡은 역할에 적절한 주장을 하였는가?
2. 역사적 사실을 반영한 근거를 적절히 제시하였는가?
3. **[수험생 실연 부분]**
4. **[수험생 실연 부분]**

2025학년도 공립 중등학교 임용 후보자 선정 경쟁 2차 시험
수업실연 문제지 [지도안]

수험번호		성명		관리번호	

단원	Ⅲ-2. 고려의 대외관계		차시	1~2
학습목표	1. 고려가 거란의 침입을 막아 낸 과정을 정리할 수 있다. 2. 여진(금)의 세력 변화에 대한 고려의 대응을 파악할 수 있다. 3. 모의재판을 통해 역사적 인물의 행위에 대한 다양한 의견을 제시할 수 있다.			
학습 단계	학습 요소	교수·학습활동	자료 및 지도상 유의점	시간
도입	인사	인사 및 출석 확인		5
	전시 확인	전시 학습을 확인한다.		
	동기 유발	드라마 〈보보경심 려〉 속 팔관회 모습을 보여주며 동기를 유발한다.		
	학습목표	학습목표를 확인한다.		
전개	〈전개 1〉 거란과 여진에 대한 고려의 대응	〈수업실연 1 부분〉	〈자료 1〉 〈자료 2〉	25
	〈전개 2〉 모의재판극 준비하기	〈수업실연 2 부분〉	〈자료 3〉 〈자료 4〉	20
	〈전개 3〉 모의재판극 발표하기			20
	〈전개 4〉 후속 토론 및 피드백	〈수업실연 3 부분〉		15
정리	정리	학습목표 달성을 확인하고 질의응답 시간을 가진다.		5
	차시예고	다음 수업 주제를 안내한다.		
	인사	인사하고 마친다.		

6

2025학년도 공립 중등학교 임용 후보자 선정 경쟁 2차 시험
수업 지도안 작성 문제지

수험번호								

이름	

교수·학습지도안 작성 조건

- 교수·학습지도안은 실제 교실에서의 수업 상황을 가정하여 작성할 것.
- [지도안 작성 부분 1] 〈자료 1〉을 토대로 사료를 활용한 탐구식 수업을 작성하시오.
  - 사료의 의미를 도출할 수 있는 발문을 각각 한 가지씩 작성하시오.
  - 탐구 질문 [A]를 학생이 작성하였다고 가정하고, 이에 대한 교사의 피드백을 작성하시오.
- [지도안 작성 부분 2] 〈자료 2〉를 활용하여 판서를 포함한 강의식 수업을 작성하시오.
  - 14세기 원의 쇠퇴에 대해 이해할 수 있는 발문을 포함하시오.
  - 공민왕 개혁의 정책 내용에 대한 판서를 작성하시오.
  - (다)~(라)의 내용을 포함할 수 있는 탐구 질문 [B]를 작성하시오.
- [지도안 작성 부분 3] 〈자료 1〉, 〈자료 2〉, 〈자료 3〉을 활용하여 모둠별 학생 활동을 작성하시오.
  - 활동 시 유의 사항 2가지를 작성하시오.
  - 발표가 끝났다고 가정하고, 모둠별 발표에 대한 동료 및 교사의 피드백 활동을 작성하시오.

※ 모든 작성 부분은 교사와 학생의 활동이 구체적으로 드러나도록 작성하시오.

교수·학습 조건

1. 과목명: 역사 ②
2. 대상: 중학교 3학년
3. 시간: 90분(블록타임제)
4. 단원명: Ⅲ. 고려의 성립과 변천 – 몽골의 간섭과 고려의 개혁

가. 단원의 성취기준

성취기준	[9역09-03] 원 간섭기 고려 사회의 변화를 파악하고, 개혁 정책의 특징과 신진 사대부의 성장을 이해한다.

나. 단원의 구성

단원	차시	주요 내용 및 활용	수업 형태	평가 방법
몽골의 간섭과 고려의 개혁	1~2	몽골의 침략을 극복하다		
	3~4	원 간섭기, 권문 세족이 등장하다 공민왕, 개혁 정치를 실시하다	강의식 수업, 모둠 활동	수행평가

다. 교수·학습 환경

학생 수	지도 장소	매체 및 기자재
24명	교실	전자칠판, 학습지, 모둠 활동지, 태블릿 PC

자료 ❶ 학습지 1

(가)	(나)
조인규는 어려서부터 영특하였고, 자라서 공부하여 글을 어느 정도 알게 되었다. 그때 나라에서 나이 어린 소년 중 똑똑한 아이들을 골라서 몽골어를 배우게 하였는데, 조인규도 여기에 선발되었다. 스스로 실력이 모자란다고 생각한 조인규는 3년 동안 바깥에 나가지 않고 공부해 몽골어에 능통하게 되었다. 이후 조인규는 원의 황제 앞에서 통역을 잘한 것으로 유명해져 장군으로 승진하였다. -『고려사』	윤수는 무신 정권 시기에 고려의 관리를 배신하고 해를 입혔다. 무신 정권이 무너지자 윤수는 자신의 죄를 추궁당할까 두려워 나라를 배반하고 몽골로 갔다. …… 충렬왕이 몽골에 있을 때 윤수는 매와 사냥개를 이용해 왕의 총애를 얻었다. 고려에서 충렬왕이 즉위하자, 윤수도 가족을 데리고 고려로 귀국하였다. 윤수는 응방을 관리하면서 자신의 권세를 믿고 제멋대로 악한 일을 해 사람들의 원망을 샀다. -『고려사』

[탐구 질문] [A: 수험생 작성 부분]
모둠 답안: ______

자료 ❷ 학습지 2

(가)

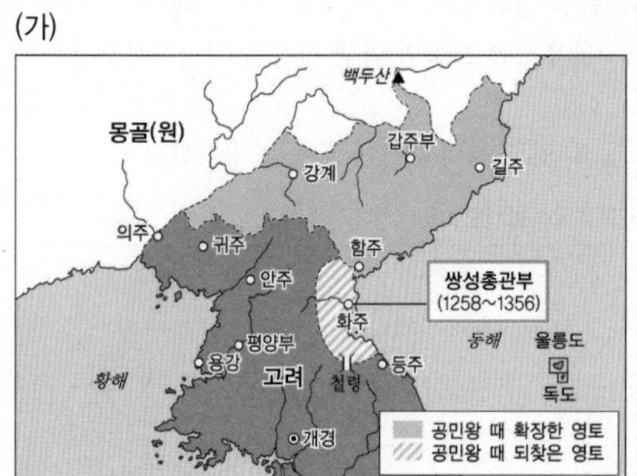

(나)
신돈이 전민변정도감 두기를 청하고 전국에 방을 붙여 알리기를, "…… 백성이 농사를 지어 온 땅을 권세가들에게 거의 다 빼앗겼다. 돌려주라고 판결한 것도 그대로 가지며 양민을 노비로 삼고 있다. …… 이제 도감을 두어 고치려고 하니, 잘못을 알고 스스로 고치는 자는 죄를 묻지 않겠다. 기한이 지나서 일이 발각된 자는 엄히 다스릴 것이다."
이 명령이 나오자 권세가들이 빼앗은 땅을 주인에게 돌려주니 안팎이 기뻐하였다.
-『고려사』

(다)	(라)
1367년(공민왕 16) 고려 정부는 이색을 책임자로 하여 성균관을 크게 확충하고 저명한 성리학자인 정몽주, 이숭인 등을 발탁하여 학생들을 가르쳤다. 이전에는 성균관의 학생이 수십 명에 불과하였으나, 이때 성균관을 부흥하니 학생이 많이 증가하였다. 강의를 마치면 교관과 학생들이 함께 논쟁하느라 지루함을 잊을 정도였다. 성균관에 학자들이 모여들기 시작하면서 성리학이 비로소 크게 발전하였다. -『고려사』	이색이 토지 제도의 폐단 등에 대해 상소하였다. …… "토지의 경계를 바로잡는 것은 다스리는 자가 힘써야 할 일이라고 합니다. 권세가들이 남의 토지를 빼앗으니 까치가 지은 집에 비둘기가 사는 격입니다. …… 백성은 소작료를 내다가 부족하면 남에게 돈을 빌려 생활합니다. 이런 상황에서 백성들이 무엇으로 부모를 공양하고 처자를 양육하겠습니까?" -『고려사』

[탐구 질문] [B: 수험생 작성 부분]
모둠 답안: ______

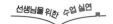

자료 ❸ 고려 말 인물들에 대한 페이스맵 만들기

1. [보기]에서 한 명의 인물을 선택한다.

[보기] 조인규, 윤수, 기철, 공민왕, 신돈, 이색, 조준, 최영, 이성계

2. 모둠원과 함께 오늘의 수업 내용과 학습지를 활용하여 선택한 인물의 특징을 파악한다.

3. 아래 내용을 참고하여 페이스맵을 정리하고, 인물 그림을 꾸민다.

- 인물의 생각: 당시에 인물이 했을 것 같은 생각 적기
- 인물이 본 것: 당시에 인물이 보았을 당시 시대 상황 적기
- 인물이 들은 것: 당시에 인물이 들었을 당시 시대 상황 적기
- 인물이 말한 것: 당시에 인물이 주장하였을 내용 적기
- 내용을 종합하여 인물이 어떠한 세력에 속하는지 적기

4. 모둠의 이끎이가 페이스맵을 발표하고, 그렇게 작성한 근거를 설명한다.

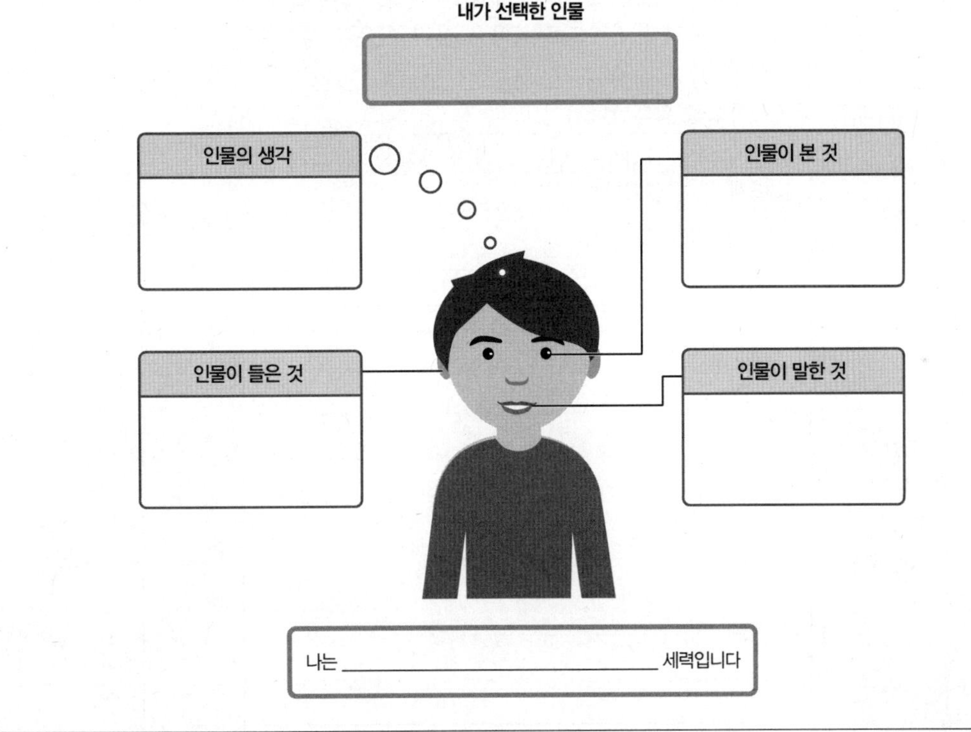

관리번호	

3

2025학년도 공립 중등학교 임용 후보자 선정 경쟁 2차 시험
수업지도안 작성 답안지

수험번호									이름	

<table>
<tr><td>단원</td><td colspan="3">Ⅲ. 고려의 성립과 변천 – 몽골의 간섭과 고려의 개혁</td><td>지도 대상</td><td>중학교 3학년</td></tr>
<tr><td rowspan="3">학습목표</td><td colspan="5">1. 원 간섭기 고려 사회가 어떻게 변하였는지 설명할 수 있다.</td></tr>
<tr><td colspan="5">2. 공민왕의 개혁 정치의 내용을 설명할 수 있다.</td></tr>
<tr><td colspan="5">3. 원 간섭기 이후 등장한 정치 세력의 특징을 파악할 수 있다.</td></tr>
<tr><td>학습 단계</td><td>학습 요소</td><td colspan="2">교수·학습활동</td><td>시간</td><td>자료 및 지도상 유의점</td></tr>
<tr><td rowspan="4">도입</td><td>인사</td><td colspan="2">인사 및 출석 확인</td><td rowspan="4">5</td><td rowspan="4"></td></tr>
<tr><td>전시 확인</td><td colspan="2">전시학습 확인</td></tr>
<tr><td>동기 유발</td><td colspan="2">‘고려궁지’, ‘강화산성’ 등 고려 시대 유적의 사진을 보여주고, 고려가 강화도로 도읍을 옮긴 이유를 생각해 보게 한다.</td></tr>
<tr><td>학습목표</td><td colspan="2">학습목표를 확인한다.</td></tr>
<tr><td>전개</td><td>〈전개 1〉</td><td colspan="2">• 원의 내정 간섭으로 인한 고려의 정치적 · 문화적 변화에 대해 설명한다.
〈지도안 작성 부분 1〉
[A] ______________________________</td><td>20</td><td>〈자료 1〉</td></tr>
</table>

<table>
<tr><td rowspan="2">전개</td><td>〈전개 2〉</td><td>〈지도안 작성 부분 2〉
[판서 계획]

[B] ______

• 신진 사대부와 신흥 무인 세력이 성장하였음을 설명한다.</td><td>20</td><td>〈자료 2〉</td></tr>
<tr><td>〈전개 3〉</td><td>〈지도안 작성 부분 3〉
• 유의사항
•
•</td><td>40</td><td>〈자료 1〉
〈자료 2〉
〈자료 3〉
태블릿 PC</td></tr>
<tr><td rowspan="3">정리</td><td>정리</td><td>질의응답을 통해 학습 내용을 정리한다.</td><td rowspan="3">5</td><td rowspan="3"></td></tr>
<tr><td>차시예고</td><td>다음 수업 주제를 안내한다.</td></tr>
<tr><td>인사</td><td>인사하고 마친다.</td></tr>
</table>

관리번호	

2025학년도 중등학교 교사 신규임용후보자 선정 경쟁 시험 (2차)
역사 수업실연 문제지

수험번호								성명		관리번호	

○ 문항에서 요구하는 내용의 가짓수가 제한되어 있는 경우, 요구한 가짓수까지의 내용만 실연하시오.
○ 칠판과 분필 등을 활용한 판서만 가능하며, 기자재를 활용해야 하는 경우 언급으로 대신하시오.

【문제】 다음에 제시된 〈실연 방법〉, 〈교수학습조건〉, 〈자료〉, 〈교수학습지도안〉을 반영해 수업을 실연하시오.

실연 방법

1. 〈교수학습지도안〉의 [수업실연 1] ~ [수업실연 3]에 해당하는 부분을 수업으로 실연하시오.
2. [수업실연 1] 〈자료 1〉을 토대로 사료를 활용한 탐구식 수업을 실연하시오.
   1) 사료의 의미를 도출할 수 있는 발문을 각각 한 가지씩 제공하시오.
   2) 탐구 질문 [A]를 학생이 작성하였다고 가정하고, 이에 대한 교사의 피드백을 실연하시오.
3. [수업실연 2] 〈자료 2〉를 활용하여 판서를 포함한 강의식 수업을 실연하시오.
   1) (14세기 원의 쇠퇴에 대해 이해할 수 있는 발문을 포함하시오.)
   2) 공민왕 개혁의 정책 내용에 대한 판서를 작성하시오.
   3) (다)~(라)의 내용을 포함할 수 있는 탐구 질문 [B]를 작성하여 활용하시오.
4. [수업실연 3] 〈자료 1〉, 〈자료 2〉, 〈자료 3〉을 활용한 학생 활동을 실연하시오.
   1) 활동 시 유의 사항 2가지를 안내하시오.
   2) 발표가 끝났다고 가정하고, 모둠별 발표에 대한 동료 및 교사의 피드백 활동을 진행하시오.

* 유의사항
교사와 학생의 상호작용이 구체적으로 드러나게 실연하시오.

교수·학습 조건

1. 과목명: 역사 ②
2. 대상: 중학교 3학년
3. 시간: 90분(블록타임제)
4. 단원명: Ⅲ. 고려의 성립과 변천 – 몽골의 간섭과 고려의 개혁

성취기준	[9역9-03] 원 간섭기 고려 사회의 변화를 파악하고, 개혁 정책의 특징과 신진 사대부의 성장을 이해한다.		
단원의 구성	차시	주요 내용 및 활용	수업 형태
	1~2	몽골의 침략을 극복하다	
	3~4	원 간섭기, 권문 세족이 등장하다 공민왕, 개혁 정치를 실시하다	강의식 수업, 모둠 활동

5. 교수·학습 환경

학생 수	지도 장소	매체 및 기자재
24명	교실	전자칠판, 학습지, 모둠 활동지, 태블릿 PC

자료 ❶ 학습지 1

(가)	(나)
조인규는 어려서부터 영특하였고, 자라서 공부하여 글을 어느 정도 알게 되었다. 그때 나라에서 나이 어린 소년 중 똑똑한 아이들을 골라서 몽골어를 배우게 하였는데, 조인규도 여기에 선발되었다. 스스로 실력이 모자란다고 생각한 조인규는 3년 동안 바깥에 나가지 않고 공부해 몽골어에 능통하게 되었다. 이후 조인규는 원의 황제 앞에서 통역을 잘한 것으로 유명해져 장군으로 승진하였다. – 『고려사』	윤수는 무신 정권 시기에 고려의 관리를 배신하고 해를 입혔다. 무신 정권이 무너지자 윤수는 자신의 죄를 추궁당할까 두려워 나라를 배반하고 몽골로 갔다. …… 충렬왕이 몽골에 있을 때 윤수는 매와 사냥개를 이용해 왕의 총애를 얻었다. 고려에서 충렬왕이 즉위하자, 윤수도 가족을 데리고 고려로 귀국하였다. 윤수는 응방을 관리하면서 자신의 권세를 믿고 제멋대로 악한 일을 해 사람들의 원망을 샀다. – 『고려사』

[탐구 질문] [A: 수험생 실연 부분]

모둠 답안:

자료 ❷ 학습지 2

(가)

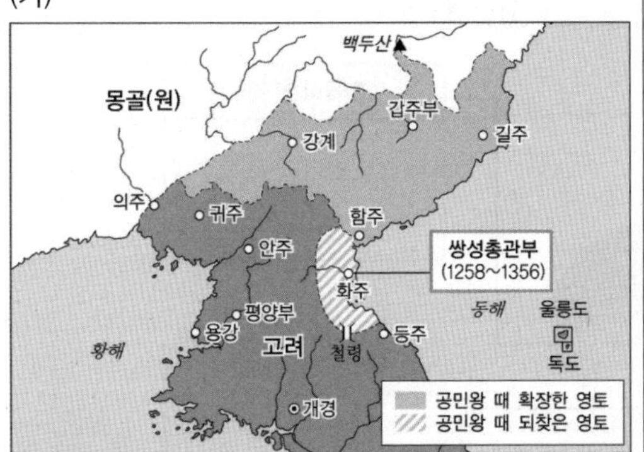

(나)

신돈이 전민변정도감 두기를 청하고 전국에 방을 붙여 알리기를, "…… 백성이 농사를 지어 온 땅을 권세가들에게 거의 다 빼앗겼다. 돌려주라고 판결한 것도 그대로 가지며 양민을 노비로 삼고 있다. …… 이제 도감을 두어 고치려고 하니, 잘못을 알고 스스로 고치는 자는 죄를 묻지 않겠다. 기한이 지나서 일이 발각된 자는 엄히 다스릴 것이다."
이 명령이 나오자 권세가들이 빼앗은 땅을 주인에게 돌려주니 안팎이 기뻐하였다.

– 『고려사』

(다)

1367년(공민왕 16) 고려 정부는 이색을 책임자로 하여 성균관을 크게 확충하고 저명한 성리학자인 정몽주, 이숭인 등을 발탁하여 학생들을 가르쳤다. 이전에는 성균관의 학생이 수십 명에 불과하였으나, 이때 성균관을 부흥하니 학생이 많이 증가하였다. 강의를 마치면 교관과 학생들이 함께 논쟁하느라 지루함을 잊을 정도였다. 성균관에 학자들이 모여들기 시작하면서 성리학이 비로소 크게 발전하였다.

– 『고려사』

(라)

이색이 토지 제도의 폐단 등에 대해 상소하였다. …… "토지의 경계를 바로잡는 것은 다스리는 자가 힘써야 할 일이라고 합니다. 권세가들이 남의 토지를 빼앗으니 까치가 지은 집에 비둘기가 사는 격입니다. …… 백성은 소작료를 내다가 부족하면 남에게 돈을 빌려 생활합니다. 이런 상황에서 백성들이 무엇으로 부모를 공양하고 처자를 양육하겠습니까?"

– 『고려사』

[탐구 질문] [B: 수험생 실연 부분]

모둠 답안:

자료 ❸ 고려 말 인물들에 대한 페이스맵 만들기

1. [보기]에서 한 명의 인물을 선택한다.

[보기] 조인규, 윤수, 기철, 공민왕, 신돈, 이색, 조준, 최영, 이성계

2. 모둠원과 함께 오늘의 수업 내용과 학습지를 활용하여 선택한 인물의 특징을 파악한다.

3. 아래 내용을 참고하여 페이스맵을 정리하고, 인물 그림을 꾸민다.

- 인물의 생각: 당시에 인물이 했을 것 같은 생각 적기
- 인물이 본 것: 당시에 인물이 보았을 당시 시대 상황 적기
- 인물이 들은 것: 당시에 인물이 들었을 당시 시대 상황 적기
- 인물이 말한 것: 당시에 인물이 주장하였을 내용 적기
- 내용을 종합하여 인물이 어떠한 세력에 속하는지 적기

4. 모둠의 이끎이가 페이스맵을 발표하고, 그렇게 작성한 근거를 설명한다.

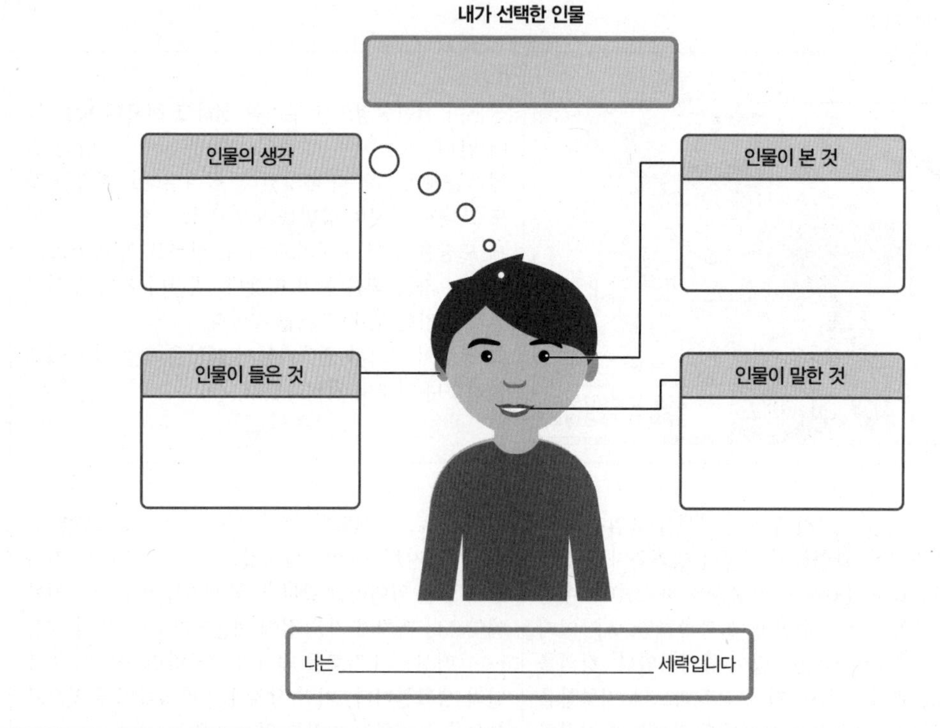

관리번호	

2025학년도 중등학교 교사 신규임용후보자 선정 경쟁 시험 (2차)
역사 수업실연 문제지 [지도안]

수험번호									성명		관리번호	

<table>
<tr><td>단원</td><td colspan="2">Ⅲ. 고려의 성립과 변천 – 몽골의 간섭과 고려의 개혁</td><td>차시</td><td>3~4</td></tr>
<tr><td rowspan="3">학습목표</td><td colspan="4">1. 원 간섭기 고려 사회가 어떻게 변하였는지 설명할 수 있다.</td></tr>
<tr><td colspan="4">2. 공민왕의 개혁 정치의 내용을 설명할 수 있다.</td></tr>
<tr><td colspan="4">3. 원 간섭기 이후 등장한 정치 세력의 특징을 파악할 수 있다.</td></tr>
<tr><td>학습 단계</td><td>학습 요소</td><td>교수·학습활동</td><td>자료 및 지도상 유의점</td><td>시간</td></tr>
<tr><td rowspan="4">도입</td><td>인사</td><td>인사 및 출석 확인</td><td rowspan="4"></td><td rowspan="4">5</td></tr>
<tr><td>전시 확인</td><td>전시학습 확인</td></tr>
<tr><td>동기 유발</td><td>'고려궁지', '강화산성' 등 고려 시대 유적의 사진을 보여주고, 고려가 강화도로 도읍을 옮긴 이유를 생각해 보게 한다.</td></tr>
<tr><td>학습목표</td><td>학습목표 확인</td></tr>
<tr><td rowspan="2">전개</td><td>〈전개 1〉
원의 간섭과 권문세족의 성장</td><td>• 원의 내정 간섭으로 인한 고려의 정치적·문화적 변화에 대해 설명한다.

〈수업실연 1 부분〉</td><td>〈자료 1〉</td><td>20</td></tr>
<tr><td>〈전개 2〉
공민왕의 개혁정치</td><td>〈수업실연 2 부분〉

• 신진 사대부와 신흥 무인 세력이 성장하였음을 설명한다.</td><td>〈자료 2〉</td><td>20</td></tr>
</table>

	〈전개3〉 모둠발표 및 피드백	〈수업실연 3 부분〉	〈자료 1〉 〈자료 2〉 〈자료 3〉 태블릿 PC	40
정리	정리	질의응답을 통해 학습 내용을 정리한다.		5
	차시예고	다음 수업 주제를 안내한다.		
	인사	인사하고 마친다.		

7

2025학년도 공립 중등학교 임용 후보자 선정 경쟁 2차 시험
수업 지도안 작성 문제지

수험번호									이름	

교수·학습지도안 작성 조건

- 교수·학습지도안은 실제 교실에서의 수업 상황을 가정하여 작성할 것
- [지도안 작성 부분 1] 〈자료 1〉을 활용하여 발문을 포함한 탐구식 수업을 작성하시오.
  - 광해군의 외교 정책을 당시의 국제 정세와 연관하여 설명하시오.
  - '탐구질문 2'를 완성하고, 자료에 대한 학생들의 예상 답변이 드러나도록 작성하시오.
  - 자료를 활용하는 과정에서 예상되는 학생의 질문과 답변을 포함하여 작성하시오.
- [지도안 작성 부분 2] 〈자료 2〉를 활용하여 판서를 포함한 강의식 수업을 작성하시오.
  - 자료의 키워드와 지도를 모두 활용하시오.
  - 정묘호란과 병자호란의 전개를 발생적 설명 방식으로 작성하시오.
- [지도안 작성 부분 3] 〈자료 3〉, 〈자료 4〉를 활용하여 모둠별 토론 활동을 작성하시오.
  - 〈자료 3〉을 활용한 활동의 구체적 진행 단계를 안내하시오.
  - 〈자료 4〉의 토론 활동에 대한 평가 기준을 완성하고 안내하시오.
  - 활동에 어려움을 겪는 모둠에 피드백을 제공하는 교사의 순회지도 과정을 작성하시오.

※ 학생 활동의 발표 과정은 작성하지 마시오.
※ 모든 작성 부분은 교사와 학생의 활동이 구체적으로 드러나도록 작성하시오.

교수·학습 조건

1. 과목명: 역사 ②
2. 대상: 중학교 3학년
3. 시간: 90분(블록타임제)
4. 단원명: Ⅳ. 조선의 성립과 발전 – 왜란·호란의 발발과 영향

가. 단원의 성취기준

성취기준	[9역10-04] 왜란과 호란이 동아시아 정세에 미친 영향을 파악한다.

나. 단원의 구성

단원	차시	주요 내용 및 활용	수업 형태	평가 방법
왜란·호란의 발발과 영향	1~2	일본의 침략을 막아내다		
	3~4	청의 침략에 맞서 싸우다	강의식 수업, 탐구식 수업	수행평가

다. 교수·학습 환경

학생 수	지도 장소	매체 및 기자재
24명	교실	전자칠판, 학습지, 활동지, 태블릿 PC

자료 ❶

(가)	(나)
(임금이) 도원수 강홍립에게 타일러 명령을 내리기를, "애초 요동으로 건너간 군사 1만 명은 정예병이니 …… 명 장수의 말을 그대로 따르지만 말고 오직 패하지 않을 방도를 마련하는 데에 힘을 쓰라." -『광해군일기』	왕대비(인목 대비)가 교서를 내려 …… "(광해는) 나의 부모를 죽이고, 품 안의 어린 자식을 빼앗아 죽이고, 나를 유폐하여 곤욕을 주는 등 인륜의 도리라고는 없었다. …… 그리고 민가 수천 채를 철거하고 두 채의 궁궐을 건축하는 등 토목 공사를 10년 동안 그치지 않았으며 …… 이에 폐위하고 적당한 데 살게 한다." -『인조실록』

[탐구 질문 1] (가), (나)는 각각 광해군의 정책에 대해 어떠한 입장 차이를 보이고 있나요?
학생답안: ____________________

[탐구 질문 2] [수험생 작성 부분] ____________________
학생답안: ____________________

자료 ❷

【키워드】 서인정권, 후금, 정묘호란, 청, 군신 관계,
남한산성, 삼전도의 굴욕

자료 ❸ 토론활동지

현실과 명분 사이에서 무엇을 선택할 것인가?

(가) ______________	(나) ______________
화의로 백성과 나라를 망치기가 …… 오늘과 같이 심한 적이 없었습니다. 중국(명)은 우리에게 부모와 같은 나라이고, 오랑캐(청)는 우리의 원수입니다. 신하된 자로서 부모의 원수와 형제를 맺고 부모의 은혜를 저버릴 수 있겠습니까? …… 차라리 나라가 없어질지라도 의리는 저버릴 수 없습니다. －『인조실록』	화친을 맺어 국가를 보존하는 것보다 차라리 의를 지켜 망하는 것이 옳다고 하였으나, 이것은 신하가 절개를 지키는 데 쓰는 말입니다. …… 힘이 약함을 알지 못하고 경망하게 큰소리를 쳐서 오랑캐(청)의 노여움을 사게 되면 백성의 생활은 더욱 어려워질 것입니다. 또한 전쟁으로 종묘와 사직을 지키지 못하게 되면 어찌하겠습니까? － 최명길 『지천집』

1. 두 신하의 주장을 주전론과 주화론으로 구분해 보고, 각 사료에 알맞은 제목을 작성해 보자.

2. 자신이 당시의 관리였다면 어떠한 주장을 했을지 근거를 적어 보자.

주전론	주화론
•	•
•	•
•	•

3. 같은 입장을 가진 친구들과 의견을 공유하고, 다른 생각을 가진 모둠원들과 토론하며 의견을 정리해보자.

4. 최종 입장을 정하고, 그 이유와 함께 발표해 보자.

자료 ❹ 평가기준표

[수험생 작성 부분]

평가 요소	평가 내용	점수
		①②③④⑤
		①②③④⑤
		①②③④⑤
표현력	이해하기 쉽게 전달하였는가?	①②③④⑤
태도	다른 사람의 의견을 경청하고, 자신 있는 태도로 임했는가?	①②③④⑤

관리번호	

2025학년도 공립 중등학교 임용 후보자 선정 경쟁 2차 시험
수업지도안 작성 답안지

수험번호									이름	

단원	Ⅳ. 조선의 성립과 발전 – 청의 침략에 맞서 싸우다	지도 대상	중학교 3학년
학습목표	1. 광해군의 외교 정책을 당시 국제 정세와 연관하여 파악할 수 있다.		
	2. 호란의 배경과 과정을 파악하고, 전쟁을 둘러싼 당시의 입장을 비교할 수 있다.		
	3. 토론 과정에서 자신 입장과 그 근거를 제시하고, 타인의 의견을 비판적으로 수용할 수 있다.		

학습 단계	학습 요소	교수·학습활동	시간	자료 및 지도상 유의점
도입	인사	인사 및 출석 확인	5	
	전시 확인	전시학습 확인		
	동기 유발	남한산성에 대한 짧은 영상을 보고 남한산성에서 인조가 항전한 이유에 대해 생각하게 한다.		
	학습목표	학습목표를 확인한다.		
전개	〈전개 1〉	〈지도안 작성 부분 1〉 [탐구질문 2] • 서인의 주도로 반정이 일어나 인조가 왕위에 올랐음을 설명한다.	20	〈자료 1〉

<table>
<tr><td rowspan="2">전개</td><td>〈전개 2〉</td><td>〈지도안 작성 부분 2〉</td><td>20</td><td>〈자료 2〉
전자칠판</td></tr>
<tr><td>〈전개 3〉</td><td>〈지도안 작성 부분 3〉

• 평가 기준
<table><tr><th>평가 요소</th><th>평가 내용</th><th>점수</th></tr><tr><td></td><td></td><td>① ② ③ ④ ⑤</td></tr><tr><td></td><td></td><td>① ② ③ ④ ⑤</td></tr><tr><td></td><td></td><td>① ② ③ ④ ⑤</td></tr><tr><td>표현력</td><td>이해하기 쉽게 전달하였는가?</td><td>① ② ③ ④ ⑤</td></tr><tr><td>태도</td><td>다른 사람의 의견을 경청하고, 자신있는 태도로 임했는가?</td><td>① ② ③ ④ ⑤</td></tr></table></td><td>40</td><td>〈자료 3〉
〈자료 4〉
태블릿 PC</td></tr>
<tr><td rowspan="3">정리</td><td>정리</td><td>학습목표 달성을 확인하고 질의응답 시간을 가진다.</td><td rowspan="3">5</td><td rowspan="3"></td></tr>
<tr><td>차시예고</td><td>다음 수업 주제를 안내한다.</td></tr>
<tr><td>인사</td><td>인사하고 마친다.</td></tr>
</table>

관리번호	

2025학년도 중등학교 교사 신규임용후보자 선정 경쟁 시험 (2차)
역사 수업실연 문제지

수험번호									성명		관리번호	

o 문항에서 요구하는 내용의 가짓수가 제한되어 있는 경우, 요구한 가짓수까지의 내용만 실연하시오.
o 칠판과 분필 등을 활용한 판서만 가능하며, 기자재를 활용해야 하는 경우 언급으로 대신하시오.

【문제】 다음에 제시된 〈실연 방법〉, 〈교수학습조건〉, 〈자료〉, 〈교수학습지도안〉을 반영해 수업을 실연하시오.

실연 방법

1. 〈교수학습지도안〉의 [수업실연 1] ~ [수업실연 3]에 해당하는 부분을 수업으로 실연하시오.
2. [수업실연 1] 〈자료 1〉을 활용하여 발문을 포함한 탐구식 수업을 실연하시오.
   1) 광해군의 외교 정책을 당시의 국제 정세와 연관하여 설명하시오.
   2) 자료 속 탐구질문을 완성하고, 학생의 답변이 드러나도록 실연하시오.
   3) (자료를 활용하는 과정에서 예상되는 학생의 질문과 답변을 포함하시오.)
3. [수업실연 2] 〈자료 2〉를 활용하여 판서를 포함한 강의식 수업을 실연하시오.
   1) 자료의 키워드와 지도를 모두 활용하여 정묘호란과 병자호란의 전개를 발생적 설명으로 제시하시오.
3. [수업실연 3] 〈자료 3〉, 〈자료 4〉를 활용하여 모둠별 토론 수업을 실연하시오.
   1) 활동의 구체적 진행 단계를 안내하시오.
   2) 〈자료 4〉의 토론 활동에 대한 평가기준을 완성하여 안내하시오.
   3) 활동에 어려움을 겪는 모둠에 피드백을 제공하는 교사의 순회지도 과정을 실연하시오.

* 유의사항
1. 교사와 학생의 상호작용이 구체적으로 드러나게 실연하시오.
2. 학생 활동의 발표 과정은 실연하지 마시오.

교수·학습 조건

1. 과목명: 역사 ②
2. 대상: 중학교 3학년
3. 시간: 90분(블록타임제)
4. 단원명: Ⅳ. 조선의 성립과 발전 – 왜란·호란의 발발과 영향

성취기준	[9역10-04] 왜란과 호란이 동아시아 정세에 미친 영향을 파악한다.		
단원의 구성	차시	주요 내용 및 활용	수업 형태
	1~2	일본의 침략을 막아내다	
	3~4	청의 침략에 맞서 싸우다	강의식 수업, 탐구식 수업

5. 교수·학습 환경

학생 수	지도 장소	매체 및 기자재
24명	교실	전자칠판, 학습지, 활동지, 태블릿 PC

자료 ❶

(가)	(나)
(임금이) 도원수 강홍립에게 타일러 명령을 내리기를, "애초 요동으로 건너간 군사 1만 명은 정예병이니 …… 명 장수의 말을 그대로 따르지만 말고 오직 패하지 않을 방도를 마련하는 데에 힘을 쓰라." –『광해군일기』	왕대비(인목 대비)가 교서를 내려 …… "(광해는) 나의 부모를 죽이고, 품 안의 어린 자식을 빼앗아 죽이고, 나를 유폐하여 곤욕을 주는 등 인륜의 도리라고는 없었다. …… 그리고 민가 수천 채를 철거하고 두 채의 궁궐을 건축하는 등 토목 공사를 10년 동안 그치지 않았으며 …… 이에 폐위하고 적당한 데 살게 한다." –『인조실록』

[탐구 질문 1] (가), (나)는 각각 광해군의 정책에 대해 어떠한 입장 차이를 보이고 있나요?

학생답안: ______

[탐구 질문 2] [수험생 실연 부분]

학생답안: ______

자료 ❷

【키워드】 서인정권, 후금, 정묘호란, 청, 군신 관계, 남한산성, 삼전도의 굴욕

자료 ❸ 토론활동지

현실과 명분 사이에서 무엇을 선택할 것인가?

(가) ____________	(나) ____________
화의로 백성과 나라를 망치기가 …… 오늘과 같이 심한 적이 없었습니다. 중국(명)은 우리에게 부모와 같은 나라이고, 오랑캐(청)는 우리의 원수입니다. 신하된 자로서 부모의 원수와 형제를 맺고 부모의 은혜를 저버릴 수 있겠습니까? …… 차라리 나라가 없어질지라도 의리는 저버릴 수 없습니다. –『인조실록』	화친을 맺어 국가를 보존하는 것보다 차라리 의를 지켜 망하는 것이 옳다고 하였으나, 이것은 신하가 절개를 지키는 데 쓰는 말입니다. …… 힘이 약함을 알지 못하고 경망하게 큰소리를 쳐서 오랑캐(청)의 노여움을 사게 되면 백성의 생활은 더욱 어려워질 것입니다. 또한 전쟁으로 종묘와 사직을 지키지 못하게 되면 어찌하겠습니까? – 최명길『지천집』

1. 두 신하의 주장을 주전론과 주화론으로 구분해 보고, 각 사료에 알맞은 제목을 작성해 보자.

2. 자신이 당시의 관리였다면 어떠한 주장을 했을지 근거를 적어 보자.

주전론	주화론
•	•
•	•
•	•

3. 같은 입장을 가진 친구들과 의견을 공유하고, 다른 생각을 가진 모둠원들과 토론하며 의견을 정리해보자.

4. 최종 입장을 정하고, 그 이유와 함께 발표해 보자.

자료 ❹ 평가기준표

[수험생 작성 부분]

평가 요소	평가 내용	점수
		①②③④⑤
		①②③④⑤
		①②③④⑤
표현력	이해하기 쉽게 전달하였는가?	①②③④⑤
태도	다른 사람의 의견을 경청하고, 자신 있는 태도로 임했는가?	①②③④⑤

2025학년도 중등학교 교사 신규임용후보자 선정 경쟁 시험 (2차)
역사 수업실연 문제지 [지도안]

수험번호									성명		관리번호	

<table>
<tr><td>단원</td><td colspan="2">Ⅳ. 조선의 성립과 발전 – 청의 침략에 맞서 싸우다</td><td>차시</td><td>3~4</td></tr>
<tr><td rowspan="3">학습목표</td><td colspan="4">1. 광해군의 외교 정책을 당시 국제 정세와 연관하여 파악할 수 있다.</td></tr>
<tr><td colspan="4">2. 호란의 배경과 과정을 파악하고, 전쟁을 둘러싼 당시의 입장을 비교할 수 있다.</td></tr>
<tr><td colspan="4">3. 토론 과정에서 자신 입장과 그 근거를 제시하고, 타인의 의견을 비판적으로 수용할 수 있다.</td></tr>
<tr><td>학습 단계</td><td>학습 요소</td><td>교수·학습활동</td><td>자료 및 지도상 유의점</td><td>시간</td></tr>
<tr><td rowspan="4">도입</td><td>인사</td><td>인사 및 출석 확인</td><td rowspan="4"></td><td rowspan="4">5</td></tr>
<tr><td>전시 확인</td><td>전시학습 확인</td></tr>
<tr><td>동기 유발</td><td>남한산성에 대한 짧은 영상을 보고 남한산성에서 인조가 항전한 이유에 대해 생각하게 한다.</td></tr>
<tr><td>학습목표</td><td>학습목표 확인</td></tr>
<tr><td rowspan="3">전개</td><td rowspan="2">〈전개 1〉
광해군의
중립외교</td><td>〈수업실연 1 부분〉</td><td rowspan="2">〈자료 1〉</td><td rowspan="2">20</td></tr>
<tr><td>• 서인의 주도로 반정이 일어나 인조가 왕위에 올랐음을 설명한다.</td></tr>
<tr><td>〈전개 2〉
병자호란과
정묘호란</td><td>〈수업실연 2 부분〉</td><td>〈자료 2〉
전자칠판</td><td>20</td></tr>
</table>

	〈전개3〉 토론활동	〈수업실연 3 부분〉	〈자료 3〉 〈자료 4〉 태블릿 PC	40
정리	정리	질의응답을 통해 학습 내용을 정리한다.		5
	차시예고	다음 수업 주제를 안내한다.		
	인사	인사하고 마친다.		

8

2025학년도 공립 중등학교 임용 후보자 선정 경쟁 2차 시험
수업지도안 작성 문제지

수험번호									이름	

교수·학습지도안 작성 조건

- 〈교수·학습지도안〉은 실제 교실에서의 수업 상황을 가정하여 작성할 것
- [지도안 작성 부분 1] 〈자료 1〉, 〈자료 2〉를 활용하여 비교적 설명 방식을 활용한 강의식 수업을 작성하시오.
  - 〈자료 1〉의 모든 키워드를 활용하시오.
  - 〈자료 2〉의 (나)를 학생의 수준을 고려하여 해설하고 사료 학습을 진행하시오.
- [지도안 작성 부분 2] 〈자료 3〉을 활용하여 모둠별 가상 인터뷰 활동을 진행하시오.
  - (가)의 내용을 완성하고 이를 활용하여 활동 방법을 안내하시오.
  - 활동 중 학생의 예상 질문 2가지를 가정하고 이에 대한 교사의 답변을 작성하시오.
- [지도안 작성 부분 3] 〈자료 4〉를 활용하여 모둠 발표에 대한 평가를 작성하시오.
  - 〈자료 4〉의 평가질문을 작성하고 이를 통해 동료평가를 진행하시오.
  - 동료평가 내용을 바탕으로 우수사례와 미흡사례에 대한 교사의 피드백을 진행하시오.

교수·학습 조건

1. 과목명: 역사 ②
2. 대상: 중학교 3학년
3. 시간: 90분(블록타임제)
4. 단원명: Ⅳ. 조선 사회의 변동 – 조선 후기의 정치 변동

가. 단원의 성취기준

성취기준	[9역11-01] 조선 후기 정치 운영의 변화와 제도 개혁을 파악한다.

나. 단원의 구성

단원	차시	주요 내용 및 활용	수업 형태	평가 방법
조선 후기의 정치 변동	1	양 난 이후 국가를 재건하다	강의식, 사료 학습, 가상 인터뷰	수행평가
	2~3	영조, 정조가 탕평 정치를 펼치다		수행평가
	4	세도 정치가 나라의 기강을 흔들다		수행평가

다. 교수·학습 환경

학생 수	지도 장소	매체 및 기자재
20명	교실	칠판, 스크린, 교사용 컴퓨터, 빔 프로젝터, 태블릿 PC, 모둠 활동지

자료 ❶

【키워드】 탕평책, 균역법, 신문고, 속대전, 규장각, 서얼, 장용영, 대전통편

자료 ❷ 사료로 보는 영·정조의 개혁 정치

(가) 붕당의 폐해가 요즘보다 심한 적이 없었다. …… 근래에 들어 인재를 등용할 때 같은 붕당의 사람들만 등용하고자 한다. …… 피차가 서로를 공격하여 공평무사한 언론을 막고 역적으로 지목하면 옥석이 구분되지 않을 것이다. …… 이러면 나라가 장차 어떻게 되겠는가? …… 관리 임용을 담당하는 부서로 하여금 탕평으로 거두어 쓰게 하도록 하라.

– 「영조실록」

(나) 왕이 균역 당상(均役堂上)을 만나 하교하기를, …… 이에 그들을 위해 군관포(軍官布)를 거두고 양민의 역을 고르게 하는 것이니, 바로 왕정에서 마땅히 해야 할 일이며 그들이 이 명칭을 둔 후에는 수령이 비록 억지로 군역(軍役)을 정하려고 하더라도 어찌 감히 할 수 있겠으며 …… 새로운 영(令)을 내리자 백성들이 모두 편리하다고 일컫는데 중신(重臣)의 뜻이 비록 폐단을 진달한 것이기는 하나 경솔한 것이다. 이렇게 하기를 그치지 않으면 어찌 길가에서 집을 짓는 것과 다르랴. 그 글을 두고 여러 도의 도신은 우선 종중추고(從重推考)하여 수령을 엄히 신칙해서 잘 받들어 행하게 하라.

– 「영조실록」

(다) 만천명월 주인 옹은 말한다. 달은 하나뿐이고 물의 종류는 일만 개나 되지만, 물이 달빛을 받으면 앞 시내에도 달이요, 뒤 시내에도 달이어서 달과 시내의 수가 같게 되므로 시냇물이 일만 개면 달 역시 일만 개가 된다. 그러나 하늘에 있는 달은 하나뿐이며, 달은 태극이고 바로 나다.

– 정조, 「홍재전서」

(라) 아! 저 서류(庶流)들도 나의 신하인데, 그들이 제자리를 얻지 못하고 포부도 펴지 못한다면, 이 또한 과인의 허물인 것이다.

– 「정조실록」

(마) 임금이 평소 책을 숭상하여 세손 때부터 책을 많이 구입하여 보관하였다. 왕위에 오른 첫 해에 맨 먼저 『고금도서집성』 5천여 권을 북경에서 구입하였고, 옛날 홍문관과 강화부 행궁에 보관되어 있던 명대 서적들을 옮겨 모았다. …… 규장각 서남쪽에 서고를 건립하여 중국 책들을 저장하였으며, 북쪽에는 우리나라의 책을 저장하였는데, 총 3만여 권이었다.

– 「정조실록」

자료 ❸ 모둠 활동지

(가) 활동 안내

1. 모둠별로 가상 인터뷰를 진행할 인물을 선택한다.
2. 개인별로 교과서, 서적, 인터넷 등을 통해 자료를 수집하고 인터뷰 계획서를 작성한다.
3. 개인이 작성한 계획서를 바탕으로 모둠별로 토론하고 가상 인터뷰 시나리오를 작성한다.
4. 시나리오에는 다음의 항목이 포함되도록 한다. ① 한 문장으로 인물을 표현한 제목 ② **[수험생 작성 부분 1]** ________ ③ **[수험생 작성 부분 2]** ________ ④ 인물과 관련된 실제 역사적 장면

(나) 가상 인터뷰 시나리오 작성하기

제목: ________

기자: ________
인물: ________
기자: ________
인물: ________
기자: ________
인물: ________

자료 ❹ 동료평가표

1. 인터뷰를 통해 두 인물이 살았던 당시 정치 상황을 알 수 있었나요?
2. **[수험생 작성 부분 3]** ________
3. **[수험생 작성 부분 4]** ________
4. 모둠 친구들이 모두 함께 열심히 활동하였나요?

관리번호	

2025학년도 공립 중등학교 임용 후보자 선정 경쟁 2차 시험
수업지도안 작성 답안지

수험번호									이름	

단원	Ⅳ-1. 조선 후기의 정치 변동		지도 대상	중학교 3학년
학습목표	1. 영조와 정조의 개혁 정책과 탕평책을 비교하여 설명할 수 있다.			
	2. 인물에 대한 자료를 수집하고 정리하여 인터뷰 형식을 통해 인물의 업적을 이해할 수 있다.			
학습 자료	교과서, 사료, TV, 교사용 컴퓨터, 태블릿 PC 및 학습에 필요한 모든 기자재			

학습 단계	학습 요소	교수·학습활동	시간	자료 및 지도상 유의점
도입	인사	인사 및 출석 확인	5	사진자료
	전시 확인	전시 학습을 확인한다.		
	동기 유발	성균관 대학교에 있는 '탕평비' 사진을 통해 동기를 유발한다.		
	학습목표	학습목표를 확인한다.		
전개	〈전개 1〉	〈지도안 작성 부분 1〉	30	〈자료 1〉 〈자료 2〉

<table>
<tr><td rowspan="2">전개</td><td>〈전개 2〉</td><td>〈지도안 작성 부분 2〉
1. 모둠별로 가상 인터뷰를 진행할 인물을 선택한다.
2. 개인별로 교과서, 서적, 인터넷 등을 통해 자료를 수집하고 인터뷰 계획서를 작성한다.
3. 개인이 작성한 계획서를 바탕으로 모둠별로 토론하고 가상 인터뷰 시나리오를 작성한다.
4. 시나리오에는 다음의 항목이 포함되도록 한다.
① 한 문장으로 인물을 표현한 제목
② [수험생 작성 부분 1] ____________
③ [수험생 작성 부분 2] ____________
④ 인물과 관련된 실제 역사적 장면</td><td>25</td><td>〈자료 3〉</td></tr>
<tr><td>〈전개 3〉</td><td>〈지도안 작성 부분 3〉
1. 인터뷰를 통해 두 인물이 살았던 당시 정치 상황을 알 수 있었나요?
2. [수험생 작성 부분 3] ____________
3. [수험생 작성 부분 4] ____________
4. 모둠 친구들이 모두 함께 열심히 활동하였나요?</td><td>25</td><td>〈자료 4〉</td></tr>
<tr><td rowspan="3">정리</td><td>정리</td><td>학습목표 달성을 확인하고 질의응답 시간을 가진다.</td><td rowspan="3">5</td><td rowspan="3"></td></tr>
<tr><td>차시예고</td><td>다음 차시를 예고한다.</td></tr>
<tr><td>인사</td><td>인사하고 마친다.</td></tr>
</table>

관리번호	

2025학년도 공립 중등학교 임용 후보자 선정 경쟁 2차 시험
수업실연 문제지

수험번호									성명		관리번호	

○ 문항에서 요구하는 내용의 가짓수가 제한되어 있는 경우, 요구한 가짓수까지의 내용만 실연하시오.
○ 칠판과 분필 등을 활용한 판서만 가능하며, 기자재를 활용해야 하는 경우 언급으로 대신하시오.

【문제】 다음에 제시된 〈실연 방법〉, 〈교수학습조건〉, 〈자료〉, 〈교수학습지도안〉을 반영해 수업을 실연하시오.

실연 방법

1. 〈교수학습지도안〉의 [수업실연 1]~[수업실연 3]에 해당하는 부분을 수업으로 실연하시오.
2. [수업실연 1] 〈전개 1〉에서 〈자료 1〉, 〈자료 2〉를 활용하여 강의식 수업을 진행하시오.
   1) 〈자료 1〉의 모든 키워드를 사용하여 비교적 설명 방식을 활용한 강의식 수업을 실연하시오.
   2) 〈자료 2〉를 활용하되 학습자의 수준을 고려하여 사료를 변형하여 사용하시오.
3. [수업실연 2] 〈전개 2〉에서 〈자료 3〉을 활용하여 학생 활동 준비와 발표까지 실연하시오.
   1) 〈자료 3〉을 완성하여 가상 인터뷰 활동의 준비과정을 안내하시오.
   2) (활동 시 예상되는 학생의 질문 두가지와 이에 대한 교사의 대답을 포함하여 실연하시오.)
4. [수업실연 3] 〈전개 3〉에서 〈자료 4〉를 활용하여 평가 및 피드백 활동을 실연하시오.
   1) 〈자료 4〉를 완성하여 동료평가를 진행하시오.
   2) 학생들의 동료평가를 바탕으로 우수사례와 미흡사례에 대한 교사의 피드백을 실연하시오.

* 유의사항
1. 일정량의 판서를 사용하여 실연하시오.
2. 학생과의 상호작용이 드러나도록 실연하시오.
3. 수업의 전개 과정부터 실연하므로 학습목표는 판서하지 마시오.

교수·학습 조건

1. 과목명: 역사 ②
2. 대상: 중학교 3학년
3. 시간: 90분(블록타임제)
4. 단원명: V. 조선 사회의 변동 – 조선 후기의 정치 변동

성취기준	[9역11–01] 조선 후기 정치 운영의 변화와 제도 개혁을 파악한다.		
단원의 구성	차시	주요 내용 및 활용	수업 형태
	1	양 난 이후 국가를 재건하다	
	2~3	영조, 정조가 탕평 정치를 펼치다	강의식, 사료 학습, 가상 인터뷰
	4	세도 정치가 나라의 기강을 흔들다	

5. 교수·학습 환경

학생 수	지도 장소	매체 및 기자재
20명	교실	칠판, 스크린, 교사용 컴퓨터, 빔 프로젝터, 태블릿 PC, 모둠 활동지

자료 ❶

【키워드】 탕평책, 균역법, 신문고, 속대전, 규장각, 서얼, 장용영, 대전통편

자료 ❷ 사료로 보는 영·정조의 개혁 정치

(가) 붕당의 폐해가 요즘보다 심한 적이 없었다. …… 근래에 들어 인재를 등용할 때 같은 붕당의 사람들만 등용하고자 한다. …… 피차가 서로를 공격하여 공평무사한 언론을 막고 역적으로 지목하면 옥석이 구분되지 않을 것이다. …… 이러면 나라가 장차 어떻게 되겠는가? …… 관리 임용을 담당하는 부서로 하여금 탕평으로 거두어 쓰게 하도록 하라.

– 『영조실록』

(나) 왕이 균역 당상(均役堂上)을 만나 하교하기를, …… 이에 그들을 위해 군관포(軍官布)를 거두고 양민의 역을 고르게 하는 것이니, 바로 왕정에서 마땅히 해야 할 일이며 그들이 이 명칭을 둔 후에는 수령이 비록 억지로 군역(軍役)을 정하려고 하더라도 어찌 감히 할 수 있겠으며 …… 새로운 영(令)을 내리자 백성들이 모두 편리하다고 일컫는데 중신(重臣)의 뜻이 비록 폐단을 진달한 것이기는 하나 경솔한 것이다. 이렇게 하기를 그치지 않으면 어찌 길가에서 집을 짓는 것과 다르랴. 그 글을 두고 여러 도의 도신은 우선 종중추고(從重推考)하여 수령을 엄히 신칙해서 잘 받들어 행하게 하라.

– 『영조실록』

(다) 만천명월 주인 옹은 말한다. 달은 하나뿐이고 물의 종류는 일만 개나 되지만, 물이 달빛을 받으면 앞 시내에도 달이요, 뒤 시내에도 달이어서 달과 시내의 수가 같게 되므로 시냇물이 일만 개면 달 역시 일만 개가 된다. 그러나 하늘에 있는 달은 하나뿐이며, 달은 태극이고 바로 나다.

– 정조, 『홍재전서』

(라) 아! 저 서류(庶流)들도 나의 신하인데, 그들이 제자리를 얻지 못하고 포부도 펴지 못한다면, 이 또한 과인의 허물인 것이다.

– 『정조실록』

(마) 임금이 평소 책을 숭상하여 세손 때부터 책을 많이 구입하여 보관하였다. 왕위에 오른 첫 해에 맨 먼저 『고금도서집성』 5천여 권을 북경에서 구입하였고, 옛날 홍문관과 강화부 행궁에 보관되어 있던 명대 서적들을 옮겨 모았다. …… 규장각 서남쪽에 서고를 건립하여 중국 책들을 저장하였으며, 북쪽에는 우리나라의 책을 저장하였는데, 총 3만여 권이었다.

– 『정조실록』

3

자료 ❸ 모둠 활동지

(가) 활동 안내

1. 모둠별로 가상 인터뷰를 진행할 인물을 선택한다.
2. 개인별로 교과서, 서적, 인터넷 등을 통해 자료를 수집하고 인터뷰 계획서를 작성한다.
3. 개인이 작성한 계획서를 바탕으로 모둠별로 토론하고 가상 인터뷰 시나리오를 작성한다.
4. 시나리오에는 다음의 항목이 포함되도록 한다. ① 한 문장으로 인물을 표현한 제목 ② **[수험생 실연 부분]** ____________________ ③ **[수험생 실연 부분]** ____________________ ④ 인물과 관련된 실제 역사적 장면

(나) 가상 인터뷰 시나리오 작성하기

제목: ____________________

기자: ____________________
인물: ____________________
기자: ____________________
인물: ____________________
기자: ____________________
인물: ____________________

자료 ❹ 동료평가표

1. 인터뷰를 통해 두 인물이 살았던 당시 정치 상황을 알 수 있었나요?
2. **[수험생 실연 부분]** ____________________
3. **[수험생 실연 부분]** ____________________
4. 모둠 친구들이 모두 함께 열심히 활동하였나요?

2025학년도 공립 중등학교 임용 후보자 선정 경쟁 2차 시험
수업실연 문제지 [지도안]

수험번호									성명		관리번호	

단원	Ⅳ-1. 조선 후기의 정치 변동		차시	2~3
학습목표	1. 영조와 정조의 개혁 정책과 탕평책을 비교하여 설명할 수 있다. 2. 인물에 대한 자료를 수집하고 정리하여 인터뷰 형식을 통해 인물의 업적을 이해할 수 있다.			
학습 단계	학습 요소	교수·학습활동	자료 및 지도상 유의점	시간
도입	인사	인사 및 출석 확인		5
	전시 확인	전시 학습을 확인한다.		
	동기 유발	성균관 대학교에 있는 '탕평비' 사진을 통해 동기를 유발한다.		
	학습목표	학습목표를 확인한다.		
전개	〈전개 1〉 영·정조의 개혁정책	〈수업실연 1 부분〉	〈자료 1〉 〈자료 2〉	30
	〈전개 2〉 가상 인터뷰 시나리오 작성하기	〈수업실연 2 부분〉	〈자료 3〉	25
	〈전개 3〉 발표 및 피드백	〈수업실연 3 부분〉	〈자료 4〉	25
정리	정리	학습목표 달성을 확인하고 질의응답 시간을 가진다.		5
	차시예고	다음 수업 주제를 안내한다.		
	인사	인사하고 마친다.		

9

2025학년도 공립 중등학교 임용 후보자 선정 경쟁 2차 시험
수업 지도안 작성 문제지

수험번호								

이름	

교수·학습지도안 작성 조건

- 교수·학습 지도안은 실제 교실에서의 수업 상황을 가정하여 작성할 것
- [지도안 작성 부분 1] 〈자료 1〉, 〈자료 2〉를 활용하여 판서를 이용한 강의식 수업을 작성하시오.
  - 17세기 초부터 서학이 도입된 과정과 영향을 포함하여 작성하시오.
  - 〈자료 1〉, 〈자료 2〉를 활용하여 중국과의 교류가 조선에 영향을 준 점에 대해 발문을 작성하시오.
  - 〈자료 2〉를 활용하여 조선 후기 과학 기술의 발달을 설명하시오.
- [지도안 작성 부분 2] 〈자료 3〉, 〈자료 4〉를 활용하여 강의식 수업을 작성하시오.
  - 조선 후기 국학과 실학의 발달 과정을 작성하시오.
  - 농업 중심 개혁론과 상공업 중심 개혁론을 비교하는 과정을 포함하여 작성하시오.
- [지도안 작성 부분 3] 〈자료 4〉, 〈자료 5〉를 활용하여 모둠별 활동을 진행하시오.
  - 〈자료 4〉, 〈자료 5〉를 활용하여 모둠 활동 진행 과정을 안내하시오.
  - 〈자료 5〉의 모둠 활동지에 들어갈 내용을 작성하여 예시 사례로 제시하시오.
- [지도안 작성 부분 4] 〈자료 6〉을 활용하여 수업 정리 부분을 작성하시오.
  - 〈자료 6〉을 활용하여 우수 모둠에 대한 피드백을 포함하여 작성하시오.

※ 모든 작성 부분은 교사와 학생의 활동이 구체적으로 드러나도록 작성하시오.

교수·학습 조건

1. 과목명: 역사 ②
2. 대상: 중학교 3학년
3. 시간: 90분(블록타임제)
4. 단원명: Ⅴ. 조선 사회의 변동 – 학문과 예술의 새로운 경향

가. 단원의 성취기준

성취기준	[9역11-03] 조선 후기 학문과 예술에 나타난 새로운 경향을 파악한다.

나. 단원의 구성

단원	차시	주요 내용 및 활용	수업 형태	평가 방법
학문과 예술의 새로운 경향	1	통신사와 연행사를 통해 교류하다	강의식 수업, 모둠 활동	선다형 평가
	2~3	서학을 수용하고 실학이 발달하다		
	4~5	예술에 새로운 경향이 나타나다		

다. 교수·학습 환경

학생 수	지도 장소	매체 및 기자재
24명	교실	전자칠판, 모둠 활동지, 사진 및 사료, 태블릿 PC

자료 ❶ 「혼일강리역대국도지도」와 「곤여만국전도」

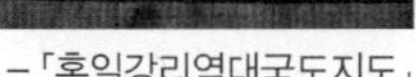

–「혼일강리역대국도지도」

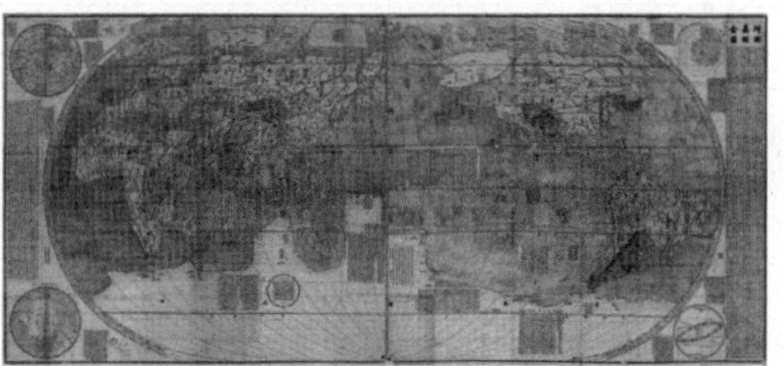

–「곤여만국전도」

자료 ❷ 과학 기술 발달의 배경

① 홍대용이 제작한 혼천의

홍대용은 청에 왕래하면서 얻은 지식을 토대로 지전설을 주장하였다. 또한 이를 바탕으로 천체의 운행과 그 위치를 측정하는 기구인 혼천의를 제작하였다.

② 연행사가 방문한 베이징의 유리창

베이징의 유리창은 당대 최고의 시장으로 청의 발달한 상업 문화와 도시 문화를 엿볼 수 있는 곳이었다. 수많은 상점이 길게 늘어서 각종 진귀한 물건을 판매하였다.

연행사들은 특히 서점에 들러 수많은 책을 구매하거나 빌려 보았고, 때로는 조선에 없는 책 목록을 베껴 오기도 하였다. 이들이 가지고 온 청과 서양의 책은 조선의 학문과 문화 발전에 많은 영향을 끼쳤다.

자료 ❸ 유득공의 『발해고』

발해를 세운 대조영은 누구인가. 바로 고구려 사람이다. 그들이 차지했던 땅은 또 어떤 땅인가. 그 역시 고구려 땅이다. …… 통일신라가 망하고 발해가 망한 뒤에 왕건이 이를 통합하여 고려라 하였는데 남쪽은 전부 차지하였지만 발해가 차지했던 북쪽 땅은 여진에 빼앗기기도 하고, 거란에 빼앗기기도 하였다.

– 유득공, 『발해고』

자료 ❹ 실학자들의 사회 개혁론

토지 제도가 바로잡히면 모든 일이 제대로 될 것이다. 백성은 일정한 직업을 갖게 되고, 군사 행정에서는 도망간 사람을 찾는 폐단이 없어질 것이며, 모두 자기 직책을 갖게 될 것이므로 민심이 안정되고 풍속이 도타워질 것이다.

– 유형원, 『반계수록』

재물은 비유하자면 샘과 같은 것이다. 우물물은 퍼내면 차고 버려두면 말라 버린다. 그러므로 비단 옷을 입지 않아서 나라에 비단 짜는 사람이 없게 되면 여공이 쇠퇴하며, …… 수공업자가 기술을 익히지 않으면 기예가 사라진다.

– 박제가, 『북학의』

자료 ❺ 모둠 활동지

조선 후기 사회를 개혁할 방안은 무엇인가?	
실학자들이 주장한 개혁론의 핵심 내용은?	우리 모둠이 지지하는 개혁안과 구체적 방법은?
1. 농업 중심 개혁론 2. 상공업 중심 개혁론	〈 〉 1. 2.

자료 ❻ 우수 사례 발표

2모둠	
실학자들이 주장한 개혁론의 핵심 내용은?	우리 모둠이 지지하는 개혁안과 구체적 방법은?
1. 농업 중심 개혁론: 백성에게 토지를 나눠주는 것 2. 상공업 중심 개혁론: 상공업의 발전, 생산과 소비	〈상공업 중심 개혁론〉 1. 기술 혁신을 통한 상공업 발전 2. 화폐 사용, 소비를 통한 생산 촉진

관리번호	

2025학년도 공립 중등학교 임용 후보자 선정 경쟁 2차 시험
수업지도안 작성 답안지

수험번호										이름	

<table>
<tr><td>단원</td><td colspan="2">Ⅴ. 조선 사회의 변동 – 서학을 수용하고 실학이 발달하다</td><td>지도 대상</td><td>중학교 3학년</td></tr>
<tr><td rowspan="3">학습목표</td><td colspan="4">1. 서학의 수용이 조선 사회에 미친 영향을 설명할 수 있다.</td></tr>
<tr><td colspan="4">2. 실학과 국학이 등장한 배경을 설명할 수 있다.</td></tr>
<tr><td colspan="4">3. 조선 후기 실학을 중심으로 나타난 학문 활동의 새로운 경향을 설명할 수 있다.</td></tr>
<tr><td>학습 단계</td><td>학습 요소</td><td>교수·학습활동</td><td>시간</td><td>자료 및 지도상 유의점</td></tr>
<tr><td rowspan="4">도입</td><td>인사</td><td>인사 및 출석 확인</td><td rowspan="4">5</td><td rowspan="4">〈자료 1〉</td></tr>
<tr><td>전시 확인</td><td>전시학습 확인</td></tr>
<tr><td>동기 유발</td><td>｢혼일강리역대국도지도｣와 ｢곤여만국전도｣를 함께 제시하고 차이점이 무엇인지 질문한다. 지도가 조선에 도입된 후 사람들이 어떤 생각을 하게 되었을지 상상하게 한다.</td></tr>
<tr><td>학습목표</td><td>학습목표 확인</td></tr>
<tr><td rowspan="2">전개</td><td rowspan="2">〈전개 1〉</td><td>• 17세기 초부터 서학이 도입된 과정과 영향을 설명한다.
• 서양 과학의 영향을 받은 조선 후기 과학 기술의 발달 양상을 설명한다.</td><td rowspan="2">25</td><td rowspan="2">〈자료 1〉
〈자료 2〉</td></tr>
<tr><td>〈지도안 작성 부분 1〉</td></tr>
</table>

<table>
<tr><td rowspan="2">전개</td><td>〈전개 2〉</td><td>〈지도안 작성 부분 2〉</td><td>20</td><td>〈자료 3〉
〈자료 4〉</td></tr>
<tr><td>〈전개 3〉</td><td>〈지도안 작성 부분 3〉

〈모둠 활동지〉
실학자들이 주장한 개혁론의 핵심 내용은?
1. 농업 중심 개혁론 ____________
2. 상공업 중심 개혁론 ____________
우리 모둠이 지지하는 개혁안과 구체적 방법은?
〈 ____________ 〉
1. ____________
2. ____________</td><td>30</td><td>〈자료 4〉
〈자료 5〉
태블릿 PC</td></tr>
</table>

정리	정리	• 질의응답을 통해 학습 내용을 정리한다. 〈지도안 작성 부분 4〉	10	〈자료 6〉 역사학습의 의미와 목적에 대해 성찰하도록 한다.
	차시예고	다음 수업 주제를 안내한다.		
	인사	인사하고 마친다.		

관리번호	

2025학년도 중등학교 교사 신규임용후보자 선정 경쟁 시험 (2차)
역사 수업실연 문제지

수험번호									성명		관리번호	

○ 문항에서 요구하는 내용의 가짓수가 제한되어 있는 경우, 요구한 가짓수까지의 내용만 실연하시오.
○ 칠판과 분필 등을 활용한 판서만 가능하며, 기자재를 활용해야 하는 경우 언급으로 대신하시오.

【문제】 다음에 제시된 〈실연 방법〉, 〈교수학습조건〉, 〈자료〉, 〈교수학습지도안〉을 반영해 수업을 실연하시오.

실연 방법

1. 〈교수학습지도안〉의 [수업실연 1] ~ [수업실연 3]에 해당하는 부분을 수업으로 실연하시오.
2. [수업실연 1] 〈자료 1〉, 〈자료 2〉를 활용하여 강의식 수업을 실연하시오.
   1) 국학과 실학의 발달 과정을 설명하시오.
   2) 농업 중심 개혁론과 상공업 중심 개혁론을 비교하는 과정을 포함하여 설명하시오.
3. [수업실연 2] 〈자료 2〉, 〈자료 3〉을 활용하여 모둠별 활동을 실연하시오.
   1) 〈자료 2〉, 〈자료 3〉을 활용하여 모둠별 활동을 진행하시오.
   2) 학생이 〈자료 3〉의 활동지 내용을 작성할 수 있도록 지도하는 과정을 포함하여 실연하시오.
4. [수업실연 3] 〈자료 4〉를 활용하여 정리 부분을 실연하시오.
   1) 〈자료 4〉에 대한 피드백을 포함하여 실연하시오.

* 유의사항
교사와 학생의 상호작용이 구체적으로 드러나게 실연하시오.

교수·학습 조건

1. 과목명: 역사 ②
2. 대상: 중학교 3학년
3. 시간: 90분(블록타임제)
4. 단원명: Ⅴ. 조선 사회의 변동 – 학문과 예술의 새로운 경향

성취기준	[9역11-03] 조선 후기 학문과 예술에 나타난 새로운 경향을 파악한다.		
단원의 구성	차시	주요 내용 및 활용	수업 형태
	1	통신사와 연행사를 통해 교류하다	
	2~3	서학을 수용하고 실학이 발달하다	강의식 수업, 모둠 활동
	4~5	예술에 새로운 경향이 나타나다	

5. 교수·학습 환경

학생 수	지도 장소	매체 및 기자재
24명	교실	전자칠판, 모둠 활동지, 사진 및 사료, 태블릿 PC

자료 ❶ 유득공의 『발해고』

발해를 세운 대조영은 누구인가. 바로 고구려 사람이다. 그들이 차지했던 땅은 또 어떤 땅인가. 그 역시 고구려 땅이다. …… 통일신라가 망하고 발해가 망한 뒤에 왕건이 이를 통합하여 고려라 하였는데 남쪽은 전부 차지하였지만 발해가 차지했던 북쪽 땅은 여진에 빼앗기기도 하고, 거란에 빼앗기기도 하였다.

– 유득공, 『발해고』

자료 ❷ 실학자들의 사회 개혁론

토지 제도가 바로잡히면 모든 일이 제대로 될 것이다. 백성은 일정한 직업을 갖게 되고, 군사 행정에서는 도망간 사람을 찾는 폐단이 없어질 것이며, 모두 자기 직책을 갖게 될 것이므로 민심이 안정되고 풍속이 도타워질 것이다.

– 유형원, 『반계수록』

재물은 비유하자면 샘과 같은 것이다. 우물물은 퍼내면 차고 버려두면 말라 버린다. 그러므로 비단 옷을 입지 않아서 나라에 비단 짜는 사람이 없게 되면 여공이 쇠퇴하며, …… 수공업자가 기술을 익히지 않으면 기예가 사라진다.

– 박제가, 『북학의』

자료 ❸ 모둠 활동지

조선 후기 사회를 개혁할 방안은 무엇인가?	
실학자들이 주장한 개혁론의 핵심 내용은?	우리 모둠이 지지하는 개혁안과 구체적 방법은?
1. 농업 중심 개혁론 2. 상공업 중심 개혁론	〈 〉 1. 2.

자료 ❹ 우수 사례 발표

2모둠	
실학자들이 주장한 개혁론의 핵심 내용은?	우리 모둠이 지지하는 개혁안과 구체적 방법은?
1. 농업 중심 개혁론: 백성에게 토지를 나눠주는 것 2. 상공업 중심 개혁론: 상공업의 발전, 생산과 소비	〈상공업 중심 개혁론〉 1. 기술 혁신을 통한 상공업 발전 2. 화폐 사용, 소비를 통한 생산 촉진

3

2025학년도 중등학교 교사 신규임용후보자 선정 경쟁 시험 (2차)
역사 수업실연 문제지 [지도안]

수험번호									성명		관리번호	

단원	V. 조선 사회의 변동 – 서학을 수용하고 실학이 발달하다		차시	2~3
학습목표	1. 서학의 수용이 조선 사회에 미친 영향을 설명할 수 있다. 2. 실학과 국학이 등장한 배경을 설명할 수 있다. 3. 조선 후기 실학을 중심으로 나타난 학문 활동의 새로운 경향을 설명할 수 있다.			
학습 단계	학습 요소	교수·학습활동	자료 및 지도상 유의점	시간
도입	인사	인사 및 출석 확인		5
	전시 확인	전시학습 확인		
	동기 유발	「혼일강리역대국도지도」와 「곤여만국전도」를 함께 제시하고 차이점이 무엇인지 질문한다. 지도가 조선에 도입된 후 사람들이 어떤 생각을 하게 되었을지 상상하게 한다.		
	학습목표	학습목표 확인		
전개	〈전개 1〉 서학의 수용과 과학 기술의 발달	• 17세기 초부터 서학이 도입된 과정과 영향을 설명한다. • 조선 후기 과학 기술의 발달 양상을 설명한다.		25
	〈전개 2〉 국학의 발달 실학의 발달	〈수업실연 1 부분〉	〈자료 1〉 〈자료 2〉	20
	〈전개 2〉 실학의 발달 모둠별 활동	〈수업실연 2 부분〉	〈자료 2〉 〈자료 3〉 태블릿 PC	30

<table>
<tr><td rowspan="3">정리</td><td>정리</td><td>질의응답을 통해 학습 내용을 정리한다.

〈수업실연 3 부분〉</td><td>〈자료 4〉
역사학습의 목적과 의미를 성찰하도록 한다.</td><td rowspan="3">10</td></tr>
<tr><td>차시예고</td><td>다음 수업 주제를 안내한다.</td><td rowspan="2"></td></tr>
<tr><td>인사</td><td>인사하고 마친다.</td></tr>
</table>

10

2025학년도 공립 중등학교 임용 후보자 선정 경쟁 2차 시험
수업 지도안 작성 문제지

수험번호									이름	

교수·학습지도안 작성 조건

- 교수·학습 지도안은 실제 교실에서의 수업 상황을 가정하여 작성할 것
- [지도안 작성 부분 1] 〈자료 1〉 ~ 〈자료 4〉를 활용하여 판서를 이용한 강의식 수업을 작성하시오.
  - 대외적 요인과 연관 지어 근대 국민 국가 건설 과정이 드러나도록 작성하시오.
  - 자료의 의미를 분석하고 이를 도출할 수 있도록 각각의 자료에 발문을 제공하시오.
- [지도안 작성 부분 2] 〈자료 5〉, 〈자료 6〉을 토대로 모둠별 활동을 작성하시오.
  - 〈자료 5〉를 활용하여 모둠 활동의 목적 및 유의 사항을 안내하시오.
  - 〈자료 6〉의 [수험생 작성 부분 1] ~ [수험생 작성 부분 4]에 들어갈 내용을 작성하시오.
  - 〈자료 6〉을 토대로 동료 및 교사 피드백을 제공하시오.
- [지도안 작성 부분 3] 〈자료 7〉을 활용하여 수업을 정리하는 활동을 작성하시오.
  - [수험생 작성 부분 5]에 들어갈 학생의 질문에 대한 교사의 답변을 작성하시오.
  - 역사적 맥락이 드러나게 작성하시오.
  - 학생의 역사적 인식을 두 가지 측면에서 교정하시오.

교수·학습 조건

1. 과목명: 역사 ②
2. 대상: 중학교 3학년
3. 시간: 90분(블록타임제)
4. 단원명: Ⅵ. 근·현대 사회의 전개 - 국민 국가의 수립

가. 단원의 성취기준

성취기준	[9역12-01] 국민 국가를 건설하려는 다양한 노력들을 살펴보고, 그 결과 대한민국 정부가 수립되었음을 이해한다.

나. 단원의 구성

단원	차시	주요 내용 및 활용	수업 형태	평가 방법
국민 국가의 수립	1~2	근대 국가를 세우기 위해 노력하다	강의식 수업 모둠 활동	수행평가
	3~4	항일 민족 운동을 전개하다		
	5	대한민국 정부를 수립하다		

다. 교수·학습 환경

학생 수	지도 장소	매체 및 기자재
24명	교실	전자칠판, 모둠 활동지, 사진 자료, 태블릿 PC

자료 ❶ 독립문

자료 ❷ 독립 협회가 개최한 토론회의 주요 주제

1897. 8. 29.	조선의 급무는 인민의 교육
1897. 9. 26.	부녀자를 교육하는 것이 의리상과 경제상에 마땅함
1897. 12. 26.	인민이 견문을 넓히려면 국내의 신문 반포를 제일로 해야 함
1898. 3. 6.	대한의 국토를 한 치라도 남의 나라에 빌려주는 것은 선왕의 죄인이요, 일천이백만 동포의 원수임

자료 ❸ 헌의 6조

제2조 외국과 맺는 이권에 관한 계약과 조약은 해당 부처의 대신과 중추원 의장이 함께 서명하여 시행할 것
제3조 재정은 탁지부에서 전담하고, 예산과 결산을 국민에게 공포할 것
제5조 칙임관(최고위 관료층)을 임명할 때는 의정부에 자문하여 과반수를 얻은 자를 임명할 것

자료 ❹ 대한국 국제

제2조 대한국의 정치는 만세불변의 전제 정치이다.
제3조 대한국 대황제는 무한한 군주권을 누린다.
제8조 대한국 대황제는 문무 관리의 임명과 파면의 권리를 가진다.
제9조 대한국 대황제는 각 조약 당사국에 사신을 파견하고 선전, 강화 및 제반 조약을 체결한다.

자료 ❺ 모둠 활동지

근대 국가 수립을 위한 노력 중 한 가지를 선택하여 모둠별로 뉴스 대본 작성하기

* 활동 안내

1) 전체 회의를 거쳐 모둠별로 [보기]에 수록된 주제 중 한 가지를 택한다.
2) 선택한 주제에 관해 모둠 구성원들이 서로 상의하여 뉴스 기사문을 작성한다.
3) 기사문을 작성할 때는 뉴스 진행자와 기자가 대화하는 형식으로 작성한다.
4) 뉴스 대본이 완성되면 뉴스 진행자처럼 직접 읽는 방식으로 발표한다.
5) 발표 후에는 기사 내용이나 발표에 대한 평가를 한다.

[보기] 갑신정변, 동학 농민 운동, 갑오개혁, 을미개혁, 독립 협회, 대한 제국

뉴스 기사문 쓰기

선택한 주제:	
뉴스 앵커	
기자	
뉴스 앵커	
기자	
뉴스 앵커	
기자	
마무리 멘트:	

자료 ❻ 우수 모둠 사례

선택한 주제: 독립 협회	
뉴스 앵커	안녕하십니까? 대한 뉴스의 ○○○입니다. 오늘은 [독립 신문] 발간의 주역, 서재필씨 만나보도록 하겠습니다. 자세한 소식은 □□□기자가 전해드립니다.
기자	네. 현장에 나와 있는 □□□기자입니다. 서재필씨 만나보겠습니다. 안녕하세요. [독립 신문]을 한글로 발간한 이유는 무엇인가요?
서재필	**[수험생 작성 부분 1]**
기자	앞으로 독립 협회가 나아가고 싶은 정치적인 방향은 무엇인가요?
서재필	**[수험생 작성 부분 2]**
뉴스 앵커	아, 그렇군요. 앞으로 독립 협회의 행보가 가져올 변화가 기대됩니다.
마무리 멘트: 네, 지금까지 대한 뉴스의 ○○○이었습니다. 시청해 주신 여러분 감사합니다.	

선택한 주제: 대한 제국	
뉴스 앵커	안녕하십니까? 대한 뉴스의 ○○○입니다. 오늘은 대한 제국이 방금 발표한 [대한국 국제]에 대한 소식을 준비했습니다. 현재 발표된 [대한국 국제]의 내용은 어떤 내용일까요? 자세한 소식은 □□□기자가 전해드립니다.
기자	네. 현장에 나와 있는 □□□기자입니다. 지금 발표된 [대한국 국제]의 내용은 다음과 같습니다. 특히, 핵심적인 내용은 고종 황제의 권한 강화로 보입니다.
뉴스 앵커	그렇다면 이전 [헌의 6조]와 비교했을 때 [대한국 국제]의 정치 체제는 어떻게 다른가요?
기자	네, 관련해서 정책 연구가 모셔서 의견 들어보겠습니다.
정책 연구가	**[수험생 작성 부분 3]**
뉴스 앵커	아, 그렇군요. 그럼 일각에서는 일본에서 발표된 [대일본 제국 헌법]과 비슷한 것 아니냐는 목소리가 나오고 있는데요.
정책 연구가	**[수험생 작성 부분 4]**
뉴스 앵커	네. [대일본 제국 헌법]과 [대한국 국제]와의 비슷한 부분과 다른 부분에 대해 잘 짚어주셨네요. 앞으로 대한 제국이 나아갈 방향성이 보이는 것 같습니다.
마무리 멘트: 네, 지금까지 대한 뉴스의 ○○○이었습니다. 시청해 주신 여러분 감사합니다.	

자료 ❼

고종은 자신의 황제권 강화만 생각하다가 결국 나라까지 뺏겼으니 이기적이고 나쁜 사람이었네요?

[수험생 작성 부분 5]

관리번호	

2025학년도 공립 중등학교 임용 후보자 선정 경쟁 2차 시험
수업지도안 작성 답안지

수험번호									이름	

<table>
<tr><td colspan="2">단원</td><td colspan="2">Ⅵ. 근·현대 사회의 전개 - 국민 국가의 수립</td><td>지도 대상</td><td>중학교 3학년</td></tr>
<tr><td colspan="2" rowspan="2">학습목표</td><td colspan="4">1. 개항 이후 전개된 근대 개혁 운동과 각 주체들이 제시한 개혁 내용을 정리할 수 있다.</td></tr>
<tr><td colspan="4">2. 일제의 국권 침탈에 맞서 국권을 지키려는 노력을 설명할 수 있다.</td></tr>
<tr><td>학습 단계</td><td>학습 요소</td><td colspan="2">교수·학습활동</td><td>시간</td><td>자료 및 지도상 유의점</td></tr>
<tr><td rowspan="4">도입</td><td>인사</td><td colspan="2">인사 및 출석 확인</td><td rowspan="4">5</td><td rowspan="4"></td></tr>
<tr><td>전시 확인</td><td colspan="2">전시학습 확인</td></tr>
<tr><td>동기 유발</td><td colspan="2">대한 제국의 고종과 관련된 영상을 시청한다.</td></tr>
<tr><td>학습목표</td><td colspan="2">학습목표를 확인한다.</td></tr>
<tr><td rowspan="2">전개</td><td>〈전개 1〉</td><td colspan="2">• 조선의 개항과 개화 정책의 추진, 반발 과정에 대해 설명한다.
• 갑신정변의 과정과 동학 농민 과정을 확인한다.
• 갑오개혁과 을미개혁의 내용과 근대화가 추진되었던 대내외적 상황을 설명한다.</td><td>20</td><td></td></tr>
<tr><td>〈전개 2〉</td><td colspan="2">〈지도안 작성 부분 2〉</td><td>20</td><td>〈자료 1〉
〈자료 2〉
〈자료 3〉
〈자료 4〉</td></tr>
</table>

<table>
<tr>
<td>전개</td>
<td>〈전개 3〉</td>
<td>
〈지도안 작성 부분 2〉

<table>
<tr><td colspan="2">선택한 주제: 독립 협회</td></tr>
<tr><td>기자</td><td>[독립 신문]을 한글로 발간한 이유는 무엇인가요?</td></tr>
<tr><td>서재필</td><td>[수험생 작성 부분 1]</td></tr>
<tr><td>기자</td><td>앞으로 독립 협회가 나아가고 싶은 정치적인 방향은 무엇인가요?</td></tr>
<tr><td>서재필</td><td>[수험생 작성 부분 2]</td></tr>
</table>

<table>
<tr><td colspan="2">선택한 주제: 대한 제국</td></tr>
<tr><td>뉴스 앵커</td><td>그렇다면 이전 [헌의 6조]와 비교했을 때 [대한국 국제]의 정치 체제는 어떻게 다른가요?</td></tr>
<tr><td>기자</td><td>네, 관련해서 정책 연구가 모셔서 의견 들어 보겠습니다.</td></tr>
<tr><td>정책 연구가</td><td>[수험생 작성 부분 3]</td></tr>
<tr><td>뉴스 앵커</td><td>아, 그렇군요. 그럼 일각에서는 일본에서 발표된 [대일본 제국 헌법]과 비슷한 것 아니냐는 목소리가 나오고 있는데요.</td></tr>
<tr><td>정책 연구가</td><td>[수험생 작성 부분 4]</td></tr>
<tr><td>뉴스 앵커</td><td>네. [대일본 제국 헌법]과 [대한국 국제]와의 비슷한 부분과 다른 부분에 대해 잘 짚어주셨네요. 앞으로 대한 제국이 나아갈 방향성이 보이는 것 같습니다.</td></tr>
</table>
</td>
<td>30</td>
<td>〈자료 5〉
〈자료 6〉</td>
</tr>
</table>

<table>
<tr><td rowspan="3">정리</td><td>정리</td><td>〈지도안 작성 부분 3〉

학생: 고종은 자신의 황제권 강화만 생각하다가 결국 나라까지 뺏겼으니 이기적이고 나쁜 사람이었네요?
교사: [수험생 작성 부분 5]</td><td>10</td><td>〈자료 7〉</td></tr>
<tr><td>차시예고</td><td>다음 수업 주제를 안내한다.</td><td rowspan="2">5</td><td rowspan="2"></td></tr>
<tr><td>인사</td><td>인사하고 마친다.</td></tr>
</table>

관리번호	

2025학년도 중등학교 교사 신규임용후보자 선정 경쟁 시험 (2차)
역사 수업실연 문제지

수험번호									성명		관리번호	

○ 문항에서 요구하는 내용의 가짓수가 제한되어 있는 경우, 요구한 가짓수까지의 내용만 실연하시오.
○ 칠판과 분필 등을 활용한 판서만 가능하며, 기자재를 활용해야 하는 경우 언급으로 대신하시오.

【문제】 다음에 제시된 〈실연 방법〉, 〈교수학습조건〉, 〈자료〉, 〈교수학습지도안〉을 반영해 수업을 실연하시오.

실연 방법

1. 〈교수학습지도안〉의 [수업실연 1] ~ [수업실연 3]에 해당하는 부분을 수업으로 실연하시오.
2. [수업실연 1] 〈자료 1〉 ~ 〈자료 4〉를 활용하여 판서를 이용한 강의식 수업을 실연하시오.
   1) 대외적 요인과 연관 지어 근대 국민 국가 건설 과정이 드러나도록 실연하시오.
   2) 자료의 의미를 분석하고 이를 도출할 수 있도록 발문을 제공하시오.
3. [수업실연 2] 〈자료 5〉, 〈자료 6〉을 토대로 모둠별 활동을 진행하시오.
   1) 〈자료 5〉를 활용하여 모둠 활동의 목적 및 유의 사항을 안내하시오.
   2) 〈자료 6〉의 모둠 발표 사례의 [예상 답변]을 제시하고, 이와 관련하여 동료 피드백 및 교사 피드백을 진행하시오.
4. [수업실연 3] 〈자료 7〉을 활용하여 정리 부분을 실연하시오.
   1) 자료의 학생의 질문에 대한 교사의 답변을 역사적 맥락을 고려하여 실연하시오.
   2) 학생의 역사적 인식을 두 가지 측면에서 교정하시오.

* 유의사항
교사와 학생의 상호작용이 구체적으로 드러나게 실연하시오.

교수·학습 조건

1. 과목명: 역사 ②
2. 대상: 중학교 3학년
3. 시간: 90분(블록타임제)
4. 단원명: Ⅵ. 근·현대 사회의 전개 – 국민 국가의 수립

성취기준	[9역12-01] 국민 국가를 건설하려는 다양한 노력들을 살펴보고, 그 결과 대한민국 정부가 수립되었음을 이해한다.		
단원의 구성	차시	주요 내용 및 활용	수업 형태
	1~2	근대 국가를 세우기 위해 노력하다	강의식 수업, 모둠 활동
	3~4	항일 민족 운동을 전개하다	
	5	대한민국 정부를 수립하다	

5. 교수·학습 환경

학생 수	지도 장소	매체 및 기자재
24명	교실	전자칠판, 모둠 활동지, 사진자료, 태블릿 PC

자료 ❶ 독립문

자료 ❷ 독립 협회가 개최한 토론회의 주요 주제

1897. 8. 29.	조선의 급무는 인민의 교육
1897. 9. 26.	부녀자를 교육하는 것이 의리상과 경제상에 마땅함
1897. 12. 26.	인민이 견문을 넓히려면 국내의 신문 반포를 제일로 해야 함
1898. 3. 6.	대한의 국토를 한 치라도 남의 나라에 빌려주는 것은 선왕의 죄인이요. 일천이백만 동포의 원수임

자료 ❸ 헌의 6조

제2조 외국과 맺는 이권에 관한 계약과 조약은 해당 부처의 대신과 중추원 의장이 함께 서명하여 시행할 것
제3조 재정은 탁지부에서 전담하고, 예산과 결산을 국민에게 공포할 것
제5조 칙임관(최고위 관료층)을 임명할 때는 의정부에 자문하여 과반수를 얻은 자를 임명할 것

자료 ❹ 대한국 국제

제2조 대한국의 정치는 만세불변의 전제 정치이다.
제3조 대한국 대황제는 무한한 군주권을 누린다.
제8조 대한국 대황제는 문무 관리의 임명과 파면의 권리를 가진다.
제9조 대한국 대황제는 각 조약 당사국에 사신을 파견하고 선전, 강화 및 제반 조약을 체결한다.

자료 ❺ 모둠 활동지

근대 국가 수립을 위한 노력 중 한 가지를 선택하여 모둠별로 뉴스 대본 작성하기

* 활동 안내

1) 전체 회의를 거쳐 모둠별로 [보기]에 수록된 주제 중 한 가지를 택한다.
2) 선택한 주제에 관해 모둠 구성원들이 서로 상의하여 뉴스 기사문을 작성한다.
3) 기사문을 작성할 때는 뉴스 진행자와 기자가 대화하는 형식으로 작성한다.
4) 뉴스 대본이 완성되면 뉴스 진행자처럼 직접 읽는 방식으로 발표한다.
5) 발표 후에는 기사 내용이나 발표에 대한 평가를 한다.

[보기] 갑신정변, 동학 농민 운동, 갑오개혁, 을미개혁, 독립 협회, 대한 제국

뉴스 기사문 쓰기

선택한 주제:	
뉴스 앵커	
기자	
뉴스 앵커	
기자	
뉴스 앵커	
기자	
마무리 멘트:	

자료 ❻ 우수 모둠 사례

선택한 주제: 독립 협회	
뉴스 앵커	안녕하십니까? 대한 뉴스의 ○○○입니다. 오늘은 [독립 신문] 발간의 주역, 서재필씨 만나보도록 하겠습니다. 자세한 소식은 □□□기자가 전해드립니다.
기자	네. 현장에 나와 있는 □□□기자입니다. 서재필씨 만나보겠습니다. 안녕하세요. [독립 신문]을 한글로 발간한 이유는 무엇인가요?
서재필	**[예상 답변]**
기자	앞으로 독립 협회가 나아가고 싶은 정치적인 방향은 무엇인가요?
서재필	**[예상 답변]**
뉴스 앵커	아, 그렇군요. 앞으로 독립 협회의 행보가 가져올 변화가 기대됩니다.
마무리 멘트: 네, 지금까지 대한 뉴스의 ○○○이었습니다. 시청해 주신 여러분 감사합니다.	

선택한 주제: 대한 제국	
뉴스 앵커	안녕하십니까? 대한 뉴스의 ○○○입니다. 오늘은 대한 제국이 방금 발표한 [대한국 국제]에 대한 소식을 준비했습니다. 현재 발표된 [대한국 국제]의 내용은 어떤 내용일까요? 자세한 소식은 □□□기자가 전해드립니다.
기자	네. 현장에 나와 있는 □□□기자입니다. 지금 발표된 [대한국 국제]의 내용은 다음과 같습니다. 특히, 핵심적인 내용은 고종 황제의 권한 강화로 보입니다.
뉴스 앵커	그렇다면 이전 [헌의 6조]와 비교했을 때 [대한국 국제]의 정치 체제는 어떻게 다른가요?
기자	네, 관련해서 정책 연구가 모셔서 의견 들어보겠습니다.
정책 연구가	[헌의 6조]는 황제의 권력을 제한하는 조치들을 제시하며 사실상 입헌 군주제와 같은 정치 체제를 지향하는 반면 [대한국 국제]는 모든 주권은 황제에게 있음을 명시하며 전제 군주정을 지향하고 있죠.
뉴스 앵커	아, 그렇군요. 그럼 일각에서는 일본에서 발표된 [대일본 제국 헌법]과 비슷한 것 아니냐는 목소리가 나오고 있는데요.
정책 연구가	[대일본 제국 헌법]과 [대한국 국제]는 모두 각각 천황과 황제에게 막강한 권력을 부여하고 있습니다. [대일본 제국 헌법]은 제한적이나마 신민의 권리 의무가 규정되어 있지만 [대한국 국제]는 국민의 권리 규정 조항이 없습니다.
뉴스 앵커	네. [대일본 제국 헌법]과 [대한국 국제]와의 비슷한 부분과 다른 부분에 대해 잘 짚어 주셨네요. 앞으로 대한 제국이 나아갈 방향성이 보이는 것 같습니다.
마무리 멘트: 네, 지금까지 대한 뉴스의 ○○○이었습니다. 시청해 주신 여러분 감사합니다.	

자료 ❼

2025학년도 중등학교 교사 신규임용후보자 선정 경쟁 시험 (2차)
역사 수업실연 문제지 [지도안]

수험번호									성명			관리번호	

단원	Ⅵ. 근·현대 사회의 전개 – 국민 국가의 수립		차시	1~2
학습목표	1. 개항 이후 전개된 근대 개혁 운동과 각 주체들이 제시한 개혁 내용을 정리할 수 있다. 2. 일제의 국권 침탈에 맞서 국권을 지키려는 노력을 설명할 수 있다.			
학습 단계	학습 요소	교수·학습활동	자료 및 지도상 유의점	시간
도입	인사	인사 및 출석 확인		5
	전시 확인	전시학습 확인		
	동기 유발	대한 제국의 고종과 관련된 영상을 시청한다.		
	학습목표	학습목표를 확인한다.		
전개	〈전개 1〉 개화 정책의 추진	• 조선의 개항과 개화 정책의 추진, 반발 과정에 대해 설명한다. • 갑신정변의 과정과 동학 농민 과정을 확인한다. • 갑오개혁과 을미개혁의 내용과 근대화가 추진되었던 대내외적 상황을 설명한다.		20
	〈전개 2〉 독립 협회와 대한 제국 수립	〈수업실연 1 부분〉	〈자료 1〉 〈자료 2〉 〈자료 3〉 〈자료 4〉	20
	〈전개 3〉 모둠 활동 및 피드백	〈수업실연 2 부분〉	〈자료 5〉 〈자료 6〉	30

정리	정리	〈수업실연 3 부분〉	〈자료 7〉	10
	차시예고	다음 수업 주제를 안내한다.		5
	인사	인사하고 마친다.		

11

2025학년도 공립 중등학교 임용 후보자 선정 경쟁 2차 시험
수업 지도안 작성 문제지

수험번호								

이름	

교수·학습지도안 작성 조건

- 교수·학습 지도안은 실제 교실에서의 수업 상황을 가정하여 작성할 것
- [지도안 작성 부분 1] 〈자료 1〉, 〈자료 2〉, 〈자료 3〉을 활용하여 판서를 이용한 강의식 수업을 작성하시오.
  - 〈자료 1〉과 같은 로마 공화정의 구조가 수립된 과정을 설명하시오.
  - 〈자료 2〉의 의미를 분석하되, 〈자료 3〉을 함께 활용하시오.
- [지도안 작성 부분 2] 〈자료 3〉, 〈자료 4〉를 활용하여 강의식 수업을 작성하시오.
  - 〈자료 3〉을 활용하여 로마법의 발전 과정을 설명하시오.
  - 〈자료 4〉의 역사적 의미를 도출할 수 있는 발문을 제공하시오.
- [지도안 작성 부분 3] 〈자료 5〉를 활용하여 모둠별 활동을 진행하시오.
  - 〈자료 5〉를 참고하여 활동 목적을 역량 중심으로 안내하시오.
  - 활동 단계 설계 시 온라인 도구를 이용한 모둠 간 피드백 과정을 포함하시오.
- [지도안 작성 부분 4] 〈자료 6〉을 활용하여 수업 정리 부분을 작성하시오.
  - 교사의 질문에 대한 학생의 답을 작성하시오.

※ 모든 작성 부분은 교사와 학생의 활동이 구체적으로 드러나도록 작성하시오.

교수·학습 조건

1. 과목명: 역사 ①
2. 대상: 중학교 2학년
3. 시간: 90분(블록타임제)
4. 단원명: Ⅰ. 문명의 발생과 고대 세계의 형성 – 로마의 발전과 문화

가. 단원의 성취기준

성취기준	[9역01-03] 고대 제국들의 특성과 주변지역들과의 상호작용에 따른 고대 세계의 형성을 설명한다.

나. 단원의 구성

단원	차시	주요 내용 및 활용	수업 형태	평가 방법
고대 제국들의 특성과 주변 세계의 성장	1~2	페르시아의 서아시아 통일		
	3~4	고대 동아시아 세계		
	5~6	고대 그리스 세계와 알렉산드로스 제국		
	7~8	로마의 발전과 문화	강의식 수업, 모둠 활동	선다형 평가

다. 교수·학습 환경

학생 수	지도 장소	매체 및 기자재
24명	교실	전자칠판, 모둠 활동지, 사진 자료, 태블릿 PC

자료 ❶ 로마 공화정의 구조

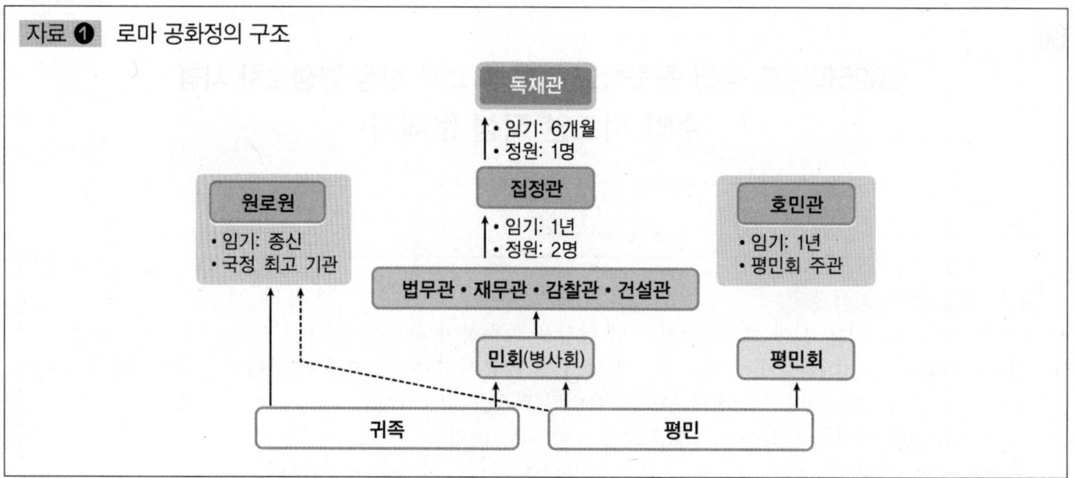

자료 ❷ 티베리우스 그라쿠스의 연설

들짐승도 저마다 보금자리를 가지고 있습니다. 그런데 조국을 위해 싸우다 죽은 로마 시민에게는 햇볕과 공기밖에는 아무것도 없습니다. 집도 없고 땅도 없이 아내와 자식들을 데리고 떠돌아다닐 수밖에 없습니다. …… 로마 시민은 이제 자기 것이라고는 흙 한 줌 갖고 있지 않습니다.

– 플루타르코스, 『영웅전』

자료 ❸ 로마 제국의 영토

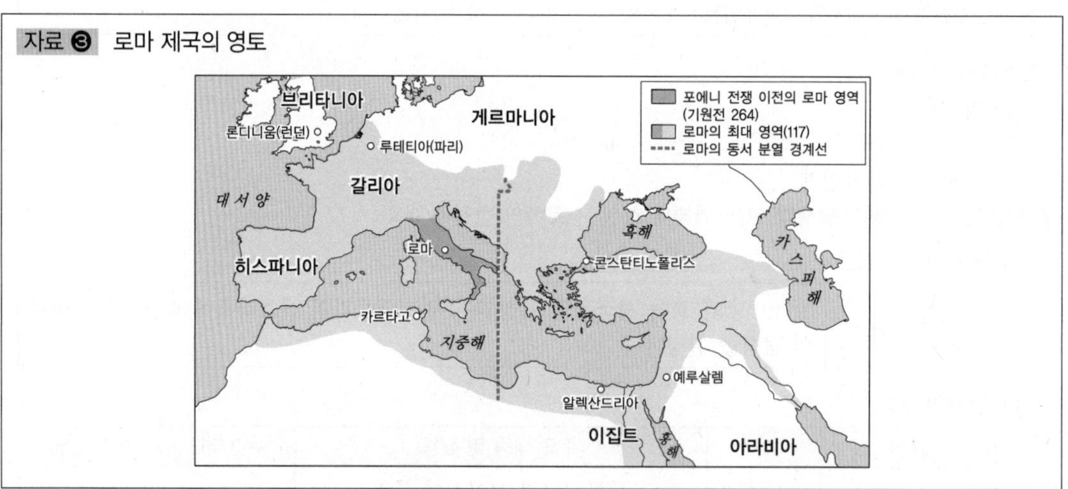

자료 ❹ 콘스탄티누스 황제의 종교 정책

신앙은 각자 자신의 양심에 비추어 결정해야 할 일이라고 생각해 왔다. …… 크리스트교도만이 아니라 어떤 종교를 신봉하는 자에게도 각자가 원하는 신을 믿을 권리를 완전히 인정하는 것이다. 그 신이 무엇이든, 통치자인 황제와 그 신하인 백성에게 평화와 번영을 가져다준다면 인정해야 마땅하다. …… 오늘부터 크리스트교든 다른 어떤 종교든 관계없이 각자 원하는 종교를 믿고 거기에 따르는 제의에 참석할 자유를 완전히 인정받는다.

– 에우세비우스, 『교회사』

자료 ❺ 로마 답사 계획서 예시

☆☆ 모둠 활동지		
방문할 유적	역사적 의미	여행 정보
콜로세움	기원후 80년에 완공된 고대 로마인들의 뛰어난 건축 기술이 집약된 원형 경기장이다. 검투사 시합과 맹수 연기 등이 주로 진행된 공공 오락시설로 로마 시민들에게 일체감과 즐거움을 선사했다. 한편, 정치가들은 시민들에게 볼거리를 제공하여 인기를 얻거나 시민의 화합을 도모하는 데에 이용하기도 하였다.	내부 계단 꼭대기에서 웅장한 전경을 바라볼 수 있다. 또 신분과 성별에 따라 좌석이 나뉘어 있었던 것을 알 수 있다.
판테온 신전	… (생략) …	
산타 마리아 마조레 성당		
아피아 가도		

자료 ❻ 로마 관련 명언 해석하기

교사: 수업을 시작하며 살펴보았던 로마와 관련한 명언들을 한 번 더 해석해 보고, 이전 해석과 어떤 차이점이 있는지 발표해 볼까요?

학생: 저는 "로마에 가면 로마법을 따르라"라는 명언을 특정 지역의 관습을 따라야 한다는 것으로 해석하면서 그 의미는 생각해 보지 않았었는데, **[수험생 작성 부분]** ______________________________

관리번호	

2025학년도 공립 중등학교 임용 후보자 선정 경쟁 2차 시험
수업지도안 작성 답안지

수험번호									이름	

단원	Ⅰ. 문명의 발생과 고대 세계의형성 - 로마의 발전과 문화		지도 대상	중학교 2학년
학습목표	1. 로마 제국의 성립과 발전 과정을 정치 체제의 변화 과정을 중심으로 설명할 수 있다. 2. 사례를 통해 로마 문화의 특징을 분석할 수 있다. 3. 로마의 문화 유산을 조사하고, 정리하여 로마 답사 계획서를 작성할 수 있다.			
학습 단계	학습 요소	교수·학습활동	시간	자료 및 지도상 유의점
도입	인사	인사 및 출석 확인	5	
	전시 확인	전시학습 확인		
	동기 유발	로마와 관련된 다양한 명언을 제시하고, 고대 세계에서의 로마의 영향력을 생각해보는 시간을 갖는다.		
	학습목표	학습목표를 확인한다.		
전개	〈전개 1〉	〈지도안 작성 부분 1〉 • 로마 제정의 수립, 발전, 쇠퇴 과정을 설명한다.	20	〈자료 1〉 〈자료 2〉 〈자료 3〉

전개	〈전개 2〉	〈지도안 작성 부분 2〉	15	〈자료 3〉 〈자료 4〉
	〈전개 3〉	• 로마 제정이 수립되고 번영을 누렸으나 3세기 이후 위기를 맞았음을 설명한다. 〈지도안 작성 부분 3〉	40	〈자료 5〉 태블릿 PC

<table>
<tr><td rowspan="3">정리</td><td>정리</td><td>• 질의응답을 통해 학습 내용을 정리한다.
〈지도안 작성 부분 4〉

교사: 수업을 시작하며 살펴보았던 로마와 관련한 명언들을 한 번 더 해석해 보고, 이전 해석과 어떤 차이점이 있는지 발표해 볼까요?
학생: [수험생 작성 부분]</td><td rowspan="3">10</td><td rowspan="3">〈자료 6〉</td></tr>
<tr><td>차시예고</td><td>다음 수업 주제를 안내한다.</td></tr>
<tr><td>인사</td><td>인사하고 마친다.</td></tr>
</table>

관리번호	

2025학년도 중등학교 교사 신규임용후보자 선정 경쟁 시험 (2차)
역사 수업실연 문제지

수험번호									성명		관리번호	

○ 문항에서 요구하는 내용의 가짓수가 제한되어 있는 경우, 요구한 가짓수까지의 내용만 실연하시오.
○ 칠판과 분필 등을 활용한 판서만 가능하며, 기자재를 활용해야 하는 경우 언급으로 대신하시오.

【문제】 다음에 제시된 〈실연 방법〉, 〈교수학습조건〉, 〈자료〉, 〈교수학습지도안〉을 반영해 수업을 실연하시오.

실연 방법

1. 〈교수학습지도안〉의 [수업실연 1] ~ [수업실연 3]에 해당하는 부분을 수업으로 실연하시오.
2. [수업실연 1] 〈자료 1〉, 〈자료 2〉를 활용하여 강의식 수업을 실연하시오.
   1) 〈자료 1〉을 활용하여 로마법의 발전 과정을 설명하시오.
   2) 〈자료 2〉의 역사적 의미를 도출할 수 있는 발문을 제공하시오.
3. [수업실연 2] 〈자료 3〉을 활용하여 모둠별 활동을 실연하시오.
   1) 〈자료 3〉을 참고하여 활동 목적을 역량 중심으로 안내하시오.
   2) 활동 단계 설계 시 온라인 도구를 이용한 모둠 간 피드백 과정을 포함하시오.
4. [수업실연 3] 〈자료 4〉를 활용하여 수업 정리 부분을 실연하시오.
   1) 교사의 질문에 대한 학생의 답 [A]를 가정하여 진행하시오.

* 유의사항
교사와 학생의 상호작용이 구체적으로 드러나게 실연하시오.

교수·학습 조건

1. 과목명: 역사 ①
2. 대상: 중학교 2학년
3. 시간: 90분(블록타임제)
4. 단원명: Ⅰ. 문명의 발생과 고대 세계의 형성 – 로마의 발전과 문화

성취기준	[9역01-03] 고대 제국들의 특성과 주변지역들과의 상호작용에 따른 고대 세계의 형성을 설명한다.		
단원의 구성	차시	주요 내용 및 활용	수업 형태
	1~2	페르시아의 서아시아 통일	
	3~4	고대 동아시아 세계	
	5~6	고대 그리스 세계와 알렉산드로스 제국	
	7~8	로마의 발전과 문화	강의식 수업, 모둠 활동

5. 교수·학습 환경

학생 수	지도 장소	매체 및 기자재
24명	교실	전자칠판, 모둠 활동지, 사진 자료, 태블릿 PC

자료 ❶ 로마 제국의 영토

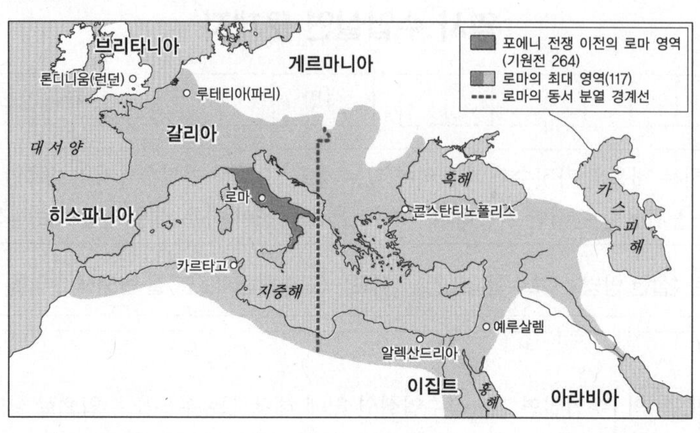

자료 ❷ 콘스탄티누스 황제의 종교 정책

신앙은 각자 자신의 양심에 비추어 결정해야 할 일이라고 생각해 왔다. …… 크리스트교도만이 아니라 어떤 종교를 신봉하는 자에게도 각자가 원하는 신을 믿을 권리를 완전히 인정하는 것이다. 그 신이 무엇이든, 통치자인 황제와 그 신하인 백성에게 평화와 번영을 가져다준다면 인정해야 마땅하다. …… 오늘부터 크리스트교든 다른 어떤 종교든 관계없이 각자 원하는 종교를 믿고 거기에 따르는 제의에 참석할 자유를 완전히 인정받는다.

– 에우세비우스, 『교회사』

자료 ❸ 로마 답사 계획서 예시

☆☆ 모둠 활동지		
방문할 유적	역사적 의미	여행 정보
콜로세움	기원후 80년에 완공된 고대 로마인들의 뛰어난 건축 기술이 집약된 원형 경기장이다. 검투사 시합과 맹수 연기 등이 주로 진행된 공공 오락시설로 로마 시민들에게 일체감과 즐거움을 선사했다. 한편, 정치가들은 시민들에게 볼거리를 제공하여 인기를 얻거나 시민의 화합을 도모하는 데에 이용하기도 하였다.	내부 계단 꼭대기에서 웅장한 전경을 바라볼 수 있다. 또 신분과 성별에 따라 좌석이 나뉘어 있었던 것을 알 수 있다.
판테온 신전	… (생략) …	
산타 마리아 마조레 성당		
아피아 가도		

자료 ❹ 로마 관련 명언 해석하기

교사: 수업을 시작하며 살펴보았던 로마와 관련한 명언들을 한 번 더 해석해 보고, 이전 해석과 어떤 차이점이 있는지 발표해 볼까요?

학생: 저는 "로마에 가면 로마법을 따르라"라는 명언을 특정 지역의 관습을 따라야 한다는 것으로 해석하면서 그 의미는 생각해 보지 않았었는데, [A] ______________________________

2025학년도 중등학교 교사 신규임용후보자 선정 경쟁 시험 (2차)
역사 수업실연 문제지 [지도안]

수험번호								성명		관리번호	

<table>
<tr><td>단원</td><td colspan="2">Ⅰ. 문명의 발생과 고대 세계의형성 - 로마의 발전과 문화</td><td>차시</td><td>7~8</td></tr>
<tr><td rowspan="3">학습목표</td><td colspan="4">1. 로마 제국의 성립과 발전 과정을 정치 체제의 변화 과정을 중심으로 설명할 수 있다.</td></tr>
<tr><td colspan="4">2. 사례를 통해 로마 문화의 특징을 분석할 수 있다.</td></tr>
<tr><td colspan="4">3. 로마의 문화 유산을 조사하고, 정리하여 로마 답사 계획서를 작성할 수 있다.</td></tr>
<tr><td>학습 단계</td><td>학습 요소</td><td>교수·학습활동</td><td>자료 및 지도상 유의점</td><td>시간</td></tr>
<tr><td rowspan="4">도입</td><td>인사</td><td>인사 및 출석 확인</td><td rowspan="4"></td><td rowspan="4">5</td></tr>
<tr><td>전시 확인</td><td>전시학습 확인</td></tr>
<tr><td>동기 유발</td><td>로마와 관련된 다양한 명언을 제시하고, 고대 세계에서의 로마의 영향력을 생각해보는 시간을 갖는다.</td></tr>
<tr><td>학습목표</td><td>학습목표 확인</td></tr>
<tr><td rowspan="3">전개</td><td>〈전개 1〉
로마의
성립과 발전</td><td>• 로마 공화정의 성립과 발전 과정 설명한다.
• 포에니 전쟁과 로마 공화정의 위기를 설명한다.
• 로마 제정의 수립, 발전 쇠퇴 과정을 설명한다.</td><td></td><td>20</td></tr>
<tr><td>〈전개 2〉
로마의 문화</td><td>〈수업실연 1 부분〉</td><td>〈자료 1〉
〈자료 2〉</td><td>15</td></tr>
<tr><td>〈전개 3〉
답사계획서
작성 활동</td><td>〈수업실연 2 부분〉</td><td>〈자료 3〉
태블릿 PC</td><td>40</td></tr>
</table>

<table>
<tr><td rowspan="3">정리</td><td>정리</td><td>• 질의응답을 통해 학습 내용을 정리한다.

〈수업실연 3 부분〉

교사: 수업을 시작하며 살펴보았던 로마와 관련한 명언들을 한 번 더 해석해 보고, 이전 해석과 어떤 차이점이 있는지 발표해 볼까요?

학생: [A]</td><td rowspan="3">〈자료 4〉</td><td rowspan="3">10</td></tr>
<tr><td>차시예고</td><td>다음 수업 주제를 안내한다.</td></tr>
<tr><td>인사</td><td>인사하고 마친다.</td></tr>
</table>

12

2025학년도 공립 중등학교 임용 후보자 선정 경쟁 2차 시험
수업 지도안 작성 문제지

수험번호									이름	

교수·학습지도안 작성 조건

- 교수·학습 지도안은 실제 교실에서의 수업 상황을 가정하여 작성할 것
- [지도안 작성 부분 1] 〈자료 1〉을 활용하여 수업 도입 부분을 작성하시오.
  - 자료 가운데 한 가지를 활용하여 학생들의 흥미를 유발하는 발문을 제공하시오.
- [지도안 작성 부분 2] 〈자료 2〉, 〈자료 3〉, 〈자료 4〉를 활용하여 문답식 수업을 작성하시오.
  - 힌두교의 형성과 특징에 관해 설명하시오.
  - 〈자료 2〉를 활용한 교사의 발문을 제공하고, 이를 통해 힌두교의 성장 배경에 관해 설명하시오.
  - 〈자료 3〉, 〈자료 4〉를 활용한 학생의 질문과 교사의 답변을 작성하되, 힌두교가 인도 사회에 미친 영향이 드러나도록 하시오.
- [지도안 작성 부분 3] 〈자료 5〉를 활용하여 모둠별 칼럼 쓰기 활동 수업을 작성하시오.
  - [A]에 들어갈 채점 기준을 완성하시오.
  - 자료를 활용하여 모둠 활동 시 유의사항을 안내하시오.
  - 모둠 활동 우수사례 한 가지를 가정하여 교사와 학생의 피드백을 한 가지씩 제공하시오.

※ 모든 작성 부분은 교사와 학생의 활동이 구체적으로 드러나도록 작성하시오.

교수·학습 조건

1. 과목명: 역사 ①
2. 대상: 중학교 2학년
3. 시간: 90분(블록타임제)
4. 단원명: Ⅱ. 세계 종교의 확산과 지역문화의 형성 – 불교 및 힌두교 문화의 형성과 확산

가. 단원의 성취기준

성취기준	[9역02-01] 인도 지역의 불교와 힌두교 문화의 형성 과정을 정치적 변화와 관련하여 이해하고, 불교 및 힌두교 문화가 확산되는 과정을 설명한다.

나. 단원의 구성

단원	차시	주요 내용 및 활용	수업 형태	평가 방법
불교 및 힌두교 문화의 형성과 확산	1	인도 고대 왕조의 변천		
	2	불교의 성립과 전파		
	3~4	힌두교의 확산과 인도 고전 문화	강의식 수업, 모둠 활동	수행평가

다. 교수·학습 환경

학생 수	지도 장소	매체 및 기자재
24명	교실	전자칠판, 태블릿 PC, 사료, 사진 자료

자료 ❶

소

갠지스강

01234
56789

숫자 0과 십진법

자료 ❷ 비슈누의 열가지 화신

힌두교도들은 창조의 신 브라흐마, 유지의 신 비슈누, 파괴의 신 시바 등 다양한 신을 숭배한다. 그중 비슈누는 시대와 상황에 따라 다양한 모습으로 나타났는데 이를 화신(아바타)이라고 한다. 이러한 화신의 개념을 바탕으로 굽타 왕조의 왕들은 스스로를 비슈누의 화신으로 여겼다.

자료 ❸

네 지금의 삶은 바로 네가 과거에 저질렀던 행위의 결과이다, 따라서 너는 과거에 네가 만든 카르마(업)을 해결하기 위해 먼저 너에게 주어진 의무를 다해야만 한다. 너는 무사 계급으로 태어났으니 전쟁에서 싸우는 것이 당연한 의무이다. 진정으로 의무를 다한다면 신은 반드시 당신을 구원할 것이다. –『마하바라타』

자료 ❹

창조주는 …… 각자의 업을 정하였도다, 브라만에게는『베다』를 가르치며 제사 지내는 일을, 크샤트리아에게는 백성을 보호하고 다스릴 것을, 바이샤에게는 농사를 짖고 짐승을 기를 것을 명령하셨다. 마지막으로 수드라에게는 앞선 세 신분의 사람들에게 봉사하는 임무를 명령하셨다. –『마누법전』

자료 ❺ 모둠별 칼럼 쓰기 평가기준

평가 내용		점수
주제	사회적 의미를 담고 있는 시사적인 주제를 선정하였는가?	① ② ③ ④ ⑤
표현	간결한 문장으로 모둠의 입장을 표현하였는가?	① ② ③ ④ ⑤
	[A: **수험생 작성 부분**]	① ② ③ ④ ⑤
참여	모둠의 입장을 정하는 토의에 모둠원 전체가 참여하였는가?	① ② ③ ④ ⑤

관리번호	

2025학년도 공립 중등학교 임용 후보자 선정 경쟁 2차 시험 수업지도안 작성 답안지

수험번호									이름	

<table>
<tr><td>단원</td><td colspan="3">Ⅱ. 세계 종교의 확산과 지역문화의 형성
- 불교 및 힌두교 문화의 형성과 확산</td><td>지도 대상</td><td>중학교 2학년</td></tr>
<tr><td rowspan="3">학습목표</td><td colspan="5">1. 굽타왕조의 발전과 힌두교의 형성을 관련지어 설명할 수 있다.</td></tr>
<tr><td colspan="5">2. 굽타왕조 시대에 인도의 고전 문화가 발전하였음을 파악할 수 있다.</td></tr>
<tr><td colspan="5">3. 역사와 문화가 현대 사회에 미치는 영향에 대해 자신의 생각을 논리적으로 표현할 수 있다.</td></tr>
<tr><td>학습 단계</td><td>학습 요소</td><td colspan="2">교수·학습활동</td><td>시간</td><td>자료 및 지도상 유의점</td></tr>
<tr><td rowspan="4">도입</td><td>인사</td><td colspan="2">인사 및 출석 확인</td><td rowspan="4">10</td><td rowspan="4">〈자료 1〉
현재와의 연관성을 중심으로 동기를 유발한다.</td></tr>
<tr><td>전시 확인</td><td colspan="2">전시학습 확인</td></tr>
<tr><td>동기 유발</td><td colspan="2">〈지도안 작성 부분 1〉</td></tr>
<tr><td>학습목표</td><td colspan="2">학습목표를 확인한다.</td></tr>
<tr><td rowspan="2">전개</td><td>〈전개 1〉</td><td colspan="2">• 굽타왕조의 성립과 발전에 관해 설명한다.
• 에프탈의 침입과 굽타왕조의 멸망을 설명한다.
〈지도안 작성 부분 2〉</td><td>25</td><td>〈자료 2〉
〈자료 3〉
〈자료 4〉</td></tr>
<tr><td>〈전개 2〉</td><td colspan="2">• 문학, 미술, 자연과학 분야에서 인도 고전 문화가 발달했음을 설명한다.</td><td>20</td><td></td></tr>
</table>

전개	〈전개 3〉	〈지도안 작성 부분 3〉 평가 내용 표현: 간결한 문장으로 모둠의 입장을 표현하였는가? [A: 수험생 작성 부분]	30	〈자료 5〉 태블릿 PC
정리	정리	질의응답을 통해 학습 내용을 정리한다.	5	
	차시예고	다음 수업 주제를 안내한다.		
	인사	인사하고 마친다.		

관리번호	

2025학년도 중등학교 교사 신규임용후보자 선정 경쟁 시험 (2차)
역사 수업실연 문제지

수험번호									성명		관리번호	

○ 문항에서 요구하는 내용의 가짓수가 제한되어 있는 경우, 요구한 가짓수까지의 내용만 실연하시오.
○ 칠판과 분필 등을 활용한 판서만 가능하며, 기자재를 활용해야 하는 경우 언급으로 대신하시오.

【문제】 다음에 제시된 〈실연 방법〉, 〈교수학습조건〉, 〈자료〉, 〈교수학습지도안〉을 반영해 수업을 실연하시오.

실연 방법

1. 〈교수학습지도안〉의 [수업실연 1] ~ [수업실연 3]에 해당하는 부분을 수업으로 실연하시오.
2. [수업실연 1] 〈자료 1〉을 활용하여 수업 도입 부분을 실연하시오.
   1) 자료 가운데 한 가지를 활용하여 학생들의 흥미를 유발하는 발문을 제공하시오.
3. [수업실연 2] 〈자료 2〉, 〈자료 3〉, 〈자료 4〉를 활용하여 학생과의 문답을 중심으로 강의식 수업을 실연하시오.
   1) (힌두교의 형성과 특징에 관해 설명하시오.)
   2) 〈자료 2〉를 활용한 교사의 발문을 제공하고, 이를 통해 힌두교의 성장 배경에 관해 설명하시오.
   3) 〈자료 3〉, 〈자료 4〉를 활용한 학생의 질문과 교사의 답변을 작성하되, 힌두교가 인도 사회에 미친 영향이 드러나도록 하시오.
4. [수업실연 3] 〈자료 5〉를 활용하여 모둠별 칼럼 쓰기 활동을 진행하시오.
   1) [A]에 들어갈 평가 기준을 완성하시오.
   2) 자료를 활용하여 모둠 활동 시 유의사항을 안내하시오.
   3) 모둠 활동 우수사례 한 가지를 가정하여 교사와 학생의 피드백을 한 가지씩 제공하시오.

* 유의사항
교사와 학생의 상호작용이 구체적으로 드러나게 실연하시오.

교수·학습 조건

1. 과목명: 역사 ①
2. 대상: 중학교 2학년
3. 시간: 90분(블록타임제)
4. 단원명: Ⅱ. 세계 종교의 확산과 지역문화의 형성 – 불교 및 힌두교 문화의 형성과 확산

성취기준	[9역02-01] 인도 지역의 불교와 힌두교 문화의 형성 과정을 정치적 변화와 관련하여 이해하고, 불교 및 힌두교 문화가 확산되는 과정을 설명한다.		
단원의 구성	차시	주요 내용 및 활용	수업 형태
	1	인도 고대 왕조의 변천	
	2	불교의 성립과 전파	
	3~4	힌두교의 확산과 인도 고전 문화	강의식 수업, 모둠활동, 수행평가

5. 교수·학습 환경

학생 수	지도 장소	매체 및 기자재
24명	교실	전자칠판, 태블릿 PC, 사료, 사진 자료

자료 ❶

소

갠지스강

0 1 2 3 4
5 6 7 8 9

숫자 0과 십진법

자료 ❷ 비슈누의 열가지 화신

힌두교도들은 창조의 신 브라흐마, 유지의 신 비슈누, 파괴의 신 시바 등 다양한 신을 숭배한다. 그중 비슈누는 시대와 상황에 따라 다양한 모습으로 나타났는데 이를 화신(아바타)이라고 한다. 이러한 화신의 개념을 바탕으로 굽타 왕조의 왕들은 스스로를 비슈누의 화신으로 여겼다.

자료 ❸

네 지금의 삶은 바로 네가 과거에 저질렀던 행위의 결과이다, 따라서 너는 과거에 네가 만든 카르마(업)을 해결하기 위해 먼저 너에게 주어진 의무를 다해야만 한다. 너는 무사 계급으로 태어났으니 전쟁에서 싸우는 것이 당연한 의무이다. 진정으로 의무를 다한다면 신은 반드시 당신을 구원할 것이다. -「마하바라타」

자료 ❹

창조주는 …… 각자의 업을 정하였도다, 브라만에게는『베다』를 가르치며 제사 지내는 일을, 크샤트리아에게는 백성을 보호하고 다스릴 것을, 바이샤에게는 농사를 짓고 짐승을 기를 것을 명령하셨다. 마지막으로 수드라에게는 앞선 세 신분의 사람들에게 봉사하는 임무를 명령하셨다. -「마누법전」

자료 ❺ 모둠별 칼럼 쓰기 평가기준

평가 내용		점수
주제	사회적 의미를 담고 있는 시사적인 주제를 선정하였는가?	① ② ③ ④ ⑤
표현	간결한 문장으로 모둠의 입장을 표현하였는가?	① ② ③ ④ ⑤
	[A]	① ② ③ ④ ⑤
참여	모둠의 입장을 정하는 토의에 모둠원 전체가 참여하였는가?	① ② ③ ④ ⑤

2025학년도 중등학교 교사 신규임용후보자 선정 경쟁 시험 (2차)
역사 수업실연 문제지 [지도안]

수험번호									성명			관리번호	

<table>
<tr><td>단원</td><td colspan="2">Ⅱ. 세계 종교의 확산과 지역문화의 형성
- 불교 및 힌두교 문화의 형성과 확산</td><td>차시</td><td>3~4</td></tr>
<tr><td rowspan="3">학습목표</td><td colspan="4">1. 굽타왕조의 발전과 힌두교의 형성을 관련지어 설명할 수 있다.</td></tr>
<tr><td colspan="4">2. 굽타왕조 시대에 인도의 고전 문화가 발전하였음을 파악할 수 있다.</td></tr>
<tr><td colspan="4">3. 역사와 문화가 현대 사회에 미치는 영향에 대해 자신의 생각을 논리적으로 표현할 수 있다.</td></tr>
<tr><td>학습 단계</td><td>학습 요소</td><td>교수·학습활동</td><td>자료 및 지도싱 유의점</td><td>시간</td></tr>
<tr><td rowspan="4">도입</td><td>인사</td><td>인사 및 출석 확인</td><td rowspan="4">〈자료 1〉
현재와의 연관성을 중심으로 동기를 유발한다.</td><td rowspan="4">10</td></tr>
<tr><td>전시 확인</td><td>전시학습 확인</td></tr>
<tr><td>동기 유발</td><td>〈수업실연 1 부분〉</td></tr>
<tr><td>학습목표</td><td>학습목표 확인</td></tr>
<tr><td rowspan="2">전개</td><td>〈전개 1〉
힌두교의 등장과 발전</td><td>• 굽타왕조의 성립과 발전에 관해 설명한다.
• 에프탈의 침입과 굽타왕조의 멸망을 설명한다.

〈수업실연 2 부분〉</td><td>〈자료 2〉
〈자료 3〉
〈자료 4〉
전자칠판</td><td>25</td></tr>
<tr><td>〈전개 2〉
인도 고전 문화의 발전</td><td>• 문학, 미술, 자연과학 분야에서 인도 고전 문화가 발달했음을 설명한다.</td><td></td><td>20</td></tr>
</table>

	〈전개 3〉 모둠 활동 및 피드백	〈수업실연 3 부분〉	〈자료 5〉 태블릿 PC	30
정리	정리	질의응답을 통해 학습 내용을 정리한다.		5
	차시예고	다음 수업 주제를 안내한다.		
	인사	인사하고 마친다.		

13

2025학년도 공립 중등학교 임용 후보자 선정 경쟁 2차 시험 수업 지도안 작성 문제지

수험번호									이름	

교수·학습지도안 작성 조건

- 교수·학습 지도안은 실제 교실에서의 수업 상황을 가정하여 작성할 것
- [지도안 작성 부분 1] 〈자료 1〉, 〈자료 2〉를 활용하여 판서를 이용한 강의식 수업을 작성하시오.
  - 17세기 이후 북아메리카 동부 지역의 정치적 상황을 설명하시오.
  - 〈자료 2〉의 사건 발생 후 독립 전쟁 발발까지의 과정을 포함하시오.
- [지도안 작성 부분 2] 〈자료 3〉, 〈자료 4〉를 활용하여 탐구식 수업을 작성하시오.
  - 짝 활동을 통해 자료의 의미를 분석하는 과정을 설계하시오.
  - 자료 탐구 과정에서 예상되는 어려움에 대한 사전 지도를 포함하시오.
- [지도안 작성 부분 3] 〈자료 4〉, 〈자료 5〉를 활용하여 모둠별 활동을 진행하시오.
  - 〈자료 4〉를 활용하여 모둠 활동을 진행하되, 〈자료 5〉의 결과가 나오도록 활동을 설계하여 작성하시오.
  - 〈자료 5〉의 [A]에 들어갈 교사의 피드백 내용을 작성하시오.
- [지도안 작성 부분 4] 〈자료 5〉를 활용하여 수업 정리 부분을 작성하시오.
  - 역사 학습의 목적과 연계하여 작성하시오.

※ 모든 작성 부분은 교사와 학생의 활동이 구체적으로 드러나도록 작성하시오.

교수·학습 조건

1. 과목명: 역사 ①
2. 대상: 중학교 2학년
3. 시간: 90분(블록타임제)
4. 단원명: Ⅳ. 제국주의 침략과 국민 국가 건설 운동 – 미국 독립 혁명

가. 단원의 성취기준

성취기준	[9역04-01] 유럽과 아메리카의 시민 혁명과 국민 국가 형성 과정을 이해한다.

나. 단원의 구성

단원	차시	주요 내용 및 활용	수업 형태	평가 방법
유럽과 아메리카의 국민 국가 체제	1~2	영국 혁명		
	3~4	미국 독립 혁명	강의식 및 탐구식 수업, 학생 활동	선다형 평가
	5~7	프랑스 혁명과 나폴레옹 시대		
	8~9	자유주의와 민족주의의 확산		
	10~11	미국과 라틴 아메리카의 발전		

다. 교수·학습 환경

학생 수	지도 장소	매체 및 기자재
24명	교실	전자칠판, 모둠 활동지, 사진 자료, 태블릿 PC

자료 ❶ 독립 초기 미국 국기

자료 ❷ 보스턴 차 사건(1773)

자료 ❸ 미국 독립 선언문(1776)

모든 인간은 평등하게 태어났고, 창조주는 양도할 수 없는 일정한 권리를 인간에게 부여했으며, 생명권과 자유권, 행복 추구권이 이에 속한다. 이 권리를 보장하기 위해 인간에 의해 정부가 조직되었으며, 정당한 정부의 권력은 국민의 동의에서 나온다. 어떠한 형태의 정부이든 이러한 목적을 파괴할 때에는 언제든지 그 정부를 바꾸거나 폐지하여 새로운 정부를 조직할 수 있다.

자료 ❹ 미국 헌법(1787)

제1조 모든 입법권은 미국 연방 의회에 속하며, 연방 의회는 상원과 하원으로 구성한다.
제2조 행정권은 미국 대통령에 속한다.
제3조 미국의 사법권은 1개의 대법원과 연방 의회가 수시로 제정·설치하는 하급 법원들에 속한다.

자료 ❺ 미국 정치 형태의 특징은 무엇일까?

온라인 학습 게시판

김○○

(기사 자료)

첨부한 기사 자료를 보면 미국의 금리를 정한 '연준'이라는 기구가 나옵니다. '연준'은 '연방준비제도'의 줄임말로, 오늘날 미국 경제의 핵심 기구 명칭에도 '연방'의 개념을 사용하고 있음을 알 수 있습니다.

댓글

[박○○] 미국 독립 당시 제정된 헌법의 제1조와 제3조의 내용이 오늘날에도 영향을 미치고 있다는 것이 실감나네요.

[이○○] 정치적 특징이 경제나 사회 분야에도 영향을 준다는 점이 드러나 인상적이에요.

최○○

(기사 자료)

위 기사의 핵심 내용은 미국의 대선을 앞두고 공화당과 민주당 후보가 몇몇 경합주에서 지지율을 높이기 위해 각기 활발한 선거 유세를 펼치고 있다는 것입니다.

댓글

[교사] [A: **수험생 작성 부분**]

관리번호	

2025학년도 공립 중등학교 임용 후보자 선정 경쟁 2차 시험
수업지도안 작성 답안지

수험번호									이름	

단원	Ⅳ. 제국주의 침략과 국민 국가 건설 운동 – 미국 독립 혁명	지도 대상	중학교 2학년
학습목표	1. 미국 독립 혁명의 배경과 전개 과정을 설명할 수 있다.		
	2. 독립 선언문과 독립 직후 작성된 미국 헌법의 내용을 통해 미국 혁명의 목표와 역사적 의의를 추론할 수 있다.		
	3. 독립 당시 미국 헌법에 드러난 정치 체제의 모습이 오늘날 미국 사회에도 영향을 미치고 있는 부분을 뉴스 기사를 통해 파악할 수 있다.		

학습 단계	학습 요소	교수·학습활동	시간	자료 및 지도상 유의점
도입	인사	인사 및 출석 확인	5	
	전시 확인	전시학습 확인		
	동기 유발	미국의 정치 관련 뉴스의 일부를 시청한 후, 영국 및 우리나라의 정치 체제와의 차이점에 대한 이야기를 나눈다.		
	학습목표	학습목표를 확인한다.		
전개	〈전개 1〉	• 18세기 계몽사상에 대하여 설명한다. 〈지도안 작성 부분 1〉	15	〈자료 1〉 〈자료 2〉
	〈전개 2〉	〈지도안 작성 부분 2〉	15	〈자료 3〉 〈자료 4〉

3

<table>
<tr><td rowspan="2">전개</td><td rowspan="2">〈전개 3〉</td><td>〈지도안 작성 부분 3〉</td><td rowspan="2">50</td><td rowspan="2">〈자료 4〉
〈자료 5〉
태블릿 PC</td></tr>
<tr><td>최○○
(기사 자료)
위 기사의 핵심 내용은 미국의 대선을 앞두고 공화당과 민주당 후보가 몇몇 경합주에서 지지율을 높이기 위해 각기 활발한 선거 유세를 펼치고 있다는 것입니다.
댓글
[교사] [A]</td></tr>
<tr><td rowspan="3">정리</td><td>정리</td><td>• 질의응답을 통해 학습 내용을 정리한다.
〈지도안 작성 부분 4〉</td><td rowspan="3">5</td><td rowspan="3">〈자료 5〉
역사학습의 의미와 목적에 대해 성찰하도록 한다.</td></tr>
<tr><td>차시예고</td><td>다음 수업 주제를 안내한다.</td></tr>
<tr><td>인사</td><td>인사하고 마친다.</td></tr>
</table>

관리번호	

2025학년도 중등학교 교사 신규임용후보자 선정 경쟁 시험 (2차)
역사 수업실연 문제지

수험번호									성명		관리번호	

○ 문항에서 요구하는 내용의 가짓수가 제한되어 있는 경우, 요구한 가짓수까지의 내용만 실연하시오.
○ 칠판과 분필 등을 활용한 판서만 가능하며, 기자재를 활용해야 하는 경우 언급으로 대신하시오.

【문제】 다음에 제시된 〈실연 방법〉, 〈교수학습조건〉, 〈자료〉, 〈교수학습지도안〉을 반영해 수업을 실연하시오.

실연 방법

1. 〈교수학습지도안〉의 [수업실연 1] ~ [수업실연 3]에 해당하는 부분을 수업으로 실연하시오.
2. [수업실연 1] 〈자료 1〉, 〈자료 2〉를 활용하여 탐구식 수업을 실연하시오.
   1) 짝 활동을 통해 자료의 의미를 분석하는 과정을 설계하시오.
   2) 자료 탐구 과정에서 예상되는 어려움에 대한 사전 지도를 포함하시오.
3. [수업실연 2] 〈자료 2〉, 〈자료 3〉을 활용하여 모둠별 활동을 실연하시오.
   1) 〈자료 2〉를 활용하여 모둠 활동을 진행하되, 〈자료 3〉의 결과가 나오도록 활동을 설계하여 실연하시오.
   2)〈자료 3〉의 [A]에 들어갈 교사의 피드백 내용을 채워 실연하시오.
4. [수업실연 3] 〈자료 3〉을 활용하여 정리 부분을 실연하시오.
   1) 역사 학습의 목적과 연계하여 실연하시오.

* 유의사항
교사와 학생의 상호작용이 구체적으로 드러나게 실연하시오.

교수·학습 조건

1. 과목명: 역사 ①
2. 대상: 중학교 2학년
3. 시간: 90분(블록타임제)
4. 단원명: Ⅳ. 제국주의 침략과 국민 국가 건설 운동 – 미국 독립 혁명

성취기준	[9역04-01] 유럽과 아메리카의 시민 혁명과 국민 국가 형성 과정을 이해한다.		
단원의 구성	차시	주요 내용 및 활용	수업 형태
	1~2	영국 혁명	
	3~4	미국 독립 혁명	강의식 및 탐구식 수업, 학생 활동
	5~7	프랑스 혁명과 나폴레옹 시대	
	8~9	자유주의와 민족주의의 확산	
	10~11	미국과 라틴 아메리카의 발전	

5. 교수·학습 환경

학생 수	지도 장소	매체 및 기자재
24명	교실	전자칠판, 모둠 활동지, 사진 자료, 태블릿 PC

자료 ❶ 미국 독립 선언문(1776)

모든 인간은 평등하게 태어났고, 창조주는 양도할 수 없는 일정한 권리를 인간에게 부여했으며, 생명권과 자유권, 행복 추구권이 이에 속한다. 이 권리를 보장하기 위해 인간에 의해 정부가 조직되었으며, 정당한 정부의 권력은 국민의 동의에서 나온다. 어떠한 형태의 정부이든 이러한 목적을 파괴할 때에는 언제든지 그 정부를 바꾸거나 폐지하여 새로운 정부를 조직할 수 있다.

자료 ❷ 미국 헌법(1787)

제1조 모든 입법권은 미국 연방 의회에 속하며, 연방 의회는 상원과 하원으로 구성한다.
제2조 행정권은 미국 대통령에 속한다.
제3조 미국의 사법권은 1개의 대법원과 연방 의회가 수시로 제정·설치하는 하급 법원들에 속한다.

자료 ❸ 미국 정치 형태의 특징은 무엇일까?

온라인 학습 게시판

김○○ ⋮

(기사 자료)

첨부한 기사 자료를 보면 미국의 금리를 정한 '연준'이라는 기구가 나옵니다. '연준'은 '연방준비제도'의 줄임말로, 오늘날 미국 경제의 핵심 기구 명칭에도 '연방'의 개념을 사용하고 있음을 알 수 있습니다.

댓글

[박○○] 미국 독립 당시 제정된 헌법의 제1조와 제3조의 내용이 오늘날에도 영향을 미치고 있다는 것이 실감나네요.
[이○○] 정치적 특징이 경제나 사회 분야에도 영향을 준다는 점이 드러나 인상적이에요.

최○○ ⋮

(기사 자료)

위 기사의 핵심 내용은 미국의 대선을 앞두고 공화당과 민주당 후보가 몇몇 경합주에서 지지율을 높이기 위해 각기 활발한 선거 유세를 펼치고 있다는 것입니다.

댓글

[교사] [A: **수험생 작성 부분**]

2025학년도 중등학교 교사 신규임용후보자 선정 경쟁 시험 (2차)
역사 수업실연 문제지 [지도안]

수험번호									성명		관리번호	

<table>
<tr><td>단원</td><td colspan="2">Ⅳ. 제국주의 침략과 국민 국가 건설 운동 – 미국 독립 혁명</td><td>차시</td><td>3~4</td></tr>
<tr><td rowspan="3">학습목표</td><td colspan="4">1. 미국 독립 혁명의 배경과 전개 과정을 설명할 수 있다.</td></tr>
<tr><td colspan="4">2. 독립 선언문과 독립 직후 작성된 미국 헌법의 내용을 통해 미국 혁명의 목표와 역사적 의의를 추론할 수 있다.</td></tr>
<tr><td colspan="4">3. 독립 당시 미국 헌법에 드러난 정치 체제의 모습이 오늘날 미국 사회에도 영향을 미치고 있는 부분을 뉴스 기사를 통해 파악할 수 있다.</td></tr>
<tr><td>학습 단계</td><td>학습 요소</td><td>교수·학습활동</td><td>자료 및 지도상 유의점</td><td>시간</td></tr>
<tr><td rowspan="4">도입</td><td>인사</td><td>인사 및 출석 확인</td><td rowspan="4"></td><td rowspan="4">5</td></tr>
<tr><td>전시 확인</td><td>전시학습 확인</td></tr>
<tr><td>동기 유발</td><td>미국의 정치 관련 뉴스의 일부를 시청한 후, 영국 및 우리나라의 정치 체제와의 차이점에 대한 이야기를 나눈다.</td></tr>
<tr><td>학습목표</td><td>학습목표 확인</td></tr>
<tr><td rowspan="2">전개</td><td>〈전개 1〉
독립 혁명의 배경</td><td>• 18세기 계몽사상에 대하여 설명한다.
• 독립 전후 북아메리카의 상황과 독립 전쟁의 배경 및 발발에 대하여 설명한다.</td><td></td><td>15</td></tr>
<tr><td>〈전개 2〉
독립 혁명의 전개와 민주 공화국 수립</td><td>〈수업실연 1 부분〉</td><td>〈자료 1〉
〈자료 2〉</td><td>15</td></tr>
</table>

<table>
<tr><td>전개</td><td>〈전개 3〉
뉴스 기사
분석하기</td><td>〈수업실연 2 부분〉

최○○ ⋮
(기사 자료)
위 기사의 핵심 내용은 미국의 대선을 앞두고 공화당과 민주당 후보가 몇몇 경합주에서 지지율을 높이기 위해 각기 활발한 선거 유세를 펼치고 있다는 것입니다.
댓글
[교사] [A]</td><td>〈자료 2〉
〈자료 3〉
태블릿 PC</td><td>50</td></tr>
<tr><td rowspan="3">정리</td><td>정리</td><td>• 질의응답을 통해 학습 내용을 정리한다.

〈수업실연 3 부분〉</td><td rowspan="3">〈자료 3〉
역사학습의
목적과
의미를
성찰하도록
한다.</td><td rowspan="3">5</td></tr>
<tr><td>차시예고</td><td>다음 수업 주제를 안내한다.</td></tr>
<tr><td>인사</td><td>인사하고 마친다.</td></tr>
</table>

14

2025학년도 공립 중등학교 임용 후보자 선정 경쟁 2차 시험
수업지도안 작성 문제지

수험번호									이름	

교수·학습지도안 작성 조건

• 교수·학습지도안은 실제 교실에서의 수업 상황을 가정하여 작성할 것
• [지도안 작성 부분 1] 〈자료 1〉 (가)를 활용하여 강의 및 탐구식 수업을 진행하시오.
  – [탐구질문 1], [탐구질문 2]에 대한 학생들의 사료 분석 과정이 드러나도록 작성하시오.
  – (가)에 대한 교사의 추가 설명을 포함하시오.
• [지도안 작성 부분 2] 〈자료 1〉 (나), (다)를 활용하여 탐구식 수업을 진행하시오.
  – 러시아 혁명의 영향을 추론할 수 있는 [탐구질문 4]를 완성하시오.
  – 학생과의 상호 작용을 포함하시오.
• [지도안 작성 부분 3] 〈자료 2〉를 활용한 토론 활동을 진행하시오.
  – 활동 특성을 고려하여 [학습목표 3]을 작성하시오.
  – 〈자료 2〉를 참고하여 활동의 구체적 방안을 단계별로 안내하시오.
  – 토론 활동에 대한 채점 기준을 안내하시오.

교수·학습 조건

1. 과목명: 역사 ①
2. 대상: 중학교 2학년
3. 시간: 90분(블록타임제)
4. 단원명: Ⅴ. 세계대전과 사회변동 – 세계대전과 국제질서의 변화

가. 단원의 성취기준

성취기준	[9역05-01] 20세기 전반 국제 정치 및 경제 질서의 변화를 두 차례의 세계대전을 중심으로 이해한다.

나. 단원의 구성

단원	차시	주요 내용 및 활용	수업 형태	평가 방법
세계대전과 국제질서의 변화	1~2	제1차 세계대전		
	3~4	러시아 혁명	강의식, 탐구식, 토론 활동	수행평가
	5~6	대공황의 발생과 전체주의의 등장		
	7~8	제2차 세계대전		

다. 교수·학습 환경

학생 수	지도 장소	매체 및 기자재
20명	교실	칠판, 스크린, 교사용 컴퓨터, 전자칠판, 학습지, 활동지

자료 ❶ 사료 학습지

러시아 혁명의 배경	
(가) 상트페테르부르크 노동자와 농민의 청원(1905) 저희는 가난하고, 핍박받고, 과도한 노동에 시달리고, 경멸당하고 있으며,…… 노예와 같은 취급을 받고 있습니다. …… 이제는 빈곤과 무권리와 무지에 깊이 빠져서 전제 정치와 폭정에 의해 질식될 것 같습니다. …… 농민에게도, 노동자에게도 …… 대표를 선출하고 또 모든 사람이 평등하게 선거권을 갖고 자유롭게 선거할 수 있도록 배려하여 주십시오. …… 만약 저희의 요구를 들어주지 않으면 저희는 바로 이 자리, 궁전 앞 광장에서 죽어버리겠습니다.	[탐구질문 1] 노동자와 농민이 이와 같은 청원서를 작성한 배경은? [탐구질문 2] 만약 내가 당시의 차르라면 청원서를 본 후 어떤 행동을 취했을까?

레닌의 연설을 통해 본 러시아 혁명의 전개 및 영향	
(나) 레닌의 연설 ① (1917) 2월 혁명으로 수립된 공화국은 우리의 공화국이 아닙니다. 이 정부가 수행하고 있는 전쟁은 우리의 전쟁이 아닙니다. 우리에게는 …… 노동자, 농민, 소비에트 이외에 그 어떤 정부도 필요 없습니다. 우리에게 필요한 것은 '프롤레타리아(무산 계급) 독재'뿐입니다. 자유주의, 민주주의, 부르주아적인 것들을 일절 거부할 것입니다.	[탐구질문 3] (나)에서 언급된 "소비에트"의 의미는 무엇일까?
(다) 레닌의 연설 ② (1920) 노동자 및 농민의 10월 혁명은 해방이라는 공동의 깃발 아래 시작되었다. …… 올해 6월 1차 소비에트 대회는 러시아 여러 민족의 자유로운 자결권(自決權)을 선언하였다. 2차 소비에트 대회는 올해 10월에 러시아 여러 민족의 이런 양도할 수 없는 권리를 더욱 단호하고 명확하게 재확인하였다. 이런 대회들의 의지를 실행하면서 인민 위원 회의는 아래의 원칙들을 러시아의 민족 문제에 관한 활동의 기본 토대로 삼을 것을 결정하였다. 1. 러시아 여러 민족의 평등과 주권 2. 분리와 독자적인 국가 형성까지 가능한 러시아 여러 민족의 자유로운 자결권 3. 모든 민족적 특권 및 민족 종교의 특권과 제한의 폐지 4. 러시아 영토에 사는 소수 민족과 인종 집단의 자유로운 발전	[탐구질문 4] **[수험생 작성 부분 1]** __________ __________

자료 ❷ 활동지

토론 활동지

[학습목표 3] [수험생 작성 부분 2]

1. 볼셰비키 혁명에 대한 입장을 선택하고 근거를 적어 보자.

(반대) 임시 정부의 개혁을 지지했어야 한다.	(찬성) 볼셰비키 혁명이 불가피했다.
•	•
•	•
•	•

2. 같은 입장을 가진 친구들과 의견을 공유하고, 다른 생각을 가진 모둠원들과 토론하며 의견을 정리해 보자.

3. 최종 입장을 정하고, 그 이유와 함께 발표해 보자.

관리번호	

2025학년도 공립 중등학교 임용 후보자 선정 경쟁 2차 시험
수업지도안 작성 답안지

수험번호									이름	

<table>
<tr><td>단원</td><td colspan="3">Ⅴ-1. 러시아 혁명</td><td>지도 대상</td><td>중학교 2학년</td></tr>
<tr><td rowspan="3">학습목표</td><td colspan="5">1. 러시아 혁명의 배경을 설명할 수 있다.</td></tr>
<tr><td colspan="5">2. 러시아 혁명의 전개 과정과 영향을 파악할 수 있다.</td></tr>
<tr><td colspan="5">3.</td></tr>
<tr><td>학습 자료</td><td colspan="5">교과서, 사료, TV, 컴퓨터 및 학습에 필요한 모든 기자재</td></tr>
<tr><td>학습 단계</td><td>학습 요소</td><td>교수·학습활동</td><td>시간</td><td colspan="2">자료 및 지도상 유의점</td></tr>
<tr><td rowspan="4">도입</td><td>인사</td><td>인사 및 출석 확인</td><td rowspan="4">5</td><td rowspan="4" colspan="2">그림자료</td></tr>
<tr><td>전시 확인</td><td>제1차 세계대전 속 주요 사건에 대한 발문을 한다.</td></tr>
<tr><td>동기 유발</td><td>레닌의 개혁을 보여주는 풍자화가 무엇을 하고 있는 것인지 자유롭게 발표하도록 한다.</td></tr>
<tr><td>학습목표</td><td>학습목표를 확인한다.</td></tr>
<tr><td>전개</td><td>〈전개 1〉</td><td>〈지도안 작성 부분 1〉

• 제1차 세계대전에서 연이은 패전으로 국민 생활이 악화된 상황에서 3월 혁명이 발생하여 임시 정부가 수립되었음을 설명한다.</td><td>20</td><td colspan="2">〈자료 1〉
(가)</td></tr>
</table>

<table>
<tr><td rowspan="2">전개</td><td>〈전개 2〉</td><td>〈지도안 작성 부분 2〉
• 탐구질문 4.
[수험생 작성 부분 1]

• 레닌의 사회주의 개혁과 신경제 정책(NEP) 시행, 스탈린의 경제 개발 5개년 계획과 독재 체제 강화를 설명한다.</td><td>25</td><td>〈자료 1〉
(나), (다)</td></tr>
<tr><td>〈전개 3〉</td><td>〈지도안 작성 부분 3〉
• 학습목표 3.
[수험생 작성 부분 2]

• 활동에 대한 소감 발표와 피드백 시간을 갖는다.</td><td>35</td><td>〈자료 2〉</td></tr>
<tr><td rowspan="3">정리</td><td>정리</td><td>학습목표 달성을 확인하고 질의응답 시간을 가진다.</td><td rowspan="3">5</td><td rowspan="3"></td></tr>
<tr><td>차시예고</td><td>다음 차시를 예고한다.</td></tr>
<tr><td>인사</td><td>인사하고 마친다.</td></tr>
</table>

관리번호	

2025학년도 공립 중등학교 임용 후보자 선정 경쟁 2차 시험
수업실연 문제지

수험번호									성명		관리번호	

○ 문항에서 요구하는 내용의 가짓수가 제한되어 있는 경우, 요구한 가짓수까지의 내용만 실연하시오.
○ 칠판과 분필 등을 활용한 판서만 가능하며, 기자재를 활용해야 하는 경우 언급으로 대신하시오.

【문제】 다음에 제시된 〈실연 방법〉, 〈교수학습조건〉, 〈자료〉, 〈교수학습지도안〉을 반영해 수업을 실연하시오.

실연 방법

1. 〈교수·학습지도안〉의 [수업실연 1]~[수업실연 3]에 해당하는 부분을 수업으로 실연하시오.
2. [수업실연 1] 〈전개 1〉에서 〈자료 1〉 (가)를 활용하여 사료 탐구 및 강의식 수업을 진행하시오.
   1) [탐구질문 1], [탐구질문 2]에 대한 학생들의 예상 답변이 드러나도록 실연하시오.
   2) (가)에 대한 교사의 추가 설명을 포함하시오.
3. [수업실연 2] 〈전개 2〉에서 〈자료 1〉 (나), (다)를 활용하여 사료 탐구 학습을 진행하시오.
   1) 러시아 혁명의 영향을 추론할 수 있는 [탐구질문 4]를 제시하시오.
   2) 사료 분석에 어려움을 겪는 학생에게 교사가 도움을 제공하는 장면을 포함하여 실연하시오.
4. [수업실연 3] 〈전개 3〉에서 〈자료 2〉를 활용하여 토론 활동을 진행하시오.
   1) 활동 특성을 고려하여 학습목표 3을 제시하고, 활동의 목적을 역사과 핵심역량과 연계하여 제시하시오.
   2) 〈자료 2〉를 활용하여 활동의 구체적 방안을 단계별로 안내하고, 채점 기준을 안내하시오.
   3) (활동에 어려움을 겪는 모둠에 피드백을 제공하는 교사의 순회 지도 과정을 실연하시오.)

* 유의사항
1. 수업의 전개 과정부터 실연하므로 학습목표는 판서하지 마시오.
2. 일정량의 판서를 포함하여 실연하시오.

교수·학습 조건

1. 과목명: 역사 ①　　2. 대상: 중학교 2학년　　3. 시간: 90분(블록타임제)
4. 단원명: V. 세계대전과 사회변동 - 세계대전과 국제질서의 변화

성취기준	[9역05-01] 20세기 전반 국제 정치 및 경제 질서의 변화를 두 차례의 세계대전을 중심으로 이해한다.		
단원의 구성	차시	주요 내용 및 활용	수업 형태
	1~2	제1차 세계대전	
	3~4	러시아 혁명	사료 탐구 학습, 토론 활동
	5~6	대공황의 발생과 전체주의의 등장	
	7~8	제2차 세계대전	

5. 교수·학습 환경

학생 수	지도 장소	매체 및 기자재
20명	교실	칠판, 스크린, 교사용 컴퓨터, 빔 프로젝터, 사료 학습지, 활동지

자료 ❶ 사료 학습지

러시아 혁명의 배경	
(가) 상트페테르부르크 노동자와 농민의 청원(1905) 저희는 가난하고, 핍박받고, 과도한 노동에 시달리고, 경멸당하고 있으며,…… 노예와 같은 취급을 받고 있습니다. …… 이제는 빈곤과 무권리와 무지에 깊이 빠져서 전제 정치와 폭정에 의해 질식될 것 같습니다. …… 농민에게도, 노동자에게도 …… 대표를 선출하고 또 모든 사람이 평등하게 선거권을 갖고 자유롭게 선거할 수 있도록 배려하여 주십시오. …… 만약 저희의 요구를 들어주지 않으면 저희는 바로 이 자리, 궁전 앞 광장에서 죽어버리겠습니다.	[탐구질문 1] 노동자와 농민이 이와 같은 청원서를 작성한 배경은? [탐구질문 2] 만약 내가 당시의 차르라면 청원서를 본 후 어떤 행동을 취했을까?

레닌의 연설을 통해 본 러시아 혁명의 전개 및 영향	
(나) 레닌의 연설 ① (1917) 2월 혁명으로 수립된 공화국은 우리의 공화국이 아닙니다. 이 정부가 수행하고 있는 전쟁은 우리의 전쟁이 아닙니다. 우리에게는 …… 노동자, 농민, 소비에트 이외에 그 어떤 정부도 필요 없습니다. 우리에게 필요한 것은 '프롤레타리아(무산 계급) 독재'뿐입니다. 자유주의, 민주주의, 부르주아적인 것들을 일절 거부할 것입니다.	[탐구질문 3] (나)에서 언급된 "소비에트"의 의미는 무엇일까?
(다) 레닌의 연설 ② (1920) 노동자 및 농민의 10월 혁명은 해방이라는 공동의 깃발 아래 시작되었다. …… 올해 6월 1차 소비에트 대회는 러시아 여러 민족의 자유로운 자결권(自決權)을 선언하였다. 2차 소비에트 대회는 올해 10월에 러시아 여러 민족의 이런 양도할 수 없는 권리를 더욱 단호하고 명확하게 재확인하였다. 이런 대회들의 의지를 실행하면서 인민 위원 회의는 아래의 원칙들을 러시아의 민족 문제에 관한 활동의 기본 토대로 삼을 것을 결정하였다. 1. 러시아 여러 민족의 평등과 주권 2. 분리와 독자적인 국가 형성까지 가능한 러시아 여러 민족의 자유로운 자결권 3. 모든 민족적 특권 및 민족 종교의 특권과 제한의 폐지 4. 러시아 영토에 사는 소수 민족과 인종 집단의 자유로운 발전	[탐구질문 4] **[수험생 실연 부분]** ______________ ______________

자료 ❷ 활동지

토론 활동지

[학습목표 3] [수험생 실연 부분]

1. 볼셰비키 혁명에 대한 입장을 선택하고 근거를 적어 보자.

(반대) 임시 정부의 개혁을 지지했어야 한다.	(찬성) 볼셰비키 혁명이 불가피했다.
•	•
•	•
•	•

2. 같은 입장을 가진 친구들과 의견을 공유하고, 다른 생각을 가진 모둠원들과 토론하며 의견을 정리해 보자.

3. 최종 입장을 정하고, 그 이유와 함께 발표해 보자.

2025학년도 공립 중등학교 임용 후보자 선정 경쟁 2차 시험
수업실연 문제지 [지도안]

수험번호									성명		관리번호	

단원	V-1. 러시아 혁명		차시	3~4
학습목표	1. 러시아 혁명의 배경을 설명할 수 있다.			
	2. 러시아 혁명의 전개 과정과 영향을 파악할 수 있다.			
	3.			

학습 단계	학습 요소	교수·학습활동	자료 및 지도상 유의점	시간
도입	인사	인사 및 출석 확인		5
	전시 확인	제1차 세계대전의 전개 과정의 주요 사건을 발문한다.		
	동기 유발	레닌의 개혁을 보여주는 풍자화가 무엇을 하고 있는 것인지 자유롭게 발표하도록 한다.		
	학습목표	학습목표를 확인한다.		
전개	〈전개 1〉 러시아 혁명의 배경	〈수업실연 1 부분〉 • 제1차 세계대전에서 연이은 패전으로 국민 생활이 악화된 상황에서 3월 혁명이 발생하여 임시 정부가 수립되었음을 설명한다.	〈자료 1〉 (가)	20
	〈전개 2〉 러시아 혁명의 전개와 영향	〈수업실연 2 부분〉 • 레닌의 사회주의 개혁과 신경제 정책(NEP) 시행, 소련의 수립, 스탈린의 경제 개발 5개년 계획, 공산당 독재 체제 강화를 설명한다.	〈자료 1〉 (나), (다)	25
	〈전개 3〉 모둠별 토론 활동 및 피드백	〈수업실연 3 부분〉 • 토론 활동을 진행하고 활동에 대한 발표와 피드백 시간을 갖는다.	〈자료 2〉	35
정리	정리	수업을 정리하고 질의응답 시간을 가진다.		5
	차시예고	대공황의 발생과 전체주의의 등장		
	인사	인사하고 마친다.		

15

2025학년도 공립 중등학교 임용 후보자 선정 경쟁 2차 시험
수업지도안 작성 문제지

수험번호									이름	

교수·학습지도안 작성 조건

• 교수·학습지도안은 실제 교실에서의 수업 상황을 가정하여 작성할 것
• [지도안 작성 부분 1] 거꾸로 수업을 실시한다는 가정하에 〈자료 1〉을 활용하여 작성하시오.
 – 동영상 내용 확인을 위한 〈자료 1〉 교사의 질문 2가지에 대한 학생의 잘못된 대답을 작성하고 이를 교정하는 활동을 포함하시오.
• [지도안 작성 부분 2] 〈자료 2〉, 〈자료 3〉을 활용하여 탐구 활동을 진행하시오.
 – 〈자료 2〉를 토대로 모둠별 사료 탐구 활동을 진행하되 이 과정에서 교사의 발문 1가지를 포함하시오.
 – 모둠별 사료 탐구 활동을 정리하는 과정에서 〈자료 3〉의 모든 키워드를 활용하시오.
• [지도안 작성 부분 3] 〈자료 4〉를 활용하여 영화 기획안 작성하기 활동을 진행하시오.
 – 영화 기획안 작성하기 활동을 안내하고, 활동의 목적 및 채점 기준을 작성하시오.
 – 활동 과정에서 예상되는 학생의 질문과 답변을 포함하여 작성하시오.

교수·학습 조건

1. 과목명: 역사 ①
2. 대상: 중학교 2학년
3. 시간: 45분
4. 단원명: Ⅴ. 세계대전과 사회 변동 – 인권 회복과 평화 확산을 위한 노력

가. 단원의 성취기준

성취기준	[9역05-03] 세계대전의 과정에서 일어난 대량 학살과 인권 침해 등의 사례를 탐구하고 평화를 유지하기 위한 노력에 대해 알아본다.

나. 단원의 구성

단원	차시	주요 내용 및 활용	수업 형태	평가 방법
인권 회복과 평화 확산을 위한 노력	1	전쟁의 참상을 들여다보다	거꾸로 수업, 탐구 학습, 제작수업	수행평가
	2	인류, 평화를 위해 노력하다	강의식 수업	

다. 교수·학습 환경

학생 수	지도 장소	매체 및 기자재
20명	교실	칠판, 교사용 컴퓨터, 빔 프로젝터, 스크린, 스마트 TV, 활동지

자료 ❶ 활동지 1

활동지	
Q1.	홀로코스트란 무엇인가요?
A1.	**[수험생 작성 부분 1]**
Q2.	세계대전 중 일본에 의해 일어났던 인권유린 사례는 어떠한 것들이 있을까요?
A2.	**[수험생 작성 부분 2]**

자료 ❷ 인권유린

(가)

1942. 10. 09.

오늘은 우울한 뉴스를 알려야겠다. 유대인 친구들이 한꺼번에 열 명, 열다섯 명씩 사라지고 있어. 이들은 비밀경찰에게 구박을 받으며 가축용 트럭에 실려, 드렌테에 있는 가장 큰 유대인 수용소로 끌려가고 있는 거래. 그곳은 말만 들어도 소름이 끼쳐. 몸을 씻을 수 있는 곳이 백 명당 한 군데뿐이고, 화장실 시설도 형편없대. 여러 사람들이 한 곳에 뒤섞여 지내며 탈출도 불가능하대.

– 『안네의 일기』

(나)

고향 마을 강에서 다슬기를 잡던 그녀는 난데없이 나타난 사내들에게 붙들려 끌려갔다. 그들은 그녀를 트럭 짐칸으로 던졌다. 대여섯 명의 소녀가 그 곳에 앉아 있었다. …(중략)… 막연히 열차가 움직이는 방향이 북쪽임을 알 수 있었다. …(중략)… 그녀는 소녀들이 나누는 이야기를 들었다. "나는 야마다 공장에 실 푸러 간다." …(중략)… 만주 위안소에 도착하기 전까지 소녀들은 그런 곳이 이 세상에 있다는 것을 알지 못했다.

– 소설, 『한명』

자료 ❸

【키워드】 살상 무기, 홀로코스트, 난징 대학살, 위안부, 731 부대

자료 ❹ 활동지 2

<table>
<tr><th colspan="2">줄무늬 파자마를 입은 소년</th></tr>
<tr><td>
</td><td>[줄거리]
2차 대전을 배경으로 나치 장교의 아들이었던 소년 브루노가 아빠의 전근으로 베를린에서 폴란드로 이사를 가게 되는데 그의 아빠는 그저 군인이 아닌 나치의 최고 엘리트 장교 중 한 명. 농장이라고 생각했던 곳은 유대인들이 홀로코스트의 학대를 받은 아우슈비츠다. 숲 속을 거닐던 브루노는 철조망을 발견하게 되고 슈무얼이라는 동갑내기 유대인 소년을 만나 친구가 된다. 전쟁, 학살이라는 말조차 인식하지 못하는 순진무구한 소년들의 우정은 끔찍한 결말을 가져오게 되는데…</td></tr>
</table>

<table>
<tr><th colspan="2">영화 기획안 작성하기</th></tr>
<tr><th colspan="2">대량 학살 및 인권유린과 관련한 영화 기획하기</th></tr>
<tr><td rowspan="4">기획하고 싶은 역사적 내용</td><td></td></tr>
<tr><td></td></tr>
<tr><td></td></tr>
<tr><td></td></tr>
<tr><td rowspan="5">주된 줄거리</td><td></td></tr>
<tr><td></td></tr>
<tr><td></td></tr>
<tr><td></td></tr>
<tr><td></td></tr>
</table>

관리번호	

2025학년도 공립 중등학교 임용 후보자 선정 경쟁 2차 시험
수업지도안 작성 답안지

수험번호									이름	

단원	V-3. 인권 회복과 평화 확산을 위한 노력	지도 대상	중학교 2학년
학습목표	1. 세계대전 중에 일어난 대량 학살의 내용을 설명할 수 있다.		
	2. 세계대전 과정에서 행해진 인권유린의 실상을 파악할 수 있다.		
	3. 대량 학살과 인권유린의 참상을 영화 기획안을 통해 알릴 수 있다.		
학습 자료	교과서, 사료, 빔 프로젝터, 컴퓨터		

학습 단계	학습 요소	교수·학습활동	시간	자료 및 지도상 유의점
도입	인사	인사 및 출석 확인	5	
	전시 확인	전시 학습을 확인한다.		
	동기 유발	아우슈비츠 수용소 사진을 통해 2차 세계대전 당시의 상황에 대해 설명한다.		
	학습목표	학습목표를 확인한다.		
전개	〈전개 1〉	〈지도안 작성 부분 1〉	5	〈자료 1〉

<table>
<tr><td rowspan="2">전개</td><td>〈전개 2〉</td><td>〈지도안 작성 부분 2〉</td><td>15</td><td>〈자료 2〉
〈자료 3〉</td></tr>
<tr><td>〈전개 3〉</td><td>〈지도안 작성 부분 3〉

• 활동의 목적
(빈칸)

• 채점 기준
1.
2.
3.</td><td>15</td><td>〈자료 4〉</td></tr>
<tr><td rowspan="3">정리</td><td>정리</td><td>학습목표 달성을 확인하고 질의응답 시간을 가진다.</td><td rowspan="3">5</td><td rowspan="3"></td></tr>
<tr><td>차시예고</td><td>다음 차시를 예고한다.</td></tr>
<tr><td>인사</td><td>인사하고 마친다.</td></tr>
</table>

관리번호	

2025학년도 공립 중등학교 임용 후보자 선정 경쟁 2차 시험
수업실연 문제지

수험번호									성명		관리번호	

○ 문항에서 요구하는 내용의 가짓수가 제한되어 있는 경우, 요구한 가짓수까지의 내용만 실연하시오.
○ 칠판과 분필 등을 활용한 판서만 가능하며, 기자재를 활용해야 하는 경우 언급으로 대신하시오.

【문제】 다음에 제시된 〈실연 방법〉, 〈교수학습조건〉, 〈자료〉, 〈교수학습지도안〉을 반영해 수업을 실연하시오.

실연 방법

1. [수업실연 1] 〈전개 1〉에서 거꾸로 수업을 실시한다는 가정하에 〈자료 1〉을 활용하여 설명하시오.
   1) 동영상 내용 확인을 위한 〈자료 1〉 교사의 질문 2가지에 대한 학생의 잘못된 대답을 작성하고 이를 교정하는 활동을 포함하시오.
2. [수업실연 2] 〈전개 2〉에서 〈자료 2〉, 〈자료 3〉을 활용하여 탐구 활동을 진행하시오.
   1) 〈자료 2〉를 토대로 모둠별 사료 탐구 활동을 진행하되 이 과정에서 교사의 발문 1가지를 포함하시오.
   2) 모둠별 사료 탐구 활동을 정리하는 과정에서 〈자료 3〉의 모든 키워드를 판서하시오.
3. [수업실연 3] 〈전개 3〉에서 〈자료 4〉를 활용하여 영화 기획안 작성하기 활동을 진행하시오.
   1) 〈자료 4〉의 예시를 들어 영화 기획안 작성하기 활동을 안내하시오.
   2) 활동의 목적과 채점 기준을 각각 설명하시오.
   3) (활동 과정에서 예상되는 학생의 질문과 답변을 포함하시오.)

* 유의사항
일정량의 판서를 사용하여 실연하시오.

교수·학습 조건

1. 과목명: 역사 ①
2. 대상: 중학교 2학년
3. 시간: 45분
4. 단원명: Ⅴ. 세계대전과 사회 변동 – 인권 회복과 평화 확산을 위한 노력

성취기준	[9역05-03] 세계대전의 과정에서 일어난 대량 학살과 인권 침해 등의 사례를 탐구하고 평화를 유지하기 위한 노력에 대해 알아본다.		
단원의 구성	차시	주요 내용 및 활용	수업 형태
	1	전쟁의 참상을 들여다보다.	거꾸로 수업, 탐구 학습, 제작수업
	2	인류, 평화를 위해 노력하다.	강의식 수업

5. 교수·학습 환경

학생 수	지도 장소	매체 및 기자재
20명	교실	칠판, 교사용 컴퓨터, 빔 프로젝터, 스크린, 스마트 TV, 활동지

자료 ❶ 활동지 1

활동지	
Q1.	홀로코스트란 무엇인가요?
A1.	**[수험생 실연 부분]**
Q2.	세계대전 중 일본에 의해 일어났던 인권유린 사례는 어떠한 것들이 있을까요?
A2.	**[수험생 실연 부분]**

자료 ❷ 인권유린

(가)

1942. 10. 09.

오늘은 우울한 뉴스를 알려야겠다. 유대인 친구들이 한꺼번에 열 명, 열다섯 명씩 사라지고 있어. 이들은 비밀경찰에게 구박을 받으며 가축용 트럭에 실려, 드렌테에 있는 가장 큰 유대인 수용소로 끌려가고 있는 거래. 그곳은 말만 들어도 소름이 끼쳐. 몸을 씻을 수 있는 곳이 백 명당 한 군데뿐이고, 화장실 시설도 형편없대. 여러 사람들이 한 곳에 뒤섞여 지내며 탈출도 불가능하대.

–『안네의 일기』

(나)

고향 마을 강에서 다슬기를 잡던 그녀는 난데없이 나타난 사내들에게 붙들려 끌려갔다. 그들은 그녀를 트럭 짐칸으로 던졌다. 대여섯 명의 소녀가 그 곳에 앉아 있었다. …(중략)… 막연히 열차가 움직이는 방향이 북쪽임을 알 수 있었다. …(중략)… 그녀는 소녀들이 나누는 이야기를 들었다. "나는 야마다 공장에 실 푸러 간다." …(중략)… 만주 위안소에 도착하기 전까지 소녀들은 그런 곳이 이 세상에 있다는 것을 알지 못했다.

– 소설, 『한명』

자료 ❸

【키워드】 살상 무기, 홀로코스트, 난징 대학살, 위안부, 731 부대

자료 ❹ 활동지 2

줄무늬 파자마를 입은 소년	
	[줄거리] 2차 대전을 배경으로 나치 장교의 아들이었던 소년 브루노가 아빠의 전근으로 베를린에서 폴란드로 이사를 가게 되는데 그의 아빠는 그저 군인이 아닌 나치의 최고 엘리트 장교 중 한 명. 농장이라고 생각했던 곳은 유대인들이 홀로코스트의 학대를 받은 아우슈비츠다. 숲 속을 거닐던 브루노는 철조망을 발견하게 되고 슈무얼이라는 동갑내기 유대인 소년을 만나 친구가 된다. 전쟁, 학살이라는 말조차 인식하지 못하는 순진무구한 소년들의 우정은 끔찍한 결말을 가져오게 되는데…

영화 기획안 작성하기	
대량 학살 및 인권유린과 관련한 영화 기획하기	
기획하고 싶은 역사적 내용	
주된 줄거리	

2025학년도 공립 중등학교 임용 후보자 선정 경쟁 2차 시험
수업실연 문제지 [지도안]

수험번호									성명		관리번호	

<table>
<tr><td>단원</td><td colspan="3">V-3. 인권 회복과 평화 확산을 위한 노력</td><td>차시</td><td>1</td></tr>
<tr><td rowspan="3">학습목표</td><td colspan="5">1. 세계대전 중에 일어난 대량 학살의 내용을 설명할 수 있다.</td></tr>
<tr><td colspan="5">2. 세계대전 과정에서 행해진 인권유린의 실상을 파악할 수 있다.</td></tr>
<tr><td colspan="5">3. 대량 학살과 인권유린의 참상을 영화 기획안을 통해 알릴 수 있다.</td></tr>
<tr><td>학습 단계</td><td>학습 요소</td><td>교수·학습활동</td><td>자료 및 지도상 유의점</td><td colspan="2">시간</td></tr>
<tr><td rowspan="4">도입</td><td>인사</td><td>인사 및 출석 확인</td><td rowspan="4"></td><td colspan="2" rowspan="4">5</td></tr>
<tr><td>전시 확인</td><td>전시 학습을 확인한다.</td></tr>
<tr><td>동기 유발</td><td>아우슈비츠 수용소 사진을 통해 2차 세계대전 당시의 상황에 대해 설명한다.</td></tr>
<tr><td>학습목표</td><td>학습목표를 확인한다.</td></tr>
<tr><td rowspan="3">전개</td><td>〈전개 1〉
거꾸로 수업</td><td>〈수업실연 1 부분〉</td><td>〈자료 1〉</td><td colspan="2">5</td></tr>
<tr><td>〈전개 2〉
대량 학살과 인권유린</td><td>〈수업실연 2 부분〉</td><td>〈자료 2〉
〈자료 3〉</td><td colspan="2">15</td></tr>
<tr><td>〈전개 3〉
영화 기획안 작성하기</td><td>〈수업실연 3 부분〉</td><td>〈자료 4〉</td><td colspan="2">15</td></tr>
<tr><td rowspan="3">정리</td><td>정리</td><td>학습목표 달성을 확인하고 질의응답 시간을 가진다.</td><td rowspan="3"></td><td colspan="2" rowspan="3">5</td></tr>
<tr><td>차시예고</td><td>다음 수업 주제를 안내한다.</td></tr>
<tr><td>인사</td><td>인사하고 마친다.</td></tr>
</table>

16

2025학년도 공립 중등학교 임용 후보자 선정 경쟁 2차 시험
수업 지도안 작성 문제지

수험번호								

이름	

교수·학습지도안 작성 조건

- 교수·학습 지도안은 실제 교실에서의 수업 상황을 가정하여 작성할 것
- [지도안 작성 부분 1] 〈자료 1〉, 〈자료 2〉, 〈자료 3〉을 활용하여 강의식 수업을 작성하시오.
  - 〈자료 1〉, 〈자료 2〉, 〈자료 3〉의 의미를 연계하여 도출할 수 있도록 각 자료에 대한 발문을 제공하시오.
  - 자료와 관련된 구체적 사례를 포함하시오.
- [지도안 작성 부분 2] 〈자료 3〉, 〈자료 4〉, 〈자료 5〉를 활용하여 강의식 수업을 작성하시오.
  - 〈자료 4〉에 대한 자료 조사 활동을 작성하시오.
  - 각 자료와 관련하여 예상되는 학생의 질문에 대한 답변을 포함하시오.
- [지도안 작성 부분 3] 〈자료 6〉을 활용하여 모둠별 활동을 진행하시오.
  - 〈자료 6〉을 참고하여 활동의 목적을 2가지 이상 제시하시오.
  - 활동 시 유의 사항을 내용과 형식의 측면으로 나누어 제시하시오.
- [지도안 작성 부분 4] 〈자료 6〉을 활용하여 활동 피드백 부분을 작성하시오.
  - 모둠 활동의 구체적 결과물에 대한 동료 피드백 과정을 포함하시오.

※ 모든 작성 부분은 교사와 학생의 활동이 구체적으로 드러나도록 작성하시오.

교수·학습 조건

1. 과목명: 역사 ①
2. 대상: 중학교 2학년
3. 시간: 90분(블록타임제)
4. 단원명: V. 세계대전과 사회 변동 – 여성과 노동자의 권리가 확대되다

가. 단원의 성취기준

성취기준	[9역06–01] 20세기 전반 세계 질서의 변화를 두 차례의 세계대전을 중심으로 파악한다.

나. 단원의 구성

단원	차시	주요 내용 및 활용	수업 형태	평가 방법
민주주의의 확산	1~2	정치·경제 체제가 변화하다		
	3~4	여성과 노동자의 권리가 확대되다	강의식 수업, 모둠 활동	수행평가

다. 교수·학습 환경

학생 수	지도 장소	매체 및 기자재
24명	교실	전자칠판, 모둠 활동지, 사진 및 문서 자료

자료 ❶ 세계 각국의 투표권 부여 시기

국가	남성	여성
프랑스	1848	1944
영국	1918	1928
미국	1870	1920
독일	1870	1919
이탈리아	1912	1945
일본	1925	1945
한국	1948	1948

– 브리태니커 백과, 2018

자료 ❷ 방독면을 만드는 여성 노동자

자료 ❸ 바이마르 공화국 헌법의 일부

제1조 독일은 공화국이다. 국가 권력은 국민으로부터 나온다.
제22조 국회의원은 비례 대표제의 원칙에 따라 20세 이상의 남녀 보통·평등·직접·비밀 선거로 선출된다.
제159조 노동 조건 및 경제 조건을 보호하고 개선하기 위하여 결사의 자유는 누구에게나 보장된다.

자료 ❹ 헤이마켓 광장의 집회(1886. 5. 1.)

자료 ❺ 베르사유 조약(1919) 일부

수많은 사람에게 불의 고난 궁핍을 주는 노동 조건이 존재한다. …… 일당 또는 주당 최장 노동 시간의 설정을 포함한 노동 시간의 규정, 노동력의 공급 조절, 실업의 예방, 적정 생활 임금의 지급, 직업상 발생하는 질병 · 질환 및 상해로부터의 근로자 보호, 아동 · 청소년 · 여성의 보호 …… 시급히 개선되는 것이 요구된다. …… 이 조약의 목표를 달성하기 위해 상설 기구를 설립한다.

자료 ❻ 모둠 활동지

<table>
<tr><th colspan="6">'민주주의의 확대'를 주제로 가상 기념관 안내 책자 기획안 작성하기</th></tr>
<tr><td colspan="2">주제</td><td colspan="4"></td></tr>
<tr><td colspan="2">주제 선정 이유</td><td colspan="4"></td></tr>
<tr><td colspan="2">자료 조사 내용</td><td colspan="4"></td></tr>
<tr><td rowspan="4">안내
책자
기획안</td><td>제목 및 표지</td><td colspan="4"></td></tr>
<tr><td rowspan="2">공간 구상
(그림)</td><td>제1전시실</td><td>제2전시실</td><td>제3전시실</td><td>제4전시실</td></tr>
<tr><td></td><td></td><td></td><td></td></tr>
<tr><td>공간별
전시·체험
소개</td><td></td><td></td><td></td><td></td></tr>
</table>

관리번호	

3

2025학년도 공립 중등학교 임용 후보자 선정 경쟁 2차 시험
수업지도안 작성 답안지

수험번호								이름	

<table>
<tr><td>단원</td><td colspan="3">V. 세계대전과 사회 변동 – 여성과 노동자의 권리가 확대되다</td><td>지도 대상</td><td>중학교 2학년</td></tr>
<tr><td rowspan="3">학습목표</td><td colspan="5">1. 세계대전과 여성의 참정권 확대 과정을 관련지어 설명할 수 있다.</td></tr>
<tr><td colspan="5">2. 자본주의의 발전과 관련하여 확대된 노동자의 권리를 설명할 수 있다.</td></tr>
<tr><td colspan="5">3. 민주주의 확대와 관련한 주요 인물 및 사건을 정리하여 가상 기념관 기획안으로 표현할 수 있다.</td></tr>
<tr><td>학습 단계</td><td>학습 요소</td><td>교수·학습활동</td><td>시간</td><td colspan="2">자료 및 지도상 유의점</td></tr>
<tr><td rowspan="4">도입</td><td>인사</td><td>인사 및 출석 확인</td><td rowspan="4">5</td><td rowspan="4" colspan="2"></td></tr>
<tr><td>전시 확인</td><td>전시학습 확인</td></tr>
<tr><td>동기 유발</td><td>여성 참정권 요구 시위 사진 및 노동자 파업 사진을 보며 이들이 시위를 통해 무엇을 얻고자 하는지 이야기해 본다.</td></tr>
<tr><td>학습목표</td><td>학습목표를 확인한다.</td></tr>
<tr><td rowspan="2">전개</td><td>〈전개 1〉</td><td>〈지도안 작성 부분 1〉</td><td>15</td><td colspan="2">〈자료 1〉
〈자료 2〉
〈자료 3〉</td></tr>
<tr><td>〈전개 2〉</td><td>〈지도안 작성 부분 2〉</td><td>15</td><td colspan="2">〈자료 3〉
〈자료 4〉
〈자료 5〉</td></tr>
</table>

<table>
<tr><td rowspan="2">전개</td><td>〈전개 3〉</td><td>〈지도안 작성 부분 3〉

<table><tr><td rowspan="2">활동 목적</td><td colspan="2">•</td></tr><tr><td colspan="2">•</td></tr><tr><td rowspan="2">유의 사항</td><td>내용</td><td>•</td></tr><tr><td>형식</td><td>•</td></tr></table></td><td>30</td><td>〈자료 6〉</td></tr>
<tr><td>〈전개 4〉</td><td>〈지도안 작성 부분 4〉</td><td>20</td><td>〈자료 6〉</td></tr>
<tr><td rowspan="3">정리</td><td>정리</td><td>질의응답을 통해 학습 내용을 정리한다.</td><td rowspan="3">5</td><td rowspan="3"></td></tr>
<tr><td>차시예고</td><td>다음 수업 주제를 안내한다.</td></tr>
<tr><td>인사</td><td>인사하고 마친다.</td></tr>
</table>

관리번호	

2025학년도 중등학교 교사 신규임용후보자 선정 경쟁 시험 (2차)
역사 수업실연 문제지

수험번호									성명		관리번호	

○ 문항에서 요구하는 내용의 가짓수가 제한되어 있는 경우, 요구한 가짓수까지의 내용만 실연하시오.
○ 칠판과 분필 등을 활용한 판서만 가능하며, 기자재를 활용해야 하는 경우 언급으로 대신하시오.

【문제】 다음에 제시된 〈실연 방법〉, 〈교수학습조건〉, 〈자료〉, 〈교수학습지도안〉을 반영해 수업을 실연하시오.

실연 방법

1. 〈교수학습지도안〉의 [수업실연 1] ~ [수업실연 3]에 해당하는 부분을 수업으로 실연하시오.
2. [수업실연 1] 〈자료 1〉, 〈자료 2〉, 〈자료 3〉을 활용하여 강의식 수업을 실연하시오.
   1) 〈자료 1〉에 대한 자료 조사 활동을 포함하시오.
   2) 각 자료와 관련하여 예상되는 학생의 질문에 대한 답변을 포함하시오.
3. [수업실연 2] 〈자료 4〉를 활용하여 모둠별 활동을 실연하시오.
   1) 〈자료 4〉를 참고하여 활동의 목적을 2가지 이상 제시하시오.
   2) 활동 시 유의 사항을 내용과 형식의 측면으로 나누어 제시하시오.
4. [수업실연 3] 〈자료 4〉를 활용하여 활동 피드백 부분을 실연하시오.
   1) 모둠 활동의 구체적 결과물에 대한 동료 피드백 과정을 포함하시오.

* 유의사항
교사와 학생의 상호작용이 구체적으로 드러나게 실연하시오.

교수·학습 조건

1. 과목명: 역사 ①
2. 대상: 중학교 2학년
3. 시간: 90분(블록타임제)
4. 단원명: V. 세계대전과 사회 변동 – 여성과 노동자의 권리가 확대되다

성취기준	[9역06-01] 20세기 전반 세계 질서의 변화를 두 차례의 세계대전을 중심으로 파악한다.		
단원의 구성	차시	주요 내용 및 활용	수업 형태
	1~2	정치·경제 체제가 변화하다	
	3~4	여성과 노동자의 권리가 확대되다	강의식 수업, 모둠 활동

5. 교수·학습 환경

학생 수	지도 장소	매체 및 기자재
24명	교실	전자칠판, 모둠 활동지, 사진 및 문서 자료

자료 ❶ 바이마르 공화국 헌법의 일부

제1조 독일은 공화국이다 국가 권력은 국민으로부터 나온다.
제22조 국회의원은 비례 대표제의 원칙에 따라 20세 이상의 남녀 보통·평등·직접·비밀 선거로 선출된다.
제159조 노동 조건 및 경제 조건을 보호하고 개선하기 위하여 결사의 자유는 누구에게나 보장된다.

자료 ❷ 헤이마켓 광장의 집회(1886. 5. 1.)

자료 ❸ 베르사유 조약(1919) 일부

수많은 사람에게 불의 고난 궁핍을 주는 노동 조건이 존재한다. …… 일당 또는 주당 최장 노동 시간의 설정을 포함한 노동 시간의 규정, 노동력의 공급 조절, 실업의 예방, 적정 생활 임금의 지급, 직업상 발생하는 질병 · 질환 및 상해로부터의 근로자 보호, 아동 · 청소년 · 여성의 보호 …… 시급히 개선되는 것이 요구된다. …… 이 조약의 목표를 달성하기 위해 상설 기구를 설립한다.

자료 ❹ 모둠 활동지

<table>
<tr><th colspan="6">'민주주의의 확대'를 주제로 가상 기념관 안내 책자 기획안 작성하기</th></tr>
<tr><td colspan="2">주제</td><td colspan="4"></td></tr>
<tr><td colspan="2">주제 선정 이유</td><td colspan="4"></td></tr>
<tr><td colspan="2">자료 조사 내용</td><td colspan="4"></td></tr>
<tr><td rowspan="4">안내
책자
기획안</td><td>제목 및 표지</td><td colspan="4"></td></tr>
<tr><td rowspan="2">공간 구상
(그림)</td><td>제1전시실</td><td>제2전시실</td><td>제3전시실</td><td>제4전시실</td></tr>
<tr><td></td><td></td><td></td><td></td></tr>
<tr><td>공간별
전시·체험
소개</td><td></td><td></td><td></td><td></td></tr>
</table>

3

2025학년도 중등학교 교사 신규임용후보자 선정 경쟁 시험 (2차)
역사 수업실연 문제지 [지도안]

수험번호									성명		관리번호	

단원	V. 세계대전과 사회 변동 – 여성과 노동자의 권리가 확대되다		차시	3~4
학습목표	1. 세계대전과 여성의 참정권 확대 과정을 관련지어 설명할 수 있다. 2. 자본주의의 발전과 관련하여 확대된 노동자의 권리를 설명할 수 있다. 3. 민주주의 확대와 관련한 주요 인물 및 사건을 정리하여 가상 기념관 기획안으로 표현할 수 있다.			
학습 단계	학습 요소	교수·학습활동	자료 및 지도상 유의점	시간
도입	인사	인사 및 출석 확인		5
	전시 확인	전시학습 확인		
	동기 유발	여성 참정권 요구 시위 사진 및 노동자 파업 사진을 보며 이들이 시위를 통해 무엇을 얻고자 하는지 이야기해 본다.		
	학습목표	학습목표 확인		
전개	〈전개 1〉 정치적 권리의 확대	• 제1, 2차 세계대전의 영향으로 여성의 역할과 권리가 신장되었음을 자료를 통해 확인한다.		15
	〈전개 2〉 노동자의 권리 확대	〈수업실연 1 부분〉	〈자료 1〉 〈자료 2〉 〈자료 3〉	15

<table>
<tr><td rowspan="2">전개</td><td>〈전개 3〉
모둠활동</td><td>〈수업실연 2 부분〉
<table><tr><td rowspan="2">활동
목적</td><td colspan="2">•</td></tr><tr><td colspan="2">•</td></tr><tr><td rowspan="2">유의
사항</td><td>내용</td><td>•</td></tr><tr><td>형식</td><td>•</td></tr></table></td><td>〈자료 4〉</td><td>30</td></tr>
<tr><td>〈전개 4〉
피드백</td><td>〈수업실연 3 부분〉</td><td>〈자료 4〉</td><td>20</td></tr>
<tr><td rowspan="3">정리</td><td>정리</td><td>질의응답을 통해 학습 내용을 정리한다.</td><td rowspan="3"></td><td rowspan="3">5</td></tr>
<tr><td>차시예고</td><td>다음 수업 주제를 안내한다.</td></tr>
<tr><td>인사</td><td>인사하고 마친다.</td></tr>
</table>

02 고등학교 한국사 실전문항

번호	문항 주제	난이도
1	상품화폐 경제의 발달	★★☆☆☆
2	사회모순의 심화와 농민 봉기	★★★☆☆
3	개화 정책의 추진과 반발	★★★★★
4	3·1 운동의 전개와 영향	★★★★☆
5	실력양성운동의 전개	★★★★☆
6	다양한 문예활동과 민족문화 수호를 위한 노력	★★★☆☆
7	대한민국 임시정부의 재정비와 한국광복군	★★★★☆
8	4·19 혁명과 민주화를 위한 노력	★★★★☆
9	6월 민주항쟁과 민주주의의 발전	★★★☆☆
10	산업화로 나타난 사회·문화의 변화	★★★★☆
11	남북 화해와 동아시아 평화를 위한 노력	★★★☆☆

수업실연 시간이 15분인 지역의 경우, 괄호 안의 조건을 생략할 수 있음

1

2025학년도 공립 중등학교 임용 후보자 선정 경쟁 2차 시험 수업지도안 작성 문제지

수험번호										이름	

교수·학습지도안 작성 조건

- 교수·학습 지도안은 실제 교실에서의 수업 상황을 가정하여 작성할 것
- [지도안 작성 부분 1] 〈자료 1〉을 활용하여 판서를 이용한 강의식 수업을 진행하시오.
  - 〈자료 1〉의 키워드 중 최소 5개의 키워드를 포함하여 판서 계획을 작성하시오.
  - 수취 체제의 개편이 상품 화폐 경제 발달에 끼친 영향이 드러나는 발문을 제공하시오.
- [지도안 작성 부분 2] 〈자료 2〉를 활용하여 사료 탐구 수업을 진행하시오.
  - 〈자료 2〉의 (가)를 활용하여 지리적 위치와 관련한 발문을 제공하시오.
  - 〈자료 2〉의 (나), (다)를 각각 활용하여 [탐구질문 2], [탐구질문 3]을 작성하시오.
- [지도안 작성 부분 3] 〈자료 3〉을 활용하여 글쓰기 학습을 진행하시오.
  - 활동 시 유의사항을 포함한 활동 안내 단계를 포함하시오.
  - 동료 평가 진행 시의 평가 기준 세 가지를 제공하시오.

※ 모든 작성 부분은 교사와 학생의 활동이 구체적으로 드러나도록 작성하시오.

교수·학습 조건

1. 과목명: 한국사
2. 대상: 고등학교 1학년
3. 시간: 100분(블록타임제)
4. 단원명: Ⅰ. 전근대 한국사의 이해 – 양반 신분제 사회와 상품 화폐 경제

가. 단원의 성취기준

성취기준	[10한사01-06] 조선 시대 신분의 구성과 특성을 살펴보고, 양난 이후 상품 화폐 경제가 발달하면서 신분제에 변동이 나타났음을 이해한다.

나. 단원의 구성

단원	차시	주요 내용 및 활용	수업 형태	평가 방법
양반 신분제 사회와 상품 화폐 경제	1	조선의 양반 중심 사회		
	2~3	상품 화폐 경제의 발달과 신분제의 동요	강의식 수업, 사료 탐구 수업, 글쓰기 학습	동료 평가

다. 교수·학습 환경

학생 수	지도 장소	매체 및 기자재
24명	교실	전자칠판, 모둠 활동지, 사진 자료, 태블릿 PC

자료 ❶

【키워드】 모내기(이앙법), 광작, 상품 작물, 도고, 공인, 금난전권, 경강상인, 민영 수공업, 선대제

자료 ❷

(가) 조선 후기 상인과 무역 활동

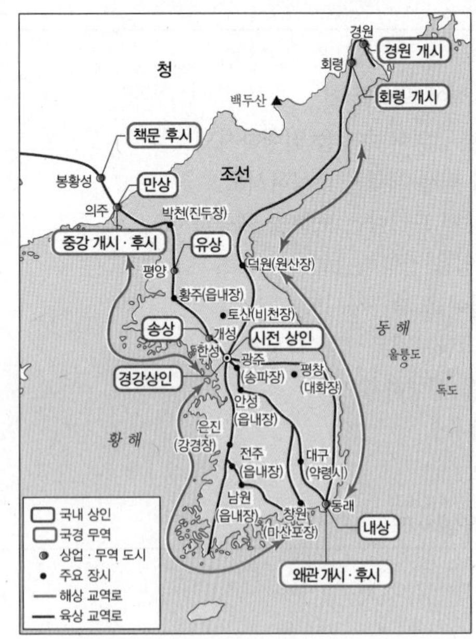

(나) 포구에서의 상업활동

우리나라는 동, 서, 남의 3면이 모두 바다이므로 배가 통하지 않는 곳이 거의 없다. 배에 물건을 싣고 오가면서 장사하는 사람들은 반드시 강과 바다가 이어지는 곳에서 이익을 얻는다. 전라도 나주의 영산포, 영광의 법성포, … 충청도 은진의 강경포는 육지와 바다 사이에 위치하여 바닷가 상인과 내륙 상인이 모두 여기에서 서로의 물건을 거래한다.

-『택리지』

(다) 화폐의 유통

돈은 천하에 통행하는 재화인데 우리나라에서는 옛날부터 누차 행하려고 하였으나 행할 수 없었다. 동전이 토산이 아닌 데다 풍속이 중국과 달라서 막히고 방해되어 행하기 어려운 폐단이 있었기 때문이다. 이때에 이르러 대신 허적과 권대운 등이 시행하기를 청하였다. 왕이 신하들에게 물으니, 신하들이 모두 그 편리함을 말하였다. 왕이 그대로 해당 관청에 명하여 상평통보를 주조하여 돈 400문을 은 1냥 값으로 정하여 시중에 유통하게 하였다.

-『숙종실록』

[탐구 질문 1] (가), (나)를 통해 알 수 있는 상인을 나타내는 말들을 본문에서 찾아보자.
학생답안:
[탐구 질문 2] **[수험생 작성부분]**
학생답안:
[탐구 질문 3] **[수험생 작성부분]**
학생답안:

자료 ❸ 조선 후기 당시의 인물이 되어 일기 쓰기

1단계 직업 선정하기	농업, 상업, 수공업, 광업
2단계 인물 설정하기	인물 소개:
3단계 일기 쓰기	날짜:
	내용:

관리번호	

2025학년도 공립 중등학교 임용 후보자 선정 경쟁 2차 시험
수업지도안 작성 답안지

수험번호									이름	

단원	Ⅰ-6. 양반 신분제 사회와 상품 화폐 경제		지도 대상	고등학교 1학년
학습목표	1. 농업, 수공업, 광업 분야에서의 변화를 조선 전기와 비교하여 설명할 수 있다. 2. 조선 후기 상품 화폐 경제의 발달에 따른 변화를 파악할 수 있다. 3. 조선 후기의 사회·경제적 변화에 따른 삶의 변화를 일기의 형태로 표현할 수 있다.			

학습 단계	학습 요소	교수·학습활동	시간	자료 및 지도상 유의점
도입	인사	인사 및 출석 확인	5	
	전시 확인	전시학습 확인		
	동기 유발	박지원의 『허생전』을 활용하여 발문한다.		
	학습목표	학습목표를 확인한다.		
전개	〈전개 1〉	〈지도안 작성 부분 1〉 〈판서 계획〉	20	〈자료 1〉

<table>
<tr><td rowspan="2">전개</td><td>〈전개 2〉</td><td>〈지도안 작성 부분 2〉

[수험생 작성 부분]
[탐구 질문 2]
[탐구 질문 3]</td><td>25</td><td>〈자료 2〉</td></tr>
<tr><td>〈전개 3〉</td><td>〈지도안 작성 부분 3〉

[수험생 작성 부분]
평가기준 1.
평가기준 2.
평가기준 3.</td><td>40</td><td>〈자료 3〉</td></tr>
<tr><td rowspan="3">정리</td><td>정리</td><td>학습목표 달성을 확인하고 질의응답 시간을 가진다.</td><td rowspan="3">10</td><td rowspan="3"></td></tr>
<tr><td>차시예고</td><td>다음 수업 주제를 안내한다.</td></tr>
<tr><td>인사</td><td>인사하고 마친다.</td></tr>
</table>

관리번호	

2025학년도 중등학교 교사 신규임용후보자 선정 경쟁 시험 (2차)
역사 수업실연 문제지

수험번호									성명		관리번호	

○ 문항에서 요구하는 내용의 가짓수가 제한되어 있는 경우, 요구한 가짓수까지의 내용만 실연하시오.
○ 칠판과 분필 등을 활용한 판서만 가능하며, 기자재를 활용해야 하는 경우 언급으로 대신하시오.

【문제】 다음에 제시된 〈실연 방법〉, 〈교수학습조건〉, 〈자료〉, 〈교수학습지도안〉을 반영해 수업을 실연하시오.

실연 방법

1. 〈교수학습지도안〉의 [수업실연 1] ~ [수업실연 3]에 해당하는 부분을 수업으로 실연하시오.
2. [수업실연 1] 〈자료 1〉을 활용하여 판서를 포함한 강의식 수업을 실연하시오.
   1) 〈자료 1〉의 키워드 중 최소 5개의 키워드를 포함하여 판서하시오.
   2) 수취 체제의 개편이 상품 화폐 경제 발달에 끼친 영향이 드러나는 발문을 제공하시오.
3. [수업실연 2] 〈자료 2〉를 활용하여 사료 탐구 수업을 실연하시오.
   1) 〈자료 2〉의 (가)를 활용하여 지리적 위치와 관련한 발문을 제공하시오.
   2) 〈자료 2〉의 [탐구 질문]을 모두 활용하여 실연하시오.
4. [수업실연 3] 〈자료 3〉을 활용하여 글쓰기 학습을 진행하시오.
   1) 활동 시 유의사항을 포함한 활동 안내 단계를 포함하시오.

* 유의사항
교사와 학생의 상호작용이 구체적으로 드러나게 실연하시오.

교수·학습 조건

1. 과목명: 한국사
2. 대상: 고등학교 1학년
3. 시간: 100분(블록타임제)
4. 단원명: Ⅰ. 전근대 한국사의 이해 – 양반 신분제 사회와 상품 화폐 경제

성취기준	[10한사01-06] 조선 시대 신분의 구성과 특성을 살펴보고, 양난 이후 상품 화폐 경제가 발달하면서 신분제에 변동이 나타났음을 이해한다.		
단원의 구성	차시	주요 내용 및 활용	수업 형태
	1	조선의 양반 중심 사회	
	2~3	상품 화폐 경제의 발달과 신분제의 동요	강의식 수업, 사료 탐구 수업, 글쓰기 학습

5. 교수·학습 환경

학생 수	지도 장소	매체 및 기자재
24명	교실	전자칠판, 모둠 활동지, 사진 자료, 태블릿 PC

자료 ❶

【키워드】 모내기(이앙법), 광작, 상품 작물, 도고, 공인, 금난전권, 경강상인, 민영 수공업, 선대제

자료 ❷

(가) 조선 후기 상인과 무역 활동

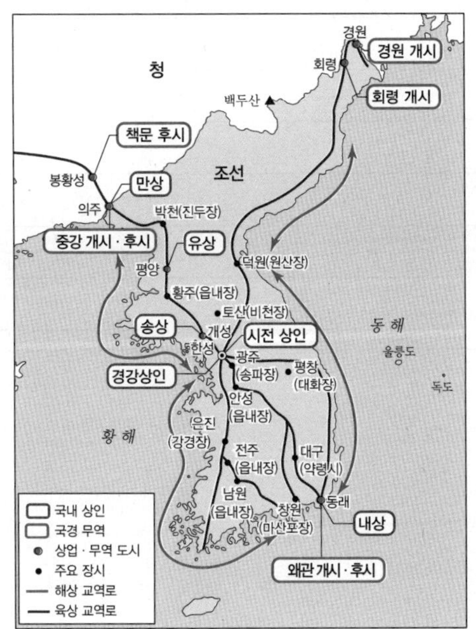

(나) 포구에서의 상업활동

우리나라는 동, 서, 남의 3면이 모두 바다이므로 배가 통하지 않는 곳이 거의 없다. 배에 물건을 싣고 오가면서 장사하는 사람들은 반드시 강과 바다가 이어지는 곳에서 이익을 얻는다. 전라도 나주의 영산포, 영광의 법성포, … 충청도 은진의 강경포는 육지와 바다 사이에 위치하여 바닷가 상인과 내륙 상인이 모두 여기에서 서로의 물건을 거래한다.

–『택리지』

(다) 화폐의 유통

돈은 천하에 통행하는 재화인데 우리나라에서는 옛날부터 누차 행하려고 하였으나 행할 수 없었다. 동전이 토산이 아닌 데다 풍속이 중국과 달라서 막히고 방해되어 행하기 어려운 폐단이 있었기 때문이다. 이때에 이르러 대신 허적과 권대운 등이 시행하기를 청하였다. 왕이 신하들에게 물으니, 신하들이 모두 그 편리함을 말하였다. 왕이 그대로 해당 관청에 명하여 상평통보를 주조하여 돈 400문을 은 1냥 값으로 정하여 시중에 유통하게 하였다.

–『숙종실록』

[탐구 질문 1] (가), (나)를 통해 알 수 있는 상인을 나타내는 말들을 본문에서 찾아보자.
학생답안:
[탐구 질문 2] **[수험생 실연 부분]**
학생답안:
[탐구 질문 3] **[수험생 실연 부분]**
학생답안:

3

자료 ❸ 조선 후기 당시의 인물이 되어 일기 쓰기

1단계 직업 선정하기	농업, 상업, 수공업, 광업
2단계 인물 설정하기	인물 소개:
3단계 일기 쓰기	날짜:
	내용:

2025학년도 중등학교 교사 신규임용후보자 선정 경쟁 시험 (2차)
역사 수업실연 문제지 [지도안]

수험번호									성명		관리번호	

<table>
<tr><td>단원</td><td colspan="2">Ⅰ-6. 양반 신분제 사회와 상품 화폐 경제</td><td>차시</td><td>2~3</td></tr>
<tr><td rowspan="3">학습목표</td><td colspan="4">1. 농업, 수공업, 광업 분야에서의 변화를 조선 전기와 비교하여 설명할 수 있다.</td></tr>
<tr><td colspan="4">2. 조선 후기 상품 화폐 경제의 발달에 따른 변화를 파악할 수 있다.</td></tr>
<tr><td colspan="4">3. 조선 후기의 사회·경제적 변화에 따른 삶의 변화를 일기의 형태로 표현할 수 있다.</td></tr>
<tr><td>학습 단계</td><td>학습 요소</td><td>교수·학습활동</td><td>자료 및 지도상 유의점</td><td>시간</td></tr>
<tr><td rowspan="4">도입</td><td>인사</td><td>인사 및 출석 확인</td><td rowspan="4"></td><td rowspan="4">5</td></tr>
<tr><td>전시 확인</td><td>전시학습 확인</td></tr>
<tr><td>동기 유발</td><td>박지원의 『허생전』을 활용하여 발문한다.</td></tr>
<tr><td>학습목표</td><td>학습목표 확인</td></tr>
<tr><td rowspan="3">전개</td><td>〈전개 1〉
상품 화폐 경제의 발달</td><td>〈수업실연 1 부분〉</td><td>〈자료 1〉</td><td>20</td></tr>
<tr><td>〈전개 2〉
사료 탐구 수업</td><td>〈수업실연 2 부분〉</td><td>〈자료 2〉</td><td>25</td></tr>
<tr><td>〈전개 3〉
글쓰기 활동</td><td>〈수업실연 3 부분〉
• 일기 작성 활동을 진행하되 어려움을 겪는 학생들에게 도움을 제공한다.
• 작성한 일기 결과물을 사진 촬영을 통해 구글 클래스룸에 업로드할 수 있도록 안내한다.
• 평가기준을 준수하여 동료평가가 진행될 수 있도록 안내한다.</td><td>〈자료 3〉</td><td>40</td></tr>
<tr><td rowspan="3">정리</td><td>정리</td><td>학습목표 달성을 확인하고 질의응답 시간을 가진다.</td><td rowspan="3"></td><td rowspan="3">10</td></tr>
<tr><td>차시예고</td><td>다음 수업 주제를 안내한다.</td></tr>
<tr><td>인사</td><td>인사하고 마친다.</td></tr>
</table>

2025학년도 공립 중등학교 임용 후보자 선정 경쟁 2차 시험
수업지도안 작성 문제지

수험번호										이름	

교수·학습지도안 작성 조건

- 교수·학습지도안은 실제 교실에서의 수업 상황을 가정하여 작성할 것
- [지도안 작성 부분 1] 〈자료 1〉을 활용하여 동기 유발을 진행하시오.
  - 이전 차시 학습에 대한 내용 숙지 여부를 확인할 수 있는 발문을 제공하시오.
  - 〈자료 1〉을 활용하여 학생에게 확산적 발문을 제공하시오.
- [지도안 작성 부분 2] 〈자료 2〉, 〈자료 3〉을 활용하여 모둠별 사료 탐구 학습을 진행하시오.
  - 사료 탐구 과정에서 예상되는 학생의 질문 2가지와 이에 대한 답변을 포함하시오.
  - 사료 탐구 학습 이후 당시 국내의 정세와 〈자료 2〉, 〈자료 3〉의 공통점과 차이점을 정리하고 이를 판서하시오.
- [지도안 작성 부분 3] 〈자료 4〉를 활용하여 가상 뉴스 기사문을 작성하시오.
  - 모둠 활동 진행 방식을 설명하고, 이 과정에서 예상되는 학생의 질문과 이에 대한 답변 내용을 포함하시오.
  - 활동 시 유의사항 2가지와 채점 기준 3가지를 제시하시오.
- [지도안 작성 부분 4] 가상 뉴스 기사문 발표와 후속 활동을 진행하시오.
  - 가상 뉴스 만들기의 우수사례와 미흡사례에 대한 교사 피드백 내용을 작성하시오.

교수·학습 조건

1. 과목명: 한국사
2. 대상: 고등학교 1학년
3. 시간: 100분(블록타임제)
4. 단원명: Ⅰ. 전근대 한국사의 이해 – 양반 신분제 사회와 상품 화폐 경제

가. 단원의 성취기준

성취기준	[10한사01-06] 조선시대 신분의 구성과 특성을 살펴보고, 양난 이후 상품 화폐 경제가 발달하면서 신분제에 변동이 나타났음을 이해한다.

나. 단원의 구성

단원	차시	주요 내용 및 활용	수업 형태	평가 방법
양반 신분제 사회와 상품 화폐 경제	1	신분제의 변동과 농민층의 분화	강의식 수업	자기평가
	2~3	세도 정치와 농민 봉기	강의식 수업, 글쓰기 수업	수행평가

다. 교수·학습 환경

학생 수	지도 장소	매체 및 기자재
25명	교실	칠판, 교사용 컴퓨터, 스마트 TV, 활동지, 태블릿 PC

자료 ❶ 삼정의 문란

노전 마을 젊은 아낙 그칠 줄 모르는 통곡 소리 / …… 시아비 상복 막 벗고 갓난아기는 배냇물도 마르지 않았는데 / 삼대가 군적이 실리다니 / 아무리 호소해도 문지기는 호랑이 같고 / 이정은 으르렁거리고 마구간 소마저 몰아가네 / 칼은 갈아 방에 들자 자리에는 피가 가득 / 자식 낳아 군액 당한 것 한스러워 그랬다네.

자료 ❷ 홍경래의 격문

평서대원수는 급히 격문을 띄우노니 모두 이 격문을 들으시라. …… 조정에서는 관서 지방을 버림이 분토와 다름없다. 권세 있는 집의 노비들도 서토(평안도) 사람을 보면 반드시 '평안도 놈'이라고 말한다. 억울하고 원통하지 않은 자 어디 있겠는가. …… 이제 격문을 띄워 여러 고을의 군후에게 알리노니, 절대 동요하지 말고 성문을 활짝 열어 우리 군대를 맞으라. 만약 어리석게 항거한다면 기마병의 발굽으로 남김없이 밟으리니, 속히 명을 받들어 거행하는 것이 마땅하리라.

– 『패림』, 「순조기사」, 1811. 12. 21.

자료 ❸ 임술 농민 봉기

(가)

철종 13년(1872) 4월 경상도 안핵사 박규수가 관리의 환곡 포탈을 조사하고 옥사를 다스리는 문제로 장계를 올렸다. "이번에 난민들이 소동을 일으킨 것은 전 우병사 백낙신이 탐욕을 부려 수탈하였기 때문입니다. 병영에서 포탈한 환곡과 전세 6만 냥을 모든 집마다 배정하여 강제로 징수하려 하였습니다. 이에 민심이 들끓고 많은 사람의 분노가 폭발하여 전에 듣지 못하던 변란이 일어난 것입니다."

(나)

공주부 농민의 요구 사항

1. 세미는 항상 7량 5전으로 정하여 거둘 것
2. 각종 군포를 농민에게만 편중되게 부담시키지 말고, 각 호마다 균등하게 부담시킬 것
3. 환곡의 폐단을 없앨 것
4. 아전의 장교의 침탈을 금지할 것

자료 ❹ 뉴스 기사문 쓰기 활동지

뉴스 기사문 쓰기
• 앵커: 안녕하십니까? 조선 뉴스의 (　　　　)입니다. 오늘은 조선 후기 각 지역에서 일어난 농민 봉기에 대한 속보를 전하려고 합니다. 현장이 어떠한 상황인지, 왜 이러한 일이 일어났는지 (　　　　　) 기자 연결하도록 하겠습니다.
• (　　　) 기자: 안녕하십니까. 지금 (　　　　　) 현장에 나와있는 (　　　) 기자입니다. – 현장의 상황은 – 이러한 농민 봉기가 일어난 이유는

관리번호	

2025학년도 공립 중등학교 임용 후보자 선정 경쟁 2차 시험
수업지도안 작성 답안지

수험번호									이름	

단원	I-6. 양반 신분제 사회와 상품 화폐 경제		지도 대상	고등학교 1학년
학습목표	1. 세도 정치 시기에 농민 봉기가 일어난 사회적·경제적 배경을 파악할 수 있다.			
	2. 농민 봉기의 양상과 특징을 비교하여 설명할 수 있다.			
	3. 가상 뉴스 기사문 쓰기 활동을 통해 사회적 배경과 봉기의 양상에 대해 표현할 수 있다.			
학습 자료	교과서, 사료, 빔 프로젝터, 컴퓨터 및 태블릿 PC			

학습 단계	학습 요소	교수·학습활동	시간	자료 및 지도상 유의점
도입	인사	인사 및 출석 확인	5	〈자료 1〉
	전시 확인	전시 학습을 확인한다.		
	동기 유발	〈지도안 작성 부분 1〉		
	학습목표	학습목표를 확인한다.		
전개	〈전개 1〉	• 세도 정치와 농민 의식의 성장을 설명한다.	20	
	〈전개 2〉	〈지도안 작성 부분 2〉 〈판서 계획〉	25	〈자료 2〉 〈자료 3〉

<table>
<tr><td rowspan="2">전개</td><td>〈전개 3〉</td><td>〈지도안 작성 부분 3〉

• 유의사항
1.
2.

• 채점 기준
1.
2.
3.</td><td>25</td><td>〈자료 4〉</td></tr>
<tr><td>〈전개 4〉</td><td>〈지도안 작성 부분 4〉</td><td>20</td><td></td></tr>
<tr><td rowspan="3">정리</td><td>정리</td><td>학습목표 달성을 확인하고 질의응답 시간을 가진다.</td><td rowspan="3">5</td><td rowspan="3"></td></tr>
<tr><td>차시예고</td><td>다음 차시를 예고한다.</td></tr>
<tr><td>인사</td><td>인사하고 마친다.</td></tr>
</table>

관리번호	

2025학년도 공립 중등학교 임용 후보자 선정 경쟁 2차 시험
수업실연 문제지

수험번호								성명		관리번호	

○ 문항에서 요구하는 내용의 가짓수가 제한되어 있는 경우, 요구한 가짓수까지의 내용만 실연하시오.
○ 칠판과 분필 등을 활용한 판서만 가능하며, 기자재를 활용해야 하는 경우 언급으로 대신하시오.

【문제】 다음에 제시된 〈실연 방법〉, 〈교수학습조건〉, 〈자료〉, 〈교수학습지도안〉을 반영해 수업을 실연하시오.

실연 방법

1. [수업실연 1] 〈자료 1〉, 〈자료 2〉를 활용하여 모둠별 사료 탐구 학습을 진행하시오.
   1) 사료 탐구 과정에서 예상되는 학생의 질문 2가지와 이에 대한 답변을 포함하시오.
   2) 사료 탐구 학습 이후 당시 국내의 정세와 〈자료 1〉, 〈자료 2〉의 공통점과 차이점을 정리하고 이를 판서하시오.
2. [수업실연 2] 〈자료 3〉을 활용하여 가상 뉴스 기사문 만들기 활동을 진행하시오.
   1) 모둠 활동 진행 방식을 설명하고, 이 과정에서 예상되는 학생의 질문과 이에 대한 답변을 포함하여 실연하시오.
   2) 활동 시 유의사항 2가지와 채점 기준 2가지를 설명하시오.
3. [수업실연 3] 발표에 대해 피드백을 진행하시오.
   1) 학생들의 발표가 끝났다고 가정하고, 우수사례와 미흡사례에 대한 피드백을 진행하시오.

* 유의사항
일정량의 판서를 사용하여 실연하시오.

교수·학습 조건

1. 과목명: 한국사
2. 대상: 고등학교 1학년
3. 시간: 100분(블록타임제)
4. 단원명: Ⅰ. 전근대 한국사의 이해 – 양반 신분제 사회와 상품 화폐 경제

성취기준	[10한사01-06] 조선시대 신분의 구성과 특성을 살펴보고, 양난 이후 상품 화폐 경제가 발달하면서 신분제에 변동이 나타났음을 이해한다.		
단원의 구성	차시	주요 내용 및 활용	수업 형태
	1	신분제의 변동과 농민층의 분화	강의식 수업
	2~3	세도 정치와 농민 봉기	강의식 수업, 글쓰기 수업

5. 교수·학습 환경

학생 수	지도 장소	매체 및 기자재
25명	교실	칠판, 교사용 컴퓨터, 스마트 TV, 활동지, 태블릿 PC

자료 ❶ 홍경래의 격문

평서대원수는 급히 격문을 띄우노니 모두 이 격문을 들으시라. …… 조정에서는 관서 지방을 버림이 분토와 다름없다. 권세 있는 집의 노비들도 서토(평안도) 사람을 보면 반드시 '평안도 놈'이라고 말한다. 억울하고 원통하지 않은 자 어디 있겠는가. …… 이제 격문을 띄워 여러 고을의 군후에게 알리노니, 절대 동요하지 말고 성문을 활짝 열어 우리 군대를 맞으라. 만약 어리석게 항거한다면 기마병의 발굽으로 남김없이 밟으리니, 속히 명을 받들어 거행하는 것이 마땅하리라.

–『패림』, 「순조기사」, 1811. 12. 21.

자료 ❷ 임술 농민 봉기

(가)

철종 13년(1872) 4월 경상도 안핵사 박규수가 관리의 환곡 포탈을 조사하고 옥사를 다스리는 문제로 장계를 올렸다. "이번에 난민들이 소동을 일으킨 것은 전 우병사 백낙신이 탐욕을 부려 수탈하였기 때문입니다. 병영에서 포탈한 환곡과 전세 6만 냥을 모든 집마다 배정하여 강제로 징수하려 하였습니다. 이에 민심이 들끓고 많은 사람의 분노가 폭발하여 전에 듣지 못하던 변란이 일어난 것입니다."

(나)

공주부 농민의 요구 사항

5. 세미는 항상 7량 5전으로 정하여 거둘 것
6. 각종 군포를 농민에게만 편중되게 부담시키지 말고, 각 호마다 균등하게 부담시킬 것
7. 환곡의 폐단을 없앨 것
8. 아전의 장교의 침탈을 금지할 것

자료 ❸ 뉴스 기사문 쓰기 활동지

뉴스 기사문 쓰기
• 앵커: 안녕하십니까? 조선 뉴스의 (   )입니다. 오늘은 조선 후기 각 지역에서 일어난 농민 봉기에 대한 속보를 전하려고 합니다. 현장이 어떠한 상황인지, 왜 이러한 일이 일어났는지 (   ) 기자 연결하도록 하겠습니다.
• (   ) 기자: 안녕하십니까. 지금 (   ) 현장에 나와있는 (   ) 기자입니다. – 현장의 상황은   – 이러한 농민 봉기가 일어난 이유는

2025학년도 공립 중등학교 임용 후보자 선정 경쟁 2차 시험
수업실연 문제지 [지도안]

수험번호								성명		관리번호	

단원	I-6. 양반 신분제 사회와 상품 화폐 경제		차시	2~3
학습목표	1. 세도 정치 시기에 농민 봉기가 일어난 사회적·경제적 배경을 파악할 수 있다.			
	2. 농민 봉기의 양상과 특징을 비교하여 설명할 수 있다.			
	3. 가상 뉴스 기사문 쓰기 활동을 통해 사회적 배경과 봉기의 양상에 대해 표현할 수 있다.			

학습 단계	학습 요소	교수·학습활동	자료 및 지도상 유의점	시간
도입	인사	인사 및 출석 확인		5
	전시 확인	전시 학습을 확인한다.		
	동기 유발	동기를 유발한다.		
	학습목표	학습목표를 확인한다.		
전개	〈전개 1〉 세도 정치와 농민 의식의 성장			20
	〈전개 2〉 농민 봉기	〈수업실연 1 부분〉	〈자료 1〉 〈자료 2〉	25
	〈전개 3〉 가상 뉴스 기사문 만들기 활동	〈수업실연 2 부분〉	〈자료 3〉	25
	〈전개 4〉 발표 및 후속 활동	〈수업실연 3 부분〉		20
정리	정리	학습목표 달성을 확인하고 질의응답 시간을 가진다.		5
	차시예고	다음 수업 주제를 안내한다.		
	인사	인사하고 마친다.		

3

2025학년도 공립 중등학교 임용 후보자 선정 경쟁 2차 시험
수업지도안 작성 문제지

수험번호									이름	

교수·학습지도안 작성 조건

- 교수·학습 지도안은 실제 교실에서의 수업 상황을 가정하여 작성할 것
- [지도안 작성 부분 1] 〈자료 1〉, 〈자료 2〉를 활용하여 판서를 이용한 강의식 수업을 작성하시오.
  - 개화 정책의 추진 과정과 주요 사절단 파견 내용을 포함하여 작성하시오.
  - 〈자료 1〉을 활용하여 정부의 개화 정책 추진과 사절단 파견의 의미와 관련된 발문을 작성하시오.
  - 위정척사 운동의 특징과 전개 과정을 포함하시오.
- [지도안 작성 부분 2] 〈자료 3〉, 〈자료 4〉를 활용하여 강의식 수업을 작성하시오.
  - 임오군란의 배경과 결과를 설명하시오.
  - 당시 일본과 중국의 대응을 포함하시오.
- [지도안 작성 부분 3] 〈자료 4〉, 〈자료 5〉를 활용하여 모둠별 활동을 진행하시오.
  - 〈자료 4〉를 활용하여 모둠 활동을 진행하되, 〈자료 5〉의 결과가 나오도록 활동을 설계하여 작성하시오.
  - 〈자료 5〉의 [A]에 들어갈 내용을 작성하시오.
- [지도안 작성 부분 4] 〈자료 6〉을 활용하여 수업 정리 부분을 작성하시오.

※ 모든 작성 부분은 교사와 학생의 활동이 구체적으로 드러나도록 작성하시오.

교수·학습 조건

1. 과목명: 한국사
2. 대상: 고등학교 1학년
3. 시간: 100분(블록타임제)
4. 단원명: Ⅱ. 근대 국민 국가 수립 운동 – 동아시아의 변화와 근대적 개혁의 추진

가. 단원의 성취기준

성취기준	[10한사02-02] 강화도 조약의 성격을 살펴보고, 개화 정책의 내용과 이를 둘러싼 여러 세력의 대응을 다른 나라의 사례와 비교하여 파악한다.

나. 단원의 구성

단원	차시	주요 내용 및 활용	수업 형태	평가 방법
동아시아의 변화와 근대적 개혁의 추진	1	개항과 불평등 조약 체제		
	2~3	개화 정책의 추진과 반발	강의식 수업, 모둠 활동	선다형 평가
	4~5	갑신정변과 국내외 정세의 변화		

다. 교수·학습 환경

학생 수	지도 장소	매체 및 기자재
24명	교실	전자칠판, 모둠 활동지, 사진 자료, 태블릿 PC

자료 ❶ 보빙사 일행

자료 ❷ 곽기락과 홍재학의 상소

황준헌의 책에 대하여 말하더라도 그 글이 바른가 바르지 못한가, 그 말이 좋은가 나쁜가는 신이 진실로 모르겠지만, 그 대책이라는 것은 바로 우리나라에 긴요한 적국의 정황에 대한 일이었습니다. 그 대책을 채택하는가 마는가 하는 것은 오직 조정에서 상의하여 어떻게 결정해 처리하느냐에 달려있는 것입니다.

– 곽기락의 상소, 『일성록』

황준헌의 책자를 가지고 돌아와서 전하에게도 올리고 조정 반열에도 드러내 놓으면서 하는 말에, "여러 조목에 대한 그의 논변은 우리의 마음과도 부합됩니다. 서양 사람이 중국에 거주하지만, 중국 사람들이 다 사학을 믿는다는 말은 듣지 못하였습니다."라고 하였으니, 이것이 과연 하늘을 이고 땅을 밟고 사는 사람의 입에서 나온 말입니까? 이것이 과연 자기가 한 일과 한 치의 간격이라도 있다 하겠습니까?

– 홍재학의 상소, 『고종실록』

자료 ❸ 일본 공사관 습격 장면(기록화)

자료 ❹

제3조 조선국은 5만 원을 내어 해를 당한 일본 관리들의 유족 및 부상자에게 주도록 한다.
제5조 일본 공사관에 군인 약간을 두어 경비한다. 그 비용은 조선국이 부담한다.

이 수륙 무역 장정은 청이 속방(속국)을 우대하는 뜻에서 상정한 것이고, 각 대등 국가 간의 일체 동등한 혜택을 받는 예와는 다르다. ……

자료 ⑤ 모둠 학습지

조선에 어떠한 결과를 가져오게 되었을까?

<table>
<tr><td rowspan="3">〈작성 방법〉
1. 4명이 각자 주어진 공간의 질문을 해결한다.
2. 90도 돌려서 다음 사람에게 자신의 내용을 넘기면 다음 사람이 새로운 내용을 추가하여 질문에 대한 답을 쓴다.
3. 4번째 회전을 통해 주어진 문제를 모두 해결하고 조원들끼리 확인하여 정리한다.</td><td></td><td>임오군란이 일어난 원인은 무엇인가요?
정부의 개화 정책과 일본의 경제 침탈 구식 군대의 군인에 대한 차별 대우</td><td></td></tr>
<tr><td>임오군란이 일어났을 때 공격의 대상이 된 사람들은 누구였을까요?
정부 고관, 민씨 일파, 일본인 교관</td><td>임오군란</td><td>도시 하층민은 왜 임오군란에 가담하였을까요?
개항 후 쌀 수출로 쌀값 폭등, 개화 정책에 불만</td></tr>
<tr><td></td><td>일본, 청과 맺게 된 조약은 조선에 어떠한 영향을 미쳤을까요?
[A: 수험생 작성 부분]</td><td></td></tr>
</table>

자료 ⑥

임오군란 직후 수신사로 일본에 파견된 박영효는 청의 요구를 무시하고 새 국기를 만들었다. 그 후 박영효는 각국의 외교 사절단이 참석한 각종 공식 행사장에 새 국기를 당당하게 내걸었다. 그가 귀국한 지 2개월 후인 1883년 1월 27일 정부는 박영효가 제작한 태극기를 국기로 삼는다고 공식적으로 반포하였다.

관리번호	

3

2025학년도 공립 중등학교 임용 후보자 선정 경쟁 2차 시험
수업지도안 작성 답안지

수험번호									이름	

단원	Ⅱ. 근대 국민 국가 수립 운동 - 개화 정책의 추진과 반발			지도 대상	고등학교 1학년
학습목표	1. 개항 후 정부가 추진한 개화 정책의 내용을 말할 수 있다.				
	2. 개화에 대한 개화파와 위정척사파의 주장을 비교하여 제시할 수 있다.				
	3. 개화에 반발하여 일어난 위정척사 운동과 임오군란의 의미와 영향을 평가할 수 있다.				
학습 단계	학습 요소	교수·학습활동	시간	자료 및 지도상 유의점	
도입	인사	인사 및 출석 확인	5		
	전시 확인	전시학습 확인			
	동기 유발	조사 시찰단과 수신사가 파견된 장면을 촬영한 사진을 보고 그 나라가 어디인지, 왜 그 나라로 갔을지 질문한다. 외국에 파견된 사절단이 어떤 역할을 하였을지 이야기한다.			
	학습목표	학습목표를 확인한다.			
전개	〈전개 1〉	• 개화파의 형성과 개화사상 확산의 의미를 설명한다. • 모둠별로 정부의 개화 정책과 당시 활동한 사절단을 정리하여 발표하게 한다. 〈지도안 작성 부분 1〉	25	〈자료 1〉 〈자료 2〉	

<table>
<tr><td rowspan="2">전개</td><td>〈전개 2〉</td><td>〈지도안 작성 부분 2〉</td><td>20</td><td>〈자료 3〉
〈자료 4〉</td></tr>
<tr><td>〈전개 3〉</td><td>〈지도안 작성 부분 3〉

일본, 청과 맺게 된 조약은 조선에 어떠한 영향을 미쳤을까요?
[A: 수험생 작성 부분]</td><td>40</td><td>〈자료 4〉
〈자료 5〉
태블릿 PC</td></tr>
</table>

<table>
<tr><td rowspan="3">정리</td><td>정리</td><td>• 질의응답을 통해 학습 내용을 정리한다.
〈지도안 작성 부분 4〉</td><td rowspan="3">10</td><td rowspan="3">〈자료 6〉 역사학습의 의미와 목적에 대해 성찰하도록 한다.</td></tr>
<tr><td>차시예고</td><td>다음 수업 주제를 안내한다.</td></tr>
<tr><td>인사</td><td>인사하고 마친다.</td></tr>
</table>

관리번호	

2025학년도 중등학교 교사 신규임용후보자 선정 경쟁 시험 (2차)
역사 수업실연 문제지

수험번호									성명		관리번호	

○ 문항에서 요구하는 내용의 가짓수가 제한되어 있는 경우, 요구한 가짓수까지의 내용만 실연하시오.
○ 칠판과 분필 등을 활용한 판서만 가능하며, 기자재를 활용해야 하는 경우 언급으로 대신하시오.

【문제】 다음에 제시된 〈실연 방법〉, 〈교수학습조건〉, 〈자료〉, 〈교수학습지도안〉을 반영해 수업을 실연하시오.

실연 방법

1. 〈교수학습지도안〉의 [수업실연 1] ~ [수업실연 3]에 해당하는 부분을 수업으로 실연하시오.
2. [수업실연 1] 〈자료 1〉, 〈자료 2〉를 활용하여 강의식 수업을 실연하시오.
   1) 임오군란의 배경과 결과를 설명하시오.
   2) 당시 일본과 중국의 대응을 포함하시오.
3. [수업실연 2] 〈자료 2〉, 〈자료 3〉을 활용하여 모둠별 활동을 실연하시오.
   1) 〈자료 2〉를 활용하여 모둠 활동을 진행하되, 〈자료 3〉의 결과가 나오도록 활동을 설계하여 작성하시오.
   2) 모둠 활동과 학생의 피드백을 고려하여 〈자료 3〉의 수험생 작성 부분 [A]를 채워 실연하시오.
4. [수업실연 3] 〈자료 4〉를 활용하여 정리 부분을 실연하시오.
   1) 자료를 활용하여 학습을 정리하시오.

* 유의사항
교사와 학생의 상호작용이 구체적으로 드러나게 실연하시오.

교수·학습 조건

1. 과목명: 한국사
2. 대상: 고등학교 1학년
3. 시간: 100분(블록타임제)
4. 단원명: Ⅱ. 근대 국민 국가 수립 운동 – 동아시아의 변화와 근대적 개혁의 추진

성취기준	[10한사02-02] 강화도 조약의 성격을 살펴보고, 개화 정책의 내용과 이를 둘러싼 여러 세력의 대응을 다른 나라의 사례와 비교하여 파악한다.		
단원의 구성	차시	주요 내용 및 활용	수업 형태
	1	개항과 불평등 조약 체제	
	2~3	개화 정책의 추진과 반발	강의식 수업, 모둠 활동
	4~5	갑신정변과 국내외 정세의 변화	

5. 교수·학습 환경

학생 수	지도 장소	매체 및 기자재
24명	교실	전자칠판, 모둠 활동지, 사진 자료, 태블릿 PC

자료 ❶ 일본 공사관 습격 장면(기록화)

자료 ❷

제3조 조선국은 5만 원을 내어 해를 당한 일본 관리들의 유족 및 부상자에게 주도록 한다.
제5조 일본 공사관에 군인 약간을 두어 경비한다. 그 비용은 조선국이 부담한다.

이 수륙 무역 장정은 청이 속방(속국)을 우대하는 뜻에서 상정한 것이고, 각 대등 국가 간의 일체 동등한 혜택을 받는 예와는 다르다. ……

자료 ❸ 모둠 학습지

조선에 어떠한 결과를 가져오게 되었을까?

<table>
<tr><td rowspan="3">〈작성 방법〉
1. 4명이 각자 주어진 공간의 질문을 해결한다.
2. 90도 돌려서 다음 사람에게 자신의 내용을 넘기면 다음 사람이 새로운 내용을 추가하여 질문에 대한 답을 쓴다.
3. 4번째 회전을 통해 주어진 문제를 모두 해결하고 조원들끼리 확인하여 정리한다.</td><td></td><td>임오군란이 일어난 원인은 무엇인가요?
정부의 개화 정책과 일본의 경제 침탈 구식 군대의 군인에 대한 차별 대우</td><td></td></tr>
<tr><td>임오군란이 일어났을 때 공격의 대상이 된 사람들은 누구였을까요?
정부 고관, 민씨 일파, 일본인 교관</td><td>임오군란</td><td>도시 하층민은 왜 임오군란에 가담하였을까요?
개항 후 쌀 수출로 쌀값 폭등, 개화 정책에 불만</td></tr>
<tr><td></td><td>일본, 청과 맺게 된 조약은 조선에 어떠한 영향을 미쳤을까요?
[A: 수험생 작성 부분]</td><td></td></tr>
</table>

자료 ❹

임오군란 직후 수신사로 일본에 파견된 박영효는 청의 요구를 무시하고 새 국기를 만들었다. 그 후 박영효는 각국의 외교 사절단이 참석한 각종 공식 행사장에 새 국기를 당당하게 내걸었다. 그가 귀국한 지 2개월 후인 1883년 1월 27일 정부는 박영효가 제작한 태극기를 국기로 삼는다고 공식적으로 반포하였다.

2025학년도 중등학교 교사 신규임용후보자 선정 경쟁 시험 (2차)
역사 수업실연 문제지 [지도안]

<table>
<tr><td>수험번호</td><td></td><td></td><td></td><td></td><td></td><td></td><td></td><td></td><td>성명</td><td></td><td>관리번호</td><td></td></tr>
</table>

<table>
<tr><td colspan="2">단원</td><td>Ⅱ. 근대 국민 국가 수립 운동 – 개화 정책의 추진과 반발</td><td>차시</td><td>2~3</td></tr>
<tr><td colspan="2" rowspan="3">학습목표</td><td colspan="3">1. 개항 후 정부가 추진한 개화 정책의 내용을 말할 수 있다.</td></tr>
<tr><td colspan="3">2. 개화에 대한 개화파와 위정척사파의 주장을 비교하여 제시할 수 있다.</td></tr>
<tr><td colspan="3">3. 개화에 반발하여 일어난 위정척사 운동과 임오군란의 의미와 영향을 평가할 수 있다.</td></tr>
<tr><td>학습 단계</td><td>학습 요소</td><td>교수·학습활동</td><td>자료 및 지도상 유의점</td><td>시간</td></tr>
<tr><td rowspan="4">도입</td><td>인사</td><td>인사 및 출석 확인</td><td rowspan="4"></td><td rowspan="4">5</td></tr>
<tr><td>전시 확인</td><td>전시학습 확인</td></tr>
<tr><td>동기 유발</td><td>조사 시찰단과 수신사가 파견된 장면을 촬영한 사진을 보고 그 나라가 어디인지, 왜 그 나라로 갔을지 질문한다. 외국에 파견된 사절단이 어떤 역할을 하였을지 이야기한다.</td></tr>
<tr><td>학습목표</td><td>학습목표를 확인한다.</td></tr>
<tr><td rowspan="3">전개</td><td>〈전개 1〉
개화 정책의 추진</td><td>• 개화파의 형성과 개화사상 확산의 의미를 설명한다.
• 모둠별로 정부의 개화 정책과 당시 활동한 사절단을 정리하여 발표하게 한다.
• 위정척사 운동의 특징과 전개 과정을 설명한다.</td><td></td><td>25</td></tr>
<tr><td>〈전개 2〉
임오군란의 배경과 결과</td><td>〈수업실연 1 부분〉</td><td>〈자료 1〉
〈자료 2〉</td><td>20</td></tr>
<tr><td>〈전개 3〉
모둠 활동 및 피드백</td><td>〈수업실연 2 부분〉
일본, 청과 맺게 된 조약은 조선에 어떠한 영향을 미쳤을까요?
[A]</td><td>〈자료 2〉
〈자료 3〉
태블릿 PC</td><td>40</td></tr>
</table>

<table>
<tr><td rowspan="4">정리</td><td rowspan="2">정리</td><td>• 질의응답을 통해 학습 내용을 정리한다.</td><td rowspan="2">〈자료 4〉
역사학습의
목적과
의미를
성찰하도록
한다.</td><td rowspan="4">10</td></tr>
<tr><td>〈수업실연 3 부분〉</td></tr>
<tr><td>차시예고</td><td>다음 수업 주제를 안내한다.</td><td rowspan="2"></td></tr>
<tr><td>인사</td><td>인사하고 마친다.</td></tr>
</table>

4

2025학년도 공립 중등학교 임용 후보자 선정 경쟁 2차 시험
수업지도안 작성 문제지

수험번호										이름	

교수·학습지도안 작성 조건

- 교수·학습 지도안은 실제 교실에서의 수업 상황을 가정하여 작성할 것
- [지도안 작성 부분 1] 〈자료 1〉을 활용하여 강의식 수업을 작성하시오.
  - 하브루타 토론을 통해 학습지 질문의 답을 완성하도록 안내하는 장면을 작성하시오.
  - 토론 결과에 대한 교사의 피드백을 중심으로 강의를 진행하시오.
  - 당시 세계사적 흐름 안에서 한국의 상황을 바라볼 수 있는 설명을 제공하시오.
- [지도안 작성 부분 2] 〈자료 2〉 ~ 〈자료 5〉를 활용하여 판서를 포함한 문답식 수업을 작성하시오.
  - 각각의 자료의 의미를 도출할 수 있는 발문을 한 가지씩 제시하시오.
  - 3·1 운동의 전개 과정과 의의가 드러나도록 작성하시오.
  - 〈자료 2〉에 관한 학생의 질문을 한 가지 포함하여 작성하시오.
- [지도안 작성 부분 3] 모둠별 뉴스 대본 쓰기 활동을 작성하시오.
  - 수업의 내용 및 모둠 활동과 연관한 '학습목표 3'을 작성하고 안내하시오.
  - 활동의 평가 기준을 세 가지 안내하시오.
  - 발표가 끝났다고 가정하고, 우수 사례와 미흡 사례에 대한 동료 피드백과 교사 피드백을 작성하시오.

※ 모든 작성 부분은 교사와 학생의 활동이 구체적으로 드러나도록 작성하시오.

교수·학습 조건

1. 과목명: 한국사
2. 대상: 고등학교 1학년
3. 시간: 100분(블록타임제)
4. 단원명: Ⅲ. 일제 식민지 지배와 민족 운동의 전개 – 3·1 운동과 대한민국 임시정부

가. 단원의 성취기준

성취기준	[10한사03-02] 3·1 운동의 배경과 전개 과정을 이해하고, 대한민국 임시 정부 수립의 의미를 파악한다.

나. 단원의 구성

단원	차시	주요 내용 및 활용	수업 형태	평가 방법
3·1 운동과 대한민국 임시정부	1	1910년대 국내외 독립운동		
	2~3	3·1 운동의 전개와 영향	강의식 수업, 모둠 활동	수행평가
	4~5	대한민국 임시 정부의 수립과 활동		

다. 교수·학습 환경

학생 수	지도 장소	매체 및 기자재
24명	교실	전자칠판, 학습지, 사료, 태블릿 PC

자료 ❶ 학습지

3·1 운동의 배경

(가) 2·8 독립 선언(1919)
우리 겨레는 이러한 무력과 억압을 사용한 국가 장악을 부정하고 불평등한 정치 아래에서 생존과 발전을 누릴 수 없다. …… 정의와 자유를 기초로 한 민주주의 위에 선진국의 본보기를 따라 새로운 국가를 건설한 뒤에는 건국 이래 문화와 정의와 평화를 애호하는 우리 겨레는 반드시 세계의 평화와 인류의 문화에 공헌할 것이다. 이에 우리는 일본이나 혹은 세계 각국이 우리 겨레에게 민족 자결의 기회를 주기를 요구한다.

– 재일본 한국 YMCA 2 · 8 독립 선언 기념 자료실

(나) 기미 독립 선언서(1919)
우리는 우리 조선이 독립한 나라임과 조선 사람이 자주적인 민족임을 선언한다. …… 이는 하늘의 지시이며, 시대의 큰 추세이며, 전 인류의 공동 생존권의 정당한 발동이다. 낡은 시대의 유물인 침략주의 · 강권주의에 희생되어 역사가 있은 지 몇천 년 만에 처음으로 다른 민족의 억누름에 뼈아픈 괴로움을 당한 지 이미 십 년이 지났으니 …… 아, 새로운 세계가 눈앞에 펼쳐졌도다. 위력의 시대가 가고 도의의 시대가 왔도다.

– 독립기념관 한국 독립운동 정보시스템

♥ 생각해보자: 2·8 독립 선언과 기미 독립 선언서에 나타난 공통된 정신이 무엇일까?
♡ 내 생각에, ________________________________

자료 ❷ 3·1 운동의 시기별 투쟁 형태와 일제의 탄압

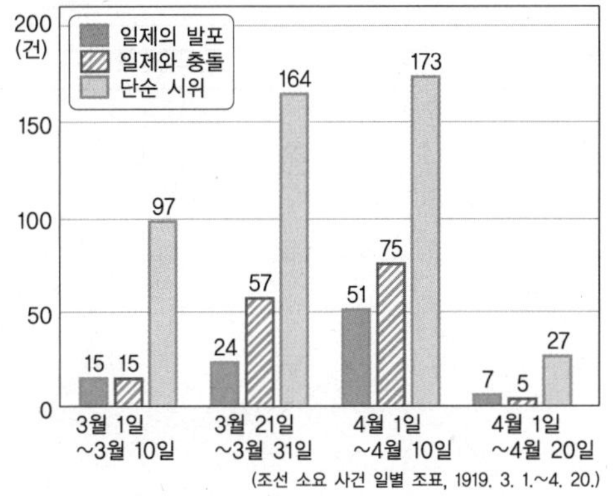

(조선 소요 사건 일별 조표, 1919. 3. 1.~4. 20.)

자료 ❸

그 가운데 심한 사람은 미리 낫, 괭이, 몽둥이 등 흉기를 가지고 전투적인 준비를 갖추었다. 미리 훈련받은 정규병과 같은 모습을 띠었다. 이들은 집합하자마자 우선 독립 만세를 소리 높여 외쳐 기세를 올렸다. 나아가 면사무소, 군청 등 비교적 저항력이 빈약한 데를 습격함으로써 군중의 사기를 높이고 마침내는 경찰 관서를 습격하여 때때로 파괴적 행동에 빠지려 하였다.

– 조선 헌병대 사령부, 「조선 소요 사건 상황」

자료 ❹

- 29일 오전 11시 30분경에 수원 조합 기생원들이 자혜 의원으로 검사를 받기 위하여 들어가다가 경찰서 앞에서 만세를 부르며 몰려 병원 안으로 들어가 뜰 앞에서 만세를 연이어 부르다가 …….
- 천안군 직산 금광의 한국인 광부 100여 명이 지난 27일 밤에 양대 헌병 주재소에 몰려가서 함성을 지르며 돌을 던지는 것을 해산하라 하였으나 …….
- 광주 시내의 한국인 상점은 26일부터 갑자기 철시(撤市)하고 일제히 휴업하여 오는 모양인데 …….
- 강경에서 지난 장날에 군중 일단이 소요를 일으킨 사실을 이미 보도한 바이니 그때 주모자 17명을 검거한 이후로 잠시 진정되었더니 20일 장날에 또 군중이 태극기를 들고 만세를 불러 …….

– 『매일신보』 1919. 3. 31 / 4. 1 기사

자료 ❺

정의와 휴머니티를 앞세운 한국이 독립 선언을 하였다. 선언문에서 "우리의 독립 선언은 현재의 고통스러운 상처를 없애고 불법적인 일본의 압제에서 벗어나 후손들에게 부끄러운 유산이 아닌 영원한 자유를 물려주기 위함이다. …… 이 투쟁은 일본에 복수하기 위한 것이 아니라 소수의 일본 정치인들이 폭력적인 정책으로 저지를 잘못들을 바로잡기 위함이다."라고 당당히 외쳤다.

– 『뉴욕타임즈』, 1919. 3. 13 기사

관리번호	

2025학년도 공립 중등학교 임용 후보자 선정 경쟁 2차 시험
수업지도안 작성 답안지

수험번호									이름	

단원	Ⅲ. 일제 식민지 지배와 민족 운동의 전개 - 3·1 운동과 대한민국 임시정부		지도 대상	고등학교 1학년
학습목표	1. 3·1 운동의 발생 배경과 전개 과정을 정리할 수 있다.			
	2. 3·1 운동의 의의와 영향을 설명할 수 있다.			
	3. [수험생 작성 부분]			
학습 단계	학습 요소	교수·학습활동	시간	자료 및 지도상 유의점
도입	인사	인사 및 출석 확인	5	
	전시 확인	전시학습 확인		
	동기 유발	'건국절' 논란과 관련하여 질문을 던지며 동기를 유발한다.		
	학습목표	학습목표를 확인한다.		
전개	〈전개 1〉	〈지도안 작성 부분 1〉	20	〈자료 1〉

3

<table>
<tr><td rowspan="2">전개</td><td>〈전개 2〉</td><td>〈지도안 작성 부분 2〉</td><td>25</td><td>〈자료 2〉
〈자료 3〉
〈자료 4〉
〈자료 5〉</td></tr>
<tr><td>〈전개 3〉</td><td>〈지도안 작성 부분 3〉
• 평가기준
1.
2.
3.</td><td>40</td><td>태블릿 PC</td></tr>
<tr><td rowspan="3">정리</td><td>정리</td><td>질의응답을 통해 학습 내용을 정리한다.</td><td rowspan="3">10</td><td rowspan="3"></td></tr>
<tr><td>차시예고</td><td>다음 수업 주제를 안내한다.</td></tr>
<tr><td>인사</td><td>인사하고 마친다.</td></tr>
</table>

관리번호	

2025학년도 중등학교 교사 신규임용후보자 선정 경쟁 시험 (2차)
역사 수업실연 문제지

수험번호									성명		관리번호	

○ 문항에서 요구하는 내용의 가짓수가 제한되어 있는 경우, 요구한 가짓수까지의 내용만 실연하시오.
○ 칠판과 분필 등을 활용한 판서만 가능하며, 기자재를 활용해야 하는 경우 언급으로 대신하시오.

【문제】 다음에 제시된 〈실연 방법〉, 〈교수학습조건〉, 〈자료〉, 〈교수학습지도안〉을 반영해 수업을 실연하시오.

실연 방법

1. 〈교수학습지도안〉의 [수업실연 1] ~ [수업실연 3]에 해당하는 부분을 수업으로 실연하시오.
2. [수업실연 1] 〈자료 1〉을 활용하여 강의식 수업을 실연하시오.
   1) 하브루타 토론을 통해 학습지 질문의 답을 완성하도록 안내하시오.
   2) 토론 결과에 대한 교사의 피드백을 중심으로 강의를 진행하시오.
   3) 당시 세계사적 흐름 안에서 한국의 상황을 바라볼 수 있는 설명을 포함하여 실연하시오.
3. [수업실연 2] 〈자료 2〉 ~ 〈자료 5〉를 활용하여 판서를 포함한 문답식 수업을 실연하시오.
   1) 각각의 자료의 의미를 도출할 수 있는 발문을 한 가지씩 제시하시오,
   2) 3·1 운동의 전개 과정의 의의가 드러나도록 강의하시오.
   3) (〈자료 2〉에 관한 학생의 질문을 포함하여 실연하시오.)
4. [수업실연 3] 모둠별 뉴스 대본 쓰기 활동을 진행하시오.
   1) 수업의 내용 및 모둠 활동과 연관한 '학습목표 3'을 작성해 안내하시오.
   2) 활동의 평가 기준을 세 가지 안내하시오.
   3) (발표가 끝났다고 가정하고, 우수 사례와 미흡 사례에 대한 동료 피드백과 교사의 피드백을 포함하시오.)

* 유의사항
교사와 학생의 상호작용이 구체적으로 드러나게 실연하시오.

교수·학습 조건

1. 과목명: 한국사
2. 대상: 고등학교 1학년
3. 시간: 100분(블록타임제)
4. 단원명: Ⅲ. 일제 식민지 지배와 민족 운동의 전개 – 3·1 운동과 대한민국 임시정부

성취기준	[10한사03-02] 3·1 운동의 배경과 전개 과정을 이해하고, 대한민국 임시 정부 수립의 의미를 파악한다.		
단원의 구성	차시	주요 내용 및 활용	수업 형태
	1	1910년대 국내외 독립운동	
	2~3	3·1 운동의 전개와 영향	강의식 수업, 모둠 활동
	4	대한민국 임시 정부의 수립과 활동	

5. 교수·학습 환경

학생 수	지도 장소	매체 및 기자재
24명	교실	전자칠판, 학습지, 사료, 태블릿 PC

자료 ❶ 학습지

3·1 운동의 배경

(가) 2·8 독립 선언(1919)
우리 겨레는 이러한 무력과 억압을 사용한 국가 장악을 부정하고 불평등한 정치 아래에서 생존과 발전을 누릴 수 없다. …… 정의와 자유를 기초로 한 민주주의 위에 선진국의 본보기를 따라 새로운 국가를 건설한 뒤에는 건국 이래 문화와 정의와 평화를 애호하는 우리 겨레는 반드시 세계의 평화와 인류의 문화에 공헌할 것이다. 이에 우리는 일본이나 혹은 세계 각국이 우리 겨레에게 민족 자결의 기회를 주기를 요구한다.

– 재일본 한국 YMCA 2·8 독립 선언 기념 자료실

(나) 기미 독립 선언서(1919)
우리는 우리 조선이 독립한 나라임과 조선 사람이 자주적인 민족임을 선언한다. …… 이는 하늘의 지시이며, 시대의 큰 추세이며, 전 인류의 공동 생존권의 정당한 발동이다. 낡은 시대의 유물인 침략주의·강권주의에 희생되어 역사가 있은 지 몇천 년 만에 처음으로 다른 민족의 억누름에 뼈아픈 괴로움을 당한 지 이미 십 년이 지났으니 …… 아, 새로운 세계가 눈앞에 펼쳐졌도다. 위력의 시대가 가고 도의의 시대가 왔도다.

– 독립기념관 한국 독립운동 정보시스템

♥ 생각해보자: 2·8 독립 선언과 기미 독립 선언서에 나타난 공통된 정신이 무엇일까?
♡ 내 생각에, ______________________________

자료 ❷ 3·1 운동의 시기별 투쟁 형태와 일제의 탄압

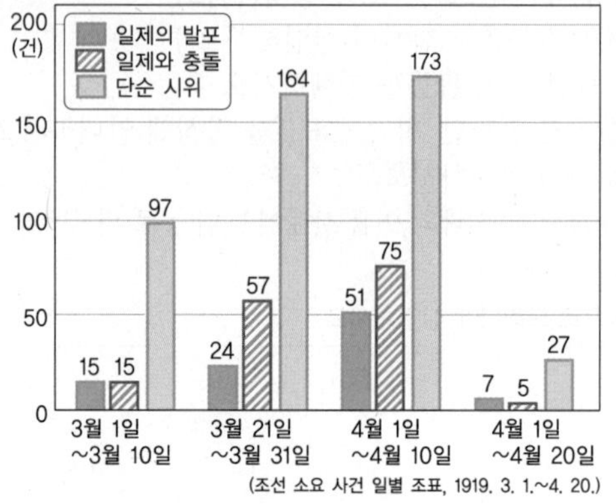

(조선 소요 사건 일별 조표, 1919. 3. 1.~4. 20.)

자료 ❸

그 가운데 심한 사람은 미리 낫, 괭이, 몽둥이 등 흉기를 가지고 전투적인 준비를 갖추었다. 미리 훈련받은 정규병과 같은 모습을 띠었다. 이들은 집합하자마자 우선 독립 만세를 소리 높여 외쳐 기세를 올렸다. 나아가 면사무소, 군청 등 비교적 저항력이 빈약한 데를 습격함으로써 군중의 사기를 높이고 마침내는 경찰 관서를 습격하여 때때로 파괴적 행동에 빠지려 하였다.

– 조선 헌병대 사령부, 「조선 소요 사건 상황」

자료 ❹

- 29일 오전 11시 30분경에 수원 조합 기생원들이 자혜 의원으로 검사를 받기 위하여 들어가다가 경찰서 앞에서 만세를 부르며 몰려 병원 안으로 들어가 뜰 앞에서 만세를 연이어 부르다가 …….
- 천안군 직산 금광의 한국인 광부 100여 명이 지난 27일 밤에 양대 헌병 주재소에 몰려가서 함성을 지르며 돌을 던지는 것을 해산하라 하였으나 …….
- 광주 시내의 한국인 상점은 26일부터 갑자기 철시(撤市)하고 일제히 휴업하여 오는 모양인데 …….
- 강경에서 지난 장날에 군중 일단이 소요를 일으킨 사실을 이미 보도한 바이니 그때 주모자 17명을 검거한 이후로 잠시 진정되었더니 20일 장날에 또 군중이 태극기를 들고 만세를 불러 …….

–「매일신보」 1919. 3. 31 / 4.1 기사

자료 ❺

정의와 휴머니티를 앞세운 한국이 독립 선언을 하였다. 선언문에서 "우리의 독립 선언은 현재의 고통스러운 상처를 없애고 불법적인 일본의 압제에서 벗어나 후손들에게 부끄러운 유산이 아닌 영원한 자유를 물려주기 위함이다. …… 이 투쟁은 일본에 복수하기 위한 것이 아니라 소수의 일본 정치인들이 폭력적인 정책으로 저지를 잘못들을 바로잡기 위함이다."라고 당당히 외쳤다.

–「뉴욕타임즈」, 1919. 3. 13 기사

2025학년도 중등학교 교사 신규임용후보자 선정 경쟁 시험 (2차)

역사 수업실연 문제지 [지도안]

수험번호									성명		관리번호	

단원		Ⅲ. 일제 식민지 지배와 민족 운동의 전개 - 3·1 운동과 대한민국 임시정부	차시	2~3
학습목표		1. 3·1 운동의 발생 배경과 전개 과정을 정리할 수 있다.		
		2. 3·1 운동의 의의와 영향을 설명할 수 있다.		
		3. [수험생 실연 부분]		
학습 단계	학습 요소	교수·학습활동	자료 및 지도상 유의점	시간
도입	인사	인사 및 출석 확인		5
	전시 확인	전시학습 확인		
	동기 유발	동기유발		
	학습목표	학습목표 확인		
전개	〈전개 1〉 3·1 운동의 배경	〈수업실연 1 부분〉	〈자료 1〉	20
	〈전개 2〉 3·1 운동의 전개와 의의	〈수업실연 2 부분〉	〈자료 2〉 〈자료 3〉 〈자료 4〉 〈자료 5〉	25
	〈전개 3〉 모둠 활동 및 피드백	〈수업실연 3 부분〉	태블릿 PC	40
정리	정리	질의응답을 통해 학습 내용을 정리한다.		10
	차시예고	다음 수업 주제를 안내한다.		
	인사	인사하고 마친다.		

5

2025학년도 공립 중등학교 임용 후보자 선정 경쟁 2차 시험
수업지도안 작성 문제지

수험번호									이름	

교수·학습지도안 작성 조건

- 교수·학습지도안은 실제 교실에서의 수업 상황을 가정하여 작성할 것
- [지도안 작성 부분 1] 〈자료 1〉을 활용한 동기 유발을 작성하시오.
  - 이전 차시 학습 내용에 대한 내용 숙지 여부를 확인할 수 있는 발문을 제공하시오.
  - 〈자료 1〉을 활용하여 확산적 발문을 제공하고, 〈자료 1〉과 실력 양성 운동의 연관성을 발문을 통해 정리하시오.
- [지도안 작성 부분 2] 〈자료 2〉, 〈자료 3〉을 활용한 모둠별 사료 탐구 활동을 작성하시오.
  - 학생의 오개념이 드러난 질문과 이를 교정해주는 활동을 포함하여 작성하시오.
  - 〈자료 2〉, 〈자료 3〉을 통해 실력 양성 운동을 다각적으로 바라보고, 이에 대한 학생의 평가가 이루어질 수 있도록 작성하시오.
- [지도안 작성 부분 3] 〈자료 4〉를 활용하여 가상 포스터 만들기 활동을 작성하시오.
  - 가상 포스터 만들기 모둠 활동의 유의사항 2가지와 채점 기준 3가지에 대해 안내하시오.
  - 활동 과정에서 예상되는 학생의 질문 2가지와 이에 대한 답변을 포함하시오.
- [지도안 작성 부분 4] 가상 포스터 만들기 발표 및 후속 활동을 작성하시오.
  - 모둠별 발표에 대한 동료평가를 포함하며, 이 중 우수사례에 선정된 이유를 듣고 이에 대한 피드백을 진행하시오.

교수·학습 조건

1. 과목명: 한국사
2. 대상: 고등학교 1학년
3. 시간: 100분(블록타임제)
4. 단원명: Ⅲ. 일제 식민지 지배와 민족 운동의 전개 – 민족 운동의 성장

가. 단원의 성취기준

성취기준	[10한사03-03] 3·1 운동 이후 나타난 국내외 민족 운동의 흐름을 파악한다.

나. 단원의 구성

단원	차시	주요 내용 및 활용	수업 형태	평가 방법
민족 운동의 성장	1	항일 무장 독립 투쟁의 전개	강의식 수업	
	2	일제를 놀라게 한 의열 투쟁	문답식 수업	
	3~4	실력 양성 운동의 추진	강의식 수업, 탐구 학습, 제작학습	수행평가
	5~6	민족 유일당 운동의 전개	하브루타, 글쓰기 학습	

다. 교수·학습 환경

학생 수	지도 장소	매체 및 기자재
25명	교실	칠판, 교사용 컴퓨터, 빔 프로젝터, 스크린, 스마트 TV, 활동지, 태블릿 PC

자료 ❶ 심훈, 『상록수』

영신의 눈은 별빛에 새파랗게 빛났다. 동혁은 벌써 대들어 그 소댕같은 손으로 서슴치 않고 여자의 두 손을 덥석 잡으며, “우리 시골로 내려갑시다! 이번 기회에 공부고 뭐고 다 집어치우고 우리 고향을 지키러 내려갑시다. 한 가정을 붙든다느니 보다는 다 쓰러져 가는 우리의 고향을 붙들기 위한 운동을 일으키기 위해서 용기를 냅시다. 그네들을 위해 일을 하다가 죽는 한이 있어도 선구자로서 기쁨과 자랑만이 남겠지요.” …… 글을 배우러 오는 아이들은 거의 날마다 늘었다. 양철 지붕에 널빤지로 엉성하게 지은 조그만 예배당은 수리를 못해서 벽이 떨어지고, 비만 오면 천장이 새는데, 선머슴 아이들이 뛰고 구르고 하여서 마루청까지 서너 군데나 빠졌다.

자료 ❷ 물산 장려 운동

(가) 조선 물산 장려회 취지서 〈산업계〉

우리에게 먹을 것이 없고 입을 것이 없고 의지하여 살 것이 없으면, 우리의 생활은 파괴될 것이다. 우리가 무슨 권리와 자유와 행복을 기대할 수가 있으며, 또 참으로 아름다운 발전을 희망할 수가 있으리오. 우리 생활에 제일 조건은 곧 이 의식주 문제 즉 산업의 기초라. …… 부자와 빈자를 막론하고 우리가 우리의 손에 산업의 권리 생활의 제일 조건을 장악하지 아니하면, 우리는 도저히 우리의 생명, 인격, 사회의 발전을 기대하지 못할 것이다. 우리는 이와 같은 견지에서 우리 조선 사람의 물산을 장려하기 위하여, 조선 사람은 조선 사람이 지은 것을 사 쓰고, 둘째 조선 사람은 단결하여 그 쓰는 물건을 스스로 제작하여 공급하기를 목적하노라. 이와 같은 각오와 노력이 없이 어찌 조선 사람이 그 생활을 유지하고 그 사회를 발전할 수가 있으리오.

(나) 물산 장려 운동은 중산계급의 이기적 운동이다.

물산 장려 운동의 사상적 도화수가 된 것이 누구인가? 저들의 사회적 지위로 보나 계급적 의식으로 보나 결국 중산 계급임을 벗어나지 못하였으며, 적어도 중산 계급의 이익에 충실한 대변인인 지식 계급이 아닌가. 또 솔선하여 물산 장려의 실행적 선봉이 된 것도 중산 계급이 아닌가?

실상을 말하면 노동자에게는 이제 새삼스럽게 물산 장려를 말할 필요가 없는 것이다. 그네는 벌써 오랜 옛날부터 훌륭한 물산 장려 계급이다. 그네는 자본가 중산 계급이 양복이나 비단옷을 입는 대신 무명과 베옷을 입었고, 저들 자본가가 위스키나 브랜디나 정종을 마시는 대신 소주나 막걸리를 먹지 않았는가?

자료 ❸ 민립 대학 설립 운동

(가) 민립 대학 설립 취지서

우리들의 운명을 어떻게 개척할까? 정치냐, 외교냐, 산업이냐? 물론 이러한 사업들이 모두 다 필요하도다. 그러나 그 기초가 되고 요건이 되며 가장 급무가 되고 가장 선결의 필요가 있으며 가장 힘있고 가장 필요한 수단은 교육이 아니면 불능하도다. 왜냐하면 알고야 움직일 것이요, 알고야 일할 것이며, 안 이후에야 정치나 외교도 가히 발달케 할 것이기 때문이다. …… 그러므로 이제 우리 조선인도 세계 속에서 문화 민족의 일원으로 다른 나라 사람과 어깨를 나란히 하여 우리들의 생존을 유지하며 문화의 창조와 향상을 기도하려면, 대학의 설립을 빼고는 다시 다른 길이 없도다. …… 그러므로 우리는 감히 만천하 동포에게 향하여 민립 대학의 설립을 제창하오니, 자매 형제로 모두 와서 성원하라.

(나) 민립 대학 설립 운동에 대한 비판

동아일보는 이 운동이 실패하게 된 원인이 '우리는 심히 담백한 듯하면서도 심히 인색한 인민이다. 아마도 극도의 빈궁이 우리를 그러한 악덕에 빠지게 한 것이려니와 우리는 금전욕을 희생하면서까지 지식욕을 충족할 성의가 없다'고 비판하였다. 당시 식민지 수탈 체제에서 극도로 궁핍한 생활을 할 수밖에 없었던 대다수 노동자·농민 등 식민지 민중은 금전욕은 차치하고라도 지식욕을 가질 만한 어떠한 경제적 여유조차 없었다. 이들에게 있어 문맹 퇴치를 위한 최하급 교육조차 난만한 처지에 있었고, 최고 학부인 대학 교육이란 그야말로 그림의 떡이었다. 식민지 하의 참혹한 사회 경제적 상태에서 최소한 해외 유학이나 최고 학부 또는 고등 교육을 받을 수 있는 사람은 지극히 제한적이지 않을 수 없었다. 식민지 대중이 과연 그러한 부류의 자녀나 할 수 있는 교육을 받기 위해 모금에 참여하겠는가. 결국 이 운동은 모금 방법이 그러하듯 '유지', 즉 자산 계급을 위한 것에 다름 아니었다.

자료 ❹ 포스터 만들기

〈포스터 만들기〉	
제목:	
구호:	
포스터	설명

관리번호	

3

2025학년도 공립 중등학교 임용 후보자 선정 경쟁 2차 시험
수업지도안 작성 답안지

수험번호									이름	

단원	Ⅲ-3. 다양한 민족운동의 전개	지도 대상	고등학교 1학년
학습목표	1. 일제의 식민 지배에 맞선 실력 양성 운동을 정리할 수 있다.		
	2. 실력 양성 운동의 구호와 특징을 통해 다각적으로 분석하고 평가할 수 있다.		
	3. 실력 양성 운동의 특징을 이해하고 이를 토대로 가상 포스터를 제작할 수 있다.		
학습 자료	교과서, 사료, 빔 프로젝터, 컴퓨터 및 태블릿 PC		

학습 단계	학습 요소	교수·학습활동	시간	자료 및 지도상 유의점
도입	인사	인사 및 출석 확인	10	〈자료 1〉
	전시 확인	전시 학습을 확인한다.		
	동기 유발	〈지도안 작성 부분 1〉		
	학습목표	학습목표를 확인한다.		
전개	〈전개 1〉	〈지도안 작성 부분 2〉	40	〈자료 2〉 〈자료 3〉

<table>
<tr><td rowspan="2">전개</td><td>〈전개 2〉</td><td>〈지도안 작성 부분 3〉

• 유의사항
1.
2.

• 채점 기준
1.
2.
3.</td><td>25</td><td>〈자료 4〉</td></tr>
<tr><td>〈전개 3〉</td><td>〈지도안 작성 부분 4〉</td><td>20</td><td></td></tr>
<tr><td rowspan="3">정리</td><td>정리</td><td>학습목표 달성을 확인하고 질의응답 시간을 가진다.</td><td rowspan="3">5</td><td rowspan="3"></td></tr>
<tr><td>차시예고</td><td>다음 차시를 예고한다.</td></tr>
<tr><td>인사</td><td>인사하고 마친다.</td></tr>
</table>

관리번호	

2025학년도 공립 중등학교 임용 후보자 선정 경쟁 2차 시험
수업실연 문제지

수험번호								성명		관리번호	

○ 문항에서 요구하는 내용의 가짓수가 제한되어 있는 경우, 요구한 가짓수까지의 내용만 실연하시오.
○ 칠판과 분필 등을 활용한 판서만 가능하며, 기자재를 활용해야 하는 경우 언급으로 대신하시오.

【문제】 다음에 제시된 〈실연 방법〉, 〈교수학습조건〉, 〈자료〉, 〈교수학습지도안〉을 반영해 수업을 실연하시오.

실연 방법

1. [수업실연 1] 〈자료 1〉을 활용하여 동기 유발하시오.
   1) 이전 차시 학습 내용에 대한 내용 숙지 여부를 확인할 수 있는 발문을 제공하시오.
   2) 〈자료 1〉을 활용하여 확산적 발문을 제공하고, 〈자료 1〉과 실력 양성 운동의 연관성을 발문을 통해 정리하시오.
2. [수업실연 2] 〈전개 1〉에서 〈자료 2〉, 〈자료 3〉을 활용하여 모둠별 사료 탐구 활동을 진행하시오.
   1) 학생의 오개념이 드러난 질문과 이를 교정해주는 활동을 진행하시오.
   2) 〈자료 2〉, 〈자료 3〉을 통해 실력 양성 운동을 다각적으로 바라보고, 이에 대한 학생의 주체적인 평가 시간을 진행하시오.
3. [수업실연 3] 〈전개 2〉에서 〈자료 4〉를 활용하여 활동을 진행하시오.
   1) 가상 포스터 만들기 모둠 활동의 유의사항 2가지와 채점 기준 3가지에 대해 설명하시오.
   2) (활동 과정에서 예상되는 학생의 질문 2가지와 이에 대한 답변을 포함하여 실연하시오.)

* 유의사항
일정량의 판서를 사용하여 실연하시오.

교수·학습 조건

1. 과목명: 한국사
2. 대상: 고등학교 1학년
3. 시간: 100분(블록타임제)
4. 단원명: Ⅲ. 일제 식민지 지배와 민족 운동의 전개 – 민족 운동의 성장

성취기준	[10한사03-03] 3·1 운동 이후 나타난 국내외 민족 운동의 흐름을 파악한다.		
단원의 구성	차시	주요 내용 및 활용	수업 형태
	1	항일 무장 독립 투쟁의 전개	
	2	일제를 놀라게 한 의열 투쟁	
	3~4	실력 양성 운동의 추진	수행평가
	5~6	민족 유일당 운동의 전개	

5. 교수·학습 환경

학생 수	지도 장소	매체 및 기자재
25명	교실	칠판, 교사용 컴퓨터, 빔 프로젝터, 스크린, 스마트 TV, 활동지, 태블릿 PC

자료 ❶ 심훈, 『상록수』

영신의 눈은 별빛에 새파랗게 빛났다. 동혁은 벌써 대들어 그 소댕같은 손으로 서슴치 않고 여자의 두 손을 덥석 잡으며, "우리 시골로 내려갑시다! 이번 기회에 공부고 뭐고 다 집어치우고 우리 고향을 지키러 내려갑시다. 한 가정을 붙든다느니 보다는 다 쓰러져 가는 우리의 고향을 붙들기 위한 운동을 일으키기 위해서 용기를 냅시다. 그네들을 위해 일을 하다가 죽는 한이 있어도 선구자로서 기쁨과 자랑만이 남겠지요." …… 글을 배우러 오는 아이들은 거의 날마다 늘었다. 양철 지붕에 널빤지로 엉성하게 지은 조그만 예배당은 수리를 못해서 벽이 떨어지고, 비만 오면 천장이 새는데, 선머슴 아이들이 뛰고 구르고 하여서 마루청까지 서너 군데나 빠졌다.

자료 ❷ 물산 장려 운동

(가) 조선 물산 장려회 취지서 〈산업계〉

우리에게 먹을 것이 없고 입을 것이 없고 의지하여 살 것이 없으면, 우리의 생활은 파괴될 것이다. 우리가 무슨 권리와 자유와 행복을 기대할 수가 있으며, 또 참으로 아름다운 발전을 희망할 수가 있으리오. 우리 생활에 제일 조건은 곧 이 의식주 문제 즉 산업의 기초라. …… 부자와 빈자를 막론하고 우리가 우리의 손에 산업의 권리 생활의 제일 조건을 장악하지 아니하면, 우리는 도저히 우리의 생명, 인격, 사회의 발전을 기대하지 못할 것이다. 우리는 이와 같은 견지에서 우리 조선 사람의 물산을 장려하기 위하여, 조선 사람은 조선 사람이 지은 것을 사 쓰고, 둘째 조선 사람은 단결하여 그 쓰는 물건을 스스로 제작하여 공급하기를 목적하노라. 이와 같은 각오와 노력이 없이 어찌 조선 사람이 그 생활을 유지하고 그 사회를 발전할 수가 있으리오.

(나) 물산 장려 운동은 중산계급의 이기적 운동이다.

물산 장려 운동의 사상적 도화수가 된 것이 누구인가? 저들의 사회적 지위로 보나 계급적 의식으로 보나 결국 중산 계급임을 벗어나지 못하였으며, 적어도 중산 계급의 이익에 충실한 대변인인 지식 계급이 아닌가. 또 솔선하여 물산 장려의 실행적 선봉이 된 것도 중산 계급이 아닌가?

실상을 말하면 노동자에게는 이제 새삼스럽게 물산 장려를 말할 필요가 없는 것이다. 그네는 벌써 오랜 옛날부터 훌륭한 물산 장려 계급이다. 그네는 자본가 중산 계급이 양복이나 비단옷을 입는 대신 무명과 베옷을 입었고, 저들 자본가가 위스키나 브랜디나 정종을 마시는 대신 소주나 막걸리를 먹지 않았는가?

자료 ❸ 민립 대학 설립 운동

(가) 민립 대학 설립 취지서

우리들의 운명을 어떻게 개척할까? 정치냐, 외교냐, 산업이냐? 물론 이러한 사업들이 모두 다 필요하도다. 그러나 그 기초가 되고 요건이 되며 가장 급무가 되고 가장 선결의 필요가 있으며 가장 힘있고 가장 필요한 수단은 교육이 아니면 불능하도다. 왜냐하면 알고야 움직일 것이요, 알고야 일할 것이며, 안 이후에야 정치나 외교도 가히 발달케 할 것이기 때문이다. …… 그러므로 이제 우리 조선인도 세계 속에서 문화 민족의 일원으로 다른 나라 사람과 어깨를 나란히 하여 우리들의 생존을 유지하며 문화의 창조와 향상을 기도하려면, 대학의 설립을 빼고는 다시 다른 길이 없도다. …… 그러므로 우리는 감히 만천하 동포에게 향하여 민립 대학의 설립을 제창하오니, 자매 형제로 모두 와서 성원하라.

(나) 민립 대학 설립 운동에 대한 비판

동아일보는 이 운동이 실패하게 된 원인이 '우리는 심히 담백한 듯하면서도 심히 인색한 인민이다. 아마도 극도의 빈궁이 우리를 그러한 악덕에 빠지게 한 것이려니와 우리는 금전욕을 희생하면서까지 지식욕을 충족할 성의가 없다'고 비판하였다. 당시 식민지 수탈 체제에서 극도로 궁핍한 생활을 할 수밖에 없었던 대다수 노동자·농민 등 식민지 민중은 금전욕은 차치하고라도 지식욕을 가질 만한 어떠한 경제적 여유조차 없었다. 이들에게 있어 문맹 퇴치를 위한 최하급 교육조차 난만한 처지에 있었고, 최고 학부인 대학 교육이란 그야말로 그림의 떡이었다. 식민지 하의 참혹한 사회 경제적 상태에서 최소한 해외 유학이나 최고 학부 또는 고등 교육을 받을 수 있는 사람은 지극히 제한적이지 않을 수 없었다. 식민지 대중이 과연 그러한 부류의 자녀나 할 수 있는 교육을 받기 위해 모금에 참여하겠는가. 결국 이 운동은 모금 방법이 그러하듯 '유지', 즉 자산 계급을 위한 것에 다름 아니었다.

자료 ❹ 포스터 만들기

〈포스터 만들기〉	
제목:	
구호:	
포스터	설명

2025학년도 공립 중등학교 임용 후보자 선정 경쟁 2차 시험
수업실연 문제지 [지도안]

수험번호									성명		관리번호	

<table>
<tr><td>단원</td><td colspan="2">Ⅲ-3. 민족 운동의 성장</td><td>차시</td><td>3~4</td></tr>
<tr><td rowspan="3">학습목표</td><td colspan="4">1. 일제의 식민 지배에 맞선 실력 양성 운동을 정리할 수 있다.</td></tr>
<tr><td colspan="4">2. 실력 양성 운동의 구호와 특징을 통해 다각적으로 분석하고 평가할 수 있다.</td></tr>
<tr><td colspan="4">3. 실력 양성 운동의 특징을 이해하고 이를 토대로 가상 포스터를 제작할 수 있다.</td></tr>
<tr><td>학습
단계</td><td>학습 요소</td><td>교수·학습활동</td><td>자료 및
지도상 유의점</td><td>시간</td></tr>
<tr><td rowspan="4">도입</td><td>인사</td><td>인사 및 출석 확인</td><td rowspan="4">〈자료 1〉</td><td rowspan="4">10</td></tr>
<tr><td>전시 확인</td><td>전시 학습을 확인한다.</td></tr>
<tr><td>동기 유발</td><td>〈수업실연 1 부분〉</td></tr>
<tr><td>학습목표</td><td>학습목표를 확인한다.</td></tr>
<tr><td rowspan="3">전개</td><td>〈전개 1〉
실력 양성
운동</td><td>〈수업실연 2 부분〉</td><td>〈자료 2〉
〈자료 3〉</td><td>40</td></tr>
<tr><td>〈전개 2〉
가상 포스터
만들기 활동</td><td>〈수업실연 3 부분〉</td><td>〈자료 4〉</td><td>25</td></tr>
<tr><td>〈전개 3〉
발표 및 후속
활동</td><td></td><td></td><td>20</td></tr>
<tr><td rowspan="3">정리</td><td>정리</td><td>학습목표 달성을 확인하고 질의응답 시간을 가진다.</td><td rowspan="3"></td><td rowspan="3">5</td></tr>
<tr><td>차시예고</td><td>다음 수업 주제를 안내한다.</td></tr>
<tr><td>인사</td><td>인사하고 마친다.</td></tr>
</table>

6

2025학년도 공립 중등학교 임용 후보자 선정 경쟁 2차 시험
수업지도안 작성 문제지

수험번호								

이름	

교수·학습지도안 작성 조건

- 교수·학습 지도안은 실제 교실에서의 수업 상황을 가정하여 작성할 것
- [지도안 작성 부분 1] 〈자료 1〉을 활용하여 판서를 이용한 강의식 수업을 진행하시오.
  - 각 종교의 대표적인 저항을 〈자료 1〉을 활용하여 판서하시오.
  - 각 종교별 저항운동의 공통점과 관련한 발문을 제공하시오.
- [지도안 작성 부분 2] 〈자료 2〉를 활용하여 사료 탐구 수업을 진행하시오.
  - 〈자료 2〉의 각 인물에 대한 설명을 포함하여 작성하시오.
  - 〈자료 2〉의 [탐구질문 2], [탐구질문 3]을 작성하시오.
- [지도안 작성 부분 3] 〈자료 3〉, 〈자료 4〉를 활용하여 글쓰기 학습을 진행하시오.
  - 〈자료 3〉을 고려하여 학습목표를 작성하시오.
  - 〈자료 3〉을 활용한 예시를 포함한 활동 안내 단계를 작성하시오.
  - 〈자료 4〉에 대한 교사의 피드백을 포함하되 근거를 제시하여 작성하시오.

※ 모든 작성 부분은 교사와 학생의 활동이 구체적으로 드러나도록 작성하시오.

교수·학습 조건

1. 과목명: 한국사
2. 대상: 고등학교 1학년
3. 시간: 100분(블록타임제)
4. 단원명: Ⅲ. 일제 식민지 지배와 민족 운동의 전개 - 사회·문화의 변화와 사회 운동의 전개

가. 단원의 성취기준

성취기준	[10한사03-04] 사회 모습의 변화를 살펴보고, 다양한 사회 운동을 근대 사상의 확산과 관련지어 이해한다.

나. 단원의 구성

단원	차시	주요 내용 및 활용	수업 형태	평가 방법
사회·문화의 변화와 사회 운동의 전개	1	도시와 농촌의 변화		
	2	다양한 사상의 수용과 발전		
	3	대중 운동의 확산		
	4~5	다양한 문예 활동과 민족 문화 수호를 위한 노력	강의식 수업, 글쓰기 학습	자기 평가

다. 교수·학습 환경

학생 수	지도 장소	매체 및 기자재
24명	교실	전자칠판, 모둠 활동지, 사진 자료, 태블릿 PC

자료 ❶ 종교계의 저항운동

종교계의 활동	대종교	
	천도교	
	천주교	
	불교	

자료 ❷ 역사 연구 방법론

(가) 신채호의 민족주의 사관

역사란 무엇이뇨. 인류 사회의 '아(我)'와 '비아(非我)'의 투쟁이 시간부터 발전하며 공간부터 확대되는 정신적 활동 상태의 기록이니, 세계사라 하면 세계 인류의 그리되어 온 상태의 기록이니라. 무엇을 '아'라 하며, 무엇을 '비아'라 하는가? 깊게 팔 것 없이 간단히 말하면, 무릇 주체적 위치에 선 자를 '아'라 하고, 그 밖은 '비아'라 하는데, 이를테면 조선 사람은 조선을 '아'라 하고, 영국, 미국, 프랑스 등을 '비아'라 하지만, 그들은 각기 제 나라를 '아'라 하고 조선을 '비아'라 하며, … 그리하여 '아'에 대한 '비아'의 접촉이 잦을수록 '비아'에 대한 '아'의 투쟁이 더욱 맹렬하여 인류 사회의 활동이 그칠 사이가 없으며 역사의 앞길이 완성될 날이 없으니, 역사는 '아'와 '비아'의 투쟁의 기록인 것이다.

– 신채호, 『조선상고사』

(나) 박은식의 민족주의 사학

옛사람이 이르기를, 나라는 없어질 수 있으나 역사는 없어질 수 없다고 하였으니, 그것은 나라의 형체이고 역사는 정신이기 때문이다. 이제 한국의 형체는 허물어졌으나 정신만이라도 오로지 남아 있을 수 없는 것인가 … 이것이 통사를 저술하는 까닭이다.

– 박은식, 『한국통사』

(다) 백남운의 사회 경제 사학

우리 조선의 역사적 발전의 전 과정은 예를 들면 지리적 조건, 인종학적 골상, 문화 형태의 외형적 특징 등 다소의 차이가 인정되더라도, 외관적인 특수성은 다른 문화 민족의 역사적 발전 법칙과 구별되어야 하는 독자적인 것이 아니며, 세계사적인 일원론적 역사 법칙에 의해 다른 민족과 거의 같은 궤도로 발전 과정을 거쳐 온 것이다. 그 발전 과정의 빠름과 느림, 각 문화의 특수한 모습의 짙고 옅음은 결코 본질적인 특수성이 아니다.

– 백남운, 『조선사회경제사』

[탐구 질문 1] (가), (나), (다)에서 핵심 내용에 밑줄을 쳐보자.

학생답안:

[탐구 질문 2] **[수험생 작성 부분]**

학생답안:

[탐구 질문 3] **[수험생 작성 부분]**

학생답안:

자료 ❸ 식민 사관 비판하는 글쓰기

[일제의 식민사관] 정체성론/타율성론/당파성론
1. 식민사관 중 하나를 선택하여 설명하기
2. 사례를 통해 식민 사관 비판하기

자료 ❹

[일제의 식민사관] 정체성론/타율성론/당파성론
1. 식민사관 중 하나를 선택하여 설명하기
당파성론: 조선은 분열성이 강하여 항상 단합하지 못하고 분열되었다는 내용이다.
2. 사례를 통해 식민 사관 비판하기
붕당정치로 인해 정치가 혼란해졌기에 이후 일당독재가 이루어진 세도정치로 인해 조선이 더욱 안정되었다.

관리번호	

2025학년도 공립 중등학교 임용 후보자 선정 경쟁 2차 시험
수업지도안 작성 답안지

수험번호									이름	

단원	Ⅲ-4. 사회·문화의 변화와 사회 운동의 전개		지도 대상	고등학교 1학년
학습목표	1. 문학 활동의 시기별 문예 사조와 이에 영향을 준 사상을 설명할 수 있다.			
	2. 다양한 종교계 저항운동의 공통된 목표를 설명할 수 있다.			
	3. [수험생 작성 부분]			

학습 단계	학습 요소	교수·학습활동	시간	자료 및 지도상 유의점
도입	인사	인사 및 출석 확인	10	
	전시 확인	전시학습 확인		
	동기 유발	영화『동주』의 영상 일부를 시청하고 이와 관련하여 발문한다.		
	학습목표	학습목표를 확인한다.		
전개	〈전개 1〉	• 3·1운동 이후 문학과 예술의 경향에 대해 설명한다. •『님의 침묵』,『상록수』등의 작품을 활용하여 식민지 현실을 비판적으로 반영한 흐름에 대해 설명한다.	20	〈자료 1〉
		〈지도안 작성 부분 1〉		

<table>
<tr><td rowspan="2">전개</td><td>〈전개 2〉</td><td>〈지도안 작성 부분 3〉

[수험생 작성 부분]
[탐구 질문 2]
[탐구 질문 3]</td><td>20</td><td>〈자료 2〉</td></tr>
<tr><td>〈전개 3〉</td><td>〈지도안 작성 부분 3〉</td><td>40</td><td>〈자료 3〉
〈자료 4〉</td></tr>
<tr><td rowspan="3">정리</td><td>정리</td><td>학습목표 달성을 확인하고 질의응답 시간을 가진다.</td><td rowspan="3">10</td><td rowspan="3"></td></tr>
<tr><td>차시예고</td><td>다음 수업 주제를 안내한다.</td></tr>
<tr><td>인사</td><td>인사하고 마친다.</td></tr>
</table>

관리번호	

2025학년도 중등학교 교사 신규임용후보자 선정 경쟁 시험 (2차)
역사 수업실연 문제지

수험번호									성명		관리번호	

○ 문항에서 요구하는 내용의 가짓수가 제한되어 있는 경우, 요구한 가짓수까지의 내용만 실연하시오.
○ 칠판과 분필 등을 활용한 판서만 가능하며, 기자재를 활용해야 하는 경우 언급으로 대신하시오.

【문제】 다음에 제시된 〈실연 방법〉, 〈교수학습조건〉, 〈자료〉, 〈교수학습지도안〉을 반영해 수업을 실연하시오.

실연 방법

1. 〈교수학습지도안〉의 [수업실연 1] ~ [수업실연 3]에 해당하는 부분을 수업으로 실연하시오.
2. [수업실연 1] 〈자료 1〉을 활용하여 판서를 포함한 강의식 수업을 실연하시오.
   1) 〈자료 1〉을 활용하여 판서하시오.
   2) 각 종교별 저항운동의 공통점과 관련한 발문을 제공하시오.
3. [수업실연 2] 〈자료 2〉를 활용하여 사료 탐구 수업을 실연하시오.
   1) 〈자료 2〉의 각 인물에 대한 설명은 진행되었다고 가정하고 생략하시오.
   2) 〈자료 2〉의 [탐구 질문]을 모두 활용하여 실연하시오.
4. [수업실연 3] 〈자료 3〉, 〈자료 4〉를 활용하여 글쓰기 학습을 실연하시오.
   1) 〈자료 3〉을 활용한 예시를 포함하여 활동 안내 단계를 작성하시오.
   2) 활동이 진행되었다고 가정하고 〈자료 4〉에 대한 교사의 피드백을 진행하되 근거를 제시하시오,

* 유의사항
교사와 학생의 상호작용이 구체적으로 드러나게 실연하시오.

교수·학습 조건

1. 과목명: 한국사
2. 대상: 고등학교 1학년
3. 시간: 100분(블록타임제)
4. 단원명: Ⅲ. 일제 식민지 지배와 민족 운동의 전개 – 사회·문화의 변화와 사회 운동의 전개

성취기준	[10한사03-04] 사회 모습의 변화를 살펴보고, 다양한 사회 운동을 근대 사상의 확산과 관련지어 이해한다.		
단원의 구성	차시	주요 내용 및 활용	수업 형태
	1	도시와 농촌의 변화	
	2	다양한 사상의 수용과 발전	
	3	대중 운동의 확산	
	4~5	다양한 문예 활동과 민족 문화 수호를 위한 노력	강의식 수업, 글쓰기 학습

5. 교수·학습 환경

학생 수	지도 장소	매체 및 기자재
24명	교실	전자칠판, 모둠 활동지, 사진 자료, 태블릿 PC

자료 ❶ 종교계의 저항운동

종교계의 활동	대종교	
	천도교	
	천주교	
	불교	

자료 ❷ 역사 연구 방법론

(가) 신채호의 민족주의 사관

역사란 무엇이뇨. 인류 사회의 '아(我)'와 '비아(非我)'의 투쟁이 시간부터 발전하며 공간부터 확대되는 정신적 활동 상태의 기록이니, 세계사라 하면 세계 인류의 그리되어 온 상태의 기록이니라. 무엇을 '아'라 하며, 무엇을 '비아'라 하는가? 깊게 팔 것 없이 간단히 말하면, 무릇 주체적 위치에 선 자를 '아'라 하고, 그 밖은 '비아'라 하는데, 이를테면 조선 사람은 조선을 '아'라 하고, 영국, 미국, 프랑스 등을 '비아'라 하지만, 그들은 각기 제 나라를 '아'라 하고 조선을 '비아'라 하며, … 그리하여 '아'에 대한 '비아'의 접촉이 잦을수록 '비아'에 대한 '아'의 투쟁이 더욱 맹렬하여 인류 사회의 활동이 그칠 사이가 없으며 역사의 앞길이 완성될 날이 없으니, 역사는 '아'와 '비아'의 투쟁의 기록인 것이다.

– 신채호, 『조선상고사』

(나) 박은식의 민족주의 사학

옛사람이 이르기를, 나라는 없어질 수 있으나 역사는 없어질 수 없다고 하였으니, 그것은 나라의 형체이고 역사는 정신이기 때문이다. 이제 한국의 형체는 허물어졌으나 정신만이라도 오로지 남아 있을 수 없는 것인가 … 이것이 통사를 저술하는 까닭이다.

– 박은식, 『한국통사』

(다) 백남운의 사회 경제 사학

우리 조선의 역사적 발전의 전 과정은 예를 들면 지리적 조건, 인종학적 골상, 문화 형태의 외형적 특징 등 다소의 차이가 인정되더라도, 외관적인 특수성은 다른 문화 민족의 역사적 발전 법칙과 구별되어야 하는 독자적인 것이 아니며, 세계사적인 일원론적 역사 법칙에 의해 다른 민족과 거의 같은 궤도로 발전 과정을 거쳐 온 것이다. 그 발전 과정의 빠름과 느림, 각 문화의 특수한 모습의 짙고 옅음은 결코 본질적인 특수성이 아니다.

– 백남운, 『조선사회경제사』

[탐구 질문 1] (가), (나), (다)에서 핵심 내용에 밑줄을 쳐보자.
학생답안:
[탐구 질문 2] **[수험생 실연 부분]**
학생답안:
[탐구 질문 3] **[수험생 실연 부분]**
학생답안:

자료 ❸ 식민 사관 비판하는 글쓰기

[일제의 식민사관] 정체성론/타율성론/당파성론
1. 식민사관 중 하나를 선택하여 설명하기
2. 사례를 통해 식민 사관 비판하기

자료 ❹

[일제의 식민사관] 정체성론/타율성론/당파성론
1. 식민사관 중 하나를 선택하여 설명하기
당파성론: 조선은 분열성이 강하여 항상 단합하지 못하고 분열되었다는 내용이다.
2. 사례를 통해 식민 사관 비판하기
붕당정치로 인해 정치가 혼란해졌기에 이후 일당독재가 이루어진 세도정치로 인해 조선이 더욱 안정되었다.

2025학년도 중등학교 교사 신규임용후보자 선정 경쟁 시험 (2차)
역사 수업실연 문제지 [지도안]

수험번호									성명		관리번호	

<table>
<tr><td>단원</td><td colspan="2">Ⅲ-4. 사회·문화의 변화와 사회 운동의 전개</td><td>차시</td><td>4~5</td></tr>
<tr><td rowspan="3">학습목표</td><td colspan="4">1. 문학 활동의 시기별 문예 사조와 이에 영향을 준 사상을 설명할 수 있다.</td></tr>
<tr><td colspan="4">2. 다양한 종교계 저항운동의 공통된 목표를 설명할 수 있다.</td></tr>
<tr><td colspan="4">3. 일제의 식민사관에 대하여 논리적으로 비판하는 글을 작성할 수 있다.</td></tr>
<tr><td>학습 단계</td><td>학습 요소</td><td>교수·학습활동</td><td>자료 및 지도상 유의점</td><td>시간</td></tr>
<tr><td rowspan="4">도입</td><td>인사</td><td>인사 및 출석 확인</td><td rowspan="4"></td><td rowspan="4">10</td></tr>
<tr><td>전시 확인</td><td>전시학습 확인</td></tr>
<tr><td>동기 유발</td><td>영화 '동주'의 영상 일부를 시청하고 이와 관련하여 발문한다.</td></tr>
<tr><td>학습목표</td><td>학습목표 확인</td></tr>
<tr><td rowspan="3">전개</td><td>〈전개 1〉
다양한 문예 활동과 종교계의 대중 운동</td><td>• 3·1운동 이후 문학과 예술의 경향에 대해 설명한다.
• 『님의 침묵』, 『상록수』 등의 작품을 활용하여 식민지 현실을 비판적으로 반영한 흐름에 대해 설명한다.

〈수업실연 1 부분〉</td><td>〈자료 1〉</td><td>20</td></tr>
<tr><td>〈전개 2〉
역사 연구 방법</td><td>〈수업실연 2 부분〉</td><td>〈자료 2〉</td><td>20</td></tr>
<tr><td>〈전개 3〉
글쓰기 활동</td><td>〈수업실연 3 부분〉

• 활동을 정리하고 발표한 다양한 사례를 토대로 자기 평가를 진행한다.</td><td>〈자료 3〉
〈자료 4〉</td><td>40</td></tr>
<tr><td rowspan="3">정리</td><td>정리</td><td>학습목표 달성을 확인하고 질의응답 시간을 가진다.</td><td rowspan="3"></td><td rowspan="3">10</td></tr>
<tr><td>차시예고</td><td>다음 수업 주제를 안내한다.</td></tr>
<tr><td>인사</td><td>인사하고 마친다.</td></tr>
</table>

7

2025학년도 공립 중등학교 임용 후보자 선정 경쟁 2차 시험
수업지도안 작성 문제지

수험번호								

이름	

교수·학습지도안 작성 조건

- 교수·학습지도안은 실제 교실에서의 수업 상황을 가정하여 작성할 것
- [지도안 작성 부분 1] 〈자료 1〉, 〈자료 2〉, 〈자료 3〉을 활용하여 발문을 포함한 강의식 수업을 작성하시오.
  - 임시 정부의 재정비와 한국 광복군의 활동을 설명하는 과정에서 〈자료 1〉의 키워드 중 4가지를 판서하시오.
  - 〈자료 2〉를 활용하여 학생에게 확산적 발문을 2가지 제공하시오.
  - 〈자료 3〉을 활용하는 과정에서 예상되는 학생의 질문과 답변을 포함하시오.
- [지도안 작성 부분 2] 〈자료 4〉를 활용하여 글쓰기 활동을 작성하시오.
  - 한국 광복군 활동을 알리는 편지쓰기의 목적을 역사과 핵심역량을 활용하여 작성하시오.
  - 활동의 유의사항과 채점 기준을 각 3가지씩 포함하시오.
- [지도안 작성 부분 3] 글쓰기 활동의 발표 및 후속 활동을 한다고 가정하고 작성하시오.
  - 학생들의 오개념이 드러난 발표를 교정해주는 과정을 포함하시오.
  - 우수사례와 미흡사례에 대해 자세한 근거를 들어 피드백을 진행하시오.

교수·학습 조건

1. 과목명: 한국사
2. 대상: 고등학교 1학년(20명)
3. 시간: 100분(블록타임제)
4. 단원명: Ⅲ. 일제 식민지 지배와 민족 운동의 전개 – 광복을 위한 노력

가. 단원의 성취기준

성취기준	[10한사03-06] 일제의 침략 전쟁에 맞선 민족운동의 내용을 파악하고, 신국가 건설에 대한 구상을 탐구한다.

나. 단원의 구성

단원	차시	주요 내용 및 활용	수업 형태	평가 방법
광복을 위한 노력	1	항일연합 전선의 형성	강의식 수업	자기평가
	2~3	독립운동가들이 꿈꾸었던 나라	강의식 수업, 글쓰기 수업	수행평가

다. 교수·학습 환경

학생 수	지도 장소	매체 및 기자재
25명	교실	칠판, 교사용 컴퓨터, 빔 프로젝터, 스크린, 스마트 TV, 활동지, 태블릿 PC

자료 ❶

【키워드】 윤봉길, 충칭, 한국 독립군, 지청천, 한국 광복군, 대일 선전 성명서, 국내 진공 작전

자료 ❷ 임시 정부의 재정비

(가) 임시 정부의 정부 형태 변화

1919~1925년	대통령제, 삼권 분립 (대통령: 이승만, 박은식)
1925~1927년	국무령 중심, 내각 책임제 (국무령: 이상룡, 양기탁, 김구)
1927~1940년	집단 지도 체제 (국무 위원: 김구, 이동녕 등)
1940~1944년	주석 중심 지도 체제 (주석: 김구)
1944~1948년	주석제, 부주석제 (주석: 김구, 부주석: 김규식)

(나) 임시 정부의 이동

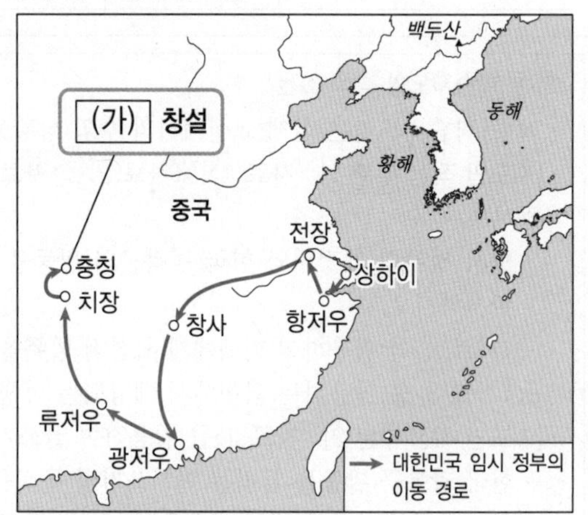

자료 ❸ 한국 광복군

(가) 한국 광복군 선언문

대한민국 임시 정부는 1919년 정부가 공포한 군사 조직법에 의거하여 중화 민국 총통 장개석 원수의 특별 허락으로 중화 민국 영토 내에서 광복군을 조직하고 1940년 9월 17일, 한국 광복군 총사령부를 창설함을 이에 선포한다. 한국 광복군은 중화 민국 국민과 합작하여 우리 두 나라의 독립을 회복하고자 공동의 적인 일본 제국주의자들을 타도하기 위하여 연합군의 일원으로 항전을 계속한다. …… 우리들을 한중 연합 전선에서 우리 스스로의 계속 부단한 투쟁을 감행하여 극동 및 아시아 인문 중에서 자유, 평등을 쟁취할 것을 약속하는 바이다.

(나) 한국 광복군의 행동 준승 9개항

1. 한국 광복군은 우리 중국의 항일 작전 기간에 본회(중국 군사 위원회)에 직할 예속하여 참모 총장이 장악 운영함
2. 한국 광복군은 본회에서 통합 지휘하되 중국이 계속 항전하는 기간과 한국 독립당 임시 정부가 한국 국경으로 추진하기 이전에는 중국 최고 통수부의 유일한 군령만 접수할 뿐이다. 기타의 군령이나 혹은 기타 정치의 견제를 접수하지 못한다. 한국 독립당 임시 정부와 관계는 중국의 군령을 받는 기간에는 오직 고유한 명의 관계를 보류함
7. 광복군의 지휘, 명령이나 혹은 관항과 군계를 조회하는 등의 일은 본회에서 지정한 판공청 군사처에서 책임지고 접수함

자료 ❹ 편지 쓰기

한국 광복군 활동을 알리는 편지 쓰기	
나는 누구인가?	
편지 내용	

관리번호	

2025학년도 공립 중등학교 임용 후보자 선정 경쟁 2차 시험
수업지도안 작성 답안지

수험번호										이름	

단원	Ⅳ-6. 광복을 위한 노력			지도 대상	고등학교 1학년
학습목표	1. 일제의 침략 전쟁에 맞선 민족 운동의 내용을 파악할 수 있다.				
	2. 임시 정부의 조직 정비와 한국 광복군의 활동이 민족운동에 끼친 영향을 설명할 수 있다.				
	3. 글쓰기 활동을 통해 당시의 상황과 한국 광복군의 활동을 표현할 수 있다.				
학습 자료	교과서, 사료, 빔 프로젝터, 컴퓨터 및 태블릿 PC				
학습 단계	학습 요소	교수·학습활동	시간	자료 및 지도상 유의점	
도입	인사	인사 및 출석 확인	5		
	전시 확인	전시 학습을 확인한다.			
	동기 유발	윤봉길과 김구의 사진을 보여주고 발문한다.			
	학습목표	학습목표를 확인한다.			
전개	〈전개 1〉	• 민족 연합 전선과 조선 의용대의 활동에 대해 설명한다.	20		
	〈전개 2〉	〈지도안 작성 부분 1〉 〈판서 계획〉	25	〈자료 1〉 〈자료 2〉 〈자료 3〉	

<table>
<tr><td rowspan="2">전개</td><td>〈전개 3〉</td><td>〈지도안 작성 부분 2〉

• 유의사항
1.
2.
3.

• 채점 기준
1.
2.
3.</td><td>25</td><td>〈자료 4〉</td></tr>
<tr><td>〈전개 4〉</td><td>〈지도안 작성 부분 3〉</td><td>20</td><td></td></tr>
<tr><td rowspan="3">정리</td><td>정리</td><td>학습목표 달성을 확인하고 질의응답 시간을 가진다.</td><td rowspan="3">5</td><td rowspan="3"></td></tr>
<tr><td>차시예고</td><td>다음 차시를 예고한다.</td></tr>
<tr><td>인사</td><td>인사하고 마친다.</td></tr>
</table>

관리번호	

2025학년도 공립 중등학교 임용 후보자 선정 경쟁 2차 시험
수업실연 문제지

수험번호									성명		관리번호	

○ 문항에서 요구하는 내용의 가짓수가 제한되어 있는 경우, 요구한 가짓수까지의 내용만 실연하시오.
○ 칠판과 분필 등을 활용한 판서만 가능하며, 기자재를 활용해야 하는 경우 언급으로 대신하시오.

【문제】 다음에 제시된 〈실연 방법〉, 〈교수학습조건〉, 〈자료〉, 〈교수학습지도안〉을 반영해 수업을 실연하시오.

실연 방법

1. 이미 수업이 전개된 상황이니 학습목표는 칠판에 판서하지 마시오.
2. [수업실연 1] 〈전개 2〉를 실연하시오.
   1) 강의식 수업을 진행하되 〈자료 1〉의 키워드 중 4가지를 판서하시오.
   2) 〈자료 2〉를 활용하여 학생에게 확산적 발문을 2가지 제공하시오.
   3) 〈자료 3〉을 활용하는 과정에서 예상되는 학생의 질문과 답변을 포함하시오.
3. [수업실연 2] 〈전개 4〉를 활용하여 〈전개 3〉을 실연하시오.
   1) 한국 광복군 활동을 알리는 편지쓰기의 목적을 역사과 핵심역량을 활용하여 설명하시오.
   2) 활동의 유의사항과 채점 기준 각 3가지를 설명하시오.
   3) 순회 지도가 이루어졌다고 가정하고 생략하시오.
4. [수업실연 3] 〈전개 4〉를 실연하시오.
   1) (학생들의 오개념이 드러난 발표를 교정해주는 과정을 포함하시오.)
   2) 우수사례와 미흡사례에 대해 자세한 근거를 들어 피드백을 진행하시오.

* 유의사항
일정량의 판서를 사용하여 실연하시오.

교수·학습 조건

1. 과목명: 한국사
2. 대상: 고등학교 1학년
3. 시간: 100분(블록타임제)
4. 단원명: Ⅲ. 일제 식민지 지배와 민족 운동의 전개 - 광복을 위한 노력

성취기준	[10한사03-06] 일제의 침략 전쟁에 맞선 민족운동의 내용을 파악하고, 신국가 건설에 대한 구상을 탐구한다.		
단원의 구성	차시	주요 내용 및 활용	수업 형태
	1	항일연합 전선의 형성	강의식 수업
	2~3	독립운동가들이 꿈꾸었던 나라	강의식 수업, 글쓰기 수업

5. 교수·학습 환경

학생 수	지도 장소	매체 및 기자재
25명	교실	칠판, 교사용 컴퓨터, 빔 프로젝터, 스크린, 스마트 TV, 활동지, 태블릿 PC

자료 ❶

【키워드】 윤봉길, 충칭, 한국 독립군, 지청천, 한국 광복군, 대일 선전 성명서, 국내 진공 작전

자료 ❷ 임시 정부의 재정비

(가) 임시 정부의 정부 형태 변화

시기	정부 형태
1919~1925년	대통령제, 삼권 분립 (대통령: 이승만, 박은식)
1925~1927년	국무령 중심, 내각 책임제 (국무령: 이상룡, 양기탁, 김구)
1927~1940년	집단 지도 체제 (국무 위원: 김구, 이동녕 등)
1940~1944년	주석 중심 지도 체제 (주석: 김구)
1944~1948년	주석제, 부주석제 (주석: 김구, 부주석: 김규식)

(나) 임시 정부의 이동

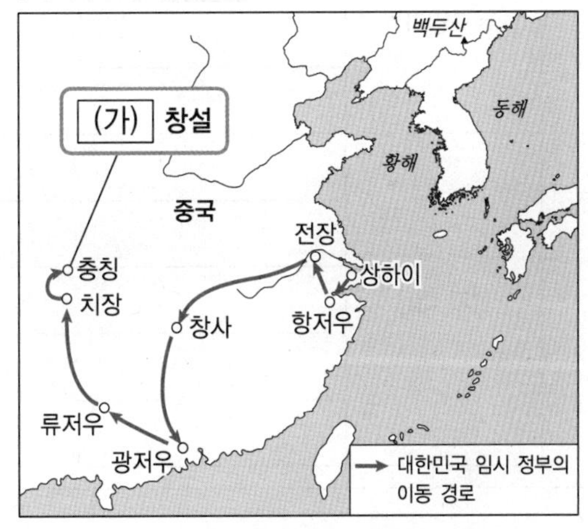

자료 ❸ 한국 광복군

(가) 한국 광복군 선언문

대한민국 임시 정부는 1919년 정부가 공포한 군사 조직법에 의거하여 중화 민국 총통 장개석 원수의 특별 허락으로 중화 민국 영토 내에서 광복군을 조직하고 1940년 9월 17일, 한국 광복군 총사령부를 창설함을 이에 선포한다. 한국 광복군은 중화 민국 국민과 합작하여 우리 두 나라의 독립을 회복하고자 공동의 적인 일본 제국주의자들을 타도하기 위하여 연합군의 일원으로 항전을 계속한다. …… 우리들을 한중 연합 전선에서 우리 스스로의 계속 부단한 투쟁을 감행하여 극동 및 아시아 인문 중에서 자유, 평등을 쟁취할 것을 약속하는 바이다.

(나) 한국 광복군의 행동 준승 9개항

1. 한국 광복군은 우리 중국의 항일 작전 기간에 본회(중국 군사 위원회)에 직할 예속하여 참모 총장이 장악 운영함
2. 한국 광복군은 본회에서 통합 지휘하되 중국이 계속 항전하는 기간과 한국 독립당 임시 정부가 한국 국경으로 추진하기 이전에는 중국 최고 통수부의 유일한 군령만 접수할 뿐이다. 기타의 군령이나 혹은 기타 정치의 견제를 접수하지 못한다. 한국 독립당 임시 정부와 관계는 중국의 군령을 받는 기간에는 오직 고유한 명의 관계를 보류함
7. 광복군의 지휘, 명령이나 혹은 관항과 군계를 조회하는 등의 일은 본회에서 지정한 판공청 군사처에서 책임지고 접수함

자료 ❹ 편지 쓰기

한국 광복군 활동을 알리는 편지 쓰기	
나는 누구인가?	
편지 내용	

2025학년도 공립 중등학교 임용 후보자 선정 경쟁 2차 시험
수업실연 문제지 [지도안]

수험번호									성명		관리번호	

단원	Ⅳ-6. 광복을 위한 노력		차시	2~3
학습목표	1. 일제의 침략 전쟁에 맞선 민족 운동의 내용을 파악할 수 있다. 2. 임시 정부의 조직 정비와 한국 광복군의 활동이 민족운동에 끼친 영향을 설명할 수 있다. 3. 글쓰기 활동을 통해 당시의 상황과 한국 광복군의 활동을 표현할 수 있다.			

학습 단계	학습 요소	교수·학습활동	자료 및 지도상 유의점	시간
도입	인사	인사 및 출석 확인		5
	전시 확인	전시 학습을 확인한다.		
	동기 유발	윤봉길과 김구의 사진을 보여주고 발문한다.		
	학습목표	학습목표를 확인한다.		
전개	〈전개 1〉 민족 연합 전선과 조선 의용대의 활동			20
	〈전개 2〉 대한민국 임시 정부의 재정비와 한국 광복군	〈수업실연 1 부분〉	〈자료 1〉 〈자료 2〉 〈자료 3〉	25
	〈전개 3〉 한국 광복군 활동에 대해 알리는 편지 쓰기	〈수업실연 2 부분〉	〈자료 4〉	25
	〈전개 4〉 발표 및 후속 활동	〈수업실연 3 부분〉		20
정리	정리	학습목표 달성을 확인하고 질의응답 시간을 가진다.		5
	차시예고	다음 수업 주제를 안내한다.		
	인사	인사하고 마친다.		

8

2025학년도 공립 중등학교 임용 후보자 선정 경쟁 2차 시험
수업지도안 작성 문제지

수험번호									이름	

교수·학습지도안 작성 조건

- 교수·학습지도안은 실제 교실에서의 수업 상황을 가정하여 작성할 것
- [지도안 작성 부분 1] 〈자료 2〉, 〈자료 3〉을 고려하여 학습목표를 작성하시오.
- [지도안 작성 부분 2] 〈자료 1〉을 활용하여 강의식 수업을 진행하시오.
  - 〈자료 1〉의 모든 키워드를 활용하여 인과관계가 드러나도록 강의식 수업을 진행하되, 3가지 이상의 키워드를 포함한 판서 계획을 작성하시오.
  - 강의식 수업을 진행하는 과정에서 확산적 발문을 2가지 제공하시오.
- [지도안 작성 부분 3] 〈자료 2〉를 활용하여 모둠별 탐구 활동을 진행하시오.
  - 모둠별 사료활동을 진행하되 어려움을 겪는 학생이 있다는 가정하에 모둠별 사료활동에 참여할 수 있도록 지도하시오.
  - 〈자료 2〉의 (가), (나)를 활용하여 활동지 속 질문을 모두 작성하시오.
  - 활동지 속 질문에 대한 대답을 학생과의 문답을 통해 정리하시오.
- [지도안 작성 부분 4] 〈자료 3〉을 활용하여 인스타그램 홍보글 쓰기활동을 진행하시오.
  - 활동의 목적과 채점 기준 3가지를 작성하시오.
  - 순회 지도 과정을 포함하여 작성하시오.
  - 활동 과정에서 예상되는 질문 2가지와 답변을 작성하시오.

교수·학습 조건

1. 과목명: 한국사
2. 대상: 고등학교 1학년
3. 시간: 100분(블록타임제)
4. 단원명: Ⅳ. 대한민국의 발전 – 4·19 혁명과 민주화를 위한 노력

가. 단원의 성취기준

성취기준	[10한사04-04] 4·19 혁명과 그 이후의 정치 변화를 살펴보고, 독재에 맞선 민주화 운동과 그 의미를 탐구한다.

나. 단원의 구성

단원	차시	주요 내용 및 활용	수업 형태	평가 방법
4·19 혁명과 민주화를 위한 노력	1~2	민주화를 열망한 4·19 혁명	강의식 수업, 탐구 학습, 글쓰기 학습	수행평가
	3	박정희 정부의 성립과 유신 체제	강의식 수업, 글쓰기 수업	
	4~5	5·18 민주화 운동의 전개	극화수업	수행평가

다. 교수·학습 환경

학생 수	지도 장소	매체 및 기자재
25명	교실	칠판, 교사용 컴퓨터, 빔 프로젝터, 스크린, 스마트 TV, 활동지, 태블릿 PC

자료 ❶

【키워드】 부산 정치 파동, 발췌 개헌, 사사오입 개헌, 조봉암, 「국가보안법」

자료 ❷ 활동지

4·19 혁명 학습지 사료
(가) 서울대 4·19 선언문(1960. 4. 19.) 상아의 진리탑을 박차고 거리에 나선 우리는 질풍과 같은 역사의 조류에 자신을 참여시킴으로써 이성과 진리, 그리고 자유의 대학정신을 현실의 참담한 박토(薄土)에 뿌리려 하는 바이다. …(중략)… 민주주의와 민중의 공복(公僕)이며 중립적 권력체인 관료와 경찰은 민주를 위장한 가부장적 전제 권력의 하수인으로 발 벗었다. 민주주의 이념에서 가장 기본적인 공리인 선거권마저 권력의 마수 앞에 농단되었다. 언론·출판·집회·결사 및 사상의 자유의 불빛은 무식한 전제 권력의 악랄한 발악으로 하여 깜박이던 빛조차 사라졌다. 긴 칠흑 같은 밤의 계속이다. 나이 어린 학생 김주열의 참혹한 시신을 보라! 그것은 가식 없는 전제주의 전횡의 발가벗은 나상(裸像)밖에 아무것도 아니다. …(후략)… – 서울대학교 문리과대학 학생일동, 「선언문」(필사본 사본), 1960
(나) 4·25 시국 선언문 대학교수단 이번 4·19 의거는 이 나라의 정치적 위기를 극복하기 위한 계기이다. 이에 대한 철저한 과정이 없이는 이 민족의 불행한 운명은 도저히 만회할 길이 없다. 이 비상시국에 대비하여 전국 대학교수들의 양심에 호소하여 좌와 같이 우리의 소신을 선언한다. 1. 마산, 서울 기타 각지의 데모는, 주권을 빼앗긴 울분을 대신하여 궐기한 학생들의 순진한 정의감의 발호이며 부정불의에 항거하는 민족정기의 표현이다. …(중략)… 5. 3·15 선거는 부정선거이다. 공명선거에 의하여 정·부통령 선거를 실시하라. 6. 3·15 부정선거를 조작한 주모자들은 중형에 처하여야 한다. …(후략)… –『동아일보』 1960년 4월 26일(석간), 「14개항 시국선언 채택, 교직자 권익 전취도 주장」

활동지	
Q1.	3·15 부정 선거를 일으키게 된 원인은 무엇인가요?
A1.	
Q2.	3·15 부정 선거 사례는 어떠한 것들이 있나요?
A2.	
Q3.	[수험생 작성 부분 1]
A3.	
Q4.	[수험생 작성 부분 2]
A4.	

자료 ❸ 인스타그램 홍보글 쓰기

인스타그램 홍보글 쓰기
◯ [ ]
[그림]
♡ ◯ ◁
[홍보글] #「 」 #「 」 #「 」

관리번호	

2025학년도 공립 중등학교 임용 후보자 선정 경쟁 2차 시험
수업지도안 작성 답안지

수험번호									이름	

단원	Ⅳ-4. 4·19 혁명과 민주화를 위한 노력		지도 대상	고등학교 1학년
학습목표	1. 장기 집권을 위한 헌법 개정을 설명할 수 있다.			
	2. 4·19 혁명이 일어나게 된 원인과 과정을 말할 수 있다.			
	3. 〈지도안 작성 부분 1〉			
학습 자료	교과서, 사료, 빔 프로젝터, 컴퓨터 및 태블릿 PC			

학습 단계	학습 요소	교수·학습활동	시간	자료 및 지도상 유의점
도입	인사	인사 및 출석 확인	5	
	전시 확인	전시 학습을 확인한다.		
	동기 유발	마산 앞바다에 떠오른 김주열 시신과 관련된 기사를 보고 발문한다.		
	학습목표	학습목표를 확인한다.		
전개	〈전개 1〉	〈지도안 작성 부분 2〉 〈판서 계획〉	20	〈자료 1〉

전개	〈전개 2〉	〈지도안 작성 부분 3〉	25	〈자료 2〉
	〈전개 3〉	〈지도안 작성 부분 4〉 • 활동의 목적 • 채점 기준 1. 2. 3.	25	〈자료 3〉
	〈전개 4〉	• 〈자료 3〉을 토대로 한 인스타그램 홍보 문구를 조별로 발표한다. • 우수사례 및 미흡사례에 대해 피드백을 진행한다.	20	〈자료 3〉
정리	정리	학습목표 달성을 확인하고 질의응답 시간을 가진다.	5	
	차시예고	다음 차시를 예고한다.		
	인사	인사하고 마친다.		

관리번호	

2025학년도 공립 중등학교 임용 후보자 선정 경쟁 2차 시험
수업실연 문제지

수험번호									성명		관리번호	

○ 문항에서 요구하는 내용의 가짓수가 제한되어 있는 경우, 요구한 가짓수까지의 내용만 실연하시오.
○ 칠판과 분필 등을 활용한 판서만 가능하며, 기자재를 활용해야 하는 경우 언급으로 대신하시오.

【문제】 다음에 제시된 〈실연 방법〉, 〈교수학습조건〉, 〈자료〉, 〈교수학습지도안〉을 반영해 수업을 실연하시오.

실연 방법

1. [수업실연 1] 〈전개 1〉에서 〈자료 1〉을 활용하여 강의식 수업을 진행하시오.
   1) 인과관계가 드러나게 강의식 수업을 진행하되, 3가지 이상의 키워드를 판서하시오.
   2) 강의식 수업이 진행되는 과정에서 확산적 발문을 2가지 포함하시오.
2. [수업실연 2] 〈전개 2〉에서 〈자료 2〉를 활용하여 모둠별 탐구 활동을 진행하시오.
   1) 모둠별 사료활동을 진행하되 어려움을 겪는 학생이 있다는 가정하에 모둠별 사료활동에 참여할 수 있도록 지도하시오.
   2) 〈자료 2〉의 사료 외에 추가 사료를 1가지 제시하시오.
   3) 활동지 속 질문에 대한 대답을 학생과의 문답을 통해 정리하시오.
3. [수업실연 3] 〈전개 3〉에서 〈자료 3〉을 활용하여 인스타그램 홍보글 쓰기 활동을 진행하시오.
   1) 활동의 목적과 채점 기준 3가지를 작성하시오.
   2) (활동 과정에서 예상되는 질문 2가지와 답변을 작성하시오.)
   3) 순회 지도 과정은 생략하되, 〈전개 4〉 발표에 대한 안내를 진행하시오.

* 유의사항
일정량의 판서를 사용하여 실연하시오.

교수·학습 조건

1. 과목명: 한국사
2. 대상: 고등학교 1학년
3. 시간: 100분(블록타임제)
4. 단원명: Ⅳ. 대한민국의 발전 – 4·19혁명과 민주화를 위한 노력

성취기준	[10한사03-06] 일제의 침략 전쟁에 맞선 민족운동의 내용을 파악하고, 신국가 건설에 대한 구상을 탐구한다.		
단원의 구성	차시	주요 내용 및 활용	수업 형태
	1~2	민주화를 열망한 4·19 혁명	강의식 수업, 탐구 학습, 글쓰기 학습
	3	박정희 정부의 성립과 유신 체제	강의식 수업, 글쓰기 수업
	4~5	5·18 민주화 운동의 전개	극화 수업

5. 교수·학습 환경

학생 수	지도 장소	매체 및 기자재
25명	교실	칠판, 교사용 컴퓨터, 빔 프로젝터, 스크린, 스마트 TV, 활동지, 태블릿 PC

자료 ❶

【키워드】 부산 정치 파동, 발췌 개헌, 사사오입 개헌, 조봉암, 「국가보안법」

자료 ❷ 활동지

4·19 혁명 학습지 사료
(가) 서울대 4·19 선언문(1960. 4. 19.) 상아의 진리탑을 박차고 거리에 나선 우리는 질풍과 같은 역사의 조류에 자신을 참여시킴으로써 이성과 진리, 그리고 자유의 대학정신을 현실의 참담한 박토(薄土)에 뿌리려 하는 바이다. …(중략)… 민주주의와 민중의 공복(公僕)이며 중립적 권력체인 관료와 경찰은 민주를 위장한 가부장적 전제 권력의 하수인으로 발 벗었다. 민주주의 이념에서 가장 기본적인 공리인 선거권마저 권력의 마수 앞에 농단되었다. 언론·출판·집회·결사 및 사상의 자유의 불빛은 무식한 전제 권력의 악랄한 발악으로 하여 깜박이던 빛조차 사라졌다. 긴 칠흑 같은 밤의 계속이다. 나이 어린 학생 김주열의 참혹한 시신을 보라! 그것은 가식 없는 전제주의 전횡의 발가벗은 나상(裸像)밖에 아무것도 아니다. …(후략)… – 서울대학교 문리과대학 학생일동, 「선언문」(필사본 사본), 1960
(나) 4·25 시국 선언문 대학교수단 이번 4·19 의거는 이 나라의 정치적 위기를 극복하기 위한 계기이다. 이에 대한 철저한 과정이 없이는 이 민족의 불행한 운명은 도저히 만회할 길이 없다. 이 비상시국에 대비하여 전국 대학교수들의 양심에 호소하여 좌와 같이 우리의 소신을 선언한다. 1. 마산, 서울 기타 각지의 데모는, 주권을 빼앗긴 울분을 대신하여 궐기한 학생들의 순진한 정의감의 발호이며 부정불의에 항거하는 민족정기의 표현이다. …(중략)… 5. 3·15 선거는 부정선거이다. 공명선거에 의하여 정·부통령 선거를 실시하라. 6. 3·15 부정선거를 조작한 주모자들은 중형에 처하여야 한다. …(후략)… –『동아일보』 1960년 4월 26일(석간), 「14개항 시국선언 채택, 교직자 권익 전취도 주장」

활동지	
Q1.	3·15 부정 선거를 일으키게 된 원인은 무엇인가요?
A1.	
Q2.	3·15 부정 선거 사례는 어떠한 것들이 있나요?
A2.	
Q3.	**[수험생 실연 부분]**
A3.	
Q4.	**[수험생 실연 부분]**
A4.	

자료 ❸ 인스타그램 홍보글 쓰기

인스타그램 홍보글 쓰기
◯[ ]
[그림]
♡ ◯ ▽
[홍보글] #「 」 #「 」 #「 」

2025학년도 공립 중등학교 임용 후보자 선정 경쟁 2차 시험
수업실연 문제지 [지도안]

수험번호									성명		관리번호	

단원	Ⅳ-4. 4·19혁명과 민주화를 위한 노력		차시	1~2
학습목표	1. 장기 집권을 위한 헌법 개정을 설명할 수 있다. 2. 4·19 혁명이 일어나게 된 원인과 과정을 말할 수 있다.			
학습 단계	학습 요소	교수·학습활동	자료 및 지도상 유의점	시간
도입	인사	인사 및 출석 확인		5
	전시 확인	전시 학습을 확인한다.		
	동기 유발	마산 앞바다에 떠오른 김주열 시신과 관련된 기사를 보고 발문한다.		
	학습목표	학습목표를 확인한다.		
전개	〈전개 1〉 장기 집권을 위한 헌법 개정	〈수업실연 1 부분〉	〈자료 1〉	20
	〈전개 2〉 4·19 혁명	〈수업실연 2 부분〉	〈자료 2〉	25
	〈전개 3〉 인스타그램 홍보 문구 만들기	〈수업실연 3 부분〉	〈자료 3〉	25
	〈전개 4〉 발표 및 후속 활동		〈자료 3〉	20
정리	정리	학습목표 달성을 확인하고 질의응답 시간을 가진다.		5
	차시예고	다음 수업 주제를 안내한다.		
	인사	인사하고 마친다.		

9

2025학년도 공립 중등학교 임용 후보자 선정 경쟁 2차 시험
수업지도안 작성 문제지

수험번호									이름	

교수·학습지도안 작성 조건

- 교수·학습 지도안은 실제 교실에서의 수업 상황을 가정하여 작성할 것
- [지도안 작성 부분 1] 〈자료 1〉을 활용하여 동기 유발을 진행하시오.
  - 〈자료 1〉을 활용하되 확산적 발문을 포함하여 동기 유발을 작성하시오.
- [지도안 작성 부분 2] 〈자료 2〉, 〈자료 3〉을 활용하여 사료 탐구 중심의 강의식 수업을 진행하시오.
  - 〈자료 2〉의 모든 키워드를 활용하여 6월 민주항쟁의 전개 과정을 시간 순으로 판서하시오.
  - 〈자료 3〉을 활용하여 발문과 판서를 포함한 사료 탐구 수업을 진행하시오.
  - 〈자료 3〉의 각 사료에 대한 각각의 발문을 포함하여 작성하시오.
- [지도안 작성 부분 3] 〈자료 4〉를 활용하여 가상 인터뷰 쓰기 활동을 진행하시오.
  - 모둠 활동 진행 방식을 포함하여 활동 과정을 안내하시오.
  - 〈자료 4〉의 채점 기준 3가지를 작성하시오.

※ 모든 작성 부분은 교사와 학생의 활동이 구체적으로 드러나도록 작성하시오.

교수·학습 조건

1. 과목명: 한국사
2. 대상: 고등학교 1학년
3. 시간: 100분(블록타임제)
4. 단원명: Ⅳ. 대한민국의 발전 – 6월 민주항쟁과 민주주의의 발전

가. 단원의 성취기준

성취기준	[10한사04-06] 6월 민주항쟁 이후 평화적 정권 교체가 이루어지고, 시민 사회가 성장하면서 민주주의가 발전하는 과정에 대해 파악한다.

나. 단원의 구성

단원	차시	주요 내용 및 활용	수업 형태	평가 방법
6월 민주항쟁과 민주주의의 발전	1~2	6월 민주항쟁	사료 탐구 학습, 글쓰기 학습	동료 평가
	3	시민의 참여로 발전한 민주주의		

다. 교수·학습 환경

학생 수	지도 장소	매체 및 기자재
24명	교실	전자칠판, 모둠 활동지, 사진 자료, 태블릿 PC

자료 ❶

警察에서 조사받던 大學生 "쇼크死"

숨진 朴鍾哲군

자료 ❷

【키워드】 대통령 직선제, 박종철, 이한열, 4·13 호헌 조치, 6·29 민주화 선언

자료 ❸

(가) 6·10 국민 대회 선언

오늘 우리는 전 세계 이목이 우리를 주시하는 가운데 40년 독재 정치를 청산하고 희망찬 민주 국가를 건설하기 위한 거보를 전 국민과 함께 내딛는다. 국가의 미래요 소망인 꽃다운 젊은이를 야만적인 고문으로 죽여 놓고 그것도 모자라 뻔뻔스럽게 국민을 속이려 하였던 현 정권에게 국민의 분노가 무엇인지를 분명히 보여 주고, 국민적 여망인 개헌을 일방적으로 파기한 4·13 폭거를 철회시키기 위한 민주 장정을 시작한다.

(나) 6·29 국민 대회 선언

첫째, 여야 합의로 조속히 대통령 직선제 개헌을 하고 새 헌법에 의한 대통령 선거를 통해 1988년 2월 평화적 정부 이양을 실현토록 해야겠습니다.

둘째, 직선제 개헌이라는 제도의 변경뿐만 아니라 이의 민주적 실천을 위해서는 자유로운 출마와 공정한 경쟁이 보장되어 국민의 올바른 심판을 받을 수 있는 내용으로 대통령 선거법을 개정해야 합니다.

셋째, 우리 정치권은 물론 모든 분야에 있어서의 반목과 대결이 과감히 제거되어 어떠하였든 간에 김대중 씨도 사면, 복권되어야 한다고 생각합니다.

넷째, 인간의 존엄성이 더욱 존중되어야 하며, 국민 개개인의 기본적 인권은 최대한 신장되어야 합니다.

자료 ❹ 가상 인터뷰 활동지

<table>
<tr><th colspan="2">6월 민주항쟁 당시 시민 가상 인터뷰</th></tr>
<tr><td rowspan="2">활동 안내</td><td></td></tr>
<tr><td></td></tr>
<tr><td rowspan="3">채점 기준</td><td>1. [수험생 작성 부분]</td></tr>
<tr><td>2. [수험생 작성 부분]</td></tr>
<tr><td>3. [수험생 작성 부분]</td></tr>
<tr><th colspan="2">가상 인터뷰</th></tr>
<tr><td>기자</td><td>1987년 6월 (　　　)일 현장의 상황을 집중 보도합니다.</td></tr>
<tr><td>(　　　)</td><td></td></tr>
<tr><td>기자</td><td></td></tr>
<tr><td>(　　　)</td><td></td></tr>
<tr><td>기자</td><td></td></tr>
<tr><td>(　　　)</td><td></td></tr>
</table>

관리번호	

3

2025학년도 공립 중등학교 임용 후보자 선정 경쟁 2차 시험
수업지도안 작성 답안지

수험번호		-							이름	

<table>
<tr><td colspan="2">단원</td><td>Ⅳ-6. 6월 민주항쟁과 민주주의 발전</td><td>지도 대상</td><td>고등학교 1학년</td></tr>
<tr><td colspan="2" rowspan="3">학습목표</td><td colspan="3">1. 6월 민주항쟁의 전개 과정을 주요 사건의 흐름에 따라 설명할 수 있다.</td></tr>
<tr><td colspan="3">2. 사료를 통해 민주주의의 발전 과정을 파악할 수 있다.</td></tr>
<tr><td colspan="3">3. 가상 인터뷰 쓰기 활동을 통해 6월 민주항쟁 당시 시민의 요구를 표현할 수 있다.</td></tr>
<tr><td>학습 단계</td><td>학습 요소</td><td>교수·학습활동</td><td>시간</td><td>자료 및 지도상 유의점</td></tr>
<tr><td rowspan="4">도입</td><td>인사</td><td>인사 및 출석 확인</td><td rowspan="4">10</td><td rowspan="4">〈자료 1〉</td></tr>
<tr><td>전시 확인</td><td>전시학습 확인</td></tr>
<tr><td>동기 유발</td><td>〈지도안 작성 부분 1〉</td></tr>
<tr><td>학습목표</td><td>학습목표를 확인한다.</td></tr>
<tr><td>전개</td><td>〈전개 1〉</td><td>〈지도안 작성 부분 2〉</td><td>40</td><td>〈자료 2〉
〈자료 3〉</td></tr>
</table>

<table>
<tr><td rowspan="2">전개</td><td></td><td>〈판서계획〉</td><td></td><td></td></tr>
<tr><td>〈전개 2〉</td><td><table><tr><td>[수험생 작성 부분]</td></tr><tr><td>채점기준 1.</td></tr><tr><td>채점기준 2.</td></tr><tr><td>채점기준 3.</td></tr></table></td><td>40</td><td>〈자료 4〉
6월
민주항쟁의
특징이
드러날 수
있도록
인터뷰를
구성할 것</td></tr>
<tr><td rowspan="3">정리</td><td>정리</td><td>학습목표 달성을 확인하고 질의응답 시간을 가진다.</td><td rowspan="3">10</td><td rowspan="3"></td></tr>
<tr><td>차시예고</td><td>다음 수업 주제를 안내한다.</td></tr>
<tr><td>인사</td><td>인사하고 마친다.</td></tr>
</table>

관리번호	

2025학년도 중등학교 교사 신규임용후보자 선정 경쟁 시험 (2차)
역사 수업실연 문제지

수험번호									성명		관리번호	

- ㅇ 문항에서 요구하는 내용의 가짓수가 제한되어 있는 경우, 요구한 가짓수까지의 내용만 실연하시오.
- ㅇ 칠판과 분필 등을 활용한 판서만 가능하며, 기자재를 활용해야 하는 경우 언급으로 대신하시오.

【문제】 다음에 제시된 〈실연 방법〉, 〈교수학습조건〉, 〈자료〉, 〈교수학습지도안〉을 반영해 수업을 실연하시오.

실연 방법

1. 〈교수학습지도안〉의 [수업실연 1] ~ [수업실연 2]에 해당하는 부분을 수업으로 실연하시오.
2. [수업실연 1] 〈자료 1〉, 〈자료 2〉를 활용하여 사료 탐구 중심의 강의식 수업을 실연하시오.
   1) 〈자료 1〉의 모든 키워드를 활용하여 6월 민주항쟁의 전개 과정을 시간 순으로 판서하시오.
   2) 〈자료 2〉을 활용하여 발문과 판서를 포함한 사료 탐구 수업을 진행하시오.
   3) 〈자료 2〉의 각 사료에 대한 각각의 발문을 포함하여 실연하시오.
3. [수업실연 2] 〈자료 3〉를 활용하여 가상 인터뷰 쓰기 활동을 실연하시오.
   1) 모둠 활동 진행 방식을 포함하여 활동 과정을 안내하시오.
   2) 채점 기준을 포함하여 동료평가의 과정을 안내하시오.

* 유의사항
교사와 학생의 상호작용이 구체적으로 드러나게 실연하시오.

교수·학습 조건

1. 과목명: 한국사
2. 대상: 고등학교 1학년
3. 시간: 100분(블록타임제)
4. 단원명: Ⅳ. 대한민국의 발전 - 6월 민주항쟁과 민주주의의 발전

성취기준	[10한사04-06] 6월 민주항쟁 이후 평화적 정권 교체가 이루어지고, 시민 사회가 성장하면서 민주주의가 발전하는 과정에 대해 파악한다.		
단원의 구성	차시	주요 내용 및 활용	수업 형태
	1~2	6월 민주항쟁	사료 탐구 학습, 글쓰기 학습
	3	시민의 참여로 발전한 민주주의	

5. 교수·학습 환경

학생 수	지도 장소	매체 및 기자재
24명	교실	전자칠판, 모둠 활동지, 사진 자료, 태블릿 PC

자료 ❶

【키워드】 대통령 직선제, 박종철, 이한열, 4·13 호헌 조치, 6·29 민주화 선언

자료 ❷

(가) 6·10 국민 대회 선언

오늘 우리는 전 세계 이목이 우리를 주시하는 가운데 40년 독재 정치를 청산하고 희망찬 민주 국가를 건설하기 위한 거보를 전 국민과 함께 내딛는다. 국가의 미래요 소망인 꽃다운 젊은이를 야만적인 고문으로 죽여 놓고 그것도 모자라 뻔뻔스럽게 국민을 속이려 하였던 현 정권에게 국민의 분노가 무엇인지를 분명히 보여 주고, 국민적 여망인 개헌을 일방적으로 파기한 4·13 폭거를 철회시키기 위한 민주 장정을 시작한다.

(나) 6·29 국민 대회 선언

첫째, 여야 합의로 조속히 대통령 직선제 개헌을 하고 새 헌법에 의한 대통령 선거를 통해 1988년 2월 평화적 정부 이양을 실현토록 해야겠습니다.

둘째, 직선제 개헌이라는 제도의 변경뿐만 아니라 이의 민주적 실천을 위해서는 자유로운 출마와 공정한 경쟁이 보장되어 국민의 올바른 심판을 받을 수 있는 내용으로 대통령 선거법을 개정해야 합니다.

셋째, 우리 정치권은 물론 모든 분야에 있어서의 반목과 대결이 과감히 제거되어 어떠하였든 간에 김대중 씨도 사면, 복권되어야 한다고 생각합니다.

넷째, 인간의 존엄성이 더욱 존중되어야 하며, 국민 개개인의 기본적 인권은 최대한 신장되어야 합니다.

자료 ❸ 가상 인터뷰 활동지

6월 민주항쟁 당시 시민 가상 인터뷰	
활동 안내	
채점 기준	1. **[수험생 실연 부분]**
	2. **[수험생 실연 부분]**
	3. **[수험생 실연 부분]**
가상 인터뷰	
기자	1987년 6월 ( )일 현장의 상황을 집중 보도합니다.
( )	
기자	
( )	
기자	
( )	

2025학년도 중등학교 교사 신규임용후보자 선정 경쟁 시험 (2차)
역사 수업실연 문제지 [지도안]

수험번호									성명		관리번호	

<table>
<tr><td>단원</td><td colspan="2">Ⅳ-6. 6월 민주항쟁과 민주주의 발전</td><td>차시</td><td>1~2</td></tr>
<tr><td rowspan="3">학습목표</td><td colspan="4">1. 6월 민주항쟁의 전개 과정을 주요 사건의 흐름에 따라 설명할 수 있다.</td></tr>
<tr><td colspan="4">2. 사료를 통해 민주주의의 발전 과정을 파악할 수 있다.</td></tr>
<tr><td colspan="4">3. 가상 인터뷰 쓰기 활동을 통해 6월 민주항쟁 당시 시민의 요구를 표현할 수 있다.</td></tr>
<tr><td>학습 단계</td><td>학습 요소</td><td>교수·학습활동</td><td>자료 및 지도상 유의점</td><td>시간</td></tr>
<tr><td rowspan="4">도입</td><td>인사</td><td>인사 및 출석 확인</td><td rowspan="4"></td><td rowspan="4">10</td></tr>
<tr><td>전시 확인</td><td>전시학습 확인</td></tr>
<tr><td>동기 유발</td><td>6월 민주항쟁 당시의 사진을 활용하여 동기유발한다.</td></tr>
<tr><td>학습목표</td><td>학습목표 확인</td></tr>
<tr><td rowspan="3">전개</td><td>〈전개 1〉
6월
민주항쟁의
전개</td><td>〈수업실연 1 부분〉</td><td>〈자료 1〉
〈자료 2〉</td><td>40</td></tr>
<tr><td rowspan="2">〈전개 2〉
모둠 활동</td><td>〈수업실연 2 부분〉</td><td rowspan="2">〈자료 3〉
6월
민주항쟁의
특징이
드러날 수
있도록
인터뷰를
구성할 것</td><td rowspan="2">40</td></tr>
<tr><td>• 모둠별로 활동을 진행한다.
• 평가 기준에 준수하여 동료평가가 진행될 수 있도록 안내한다.</td></tr>
<tr><td rowspan="3">정리</td><td>정리</td><td>학습목표 달성을 확인하고 질의응답 시간을 가진다.</td><td rowspan="3"></td><td rowspan="3">10</td></tr>
<tr><td>차시예고</td><td>다음 수업 주제를 안내한다.</td></tr>
<tr><td>인사</td><td>인사하고 마친다.</td></tr>
</table>

10

2025학년도 공립 중등학교 임용 후보자 선정 경쟁 2차 시험
수업지도안 작성 문제지

수험번호									이름	

교수·학습지도안 작성 조건

- 교수·학습 지도안은 실제 교실에서의 수업 상황을 가정하여 작성할 것
- [지도안 작성 부분 1] 〈자료 1〉, 〈자료 2〉를 활용하여 강의식 수업을 진행하시오.
  - 〈자료 1〉, 〈자료 2〉에 대한 각각의 발문을 포함하여 작성하시오.
  - 산업구조의 변화와 이로 인한 급격한 도시화를 다양한 예시를 들어 작성하시오.
- [지도안 작성 부분 2] 〈자료 3〉을 활용하여 사료 탐구 수업을 진행하시오.
  - 〈자료 3〉을 활용하기 전, 도시화와 노동문제에 대한 설명을 진행하시오.
  - 〈자료 3〉의 (나), (다)를 각각 활용하여 [탐구질문 2], [탐구질문 3]을 작성하시오.
- [지도안 작성 부분 3] 〈자료 4〉, 〈자료 5〉를 활용하여 모둠별 포스터 제작 학습을 진행하시오.
  - 〈자료 4〉를 활용하여 모둠 활동을 안내하시오.
  - 주어진 매체 및 기자재를 활용하여 활동을 진행하시오.
  - 〈자료 5〉에 대해 구체적인 근거를 들어 피드백을 진행하시오.

※ 모든 작성 부분은 교사와 학생의 활동이 구체적으로 드러나도록 작성하시오.

교수·학습 조건

1. 과목명: 한국사
2. 대상: 고등학교 1학년
3. 시간: 100분(블록타임제)
4. 단원명: Ⅳ. 대한민국의 발전 – 경제 성장과 사회·문화의 변화

가. 단원의 성취기준

성취기준	[10한사04-05] 경제 성장의 성과와 문제점을 살펴보고, 이에 따른 사회·문화의 변화를 파악한다.

나. 단원의 구성

단원	차시	주요 내용 및 활용	수업 형태	평가 방법
경제 성장과 사회·문화의 변화	1	경제 성장의 성과와 문제점		
	2~3	산업화로 인한 사회·문화의 변화	사료 탐구 수업, 제작 수업	수행평가

다. 교수·학습 환경

학생 수	지도 장소	매체 및 기자재
24명	교실	전자칠판, 모둠 활동지, 사진 자료, 태블릿 PC

자료 ❶ 산업 구조의 변화

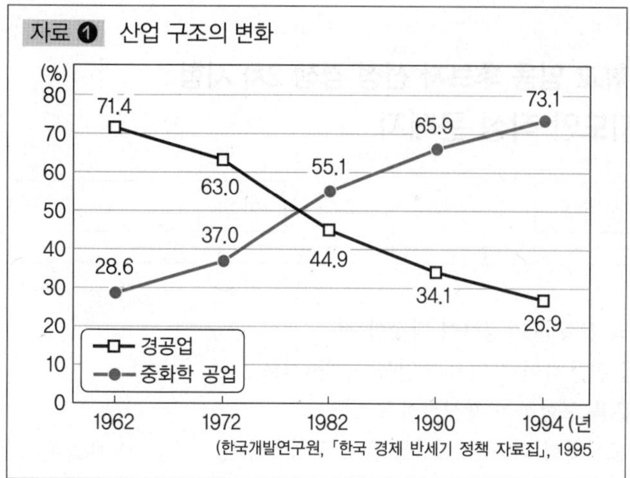

(한국개발연구원, 「한국 경제 반세기 정책 자료집」, 1995

자료 ❷ 판자촌

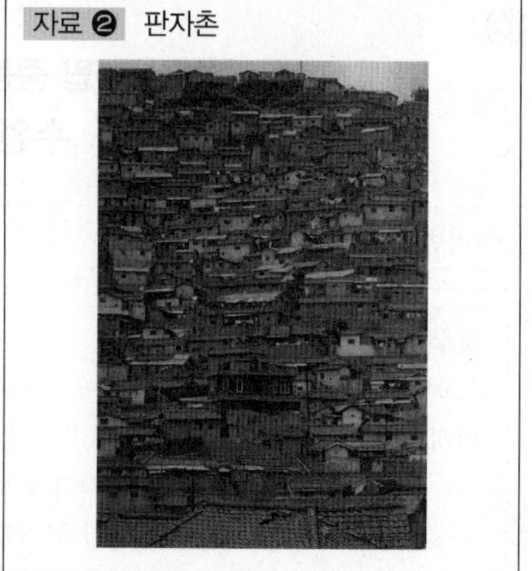

자료 ❸ 산업화로 인한 문제

(가) 광주 대단지 사건	(나) 전태일이 대통령에게 드리는 글	(다) 노동자 대투쟁
1960년대 말부터 서울시가 판자촌을 정리하면서 경기도 광주에 철거민들을 입주만 시켜 놓고 방치하자, 1981년 8월 10일 광주 대단지 주민 5만여 명이 대규모 시위를 벌인 사건이다. 오후 5시경 서울시장이 주민들의 요구를 무조건 수락하겠다고 약속함으로써 막을 내렸다.	3만여 명 중 40%를 차지하는 보조공들은 평균 연령 15세의 어린이들로서, 육체적으로 정신적으로 성장기에 있는 이들은 회복할 수 없는 결정적이고 치명적인 타격을 입고 있습니다. … 1일 15시간의 작업 시간을 1일 10~12시간으로 단축해 주십시오. 1개월 휴일 2일을 늘여서 일요일마다 휴일로 쉬기를 원합니다. – 『전태일 평전』	중화학 공업 지구인 울산에서 시작되어 전국으로 퍼졌다. 이 과정에서 노동자들은 임금 인상, 열악한 노동 조건 개선, 노동조합 결성과 활동 보장 등을 요구하였다. 대기업 생산직 노동자들을 중심으로 2개월 만에 100만 명이 넘는 노동자가 참여하였다.

[탐구 질문 1] (가)를 통해 알 수 있는 당시의 상황을 이야기해보자.
학생답안:
[탐구 질문 2] **[수험생 작성 부분]**
학생답안:
[탐구 질문 3] **[수험생 작성 부분]**
학생답안:

자료 ❹ 홍보 포스터 작성하기

〈포스터〉	포스터 주제:
	포스터 설명:
	모둠원 역할:

자료 ❺ 활동 사례

	포스터 주제: 19세 미만의 아동 노동자를 보호하자
 	포스터 설명: 열악한 아동 노동자의 근로 조건을 개선하기 위해
	당시의 아동 노동자들의 상황을 포스터로 제작하였다,
	모둠원 역할:
	기획 담당: 이준서 포스터 제작 담당: 이민서 포스터 설명 담당: 정수완 발표 담당: 이태민

관리번호	

2025학년도 공립 중등학교 임용 후보자 선정 경쟁 2차 시험
수업지도안 작성 답안지

수험번호									이름	

단원	Ⅳ-5. 경제 성장과 사회·문화의 변화		지도 대상	고등학교 1학년
학습목표	1. 산업 구조의 변화를 사례를 통해 설명할 수 있다. 2. 경제 발전 과정에서 나타난 다양한 문제를 파악할 수 있다. 3. 다양한 문제점을 개선하기 위해 홍보하는 포스터를 제작할 수 있다.			

학습 단계	학습 요소	교수·학습활동	시간	자료 및 지도상 유의점
도입	인사	인사 및 출석 확인	10	
	전시 확인	전시학습 확인		
	동기 유발	전태일 기념관 가상답사를 통해 동기유발한다.		
	학습목표	학습목표를 확인한다.		
전개	〈전개 1〉	〈지도안 작성 부분 1〉	15	〈자료 1〉 〈자료 2〉

전개	〈전개 2〉	〈지도안 작성 부분 3〉 [수험생 작성 부분] [탐구 질문 2] [탐구 질문 3]	25	〈자료 3〉
	〈전개 3〉	〈지도안 작성 부분 3〉	40	〈자료 4〉 〈자료 5〉 모든 기자재를 활용할 것
정리	정리	학습목표 달성을 확인하고 질의응답 시간을 가진다.	10	
	차시예고	다음 수업 주제를 안내한다.		
	인사	인사하고 마친다.		

관리번호	

2025학년도 중등학교 교사 신규임용후보자 선정 경쟁 시험 (2차)
역사 수업실연 문제지

수험번호									성명			관리번호	

○ 문항에서 요구하는 내용의 가짓수가 제한되어 있는 경우, 요구한 가짓수까지의 내용만 실연하시오.
○ 칠판과 분필 등을 활용한 판서만 가능하며, 기자재를 활용해야 하는 경우 언급으로 대신하시오.

【문제】 다음에 제시된 〈실연 방법〉, 〈교수학습조건〉, 〈자료〉, 〈교수학습지도안〉을 반영해 수업을 실연하시오.

실연 방법

1. 〈교수학습지도안〉의 [수업실연 1] ~ [수업실연 3]에 해당하는 부분을 수업으로 실연하시오.
2. [수업실연 1] 〈자료 1〉, 〈자료 2〉를 활용하여 강의식 수업을 실연하시오.
   1) 〈자료 1〉, 〈자료 2〉에 대한 각각의 발문을 포함하시오.
   2) 산업구조의 변화와 이로 인한 급격한 도시화를 다양한 예시를 들어 제공하시오.
3. [수업실연 2] 〈자료 3〉을 활용하여 사료 탐구 수업을 실연하시오.
   1) 도시화와 노동문제에 대한 설명을 생략하고, 〈자료 3〉을 활용하여 사료 탐구 수업을 진행하시오.
4. [수업실연 3] 〈자료 4〉, 〈자료 5〉를 활용하여 홍보 포스터 제작학습을 진행하시오.
   1) 주어진 매체 및 기자재를 활용하여 모둠 활동을 안내하시오.
   2) 모둠 활동이 진행되었다고 가정하고, 〈자료 5〉에 대한 피드백을 진행하시오.

* 유의사항
교사와 학생의 상호작용이 구체적으로 드러나게 실연하시오.

교수·학습 조건

1. 과목명: 한국사
2. 대상: 고등학교 1학년
3. 시간: 100분(블록타임제)
4. 단원명: Ⅳ. 대한민국의 발전 – 경제 성장과 사회·문화의 변화

<table>
<tr><td>성취기준</td><td colspan="3">[10한사04-05] 경제 성장의 성과와 문제점을 살펴보고, 이에 따른 사회·문화의 변화를 파악한다.</td></tr>
<tr><td rowspan="3">단원의 구성</td><td>차시</td><td>주요 내용 및 활용</td><td>수업 형태</td></tr>
<tr><td>1</td><td>경제 성장의 성과와 문제점</td><td></td></tr>
<tr><td>2~3</td><td>산업화로 인한 사회·문화의 변화</td><td>사료 탐구 수업,
제작 수업</td></tr>
</table>

5. 교수·학습 환경

학생 수	지도 장소	매체 및 기자재
24명	교실	전자칠판, 모둠 활동지, 사진 자료, 태블릿 PC

자료 ❶ 산업 구조의 변화

(%)

연도	1962	1972	1982	1990	1994 (년)
경공업	71.4	63.0	44.9	34.1	26.9
중화학 공업	28.6	37.0	55.1	65.9	73.1

(한국개발연구원, 「한국 경제 반세기 정책 자료집」, 1995)

자료 ❷ 판자촌

자료 ❸ 산업화로 인한 문제

(가) 광주 대단지 사건
1960년대 말부터 서울시가 판자촌을 정리하면서 경기도 광주에 철거민들을 입주만 시켜 놓고 방치하자, 1981년 8월 10일 광주 대단지 주민 5만여 명이 대규모 시위를 벌인 사건이다. 오후 5시경 서울시장이 주민들의 요구를 무조건 수락하겠다고 약속함으로써 막을 내렸다.

(나) 전태일이 대통령에게 드리는 글
3만여 명 중 40%를 차지하는 보조공들은 평균 연령 15세의 어린이들로서, 육체적으로 정신적으로 성장기에 있는 이들은 회복할 수 없는 결정적이고 치명적인 타격을 입고 있습니다. … 1일 15시간의 작업 시간을 1일 10~12시간으로 단축해 주십시오. 1개월 휴일 2일을 늘여서 일요일마다 휴일로 쉬기를 원합니다.
–『전태일 평전』

(다) 노동자 대투쟁
중화학 공업 지구인 울산에서 시작되어 전국으로 퍼졌다. 이 과정에서 노동자들은 임금 인상, 열악한 노동 조건 개선, 노동조합 결성과 활동 보장 등을 요구하였다. 대기업 생산직 노동자들을 중심으로 2개월 만에 100만 명이 넘는 노동자가 참여하였다.

[탐구 질문 1] (가)를 통해 알 수 있는 당시의 상황을 이야기해보자.

학생답안:

[탐구 질문 2] **[수험생 실연 부분]**

학생답안:

[탐구 질문 3] **[수험생 실연 부분]**

학생답안:

자료 ❹ 홍보 포스터 작성하기

〈포스터〉	포스터 주제:
	포스터 설명:
	모둠원 역할:

자료 ❺ 활동 사례

	포스터 주제: 19세 미만의 아동 노동자를 보호하자
	포스터 설명: 열악한 아동 노동자의 근로 조건을 개선하기 위해
	당시의 아동 노동자들의 상황을 포스터로 제작하였다.
	모둠원 역할:
	기획 담당: 이준서 포스터 제작 담당: 이민서 포스터 설명 담당: 정수완 발표 담당: 이태민

2025학년도 중등학교 교사 신규임용후보자 선정 경쟁 시험 (2차)
역사 수업실연 문제지 [지도안]

수험번호									성명		관리번호	

<table>
<tr><td>단원</td><td colspan="3">Ⅳ-5. 경제 성장과 사회·문화의 변화</td><td>차시</td><td>2~3</td></tr>
<tr><td rowspan="3">학습목표</td><td colspan="5">1. 산업 구조의 변화를 사례를 통해 설명할 수 있다.</td></tr>
<tr><td colspan="5">2. 경제 발전 과정에서 나타난 다양한 문제를 파악할 수 있다.</td></tr>
<tr><td colspan="5">3. 다양한 문제점을 개선하기 위해 홍보하는 포스터를 제작할 수 있다.</td></tr>
<tr><td>학습 단계</td><td>학습 요소</td><td colspan="2">교수·학습활동</td><td>자료 및 지도상 유의점</td><td>시간</td></tr>
<tr><td rowspan="4">도입</td><td>인사</td><td colspan="2">인사 및 출석 확인</td><td rowspan="4"></td><td rowspan="4">10</td></tr>
<tr><td>전시 확인</td><td colspan="2">전시학습 확인</td></tr>
<tr><td>동기 유발</td><td colspan="2">전태일 기념관 가상답사를 통해 동기유발한다.</td></tr>
<tr><td>학습목표</td><td colspan="2">학습목표 확인</td></tr>
<tr><td rowspan="4">전개</td><td>〈전개 1〉
산업 구조의 변화와 급격한 도시화</td><td colspan="2">〈수업실연 1 부분〉</td><td>〈자료 1〉
〈자료 2〉</td><td>15</td></tr>
<tr><td>〈전개 2〉
사료 탐구</td><td colspan="2">〈수업실연 2 부분〉</td><td>〈자료 3〉</td><td>25</td></tr>
<tr><td rowspan="2">〈전개 3〉
홍보 포스터 제작</td><td colspan="2">〈수업실연 3 부분〉</td><td rowspan="2">〈자료 4〉
〈자료 5〉
모든 기자재를 활용할 것</td><td rowspan="2">40</td></tr>
<tr><td colspan="2">• 추가 피드백을 진행하고 수행평가를 진행한다.</td></tr>
<tr><td rowspan="3">정리</td><td>정리</td><td colspan="2">학습목표 달성을 확인하고 질의응답 시간을 가진다.</td><td rowspan="3"></td><td rowspan="3">10</td></tr>
<tr><td>차시예고</td><td colspan="2">다음 수업 주제를 안내한다.</td></tr>
<tr><td>인사</td><td colspan="2">인사하고 마친다.</td></tr>
</table>

11

2025학년도 공립 중등학교 임용 후보자 선정 경쟁 2차 시험
수업지도안 작성 문제지

수험번호									이름	

교수·학습지도안 작성 조건

- 교수·학습 지도안은 실제 교실에서의 수업 상황을 가정하여 작성할 것
- [지도안 작성 부분 1] 〈자료 1〉, 〈자료 2〉를 활용하여 강의식 수업을 진행하시오.
  - 〈자료 1〉의 모든 키워드를 활용하여 연표를 작성하시오.
  - 남북한 사이에 발표된 선언문의 명칭과 내용을 시기별로 정리하시오.
  - 남북한 교류의 사례를 3가지 이상 포함하여 작성하시오.
- [지도안 작성 부분 2] 〈자료 2〉, 〈자료 3〉을 활용하여 글쓰기 수업을 진행하시오.
  - 〈자료 2〉를 참고하여, 〈자료 3〉 평화와 화해 선언문 작성하기 활동을 작성하시오.
  - 모둠활동의 목적과 채점기준을 작성하시오.
- [지도안 작성 부분 3] 평화와 화해의 가치와 관련하여 수업 정리를 작성하시오.
  - 남북 화해와 통일을 위해 추구해야할 정의적 가치에 대해 작성하시오.

※ 모든 작성 부분은 교사와 학생의 활동이 구체적으로 드러나도록 작성하시오.

교수·학습 조건

1. 과목명: 한국사
2. 대상: 고등학교 1학년
3. 시간: 50분
4. 단원명: Ⅳ. 대한민국의 발전 – 남북 화해와 동아시아 평화를 위한 노력

가. 단원의 성취기준

성취기준	[10한사04-08] 남북 화해의 과정을 살펴보고, 동아시아 평화를 위해 공헌할 수 있는 방안을 생각해본다.

나. 단원의 구성

단원	차시	주요 내용 및 활용	수업 형태	평가 방법
남북 화해와 동아시아 평화를 위한 노력	1	북한 사회의 변화		
	2	남북 화해와 통일을 위한 노력	강의식 수업, 글쓰기 수업	자기 평가
	3	동아시아의 갈등과 협력		

다. 교수·학습 환경

학생 수	지도 장소	매체 및 기자재
24명	교실	전자칠판, 모둠 활동지, 사진 자료, 태블릿 PC

자료 ❶

【키워드】 7·4 남북 공동 성명, 유신헌법, 남북 기본 합의서, 6·15 남북 공동 선언, 개성공단

자료 ❷

(가) 7·4 남북 공동 성명	(나) 남북 기본 합의서	(다) 6·15 남북 공동 선언
첫째, 통일은 외세에 의존하거나 외세의 간섭을 받음이 없이 자주적으로 해결되어야 한다. 둘째, 통일은 서로 상대방을 적대하는 무력행사에 의거하지 않고, 평화적 방법으로 실현되어야 한다. 셋째, 사상·이념·제도의 차이를 초월하여 우선 하나의 민족으로서 민족적 대단결을 도모한다.	남과 북은 … 쌍방 사이의 관계가 나라와 나라 사이의 관계가 아닌 통일을 지향하는 과정에서 잠정적으로 형성되는 특수 관계라는 것을 인정하고 평화 통일을 성취하기 위한 공동의 노력을 경주할 것을 다짐하며 다음과 같이 합의하였다. 제1조 남과 북은 서로 상대방의 체제를 인정하고 존중한다. 제9조 남과 북은 상대방에 대하여 무력을 사용하지 않으며 상대방을 무력으로 침략하지 아니한다.	1. 남과 북은 나라의 통일 문제를 그 주인인 우리 민족끼리 서로 힘을 합쳐 자주적으로 해결해 나가기로 하였다. 2. 남과 북은 나라의 통일을 위한 남측의 연합제 안과 북측의 낮은 단계의 연방제 안이 서로 공통성이 있다고 인정하고 앞으로 이 방향에서 통일을 지향해 나가기로 하였다. 3. 남과 북은 올해 8·15에 즈음하여 흩어진 가족, 친척 방문단을 교환하며, 비전향 장기수 문제를 해결하는 등 인도적 문제를 조속히 풀어 나가기로 하였다. 4. 남과 북은 경제 협력을 통하여 민족 경제를 균형적으로 발전시키고, 사회, 문화, 체육, 보건, 환경 등 제반 분야의 협력과 교류를 활성화하여 서로의 신뢰를 다져 나가기로 하였다.

자료 ❸ 선언문 작성하기

나의 평화와 화해 선언문	
짝꿍의 평화와 화해의 선언문	
우리 모둠의 평화와 화해의 선언문	

관리번호	

2025학년도 공립 중등학교 임용 후보자 선정 경쟁 2차 시험
수업지도안 작성 답안지

수험번호									이름	

단원	Ⅳ-8. 남북 화해와 동아시아 평화를 위한 노력	지도 대상	고등학교 1학년
학습목표	1. 화해와 협력을 위한 남북한이 전개한 노력을 시기별로 설명할 수 있다. 2. 남북 교류가 확대된 이후 전개된 교류 내용을 파악할 수 있다. 3. 평화와 화해를 위한 선언문을 작성할 수 있다.		

학습 단계	학습 요소	교수·학습활동	시간	자료 및 지도상 유의점
도입	인사	인사 및 출석 확인	5	
	전시 확인	전시학습 확인		
	동기 유발	금강산 사진을 통해 동기유발한다.		
	학습목표	학습목표를 확인한다.		
전개	〈전개 1〉	〈지도안 작성 부분 1〉 [수험생 작성부분]	15	〈자료 1〉 〈자료 2〉

<table>
<tr><td rowspan="1">전개</td><td>〈전개 2〉</td><td>〈지도안 작성 부분 2〉</td><td>25</td><td>〈자료 2〉
〈자료 3〉</td></tr>
<tr><td rowspan="3">정리</td><td>정리</td><td>〈지도안 작성 부분 3〉</td><td rowspan="3">5</td><td rowspan="3"></td></tr>
<tr><td>차시예고</td><td>다음 수업 주제를 안내한다.</td></tr>
<tr><td>인사</td><td>인사하고 마친다.</td></tr>
</table>

관리번호	

2025학년도 중등학교 교사 신규임용후보자 선정 경쟁 시험 (2차)
역사 수업실연 문제지

수험번호									성명		관리번호	

○ 문항에서 요구하는 내용의 가짓수가 제한되어 있는 경우, 요구한 가짓수까지의 내용만 실연하시오.
○ 칠판과 분필 등을 활용한 판서만 가능하며, 기자재를 활용해야 하는 경우 언급으로 대신하시오.

【문제】 다음에 제시된 〈실연 방법〉, 〈교수학습조건〉, 〈자료〉, 〈교수학습지도안〉을 반영해 수업을 실연하시오.

실연 방법

1. 〈교수학습지도안〉의 [수업실연 1] ~ [수업실연 2]에 해당하는 부분을 수업으로 실연하시오.
2. [수업실연 1] 〈자료 1〉, 〈자료 2〉를 활용하여 강의식 수업을 실연하시오.
   1) 〈자료 1〉의 모든 키워드를 활용하여 연표를 판서하시오.
   2) 남북한 사이에 발표된 선언문의 명칭과 내용을 시기별로 정리하는 과정을 포함하시오.
   3) 남북한 교류의 사례를 3가지 이상 포함하여 시연하시오.
3. [수업실연 2] 〈자료 2〉, 〈자료 3〉을 활용하여 글쓰기 수업을 실연하시오.
   1) 〈자료 2〉를 참고하여 〈자료 3〉의 선언문 작성하기 활동 방법을 안내하시오.
   2) 모둠활동의 목적과 채점기준을 포함하여 실연하시오.

* 유의사항
교사와 학생의 상호작용이 구체적으로 드러나게 실연하시오.

교수·학습 조건

1. 과목명: 한국사
2. 대상: 고등학교 1학년
3. 시간: 50분
4. 단원명: Ⅳ. 대한민국의 발전 – 남북 화해와 동아시아 평화를 위한 노력

성취기준	[10한사04-08] 남북 화해의 과정을 살펴보고, 동아시아 평화를 위해 공헌할 수 있는 방안을 생각해본다.		
단원의 구성	차시	주요 내용 및 활용	수업 형태
	1	북한 사회의 변화	
	2	남북 화해와 통일을 위한 노력	강의식 수업, 글쓰기 수업
	3	동아시아의 갈등과 협력	

5. 교수·학습 환경

학생 수	지도 장소	매체 및 기자재
24명	교실	전자칠판, 모둠 활동지, 사진 자료, 태블릿 PC

자료 ❶

【키워드】 7·4 남북 공동 성명, 유신헌법, 남북 기본 합의서, 6·15 남북 공동 선언, 개성공단

자료 ❷

(가) 7·4 남북 공동 성명	(나) 남북 기본 합의서	(다) 6·15 남북 공동 선언
첫째, 통일은 외세에 의존하거나 외세의 간섭을 받음이 없이 자주적으로 해결되어야 한다. 둘째, 통일은 서로 상대방을 적대하는 무력행사에 의거하지 않고, 평화적 방법으로 실현되어야 한다. 셋째, 사상·이념·제도의 차이를 초월하여 우선 하나의 민족으로서 민족적 대단결을 도모한다.	남과 북은 … 쌍방 사이의 관계가 나라와 나라 사이의 관계가 아닌 통일을 지향하는 과정에서 잠정적으로 형성되는 특수 관계라는 것을 인정하고 평화 통일을 성취하기 위한 공동의 노력을 경주할 것을 다짐하며 다음과 같이 합의하였다. 제1조 남과 북은 서로 상대방의 체제를 인정하고 존중한다. 제9조 남과 북은 상대방에 대하여 무력을 사용하지 않으며 상대방을 무력으로 침략하지 아니한다.	1. 남과 북은 나라의 통일 문제를 그 주인인 우리 민족끼리 서로 힘을 합쳐 자주적으로 해결해 나가기로 하였다. 2. 남과 북은 나라의 통일을 위한 남측의 연합제 안과 북측의 낮은 단계의 연방제 안이 서로 공통성이 있다고 인정하고 앞으로 이 방향에서 통일을 지향해 나가기로 하였다. 3. 남과 북은 올해 8·15에 즈음하여 흩어진 가족, 친척 방문단을 교환하며, 비전향 장기수 문제를 해결하는 등 인도적 문제를 조속히 풀어 나가기로 하였다. 4. 남과 북은 경제 협력을 통하여 민족 경제를 균형적으로 발전시키고, 사회, 문화, 체육, 보건, 환경 등 제반 분야의 협력과 교류를 활성화하여 서로의 신뢰를 다져 나가기로 하였다.

자료 ❸ 선언문 작성하기

나의 평화와 화해 선언문	
짝꿍의 평화와 화해의 선언문	
우리 모둠의 평화와 화해의 선언문	

3

2025학년도 중등학교 교사 신규임용후보자 선정 경쟁 시험 (2차)
역사 수업실연 문제지 [지도안]

수험번호									성명		관리번호	

단원	Ⅳ-8. 남북 화해와 동아시아 평화를 위한 노력		차시	2
학습목표	1. 화해와 협력을 위한 남북한이 전개한 노력을 시기별로 설명할 수 있다. 2. 남북 교류가 확대된 이후 전개된 교류 내용을 파악할 수 있다. 3. 평화와 화해를 위한 선언문을 작성할 수 있다.			

학습 단계	학습 요소	교수·학습활동	자료 및 지도상 유의점	시간
도입	인사	인사 및 출석 확인		5
	전시 확인	전시학습 확인		
	동기 유발	금강산 사진을 통해 동기유발한다.		
	학습목표	학습목표 확인		
전개	〈전개 1〉 남북 화해와 통일을 위한 노력	〈수업실연 1 부분〉	〈자료 1〉 〈자료 2〉	15
	〈전개 2〉 글쓰기 활동	〈수업실연 2 부분〉	〈자료 2〉 〈자료 3〉	25
정리	정리	학습목표 달성을 확인하고 질의응답 시간을 가진다.		5
	차시예고	다음 수업 주제를 안내한다.		
	인사	인사하고 마친다.		

03 고등학교 동아시아사 실전문항

번호	문항 주제	난이도
1	북방 민족의 성장과 국제 관계의 다원화	★★★☆☆
2	조공·책봉 관계의 형성	★★★★★
3	동아시아 각국의 교역 관계	★★★★☆
4	동아시아 각국의 개항	★★★★★
5	국민 국가 수립을 위한 노력	★★★★☆
6	제국주의 침략 전쟁과 민족 운동	★★★☆☆
7	국공합작과 국민혁명	★★★★☆
8	침략전쟁의 확대	★★★★☆
9	자본주의 국가들의 경제 성장과 정치발전	★★★★☆
10	사회주의 국가들의 체제 변화와 개혁·개방	★★★★★

- 수업실연 시간이 15분인 지역의 경우, 괄호 안의 조건을 생략할 수 있음

1

2025학년도 공립 중등학교 임용 후보자 선정 경쟁 2차 시험 수업지도안 작성 문제지

수험번호									이름	

교수·학습지도안 작성 조건

- 교수·학습 지도안은 실제 교실에서의 수업 상황을 가정하여 작성할 것
- [지도안 작성 부분 1] 〈자료 1〉을 활용하여 판서를 이용한 강의식 수업을 작성하시오.
  - 〈자료 1〉의 모든 키워드를 판서하시오.
  - 한반도 국가와의 관계가 드러날 수 있도록 두 가지 발문을 제공하시오.
- [지도안 작성 부분 2] 〈자료 2〉, 〈자료 3〉를 활용하여 강의식 수업을 작성하시오.
  - 〈자료 2〉 (가), (나)의 차이점을 토대로 국제 관계의 변화에 대한 강의식 수업을 작성하시오.
  - 〈자료 3〉의 제도를 시행한 까닭을 포함하시오.
  - 북방 민족 통치 정책의 공통점을 설명하기 위하여 〈자료 3〉 외에 추가 사료를 제시하시오.
- [지도안 작성 부분 3] 〈자료 4〉를 활용하여 짝 토의 활동을 진행하시오.
  - 사료 탐구 과정에서 예상되는 학생의 질문 2가지와 이에 대한 답변을 포함하시오.
  - 〈자료 4〉의 [A]에 들어갈 내용을 작성하시오.

※ 모든 작성 부분은 교사와 학생의 활동이 구체적으로 드러나도록 작성하시오.

교수·학습 조건

1. 과목명: 동아시아사
2. 대상: 고등학교 3학년
3. 시간: 100분(블록타임제)
4. 단원명: Ⅱ. 동아시아 세계의 성립과 변화 – 동아시아 세계의 변화와 국제 관계의 다원화

가. 단원의 성취기준

성취기준	[12동사02-01] 인구 이동이 여러 국가와 정치 집단의 형성, 분열, 통합에 영향을 미쳤음을 설명한다.

나. 단원의 구성

단원	차시	주요 내용 및 활용	수업 형태	평가 방법
동아시아 세계의 변화와 국제 관계의 다원화	1	국제 관계의 형성과 변화		
	2~3	북방 민족의 성장과 국제 관계의 다원화	강의식 수업, 토의 활동	선다형 평가
	4	몽골 제국과 동서 교역망의 발전		
	5	명의 발전과 국제 질서의 재편		

다. 교수·학습 환경

학생 수	지도 장소	매체 및 기자재
24명	교실	전자칠판, 모둠 활동지, 사진 자료, 태블릿 PC

자료 ❶

【키워드】 야율아보기, 연운 16주, 전연의 맹약, 문치주의, 강동 6주

자료 ❷ 동아시아의 정세

(가) 11세기 동아시아의 정세

(나) 12세기 동아시아의 정세

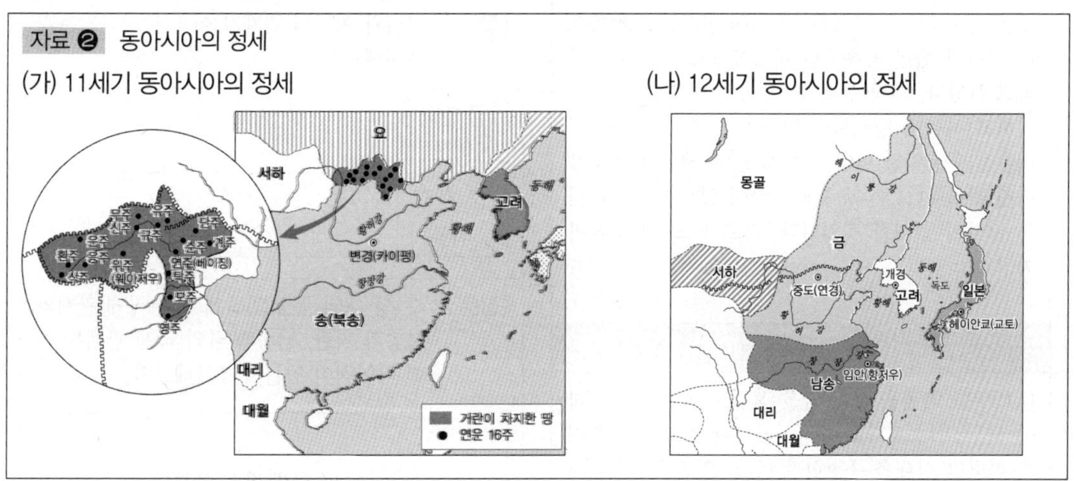

자료 ❸ 북방 민족의 통치 체제

(가) 요의 통치 체제

(나) 금의 통치 체제

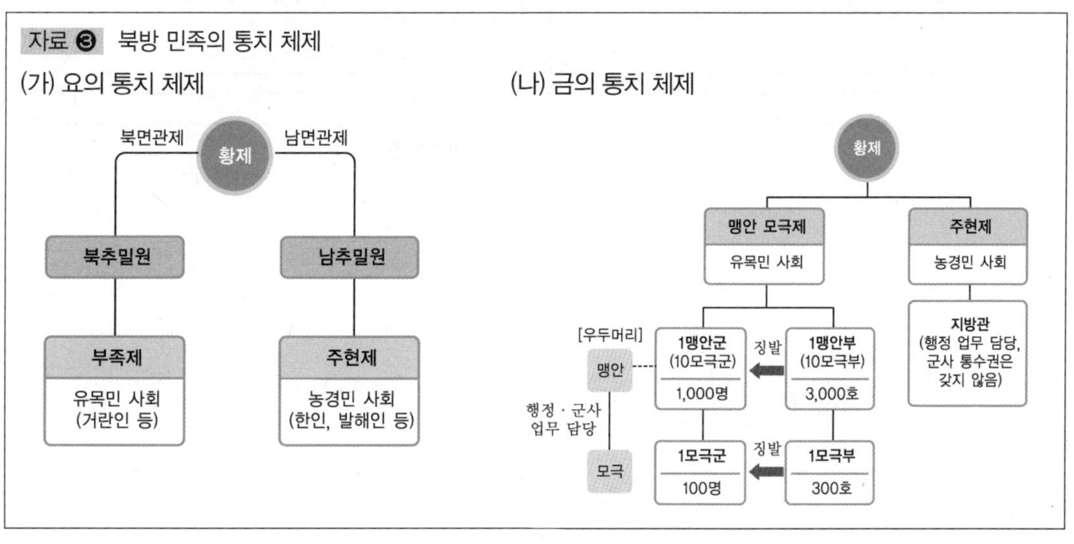

자료 ❹ 학습지

(가) 고려와 여진

(1109년) (고려는) "너희가 9성의 반환을 요청했으니 이전에 했던 약속처럼 하늘에 대고 맹세하라."라고 하였다. 추장 등은 함주 성문 밖에 제단을 설치하고 하늘에 맹세하여 말하기를, "지금 이후 대대손손까지 악한 마음을 품지 않고 해마다 조공을 바칠 것입니다. 이 맹세에 변함이 있으면 우리나라는 망하여 없어질 것입니다."라고 하고 맹세를 마치고 물러갔다.

-「고려사」

(나) 금과 고려

(1126년) 백관을 불러 금을 섬길지 말지를 의논하니 모두 아니 된다고 주장하였으나 이자겸·척준경 두 사람만 사대를 주장하자 (임금 인종은) 이를 따랐다.

-「고려사」

♥ 함께 토의하기

[질문 1] 고려와 여진의 관계가 어떻게 달라지는지 토의해보자.

금 건국 이전	
금 건국 이후	

[질문 2] 수·당 대의 북방 민족에 대한 국제 관계와 북송과 거란, 남송과 금의 국제 관계는 어떤 차이점이 있는지 추론해보자.

[A: 수험생 작성 부분]

관리번호	

2025학년도 공립 중등학교 임용 후보자 선정 경쟁 2차 시험
수업지도안 작성 답안지

수험번호									이름	

단원	Ⅱ-3. 동아시아 세계의 변화와 국제 관계의 다원화		지도 대상	고등학교 3학년
학습목표	1. 중원 왕조가 분열한 이후 나타난 국제 관계의 변화에 대해 파악할 수 있다.			
	2. 북방 민족 국가가 시행한 통치 정책의 공통점을 말할 수 있다.			
	3. 사료를 활용하여 국제 관계의 다원화에 대해 설명할 수 있다.			

학습 단계	학습 요소	교수·학습활동	시간	자료 및 지도상 유의점
도입	인사	인사 및 출석 확인	5	
	전시 확인	전시학습 확인		
	동기 유발	거란 문자를 보여주며 동기 유발한다.		
	학습목표	학습목표를 확인한다.		
전개	〈전개 1〉	• 5대 10국의 혼란을 틈타 북방 민족이 흥기하였음을 설명한다. 〈지도안 작성 부분 1〉 〈판서 계획〉	25	〈자료 1〉

3

<table>
<tr><td rowspan="2">전개</td><td>〈전개 2〉</td><td>〈지도안 작성 부분 2〉</td><td>20</td><td>〈자료 2〉
〈자료 3〉</td></tr>
<tr><td>〈전개 3〉</td><td>〈지도안 작성 부분 3〉

[질문 2] 수·당 대의 북방 민족에 대한 국제 관계와 북송과 거란, 남송과 금의 국제 관계는 어떤 차이점이 있는지 추론해보자.

[수험생 작성 부분]</td><td>40</td><td>〈자료 4〉
태블릿 PC</td></tr>
<tr><td rowspan="3">정리</td><td>정리</td><td>학습목표 달성을 확인하고 질의응답 시간을 가진다.</td><td rowspan="3">10</td><td rowspan="3"></td></tr>
<tr><td>차시예고</td><td>다음 수업 주제를 안내한다.</td></tr>
<tr><td>인사</td><td>인사하고 마친다.</td></tr>
</table>

관리번호	

2025학년도 중등학교 교사 신규임용후보자 선정 경쟁 시험 (2차)
역사 수업실연 문제지

수험번호									성명		관리번호	

○ 문항에서 요구하는 내용의 가짓수가 제한되어 있는 경우, 요구한 가짓수까지의 내용만 실연하시오.
○ 칠판과 분필 등을 활용한 판서만 가능하며, 기자재를 활용해야 하는 경우 언급으로 대신하시오.

【문제】 다음에 제시된 〈실연 방법〉, 〈교수학습조건〉, 〈자료〉, 〈교수학습지도안〉을 반영해 수업을 실연하시오.

실연 방법

1. 〈교수학습지도안〉의 [수업실연 1] ~ [수업실연 3]에 해당하는 부분을 수업으로 실연하시오.
2. [수업실연 1] 〈자료 1〉을 활용하여 판서를 이용한 강의식 수업을 실연하시오.
   1) 〈자료 1〉의 모든 키워드를 판서하시오.
   2) 한반도 국가와의 관계가 드러날 수 있도록 두 가지 발문을 제공하시오.
3. [수업실연 2] 〈자료 2〉, 〈자료 3〉을 활용하여 강의식 수업을 실연하시오.
   1) 〈자료 2〉 (가), (나)의 차이점을 토대로 국제 관계의 변화에 대한 강의식 수업을 실연하시오.
   2) 북방 민족 통치 정책의 공통점을 설명하기 위하여 〈자료 3〉 외에 추가 사료를 제시하시오.
4. [수업실연 3] 〈자료 4〉를 활용하여 짝 토의 활동을 실연하시오.
   1) 사료 탐구에 대한 안내를 이미 하였다고 가정하고 사료 탐구를 진행하시오.
   2) 〈자료 4〉의 [A]에 대한 학생의 발표를 진행하시오.

* 유의사항
교사와 학생의 상호작용이 구체적으로 드러나게 실연하시오.

교수·학습 조건

1. 과목명: 동아시아사
2. 대상: 고등학교 3학년
3. 시간: 100분(블록타임제)
4. 단원명: Ⅱ. 동아시아 세계의 성립과 변화 – 동아시아 세계의 변화와 국제 관계의 다원화

성취기준	[12동사02-01] 인구 이동이 여러 국가와 정치 집단의 형성, 분열, 통합에 영향을 미쳤음을 설명한다.		
단원의 구성	차시	주요 내용 및 활용	수업 형태
	1	국제 관계의 형성과 변화	
	2~3	북방 민족의 성장과 국제 관계의 다원화	강의식 수업, 토의 활동
	4	몽골 제국과 동서 교역망의 발전	
	5	명의 발전과 국제 질서의 재편	

5. 교수·학습 환경

학생 수	지도 장소	매체 및 기자재
24명	교실	전자칠판, 모둠 활동지, 사진 자료, 태블릿 PC

자료 ❶

【키워드】 야율아보기, 연운 16주, 전연의 맹약, 문치주의, 강동 6주

자료 ❷ 동아시아의 정세

(가) 11세기 동아시아의 정세 (나) 12세기 동아시아의 정세

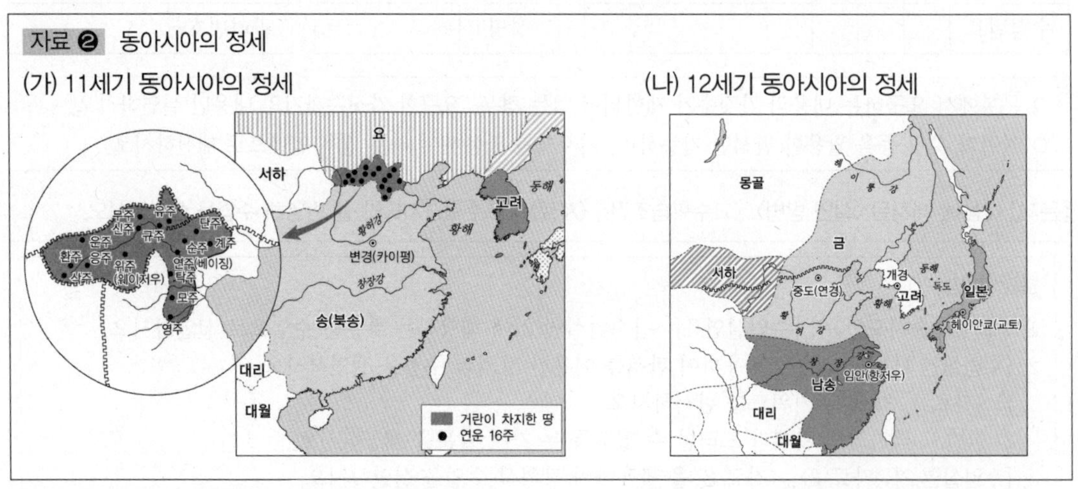

자료 ❸ 북방 민족의 통치 체제

(가) 요의 통치 체제 (나) 금의 통치 체제

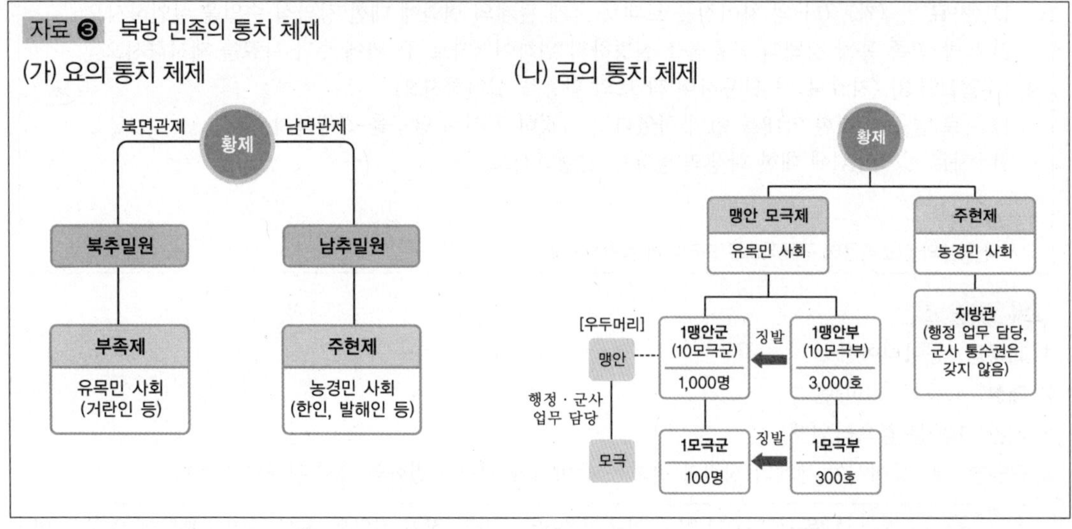

자료 ❹ 학습지

(가) 고려와 여진

(1109년) (고려는) "너희가 9성의 반환을 요청했으니 이전에 했던 약속처럼 하늘에 대고 맹세하라." 라고 하였다. 추장 등은 함주 성문 밖에 제단을 설치하고 하늘에 맹세하여 말하기를, "지금 이후 대대손손까지 악한 마음을 품지 않고 해마다 조공을 바칠 것입니다. 이 맹세에 변함이 있으면 우리나라는 망하여 없어질 것입니다."라고 하고 맹세를 마치고 물러갔다.

–「고려사」

(나) 금과 고려

(1126년) 백관을 불러 금을 섬길지 말지를 의논하니 모두 아니 된다고 주장하였으나 이자겸 · 척준경 두 사람만 사대를 주장하자 (임금 인종은) 이를 따랐다.

–「고려사」

♥ 함께 토의하기

[질문 1] 고려와 여진의 관계가 어떻게 달라지는지 토의해보자.

금 건국 이전	
금 건국 이후	

[질문 2] 수·당 대의 북방 민족에 대한 국제 관계와 북송과 거란, 남송과 금의 국제 관계는 어떤 차이점이 있는지 추론해보자.

[A: 수험생 실연 부분]

관리번호	

3

2025학년도 중등학교 교사 신규임용후보자 선정 경쟁 시험 (2차)
역사 수업실연 문제지 [지도안]

수험번호									성명		관리번호	

<table>
<tr><td>단원</td><td colspan="2">Ⅱ-3. 동아시아 세계의 변화와 국제 관계의 다원화</td><td>차시</td><td>2~3</td></tr>
<tr><td rowspan="3">학습목표</td><td colspan="4">1. 중원 왕조가 분열한 이후 나타난 국제 관계의 변화에 대해 파악할 수 있다.</td></tr>
<tr><td colspan="4">2. 북방 민족 국가가 시행한 통치 정책의 공통점을 말할 수 있다.</td></tr>
<tr><td colspan="4">3. 사료를 활용하여 국제 관계의 다원화에 대해 설명할 수 있다.</td></tr>
<tr><td>학습 단계</td><td>학습 요소</td><td>교수·학습활동</td><td>자료 및 지도상 유의점</td><td>시간</td></tr>
<tr><td rowspan="4">도입</td><td>인사</td><td>인사 및 출석 확인</td><td rowspan="4"></td><td rowspan="4">5</td></tr>
<tr><td>전시 확인</td><td>전시학습 확인</td></tr>
<tr><td>동기 유발</td><td>거란 문자를 보여주며 동기 유발한다.</td></tr>
<tr><td>학습목표</td><td>학습목표 확인</td></tr>
<tr><td rowspan="3">전개</td><td>〈전개 1〉
북방 민족의 성장</td><td>• 5대 10국의 혼란을 틈타 북방 민족이 흥기하였음을 설명한다.
〈수업실연 1 부분〉</td><td>〈자료 1〉</td><td>25</td></tr>
<tr><td>〈전개 2〉
다원적 국제 관계</td><td>〈수업실연 2 부분〉</td><td>〈자료 2〉
〈자료 3〉</td><td>20</td></tr>
<tr><td>〈전개 3〉
짝 토의 활동</td><td>• 사료 탐구 방법 및 주의사항에 대해 설명한다.
〈수업실연 3 부분〉</td><td>〈자료 4〉
태블릿PC</td><td>40</td></tr>
<tr><td rowspan="3">정리</td><td>정리</td><td>학습목표 달성을 확인하고 질의응답 시간을 가진다.</td><td rowspan="3"></td><td rowspan="3">10</td></tr>
<tr><td>차시예고</td><td>다음 수업 주제를 안내한다.</td></tr>
<tr><td>인사</td><td>인사하고 마친다.</td></tr>
</table>

2025학년도 공립 중등학교 임용 후보자 선정 경쟁 2차 시험
수업지도안 작성 문제지

수험번호									이름	

교수·학습지도안 작성 조건

- 교수·학습지도안은 실제 교실에서의 수업 상황을 가정하여 작성할 것
- [지도안 작성 부분 1] 〈자료 1〉을 활용하여 학생과의 문답 중심으로 강의식 수업을 진행하시오.
  - 자료에 대한 각각의 발문을 포함하여 작성하시오.
  - 학생이 가질 수 있는 오개념을 한 가지 제시하고, 이를 수정하는 활동을 포함하시오.
- [지도안 작성 부분 2] 〈자료 2〉, 〈자료 3〉을 바탕으로 토의 및 글쓰기 활동을 진행하시오.
  - 토의 및 글쓰기 활동에 대해 안내하시오.
  - 〈자료 2〉를 활용하여 질문을 만드는 수업을 진행하고, 활동 시 예상되는 학생의 질문과 그에 대한 피드백을 작성하시오.
  - 〈자료 3〉의 평가기준표를 완성하여 제시하시오.
- [지도안 작성 부분 3] 〈자료 3〉, 〈자료 4〉를 바탕으로 학생 활동에 대한 피드백 과정을 작성하시오.
  - 모둠별 글쓰기 발표가 끝났다고 가정하고, 〈자료 4〉의 우수사례에 대한 피드백을 해당 시의 핵심 개념과 연관하여 작성하시오.
  - 〈자료 3〉의 평가 요소를 고려하여 핵심역량 두 가지와 연관하여 피드백하시오.

교수·학습 조건

1. 과목명: 동아시아사
2. 대상: 고등학교 3학년
3. 시간: 100분(블록타임제)
4. 단원명: Ⅱ. 동아시아 세계의 성립과 변화 – 국제 관계의 다원화

가. 단원의 성취기준

성취기준	[12동사02-02] 조공·책봉을 포함한 동아시아의 다양한 외교 형식이 끼친 영향과 의미를 상호적 관점에서 해석한다.

나. 단원의 구성

단원	차시	주요 내용 및 활용	수업 형태	평가 방법
국제 관계의 다원화	1~2	국제 관계의 형성과 변화	강의 및 모둠 활동	수행평가
	3	북방 민족의 성장과 국제 관계의 다원화	사료 탐구 학습	수행평가
	4	몽골 제국과 동서 교역망의 발전	강의 및 글쓰기 수업	수행평가
	5	명의 발전과 국제 질서의 재편	토론 학습	수행평가

다. 교수·학습 환경

학생 수	지도 장소	매체 및 기자재
25명	교실	칠판, 스크린, 교사용 컴퓨터, 빔 프로젝터, 태블릿 PC, 그림자료

자료 ❶

동아시아 국가들의 다양한 외교

(가) 한과 흉노

이 무렵 한나라 장수 가운데 흉노에 투항하는 자가 많았다. 묵특은 언제나 대군 일대를 넘나들며 약탈하였다. 한나라 고제(고조)는 고민 끝에 유경을 시켜 종실의 공주를 선우의 연지(왕비)로 삼게 하고, 해마다 흉노에게 일정량의 무명, 비단, 술, 쌀 같은 식품을 보내어 형제의 나라가 되기로 약속하였다.

– 사마천, 『사기』 흉노 열전

(나) 후한과 왜

57년에 왜의 노국이 공물을 가지고 와서 축사를 하였다. 사신은 자기 스스로 대부라 하였다. 노국은 왜국의 남쪽에 있다. 광무제는 인수를 주었다.

– 범엽, 『후한서』 동이 열전

(다) 고구려와 돌궐

영양왕 18년(607)초, (수)양제가 (돌궐)계민(카간)의 장막에 행차하였을 때 우리(고구려)사신이 계민의 처소에 있었는데, 계민이 사신을 감히 숨기지 못하고 함께 황제를 알현하였다. …황제가 칙명을 내리기를 "…… 돌아가면 너의 왕에게 빨리 와서 조회하라고 전하여라. …… 그렇지 않으면 장차 계민을 거느리고 너희 땅으로 순행할 것이다."

– 김부식, 『삼국사기』 고구려본기

(라) 신라와 일본

- 경덕왕 12년(753), 일본국 사신이 왔으나 오만하고 예의가 없어 왕이 그들을 접견하지 않자 마침내 돌아갔다.
- 애장왕 4년(803), 일본국과 사신을 교환하고 우호 관계를 맺었다.
- 애장왕 7년(806), 일본국 사신이 오니, 왕이 조원전에서 접견하였다.
- 헌강왕 8년(882), 일본국왕이 사신을 보내 황금 3백 냥과 밝게 빛나는 구슬 10개를 바쳤다.

– 김부식, 『삼국사기』 신라본기

(마) 토번과 당

– 염립본, 「보련도」

자료 ❷ 모둠 활동지

토의 활동 학습지	
핵심 내용 정리	
내용 관련 질문 만들기	1. 남북조 시기 고구려의 대외 관계는 어떠하였을까? 2. 3.
질문을 선택하여 토의하기	
토의 결과를 시로 패러디하기	

자료 ❸ 평가기준표

평가요소	채점 기준
내용 충실도	**[수험생 작성 부분 1]**
질문의 구체성	**[수험생 작성 부분 2]**
토의 참여도	친구의 의견을 존중하며 토의에 적극적으로 참여하였는가?
역사적 상상력과 아이디어의 독창성	조공·책봉 외교의 현실적 측면과 다원적 외교의 측면을 시를 활용하여 창의적으로 패러디하여 완성하였는가?

자료 ❹ 우수사례

□□ 모둠	○○ 모둠
김소월, 〈엄마야, 누나야〉 백제야 신라야 중국에 가자 남조의 양나라는 문화 강국 조공을 하면 책봉을 받지 백제야 신라야 중국에 가자	나태주, 〈풀꽃〉 중원의 수당은 약하다 외교 관계는 무력이다 돌궐이 최고다

관리번호	

2025학년도 공립 중등학교 임용 후보자 선정 경쟁 2차 시험
수업지도안 작성 답안지

수험번호									이름	

단원	Ⅱ-2. 국제 관계의 다원화	지도 대상	고등학교 3학년
학습목표	1. 조공·책봉을 포함한 동아시아의 다양한 외교 형식이 끼친 영향과 의미를 상호적 관점에서 해석할 수 있다.		
	2. 전통 시대 국제 관계를 통하여 오늘날 우리의 외교 관계의 특징과 나아갈 바를 추론할 수 있다.		
	3. 질문을 만들어 토의하고, 그 결과를 다양한 형태로 표현할 수 있다.		
학습 자료	교과서, 사료, TV, 교사용 컴퓨터, 태블릿 PC 및 학습에 필요한 모든 기자재		

학습 단계	학습 요소	교수·학습활동	시간	자료 및 지도상 유의점
도입	인사	인사 및 출석 확인	5	그림자료
	전시 확인	전시 학습을 확인한다.		
	동기 유발	왕소군 초상화와 '춘래불사춘'의 유래를 통해 동기를 유발한다.		
	학습목표	학습목표를 확인한다.		
전개	〈전개 1〉	• 조공·책봉의 외교질서에 대해 설명한다. 〈지도안 작성 부분 1〉 • 각국이 독자적 천하관을 형성하였음을 설명한다. • 조공·책봉을 포함한 동아시아의 다양한 외교형식이 있었음을 이해하고 이를 상호적 관점에서 다각도로 해석해야 함을 강조한다.	25	〈자료 1〉

<table>
<tr>
<td rowspan="2">전개</td>
<td>〈전개 2〉</td>
<td>〈지도안 작성 부분 2〉

• 평가기준표
<table>
<tr><th>평가요소</th><th>채점 기준</th></tr>
<tr><td>내용 충실도</td><td>[수험생 작성 부분 1]</td></tr>
<tr><td>질문의 구체성</td><td>[수험생 작성 부분 2]</td></tr>
<tr><td>토의 참여도</td><td>친구의 의견을 존중하며 토의에 적극적으로 참여하였는가?</td></tr>
<tr><td>역사적 상상력과 아이디어의 독창성</td><td>조공·책봉 외교의 현실적 측면과 다원적 외교의 측면을 시를 활용하여 창의적으로 패러디하여 완성하였는가?</td></tr>
</table>
</td>
<td>35</td>
<td>〈자료 2〉
〈자료 3〉</td>
</tr>
<tr>
<td>〈전개 3〉</td>
<td>〈지도안 작성 부분 3〉</td>
<td>20</td>
<td>〈자료 3〉
〈지료 4〉</td>
</tr>
<tr>
<td rowspan="3">정리</td>
<td>정리</td>
<td>학습목표 달성을 확인하고 질의응답 시간을 가진다.</td>
<td rowspan="3">15</td>
<td rowspan="3"></td>
</tr>
<tr>
<td>차시예고</td>
<td>다음 차시를 예고한다.</td>
</tr>
<tr>
<td>인사</td>
<td>인사하고 마친다.</td>
</tr>
</table>

관리번호	

2025학년도 공립 중등학교 임용 후보자 선정 경쟁 2차 시험
수업실연 문제지

수험번호								성명		관리번호	

○ 문항에서 요구하는 내용의 가짓수가 제한되어 있는 경우, 요구한 가짓수까지의 내용만 실연하시오.

○ 칠판과 분필 등을 활용한 판서만 가능하며, 기자재를 활용해야 하는 경우 언급으로 대신하시오.

【문제】 다음에 제시된 〈실연 방법〉, 〈교수학습조건〉, 〈자료〉, 〈교수학습지도안〉을 반영해 수업을 실연하시오.

실연 방법

1. 〈교수학습지도안〉의 [수업실연 1]~[수업실연 3]에 해당하는 부분을 수업으로 실연하시오.
2. [수업실연 1] 〈전개 1〉에서 〈자료 1〉을 활용하여 강의식 수업을 진행하시오.
   1) 〈자료 1〉을 활용하여 학생과의 문답 중심으로 강의식 수업을 실연하시오.
   2) 학생이 가질 수 있는 오개념을 한 가지 제시하고, 이를 교정하는 활동을 포함하여 실연하시오.
3. [수업실연 2] 〈전개 2〉에서 〈자료 2〉, 〈자료 3〉을 활용하여 학생 활동 준비와 발표까지 실연하시오.
   1) 〈자료 2〉와 〈자료 3〉을 활용하여 토의 및 글쓰기 활동에 대해 안내하시오.
   2) (활동 시 예상되는 학생의 질문과 이에 대한 교사의 대답을 포함하여 실연하시오.)
4. [수업실연 3] 〈전개 3〉에서 〈자료 3〉, 〈자료 4〉를 활용하여 평가 및 피드백 활동을 실연하시오.
   1) 〈자료 4〉의 우수사례에 대한 피드백을 해당 시의 핵심 개념과 연관하여 실연하시오.
   2) 〈자료 3〉의 평가 요소를 고려하여 핵심역량 두 가지와 연관하여 피드백하시오.

* 유의사항
1. 일정량의 판서를 사용하여 실연하시오.
2. 학생과의 상호작용이 드러나도록 실연하시오.
3. 수업의 전개 과정부터 실연하므로 학습목표는 판서하지 마시오.

교수·학습 조건

1. 과목명: 동아시아사
2. 대상: 고등학교 3학년
3. 시간: 100분(블록타임제)
4. 단원명: Ⅱ. 동아시아 세계의 성립과 변화 - 국제 관계의 다원화

성취기준	[12동사02-02] 조공·책봉을 포함한 동아시아의 다양한 외교 형식이 끼친 영향과 의미를 상호적 관점에서 해석한다.		
단원의 구성	차시	주요 내용 및 활용	수업 형태
	1~2	국제 관계의 형성과 변화	강의 및 모둠 활동
	3	북방 민족의 성장과 국제 관계의 다원화	
	4	몽골 제국과 동서 교역망의 발전	
	5	명의 발전과 국제질서의 재편	

5. 교수·학습 환경

학생 수	지도 장소	매체 및 기자재
25명	교실	칠판, 스크린, 교사용 컴퓨터, 빔 프로젝터, 태블릿 PC, 모둠 활동지

자료 ❶

동아시아 국가들의 다양한 외교

(가) 한과 흉노

이 무렵 한나라 장수 가운데 흉노에 투항하는 자가 많았다. 묵특은 언제나 대군 일대를 넘나들며 약탈하였다. 한나라 고제(고조)는 고민 끝에 유경을 시켜 종실의 공주를 선우의 연지(왕비)로 삼게 하고, 해마다 흉노에게 일정량의 무명, 비단, 술, 쌀 같은 식품을 보내어 형제의 나라가 되기로 약속하였다.

– 사마천, 『사기』 흉노 열전

(나) 후한과 왜

57년에 왜의 노국이 공물을 가지고 와서 축사를 하였다. 사신은 자기 스스로 대부라 하였다. 노국은 왜국의 남쪽에 있다. 광무제는 인수를 주었다.

– 범엽, 『후한서』 동이 열전

(다) 고구려와 돌궐

영양왕 18년(607)초, (수)양제가 (돌궐)계민(카간)의 장막에 행차하였을 때 우리(고구려)사신이 계민의 처소에 있었는데, 계민이 사신을 감히 숨기지 못하고 함께 황제를 알현하였다. …황제가 칙명을 내리기를 "…… 돌아가면 너의 왕에게 빨리 와서 조회하라고 전하여라. …… 그렇지 않으면 장차 계민을 거느리고 너희 땅으로 순행할 것이다."

– 김부식, 『삼국사기』 고구려본기

(라) 신라와 일본

- 경덕왕 12년(753), 일본국 사신이 왔으나 오만하고 예의가 없어 왕이 그들을 접견하지 않자 마침내 돌아갔다.
- 애장왕 4년(803), 일본국과 사신을 교환하고 우호 관계를 맺었다.
- 애장왕 7년(806), 일본국 사신이 오니, 왕이 조원전에서 접견하였다.
- 헌강왕 8년(882), 일본국왕이 사신을 보내 황금 3백 냥과 밝게 빛나는 구슬 10개를 바쳤다.

– 김부식, 『삼국사기』 신라본기

(마) 토번과 당

– 염립본, 「보련도」

자료 ❷ 모둠 활동지

토의 활동 학습지	
핵심 내용 정리	조공·책봉의 형성 / 조공·책봉의 다원화 / 당대 동아시아 국제 관계 / 독자적 천하관의 형성
내용 관련 질문 만들기	1. 남북조 시기 고구려의 대외 관계는 어떠하였을까? 2. 3.
질문을 선택하여 토의하기	
토의 결과를 시로 패러디하기	

자료 ❸ 평가기준표

평가요소	채점 기준
내용 충실도	**[수험생 실연 부분]**
질문의 구체성	**[수험생 실연 부분]**
토의 참여도	친구의 의견을 존중하며 토의에 적극적으로 참여하였는가?
역사적 상상력과 아이디어의 독창성	조공·책봉 외교의 현실적 측면과 다원적 외교의 측면을 시를 활용하여 창의적으로 패러디하여 완성하였는가?

자료 ❹ 우수사례

□□ 모둠	○○ 모둠
김소월, 〈엄마야, 누나야〉 백제야 신라야 중국에 가자 남조의 양나라는 문화 강국 조공을 하면 책봉을 받지 백제야 신라야 중국에 가자	나태주, 〈풀꽃〉 중원의 수당은 약하다 외교 관계는 무력이다 돌궐이 최고다

2025학년도 공립 중등학교 임용 후보자 선정 경쟁 2차 시험
수업실연 문제지 [지도안]

수험번호									성명		관리번호	

단원	Ⅱ-2. 동아시아 세계의 변화와 국제 관계의 다원화		차시	1~2
학습목표	1. 조공·책봉을 포함한 동아시아의 다양한 외교 형식이 끼친 영향과 의미를 상호적 관점에서 해석할 수 있다.			
	2. 전통 시대 국제 관계를 통하여 오늘날 우리의 외교 관계의 특징과 나아갈 바를 추론할 수 있다.			
	3. 질문을 만들어 토의하고, 그 결과를 다양한 형태로 표현할 수 있다.			

학습 단계	학습 요소	교수·학습활동	자료 및 지도상 유의점	시간
도입	인사	인사 및 출석 확인	그림자료	5
	전시 확인	전시 학습을 확인한다.		
	동기 유발	왕소군 초상화와 '춘래불사춘'의 유래를 통해 동기를 유발한다.		
	학습목표	학습목표를 확인한다.		
전개	〈전개 1〉 국제 관계의 형성과 다원화	〈수업실연 1 부분〉	〈자료 1〉	25
	〈전개 2〉 토의 및 글쓰기 활동	〈수업실연 2 부분〉	〈지료 2〉 〈자료 3〉	35
	〈전개 3〉 평가 및 피드백	〈수업실연 3 부분〉	〈자료 3〉 〈자료 4〉	20
정리	정리	학습목표 달성을 확인하고 질의응답 시간을 가진다.		15
	차시예고	다음 수업 주제를 안내한다.		
	인사	인사하고 마친다.		

2025학년도 공립 중등학교 임용 후보자 선정 경쟁 2차 시험
수업지도안 작성 문제지

수험번호								

이름	

교수·학습지도안 작성 조건

- 교수·학습 지도안은 실제 교실에서의 수업 상황을 가정하여 작성할 것
- [지도안 작성 부분 1] 〈자료 1〉, 〈자료 2〉를 활용하여 판서를 활용한 강의식 수업을 작성하시오.
  - 명·청대 해금 정책의 목적과 변화를 설명하시오.
  - 명·청대 해금 정책의 완화 및 폐지가 동아시아 교역과 사회에 끼친 영향을 설명하시오.
- [지도안 작성 부분 2] 〈자료 3〉을 활용하여 문답식 수업을 작성하시오.
  - 자료 일부를 활용하여 중국의 대외무역 정책의 변화에 따른 일본의 무역 변화 양상을 설명하시오.
  - 제시된 자료 이외에 그림 자료를 한 가지 추가하여 일본의 대외무역 양상을 설명하시오.
- [지도안 작성 부분 3] 〈자료 4〉, 〈자료 5〉를 활용하여 모둠별 활동을 진행하시오.
  - 활동의 목적을 역사과 핵심역량과 연관지어 설명하시오.
  - 모둠 발표가 끝났다고 가정하고, 발표에 대한 피드백 활동을 작성하시오.

※ 모든 작성 부분은 교사와 학생의 활동이 구체적으로 드러나도록 작성하시오.

교수·학습 조건

1. 과목명: 동아시아사
2. 대상: 고등학교 3학년
3. 시간: 100분(블록타임제)
4. 단원명: Ⅲ. 동아시아의 사회변동과 문화 교류 – 교역망의 발달과 은 유통

가. 단원의 성취기준

성취기준	[12동사03-02] 동아시아 지역의 교역망 발달과 서양과의 교역 확대로 인한 은 유통의 활성화 과정을 이해한다.

나. 단원의 구성

단원	차시	주요 내용 및 활용	수업 형태	평가 방법
교역망의 발달과 은 유통	1~2	동아시아 각국의 교역관계	강의식 수업, 모둠 활동	포트폴리오
	3	유럽의 진출과 교역망의 확대		
	4	은 유통의 활성화		

다. 교수·학습 환경

학생 수	지도 장소	매체 및 기자재
24명	교실	전자칠판, 사료 및 그림 자료, 모둠 활동지, 태블릿 PC

자료 ❶

나라는 남해(동중국해)의 가운데 있는데, 남북으로는 길고 동서로는 짧다. …… 그 땅에서는 유황이 산출되는데, 1년 만이면 다시 구덩이가 차, 아무리 파내어도 한이 없다. 해마다 중국에 사신을 보내고 유황 6만 근과 말 40필을 바친다. …… 해상 무역을 업으로 삼는다. 서쪽으로는 남만, 중국과 교통하고, 동쪽으로는 일본, 우리나라와 교통한다. 일본과 남만의 상선이 국도와 해변 포구에 모이므로, 백성이 포구에 술집을 설치하여 서로 교역한다.

– 신숙주, 『해동제국기』 유구국기

자료 ❷

바다는 푸젠 사람들에게 밭이나 마찬가지입니다. …… 가난한 자들은 생계를 위해 항상 무리 지어 바다로 나갑니다. 해금이 엄격해지면 식량을 구할 길이 없어서 해안을 약탈할 수밖에 없습니다. 연해민들은 가만히 앉은 채 속수무책으로 모든 재산을 빼앗깁니다. 아들과 딸은 물론이고 은과 모든 세간을 빼앗기니 피해가 날로 극심합니다.

– 푸젠 상인이 제기한 해금령 관련 탄원서, 『천하군국이병서』

자료 ❸

감합부

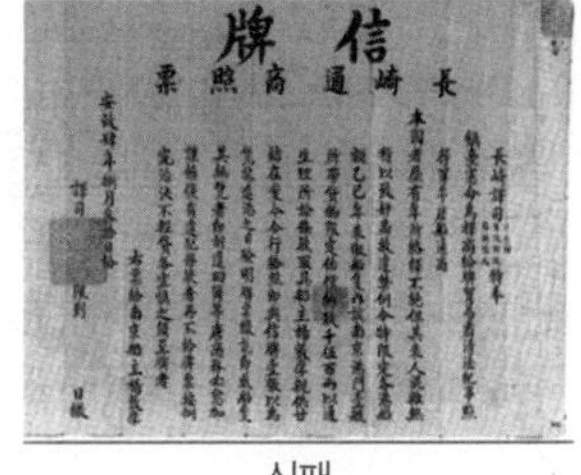

신패

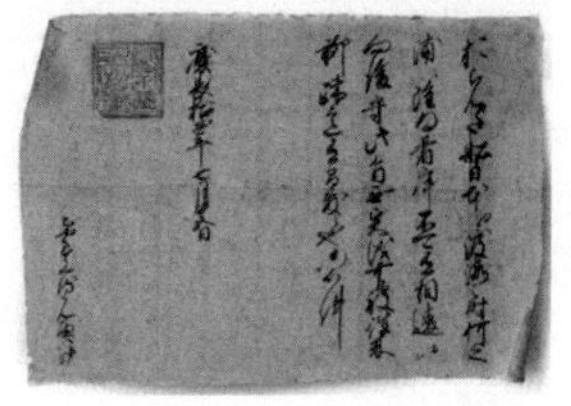

슈인장

자료 ❹ 동아시아 각국의 교역창구

(가) 청 대 광저우의 외국 상관

청은 1757년에 대외 무역항을 광저우로 제한하였다. 이때부터 난징 조약(1842)을 체결할 때까지 이곳에서만 서양과의 교역을 허용하였다. 광둥 무역 체제 속에서 대외 교역을 담당한 청의 상인은 공행이었다. 그들은 청 정부의 허가를 받아 무역 독점권을 가지고 수출입품을 독점하였으며, 관세를 징수하여 청 정부에 납부하였다. 또 외국 상인의 행동을 감독하는 책임도 지고 있었다.

(나) 조선 후기 부산의 초량 왜관

왜관에서는 조선과 일본의 상인들이 모여 교역하였다. 왜란 후 조선은 국방상의 이유로 일본 사절을 부산의 초량 왜관 이상으로는 올라오지 못하게 하였다. 조선은 사무역 금지를 원칙으로 하였으나, 왜관의 사무역은 허가하였다. 예외적으로 허가된 사무역이기에 엄격하게 관리하여, 동래부에서 발행한 허가증을 소지한 사람만이 출입할 수 있었다.

(다) 에도 시대 나가사키 데지마의 네덜란드 상관

에도 막부는 1636년, 포르투갈 상인들을 수용하고자 나가사키에 인공 섬인 데지마를 조성하였다. 그러나 포르투갈인은 종교상의 이유로 곧 추방당하였고, 그 자리를 네덜란드인이 차지하였다. 이후 나가사키는 200여 년간 네덜란드와의 무역 거점이 되었다. 출입이 허용된 일본 관리 이외에는 출입을 금지하였고, 네덜란드인도 데지마 안에서만 지내야 했다.

자료 ❺ 모둠 활동지

1. 모둠원과 토의하여 빈칸을 채워보자.

구분	출입이 가능한 외국 상인	외국 상인이 교역 관계에서 가졌을 불만
청의 광저우		
조선의 부산 초량 왜관		
일본의 나가사키 데지마		

2. 여러분이 외국의 관리가 되어 청, 조선, 일본과 개항을 위한 새로운 조약을 체결할 때, 조약 내용에 꼭 넣을 조항을 만들어 보자. (단, 1번 표의 외국 상인의 불만을 해결할 것)

대상 국가	조약 내용
청	
조선	
일본	

관리번호	

2025학년도 공립 중등학교 임용 후보자 선정 경쟁 2차 시험
수업지도안 작성 답안지

수험번호									이름	

단원	Ⅲ. 동아시아의 사회변동과 문화 교류 - 교역망의 발달과 은 유통		지도 대상	고등학교 3학년
학습목표	1. 명·청, 조선, 일본 각 나라 사이의 교역 관계의 변화를 설명할 수 있다.			
	2. 명·청의 대외 교역 정책의 변화가 동아시아 지역에 끼친 영향을 파악할 수 있다.			
	3. 자료를 분석하여 문제상황을 인식하고 이에 대한 해결 방안을 토의할 수 있다.			

학습 단계	학습 요소	교수·학습활동	시간	자료 및 지도상 유의점
도입	인사	인사 및 출석 확인	5	
	전시 확인	전시학습 확인		
	동기 유발	동기를 유발한다.		
	학습목표	학습목표를 확인한다.		
전개	〈전개 1〉	〈지도안 작성 부분 1〉 • 청의 공행무역에 관해 설명한다.	25	〈자료 1〉 〈자료 2〉

전개	〈전개 2〉	• 조선의 대외무역에 관해 설명한다. 〈지도안 작성 부분 2〉	20	〈자료 3〉
	〈전개 3〉	〈지도안 작성 부분 3〉	45	〈자료 4〉 〈자료 5〉 태블릿 PC
정리	정리	질의응답을 통해 학습 내용을 정리한다.	5	
	차시예고	다음 수업 주제를 안내한다.		
	인사	인사하고 마친다.		

관리번호	

2025학년도 중등학교 교사 신규임용후보자 선정 경쟁 시험 (2차)
역사 수업실연 문제지

수험번호									성명		관리번호	

○ 문항에서 요구하는 내용의 가짓수가 제한되어 있는 경우, 요구한 가짓수까지의 내용만 실연하시오.
○ 칠판과 분필 등을 활용한 판서만 가능하며, 기자재를 활용해야 하는 경우 언급으로 대신하시오.

【문제】 다음에 제시된 〈실연 방법〉, 〈교수학습조건〉, 〈자료〉, 〈교수학습지도안〉을 반영해 수업을 실연하시오.

실연 방법

1. 〈교수학습지도안〉의 [수업실연 1] ~ [수업실연 3]에 해당하는 부분을 수업으로 실연하시오.
2. [수업실연 1] 〈자료 1〉, 〈자료 2〉를 활용하여 판서를 활용한 강의식 수업을 실연하시오.
   1) 명·청대 해금 정책의 목적과 변화를 설명하시오.
   2) 명·청대 해금 정책의 완화 및 폐지가 동아시아 교역과 사회에 끼친 영향을 설명하시오.
3. [수업실연 2] 〈자료 3〉을 활용하여 문답식 수업을 실연하시오.
   1) 자료 일부를 활용하여 중국의 대외무역 정책의 변화에 따른 일본의 무역 변화 양상을 설명하시오.
   2) 제시된 자료 이외에 그림 자료를 한 가지 추가하여 일본의 대외무역 양상을 설명하시오.
4. [수업실연 3] 〈자료 4〉, 〈자료 5〉를 활용하여 모둠별 활동을 진행하시오.
   1) (활동의 목적을 역사과 핵심역량과 연관지어 설명하시오.)
   2) 모둠 발표가 끝났다고 가정하고, 발표에 대한 피드백 활동을 작성하시오.

* 유의사항
교사와 학생의 상호작용이 구체적으로 드러나게 실연하시오.

교수·학습 조건

1. 과목명: 동아시아사
2. 대상: 고등학교 3학년
3. 시간: 100분(블록타임제)
4. 단원명: Ⅲ. 동아시아의 사회변동과 문화 교류 - 교역망의 발달과 은 유통

성취기준	[12동사03-02] 동아시아 지역의 교역망 발달과 서양과의 교역 확대로 인한 은 유통의 활성화 과정을 이해한다.		
단원의 구성	차시	주요 내용 및 활용	수업 형태
	1~2	동아시아 각국의 교역관계	강의식 수업, 모둠 활동, 포트폴리오 평가
	3	유럽의 진출과 교역망의 확대	
	4	은 유통의 활성화	

5. 교수·학습 환경

학생 수	지도 장소	매체 및 기자재
24명	교실	전자칠판, 사료 및 그림 자료, 모둠 활동지, 태블릿 PC

자료 ❶

나라는 남해(동중국해)의 가운데 있는데, 남북으로는 길고 동서로는 짧다. …… 그 땅에서는 유황이 산출되는데, 1년 만이면 다시 구덩이가 차, 아무리 파내어도 한이 없다. 해마다 중국에 사신을 보내고 유황 6만 근과 말 40필을 바친다. …… 해상 무역을 업으로 삼는다. 서쪽으로는 남만, 중국과 교통하고, 동쪽으로는 일본, 우리나라와 교통한다. 일본과 남만의 상선이 국도와 해변 포구에 모이므로, 백성이 포구에 술집을 설치하여 서로 교역한다.

– 신숙주, 『해동제국기』 유구국기

자료 ❷

바다는 푸젠 사람들에게 밭이나 마찬가지입니다. …… 가난한 자들은 생계를 위해 항상 무리 지어 바다로 나갑니다. 해금이 엄격해지면 식량을 구할 길이 없어서 해안을 약탈할 수밖에 없습니다. 연해민들은 가만히 앉은 채 속수무책으로 모든 재산을 빼앗깁니다. 아들과 딸은 물론이고 은과 모든 세간을 빼앗기니 피해가 날로 극심합니다.

– 푸젠 상인이 제기한 해금령 관련 탄원서, 『천하군국이병서』

자료 ❸

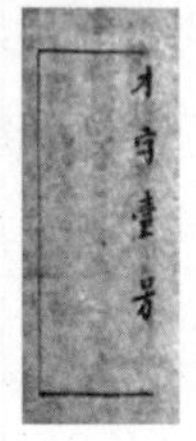

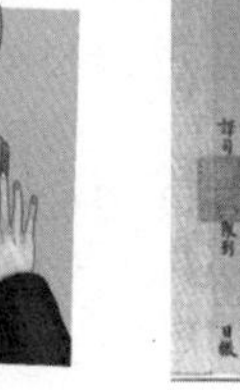
감합부

신패

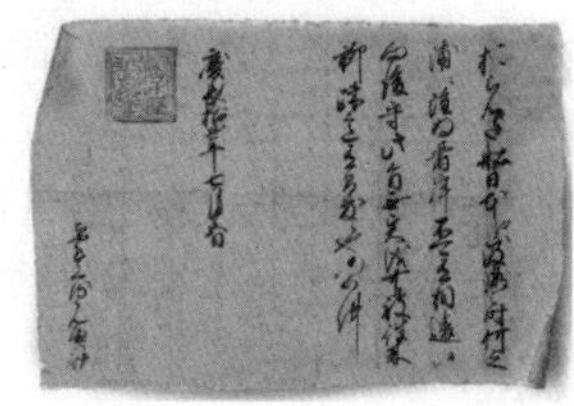
슈인장

자료 ❹ 동아시아 각국의 교역창구

(가) 청 대 광저우의 외국 상관

청은 1757년에 대외 무역항을 광저우로 제한하였다. 이때부터 난징 조약(1842)을 체결할 때까지 이곳에서만 서양과의 교역을 허용하였다. 광둥 무역 체제 속에서 대외 교역을 담당한 청의 상인은 공행이었다. 그들은 청 정부의 허가를 받아 무역 독점권을 가지고 수출입품을 독점하였으며, 관세를 징수하여 청 정부에 납부하였다. 또 외국 상인의 행동을 감독하는 책임도 지고 있었다.

(나) 조선 후기 부산의 초량 왜관

왜관에서는 조선과 일본의 상인들이 모여 교역하였다. 왜란 후 조선은 국방상의 이유로 일본 사절을 부산의 초량 왜관 이상으로는 올라오지 못하게 하였다. 조선은 사무역 금지를 원칙으로 하였으나, 왜관의 사무역은 허가하였다. 예외적으로 허가된 사무역이기에 엄격하게 관리하여, 동래부에서 발행한 허가증을 소지한 사람만이 출입할 수 있었다.

(다) 에도 시대 나가사키 데지마의 네덜란드 상관

에도 막부는 1636년, 포르투갈 상인들을 수용하고자 나가사키에 인공 섬인 데지마를 조성하였다. 그러나 포르투갈인은 종교상의 이유로 곧 추방당하였고, 그 자리를 네덜란드인이 차지하였다. 이후 나가사키는 200여 년간 네덜란드와의 무역 거점이 되었다. 출입이 허용된 일본 관리 이외에는 출입을 금지하였고, 네덜란드인도 데지마 안에서만 지내야 했다.

자료 ❺ 모둠 활동지

1. 모둠원과 토의하여 빈칸을 채워보자.

구분	출입이 가능한 외국 상인	외국 상인이 교역 관계에서 가졌을 불만
청의 광저우		
조선의 부산 초량 왜관		
일본의 나가사키 데지마		

2. 여러분이 외국의 관리가 되어 청, 조선, 일본과 개항을 위한 새로운 조약을 체결할 때, 조약 내용에 꼭 넣을 조항을 만들어 보자. (단, 1번 표의 외국 상인의 불만을 해결할 것)

대상 국가	조약 내용
청	
조선	
일본	

3

2025학년도 중등학교 교사 신규임용후보자 선정 경쟁 시험 (2차)
역사 수업실연 문제지 [지도안]

수험번호									성명		관리번호	

<table>
<tr><td>단원</td><td colspan="2">Ⅲ. 동아시아의 사회변동과 문화 교류 - 교역망의 발달과 은 유통</td><td>차시</td><td>1~2</td></tr>
<tr><td rowspan="3">학습목표</td><td colspan="4">1. 명·청, 조선, 일본 각 나라 사이의 교역 관계의 변화를 설명할 수 있다.</td></tr>
<tr><td colspan="4">2. 명·청의 대외 교역 정책의 변화가 동아시아 지역에 끼친 영향을 파악할 수 있다.</td></tr>
<tr><td colspan="4">3. 자료를 분석하여 문제상황을 인식하고 이에 대한 해결 방안을 토의할 수 있다.</td></tr>
<tr><td>학습 단계</td><td>학습 요소</td><td>교수·학습활동</td><td>자료 및 지도상 유의점</td><td>시간</td></tr>
<tr><td rowspan="4">도입</td><td>인사</td><td>인사 및 출석 확인</td><td rowspan="4"></td><td rowspan="4">5</td></tr>
<tr><td>전시 확인</td><td>전시학습 확인</td></tr>
<tr><td>동기 유발</td><td>동기유발</td></tr>
<tr><td>학습목표</td><td>학습목표 확인</td></tr>
<tr><td rowspan="3">전개</td><td>〈전개 1〉
명·청의
대외관계</td><td>〈수업실연 1 부분〉
• 청의 공행 무역을 설명한다.</td><td>〈자료 1〉
〈자료 2〉</td><td>25</td></tr>
<tr><td>〈전개 2〉
조선과
일본의
대외관계</td><td>• 조선과 주변국의 교역 양상을 설명한다.
〈수업실연 2 부분〉</td><td>〈자료 3〉</td><td>20</td></tr>
<tr><td>〈전개 3〉
모둠 활동
및 피드백</td><td>〈수업실연 3 부분〉</td><td>〈자료 4〉
〈자료 5〉
태블릿 PC</td><td>45</td></tr>
<tr><td rowspan="3">정리</td><td>정리</td><td>질의응답을 통해 학습 내용을 정리한다.</td><td rowspan="3"></td><td rowspan="3">5</td></tr>
<tr><td>차시예고</td><td>다음 수업 주제를 안내한다.</td></tr>
<tr><td>인사</td><td>인사하고 마친다.</td></tr>
</table>

4

2025학년도 공립 중등학교 임용 후보자 선정 경쟁 2차 시험 수업지도안 작성 문제지

수험번호										이름	

교수·학습지도안 작성 조건

- 교수·학습지도안은 실제 교실에서의 수업 상황을 가정하여 작성할 것
- [지도안 작성 부분 1] 〈자료 1〉, 〈자료 2〉를 활용하여 문답 중심의 강의식 수업을 진행하시오.
  - 〈자료 1〉을 활용하여 강의식 수업을 진행하되 국제 정세 및 은의 유통과 관련한 발문을 포함하시오.
  - 개항의 배경과 전개 과정을 발문을 통해 정리하시오.
- [지도안 작성 부분 2] 〈자료 3〉, 〈자료 4〉를 활용하여 모둠별 탐구 활동을 진행하시오.
  - 〈자료 3〉, 〈자료 4〉를 활용하여 작성하되, 근대적 조약의 특징이 드러나도록 진행하시오.
  - 탐구 과정에서 예상되는 질문 2가지와 이에 대한 답변 내용을 포함하시오.
  - 모둠별 탐구 활동을 정리하는 과정에서 각국 개항의 공통점과 차이점을 포함하시오.
- [지도안 작성 부분 3] 〈자료 5〉를 활용하여 모둠별 비교 학습을 진행하시오.
  - 활동 중 예상되는 학생의 질문 2가지와 교사의 답변을 포함하시오.
- [지도안 작성 부분 4] 〈자료 5〉의 비교 학습 결과에 대한 피드백을 진행하시오.
  - 우수사례와 미흡사례를 선정하여 피드백을 진행하되 구체적 근거를 포함하시오.

교수·학습 조건

1. 과목명: 동아시아사
2. 대상: 고등학교 3학년
3. 시간: 100분(블록타임제)
4. 단원명: Ⅳ. 동아시아 근대화 운동과 반제국주의 민족 운동 – 새로운 국제 질서와 근대화 운동

가. 단원의 성취기준

성취기준	[12동사04-01] 개항 이후 나타난 국제 관계의 변동을 살펴보고, 동아시아에서 일어난 근대화 운동을 비교한다.

나. 단원의 구성

단원	차시	주요 내용 및 활용	수업 형태	평가 방법
새로운 국제 질서와 근대화 운동	1~2	동아시아의 개항	강의식 수업, 비교 학습	수행평가
	3	근대화 운동의 전개	강의식 수업	
	4~5	동아시아의 국민 국가 수립 노력	강의식 수업, 하브루타	수행평가

다. 교수·학습 환경

학생 수	지도 장소	매체 및 기자재
25명	교실	칠판, 교사용 컴퓨터, 스마트 TV, 활동지, 태블릿 PC

자료 ❶ 동아시아 각국의 개항

(가) 청의 은 유출

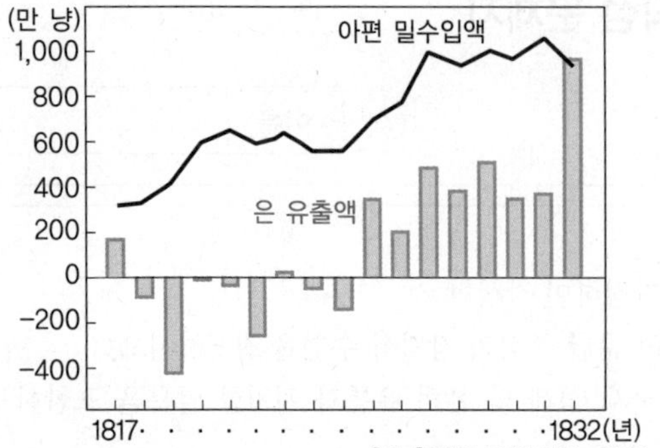

출처: 『문명의 교류와 충돌』, 2008

(나) 편무역과 삼각무역

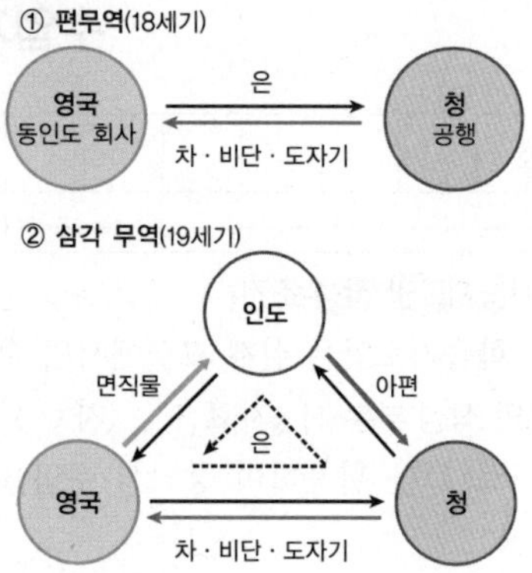

자료 ❷ 중국의 개항

(가) 난징 조약

- 앞으로 대청 대황제와 대영국 군주는 영원토록 평화를 유지하고, 청과 영국의 신민은 피차간에 우의를 유지한다. 또한, 양국의 신민은 각기 상대방의 영토 내에 있을 때 반드시 그 생명과 재산에 대하여 충분한 안전과 보호를 받아야 한다.
- 영국 국민은 광저우, 아모이, 푸저우, 닝보, 상하이에 거주할 수 있으며, 박해나 구속을 받지 않고 상업할 수 있다.
- 청은 영국에 홍콩을 양도하고, 영국은 적당하다고 인정하는 법률로써 통치한다.

(나) 톈진 조약

- 즈푸, 난징, 한커우, 타이난 등 10개 항구를 개방한다.
- 외국 공사의 베이징 주재 및 크리스트교 포교를 승인한다.

(다) 베이징 조약

- 톈진 항구를 추가로 개방하고, 주룽반도를 영국에 할양한다.
- 중국 노동자의 해외 이민을 허용한다.

자료 ❸ 일본과 한국의 개항

(가) 미·일 수호 통상 조약

- 시모다, 하코다테 외에도 이하의 항을 개항·개시한다. 가나가와, 나가사키, 니가타, 효고, 에도, 오사카 이들 개항지에서 미국인은 거류가 허용되고, 토지를 빌리고, 건물·창고를 구입·건축할 수 있다. 에도, 오사카에는 상거래를 위한 체제는 가능하지만 거류는 인정되지 않는다. 양국의 상인은 자유롭게 거래할 수 있다. 관리가 개입하지 않는다.
- 일반적으로 국내로 수입, 국내로부터 수출하는 물품에 관해서는 별책의 규정대로 일본의 관청에 관세를 납부한다.
- 일본에 대하여 범법 행위를 한 미국인은 미국 영사 재판소에서 조사한 후 미국의 법으로 처벌한다. 미국인에 대하여 범법 행위를 한 일본인은 일본의 법으로 처벌한다.

(나) 강화도 조약(조·일 수호 조규)

- 조선국은 부산 외에 두 곳의 항구를 개항하고 일본인이 와서 통상하도록 허가한다.
- 일본국 인민이 조선국 항구에서 죄를 지었거나 조선국 인민에게 관계되는 사건은 모두 일본국 관원이 심판한다.

자료 ❹ 베트남의 개항

베트남은 16세기에 포르투갈과 교역을 시작한 이래로 서양과 교류를 이어왔다. 영국이 아편 전쟁에서 승리한 이후, 프랑스는 청으로 진출하기 위해 베트남의 지배권을 확보하고자 하였다. 베트남은 청의 남부로 가는 거점이자 주요 교역로였으며, 오래전부터 프랑스의 가톨릭 선교사들이 포교활동을 하던 지역이었다. 결국 프랑스는 베트남이 프랑스인 선교사를 박해하였다는 구실로 전쟁을 일으켰다. 베트남은 이 전쟁에서 패하고 프랑스와 제1차 사이공 조약을 맺어 개항하였다(1862). 이 조약에는 전쟁 배상금 지불, 코친차이나의 동부 3성 할양, 다낭을 포함한 3개 항구의 개항 등이 포함되었다.

자료 ❺ 활동지

동아시아 각국의 개항					
나라	조약국	시기	조약명	핵심 내용	공통점
청		1842			
일본		1854			
조선		1876			
베트남		1862			

관리번호	

3

2025학년도 공립 중등학교 임용 후보자 선정 경쟁 2차 시험
수업지도안 작성 답안지

수험번호									이름	

단원	Ⅳ-1. 새로운 국제 질서와 근대화 운동	지도 대상	고등학교 3학년
학습목표	1. 동아시아의 각 국의 개항 과정에 대해 설명할 수 있다. 2. 동아시아 국가들이 맺은 근대적 조약의 성격을 말할 수 있다.		
학습 자료	교과서, 사료, 빔 프로젝터, 컴퓨터 및 태블릿 PC		

학습 단계	학습 요소	교수·학습활동	시간	자료 및 지도상 유의점
도입	인사	인사 및 출석 확인	5	
	전시 확인	전시 학습을 확인한다.		
	동기 유발	아편 전쟁 당시 청의 사진을 보여주고, 학생에게 발문한다.		
	학습목표	학습목표를 확인한다.		
전개	〈전개 1〉	〈지도안 작성 부분 1〉	25	〈자료 1〉 〈자료 2〉

전개	〈전개 2〉	〈지도안 작성 부분 2〉	20	〈자료 3〉 〈자료 4〉
	〈전개 3〉	〈지도안 작성 부분 3〉	25	〈자료 5〉

전개	〈전개 4〉	〈지도안 작성 부분 4〉	20	〈자료 5〉
정리	정리	학습목표 달성을 확인하고 질의응답 시간을 가진다.	5	
	차시예고	다음 차시를 예고한다.		
	인사	인사하고 마친다.		

관리번호	

2025학년도 공립 중등학교 임용 후보자 선정 경쟁 2차 시험
수업실연 문제지

수험번호									성명		관리번호	

○ 문항에서 요구하는 내용의 가짓수가 제한되어 있는 경우, 요구한 가짓수까지의 내용만 실연하시오.
○ 칠판과 분필 등을 활용한 판서만 가능하며, 기자재를 활용해야 하는 경우 언급으로 대신하시오.

【문제】 다음에 제시된 〈실연 방법〉, 〈교수학습조건〉, 〈자료〉, 〈교수학습지도안〉을 반영해 수업을 실연하시오.

실연 방법

1. [수업실연 1] 〈전개 1〉에서 〈자료 1〉, 〈자료 2〉를 활용하여 문답 중심의 강의식 수업을 진행하시오.
   1) 〈자료 1〉을 활용하는 과정에서 국제 정세 및 은의 유통과 관련한 발문을 포함하시오.
   2) 개항의 배경과 전개 과정을 발문을 통해 정리하고 이를 판서하시오.
2. [수업실연 2] 〈전개 2〉에서 〈자료 3〉, 〈자료 4〉를 활용한 모둠별 탐구 활동을 진행하시오.
   1) 〈자료 3〉, 〈자료 4〉를 활용하여 실연하되, 근대적 조약의 특징이 드러나도록 진행하시오.
   2) 탐구 과정에서 예상되는 질문에 이에 대한 답변 내용을 2가지 포함하시오.
   3) 학생들의 탐구내용을 토대로 하여, 각 나라 개항의 공통점과 차이점이 드러나도록 실연하시오.
3. [수업실연 3] 〈자료 5〉를 활용하여 모둠별 비교 학습에 대해 피드백을 진행하시오.
   1) 우수사례와 미흡사례를 선정하여 피드백을 진행하되 구체적 근거를 포함하시오.
   2) 역사과 핵심역량을 포함하여 피드백을 진행하시오.

* 유의사항
일정량의 판서를 사용하여 실연하시오.

교수·학습 조건

1. 과목명: 동아시아사
2. 대상: 고등학교 3학년
3. 시간: 100분(블록타임제)
4. 단원명: Ⅳ. 동아시아 근대화 운동과 반제국주의 민족 운동 – 새로운 국제 질서와 근대화 운동

성취기준	[12동사04-01] 개항 이후 나타난 국제 관계의 변동을 살펴보고, 동아시아에서 일어난 근대화 운동을 비교한다.		
단원의 구성	차시	주요 내용 및 활용	수업 형태
	1~2	동아시아의 개항	강의식 수업, 비교 학습
	3	근대화 운동의 전개	강의식 수업
	4~5	동아시아의 국민 국가 수립 노력	강의식 수업, 하브루타 수업

5. 교수·학습 환경

학생 수	지도 장소	매체 및 기자재
25명	교실	칠판, 교사용 컴퓨터, 스마트 TV, 활동지, 태블릿 PC

자료 ❶ 동아시아 각국의 개항

(가) 청의 은 유출

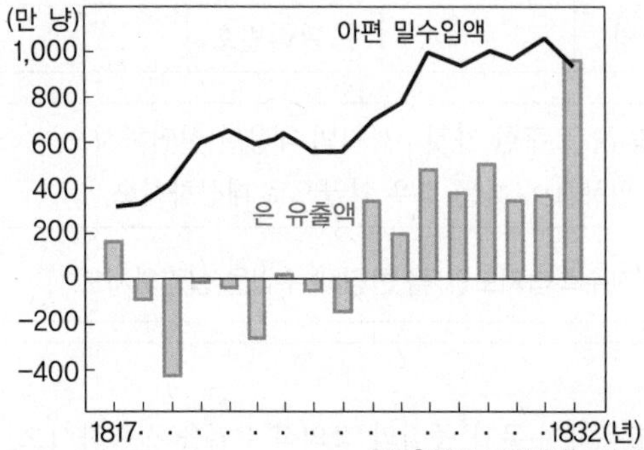

출처: 「문명의 교류와 충돌」, 2008

(나) 편무역과 삼각무역

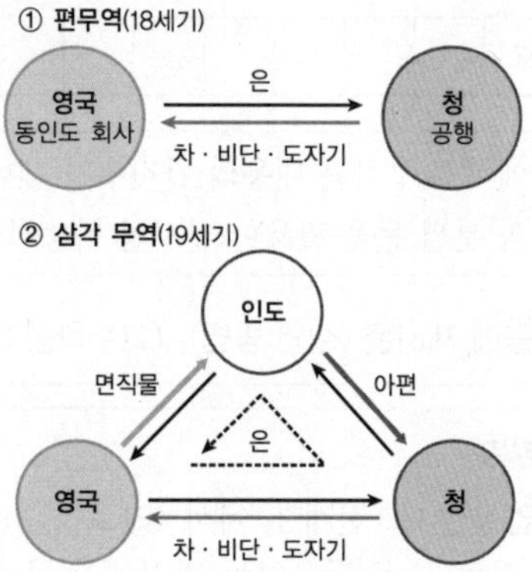

자료 ❷ 중국의 개항

(가) 난징 조약

- 앞으로 대청 대황제와 대영국 군주는 영원토록 평화를 유지하고, 청과 영국의 신민은 피차간에 우의를 유지한다. 또한, 양국의 신민은 각기 상대방의 영토 내에 있을 때 반드시 그 생명과 재산에 대하여 충분한 안전과 보호를 받아야 한다.
- 영국 국민은 광저우, 아모이, 푸저우, 닝보, 상하이에 거주할 수 있으며, 박해나 구속을 받지 않고 상업할 수 있다.
- 청은 영국에 홍콩을 양도하고, 영국은 적당하다고 인정하는 법률로써 통치한다.

(나) 톈진 조약

- 즈푸, 난징, 한커우, 타이난 등 10개 항구를 개방한다.
- 외국 공사의 베이징 주재 및 크리스트교 포교를 승인한다.

(다) 베이징 조약

- 톈진 항구를 추가로 개방하고, 주룽반도를 영국에 할양한다.
- 중국 노동자의 해외 이민을 허용한다.

자료 ❸ 일본과 한국의 개항

(가) 미·일 수호 통상 조약

- 시모다, 하코다테 외에도 이하의 항을 개항·개시한다. 가나가와, 나가사키, 니가타, 효고, 에도, 오사카 이들 개항지에서 미국인은 거류가 허용되고, 토지를 빌리고, 건물·창고를 구입·건축할 수 있다. 에도, 오사카에는 상거래를 위한 체제는 가능하지만 거류는 인정되지 않는다. 양국의 상인은 자유롭게 거래할 수 있다. 관리가 개입하지 않는다.
- 일반적으로 국내로 수입, 국내로부터 수출하는 물품에 관해서는 별책의 규정대로 일본의 관청에 관세를 납부한다.
- 일본에 대하여 범법 행위를 한 미국인은 미국 영사 재판소에서 조사한 후 미국의 법으로 처벌한다. 미국인에 대하여 범법 행위를 한 일본인은 일본의 법으로 처벌한다.

(나) 강화도 조약(조·일 수호 조규)

- 조선국은 부산 외에 두 곳의 항구를 개항하고 일본인이 와서 통상하도록 허가한다.
- 일본국 인민이 조선국 항구에서 죄를 지었거나 조선국 인민에게 관계되는 사건은 모두 일본국 관원이 심판한다.

자료 ❹ 베트남의 개항

베트남은 16세기에 포르투갈과 교역을 시작한 이래로 서양과 교류를 이어왔다. 영국이 아편 전쟁에서 승리한 이후, 프랑스는 청으로 진출하기 위해 베트남의 지배권을 확보하고자 하였다. 베트남은 청의 남부로 가는 거점이자 주요 교역로였으며, 오래전부터 프랑스의 가톨릭 선교사들이 포교활동을 하던 지역이었다. 결국 프랑스는 베트남이 프랑스인 선교사를 박해하였다는 구실로 전쟁을 일으켰다. 베트남은 이 전쟁에서 패하고 프랑스와 제1차 사이공 조약을 맺어 개항하였다(1862). 이 조약에는 전쟁 배상금 지불, 코친차이나의 동부 3성 할양, 다낭을 포함한 3개 항구의 개항 등이 포함되었다.

자료 ❺ 활동지

동아시아 각국의 개항					
나라	조약국	시기	조약명	핵심 내용	공통점
청		1842			
일본		1854			
조선		1876			
베트남		1862			

2025학년도 공립 중등학교 임용 후보자 선정 경쟁 2차 시험
수업실연 문제지 [지도안]

수험번호									성명		관리번호	

단원	Ⅳ-1. 새로운 국제 질서와 근대화 운동		차시	1~2
학습목표	1. 동아시아의 각 국의 개항 과정에 대해 설명할 수 있다. 2. 동아시아 국가들이 맺은 근대적 조약의 성격을 말할 수 있다.			
학습 단계	학습 요소	교수·학습활동	자료 및 지도상 유의점	시간
도입	인사	인사 및 출석 확인		5
	전시 확인	전시 학습을 확인한다.		
	동기 유발	아편 전쟁 당시 청의 사진을 통해 동기를 유발한다.		
	학습목표	학습목표를 확인한다.		
전개	〈전개 1〉 청의 개항	〈수업실연 1 부분〉	〈자료 1〉 〈자료 2〉	25
	〈전개 2〉 일본, 조선, 베트남의 개항	〈수업실연 2 부분〉	〈자료 3〉 〈자료 4〉	20
	〈전개 3〉 모둠별 비교 학습		〈자료 5〉	25
	〈전개 4〉 발표 및 후속 활동	〈수업실연 3 부분〉	〈자료 5〉	20
정리	정리	학습목표 달성을 확인하고 질의응답 시간을 가진다.		5
	차시예고	다음 수업 주제를 안내한다.		
	인사	인사하고 마친다.		

5

2025학년도 공립 중등학교 임용 후보자 선정 경쟁 2차 시험
수업지도안 작성 문제지

수험번호								

이름	

교수·학습지도안 작성 조건

- 교수·학습지도안은 실제 교실에서의 수업 상황을 가정하여 작성할 것
- [지도안 작성 부분 1] 〈자료 1〉을 활용하여 사료 탐구를 진행하시오.
  - 이전 차시 학습에 대한 내용 숙지 여부를 확인할 수 있는 발문을 제공하시오.
  - 〈자료 1〉을 활용하여 학생에게 확산적 발문을 1가지 제공하시오.
- [지도안 작성 부분 2] 〈자료 2〉를 활용하여 강의식 수업을 진행하시오.
  - 청의 입헌 군주제 수립 노력을 전개 과정 순으로 설명하되, 〈자료 2〉의 모든 키워드를 활용하시오.
  - 〈자료 2〉의 역사 지도를 활용하는 과정에서 예상되는 학생의 질문 2가지와 답변을 포함하시오.
- [지도안 작성 부분 3] 〈자료 3〉을 바탕으로 하브루타 수업과 사료 탐구 학습을 병행하여 작성하시오.
  - 하브루타 수업의 활동 방법을 안내하고, 〈자료 3〉을 활용하여 하브루타 수업을 진행하시오.
  - 사료 탐구과정에서 학생의 오개념이 드러난 질문과 이를 교정해주는 활동을 포함하시오.
- [지도안 작성 부분 4] 모둠별 발표를 듣고 〈자료 3〉을 활용하여 학습 내용을 정리하시오.
  - 우수사례와 미흡사례에 대한 피드백을 역사과 핵심역량과 관련하여 작성하시오.

교수·학습 조건

1. 과목명: 동아시아사
2. 대상: 고등학교 3학년
3. 시간: 100분(블록타임제)
4. 단원명: Ⅳ. 동아시아 근대화 운동과 반제국주의 민족 운동 – 새로운 국제 질서와 근대화 운동

가. 단원의 성취기준

성취기준	[12동사04-01] 개항 이후 나타난 국제 관계의 변동을 살펴보고, 동아시아에서 일어난 근대화 운동을 비교한다.

나. 단원의 구성

단원	차시	주요 내용 및 활용	수업 형태	평가 방법
새로운 국제 질서와 근대화 운동	1~2	동아시아의 개항	강의식 수업, 비교 학습	수행평가
	3	근대화 운동의 전개	강의식 수업	
	4~5	동아시아의 국민 국가 수립 노력	강의식 수업, 하브루타	수행평가

다. 교수·학습 환경

학생 수	지도 장소	매체 및 기자재
25명	교실	칠판, 스마트 TV, 활동지, 태블릿 PC

자료 ❶ 일본의 의회 설립 요구

신들이 엎드려 현재 정권이 누구에게 있는가 살펴보니, …… 오로지 일부 실권자들에게 있습니다. …… 천하의 공의를 떨친다는 것은 백성이 뽑은 의원을 설립하는 길밖에는 없습니다. …… 무릇 정부에 대해 조세를 낼 의무가 있는 인민은 그 정부의 일에 간여하여 찬반을 논할 권리가 있습니다. …… 지금 민선 의원을 설립한다면 정부와 인민 사이에 소통이 되고 서로 일체가 되어 국가와 정부가 비로소 강하게 될 것입니다.

– 「민선 의원 설립 건백서」, 1874. 1.

자료 ❷ 청의 입헌 군주제 수립 노력과 신해혁명

【키워드】 변법자강 운동, 신정, 흠정 헌법 대강, 쑨원, 신해혁명

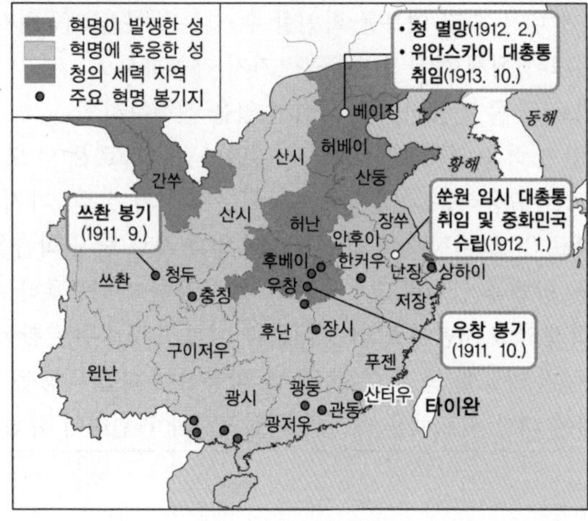

<table>
<tr><td colspan="3">자료 ❸ 모둠 활동지</td></tr>
<tr>
<td>(가) 「대일본 제국 헌법」(1889)
제1조 대일본 제국은 만세일계의 천왕이 이를 통치한다.
제3조 천황은 신성하여 누구라도 침범할 수 없다.
제4조 천황은 국가 원수로서 통치권을 총괄하며 이 헌법 조항에 따라 이를 거행한다.
제11조 천황은 육해군을 통솔한다.
제29조 일본 신민은 법률이 정한 범위 안에서 언론, 저작, 인쇄 및 발행, 집회, 결사의 자유를 허용한다.</td>
<td>(나) 「대한국 국제」(1899)
제1조 대한국은 세계 만국이 공인한 자주독립 제국이다.
제2조 대한국의 정치는 만세불변의 전제 정치이다.
제3조 대한국 대황제는 무한한 군권을 누린다.
제6조 대한국 대황제는 법률을 제정하여 그 반포와 집행을 명하고, 대사·특사·감형·복권 등을 명한다.
제7조 대한국 대황제는 행정 각부의 관제를 정하고, 행정상 필요한 칙령을 발한다.</td>
<td>(다) 「흠정 헌법 대강」(1908)
① 군상대권(군주의 권한)
제1조 청 황제는 청 제국을 통치하며, 만세일계로 영원히 존중하고 떠받들어야 한다.
제3조 황제는 법률을 공포하고 의안을 제안할 수 있는 권한을 가진다. 법률은 의회에서 의결하지만, 황제는 비준 명령을 받아 공포된 것이 아니면 시행할 수 없다.
② 신민 권리 의무(신민의 권리)
제2조 신민은 법률의 범위 안에서 언론, 저작, 출판 및 집회, 결사 등의 자유가 동등하게 허용된다.</td>
</tr>
<tr><td colspan="3">(1) (가)~(다)를 제정한 주체가 어디인지 말해 보자.
– 나의 의견:
– 짝의 의견:
– 모둠 의견:
(2) (가)~(다)에 나타나는 공통점에 대해 말해 보자.
– 나의 의견:
– 짝의 의견:
– 모둠 의견:
(3) 오늘날의 헌법과 (가)~(다)의 헌법을 비교하여 발표해 보자.
– 나의 의견:
– 짝의 의견:
– 모둠 의견:</td></tr>
</table>

관리번호	

3

2025학년도 공립 중등학교 임용 후보자 선정 경쟁 2차 시험
수업지도안 작성 답안지

수험번호									이름	

단원	Ⅳ-1. 새로운 국제 질서와 근대화 운동		지도 대상	고등학교 3학년
학습목표	1. 동아시아 국가들이 국민 국가를 건설하기 위해 전개한 활동을 비교할 수 있다. 2. 동아시아에서 나타난 입헌 논의와 헌법 제정이 가지는 의의에 대해 발표할 수 있다. 3. 하브루타 학습을 통해 동아시아 각국의 헌법을 비교하여 설명할 수 있다.			
학습 자료	교과서, 사료, 빔 프로젝터, 컴퓨터			

학습 단계	학습 요소	교수·학습활동	시간	자료 및 지도상 유의점
도입	인사	인사 및 출석 확인	5	
	전시 확인	전시 학습을 확인한다.		
	동기 유발	독립문 사진을 활용하여 발문한다.		
	학습목표	학습목표를 확인한다.		
전개	〈전개 1〉	〈지도안 작성 부분 1〉	15	〈자료 1〉
	〈전개 2〉	• 독립 협회에서 의회 설립 운동을 통해 입헌 군주제 수립을 요구하였다. • 고종이 대한제국을 수립하고 광무개혁을 시행하였다.	10	

전개	〈전개 3〉	〈지도안 작성 부분 2〉	20	〈자료 2〉
	〈전개 4〉	〈지도안 작성 부분 3〉	25	〈자료 3〉

전개	〈전개 5〉	• 조별로 하브루타 수업을 통해 완성한 〈자료 3〉의 내용을 발표한다. 〈지도안 작성 부분 4〉	20	〈자료 3〉
정리	정리	학습목표 달성을 확인하고 질의응답 시간을 가진다.	5	
	차시예고	다음 차시를 예고한다.		
	인사	인사하고 마친다.		

관리번호	

2025학년도 공립 중등학교 임용 후보자 선정 경쟁 2차 시험
수업실연 문제지

수험번호								성명		관리번호	

○ 문항에서 요구하는 내용의 가짓수가 제한되어 있는 경우, 요구한 가짓수까지의 내용만 실연하시오.
○ 칠판과 분필 등을 활용한 판서만 가능하며, 기자재를 활용해야 하는 경우 언급으로 대신하시오.

【문제】 다음에 제시된 〈실연 방법〉, 〈교수학습조건〉, 〈자료〉, 〈교수학습지도안〉을 반영해 수업을 실연하시오.

실연 방법

1. [수업실연 1] 〈자료 1〉를 활용하여 강의식 수업을 진행하시오.
   1) 〈자료 1〉의 모든 키워드를 판서하되, 전개 과정 순으로 설명하시오.
   2) 〈자료 1〉의 역사지도를 활용하는 과정에서 예상되는 학생의 질문 2가지와 답변을 포함하시오.
2. [수업실연 2] 〈자료 2〉를 활용하여 하브루타와 사료 탐구를 병행하여 수업을 진행하시오.
   1) 하브루타 활동 방법을 안내하는 과정을 실연하시오.
   2) (사료 탐구과정에서 학생의 오개념이 드러난 질문과 이를 교정해주는 활동을 포함하시오.)
3. [수업실연 3] 모둠별 발표를 듣고 〈자료 2〉를 활용하여 학습 내용을 정리하시오.
   1) 학생들의 발표가 끝났다고 가정하고, 우수사례와 미흡사례에 대한 피드백을 역사과 핵심역량과 관련하여 진행하시오.
   2) 학생들의 발표 내용을 토대로 하여 〈자료 2〉의 답변을 정리하시오,

* 유의사항
일정량의 판서를 사용하여 실연하시오.

교수·학습 조건

1. 과목명: 동아시아사
2. 대상: 고등학교 3학년
3. 시간: 100분(블록타임제)
4. 단원명: Ⅳ. 동아시아 근대화 운동과 반제국주의 민족 운동 – 새로운 국제 질서와 근대화 운동

성취기준	[12동사04-01] 개항 이후 나타난 국제 관계의 변동을 살펴보고, 동아시아에서 일어난 근대화 운동을 비교한다.		
단원의 구성	차시	주요 내용 및 활용	수업 형태
	1~2	동아시아의 개항	강의식 수업, 비교 학습
	3	근대화 운동의 전개	강의식 수업
	4~5	동아시아의 국민 국가 수립 노력	강의식 수업, 하브루타 수업

5. 교수·학습 환경

학생 수	지도 장소	매체 및 기자재
25명	교실	칠판, 스마트 TV, 활동지, 태블릿 PC

자료 ❶ 청의 입헌 군주제 수립 노력과 신해혁명

【키워드】 변법자강 운동, 신정, 흠정 헌법 대강, 쑨원, 신해혁명

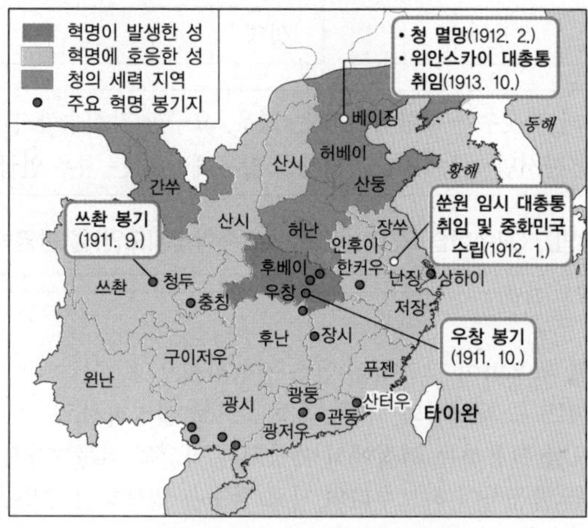

자료 ❷ 모둠 활동지

(가) 「대일본 제국 헌법」(1889)	(나) 「대한국 국제」(1899)	(다) 「흠정 헌법 대강」(1908)
제1조 대일본 제국은 만세일계의 천왕이 이를 통치한다. 제3조 천황은 신성하여 누구라도 침범할 수 없다. 제4조 천황은 국가 원수로서 통치권을 총괄하며 이 헌법 조항에 따라 이를 거행한다. 제11조 천황은 육해군을 통솔한다. 제29조 일본 신민은 법률이 정한 범위 안에서 언론, 저작, 인쇄 및 발행, 집회, 결사의 자유를 허용한다.	제1조 대한국은 세계 만국이 공인한 자주독립 제국이다. 제2조 대한국의 정치는 만세불변의 전제 정치이다. 제3조 대한국 대황제는 무한한 군권을 누린다. 제6조 대한국 대황제는 법률을 제정하여 그 반포와 집행을 명하고, 대사·특사·감형·복권 등을 명한다. 제7조 대한국 대황제는 행정 각부의 관제를 정하고, 행정상 필요한 칙령을 발한다.	① 군상대권(군주의 권한) 제1조 청 황제는 청 제국을 통치하며, 만세일계로 영원히 존중하고 떠받들어야 한다. 제3조 황제는 법률을 공포하고 의안을 제안할 수 있는 권한을 가진다. 법률은 의회에서 의결하지만, 황제는 비준 명령을 받아 공포된 것이 아니면 시행할 수 없다. ② 신민 권리 의무(신민의 권리) 제2조 신민은 법률의 범위 안에서 언론, 저작, 출판 및 집회, 결사 등의 자유가 동등하게 허용된다.

(1) (가)~(다)를 제정한 주체가 어디인지 말해 보자.
- 나의 의견:
- 짝의 의견:
- 모둠 의견:

(2) (가)~(다)에 나타나는 공통점에 대해 말해 보자.
- 나의 의견:
- 짝의 의견:
- 모둠 의견:

(3) 오늘날의 헌법과 (가)~(다)의 헌법을 비교하여 발표해 보자.
- 나의 의견:
- 짝의 의견:
- 모둠 의견:

2025학년도 공립 중등학교 임용 후보자 선정 경쟁 2차 시험
수업실연 문제지 [지도안]

수험번호								성명		관리번호	

<table>
<tr><td>단원</td><td colspan="2">Ⅳ-1. 새로운 국제 질서와 근대화 운동</td><td>차시</td><td>4~5</td></tr>
<tr><td rowspan="3">학습목표</td><td colspan="4">1. 동아시아 국가들이 국민 국가를 건설하기 위해 전개한 활동을 비교할 수 있다.</td></tr>
<tr><td colspan="4">2. 동아시아에서 나타난 입헌 논의와 헌법 제정이 가지는 의의에 대해 발표할 수 있다.</td></tr>
<tr><td colspan="4">3. 하브루타 학습을 통해 동아시아 각국의 헌법을 비교하여 설명할 수 있다.</td></tr>
<tr><td>학습 단계</td><td>학습 요소</td><td>교수·학습활동</td><td>자료 및 지도상 유의점</td><td>시간</td></tr>
<tr><td rowspan="4">도입</td><td>인사</td><td>인사 및 출석 확인</td><td rowspan="4"></td><td rowspan="4">5</td></tr>
<tr><td>전시 확인</td><td>전시 학습을 확인한다.</td></tr>
<tr><td>동기 유발</td><td>독립문 사진을 활용하여 발문한다.</td></tr>
<tr><td>학습목표</td><td>학습목표를 확인한다.</td></tr>
<tr><td rowspan="5">전개</td><td>〈전개 1〉
일본의 국민 국가 수립 노력</td><td></td><td></td><td>15</td></tr>
<tr><td>〈전개 2〉
조선의 국민 국가 수립 노력</td><td></td><td></td><td>10</td></tr>
<tr><td>〈전개 3〉
청의 국민 국가 수립 노력</td><td>〈수업실연 1 부분〉</td><td>〈자료 1〉</td><td>20</td></tr>
<tr><td>〈전개 4〉
하브루타 학습</td><td>〈수업실연 2 부분〉</td><td>〈자료 2〉</td><td>25</td></tr>
<tr><td>〈전개 5〉
조별 발표 및 피드백</td><td>〈수업실연 3 부분〉</td><td>〈자료 2〉</td><td>20</td></tr>
<tr><td rowspan="3">정리</td><td>정리</td><td>학습목표 달성을 확인하고 질의응답 시간을 가진다.</td><td rowspan="3"></td><td rowspan="3">5</td></tr>
<tr><td>차시예고</td><td>다음 수업 주제를 안내한다.</td></tr>
<tr><td>인사</td><td>인사하고 마친다.</td></tr>
</table>

2025학년도 공립 중등학교 임용 후보자 선정 경쟁 2차 시험 수업지도안 작성 문제지

수험번호									이름	

교수·학습지도안 작성 조건

- 교수·학습 지도안은 실제 교실에서의 수업 상황을 가정하여 작성할 것
- [지도안 작성 부분 1] 〈자료 1〉을 활용하여 문답 중심의 강의식 수업을 진행하시오.
  - 자료의 의미를 분석하고 이를 도출할 수 있도록 각각 한 가지씩의 발문을 제공하시오.
  - 청·일 전쟁의 전개 과정을 판서하시오.
  - 청·일 전쟁의 결과가 동아시아 3국에 끼친 영향을 설명하시오.
- [지도안 작성 부분 2] 〈자료 2〉를 활용하여 사료 탐구 수업을 진행하시오.
  - 〈자료 2〉의 체결 과정을 시간 순으로 작성하시오.
- [지도안 작성 부분 3] 〈자료 3〉을 활용하여 모둠활동을 진행하시오.
  - 두 인물의 동양평화론과 관련하여 각각 한 가지의 발문을 제공하시오.
  - 〈자료 3〉의 [A]에 들어갈 내용을 작성하시오.
- [지도안 작성 부분 4] 학습 목표를 고려하여 형성평가 문항을 작성하시오.

※ 모든 작성 부분은 교사와 학생의 활동이 구체적으로 드러나도록 작성하시오.

교수·학습 조건

1. 과목명: 동아시아사
2. 대상: 고등학교 3학년
3. 시간: 100분(블록타임제)
4. 단원명: Ⅳ. 동아시아의 근대화 운동과 반제국주의 민족운동 – 제국주의 침략 전쟁과 민족 운동

가. 단원의 성취기준

성취기준	[12동사04-02] 제국주의 침략의 실상과 일본 군국주의로 인한 전쟁의 확대 과정을 살펴보고, 그에 대항한 각국의 민족 운동을 비교하여 설명한다.

나. 단원의 구성

단원	차시	주요 내용 및 활용	수업 형태	평가 방법
제국주의 침략 전쟁과 민족 운동	1~2	제국주의 침략 전쟁과 민족 운동	강의식 수업, 사료 탐구 수업	수행평가
	3	제1차 세계대전과 동아시아사		
	4	침략 전쟁의 확대		
	5	항일 전쟁과 국제 연대		

다. 교수·학습 환경

학생 수	지도 장소	매체 및 기자재
24명	교실	전자칠판, 모둠 활동지, 사진 자료, 태블릿 PC

자료 ❶ 청·일 전쟁

(가) 청·일 전쟁의 전개 과정

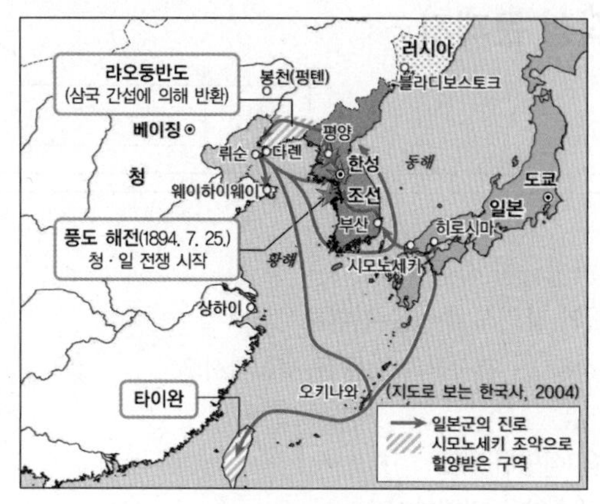

(나) 배상금 사용처

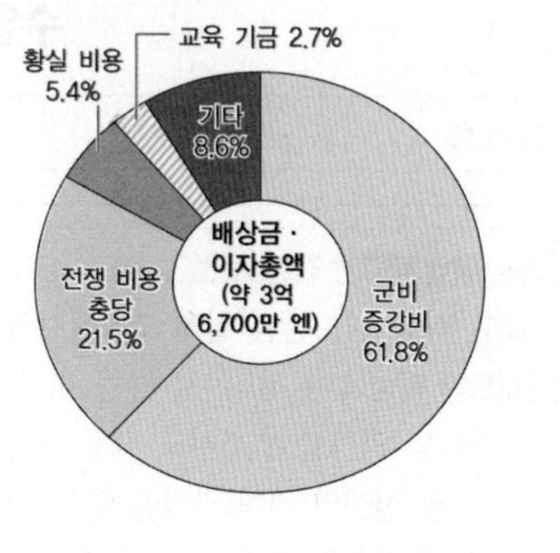

자료 ❷ 러·일 전쟁 이후 동아시아의 정세

(가) 포츠머스 조약

제2조 러시아 제국 정부는 … 일본 제국 정부가 한국에서 필요하다고 인정하는 지도 보호 및 감리의 조치를 취하는 데 이를 저지하거나 간섭하지 않을 것을 약정한다.

제5조 러시아 제국 정부는 청국 정부 승낙 하에 뤼순, 다롄 및 그 부근의 … 모든 권리 특권을 일본 제국 정부에 이전한다.

(나) 을사조약

제2조 한국 정부는 지금부터 일본국 정부의 중개를 거치지 않고서는 국제적 성질을 가진 어떤 조약이나 약속을 맺지 않을 것을 서로 약속한다.

제3조 … 그 대표자로 한국 황제 폐하 밑에 1명의 통감을 두되 오로지 외교에 관한 사항을 관리한다.

(다) 만주선후조약

제2조 청국 정부는 러시아 정부가 포츠머스 조약에 의거해 일본국에 대해 행한 일체의 양도를 승낙한다.

제5조 일본국 정부는 청과 러시아 양국 간에 체결되었던 조차지 및 철도 부설에 관해 원 조약에 비추어 노력하고 준행해야 함을 승낙한다.

자료 ❸ 탐구 활동

안중근과 이토 히로부미의 동양평화론

안중근의 동양 평화론

오늘날 서구 세력이 점차 동쪽으로 밀려오고 있는 환란을 동양 인종은 일치단결하여 힘써 방어해야 함은 삼척동자라도 다 아는 사실이다. 그런데 무슨 까닭으로 일본은 이러한 정세를 돌아보지 아니하고, 같은 종족, 이웃 나라의 가죽을 벗기고 살을 베어내니 …

이토 히로부미의 동양 평화론

한국을 방문한 이토 히로부미는 고종을 만나 자신의 동양 평화론을 개진하였다. 그 내용은 첫째, 동양 3국은 상호 협력을 통해 문명을 증진하여 구미 각국과 어깨를 나란히 해야 한다. 둘째, 동양 3국은 문명국으로 위장하고 침략을 일삼는 러시아에 대항해야 한다. 셋째, 대한 제국 황제가 일본의 제의를 이해하여 일본과 존망을 같이할 때 일본은 한국의 국권을 보전해준다는 것이었다.

♥ 함께 토의하기

[질문 1] 두 인물의 동양평화론을 요약해보기

안중근	
이토 히로부미	

[질문 2] 두 인물이 주장한 동양평화론의 차이점을 토의해보자.

[A: 수험생 작성 부분]

관리번호	

2025학년도 공립 중등학교 임용 후보자 선정 경쟁 2차 시험
수업지도안 작성 답안지

수험번호									이름	

단원	V-3. 제국주의 침략 전쟁과 민족 운동		지도 대상	고등학교 3학년
학습목표	1. 청·일 전쟁과 이후 러·일 전쟁 동아시아 정세에 나타난 변화를 말할 수 있다.			
	2. 대한 제국의 국권 강탈 과정을 설명할 수 있다.			
	3. 동양평화론을 통해 일본의 동아시아 침략 논리에 대해 파악할 수 있다.			

학습 단계	학습 요소	교수·학습활동	시간	자료 및 지도상 유의점
도입	인사	인사 및 출석 확인	5	
	전시 확인	전시학습 확인		
	동기 유발	러·일전쟁을 풍자한 그림을 통해 동기유발한다.		
	학습목표	학습목표를 확인한다.		
전개	〈전개 1〉	〈지도안 작성 부분 1〉 〈판서 계획〉	20	〈자료 1〉

전개	〈전개 2〉	〈지도안 작성 부분 2〉	15	〈자료 2〉
	〈전개 3〉	〈지도안 작성 부분 3〉 [질문 2] 두 인물이 주장한 동양평화론의 차이점을 토의해보자. [수험생 작성 부분]	50	〈자료 3〉

3

정리	정리	〈지도안 작성 부분 4〉 [형성평가] [수험생 작성 부분]	10	
	차시예고	다음 수업 주제를 안내한다.		
	인사	인사하고 마친다.		

관리번호	

2025학년도 중등학교 교사 신규임용후보자 선정 경쟁 시험 (2차)
역사 수업실연 문제지

수험번호									성명		관리번호	

○ 문항에서 요구하는 내용의 가짓수가 제한되어 있는 경우, 요구한 가짓수까지의 내용만 실연하시오.
○ 칠판과 분필 등을 활용한 판서만 가능하며, 기자재를 활용해야 하는 경우 언급으로 대신하시오.

【문제】 다음에 제시된 〈실연 방법〉, 〈교수학습조건〉, 〈자료〉, 〈교수학습지도안〉을 반영해 수업을 실연하시오.

실연 방법

1. 〈교수학습지도안〉의 [수업실연 1] ~ [수업실연 3]에 해당하는 부분을 수업으로 실연하시오.
2. [수업실연 1] 〈자료 1〉을 활용하여 문답 중심의 강의식 수업을 실연하시오.
   1) 청·일 전쟁의 전개 과정을 판서하시오.
   2) 청·일 전쟁의 결과가 동아시아 3국에 끼친 영향을 설명하시오.
3. [수업실연 2] 〈자료 2〉를 활용하여 모둠활동을 실연하시오.
   1) 두 인물의 동양평화론과 관련하여 한 가지 발문을 제공하시오.
   2) 〈자료 2〉의 [A]에 대한 발표를 진행하시오.
4. [수업실연 3] 수업 내용을 확인할 수 있는 형성평가를 실연하시오.

* 유의사항
교사와 학생의 상호작용이 구체적으로 드러나게 실연하시오.

교수·학습 조건

1. 과목명: 동아시아사
2. 대상: 고등학교 3학년
3. 시간: 100분(블록타임제)
4. 단원명: Ⅳ. 동아시아의 근대화 운동과 반제국주의 민족운동 – 제국주의 침략 전쟁과 민족 운동

성취기준	[12동사04-02] 제국주의 침략의 실상과 일본 군국주의로 인한 전쟁의 확대 과정을 살펴보고, 그에 대항한 각국의 민족 운동을 비교하여 설명한다.		
단원의 구성	차시	주요 내용 및 활용	수업 형태
	1~2	제국주의 침략 전쟁과 민족 운동	강의식 수업, 사료 탐구 수업
	3	제1차 세계대전과 동아시아사	
	4	침략 전쟁의 확대	
	5	항일 전쟁과 국제 연대	

5. 교수·학습 환경

학생 수	지도 장소	매체 및 기자재
24명	교실	전자칠판, 모둠 활동지, 사진 자료, 태블릿 PC

자료 ❶ 청·일 전쟁

(가) 청·일 전쟁의 전개 과정

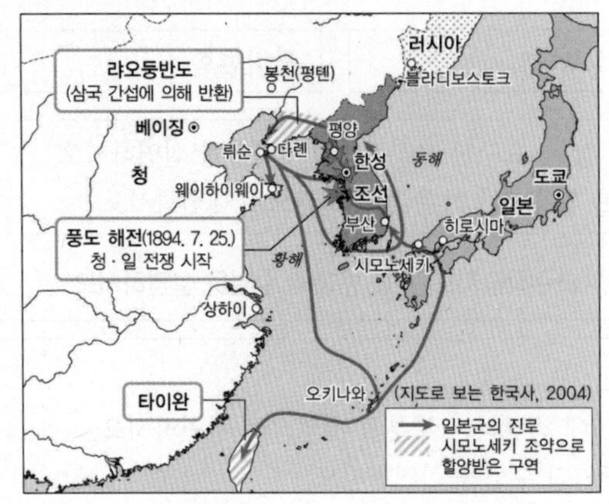

(나) 배상금 사용처

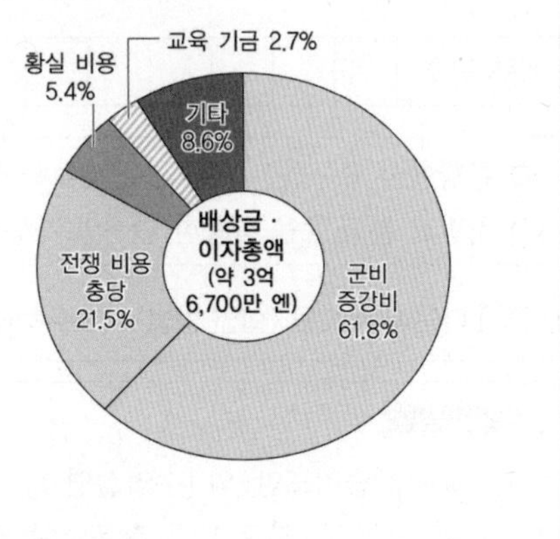

자료 ❷ 탐구 활동

안중근과 이토 히로부미의 동양평화론

안중근의 동양 평화론

오늘날 서구 세력이 점차 동쪽으로 밀려오고 있는 환란을 동양 인종은 일치단결하여 힘써 방어해야 함은 삼척동자라도 다 아는 사실이다. 그런데 무슨 까닭으로 일본은 이러한 정세를 돌아보지 아니하고, 같은 종족, 이웃 나라의 가죽을 벗기고 살을 베어내니 …

이토 히로부미의 동양 평화론

한국을 방문한 이토 히로부미는 고종을 만나 자신의 동양 평화론을 개진하였다. 그 내용은 첫째, 동양 3국은 상호 협력을 통해 문명을 증진하여 구미 각국과 어깨를 나란히 해야 한다. 둘째, 동양 3국은 문명국으로 위장하고 침략을 일삼는 러시아에 대항해야 한다. 셋째, 대한 제국 황제가 일본의 제의를 이해하여 일본과 존망을 같이할 때 일본은 한국의 국권을 보전해준다는 것이었다.

♥ 함께 토의하기

[질문 1] 두 인물의 동양평화론을 요약해보기

안중근	
이토 히로부미	

[질문 2] 두 인물이 주장한 동양평화론의 차이점을 토의해보자.

[A: 수험생 실연 부분]

2025학년도 중등학교 교사 신규임용후보자 선정 경쟁 시험 (2차)
역사 수업실연 문제지 [지도안]

수험번호									성명		관리번호	

<table>
<tr><td>단원</td><td colspan="2">V-3. 제국주의 침략 전쟁과 민족 운동</td><td>차시</td><td>1~2</td></tr>
<tr><td rowspan="3">학습목표</td><td colspan="4">1. 청·일 전쟁과 이후 러·일 전쟁 동아시아 정세에 나타난 변화를 말할 수 있다.</td></tr>
<tr><td colspan="4">2. 대한 제국의 국권 강탈 과정을 설명할 수 있다.</td></tr>
<tr><td colspan="4">3. 동양평화론을 통해 일본의 동아시아 침략 논리에 대해 파악할 수 있다.</td></tr>
<tr><td>학습 단계</td><td>학습 요소</td><td>교수·학습활동</td><td>자료 및 지도상 유의점</td><td>시간</td></tr>
<tr><td rowspan="4">도입</td><td>인사</td><td>인사 및 출석 확인</td><td rowspan="4"></td><td rowspan="4">5</td></tr>
<tr><td>전시 확인</td><td>전시학습 확인</td></tr>
<tr><td>동기 유발</td><td>러·일 전쟁을 풍자한 그림을 통해 동기유발한다.</td></tr>
<tr><td>학습목표</td><td>학습목표 확인</td></tr>
<tr><td rowspan="3">전개</td><td>〈전개 1〉
청·일 전쟁</td><td>〈수업실연 1 부분〉</td><td>〈자료 1〉</td><td>20</td></tr>
<tr><td>〈전개 2〉
일본의
국권 침탈</td><td></td><td></td><td>15</td></tr>
<tr><td>〈전개 3〉
모둠활동</td><td>〈수업실연 2 부분〉</td><td>〈자료 2〉</td><td>50</td></tr>
<tr><td rowspan="3">정리</td><td>정리</td><td>〈수업실연 3 부분〉</td><td rowspan="3"></td><td rowspan="3">10</td></tr>
<tr><td>차시예고</td><td>다음 수업 주제를 안내한다.</td></tr>
<tr><td>인사</td><td>인사하고 마친다.</td></tr>
</table>

7

2025학년도 공립 중등학교 임용 후보자 선정 경쟁 2차 시험
수업지도안 작성 문제지

수험번호									이름	

교수·학습지도안 작성 조건

- 교수·학습 지도안은 실제 교실에서의 수업 상황을 가정하여 작성할 것
- [지도안 작성 부분 1] 〈자료 1〉을 활용하여 모둠별 탐구 학습을 제공하시오.
  - 〈자료 1〉의 (가), (나)에 대한 공통점과 차이점이 드러날 수 있도록 작성하시오.
  - (가), (나)의 역사적 의미가 드러날 수 있도록 〈자료 1〉의 [탐구질문 2], [탐구질문 3]을 작성하시오.
- [지도안 작성 부분 2] 〈자료 2〉를 활용하여 강의식 수업을 제공하시오.
  - 〈자료 2〉의 (가), (나)를 활용하여 각각 한 가지의 발문을 제공하시오.
  - 국민혁명의 전개과정이 드러날 수 있도록 강의식 수업을 제공하시오.
- [지도안 작성 부분 3] 〈자료 3〉을 활용하여 연표 제작 학습을 제공하시오.
  - 활동 시 유의사항을 포함한 활동 안내를 작성하시오.
  - 연표의 사례를 설정하여 교정적 피드백을 제공하시오.

※ 모든 작성 부분은 교사와 학생의 활동이 구체적으로 드러나도록 작성하시오.

교수·학습 조건

1. 과목명: 동아시아사
2. 대상: 고등학교 3학년
3. 시간: 100분(블록타임제)
4. 단원명: Ⅳ. 동아시아의 근대화 운동과 반제국주의 민족운동 – 제1차 세계대전과 동아시아

가. 단원의 성취기준

성취기준	[12동사04-02] 제국주의 침략의 실상과 일본 군국주의로 인한 전쟁의 확대 과정을 살펴보고, 그에 대항한 각국의 민족 운동을 비교하여 설명한다.

나. 단원의 구성

단원	차시	주요 내용 및 활용	수업 형태	평가 방법
제국주의의 침략 전쟁과 민족 운동	1	제국주의의 침략 전쟁과 민족 운동		
	2~3	제1차 세계대전과 동아시아사	탐구학습, 연표 제작 학습	수행평가
	4	침략 전쟁의 확대		
	5	항일 전쟁과 국제 연대		

다. 교수·학습 환경

학생 수	지도 장소	매체 및 기자재
24명	교실	전자칠판, 모둠 활동지, 사진 자료, 태블릿 PC

자료 ❶ 탐구 활동

3·1운동과 5·4운동

(가) 한국의 3·1운동

우리는 오늘 조선이 독립국이며, 조선인이 이 나라의 주인임을 선언한다. 우리는 이를 세계 모든 나라에 알려 인류가 평등하다는 큰 뜻을 분명히 하고, 우리 후손이 스스로 살아갈 정당한 권리를 영원히 누리게 할 것이다.

(나) 중국의 5·4운동

한파리 강화 회의가 열렸을 때 우리가 희망한 것은 세계에 정의 · 인도 · 공리가 있다는 것이었습니다. 칭다오를 돌려주고 중국과 일본 사이의 밀약, 군사 협정, 기타 불평등 조약까지 취소하는 것이 바로 공리이고 정의입니다. 그런데 우리의 토지를 다섯 나라가 공동 관리하여 우리를 패전국인 독일, 오스트리아처럼 치부하는 것은 정의가 아닙니다. … 산둥이 망하면 중국도 망합니다. 조선에서는 독립을 꾀하면서 "독립이 아니면 차라리 죽음을 달라."라고 외쳤습니다.

♥ 함께 토의하기

[탐구질문 1] (가), (나) 운동이 등장하게 된 국내외적 배경을 말해보자.

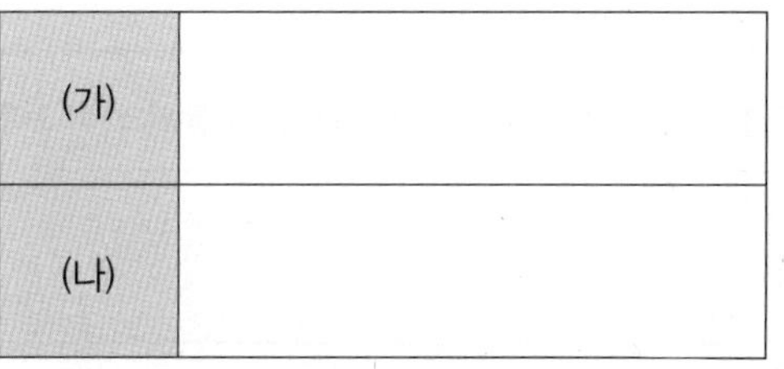

(가)	
(나)	

[탐구질문 2] [수험생 작성 부분]
학생답안:

[탐구질문 3] [수험생 작성 부분]
학생답안:

자료 ❷ 국민혁명의 전개

(가) 1차 북벌

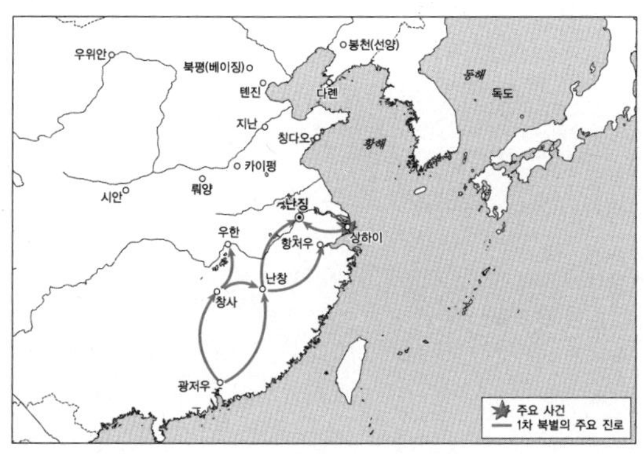

(나) 2차 북벌

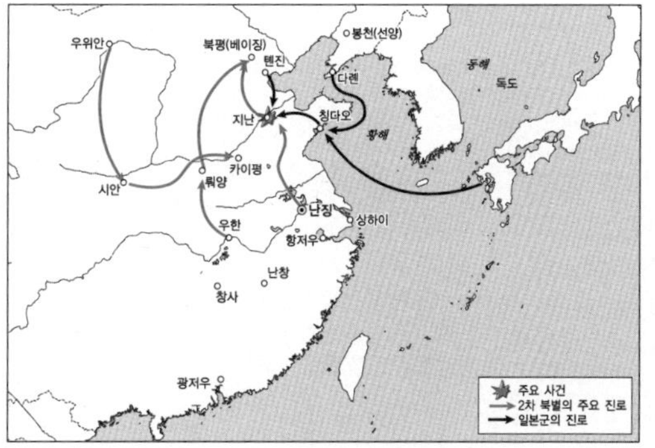

3

자료 ❸ 제1차 세계대전 이후 동아시아 민족 운동 연표 학습지

동아시아 민족 운동 연표
[질문 1] 연표에 반드시 들어가야 할 사건은 어떠한 것들이 있을지 정리해보자.
[질문 2] '질문 1'에 작성한 내용을 모둠원과 비교하여 부족한 부분을 보충해보자.
[질문 3] 위의 내용을 통해 나만의 '동아시아 민족운동 연표'를 작성해보자.

관리번호	

2025학년도 공립 중등학교 임용 후보자 선정 경쟁 2차 시험
수업지도안 작성 답안지

수험번호										이름	

<table>
<tr><td colspan="2">단원</td><td colspan="2">Ⅴ-3. 제국주의 침략 전쟁과 민족 운동</td><td>지도 대상</td><td>고등학교 3학년</td></tr>
<tr><td colspan="2" rowspan="3">학습목표</td><td colspan="4">1. 3·1운동과 5·4운동의 역사적 의미를 파악할 수 있다.</td></tr>
<tr><td colspan="4">2. 일본의 침략에 의한 한국와 중국의 민족 운동에 대해 설명할 수 있다.</td></tr>
<tr><td colspan="4">3. 제1차 세계대전 직후 동아시아 민족 운동의 중요 사건을 선별하여 역사 연표를 제작할 수 있다.</td></tr>
<tr><td>학습 단계</td><td>학습 요소</td><td colspan="2">교수·학습활동</td><td>시간</td><td>자료 및 지도상 유의점</td></tr>
<tr><td rowspan="4">도입</td><td>인사</td><td colspan="2">인사 및 출석 확인</td><td rowspan="4">5</td><td rowspan="4"></td></tr>
<tr><td>전시 확인</td><td colspan="2">전시학습 확인</td></tr>
<tr><td>동기 유발</td><td colspan="2">탑골공원과 태화관 사진을 활용하여 발문한다.</td></tr>
<tr><td>학습목표</td><td colspan="2">학습목표를 확인한다.</td></tr>
<tr><td>전개</td><td>〈전개 1〉</td><td colspan="2">• 제1차 세계대전의 결과 워싱턴 체제가 형성되었음을 설명한다.
〈지도안 작성 부분 1〉

[수험생 작성 부분]
[탐구 질문 2]
[탐구 질문 3]</td><td>30</td><td>〈자료 1〉</td></tr>
</table>

전개	〈전개 2〉	〈지도안 작성 부분 2〉	15	〈자료 2〉
	〈전개 3〉	〈지도안 작성 부분 3〉	40	〈자료 3〉
정리	정리	학습목표 달성을 확인하고 질의응답 시간을 가진다.	10	
	차시예고	다음 수업 주제를 안내한다.		
	인사	인사하고 마친다.		

관리번호	

2025학년도 중등학교 교사 신규임용후보자 선정 경쟁 시험 (2차)
역사 수업실연 문제지

수험번호									성명			관리번호	

○ 문항에서 요구하는 내용의 가짓수가 제한되어 있는 경우, 요구한 가짓수까지의 내용만 실연하시오.
○ 칠판과 분필 등을 활용한 판서만 가능하며, 기자재를 활용해야 하는 경우 언급으로 대신하시오.

【문제】 다음에 제시된 〈실연 방법〉, 〈교수학습조건〉, 〈자료〉, 〈교수학습지도안〉을 반영해 수업을 실연하시오.

실연 방법

1. 〈교수학습지도안〉의 [수업실연 1] ~ [수업실연 2]에 해당하는 부분을 수업으로 실연하시오.
2. [수업실연 1] 〈자료 1〉을 활용하여 모둠별 탐구 학습을 실연하시오.
   1) 〈자료 1〉의 (가), (나)를 활용하여 각각 한 가지의 발문을 제공하시오.
   2) 국민혁명의 전개과정이 드러날 수 있도록 강의식 수업을 제공하시오.
3. [수업실연 2] 〈자료 2〉를 활용하여 연표 제작 학습을 실연하시오.
   1) 활동 과정을 포함하여 실연하되 활동 시 유의사항을 포함하시오.
   2) 연표의 사례를 설정하여 교정적 피드백을 제공하시오.

* 유의사항
교사와 학생의 상호작용이 구체적으로 드러나게 실연하시오.

교수·학습 조건

1. 과목명: 동아시아사
2. 대상: 고등학교 3학년
3. 시간: 100분(블록타임제)
4. 단원명: Ⅳ. 동아시아의 근대화 운동과 반제국주의 민족운동 – 제1차 세계대전과 동아시아

성취기준	[12동사04-02] 제국주의 침략의 실상과 일본 군국주의로 인한 전쟁의 확대 과정을 살펴보고, 그에 대항한 각국의 민족 운동을 비교하여 설명한다.		
단원의 구성	차시	주요 내용 및 활용	수업 형태
	1	제국주의 침략 전쟁과 민족 운동	
	2~3	제1차 세계대전과 동아시아사	탐구학습, 연표 제작 학습
	4	침략 전쟁의 확대	
	5	항일 전쟁과 국제 연대	

5. 교수·학습 환경

학생 수	지도 장소	매체 및 기자재
24명	교실	전자칠판, 모둠 활동지, 사진 자료, 태블릿 PC

자료 ❶ 국민혁명의 전개

(가) 1차 북벌

우위안 베이핑(베이징) 펑톈(선양) 톈진 다롄 동해 독도 지난 칭다오 황해 카이펑 시안 뤄양 난징 우한 항저우 상하이 난창 창사 광저우
주요 사건
1차 북벌의 주요 진로

(나) 2차 북벌

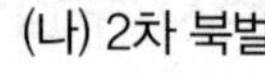

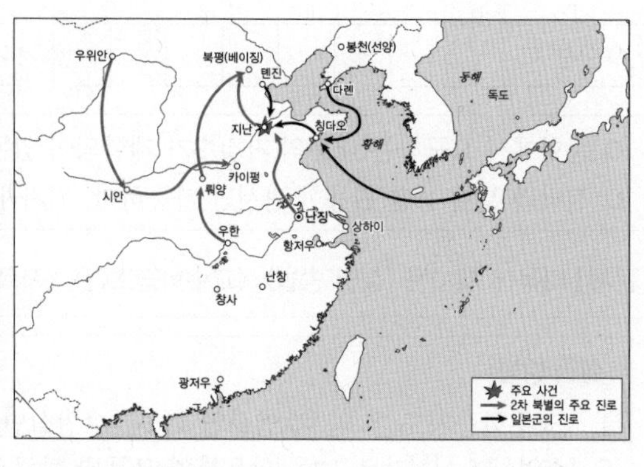

자료 ❷ 제1차 세계대전 이후 동아시아 민족 운동 연표 학습지

동아시아 민족 운동 연표
[질문 1] 연표에 반드시 들어가야 할 사건은 어떠한 것들이 있을지 정리해보자.
[질문 2] '질문 1'에 작성한 내용을 모둠원과 비교하여 부족한 부분을 보충해보자.
[질문 3] 위의 내용을 통해 나만의 '동아시아 민족운동 연표'를 작성해보자.

관리번호	

2025학년도 중등학교 교사 신규임용후보자 선정 경쟁 시험 (2차)
역사 수업실연 문제지 [지도안]

수험번호									성명		관리번호	

<table>
<tr><td colspan="2">단원</td><td colspan="2">Ⅴ-3. 제국주의 침략 전쟁과 민족 운동</td><td>차시</td><td>2~3</td></tr>
<tr><td colspan="2" rowspan="3">학습목표</td><td colspan="4">1. 3·1운동과 5·4운동의 역사적 의미를 파악할 수 있다.</td></tr>
<tr><td colspan="4">2. 일본의 침략에 의한 한국과 중국의 민족 운동에 대해 설명할 수 있다.</td></tr>
<tr><td colspan="4">3. 제1차 세계대전 직후 동아시아 민족 운동의 중요 사건을 선별하여 역사 연표를 제작할 수 있다.</td></tr>
<tr><td>학습 단계</td><td>학습 요소</td><td colspan="2">교수·학습활동</td><td>자료 및 지도상 유의점</td><td>시간</td></tr>
<tr><td rowspan="4">도입</td><td>인사</td><td colspan="2">인사 및 출석 확인</td><td rowspan="4"></td><td rowspan="4">5</td></tr>
<tr><td>전시 확인</td><td colspan="2">전시학습 확인</td></tr>
<tr><td>동기 유발</td><td colspan="2">탑골공원과 태화관 사진을 활용하여 발문한다.</td></tr>
<tr><td>학습목표</td><td colspan="2">학습목표 확인</td></tr>
<tr><td rowspan="3">전개</td><td>〈전개 1〉
제1차
세계대전과
동아시아</td><td colspan="2"></td><td></td><td>30</td></tr>
<tr><td>〈전개 2〉
국공합작과
국민혁명</td><td colspan="2">〈수업실연 1 부분〉</td><td>〈자료 1〉</td><td>15</td></tr>
<tr><td>〈전개 3〉
연표 제작
학습</td><td colspan="2">〈수업실연 2 부분〉</td><td>〈자료 2〉</td><td>40</td></tr>
<tr><td rowspan="3">정리</td><td>정리</td><td colspan="2">학습목표 달성을 확인하고 질의응답 시간을 가진다.</td><td rowspan="3"></td><td rowspan="3">10</td></tr>
<tr><td>차시예고</td><td colspan="2">다음 수업 주제를 안내한다.</td></tr>
<tr><td>인사</td><td colspan="2">인사하고 마친다.</td></tr>
</table>

2025학년도 공립 중등학교 임용 후보자 선정 경쟁 2차 시험
수업지도안 작성 문제지

수험번호									이름	

교수·학습지도안 작성 조건

- 교수·학습 지도안은 실제 교실에서의 수업 상황을 가정하여 작성할 것
- [지도안 작성 부분 1] 〈자료 1〉, 〈자료 2〉를 활용하여 강의식 수업을 작성하시오.
  - 모든 키워드를 활용하여 발문과 판서를 포함한 강의식 수업을 작성하시오.
  - 〈자료 2〉를 활용한 두 가지 발문을 제공하시오.
- [지도안 작성 부분 2] 〈자료 3〉을 활용하여 강의식 수업을 작성하시오.
  - 중·일 전쟁부터 태평양 전쟁까지의 전개과정을 포함하시오.
  - 침략 전쟁 과정에서 동아시아 피해 사례 두 가지를 포함하시오.
- [지도안 작성 부분 3] 〈자료 4〉, 〈자료 5〉를 활용하여 UCC 스토리보드 제작활동을 작성하시오.
  - 〈자료 5〉의 UCC 스토리보드 제작 활동의 유의사항을 작성하시오.
  - 활동 시 예상되는 학생의 질문과 이에 대한 답변을 포함하시오.
  - 각 모둠의 스토리보드 발표를 들었다고 가정하고 우수 사례와 미흡 사례를 선정하여 피드백을 작성하시오.

※ 모든 작성 부분은 교사와 학생의 활동이 구체적으로 드러나도록 작성하시오.

교수·학습 조건

1. 과목명: 동아시아사
2. 대상: 고등학교 3학년
3. 시간: 100분(블록타임제)
4. 단원명: Ⅳ. 동아시아의 근대화 운동과 반제국주의 민족운동 – 침략 전쟁의 확대

가. 단원의 성취기준

성취기준	[12동사04-02] 제국주의 침략의 실상과 일본 군국주의로 인한 전쟁의 확대 과정을 살펴보고, 그에 대항한 각국의 민족 운동을 비교하여 설명한다.

나. 단원의 구성

단원	차시	주요 내용 및 활용	수업 형태	평가 방법
제국주의의 침략 전쟁과 민족 운동	1	제국주의 침략 전쟁과 민족 운동		
	2	제1차 세계대전과 동아시아사		
	3~4	침략 전쟁의 확대	강의식 수업, 제작 학습	
	5	항일 전쟁과 국제 연대		

다. 교수·학습 환경

학생 수	지도 장소	매체 및 기자재
24명	교실	전자칠판, 모둠 활동지, 사진 자료, 태블릿 PC

자료 ❶

【키워드】 류타오후 사건, 만주국, 지청천, 양세봉, 동북 항일 연군, 국제 연맹

자료 ❷ 리튼 조사단

(가) 리튼 조사단

(나) 리튼 조사단의 보고서

1. 동북 지역은 원래부터 중국 일부이다.
2. 일본군의 행위는 합법적인 자위 수단으로 볼 수 없다.
3. (만주국) 정부의 수반은 명목상 만주인이지만, 실권은 일본 관리와 그 고문들의 손에 놓여 있다. 현지의 중국인들이 보기에 만주국은 완전히 일본인을 위한 도구이다.

3

자료 ❸ 일본의 침략전쟁

(가) 태평양 전쟁의 전개 과정

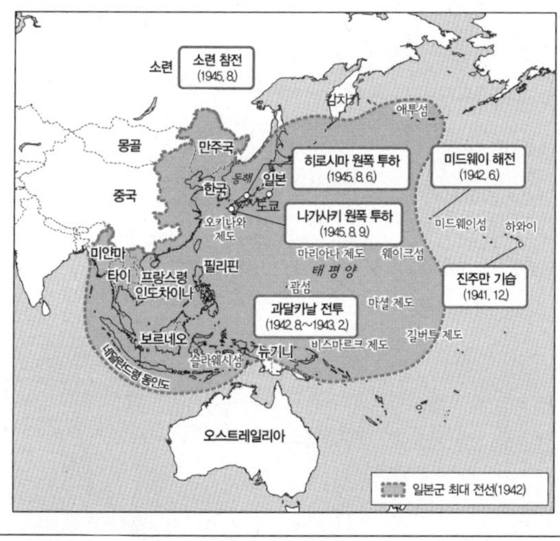

(나) 대동아 공영 선언

미국과 영국은 자국의 번영을 위해 타 민족을 억압하고 대동아에 대해서는 침략과 착취를 자행하여 대동아를 예속화하고 안정을 해치려고 하였다. 이것이 대동아 전쟁의 원인이다. 대동아 각국은 서로 제휴하여 대동아 전쟁을 완수하고 대동아를 미국과 영국의 속박으로부터 해방시켜 공존공영, 자주독립, 인종적 차별이 없는 공영권을 건설함으로써 세계 평화의 확립에 이바지하고자 한다.

자료 ❹ UCC 스토리보드 활동지

〈장면 1〉		〈장면 2〉		〈장면 3〉	
설명		설명		설명	

자료 ❺

〈유의사항〉
1. (내용) [**수험생 작성 부분**]
2. (내용) [**수험생 작성 부분**]
3. (형식) [**수험생 작성 부분**]
4. (형식) [**수험생 작성 부분**]

〈스토리보드 작성 방법〉
1. 모둠원 역할 분담하기
2. 주제를 선정하여 사료 찾기
3. 주요 장면 3가지를 선정하기
4. 장면에 대한 설명 작성하기

관리번호	

2025학년도 공립 중등학교 임용 후보자 선정 경쟁 2차 시험
수업지도안 작성 답안지

수험번호									이름	

단원	V-3. 제국주의 침략 전쟁과 민족 운동		지도 대상	고등학교 3학년
학습목표	1. 일본이 일으킨 침략 전쟁의 확대 과정을 설명할 수 있다.			
	2. 침략 전쟁에 따른 동아시아 국가들의 피해 사례를 파악할 수 있다.			
	3. 일본의 침략 전쟁에서 동아시아 각국에 입은 피해를 UCC 스토리보드를 통해 표현할 수 있다.			

학습 단계	학습 요소	교수·학습활동	시간	자료 및 지도상 유의점
도입	인사	인사 및 출석 확인	10	
	전시 확인	전시학습 확인		
	동기 유발	영화 미드웨이의 일부 장면을 시청하여 동기유발한다.		
	학습목표	학습목표를 확인한다.		
전개	〈전개 1〉	〈지도안 작성 부분 1〉	15	〈자료 1〉 〈자료 2〉

<table>
<tr><td rowspan="2">전개</td><td>〈전개 2〉</td><td>〈지도안 작성 부분 2〉</td><td>25</td><td>〈자료 3〉</td></tr>
<tr><td>〈전개 3〉</td><td>〈지도안 작성 부분 3〉
<table><tr><th>유의사항 [수험생 작성 부분]</th></tr><tr><td>1. (내용)</td></tr><tr><td>2. (내용)</td></tr><tr><td>3. (형식)</td></tr><tr><td>4. (형식)</td></tr></table></td><td>40</td><td>〈자료 4〉
〈자료 5〉</td></tr>
<tr><td rowspan="3">정리</td><td>정리</td><td>학습목표 달성을 확인하고 질의응답 시간을 가진다.</td><td rowspan="3">10</td><td rowspan="3"></td></tr>
<tr><td>차시예고</td><td>다음 수업 주제를 안내한다.</td></tr>
<tr><td>인사</td><td>인사하고 마친다.</td></tr>
</table>

관리번호	

2025학년도 중등학교 교사 신규임용후보자 선정 경쟁 시험 (2차)
역사 수업실연 문제지

수험번호									성명		관리번호	

○ 문항에서 요구하는 내용의 가짓수가 제한되어 있는 경우, 요구한 가짓수까지의 내용만 실연하시오.
○ 칠판과 분필 등을 활용한 판서만 가능하며, 기자재를 활용해야 하는 경우 언급으로 대신하시오.

【문제】 다음에 제시된 〈실연 방법〉, 〈교수학습조건〉, 〈자료〉, 〈교수학습지도안〉을 반영해 수업을 실연하시오.

실연 방법

1. 〈교수학습지도안〉의 [수업실연 1] ~ [수업실연 3]에 해당하는 부분을 수업으로 실연하시오.
2. [수업실연 1] 〈자료 1〉, 〈자료 2〉를 활용하여 강의식 수업을 실연하시오.
   1) 모든 키워드를 활용하여 발문과 판서를 제공하시오.
   2) 〈자료 2〉를 활용한 두 가지 발문을 제공하시오.
3. [수업실연 2] 〈자료 3〉을 활용하여 강의식 수업을 실연하시오.
   1) 중·일 전쟁부터 태평양 전쟁까지의 전개과정을 포함하시오.
   2) 침략 전쟁 과정에서 동아시아 피해 사례 두 가지를 포함하시오.
4. [수업실연 3] 〈자료 4〉를 활용하여 UCC 스토리보드 제작활동을 실연하시오.
   1) UCC 스토리보드 제작 활동 안내 및 발표가 모두 진행되었다고 가정하시오.
   2) 각 모둠의 스토리보드 발표를 들었다고 가정하고 우수사례와 미흡 사례를 선정하여 피드백을 실연하시오.

* 유의사항
교사와 학생의 상호작용이 구체적으로 드러나게 실연하시오.

교수·학습 조건

1. 과목명: 동아시아사
2. 대상: 고등학교 3학년
3. 시간: 100분(블록타임제)
4. 단원명: Ⅳ. 동아시아의 근대화 운동과 반제국주의 민족운동 – 침략 전쟁의 확대

성취기준	[12동사04-02] 제국주의 침략의 실상과 일본 군국주의로 인한 전쟁의 확대 과정을 살펴보고, 그에 대항한 각국의 민족 운동을 비교하여 설명한다.		
단원의 구성	차시	주요 내용 및 활용	수업 형태
	1	제국주의의 침략 전쟁과 민족 운동	
	2	제1차 세계대전과 동아시아사	
	3~4	침략 전쟁의 확대	강의식 수업, 제작 학습
	5	항일 전쟁과 국제 연대	

5. 교수·학습 환경

학생 수	지도 장소	매체 및 기자재
24명	교실	전자칠판, 모둠 활동지, 사진 자료, 태블릿 PC

자료 ❶

【키워드】 류타오후 사건, 만주국, 지청천, 양세봉, 동북 항일 연군, 국제 연맹

자료 ❷ 리튼 조사단

(가) 리튼 조사단

(나) 리튼 조사단의 보고서

1. 동북 지역은 원래부터 중국 일부이다.
2. 일본군의 행위는 합법적인 자위 수단으로 볼 수 없다.
3. (만주국) 정부의 수반은 명목상 만주인이지만, 실권은 일본 관리와 그 고문들의 손에 놓여 있다. 현지의 중국인들이 보기에 만주국은 완전히 일본인을 위한 도구이다.

자료 ❸ 일본의 침략전쟁

(가) 태평양 전쟁의 전개 과정

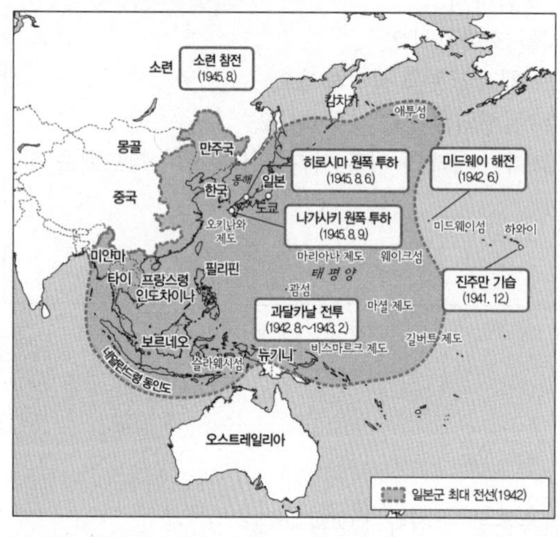

(나) 대동아 공영 선언

미국과 영국은 자국의 번영을 위해 타 민족을 억압하고 대동아에 대해서는 침략과 착취를 자행하여 대동아를 예속화하고 안정을 해치려고 하였다. 이것이 대동아 전쟁의 원인이다. 대동아 각국은 서로 제휴하여 대동아 전쟁을 완수하고 대동아를 미국과 영국의 속박으로부터 해방시켜 공존공영, 자주독립, 인종적 차별이 없는 공영권을 건설함으로써 세계 평화의 확립에 이바지하고자 한다.

자료 ❹ UCC 스토리보드 활동지

〈장면 1〉		〈장면 2〉		〈장면 3〉	
설명		설명		설명	

2025학년도 중등학교 교사 신규임용후보자 선정 경쟁 시험 (2차)
역사 수업실연 문제지 [지도안]

수험번호									성명		관리번호	

<table>
<tr><td colspan="2">단원</td><td>Ⅴ-3. 제국주의 침략 전쟁과 민족 운동</td><td>차시</td><td>3~4</td></tr>
<tr><td colspan="2" rowspan="3">학습목표</td><td colspan="3">1. 일본이 일으킨 침략 전쟁의 확대 과정을 설명할 수 있다.</td></tr>
<tr><td colspan="3">3. 일본의 침략 전쟁에서 동아시아 각국에 입은 피해를 UCC 스토리보드를 통해 표현할 수 있다.</td></tr>
<tr><td colspan="3">3. 동양평화론을 통해 일본이 동아시아 침략 논리에 대해 파악할 수 있다.</td></tr>
<tr><td>학습 단계</td><td>학습 요소</td><td>교수·학습활동</td><td>자료 및 지도상 유의점</td><td>시간</td></tr>
<tr><td rowspan="4">도입</td><td>인사</td><td>인사 및 출석 확인</td><td rowspan="4"></td><td rowspan="4">10</td></tr>
<tr><td>전시 확인</td><td>전시학습 확인</td></tr>
<tr><td>동기 유발</td><td>영화 미드웨이의 일부 장면을 시청하여 동기유발한다.</td></tr>
<tr><td>학습목표</td><td>학습목표 확인</td></tr>
<tr><td rowspan="3">전개</td><td>〈전개 1〉
만주사변과
한·중 연대</td><td>〈수업실연 1 부분〉</td><td>〈자료 1〉
〈자료 2〉</td><td>15</td></tr>
<tr><td>〈전개 2〉
침략 전쟁의
확대</td><td>〈수업실연 2 부분〉</td><td>〈자료 3〉</td><td>25</td></tr>
<tr><td>〈전개 3〉
제작활동</td><td>• UCC 스토리보드 제작활동의 과정 및 유의 과정을 설명한다.
• 각 모둠의 UCC 스토리보드를 발표한다.

〈수업실연 3 부분〉</td><td>〈자료 4〉</td><td>40</td></tr>
<tr><td rowspan="3">정리</td><td>정리</td><td>학습목표 달성을 확인하고 질의응답 시간을 가진다.</td><td rowspan="3"></td><td rowspan="3">10</td></tr>
<tr><td>차시예고</td><td>다음 수업 주제를 안내한다.</td></tr>
<tr><td>인사</td><td>인사하고 마친다.</td></tr>
</table>

2025학년도 공립 중등학교 임용 후보자 선정 경쟁 2차 시험
수업지도안 작성 문제지

수험번호									이름	

교수·학습지도안 작성 조건

- 교수·학습지도안은 실제 교실에서의 수업 상황을 가정하여 작성할 것
- [지도안 작성 부분 1] 〈자료 1〉을 활용하여 강의식 수업을 진행하시오.
  - 〈자료 1〉 (가), (나)에 대한 발문을 각각 포함하시오.
  - 〈자료 1〉 (가), (나)와 〈자료 2〉의 키워드를 활용한 판서 계획을 작성하시오.
- [지도안 작성 부분 2] 〈자료 1〉을 활용하여 탐구식 수업을 진행하시오.
  - 〈자료 1〉 (다), (라)를 활용한 개념 학습을 진행하시오.
  - 학생의 오개념을 교정해주는 과정을 포함하여 작성하시오.
- [지도안 작성 부분 3] 〈자료 3〉을 활용하여 모둠 활동을 진행하시오.
  - [활동 순서 2]와 [활동 평가 1], [활동 평가 4]를 완성하시오.
  - 구체적인 사례에 대한 피드백을 제공하되 근거를 들어 제시하시오.

교수·학습 조건

1. 과목명: 동아시아사
2. 대상: 고등학교 3학년
3. 시간: 100분(블록타임제)
4. 단원명: Ⅴ. 오늘날의 동아시아 – 경제 성장과 정치 발전

가. 단원의 성취기준

성취기준	[12동사05-02] 동아시아 각국에서 나타난 정치·경제·사회적 발전 모습을 비교하여 파악한다.

나. 단원의 구성

단원	차시	주요 내용 및 활용	수업 형태	평가 방법
경제 성장과 정치 발전	1~2	자본주의 국가들의 경제와 정치 발전	강의식, 탐구식	동료평가
	3~4	사회주의 국가들의 경제 개방과 체제 변화		
	5	동아시아의 사회 변동		

다. 교수·학습 환경

학생 수	지도 장소	매체 및 기자재
25명	교실	칠판, 스크린, 교사용 컴퓨터, 전자칠판, 학습지, 모둠 활동지

자료 ❶ 학습지

일본의 경제 성장과 정치 변화: '거품 경제'와 '55년 체제'

(가) 일본의 땅값 변화(일본 국토 교통성, 2002)

(나) 1955년 이후 일본 주요 정당의 의석 분포 변화

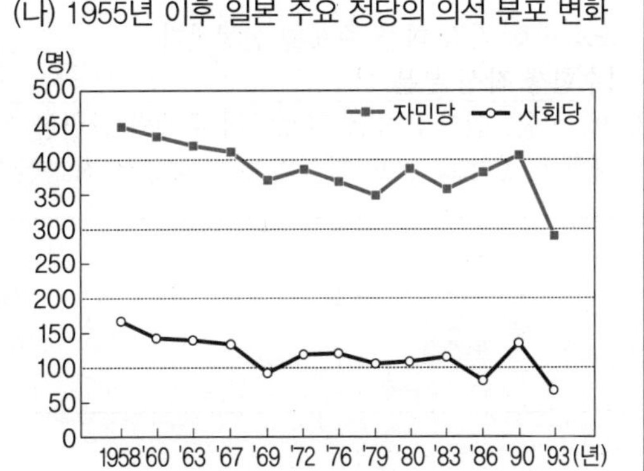

한국과 타이완의 정치 발전

(다) 6·29 민주화 선언(1987)

- 여야 합의하에 조속히 대통령 직선제 개헌을 하고 새헌법에 의한 대통령 선거로 88년 2월 평화적 정부 이양을 실현토록 하겠습니다. … 국민은 나라의 주인이며, 국민의 뜻은 모든 것에 우선하는 것입니다.
- 최대한의 공명정대한 선거 관리가 이루어져야 합니다.
- 극소수를 제외한 모든 시국 관련 사범들은 석방되어야 합니다.

(라) 타이완 의회의 계엄령 해제 승인

타이완 입법원은 지난 38년 동안 계속되어 온 계엄령의 해제안을 만장일치로 승인하였다. … 민진당은 과거 계엄하에서 유죄 판결을 받은 수천 명의 반정부 인사들에 대한 복권 조치와 현재 수감 중인 정치범 약 200명의 사면을 촉구하였다.

– 동아일보, 1987. 7. 8.

(다), (라)가 발표된 후 한국과 타이완의 정치적 상황이 각각 어떻게 변화하였는지 이야기해 보자.

자료 ❷

【키워드】 6·25 전쟁, 플라자합의, 잃어버린 20년, 평화 헌법, 록히드사건

자료 ❸ 모둠 활동지

동아시아 뉴스 속보 만들기

[활동 순서]
1. 모둠별로 각각 다른 주제를 선정한다.
2. **[수험생 작성 부분 1]** ______________________.
3. 책, 신문, 인터넷 등을 활용하여 주제와 관련한 추가적인 내용을 조사한다.
4. 제목을 정하고, 보도 형식의 뉴스 대본을 작성한다.

모둠명: ___________ (제목)
(대본)

[활동 평가]

평가 내용	점 수
1. **[수험생 작성 부분 2]**	① ② ③ ④ ⑤
2. 뉴스의 내용이 역사적 사실과 다른 부분은 없는가?	① ② ③ ④ ⑤
3. 뉴스의 형식을 잘 갖추었는가?	① ② ③ ④ ⑤
4. **[수험생 작성 부분 3]**	① ② ③ ④ ⑤
5. 모든 모둠원이 적극적으로 참여했는가?	① ② ③ ④ ⑤

관리번호	

2025학년도 공립 중등학교 임용 후보자 선정 경쟁 2차 시험
수업지도안 작성 답안지

수험번호									이름	

단원	V-2. 경제 성장과 정치 발전		지도 대상	고등학교 3학년
학습목표	1. 전후 일본의 경제 성장과 정치 변화 과정을 설명할 수 있다.			
	2. 한국과 타이완의 경제 성장과 민주화 과정을 설명할 수 있다.			
	3. 동아시아 자본주의 국가들의 경제 성장과 정치 발전 과정을 이해하고, 뉴스 속보 만들기 활동을 통해 주요 사건을 간결하게 전달할 수 있다.			
학습 자료	교과서, 사료, TV, 컴퓨터 및 학습에 필요한 모든 기자재			

학습 단계	학습 요소	교수·학습활동	시간	자료 및 지도상 유의점
도입	인사	인사 및 출석 확인	5	사진자료
	전시 확인	냉전 체제의 변화와 동아시아 각국의 국교 수립		
	동기 유발	타이완 거리의 간판을 보며 다국적 기업을 찾아보게 한다.		
	학습목표	학습목표를 확인한다.		
전개	전개 1	〈지도안 작성 부분 1〉 〈판서 계획〉	25	〈자료 1〉 (가), (나) 〈자료 2〉

단계	구분	내용	시간	자료
전개	〈전개 2〉	• 한국과 타이완의 경제 성장 과정을 설명한다. **〈지도안 작성 부분 2〉**	25	〈자료 1〉 (다), (라)
	〈전개 3〉	**〈지도안 작성 부분 3〉** • 활동 순서 1. 모둠별로 각각 다른 주제를 선정한다. 2. [**수험생 작성 부분** 1] 3. 책, 제목, 인터넷 등을 활용하여 주제와 관련한 추가적인 내용을 조사한다. 4. 제목을 정하고, 보도 형식의 뉴스 대본을 작성한다. • 활동평가 평가 내용 1. [**수험생 작성 부분** 2] 2. 뉴스의 내용이 역사적 사실과 다른 부분은 없는가? 3. 뉴스의 형식을 잘 갖추었는가? 4. [**수험생 작성 부분** 3] 5. 모든 모둠원이 적극적으로 참여했는가?	40	〈자료 3〉
정리	정리	학습목표 달성을 확인하고 질의응답 시간을 가진다.	5	
	차시예고	다음 차시를 예고한다.		
	인사	인사하고 마친다.		

관리번호	

2025학년도 공립 중등학교 임용 후보자 선정 경쟁 2차 시험
수업실연 문제지

수험번호									성명		관리번호	

- ㅇ 문항에서 요구하는 내용의 가짓수가 제한되어 있는 경우, 요구한 가짓수까지의 내용만 실연하시오.
- ㅇ 칠판과 분필 등을 활용한 판서만 가능하며, 기자재를 활용해야 하는 경우 언급으로 대신하시오.

【문제】 다음에 제시된 〈실연 방법〉, 〈교수학습조건〉, 〈자료〉, 〈교수학습지도안〉을 반영해 수업을 실연하시오.

실연 방법

1. 〈교수학습지도안〉의 [수업실연 1]~[수업실연 3]에 해당하는 부분을 수업으로 실연하시오.
2. [수업실연 1] 〈전개 1〉에서 강의식 수업을 진행하시오.
   1) 〈자료 1〉 (가), (나)에 대한 발문을 각각 포함하여 실연하시오.
   2) 〈자료 1〉 (가), (나)와 〈자료 2〉의 키워드를 활용하여 판서하시오.
3. [수업실연 2] 〈전개 2〉에서 사료 탐구 학습을 진행하시오.
   1) 〈자료 1〉 (다), (라)를 통해 학생들이 주요 개념을 도출하는 과정이 드러나도록 실연하시오.
   2) (학생의 오개념을 교정해주는 장면을 포함하시오.)
4. [수업실연 3] 〈전개 3〉에서 〈자료 3〉을 활용하여 모둠 활동을 진행하시오.
   1) 활동 순서와 활동 평가를 고려하여 [활동 순서 2]와 [활동 평가 1], [활동 평가 4]를 제시하시오.
   2) 구체적인 사례에 대하여 평가기준을 토대로 한 교사의 피드백을 제공하시오.

* 유의사항
1. 모둠 활동에 대한 학생의 발표 장면은 생략하시오.
2. 수업의 전개 과정부터 실연하므로 학습목표는 판서하지 마시오.

교수·학습 조건

1. 과목명: 동아시아사
2. 대상: 고등학교 3학년
3. 시간: 100분(블록타임제)
4. 단원명: Ⅴ. 오늘날의 동아시아 – 경제 성장과 정치 발전

성취기준	[12동사05-02] 동아시아 각국에서 나타난 정치·경제·사회적 발전 모습을 비교하여 파악한다.		
단원의 구성	차시	주요 내용 및 활용	수업 형태
	1~2	자본주의 국가들의 경제와 정치 발전	강의식, 탐구식 수업
	3~4	사회주의 국가들의 경제 개방과 체제 변화	
	5	동아시아의 사회 변동	

5. 교수·학습 환경

학생 수	지도 장소	매체 및 기자재
25명	교실	칠판, 스크린, 교사용 컴퓨터, 빔 프로젝터, 학습지, 모둠 활동지

자료 ❶ 학습지

일본의 경제 성장과 정치 변화: '거품 경제'와 '55년 체제'

(가) 일본의 땅값 변화(일본 국토 교통성, 2002)

(나) 1955년 이후 일본 주요 정당의 의석 분포 변화

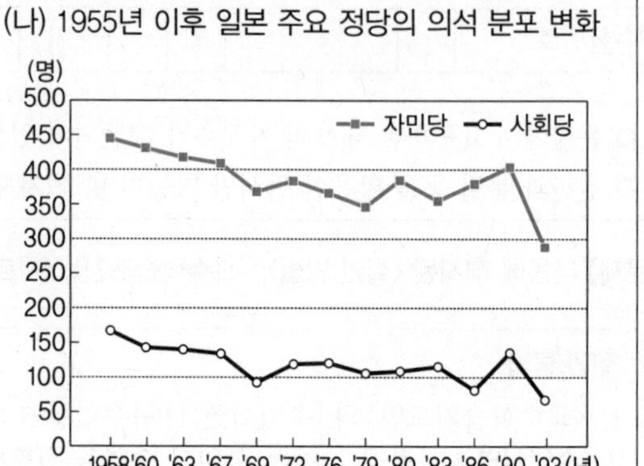

한국과 타이완의 정치 발전

(다) 6·29 민주화 선언(1987)

- 여야 합의하에 조속히 대통령 직선제 개헌을 하고 새헌법에 의한 대통령 선거로 88년 2월 평화적 정부 이양을 실현토록 하겠습니다. … 국민은 나라의 주인이며, 국민의 뜻은 모든 것에 우선하는 것입니다.
- 최대한의 공명정대한 선거 관리가 이루어져야 합니다.
- 극소수를 제외한 모든 시국 관련 사범들은 석방되어야 합니다.

(라) 타이완 의회의 계엄령 해제 승인

타이완 입법원은 지난 38년 동안 계속되어 온 계엄령의 해제안을 만장일치로 승인하였다. … 민진당은 과거 계엄하에서 유죄 판결을 받은 수천 명의 반정부 인사들에 대한 복권 조치와 현재 수감 중인 정치범 약 200명의 사면을 촉구하였다.

– 동아일보, 1987. 7. 8.

(다), (라)가 발표된 후 한국과 타이완의 정치적 상황이 각각 어떻게 변화하였는지 이야기해 보자.

자료 ❷

【키워드】 6·25 전쟁, 플라자합의, 잃어버린 20년, 평화 헌법, 록히드사건

자료 ❸ 모둠 활동지

동아시아 뉴스 속보 만들기

[활동 순서]

1. 모둠별로 각각 다른 주제를 선정한다.
2. **[수험생 실연 부분]**______________________________________.
3. 책, 신문, 인터넷 등을 활용하여 주제와 관련한 추가적인 내용을 조사한다.
4. 제목을 정하고, 보도 형식의 뉴스 대본을 작성한다.

모둠명: ____________ (제목)
(대본)

[활동 평가]

평가 내용	점 수
1. **[수험생 실연 부분]**	① ② ③ ④ ⑤
2. 뉴스의 내용이 역사적 사실과 다른 부분은 없는가?	① ② ③ ④ ⑤
3. 뉴스의 형식을 잘 갖추었는가?	① ② ③ ④ ⑤
4. **[수험생 실연 부분]**	① ② ③ ④ ⑤
5. 모든 모둠원이 적극적으로 참여했는가?	① ② ③ ④ ⑤

2025학년도 공립 중등학교 임용 후보자 선정 경쟁 2차 시험
수업실연 문제지 [지도안]

수험번호									성명		관리번호	

<table>
<tr><td>단원</td><td colspan="3">Ⅴ-2. 경제 성장과 정치 발전</td><td>차시</td><td>1~2</td></tr>
<tr><td rowspan="3">학습목표</td><td colspan="5">1. 전후 일본의 경제 성장과 정치 변화 과정을 설명할 수 있다.</td></tr>
<tr><td colspan="5">2. 한국과 타이완의 경제 성장과 민주화 과정을 설명할 수 있다.</td></tr>
<tr><td colspan="5">3. 동아시아 자본주의 국가들의 현대사를 이해하고, 뉴스 속보 만들기 활동을 통해 주요 사건을 간결하게 전달할 수 있다.</td></tr>
<tr><td>학습 단계</td><td>학습 요소</td><td>교수·학습활동</td><td>자료 및 지도상 유의점</td><td>시간</td></tr>
<tr><td rowspan="4">도입</td><td>인사</td><td>인사 및 출석 확인</td><td rowspan="4"></td><td rowspan="4">5</td></tr>
<tr><td>전시 확인</td><td>냉전 체제의 변화와 동아시아 각국의 국교 수립</td></tr>
<tr><td>동기 유발</td><td>타이완 거리의 간판을 보며 다국적 기업을 찾아보게 한다.</td></tr>
<tr><td>학습목표</td><td>학습목표를 확인한다.</td></tr>
<tr><td rowspan="4">전개</td><td>〈전개 1〉
일본의 경제 성장과 정치 변화</td><td>〈수업실연 1 부분〉</td><td>〈자료 1〉
(가), (나)
〈자료 2〉</td><td>25</td></tr>
<tr><td rowspan="2">〈전개 2〉
한국과 타이완의 경제 성장과 민주화 운동</td><td>• 한국과 타이완의 경제 성장 과정에 대해 설명한다.</td><td rowspan="2">〈자료 1〉
(다), (라)</td><td rowspan="2">25</td></tr>
<tr><td>〈수업실연 2 부분〉</td></tr>
<tr><td>〈전개 3〉
뉴스 속보문 쓰기 활동</td><td>〈수업실연 3 부분〉</td><td>〈자료 3〉</td><td>40</td></tr>
<tr><td rowspan="3">정리</td><td>정리</td><td>학습목표 달성을 확인하고 질의응답 시간을 가진다.</td><td rowspan="3"></td><td rowspan="3">5</td></tr>
<tr><td>차시예고</td><td>사회주의 국가의 경제 개방과 체제 변화</td></tr>
<tr><td>인사</td><td>인사하고 마친다.</td></tr>
</table>

10

2025학년도 공립 중등학교 임용 후보자 선정 경쟁 2차 시험
수업지도안 작성 문제지

수험번호								

이름	

교수·학습지도안 작성 조건

- 교수·학습지도안은 실제 교실에서의 수업 상황을 가정하여 작성할 것
- [지도안 작성 부분 1] 〈자료 1〉을 활용하여 강의식 수업을 진행하시오.
  - 사진 및 그림자료 각각에 대한 발문을 포함하시오.
  - 문서 자료 (가), (나) 이외에 추가 자료를 제시하시오.
- [지도안 작성 부분 2] 〈자료 2〉를 활용하여 탐구식 수업을 진행하시오.
  - 〈자료 2〉에 대한 학생의 자료 분석 및 해석 과정이 드러나도록 작성하시오.
  - 학습목표 1을 고려하여 〈자료 1〉, 〈자료 2〉에 대한 공통 질문을 제시하시오.
- [지도안 작성 부분 3] 〈자료 3〉을 활용하여 강의식 수업을 진행하시오.
  - 〈자료 3〉의 키워드를 모두 활용하되 〈자료 2〉와 비교하는 부분을 포함하여 작성하시오.
  - 학생과의 상호작용을 통해 수업을 진행하시오.
- [지도안 작성 부분 4] 〈자료 4〉를 활용하여 수행평가를 진행하시오.
  - 〈자료 4〉에 대한 채점 기준을 작성하시오.
  - 〈자료 4〉에 대한 교사의 피드백을 핵심 개념을 중심으로 작성하시오.

교수·학습 조건

1. 과목명: 동아시아사
2. 대상: 고등학교 3학년
3. 시간: 100분(블록타임제)
4. 단원명: Ⅴ. 오늘날의 동아시아 – 경제 성장과 정치 발전

가. 단원의 성취기준

성취기준	[12동사05-02] 동아시아 각국에서 나타난 정치·경제·사회적 발전 모습을 비교하여 파악한다.

나. 단원의 구성

단원	차시	주요 내용 및 활용	수업 형태	평가 방법
경제 성장과 정치 발전	1~2	자본주의 국가들의 경제와 정치 발전		
	3~4	사회주의 국가들의 경제 개방과 체제 변화	강의식, 탐구식	수행평가
	5~6	동아시아의 사회 변동		

다. 교수·학습 환경

학생 수	지도 장소	매체 및 기자재
25명	교실	칠판, 스크린, 교사용 컴퓨터, 전자칠판, 학습지, 수행평가지, 태블릿 PC

자료 ❶ 학습지

[학습목표 1] 사회주의 국가들의 경제 정책과 변화 모습을 비교하여 설명할 수 있다.

중국의 사회주의 체제 변동과 시장 경제

사진 및 그림 자료			
대약진 운동 포스터	홍위병의 대중 집회	덩샤오핑의 남순 강화 기념 선전물	톈안문사건

문서 자료

(가) 마오쩌둥의 대자보(1988)

지난 50여 일 동안 중앙에서 지방까지 일부 지도층 동지들은 도리어 이와는 정반대의 길을 따라가고 있으며, 반동적 부르주아의 입장에 서서 부르주아 독재를 실행하면서, 프롤레타리아의 위대한 문화 대혁명 운동을 무너뜨리고, 시비를 뒤집고, 흑백을 뒤섞고, 혁명파를 포위 공격하고, 다른 의견을 압제하면서 백색 테러를 실행하면서 스스로 득의양양하여 부르주아의 위풍을 높이고 프롤레타리아의 뜻과 기개를 무너뜨리고 있으니, 이 얼마나 악독한 일인가?

(나) 덩샤오핑의 개혁·개방 정책(1981)

새로운 역사 시기에 우리 당이 분투해야 할 목표는 우리나라를 현대적 농업, 현대적 공업, 현대적 국방, 현대적 과학 기술을 갖추고 고도의 민주주의와 고도의 문명을 가진 사회주의 강국으로 한 걸음 한 걸음 건설해 나가는 것이다.

자료 ❷ 학습지

베트남의 개혁·개방과 도약

(다) 베트남 공산당 제5차 전당 대회 보고문(1986)

가장 중요한 것은 주인 역할, 즉 노동자가 열성을 발휘하여 군중 운동을 이행하는 것이며, 동시에 생산관계 혁명, 과학-기술 혁명 및 사상-문화 혁명을 조성하기 위한 경제 정책, 사회 정책을 쇄신하는 것이다. 식량·식품, 소비재 생산 원료, 수출품에 대한 급박한 요구가 농업의 최우선 위치를 결정한다. 소비재 생산지는 시장과 밀착해야 하고, 소비자의 수요 및 시장 기호를 확실하게 붙들어야 한다.

(라) 베트남의 국내 총생산(GDP)

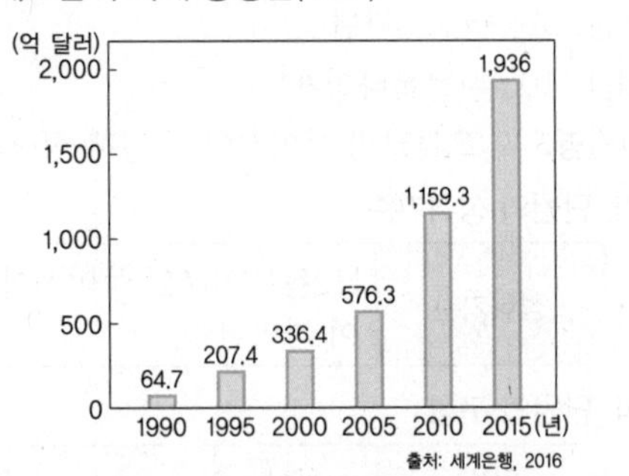

〈자료 1〉, 〈자료 2〉 공통 질문

[수험생 작성 부분 1]_______________________________________?

자료 ❸

【키워드】 8월 종파사건, 천리마 운동, 사회주의 헌법, 금강산 관광, 개성공단 사업

자료 ❹ 수행평가지

'동아시아 국가의 발전' 마인드맵 그리기

학번/이름: ______________________

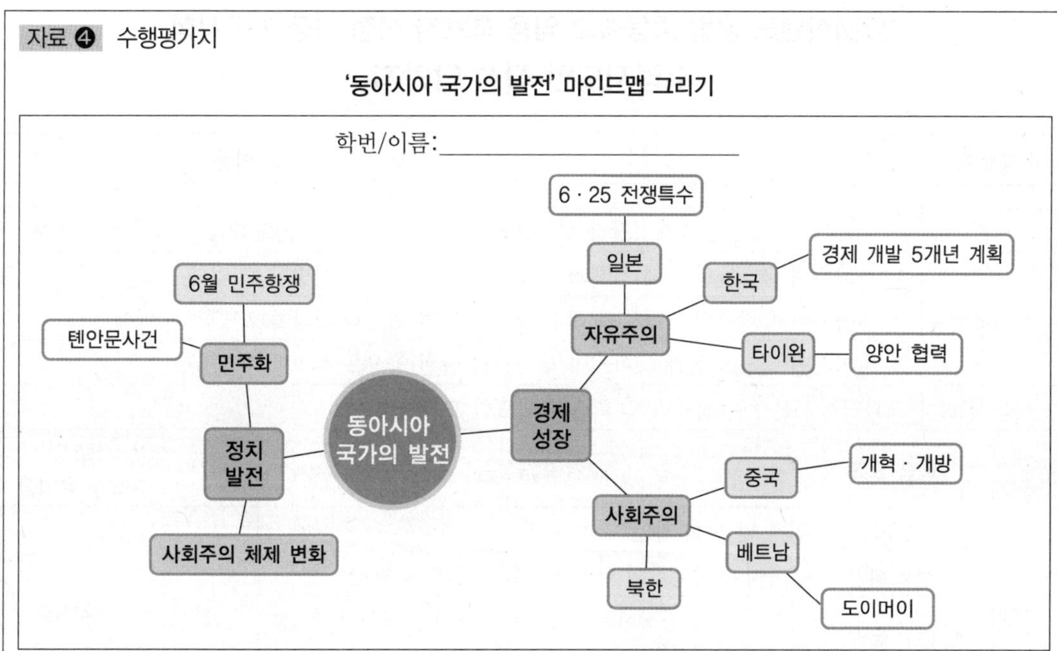

관리번호	

2024학년도 공립 중등학교 임용 후보자 선정 경쟁 2차 시험
수업지도안 작성 답안지

수험번호									이름	

단원	V-2. 경제성장과 정치발전		지도 대상	고등학교 3학년
학습목표	1. 사회주의 국가들의 경제 정책과 변화 모습을 비교하여 설명할 수 있다.			
	2. 동아시아 사회주의 국가들의 개방 정책 도입의 배경과 결과를 설명할 수 있다.			
	3. 마인드맵 작성을 통해 동아시아 국가들의 발전 양상을 정리할 수 있다.			
학습 자료	교과서, 사료, TV, 컴퓨터 및 학습에 필요한 모든 기자재			

학습 단계	학습 요소	교수·학습활동	시간	자료 및 지도상 유의점
도입	인사	인사 및 출석 확인	5	영상자료
	전시 확인	동아시아 자본주의 국가들의 경제와 정치 발전		
	동기 유발	북한 뉴스에 등장하는 전당 대회 장면을 보고 느낀 점을 발표하게 한다.		
	학습목표	학습목표를 확인한다.		
전개	〈전개 1〉	• 사회주의 경제 체제의 추진과 한계점 및 공산당 일당 지배가 확대되었음을 설명한다.	30	〈자료 1〉
		〈지도안 작성 부분 1〉		

전개	〈전개 2〉	〈지도안 작성 부분 2〉 • 〈자료 1〉, 〈자료 2〉 공통 질문 [수험생 작성 부분 1]	15	〈자료 1〉 〈자료 2〉
	〈전개 3〉	〈지도안 작성 부분 3〉	10	〈자료 2〉 〈자료 3〉

<table>
<tr>
<td rowspan="1">전개</td>
<td>〈전개 4〉</td>
<td>〈지도안 작성 부분 4〉

• 채점 기준
<table>
<tr><th>평가 영역</th><th>평가기준</th><th>점 수</th></tr>
<tr><td>내용 구성</td><td></td><td>①②③④⑤</td></tr>
<tr><td>완성도</td><td></td><td>①②③④⑤</td></tr>
<tr><td>신뢰도</td><td></td><td>①②③④⑤</td></tr>
<tr><td>표현력</td><td>마인드맵의 전반적인 구성이 독창적이고 일관성이 있다.</td><td>①②③④⑤</td></tr>
</table>
</td>
<td>35</td>
<td>〈자료 4〉</td>
</tr>
<tr>
<td rowspan="3">정리</td>
<td>정리</td>
<td>학습목표 달성을 확인하고 질의응답 시간을 가진다.</td>
<td rowspan="3">5</td>
<td rowspan="3"></td>
</tr>
<tr>
<td>차시예고</td>
<td>동아시아 사회의 변동</td>
</tr>
<tr>
<td>인사</td>
<td>인사하고 마친다.</td>
</tr>
</table>

관리번호	

2025학년도 공립 중등학교 임용 후보자 선정 경쟁 2차 시험
수업실연 문제지

수험번호									성명		관리번호	

○ 문항에서 요구하는 내용의 가짓수가 제한되어 있는 경우, 요구한 가짓수까지의 내용만 실연하시오.
○ 칠판과 분필 등을 활용한 판서만 가능하며, 기자재를 활용해야 하는 경우 언급으로 대신하시오.

【문제】 다음에 제시된 〈실연 방법〉, 〈교수학습조건〉, 〈자료〉, 〈교수학습지도안〉을 반영해 수업을 실연하시오.

실연 방법

1. 〈교수학습지도안〉의 [수업실연 1]~[수업실연 3]에 해당하는 부분을 수업으로 실연하시오.
2. [수업실연 1]에서는 다음의 조건을 포함하여 실연하시오.
   1) 〈자료 1〉의 자료를 모두 활용하여 강의식 수업을 진행하시오.
   2) 각각의 자료를 활용할 때 학생과의 상호작용 장면을 실연하시오.
3. [수업실연 2]에서는 다음의 조건을 포함하여 실연하시오.
   1) 〈자료 2〉에 대한 학생의 자료 분석 및 해석 과정이 드러나도록 실연하시오.
   2) 학습목표 1을 고려하여 〈자료 1〉, 〈자료 2〉에 대한 공통 질문을 제시하시오.
4. [수업실연 3]에서는 다음의 조건을 포함하여 실연하시오.
   1) (활동 목표를 제시하시오.)
   2) 〈자료 3〉에 대한 교사의 피드백을 구체적인 근거를 들어 제시하시오.

* 유의사항
1. 학생의 발표 장면은 생략하시오.
2. 수업의 전개 과정부터 실연하므로 학습목표는 판서하지 마시오.

교수·학습 조건

1. 과목명: 동아시아사
2. 대상: 고등학교 3학년
3. 시간: 100분(블록타임제)
4. 단원명: Ⅴ. 오늘날의 동아시아 – 경제 성장과 정치 발전

성취기준	[12동사05-02] 동아시아 각국에서 나타난 정치·경제·사회적 발전 모습을 비교하여 파악한다.		
단원의 구성	차시	주요 내용 및 활용	수업 형태
	1~2	자본주의 국가들의 경제와 정치 발전	
	3~4	사회주의 국가들의 경제 개방과 체제 변화	강의식, 탐구식 수업
	5	동아시아의 사회 변동	

5. 교수·학습 환경

학생 수	지도 장소	매체 및 기자재
25명	교실	칠판, 스크린, 교사용 컴퓨터, 빔 프로젝터, 학습지, 모둠 활동지

자료 ❶ 학습지

중국의 사회주의 체제 변동과 시장 경제

사진 및 그림자료			
대약진 운동 포스터	홍위병의 대중 집회	덩샤오핑의 남순 강화 기념 선전물	톈안문사건

문서 자료

(가) 마오쩌둥의 대자보(1988)

지난 50여 일 동안 중앙에서 지방까지 일부 지도층 동지들은 도리어 이와는 정반대의 길을 따라가고 있으며, 반동적 부르주아의 입장에 서서 부르주아 독재를 실행하면서, 프롤레타리아의 위대한 문화 대혁명 운동을 무너뜨리고, 시비를 뒤집고, 흑백을 뒤섞고, 혁명파를 포위 공격하고, 다른 의견을 압제하면서 백색 테러를 실행하면서 스스로 득의양양하여 부르주아의 위풍을 높이고 프롤레타리아의 뜻과 기개를 무너뜨리고 있으니, 이 얼마나 악독한 일인가?

(나) 덩샤오핑의 개혁·개방 정책(1981)

새로운 역사 시기에 우리 당이 분투해야 할 목표는 우리나라를 현대적 농업, 현대적 공업, 현대적 국방, 현대적 과학 기술을 갖추고 고도의 민주주의와 고도의 문명을 가진 사회주의 강국으로 한 걸음 한 걸음 건설해 나가는 것이다.

자료 ❷ 학습지

베트남의 개혁·개방과 도약

(다) 베트남 공산당 제5차 전당 대회 보고문(1986)

가장 중요한 것은 주인 역할, 즉 노동자가 열성을 발휘하여 군중 운동을 이행하는 것이며, 동시에 생산관계 혁명, 과학-기술 혁명 및 사상-문화 혁명을 조성하기 위한 경제 정책, 사회 정책을 쇄신하는 것이다. 식량·식품, 소비재 생산 원료, 수출품에 대한 급박한 요구가 농업의 최우선 위치를 결정한다. 소비재 생산지는 시장과 밀착해야 하고, 소비자의 수요 및 시장 기호를 확실하게 붙들어야 한다.

(라) 베트남의 국내 총생산(GDP)

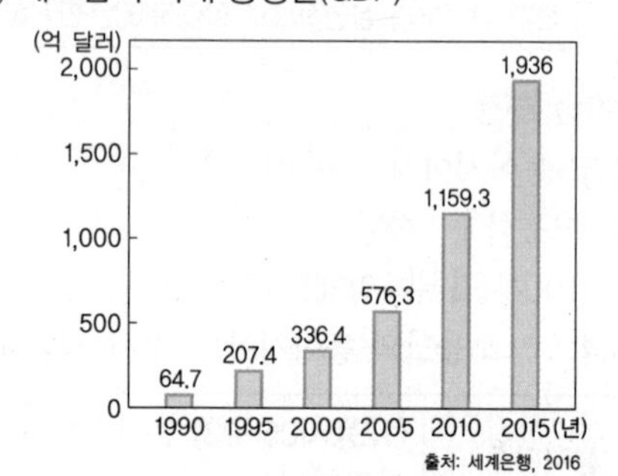

〈자료 1〉, 〈자료 2〉 공통 질문

[수험생 실연 부분] ?

자료 ❸ 수행평가지

'동아시아 국가의 발전' 마인드맵 그리기

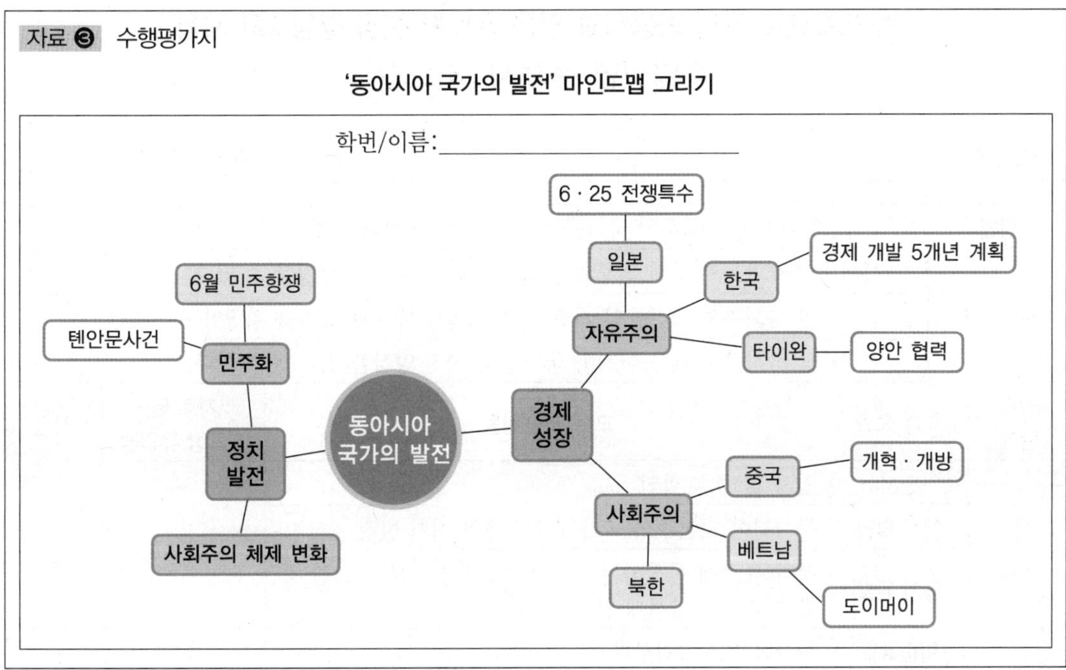

3

2025학년도 공립 중등학교 임용 후보자 선정 경쟁 2차 시험
수업실연 문제지 [지도안]

수험번호								성명		관리번호	

단원	V-2. 동아시아 사회주의 국가들의 체제 변화와 개혁·개방		차시	3~4
학습목표	1. 사회주의 국가들의 경제 정책과 변화 모습을 비교하여 설명할 수 있다. 2. 동아시아 사회주의 국가들의 개방 정책 도입의 배경과 결과를 설명할 수 있다. 3. 마인드맵 작성을 통해 동아시아 국가들의 발전 양상을 정리할 수 있다.			

학습 단계	학습 요소	교수·학습활동	자료 및 지도상 유의점	시간
도입	인사	인사 및 출석 확인		5
	전시 확인	동아시아 자본주의 국가들의 경제와 정치 발전		
	동기 유발	북한 뉴스에 등장하는 전당 대회 장면을 보고 느낀 점을 자유롭게 말하게 한다.		
	학습목표	학습목표를 확인한다.		
전개	〈전개 1〉 중국의 사회주의 체제 변동과 시장 경제	• 사회주의 경제 체제의 추진과 한계점 및 공산당 일당 지배가 확대되었음을 설명한다. 〈수업실연 1 부분〉	〈자료 1〉	30
	〈전개 2〉 베트남의 개혁 개방과 도약	〈수업실연 2 부분〉	〈자료 1〉 〈자료 2〉	15
	〈전개 3〉 북한의 경제 및 정치 변화	• 북한의 경제 정책 및 정치 변화에 대하여 설명한다.		10
	〈전개 4〉 마인드맵 그리기 활동	〈수업실연 3 부분〉	〈자료 3〉	35
정리	정리	학습목표 달성을 확인하고 질의응답 시간을 가진다.		5
	차시예고	동아시아 사회의 변동		
	인사	인사하고 마친다.		

04 고등학교 세계사 실전문항

번호	문항 주제	난이도
1	몽골 제국과 동서교류	★★★★☆
2	이슬람 세계의 형성과 발전	★★★★☆
3	알렉산드로스 제국과 헬레니즘 문화	★★★☆☆
4	게르만족의 이동과 프랑크 왕국의 발전	★★☆☆☆
5	르네상스와 종교개혁	★★★★☆
6	이탈리아와 독일의 통일	★★★★★
7	제국주의와 세계 분할	★★★★★
8	대공황과 전체주의의 등장	★★★★☆
9	냉전과 탈냉전	★★★★☆
10	세계화와 과학·기술 혁명	★★★★☆

수업실연 시간이 15분인 지역의 경우, 괄호 안의 조건을 생략할 수 있음

1

2025학년도 공립 중등학교 임용 후보자 선정 경쟁 2차 시험
수업지도안 작성 문제지

수험번호									이름	

교수·학습지도안 작성 조건

• 교수·학습 지도안은 실제 교실에서의 수업 상황을 가정하여 작성할 것
• [지도안 작성 부분 1] 〈자료 1〉을 활용하여 판서를 이용한 강의식 수업을 작성하시오.
 – 〈자료 1〉의 키워드를 모두 활용하여 판서 계획을 작성하시오.
 – 동기유발 시 활용한 지도에 대한 언급을 포함하시오.
• [지도안 작성 부분 2] 〈자료 2〉를 활용하여 탐구식 수업을 작성하시오.
 – 〈자료 2〉의 (가) 정책의 목적을 추론할 수 있는 질문을 제공하시오.
 – 학생들이 〈자료 2〉의 (가), (나), (다)를 분석하여 공통점을 도출하는 과정을 포함하시오.
• [지도안 작성 부분 3] 〈자료 3〉, 〈자료 4〉를 활용하여 모둠별 활동을 진행하시오.
 – 〈자료 3〉, 〈자료 4〉를 활용하여 모둠 활동을 진행하되, 〈자료 5〉의 결과가 나오도록 활동을 설계하여 작성하시오.
 – 〈자료 5〉의 [A]에 들어갈 내용을 작성하시오.
• [지도안 작성 부분 4] 〈자료 6〉을 활용하여 수업 정리 부분을 작성하시오.
 – 〈자료 6〉의 [B]에 들어갈 내용을 작성하시오

※ 모든 작성 부분은 교사와 학생의 활동이 구체적으로 드러나도록 작성하시오.

교수·학습 조건

1. 과목명: 세계사
2. 대상: 고등학교 2학년
3. 시간: 100분(블록타임제)
4. 단원명: Ⅱ. 동아시아 지역의 역사 – 몽골, 유라시아에 걸친 대제국을 건설하다

가. 단원의 성취기준

성취기준	[12세사02-01] 송의 정치 · 사회적 변화를 살펴보고, 몽골의 팽창이 아시아와 유럽에 미친 영향을 탐구한다.

나. 단원의 구성

단원	차시	주요 내용 및 활용	수업 형태	평가 방법
동아시아 세계의 발전	1	송과 정복 왕조가 독자적인 지배 체제를 확립하다		
	2~3	몽골, 유라시아에 걸친 대제국을 건설하다	강의식 수업, 모둠 활동	선다형 평가
	4	경제적 번영 속에서 발달한 송과 원의 서민 문화		
	5	고려가 성립되고, 무사가 일본을 통치하다		

다. 교수·학습 환경

학생 수	지도 장소	매체 및 기자재
24명	교실	전자칠판, 모둠 활동지, 사진 및 문서 자료, 태블릿 PC

자료 ❶

【키워드】 천호제, 서하, 유라시아 대륙, 울루스, 대도

자료 ❷ 원의 중국 지배 정책

(가) 원 대 신분 구조

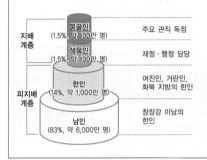

지배 계층
몽골인 (1.5%, 약 100만 명) — 주요 관직 독점
색목인 (1.5%, 약 100만 명) — 재정 · 행정 담당

피지배 계층
한인 (14%, 약 1,000만 명) — 여진인, 거란인, 화북 지방의 한인
남인 (83%, 약 6,000만 명) — 창장강 이남의 한인

(나) 파스파 문자가 새겨진 동전

(다) 쿠빌라이 칸의 명령으로 세워진 라마교 사원의 탑(베이징 묘응사)

자료 ❸ 이븐 바투타, 『여행기』

그들의 여행 질서를 보면 전국의 모든 역참에는 여인숙이 있는데, 관리자가 몇몇 기병과 보병을 데리고 상주하고 있다. …… 다음날 아침이 밝은 후에 관리자가 서기와 함께 투숙객을 점호하고 상황을 상세히 기록한다. 그리고는 사람을 파견해 다음 역참까지 안내한다. …… 전국의 모든 역참에서는 이렇게 하고 있다. 또 여인숙들에는 식량을 비롯하여 여행자가 필요한 모든 것, 특히 닭과 쌀은 마련되어 있지만 양은 적다.

자료 ❹ 마르코 폴로, 『동방견문록』

취안저우에는 값비싼 보석과 크고 좋은 진주를 비롯하여 비싸고 멋진 물건들을 잔뜩 싣고 인도에서 오는 배들이 정박하는 항구가 있다. 남중국의 상인들은 이 항구에서 주변의 모든 지역으로 간다. 수많은 상품과 보석이 이 항구로 들어오고 나가는 모습은 보기에도 놀라울 정도인데, 그것들은 이 항구 도시에서 만지 지방 전역으로 퍼져 나간다. …… 이곳은 세계에서 상품이 가장 많이 들어오는 두 개의 항구 가운데 하나라는 사실을 여러분은 알아야 할 것이다.

자료 ❺

[1모둠] 게시판

김OO	이ㅁㅁ
몽골 제국은 역참이라는 제도를 잘 활용하여 육로를 통한 교역이 활성화되었을 뿐만 아니라, 송나라 때 발전한 해상 무역도 잘 활용하여 대외 교류의 장이 열렸어. 유라시아 대륙을 하나의 제국으로 통합했기에 가능했지.	[A: **수험생 작성 부분**]
♥ 16 ◯ 2 [민지] 몽골 제국은 유목민족 출신이니까 초원길을 통한 교류도 활발했겠죠? [혜인] 동서 교류가 확대된 배경을 잘 정리해 볼 수 있겠어요.	♥ 2 ◯ 2 [하니] 서양 문화의 유입으로 몽골에 어떤 변화가 나타났는지가 잘 드러났어요. [교사] 동서 교류의 확대가 서양에 미친 영향은 무엇인지도 포함되면 좋겠어요.

자료 ❻

교사: 몽골 제국 시기의 동서 교류가 세계사에서 어떤 의미를 갖는지 이야기해 볼까요?
학생: [B: **수험생 작성 부분**]

관리번호	

2025학년도 공립 중등학교 임용 후보자 선정 경쟁 2차 시험
수업지도안 작성 답안지

수험번호									이름	

단원	Ⅱ. 동아시아 지역의 역사 – 몽골, 유라시아에 걸친 대제국을 건설하다		지도 대상	고등학교 2학년
학습목표	1. 몽골 제국의 형성과 발전 과정을 설명할 수 있다. 2. 원나라의 중국 지배 정책의 특징을 설명할 수 있다. 3. 토의 활동을 통해 몽골 제국 시기 동서 문화 교류가 확대된 다양한 요인들을 정리할 수 있다.			
학습 단계	학습 요소	교수·학습활동	시간	자료 및 지도상 유의점
도입	인사	인사 및 출석 확인	5	지도 자료
	전시 확인	전시학습 확인		
	동기 유발	몽골 제국의 최대 영토를 표현한 지도를 보여주고, 거대한 제국을 이룰 수 있었던 힘은 무엇이었을지 자유롭게 발표하는 시간을 가진다.		
	학습목표	학습목표를 확인한다.		
전개	〈전개 1〉	〈판서 계획〉 〈지도안 작성 부분 1〉	20	〈자료 1〉

전개	〈전개 2〉	〈지도안 작성 부분 2〉	15	〈자료 2〉
	〈전개 3〉	〈지도안 작성 부분 3〉 이□□ ⋮ [A: 수험생 작성 부분] ♥ 2 ○ 2 [하니] 서양 문화의 유입으로 몽골에 어떤 변화가 나타났는지가 잘 드러났어요. [교사] 동서 교류의 확대가 서양에 미친 영향은 무엇인지도 포함되면 좋겠어요.	50	〈자료 3〉 〈자료 4〉 〈자료 5〉 태블릿 PC

<table>
<tr><td rowspan="3">정리</td><td>정리</td><td>• 질의응답을 통해 학습 내용을 정리한다.
〈지도안 작성 부분 4〉

교사: 몽골 제국 시기의 동서 교류가 세계사에서 어떤 의미를 갖는지 이야기해 볼까요?
학생: [B: **수험생 작성 부분**]</td><td rowspan="3">10</td><td rowspan="3">〈자료 6〉</td></tr>
<tr><td>차시예고</td><td>다음 수업 주제를 안내한다.</td></tr>
<tr><td>인사</td><td>인사하고 마친다.</td></tr>
</table>

관리번호	

2025학년도 중등학교 교사 신규임용후보자 선정 경쟁 시험 (2차)
역사 수업실연 문제지

수험번호									성명		관리번호	

- ○ 문항에서 요구하는 내용의 가짓수가 제한되어 있는 경우, 요구한 가짓수까지의 내용만 실연하시오.
- ○ 칠판과 분필 등을 활용한 판서만 가능하며, 기자재를 활용해야 하는 경우 언급으로 대신하시오.

【문제】 다음에 제시된 〈실연 방법〉, 〈교수학습조건〉, 〈자료〉, 〈교수학습지도안〉을 반영해 수업을 실연하시오.

실연 방법

1. 〈교수학습지도안〉의 [수업실연 1] ~ [수업실연 3]에 해당하는 부분을 수업으로 실연하시오.
2. [수업실연 1] 〈자료 1〉을 활용하여 탐구식 수업을 실연하시오.
   1) 〈자료 1〉의 (가) 정책의 목적을 추론할 수 있는 질문을 포함하시오.
   2) 학생들이 〈자료 1〉의 (가), (나), (다)를 분석하여 공통점을 도출하는 과정을 포함하시오.
3. [수업실연 2] 〈자료 2〉, 〈자료 3〉을 활용하여 모둠별 활동을 실연하시오.
   1) 〈자료 2〉, 〈자료 3〉을 활용하여 모둠 활동을 진행하되, 〈자료 4〉의 결과가 나오도록 활동을 설계하시오.
   2) 〈자료 4〉의 [A]에 들어갈 내용을 채워 실연하시오.
4. [수업실연 3] 〈자료 5〉를 활용하여 정리 부분을 실연하시오.
   1) 〈자료 5〉의 [B]에 들어갈 내용을 채워 실연하시오.

* 유의사항
교사와 학생의 상호작용이 구체적으로 드러나게 실연하시오.

교수·학습 조건

1. 과목명: 동아시아사
2. 대상: 고등학교 2학년
3. 시간: 100분(블록타임제)
4. 단원명: Ⅱ. 동아시아 지역의 역사 - 몽골, 유라시아에 걸친 대제국을 건설하다

성취기준	[12세사02-01] 송의 정치·사회적 변화를 살펴보고, 몽골의 팽창이 아시아와 유럽에 미친 영향을 탐구한다.		
단원의 구성	차시	주요 내용 및 활용	수업 형태
	1	송과 정복 왕조가 독자적인 지배 체제를 확립하다	
	2~3	몽골, 유라시아에 걸친 대제국을 건설하다	강의식 수업, 모둠 활동
	4	경제적 번영 속에서 발달한 송과 원의 서민 문화	
	5	고려가 성립되고, 무사가 일본을 통치하다	

5. 교수·학습 환경

학생 수	지도 장소	매체 및 기자재
24명	교실	전자칠판, 모둠 활동지, 사진 및 문서 자료, 태블릿 PC

자료 ❶ 원의 중국 지배 정책

(가) 원 대 신분 구조

(나) 파스파 문자가 새겨진 동전

(다) 쿠빌라이 칸의 명령으로 세워진 라마교 사원의 탑(베이징 묘응사)

자료 ❷ 이븐 바투타, 여행기

그들의 여행 질서를 보면 전국의 모든 역참에는 여인숙이 있는데, 관리자가 몇몇 기병과 보병을 데리고 상주하고 있다. …… 다음날 아침이 밝은 후에 관리자가 서기와 함께 투숙객을 점호하고 상황을 상세히 기록한다. 그리고는 사람을 파견해 다음 역참까지 안내한다. …… 전국의 모든 역참에서는 이렇게 하고 있다. 또 여인숙들에는 식량을 비롯하여 여행자가 필요한 모든 것, 특히 닭과 쌀은 마련되어 있지만 양은 적다.

자료 ❸ 마르코 폴로, 『동방견문록』

취안저우에는 값비싼 보석과 크고 좋은 진주를 비롯하여 비싸고 멋진 물건들을 잔뜩 싣고 인도에서 오는 배들이 정박하는 항구가 있다. 남중국의 상인들은 이 항구에서 주변의 모든 지역으로 간다. 수많은 상품과 보석이 이 항구로 들어오고 나가는 모습은 보기에도 놀라울 정도인데, 그것들은 이 항구 도시에서 만지 지방 전역으로 퍼져 나간다. …… 이곳은 세계에서 상품이 가장 많이 들어오는 두 개의 항구 가운데 하나라는 사실을 여러분은 알아야 할 것이다.

자료 ❹

[1모둠] 게시판

김OO	이ㅁㅁ
몽골 제국은 역참이라는 제도를 잘 활용하여 육로를 통한 교역이 활성화되었을 뿐만 아니라, 송나라 때 발전한 해상 무역도 잘 활용하여 대외 교류의 장이 열렸어. 유라시아 대륙을 하나의 제국으로 통합했기에 가능했지.	[A]
♥ 16 ◯ 2 [민지] 몽골 제국은 유목민족 출신이니까 초원길을 통한 교류도 활발했겠죠? [혜인] 동서 교류가 확대된 배경을 잘 정리해 볼 수 있겠어요.	♥ 2 ◯ 2 [하니] 서양 문화의 유입으로 몽골에 어떤 변화가 나타났는지가 잘 드러났어요. [교사] 동서 교류의 확대가 서양에 미친 영향은 무엇인지도 포함되면 좋겠어요.

자료 ❺

교사: 몽골 제국 시기의 동서 교류가 세계사에서 어떤 의미를 갖는지 이야기해 볼까요?

학생: [B] ____

2025학년도 중등학교 교사 신규임용후보자 선정 경쟁 시험 (2차)
역사 수업실연 문제지 [지도안]

수험번호									성명		관리번호	

<table>
<tr><td colspan="2">단원</td><td>Ⅱ. 동아시아 지역의 역사
– 몽골, 유라시아에 걸친 대제국을 건설하다</td><td>차시</td><td>2~3</td></tr>
<tr><td colspan="2" rowspan="3">학습목표</td><td colspan="3">1. 몽골 제국의 형성과 발전 과정을 설명할 수 있다.</td></tr>
<tr><td colspan="3">2. 원나라의 중국 지배 정책의 특징을 설명할 수 있다.</td></tr>
<tr><td colspan="3">3. 토의 활동을 통해 몽골 제국 시기 동서 문화 교류가 확대된 다양한 요인들을 정리할 수 있다.</td></tr>
<tr><td>학습 단계</td><td>학습 요소</td><td>교수·학습활동</td><td>자료 및 지도상 유의점</td><td>시간</td></tr>
<tr><td rowspan="4">도입</td><td>인사</td><td>인사 및 출석 확인</td><td rowspan="4">지도 자료</td><td rowspan="4">5</td></tr>
<tr><td>전시 확인</td><td>전시학습 확인</td></tr>
<tr><td>동기 유발</td><td>몽골 제국의 최대 영토를 표현한 지도를 보여주고, 거대한 제국을 이룰 수 있었던 힘은 무엇이었을지 자유롭게 발표하는 시간을 가진다.</td></tr>
<tr><td>학습목표</td><td>학습목표 확인</td></tr>
<tr><td rowspan="2">전개</td><td>〈전개 1〉
몽골 제국의 건설</td><td>• 몽골 제국의 수립과 팽창 과정에 대하여 설명한다.</td><td></td><td>20</td></tr>
<tr><td>〈전개 2〉
원의 중국 지배</td><td>〈수업실연 1 부분〉</td><td>〈자료 1〉</td><td>15</td></tr>
</table>

<table>
<tr>
<td>전개</td>
<td>〈전개 3〉
동서 교류의
확대</td>
<td>〈수업실연 2 부분〉

이ㅁㅁ ⋮

[A]

♥ 2 ○ 2
[하니] 서양 문화의 유입으로 몽골에 어떤 변화가 나타났는지가 잘 드러났어요.
[교사] 동서 교류의 확대가 서양에 미친 영향은 무엇인지도 포함되면 좋겠어요.</td>
<td>〈자료 2〉
〈자료 3〉
〈자료 4〉</td>
<td>50</td>
</tr>
<tr>
<td rowspan="3">정리</td>
<td>정리</td>
<td>• 질의응답을 통해 학습 내용을 정리한다.

〈수업실연 3 부분〉

교사: 몽골 제국 시기의 동서 교류가 세계사에서 어떤 의미를 갖는지 이야기해 볼까요?
학생: [B]</td>
<td>〈자료 5〉</td>
<td rowspan="3">10</td>
</tr>
<tr>
<td>차시예고</td>
<td>다음 수업 주제를 안내한다.</td>
<td rowspan="2"></td>
</tr>
<tr>
<td>인사</td>
<td>인사하고 마친다.</td>
</tr>
</table>

2025학년도 공립 중등학교 임용 후보자 선정 경쟁 2차 시험 수업지도안 작성 문제지

수험번호								

이름	

교수·학습지도안 작성 조건

- 교수·학습 지도안은 실제 교실에서의 수업 상황을 가정하여 작성할 것
- [지도안 작성 부분 1] 〈자료 1〉, 〈자료 2〉를 활용하여 판서를 이용한 강의식 수업을 작성하시오.
  - 각각의 자료에 대한 발문을 제공하시오.
  - 종교의 발전 과정 및 종교적 특징을 포함한 판서 계획을 작성하시오.
- [지도안 작성 부분 2] 〈자료 3〉을 활용하여 강의식 수업을 작성하시오.
  - 〈자료 3〉과 같이 이슬람 세력이 분열하게 된 배경 및 각 세력의 주요 주장을 포함하시오.
  - 세계사 학습의 의미와 목적을 도출할 수 있는 발문을 제공하시오.
- [지도안 작성 부분 3] 〈자료 4〉를 참고하여 모둠별 활동을 진행하시오.
  - 모둠 활동을 진행하되, 〈자료 4〉의 결과가 나오도록 활동을 설계하여 작성하시오.
  - 활동 시 유의 사항을 포함한 활동 안내 단계를 포함하시오.
- [지도안 작성 부분 4] 〈자료 4〉, 〈자료 5〉을 활용하여 모둠 활동에 대한 피드백을 진행하시오.
  - 〈자료 5〉를 활용하여 〈자료 4〉에 대한 피드백을 진행하되, [A]에 들어갈 내용을 작성하시오.

※ 모든 작성 부분은 교사와 학생의 활동이 구체적으로 드러나도록 작성하시오.

교수·학습 조건

1. 과목명: 세계사
2. 대상: 고등학교 2학년
3. 시간: 100분(블록타임제)
4. 단원명: Ⅲ. 서아시아·인도 지역의 역사 – 이슬람 세계의 형성과 발전

가. 단원의 성취기준

성취기준	[12세사03-01] 서아시아 여러 제국의 성립과 발전을 살펴보고, 이슬람교를 중심으로 이슬람 세계의 형성과 확장을 탐구한다.

나. 단원의 구성

단원	차시	주요 내용 및 활용	수업 형태	평가 방법
서아시아 여러 제국과 이슬람 세계	1	고대 서아시아 세계의 발전		
	2~3	이슬람 세계의 형성과 발전	강의식 수업,모둠 활동	동료 평가
	4	이슬람 세계의 팽창		

다. 교수·학습 환경

학생 수	지도 장소	매체 및 기자재
24명	교실	전자칠판, 모둠 활동지, 사진 및 그림 자료, 태블릿 PC

자료 ❶ 아라비아 반도 교역로의 변화

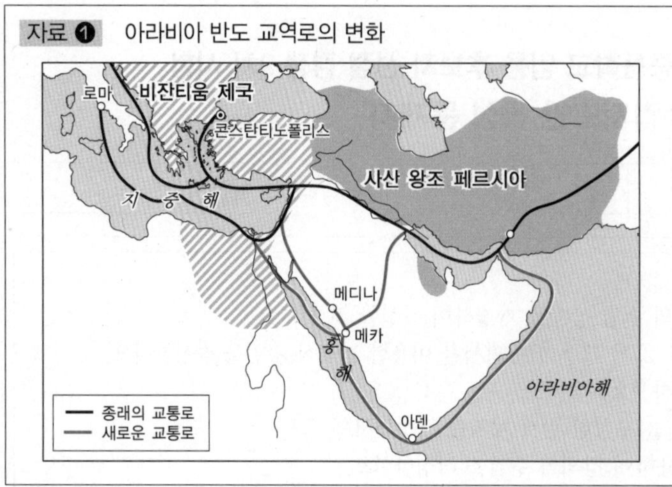

자료 ❷ 바드르 전투

무함마드가 메카의 쿠라이시족을 물리친 전쟁(624년)

자료 ❸ 수니파와 시아파의 갈등

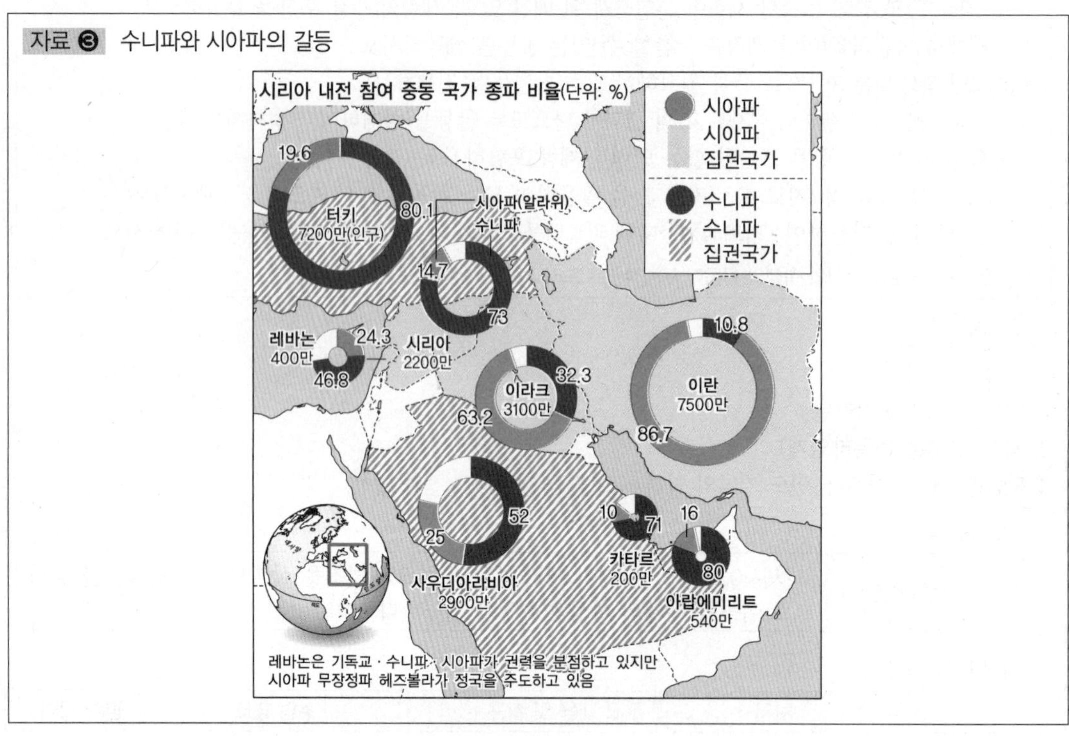

자료 ❹ 모둠 활동지

이슬람 문화권 여행 안내 책자 만들기

★★모둠

할랄 식당에는 돼지고기가 없어요.	모스크 방문은 필수!	여성의 히잡, 패션인가?
『쿠란』의 '알라는 너희에게 죽은 짐승의 고기나 피와 돼지고기를 금했노라.'라는 구절에 따라 이슬람교도들은 돼지고기를 먹을 수 없어요.	진정한 이슬람 문화를 체험하고 싶다면 모스크를 꼭 방문해 보기를 추천합니다. 모스크는 둥근 지붕과 뾰족한 탑을 특징으로 하고, 내부는 독특한 기하학 무늬로 꾸며져 있지요.	[A: **수험생 작성 부분**]

자료 ❺ 온라인 게시판

♥:10 / 댓글:2
[민지] 이슬람의 특징적인 식문화와 건축문화가 잘 표현되었어요. 그런데 히잡 착용은 오늘날에도 논란이 많은 주제인데, 히잡 착용에 반대하는 입장만 대변된 것 같은 느낌이에요.

관리번호	

3

2025학년도 공립 중등학교 임용 후보자 선정 경쟁 2차 시험
수업지도안 작성 답안지

수험번호									이름	

<table>
<tr><td>단원</td><td colspan="3">Ⅲ. 서아시아·인도 지역의 역사 – 이슬람 세계의 형성과 발전</td><td>지도 대상</td><td>고등학교 2학년</td></tr>
<tr><td rowspan="3">학습목표</td><td colspan="5">1. 이슬람교와 이슬람 제국의 성립 및 발전 과정을 설명할 수 있다.</td></tr>
<tr><td colspan="5">2. 이슬람 문화의 특징을 설명할 수 있다.</td></tr>
<tr><td colspan="5">3. 이슬람 문화권 여행 안내 책자를 제작하는 활동을 통해 이슬람 사회와 문화를 이해하는 태도를 가질 수 있다.</td></tr>
<tr><td>학습 단계</td><td>학습 요소</td><td>교수·학습활동</td><td>시간</td><td colspan="2">자료 및 지도상 유의점</td></tr>
<tr><td rowspan="4">도입</td><td>인사</td><td>인사 및 출석 확인</td><td rowspan="4">5</td><td rowspan="4" colspan="2"></td></tr>
<tr><td>전시 확인</td><td>전시학습 확인</td></tr>
<tr><td>동기 유발</td><td>세계 종교 분포 지도를 보고 이슬람교의 영향력에 대해 파악해 본다.</td></tr>
<tr><td>학습목표</td><td>학습목표를 확인한다.</td></tr>
<tr><td>전개</td><td>〈전개 1〉</td><td>〈판서 계획〉

〈지도안 작성 부분 1〉</td><td>20</td><td colspan="2">〈자료 1〉
〈자료 2〉</td></tr>
</table>

전개	〈전개 2〉	〈지도안 작성 부분 2〉 • 아바스 왕조의 성립에서 분열에 이르는 이슬람 제국의 변천 과정을 설명한다.	30	〈자료 3〉
	〈전개 3〉	〈지도안 작성 부분 3〉	30	〈자료 4〉

전개	〈전개 4〉	〈지도안 작성 부분 4〉 여성의 히잡, 패션인가? [A: 수험생 작성 부분]	10	〈자료 4〉 〈자료 5〉
정리	정리	질의응답을 통해 학습 내용을 정리한다.	5	
	차시예고	다음 수업 주제를 안내한다.		
	인사	인사하고 마친다.		

관리번호	

2025학년도 중등학교 교사 신규임용후보자 선정 경쟁 시험 (2차)
역사 수업실연 문제지

수험번호									성명			관리번호	

○ 문항에서 요구하는 내용의 가짓수가 제한되어 있는 경우, 요구한 가짓수까지의 내용만 실연하시오.
○ 칠판과 분필 등을 활용한 판서만 가능하며, 기자재를 활용해야 하는 경우 언급으로 대신하시오.

【문제】 다음에 제시된 〈실연 방법〉, 〈교수학습조건〉, 〈자료〉, 〈교수학습지도안〉을 반영해 수업을 실연하시오.

실연 방법

1. 〈교수학습지도안〉의 [수업실연 1] ~ [수업실연 3]에 해당하는 부분을 수업으로 실연하시오.
2. [수업실연 1] 〈자료 1〉을 활용하여 강의식 수업을 실연하시오.
   1) 〈자료 1〉과 같이 이슬람 세력이 분열하게 된 배경 및 각 세력의 주요 주장을 포함하시오.
   2) 세계사 학습의 의미와 목적을 도출할 수 있는 발문을 제공하시오.
3. [수업실연 2] 〈자료 2〉를 참고하여 모둠별 활동을 실연하시오.
   1) 모둠 활동을 진행하되, 〈자료 2〉의 결과가 나오도록 활동을 설계하여 작성하시오.
   2) 활동 시 유의 사항을 포함한 활동 안내 단계를 포함하시오.
4. [수업실연 3] 〈자료 2〉, 〈자료 3〉을 활용하여 모둠 활동에 대한 피드백을 실연하시오.
   1) 〈자료 3〉을 활용하여 〈자료 2〉에 대한 피드백을 진행하되, [A]에 들어갈 내용을 포함하여 실연하시오.

* 유의사항
교사와 학생의 상호작용이 구체적으로 드러나게 실연하시오.

교수·학습 조건

1. 과목명: 세계사
2. 대상: 고등학교 2학년
3. 시간: 100분(블록타임제)
4. 단원명: Ⅲ. 서아시아·인도 지역의 역사 – 이슬람 세계의 형성과 발전

성취기준	[12세사03-01] 서아시아 여러 제국의 성립과 발전을 살펴보고, 이슬람교를 중심으로 이슬람 세계의 형성과 확장을 탐구한다.		
단원의 구성	차시	주요 내용 및 활용	수업 형태
	1	고대 서아시아 세계의 발전	
	2~3	이슬람 세계의 형성과 발전	강의식 수업, 모둠 활동
	4	이슬람 세계의 팽창	

5. 교수·학습 환경

학생 수	지도 장소	매체 및 기자재
24명	교실	전자칠판, 모둠 활동지, 사진 및 그림 자료, 태블릿 PC

자료 ❶ 수니파와 시아파의 갈등

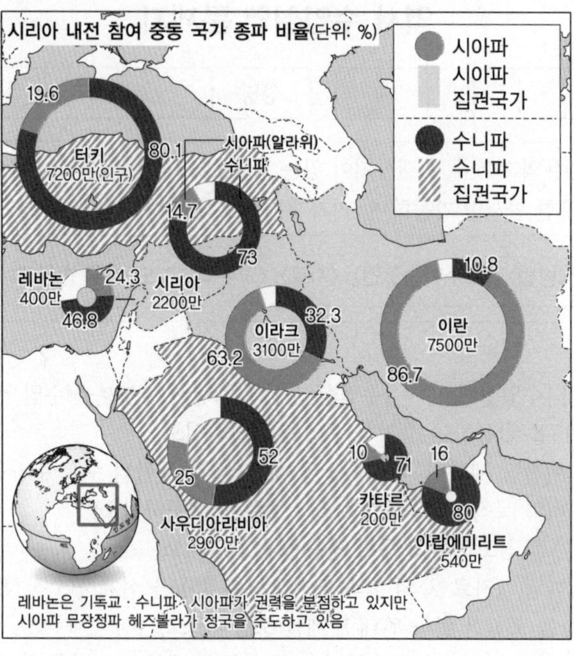

자료 ❷ 모둠활동지

이슬람 문화권 여행 안내 책자 만들기

★★모둠

할랄 식당에는 돼지고기가 없어요.	모스크 방문은 필수!	여성의 히잡, 패션인가?
『쿠란』의 '알라는 너희에게 죽은 짐승의 고기나 피와 돼지고기를 금했노라.'라는 구절에 따라 이슬람교도들은 돼지고기를 먹을 수 없어요.	진정한 이슬람 문화를 체험하고 싶다면 모스크를 꼭 방문해 보기를 추천합니다. 모스크는 둥근 지붕과 뾰족한 탑을 특징으로 하고, 내부는 독특한 기하학 무늬로 꾸며져 있지요.	[A: **수험생 실연 부분**]

자료 ❸ 온라인 게시판

♥:10 / 댓글:2
[민지] 이슬람의 특징적인 식문화와 건축문화가 잘 표현되었어요. 그런데 히잡 착용은 오늘날에도 논란이 많은 주제인데, 히잡 착용에 반대하는 입장만 대변된 것 같은 느낌이에요.

2025학년도 중등학교 교사 신규임용후보자 선정 경쟁 시험 (2차)
역사 수업실연 문제지 [지도안]

수험번호									성명		관리번호	

<table>
<tr><td>단원</td><td colspan="2">Ⅲ. 서아시아·인도 지역의 역사 – 이슬람 세계의 형성과 발전</td><td>차시</td><td>2~3</td></tr>
<tr><td rowspan="3">학습목표</td><td colspan="4">1. 이슬람교와 이슬람 제국의 성립 및 발전 과정을 설명할 수 있다.</td></tr>
<tr><td colspan="4">2. 이슬람 문화의 특징을 설명할 수 있다.</td></tr>
<tr><td colspan="4">3. 이슬람 문화권 여행 안내 책자를 제작하는 활동을 통해 이슬람 사회와 문화를 이해하는 태도를 가질 수 있다.</td></tr>
<tr><td>학습 단계</td><td>학습 요소</td><td>교수·학습활동</td><td>자료 및 지도상 유의점</td><td>시간</td></tr>
<tr><td rowspan="4">도입</td><td>인사</td><td>인사 및 출석 확인</td><td rowspan="4"></td><td rowspan="4">5</td></tr>
<tr><td>전시 확인</td><td>전시학습 확인</td></tr>
<tr><td>동기 유발</td><td>세계 종교 분포 지도를 보고 이슬람교의 영향력에 대해 파악해 본다.</td></tr>
<tr><td>학습목표</td><td>학습목표 확인</td></tr>
<tr><td rowspan="4">전개</td><td>〈전개 1〉
이슬람교의 성립</td><td>• 이슬람교의 성립 배경 및 과정에 대하여 설명한다.</td><td></td><td>20</td></tr>
<tr><td rowspan="2">〈전개 2〉
이슬람 제국의 성립과 발전</td><td>〈수업실연 1 부분〉</td><td rowspan="2">〈자료 1〉</td><td rowspan="2">30</td></tr>
<tr><td>• 아바스 왕조의 성립에서 분열에 이르는 이슬람 제국의 변천 과정을 설명한다.</td></tr>
<tr><td>〈전개 3〉
모둠 활동 안내 및 전개</td><td>〈수업실연 2 부분〉</td><td>〈자료 2〉</td><td>30</td></tr>
</table>

3

<table>
<tr><td>전개</td><td>〈전개 4〉
모둠 활동
평가 및 정리</td><td>〈수업실연 3 부분〉

여성의 히잡, 패션인가?

[A]</td><td>〈자료 2〉
〈자료 3〉</td><td>10</td></tr>
<tr><td rowspan="3">정리</td><td>정리</td><td>질의응답을 통해 학습 내용을 정리한다.</td><td rowspan="3"></td><td rowspan="3">5</td></tr>
<tr><td>차시예고</td><td>다음 수업 주제를 안내한다.</td></tr>
<tr><td>인사</td><td>인사하고 마친다.</td></tr>
</table>

3

2025학년도 공립 중등학교 임용 후보자 선정 경쟁 2차 시험
수업지도안 작성 문제지

수험번호								

이름	

교수·학습지도안 작성 조건

- 교수·학습지도안은 실제 교실에서의 수업 상황을 가정하여 작성할 것
- [지도안 작성 부분 1] 〈자료 1〉을 활용하여 강의식 수업을 진행하시오.
  - 〈자료 1〉을 활용하여 학생에게 수렴적 발문과 확산적 발문을 모두 제공하되, 전시 학습과 관련된 발문을 반드시 포함하시오.
  - 〈자료 1〉을 활용 시에 역사 지도 사용 시 유의점이 드러나도록 작성하시오.
- [지도안 작성 부분 2] 〈자료 2〉, 〈자료 3〉을 활용하여 모둠별 탐구 활동과 강의식 수업을 진행하시오.
  - 학생 활동 시 예상되는 학생의 질문 2가지와 대답을 각각 작성하시오.
  - 학생 활동 이후 판서를 통해 알렉산드로스 제국에 대해 정리하시오.
- [지도안 작성 부분 3] 〈자료 4〉를 활용하여 모둠별 비교 학습을 진행하시오.
  - 비교 학습의 유의사항을 2가지 작성하시오.
  - 순회 지도 과정에서 학생의 질문과 교사의 답변을 1가지 포함하시오.
- [지도안 작성 부분 4] 〈자료 5〉를 활용하여 학생 활동에 대한 피드백을 진행하시오.
  - 우수사례에 대한 교사의 피드백을 시행하시오.
  - 〈자료 5〉의 오개념을 교정하고 추가적인 사례를 1가지 제시하시오.

교수·학습 조건

1. 과목명: 세계사
2. 대상: 고등학교 2학년
3. 시간: 100분(블록타임제)
4. 단원명: Ⅳ. 유럽·아메리카 지역의 역사 – 고대 지중해 세계

가. 단원의 성취기준

성취기준	[12세사04-01] 그리스·로마 문명의 특징을 이해하고, 고대 지중해 세계의 형성과 발전에 대해 탐구한다.

나. 단원의 구성

단원	차시	주요 내용 및 활용	수업 형태	평가 방법
고대 지중해 세계	1~2	그리스 세계의 발전과 헬레니즘 문화	강의식 수업, 비교 학습	수행평가
	3	로마의 발전과 문화	강의식 수업	

다. 교수·학습 환경

학생 수	지도 장소	매체 및 기자재
25명	교실	칠판, 교사용 컴퓨터, 빔 프로젝터, 스크린, 스마트 TV, 활동지, 태블릿 PC

자료 ❶ 알렉산드로스 제국

자료 ❷ 알렉산드로스의 동서융합정책

(가)
수사로 돌아온 왕은 다리우스왕의 딸 스타테이라와 결혼하였다. 그의 친구들 가운데 많은 사람들이 페르시아의 귀부인들과 결혼하였다. 그들과 함께 결혼식을 올리고 페르시아 여자들과 결혼한 모든 마케도니아인을 초대하여 9천여 명이 모인 가운데 축제를 열었다. 알렉산드로스는 이 자리에 모인 모든 사람에게 금으로 된 술잔을 하나씩 나누어 주었다고 한다.

(나)
알렉산드로스는 자신이 정복한 지역을 강압적으로 다스리기보다 포용하는 정책을 펼쳤다. 그리고 넓은 제국을 원활하게 통치하기 위해 그리스와 오리엔트 문화의 융합에 힘썼다. 그는 인더스강 서부 지역을 정벌하고 페르시아에 돌아온 후 페르시아식 왕관과 옷을 걸쳤다. 또 처음으로 그리스인들에게 왕 앞에서 무릎을 꿇도록 하였다. 이집트에서는 자신을 파라오라 하며 동방의 전제 군주제를 수용하였다.

자료 ❸ 헬레니즘 문화

(가)
스토아학파의 창시자 제논은 “모든 인간들은 이 세계의 시민이다. 모든 사람들에게 세계는 하나”라고 주장하였다. 그는 모든 인간들이 “똑같은 목동 밑에서 풀을 뜯고 똑같은 성가신 일들을 겪는 양 떼처럼” 똑같은 삶을 누리기를 원하였다.

– 앙드레 보나르, 『그리스인 이야기』

(나)
알렉산드로스의 정복 활동으로 종래의 폴리스가 지닌 실질적 의미가 사라져 도시 국가와 비도시 국가, 그리스인과 이방인과의 구분이 사라져 갔다. 헬레니즘 사람들은 세계를 하나로 보고 인간을 여기에 속한 세계 시민으로 생각하였다. 이러한 사상은 스토아학파에서 잘 드러났다. 그들은 인간은 이성을 가진 신의 자녀로서 모두 평등하다고 하였다.

자료 ❹ 학습지

그리스 문화와 헬레니즘 문화		
	그리스 문화	헬레니즘 문화
특징		
철학		
예술		

자료 ❺ 활동사례

그리스 문화와 헬레니즘 문화		
	그리스 문화	헬레니즘 문화
특징	합리적, 인간중심적	개인적, 세계시민주의적
철학	스토아 학파	에피쿠로스 학파
예술	파르테논 신전	밀로의 비너스상

관리번호	

2025학년도 공립 중등학교 임용 후보자 선정 경쟁 2차 시험
수업지도안 작성 답안지

수험번호									이름	

단원	Ⅳ-1. 고대 지중해 세계		지도 대상	고등학교 2학년
학습목표	1. 알렉산드로스의 정책을 살펴보고, 그 정책이 헬레니즘 문화에 미친 영향을 설명할 수 있다.			
	2. 그리스 문화와 헬레니즘 문화를 비교하여 설명할 수 있다.			
학습 자료	교과서, 사료, 빔 프로젝터, 컴퓨터 및 태블릿 PC			

학습 단계	학습 요소	교수·학습활동	시간	자료 및 지도상 유의점
도입	인사	인사 및 출석 확인	5	
	전시 확인	전시 학습을 확인한다.		
	동기 유발	알렉산드로스 정복과 관련된 영상을 시청한다.		
	학습목표	학습목표를 확인한다.		
전개	〈전개 1〉	〈지도안 작성 부분 1〉	20	〈자료 1〉

<table>
<tr><td rowspan="2">전개</td><td>〈전개 2〉</td><td>〈지도안 작성 부분 2〉

〈판서 계획〉</td><td>25</td><td>〈자료 2〉
〈자료 3〉</td></tr>
<tr><td>〈전개 3〉</td><td>〈지도안 작성 부분 3〉

• 비교 학습 유의사항
1.
2.</td><td>25</td><td>〈자료 4〉</td></tr>
</table>

전개	〈전개 4〉	〈지도안 작성 부분 4〉	20	〈자료 5〉
정리	정리	학습목표 달성을 확인하고 질의응답 시간을 가진다.	5	
	차시예고	다음 차시를 예고한다.		
	인사	인사하고 마친다.		

관리번호	

2025학년도 공립 중등학교 임용 후보자 선정 경쟁 2차 시험
수업실연 문제지

수험번호									성명		관리번호	

○ 문항에서 요구하는 내용의 가짓수가 제한되어 있는 경우, 요구한 가짓수까지의 내용만 실연하시오.
○ 칠판과 분필 등을 활용한 판서만 가능하며, 기자재를 활용해야 하는 경우 언급으로 대신하시오.

【문제】 다음에 제시된 〈실연 방법〉, 〈교수학습조건〉, 〈자료〉, 〈교수학습지도안〉을 반영해 수업을 실연하시오.

실연 방법

1. [수업실연 1] 〈자료 1〉, 〈자료 2〉를 활용하여 모둠별 탐구 활동과 강의식 수업을 진행하시오.
   1) 학생 활동 시 예상되는 학생의 질문 2가지와 대답을 각각 실연하시오.
   2) 학생 활동 이후 판서를 통해 알렉산드로스 제국에 대해 정리하시오.
2. [수업실연 2] 〈자료 3〉을 활용한 비교 학습을 진행하시오.
   1) 비교 학습의 유의사항을 2가지 안내하시오.
   2) (순회 지도 과정에서 학생의 질문과 교사의 답변을 1가지 포함하시오.)
3. [수업실연 3] 〈자료 4〉를 활용하여 모둠별 비교 학습에 대해 피드백을 진행하시오.
   1) 우수사례에 대한 교사의 피드백을 시행하시오.
   2) 〈자료 4〉의 오개념을 교정하고 추가적인 사례를 1가지 제시하시오.

* 유의사항
일정량의 판서를 사용하여 실연하시오.

교수·학습 조건

1. 과목명: 세계사
2. 대상: 고등학교 2학년
3. 시간: 100분(블록타임제)
4. 단원명: Ⅳ. 유럽·아메리카 지역의 역사 – 고대 지중해 세계

성취기준	[12세사04-01] 그리스·로마 문명의 특징을 이해하고, 고대 지중해 세계의 형성과 발전에 대해 탐구한다.		
단원의 구성	차시	주요 내용 및 활용	수업 형태
	1~2	그리스 세계의 발전과 헬레니즘 문화	강의식 수업, 비교 학습
	3	로마의 발전과 문화	강의식 수업

5. 교수·학습 환경

학생 수	지도 장소	매체 및 기자재
25명	교실	칠판, 교사용 컴퓨터, 빔 프로젝터, 스크린, 스마트 TV, 활동지, 태블릿 PC

자료 ❶ 알렉산드로스의 동서융합정책

(가)

수사로 돌아온 왕은 다리우스왕의 딸 스타테이라와 결혼하였다. 그의 친구들 가운데 많은 사람들이 페르시아의 귀부인들과 결혼하였다. 그들과 함께 결혼식을 올리고 페르시아 여자들과 결혼한 모든 마케도니아인을 초대하여 9천여 명이 모인 가운데 축제를 열었다. 알렉산드로스는 이 자리에 모인 모든 사람에게 금으로 된 술잔을 하나씩 나누어 주었다고 한다.

(나)

알렉산드로스는 자신이 정복한 지역을 강압적으로 다스리기보다 포용하는 정책을 펼쳤다. 그리고 넓은 제국을 원활하게 통치하기 위해 그리스와 오리엔트 문화의 융합에 힘썼다. 그는 인더스강 서부 지역을 정벌하고 페르시아에 돌아온 후 페르시아식 왕관과 옷을 걸쳤다. 또 처음으로 그리스인들에게 왕 앞에서 무릎을 꿇도록 하였다. 이집트에서는 자신을 파라오라 하며 동방의 전제 군주제를 수용하였다.

자료 ❷ 헬레니즘 문화

(가)

스토아학파의 창시자 제논은 "모든 인간들은 이 세계의 시민이다. 모든 사람들에게 세계는 하나"라고 주장하였다. 그는 모든 인간들이 "똑같은 목동 밑에서 풀을 뜯고 똑같은 성가신 일들을 겪는 양 떼처럼" 똑같은 삶을 누리기를 원하였다.

– 앙드레 보나르, 『그리스인 이야기』

(나)

알렉산드로스의 정복 활동으로 종래의 폴리스가 지닌 실질적 의미가 사라져 도시 국가와 비도시 국가, 그리스인과 이방인과의 구분이 사라져 갔다. 헬레니즘 사람들은 세계를 하나로 보고 인간을 여기에 속한 세계 시민으로 생각하였다. 이러한 사상은 스토아학파에서 잘 드러났다. 그들은 인간은 이성을 가진 신의 자녀로서 모두 평등하다고 하였다.

자료 ❸ 학습지

그리스 문화와 헬레니즘 문화		
	그리스 문화	헬레니즘 문화
특징		
철학		
예술		

자료 ❹ 활동사례

그리스 문화와 헬레니즘 문화		
	그리스 문화	헬레니즘 문화
특징	합리적, 인간중심적	개인적, 세계시민주의적
철학	스토아 학파	에피쿠로스 학파
예술	파르테논 신전	밀로의 비너스상

2025학년도 공립 중등학교 임용 후보자 선정 경쟁 2차 시험
수업실연 문제지 [지도안]

수험번호									성명		관리번호	

<table>
<tr><td colspan="2">단원</td><td>Ⅳ-1. 고대 지중해 세계</td><td>차시</td><td>1~2</td></tr>
<tr><td colspan="2" rowspan="2">학습목표</td><td colspan="3">1. 알렉산드로스의 정책을 살펴보고, 그 정책이 헬레니즘 문화에 미친 영향을 설명할 수 있다.</td></tr>
<tr><td colspan="3">2. 그리스 문화와 헬레니즘 문화를 비교하여 설명할 수 있다.</td></tr>
<tr><td>학습 단계</td><td>학습 요소</td><td>교수·학습활동</td><td>자료 및 지도상 유의점</td><td>시간</td></tr>
<tr><td rowspan="4">도입</td><td>인사</td><td>인사 및 출석 확인</td><td rowspan="4"></td><td rowspan="4">5</td></tr>
<tr><td>전시 확인</td><td>전시 학습을 확인한다.</td></tr>
<tr><td>동기 유발</td><td>알렉산드로스 정복과 관련된 영상을 시청한다.</td></tr>
<tr><td>학습목표</td><td>학습목표를 확인한다.</td></tr>
<tr><td rowspan="4">전개</td><td>〈전개 1〉
알렉산드로스 제국의 성립</td><td></td><td></td><td>20</td></tr>
<tr><td>〈전개 2〉
헬레니즘 세계의 형성과 문화</td><td>〈수업실연 1 부분〉</td><td>〈자료 1〉
〈자료 2〉</td><td>25</td></tr>
<tr><td>〈전개 3〉
비교 학습</td><td>〈수업실연 2 부분〉</td><td>〈자료 3〉</td><td>25</td></tr>
<tr><td>〈전개 4〉
비교 학습 발표 및 피드백</td><td>〈수업실연 3 부분〉</td><td>〈자료 4〉</td><td>20</td></tr>
<tr><td rowspan="3">정리</td><td>정리</td><td>학습목표 달성을 확인하고 질의응답 시간을 가진다.</td><td rowspan="3"></td><td rowspan="3">5</td></tr>
<tr><td>차시예고</td><td>다음 수업 주제를 안내한다.</td></tr>
<tr><td>인사</td><td>인사하고 마친다.</td></tr>
</table>

4

2025학년도 공립 중등학교 임용 후보자 선정 경쟁 2차 시험
수업지도안 작성 문제지

수험번호								성명		관리번호	

교수·학습지도안 작성 조건

- 교수·학습지도안은 실제 교실에서의 수업 상황을 가정하여 작성할 것
- [지도안 작성 부분 1] 〈자료 1〉을 활용하여 강의식 수업을 진행하시오.
  - 〈자료 1〉의 (가)의 모든 키워드를 활용한 판서 계획을 작성하시오.
  - 〈자료 1〉의 (나)를 활용하여 학생에게 발문 2가지를 제공하시오.
- [지도안 작성 부분 2] 〈자료 2〉, 〈자료 3〉을 활용하여 모둠별 사료 탐구 활동을 진행하시오.
  - 학생들의 오개념을 교정해주는 과정을 포함하시오.
  - 사료 탐구 활동 이후, 〈자료 2〉의 (가), (나)와 〈자료 3〉을 각 자료별 발문을 통해 인물별 활동을 정리하시오.
- [지도안 작성 부분 3] 〈자료 4〉을 활용하여 모둠별 인물 탐구 활동을 진행하시오.
  - 학습목표 3을 고려하여 인물 탐구 활동을 안내하는 과정을 안내하시오.
  - 태블릿 PC 사용 시 유의사항 2가지와 채점 기준 3가지를 설명하시오.
  - 활동 시 예상되는 학생의 질문과 대답 2가지를 각각 작성하시오.

교수·학습 조건

1. 과목명: 세계사
2. 대상: 고등학교 2학년
3. 시간: 100분(블록타임제)
4. 단원명: Ⅳ. 유럽·아메리카 지역의 역사 – 유럽 세계의 형성과 동요

가. 단원의 성취기준

성취기준	[12세사04-02] 서유럽 봉건 사회의 전개 양상을 탐구하고, 르네상스에서 시작된 세계관의 변동을 설명한다.

나. 단원의 구성

단원	차시	주요 내용 및 활용	수업 형태	평가 방법
유럽 세계의 형성과 동요	1~2	서유럽 봉건 사회의 성립	강의식 수업, 비교학습	수행평가
	3	크리스트 중심의 서유럽 문화	탐구식 수업	
	4~5	비잔티움 제국	강의식 수업, 제작학습	수행평가

다. 교수·학습 환경

학생 수	지도 장소	매체 및 기자재
25명	교실	칠판, 교사용 컴퓨터, 스마트 TV, 활동지, 태블릿 PC

자료 ❶

(가) 【키워드】 훈족, 게르만족, 로마, 용병, 오도아케르, 프랑크 왕국

(나) 게르만족의 이동

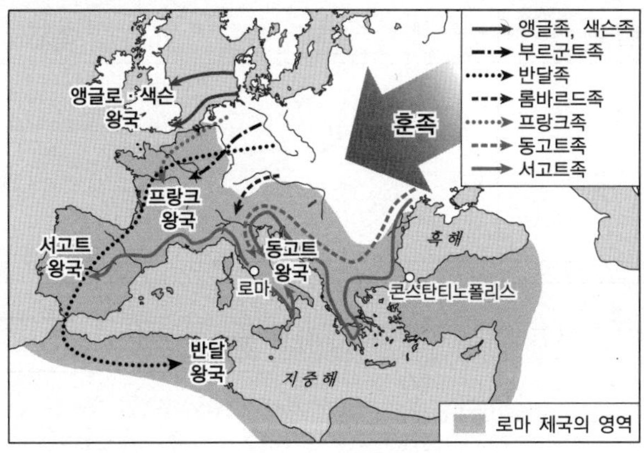

자료 ❷ 카롤루스 왕조

(가) 클로비스

클로비스의 군대는 거의 전멸할 지경에 빠졌다. 위험에 처한 왕은 하늘을 향해 맹세하였다. …… "나는 당신에게 도움을 구합니다. 당신이 나에게 이번 전투에서 적들을 무찌를 수 있게 해준다면, 나는 당신을 믿고 당신의 이름으로 세례를 받을 것입니다." 그가 말을 마치자 적들은 등을 돌려 퇴각하기 시작하였다.

– 그레고리우스, 『프랑크사』

(나) 카롤루스 마르텔

우리는 더는 롬바르드족들의 탄압을 견딜 수가 없습니다. 왜냐하면 그들은 베드로로부터 그의 모든 소유물과 당신(카롤루스 마르텔)과 당신의 선조들이 우리에게 준 것들조차 빼앗아 갔기 때문입니다. 우리가 당신에게 도움을 요청한다는 이유로 롬바르드족들은 우리를 증오하고 탄압합니다. …… 당신께서 베드로의 교회와 우리에게 즉각적인 도움을 주신다면 만인이 당신의 신앙과 사랑 그리고 의지를 칭송할 것입니다.

– 에드거 홈스, 『중세사 자료집』

자료 ❸ 카롤루스 대제

800년 12월 25일, 로마의 성 베드로 대성당에서 크리스마스 미사가 열렸다. 카롤루스 대제는 이탈리아에서 교황을 위협하던 세력을 없애고 정복한 지역에 교회를 세우는 등 크리스트교 보급에 힘쓴 공로를 인정받아 로마 교황 레오 3세에게서 서로마 황제의 관을 받았다. 이는 게르만족이 세운 프랑크 왕국이 로마의 계승자로 인정받은 것이며, 비잔티움 제국의 황제가 더 이상 크리스트교 세계의 유일한 황제가 아닌 것을 의미하였다. 로마 교회와 프랑크 왕국의 협력 속에서 서유럽의 크리스트교 세계는 비잔티움 제국과는 다른 길을 가게 되었다.

자료 ❹ 인물 카드

인물 카드		
이름:		
사진 혹은 그림	활동	중세에 끼친 영향

관리번호	

2025학년도 공립 중등학교 임용 후보자 선정 경쟁 2차 시험
수업지도안 작성 답안지

수험번호									이름	

<table>
<tr><td>단원</td><td colspan="3">Ⅳ-2. 유럽 세계의 형성과 동요</td><td>지도 대상</td><td>고등학교 2학년</td></tr>
<tr><td rowspan="3">학습목표</td><td colspan="5">1. 중세 서유럽 봉건사회가 형성되는 과정을 설명할 수 있다.</td></tr>
<tr><td colspan="5">2. 인물의 일대기를 통해 프랑크 왕국의 발전 과정을 설명할 수 있다.</td></tr>
<tr><td colspan="5">3. 각 인물에 대한 탐구를 통해 인물 카드를 작성하고 중세에 끼친 영향을 표현할 수 있다.</td></tr>
<tr><td>학습 자료</td><td colspan="5">교과서, 사료, 빔 프로젝터, 컴퓨터 및 태블릿 PC</td></tr>
<tr><td>학습 단계</td><td>학습 요소</td><td colspan="2">교수·학습활동</td><td>시간</td><td>자료 및 지도상 유의점</td></tr>
<tr><td rowspan="4">도입</td><td>인사</td><td colspan="2">인사 및 출석 확인</td><td rowspan="4">5</td><td rowspan="4"></td></tr>
<tr><td>전시 확인</td><td colspan="2">전시 학습을 확인한다.</td></tr>
<tr><td>동기 유발</td><td colspan="2">게르만족에 의해 멸망한 로마에 대한 영상을 시청하고 이에 대해 발문한다.</td></tr>
<tr><td>학습목표</td><td colspan="2">학습목표를 확인한다.</td></tr>
<tr><td>전개</td><td>〈전개 1〉</td><td colspan="2">〈지도안 작성 부분 1〉

〈판서 계획〉</td><td>20</td><td>〈자료 1〉</td></tr>
</table>

<table>
<tr><td rowspan="4">전개</td><td>〈전개 2〉</td><td>〈지도안 작성 부분 2〉</td><td>25</td><td>〈자료 2〉
〈자료 3〉</td></tr>
<tr><td>〈전개 3〉</td><td>〈지도안 작성 부분 3〉

• 태블릿 PC 사용 시 유의사항
1.
2.

• 채점 기준
1.
2.
3.</td><td>25</td><td>〈자료 4〉</td></tr>
<tr><td>〈전개 4〉</td><td>• 인물 카드 발표를 듣고 피드백을 한다.</td><td>20</td><td></td></tr>
<tr><td colspan="4"></td></tr>
<tr><td rowspan="3">정리</td><td>정리</td><td>학습목표 달성을 확인하고 질의응답 시간을 가진다.</td><td rowspan="3">5</td><td rowspan="3"></td></tr>
<tr><td>차시예고</td><td>다음 차시를 예고한다.</td></tr>
<tr><td>인사</td><td>인사하고 마친다.</td></tr>
</table>

관리번호	

2025학년도 공립 중등학교 임용 후보자 선정 경쟁 2차 시험
수업실연 문제지

수험번호									성명		관리번호	

○ 문항에서 요구하는 내용의 가짓수가 제한되어 있는 경우, 요구한 가짓수까지의 내용만 실연하시오.
○ 칠판과 분필 등을 활용한 판서만 가능하며, 기자재를 활용해야 하는 경우 언급으로 대신하시오.

【문제】 다음에 제시된 〈실연 방법〉, 〈교수학습조건〉, 〈자료〉, 〈교수학습지도안〉을 반영해 수업을 실연하시오.

실연 방법

1. [수업실연 1] 〈전개 1〉에서 〈자료 1〉을 활용하여 강의식 수업을 실연하시오.
   1) 강의식 수업을 진행하되 〈자료 1〉 (가)의 모든 키워드를 활용한 판서하시오.
   2) 〈자료 1〉의 (나)를 활용하여 학생에게 발문 2가지를 제공하시오.
2. [수업실연 2] 〈전개 2〉에서 〈자료 2〉, 〈자료 3〉을 활용한 모둠별 사료 탐구 활동을 실연하시오.
   1) (학생들의 오개념을 교정해주는 과정을 실연하시오.)
   2) 사료 탐구 활동 이후, 〈자료 2〉의 (가), (나)와 〈자료 3〉을 각 자료별 발문을 통해 인물별 활동을 정리하는 과정을 실연하시오.
3. [수업실연 3] 〈전개 3〉에서 〈자료 4〉를 활용한 인물 탐구를 실연하시오.
   1) 학습목표 3을 고려하여 인물 탐구 활동을 안내하는 과정을 실연하시오.
   2) 태블릿 PC 사용 시 유의사항 2가지와 채점 기준 3가지를 실연하시오.
   3) (활동 시 예상되는 학생의 질문 2가지를 선정하고 이에 대해 답변하는 과정을 실연하시오.)

* 유의사항
일정량의 판서를 사용하여 실연하시오.

교수·학습 조건

1. 과목명: 세계사
2. 대상: 고등학교 2학년
3. 시간: 100분(블록타임제)
4. 단원명: Ⅳ. 유럽·아메리카 지역의 역사 – 유럽 세계의 형성과 동요

성취기준	[12세사04-02] 서유럽 봉건 사회의 전개 양상을 탐구하고, 르네상스에서 시작된 세계관의 변동을 설명한다.		
단원의 구성	차시	주요 내용 및 활용	수업 형태
	1~2	서유럽 봉건 사회의 성립	강의식 수업, 비교 학습
	3	크리스트 중심의 서유럽 문화	탐구식 수업
	4~5	비잔티움 제국	강의식 수업, 제작학습

5. 교수·학습 환경

학생 수	지도 장소	매체 및 기자재
25명	교실	칠판, 교사용 컴퓨터, 스마트 TV, 활동지, 태블릿 PC

자료 ❶

(가) 【키워드】 훈족, 게르만족, 로마, 용병, 오도아케르, 프랑크 왕국

(나) 게르만족의 이동

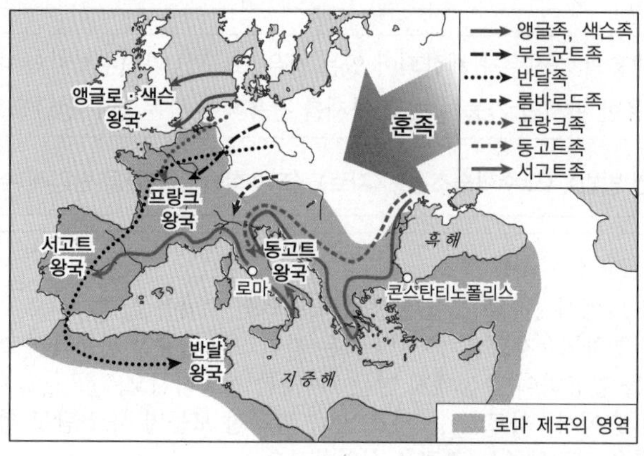

자료 ❷ 카롤루스 왕조

(가) 클로비스

클로비스의 군대는 거의 전멸할 지경에 빠졌다. 위험에 처한 왕은 하늘을 향해 맹세하였다. …… "나는 당신에게 도움을 구합니다. 당신이 나에게 이번 전투에서 적들을 무찌를 수 있게 해준다면, 나는 당신을 믿고 당신의 이름으로 세례를 받을 것입니다." 그가 말을 마치자 적들은 등을 돌려 퇴각하기 시작하였다.

– 그레고리우스, 『프랑크사』

(나) 카롤루스 마르텔

우리는 더는 롬바르드족들의 탄압을 견딜 수가 없습니다. 왜냐하면 그들은 베드로로부터 그의 모든 소유물과 당신(카롤루스 마르텔)과 당신의 선조들이 우리에게 준 것들조차 빼앗아 갔기 때문입니다. 우리가 당신에게 도움을 요청한다는 이유로 롬바르드족들은 우리를 증오하고 탄압합니다. …… 당신께서 베드로의 교회와 우리에게 즉각적인 도움을 주신다면 만인이 당신의 신앙과 사랑 그리고 의지를 칭송할 것입니다.

– 에드거 홈스, 『중세사 자료집』

자료 ❸ 카롤루스 대제

800년 12월 25일, 로마의 성 베드로 대성당에서 크리스마스 미사가 열렸다. 카롤루스 대제는 이탈리아에서 교황을 위협하던 세력을 없애고 정복한 지역에 교회를 세우는 등 크리스트교 보급에 힘쓴 공로를 인정받아 로마 교황 레오 3세에게서 서로마 황제의 관을 받았다. 이는 게르만족이 세운 프랑크 왕국이 로마의 계승자로 인정받은 것이며, 비잔티움 제국의 황제가 더 이상 크리스트교 세계의 유일한 황제가 아닌 것을 의미하였다. 로마 교회와 프랑크 왕국의 협력 속에서 서유럽의 크리스트교 세계는 비잔티움 제국과는 다른 길을 가게 되었다.

자료 ❹ 인물 카드

인물 카드		
이름:		
사진 혹은 그림	활동	중세에 끼친 영향

2025학년도 공립 중등학교 임용 후보자 선정 경쟁 2차 시험 수업실연 문제지 [지도안]

수험번호									성명		관리번호	

단원	Ⅳ-2. 유럽 세계의 형성과 동요	차시	1~2
학습목표	1. 중세 서유럽 봉건사회가 형성되는 과정을 설명할 수 있다.		
	2. 인물의 일대기를 통해 프랑크 왕국의 발전 과정을 설명할 수 있다.		
	3. 각 인물에 대한 탐구를 통해 인물 카드를 작성하고 중세에 끼친 영향을 표현할 수 있다.		

학습 단계	학습 요소	교수·학습활동	자료 및 지도상 유의점	시간
도입	인사	인사 및 출석 확인		5
	전시 확인	전시 학습을 확인한다.		
	동기 유발	게르만족에 의해 멸망한 로마에 대한 영상을 시청하고 이에 대해 발문한다.		
	학습목표	학습목표를 확인한다.		
전개	〈전개 1〉 프랑크 왕국의 성립	〈수업실연 1 부분〉	〈자료 1〉	20
	〈전개 2〉 프랑크 왕국의 발전	〈수업실연 2 부분〉	〈자료 2〉 〈자료 3〉	25
	〈전개 3〉 인물 카드 만들기 (인물 탐구)	〈수업실연 3 부분〉	〈자료 4〉	25
	〈전개 4〉 인물 카드 발표 및 피드백			20
정리	정리	학습목표 달성을 확인하고 질의응답 시간을 가진다.		5
	차시예고	다음 수업 주제를 안내한다.		
	인사	인사하고 마친다.		

5

2025학년도 공립 중등학교 임용 후보자 선정 경쟁 2차 시험
수업지도안 작성 문제지

수험번호										이름	

교수·학습지도안 작성 조건

- 교수·학습 지도안은 실제 교실에서의 수업 상황을 가정하여 작성할 것
- [지도안 작성 부분 1] 〈자료 1〉, 〈자료 2〉, 〈자료 3〉을 활용하여 판서를 이용한 강의식 수업을 작성하시오.
  - 〈자료 1〉, 〈자료 3〉과 함께 활용할 〈자료 2〉의 작품 [가]를 포함하여 세 자료의 공통점을 도출하시오.
  - 각각의 자료에 대한 발문을 제공하시오.
- [지도안 작성 부분 2] 〈자료 4〉, 〈자료 5〉를 활용하여 강의식 수업을 작성하시오.
  - 알프스 이북 지역의 상황을 포함하시오.
  - 〈자료 4〉와 함께 활용할 〈자료 5〉로 작품 [나]를 포함하시오.
  - 〈자료 1〉, 〈자료 2〉, 〈자료 3〉과 〈자료 4〉, 〈자료 5〉의 공통점 및 차이점을 도출하시오.
- [지도안 작성 부분 3] 〈자료 6〉을 활용하여 모둠별 활동을 진행하시오.
  - 〈자료 6〉을 활용하는 모둠 활동을 설계하시오.
  - 〈자료 6〉의 [A]에 들어갈 내용을 작성하시오.
- [지도안 작성 부분 4] 〈자료 7〉을 활용하여 수업 정리 부분을 작성하시오.
  - 교사의 질문에 대한 학생의 예상 답변 [B]를 포함하시오.

※ 모든 작성 부분은 교사와 학생의 활동이 구체적으로 드러나도록 작성하시오.

교수·학습 조건

1. 과목명: 세계사
2. 대상: 고등학교 2학년
3. 시간: 100분(블록타임제)
4. 단원명: Ⅳ. 유럽·아메리카 지역의 역사 – 유럽 사회가 변화하다

가. 단원의 성취기준

성취기준	[12세사04-02] 서유럽 봉건 사회의 전개 양상을 탐구하고, 르네상스에서 시작된 세계관의 변동을 설명한다.

나. 단원의 구성

단원	차시	주요 내용 및 활용	수업 형태	평가 방법
유럽 세계의 형성과 동요	1	서유럽 봉건 사회가 형성되다		
	2	비잔티움, 천년 제국의 탄생		
	3	동요하는 중세 유럽 세계		
	4~5	유럽 사회가 변화하다	강의식 수업, 모둠 활동	선다형 평가

다. 교수·학습 환경

학생 수	지도 장소	매체 및 기자재
24명	교실	전자칠판, 모둠 활동지, 문서 및 사진 자료

자료 ❶ 보카치오, 『데카메론』

내가 숙녀를 좋아하고 그네들의 사랑을 받으려고 노력한다는 것은 나도 틀림없는 사실로서 인정하는 바입니다. 그러나 나는 대체 그것이 무엇이 나쁘냐고 묻고 싶습니다.

자료 ❷

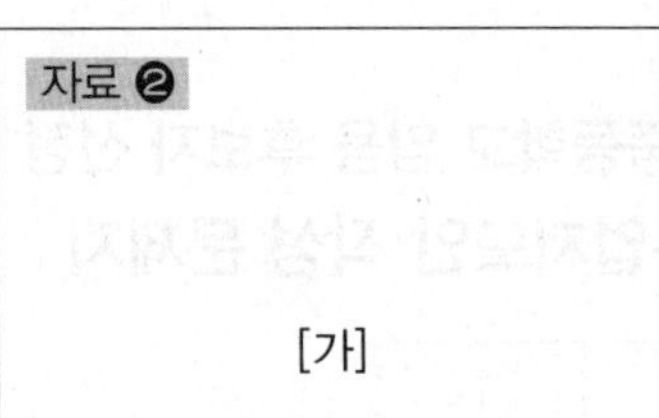

[가]

자료 ❸ 레오나르도 다빈치, 「모나리자」

자료 ❹ 에라스뮈스, 『우신예찬』

교황들은 그를 위한답시고 영토와 도시와 공물과 통행세 등으로 세습 재산을 만들어 하나의 왕국을 세웠습니다. …… 그들은 이 모든 것을 유지하기 위해서 칼과 불로 싸움으로써 크리스트교도의 피를 강물처럼 흐르도록 만들고 있습니다.

자료 ❺

[나]

자료 ❻ 모둠 활동지

종교 개혁은 왜 전쟁이 되었을까?

<table>
<tr><th colspan="3">전문가 모둠에서 학습한 내용</th></tr>
<tr><td>내가 선택한 주제</td><td colspan="2">루터파 / 칼뱅파 / 국교회 / 30년 전쟁</td></tr>
<tr><td rowspan="3">주제 학습 내용</td><td>누가</td><td>언제</td></tr>
<tr><td>어디서</td><td>무엇을</td></tr>
<tr><td>왜</td><td>어떻게</td></tr>
</table>

기존 모둠에서 공유한 내용	
루터파	
칼뱅파	
국교회	
30년 전쟁	

모둠 토의 내용 정리	
[A: 수험생 작성 부분]	
성찰하기	새로운 종교(신교)가 나타나게 된 배경 및 확산 요인, 결과 등 복잡한 내용들을 모둠원 각자가 열심히 공부하고 공유해 주어서 쉽게 이해할 수 있었다. 우리 모둠 토의 내용은 종교 개혁이 전쟁으로 연결되는 과정에서 신교와 구교의 입장이 잘 드러난 것 같다. 그런데 30년 전쟁에 왜 여러 나라들이 얽히게 되었는지는 여전히 궁금하다.

자료 ❼

교사: 오늘 학습한 르네상스와 종교 개혁이라는 두 사건이 단원의 명칭인 '유럽 사회가 변화하다'와 어떤 관련이 있다고 생각하나요?

학생: [B: 수험생 작성 부분]

관리번호	

2024학년도 공립 중등학교 임용 후보자 선정 경쟁 2차 시험
수업지도안 작성 답안지

수험번호									이름	

<table>
<tr><td>단원</td><td colspan="3">Ⅳ. 유럽·아메리카 지역의 역사
- 2. 유럽 세계의 형성과 동요</td><td>지도 대상</td><td>고등학교 2학년</td></tr>
<tr><td rowspan="3">학습목표</td><td colspan="5">1. 르네상스의 의미와 특징을 알고, 르네상스가 유럽 사회에 미친 영향을 설명할 수 있다.</td></tr>
<tr><td colspan="5">2. 이탈리아의 르네상스와 알프스 이북 지역의 르네상스를 비교할 수 있다.</td></tr>
<tr><td colspan="5">3. 종교 개혁과 종교 전쟁의 과정을 파악하고, 종교 개혁이 유럽 사회에 미친 영향을 정리할 수 있다.</td></tr>
<tr><td>학습 단계</td><td>학습 요소</td><td colspan="2">교수·학습활동</td><td>시간</td><td>자료 및 지도상 유의점</td></tr>
<tr><td rowspan="4">도입</td><td>인사</td><td colspan="2">인사 및 출석 확인</td><td rowspan="4">5</td><td rowspan="4"></td></tr>
<tr><td>전시 확인</td><td colspan="2">전시학습 확인</td></tr>
<tr><td>동기 유발</td><td colspan="2">고대, 중세, 르네상스 시대에 각각 그려진 여신들의 그림을 보고 어떤 표현의 차이가 있는지 생각해 본다.</td></tr>
<tr><td>학습목표</td><td colspan="2">학습목표를 확인한다.</td></tr>
<tr><td rowspan="2">전개</td><td rowspan="2">〈전개 1〉</td><td colspan="2">• ‘재생’, ‘부활’이라는 뜻을 가진 르네상스의 의미를 확인한다.
• 이탈리아에서 르네상스가 시작될 수 있었던 배경을 설명한다.</td><td rowspan="2">20</td><td rowspan="2">〈자료 1〉
〈자료 2〉
〈자료 3〉</td></tr>
<tr><td colspan="2">〈지도안 작성 부분 1〉</td></tr>
</table>

<table>
<tr><td rowspan="2">전개</td><td>〈전개 2〉</td><td>〈지도안 작성 부분 2〉</td><td>15</td><td>〈자료 1〉
〈자료 2〉
〈자료 3〉
〈자료 4〉
〈자료 5〉</td></tr>
<tr><td>〈전개 3〉</td><td>• 르네상스 시대 과학의 발달을 설명한다.
〈지도안 작성 부분 3〉
<table><tr><th colspan="2">모둠 토의 내용 정리</th></tr><tr><td colspan="2">[A: 수험생 작성 부분]</td></tr><tr><td>성찰 하기</td><td>새로운 종교(신교)가 나타나게 된 배경 및 확산 요인, 결과 등 복잡한 내용들을 모둠원 각자가 열심히 공부하고 공유해 주어서 쉽게 이해할 수 있었다. 우리 모둠 토의 내용은 종교 개혁이 전쟁으로 연결되는 과정에서 신교와 구교의 입장이 잘 드러난 것 같다. 그런데 30년 전쟁에 왜 여러 나라들이 얽히게 되었는지는 여전히 궁금하다.</td></tr></table></td><td>50</td><td>〈자료 6〉
태블릿 PC</td></tr>
</table>

<table>
<tr><td rowspan="3">정리</td><td>정리</td><td>• 질의응답을 통해 학습 내용을 정리한다.
〈지도안 작성 부분 4〉

교사: 오늘 학습한 르네상스와 종교 개혁이라는 두 사건이 단원의 명칭인 ‘유럽 사회가 변화하다’와 어떤 관련이 있다고 생각하나요?
학생: [B: 수험생 작성 부분]</td><td rowspan="3">10</td><td rowspan="3">〈자료 7〉</td></tr>
<tr><td>차시예고</td><td>다음 수업 주제를 안내한다.</td></tr>
<tr><td>인사</td><td>인사하고 마친다.</td></tr>
</table>

관리번호	

2025학년도 중등학교 교사 신규임용후보자 선정 경쟁 시험 (2차)
역사 수업실연 문제지

수험번호								성명		관리번호	

○ 문항에서 요구하는 내용의 가짓수가 제한되어 있는 경우, 요구한 가짓수까지의 내용만 실연하시오.
○ 칠판과 분필 등을 활용한 판서만 가능하며, 기자재를 활용해야 하는 경우 언급으로 대신하시오.

【문제】 다음에 제시된 〈실연 방법〉, 〈교수학습조건〉, 〈자료〉, 〈교수학습지도안〉을 반영해 수업을 실연하시오.

실연 방법

1. 〈교수학습지도안〉의 [수업실연 1] ~ [수업실연 3]에 해당하는 부분을 수업으로 실연하시오.
2. [수업실연 1] 〈자료 4〉, 〈자료 5〉를 활용하여 강의식 수업을 실연하시오.
   1) 알프스 이북 지역의 상황을 포함하시오.
   2) 〈자료 4〉와 함께 활용할 〈자료 5〉로 활용할 작품 [가]를 포함하시오.
   3) 〈자료 1〉, 〈자료 2〉, 〈자료 3〉과 〈자료 4〉, 〈자료 5〉의 공통점 및 차이점을 도출하시오.
3. [수업실연 2] 〈자료 6〉을 활용하여 모둠별 활동을 실연하시오.
   1) 〈자료 6〉을 활용하는 모둠 활동을 설계하시오.
   2) 〈자료 6〉의 [A]에 들어갈 내용을 채워 실연하시오.
4. [수업실연 3] 〈자료 7〉을 활용하여 수업 정리 부분을 실연하시오.
   1) 교사의 질문에 대한 학생의 예상 답변 [B]를 포함하시오.

* 유의사항
교사와 학생의 상호작용이 구체적으로 드러나게 실연하시오.

교수·학습 조건

1. 과목명: 세계사
2. 대상: 고등학교 2학년
3. 시간: 100분(블록타임제)
4. 단원명: Ⅳ. 유럽·아메리카 지역의 역사 – 유럽 사회가 변화하다

성취기준	[12세사04-02] 서유럽 봉건 사회의 전개 양상을 탐구하고, 르네상스에서 시작된 세계관의 변동을 설명한다.		
단원의 구성	차시	주요 내용 및 활용	수업 형태
	1	서유럽 봉건 사회가 형성되다	
	2	비잔티움, 천년 제국의 탄생	
	3	동요하는 중세 유럽 세계	
	4~5	유럽 사회가 변화하다	강의식 수업, 모둠 활동

5. 교수·학습 환경

학생 수	지도 장소	매체 및 기자재
24명	교실	전자칠판, 모둠 활동지, 문서 및 사진 자료

자료 ❶ 보카치오, 『데카메론』

내가 숙녀를 좋아하고 그네들의 사랑을 받으려고 노력한다는 것은 나도 틀림없는 사실로서 인정하는 바입니다. 그러나 나는 대체 그것이 무엇이 나쁘냐고 묻고 싶습니다.

자료 ❷ 라파엘로, 「아테네 학당」

자료 ❸ 레오나르도 다빈치, 「모나리자」

자료 ❹ 에라스뮈스, 『우신예찬』

교황들은 그를 위한답시고 영토와 도시와 공물과 통행세 등으로 세습 재산을 만들어 하나의 왕국을 세웠습니다. …… 그들은 이 모든 것을 유지하기 위해서 칼과 불로 싸움으로써 크리스트교도의 피를 강물처럼 흐르도록 만들고 있습니다.

자료 ❺

[가]

자료 ❻ 모둠 활동지

종교 개혁은 왜 전쟁이 되었을까?

전문가 모둠에서 학습한 내용		
내가 선택한 주제	루터파 / 칼뱅파 / 국교회 / 30년 전쟁	
주제 학습 내용	누가	언제
	어디서	무엇을
	왜	어떻게

기존 모둠에서 공유한 내용	
루터파	
칼뱅파	
국교회	
30년 전쟁	

모둠 토의 내용 정리	
[A]	
성찰하기	새로운 종교(신교)가 나타나게 된 배경 및 확산 요인, 결과 등 복잡한 내용들을 모둠원 각자가 열심히 공부하고 공유해 주어서 쉽게 이해할 수 있었다. 우리 모둠 토의 내용은 종교 개혁이 전쟁으로 연결되는 과정에서 신교와 구교의 입장이 잘 드러난 것 같다. 그런데 30년 전쟁에 왜 여러 나라들이 얽히게 되었는지는 여전히 궁금하다.

자료 ❼

교사: 오늘 학습한 르네상스와 종교 개혁이라는 두 사건이 단원의 명칭인 '유럽 사회가 변화하다'와 어떤 관련이 있다고 생각하나요?

학생: [B]___

2025학년도 중등학교 교사 신규임용후보자 선정 경쟁 시험 (2차)
역사 수업실연 문제지 [지도안]

수험번호									성명		관리번호	

<table>
<tr><td>단원</td><td colspan="3">Ⅳ. 유럽·아메리카 지역의 역사 – 2. 유럽 세계의 형성과 동요</td><td>차시</td><td>4~5</td></tr>
<tr><td rowspan="3">학습목표</td><td colspan="5">1. 르네상스의 의미와 특징을 알고, 르네상스가 유럽 사회에 미친 영향을 설명할 수 있다.</td></tr>
<tr><td colspan="5">2. 이탈리아의 르네상스와 알프스 이북 지역의 르네상스를 비교할 수 있다.</td></tr>
<tr><td colspan="5">3. 종교 개혁과 종교 전쟁의 과정을 파악하고, 종교 개혁이 유럽 사회에 미친 영향을 정리할 수 있다.</td></tr>
<tr><td>학습 단계</td><td>학습 요소</td><td colspan="2">교수·학습활동</td><td>자료 및 지도상 유의점</td><td>시간</td></tr>
<tr><td rowspan="4">도입</td><td>인사</td><td colspan="2">인사 및 출석 확인</td><td rowspan="4"></td><td rowspan="4">5</td></tr>
<tr><td>전시 확인</td><td colspan="2">전시학습 확인</td></tr>
<tr><td>동기 유발</td><td colspan="2">고대, 중세, 르네상스 시대에 각각 그려진 여신들의 그림을 보고 어떤 표현의 차이가 있는지 생각해 본다.</td></tr>
<tr><td>학습목표</td><td colspan="2">학습목표 확인</td></tr>
<tr><td rowspan="2">전개</td><td>〈전개 1〉
이탈리아의
르네상스</td><td colspan="2">• ‘재생’, ‘부활’이라는 뜻을 가진 르네상스의 의미를 확인한다.
• 이탈리아에서 르네상스가 시작될 수 있었던 배경을 설명한다.
• 이탈리아 르네상스를 대표하는 예술가와 대표작을 자료를 통해 탐구한다.</td><td>〈자료 1〉
〈자료 2〉
〈자료 3〉</td><td>20</td></tr>
<tr><td>〈전개 2〉
알프스 이북의
르네상스</td><td colspan="2">〈수업실연 1 부분〉</td><td>〈자료 1〉
〈자료 2〉
〈자료 3〉
〈자료 4〉
〈자료 5〉</td><td>15</td></tr>
</table>

<table>
<tr><td></td><td>〈전개 3〉
종교 개혁
모둠 활동</td><td>• 르네상스 시대 과학의 발달을 설명한다.

〈수업실연 2 부분〉

<table><tr><th colspan="2">모둠 토의 내용 정리</th></tr><tr><td colspan="2">[A]</td></tr><tr><td>성찰 하기</td><td>새로운 종교(신교)가 나타나게 된 배경 및 확산 요인, 결과 등 복잡한 내용들을 모둠원 각자가 열심히 공부하고 공유해 주어서 쉽게 이해할 수 있었다. 우리 모둠 토의 내용은 종교 개혁이 전쟁으로 연결되는 과정에서 신교와 구교의 입장이 잘 드러난 것 같다. 그런데 30년 전쟁에 왜 여러 나라들이 얽히게 되었는지는 여전히 궁금하다.</td></tr></table></td><td>〈자료 6〉
태블릿 PC</td><td>50</td></tr>
<tr><td rowspan="3">정리</td><td>정리</td><td>• 질의응답을 통해 학습 내용을 정리한다.

〈수업실연 3 부분〉

교사: 오늘 학습한 르네상스와 종교 개혁이라는 두 사건이 단원의 명칭인 '유럽 사회가 변화하다'와 어떤 관련이 있다고 생각하나요?
학생: ______ [B] ______</td><td>〈자료 7〉</td><td rowspan="3">10</td></tr>
<tr><td>차시예고</td><td>다음 수업 주제를 안내한다.</td><td rowspan="2"></td></tr>
<tr><td>인사</td><td>인사하고 마친다.</td></tr>
</table>

6

2025학년도 공립 중등학교 임용 후보자 선정 경쟁 2차 시험
수업지도안 작성 문제지

수험번호								

이름	

교수·학습지도안 작성 조건

- 교수·학습 지도안은 실제 교실에서의 수업 상황을 가정하여 작성할 것
- [지도안 작성 부분 1] 〈자료 1〉, 〈자료 2〉를 활용하여 탐구식 수업을 작성하시오.
  - 영국 의회 주도의 자유주의 개혁 사례 2가지를 포함하시오.
  - 〈자료 1〉, 〈자료 2〉에 대한 발문을 각각 제공하되, ㉠에 들어갈 단어를 포함하시오.
- [지도안 작성 부분 2] 〈자료 3〉, 〈자료 4〉를 활용하여 강의식 수업을 작성하시오.
  - 당시 이탈리아와 독일의 정치적 상황을 포함하시오.
  - 이탈리아 혹은 독일의 통일 과정과 관련한 추가 자료를 제공하시오.
- [지도안 작성 부분 3] 〈자료 5〉, 〈자료 6〉을 활용하여 모둠별 활동을 작성하시오.
  - 〈자료 5〉와 [학습목표 3]을 고려하여 활동 시 유의 사항을 제공하되, 기사문에 반드시 포함되어야 하는 내용을 포함하시오.
  - 〈자료 6〉의 [학생 2]의 댓글을 고려하여 〈자료 5〉의 구체적 사례인 [A]를 작성하시오.
- [지도안 작성 부분 4] 〈자료 5〉, 〈자료 6〉을 활용하여 모둠 활동에 대한 피드백 활동을 작성하시오.
  - 〈자료 5〉의 [프랑스] 항목에 대한 구체적인 피드백 [B]를 작성하시오.

※ 모든 작성 부분은 교사와 학생의 활동이 구체적으로 드러나도록 작성하시오.

교수·학습 조건

1. 과목명: 세계사
2. 대상: 고등학교 2학년
3. 시간: 100분(블록타임제)
4. 단원명: Ⅳ. 유럽·아메리카 지역의 역사 - 국민 국가의 발전

가. 단원의 성취기준

성취기준	[12세사04-04] 시민 혁명과 국민 국가의 형성 과정을 이해하고, 산업 혁명의 세계사적 의미를 해석한다.

나. 단원의 구성

단원	차시	주요 내용 및 활용	수업 형태	평가 방법
시민 혁명과 산업 혁명	1	과학 혁명과 계몽사상		
	2~4	시민 혁명		
	5~6	국민 국가의 발전	탐구 및 강의식 수업, 모둠 활동	동료 평가
	7	산업 혁명과 산업 사회의 형성		

다. 교수·학습 환경

학생 수	지도 장소	매체 및 기자재
24명	교실	전자칠판, 모둠 활동지, 그림 및 문서 자료, 태블릿 PC

자료 ❶ 「인민헌장」, 1838

1. 21세 이상 모든 남자의 선거권 인정
2. 유권자 보호를 위해 비밀 투표제 실시
3. 하원 의원의 재산 자격 조항 폐지
4. 하원 의원에게 보수 지급
5. 인구 비례에 의한 평등한 선거구의 결정
6. 의원의 임기를 1년으로 하여 매년 선거 실시

자료 ❷ 영국의 선거법 개정

구분	연도	확대된 유권자	유권자 비율
개정 전		귀족, 젠트리	3%
1차	1832	산업 자본가	5%
2차	1867	㉠	9%
3차	1884	농민, 광산 노동자	19%
4차	1918	만 21세 이상 남자, 31세 이상 여자	46%
5차	1928	만 21세 이상 남녀	62%
6차	1969	만 18세 이상 남녀	71%

자료 ❸ 이탈리아의 통일 과정

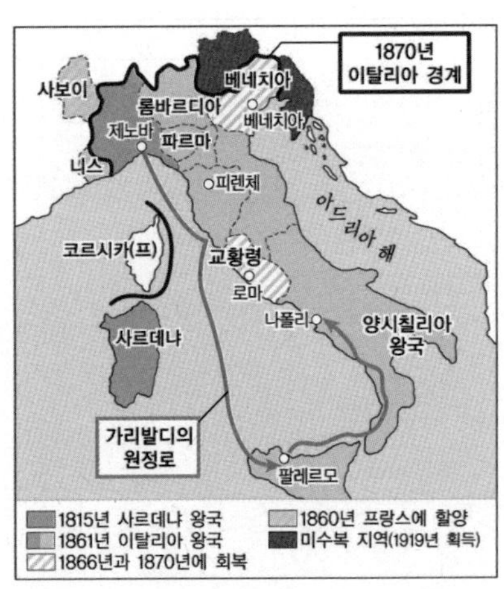

자료 ❹ 비스마르크의 의회 연설, 1862

프로이센은 지금까지 여러 번의 좋은 기회를 놓쳐 왔는데, 이를 거울삼아 앞으로의 좋은 기회에 대비하여 힘을 모아야 합니다. 프로이센의 국경은 정상적인 국가에 어울리는 것이 아닙니다. 언론이나 다수결로는 현재의 커다란 문제를 해결할 수 없습니다. 언론이나 다수결로 해결하려 하였던 것이 1848년과 1849년의 오류였습니다. 현재의 문제는 무기(철)와 피에 의해서만 해결할 수 있습니다.

자료 ❺ 유럽 자유주의·민족주의의 발전 기사문 개요 쓰기

모둠활동지 [1모둠]

[프랑스]	[영국]	[독일/이탈리아]	[미국/러시아]
1830년 7월, 국왕 샤를을 몰아내고 입헌군주제를 수립한 프랑스 국민이 다시 일어났다. 이번 혁명은 부유한 시민에게만 선거권이 부여된 것에 대한 불만에서 시작되어 중하층 시민들과 노동자들이 주도하고 있다.	……	[A: **수험생 작성 부분**]	……

자료 ❻ 피드백

[1모둠] 댓글창	♥ 8 ◯ 2 ⁝
[학생 1] [B: **수험생 작성 부분**] [학생 2] 독일과 이탈리아의 통일 배경과 과정이 잘 드러났어요. 특히 이탈리아 왕국과 독일 제국의 성립이 유럽 사회에 미친 영향을 유추해 볼 수 있는 기사문이라고 생각해요.	

관리번호	

2025학년도 공립 중등학교 임용 후보자 선정 경쟁 2차 시험
수업지도안 작성 답안지

수험번호									이름	

단원	Ⅳ. 유럽·아메리카 지역의 역사 – 국민 국가의 발전		지도 대상	고등학교 2학년
학습목표	1. 유럽의 자유주의 확산의 배경과 과정을 설명할 수 있다.			
	2. 유럽의 국민 국가 형성 과정 및 민족주의 발전의 국가별 특징을 설명할 수 있다.			
	3. 기사문 쓰기 활동으로 유럽 자유주의·민족주의 과정을 정리하고, 유럽 사회에 미친 영향을 표현할 수 있다.			

학습 단계	학습 요소	교수·학습활동	시간	자료 및 지도상 유의점
도입	인사	인사 및 출석 확인	5	
	전시 확인	전시학습 확인		
	동기 유발	들라크루아의 「민중을 이끄는 자유의 여신」을 보고, 그림에서 표현하는 자유의 의미에 대하여 자유롭게 이야기하는 시간을 가진다.		
	학습목표	학습목표를 확인한다.		
전개	〈전개 1〉	• 빈 체제와 자유주의·민족주의 확산에 대하여 설명한다. • 7월 혁명과 2월 혁명의 전개과정 및 결과를 설명한다. 〈지도안 작성 부분 1〉	20	〈자료 1〉 〈자료 2〉

3

<table>
<tr>
<td rowspan="2">전개</td>
<td>〈전개 2〉</td>
<td>〈지도안 작성 부분 2〉

• 미국과 러시아의 발전을 설명한다.</td>
<td>30</td>
<td>〈자료 3〉
〈자료 4〉</td>
</tr>
<tr>
<td>〈전개 3〉</td>
<td>〈지도안 작성 부분 3〉

[독일/이탈리아]
[A: 수험생 작성 부분]</td>
<td>30</td>
<td>〈자료 5〉
〈자료 6〉
태블릿 PC</td>
</tr>
</table>

전개	〈전개 4〉	〈지도안 작성 부분 4〉 [1모둠] ♥ 8 ◯ 2 ⋮ [학생] [B: **수험생 작성 부분**]	10	〈자료 5〉 〈자료 6〉
정리	정리	질의응답을 통해 학습 내용을 정리한다.	5	
	차시예고	다음 수업 주제를 안내한다.		
	인사	인사하고 마친다.		

관리번호	

2025학년도 중등학교 교사 신규임용후보자 선정 경쟁 시험 (2차)
역사 수업실연 문제지

수험번호									성명		관리번호	

○ 문항에서 요구하는 내용의 가짓수가 제한되어 있는 경우, 요구한 가짓수까지의 내용만 실연하시오.

○ 칠판과 분필 등을 활용한 판서만 가능하며, 기자재를 활용해야 하는 경우 언급으로 대신하시오.

【문제】 다음에 제시된 〈실연 방법〉, 〈교수학습조건〉, 〈자료〉, 〈교수학습지도안〉을 반영해 수업을 실연하시오.

실연 방법

1. 〈교수학습지도안〉의 [수업실연 1] ~ [수업실연 3]에 해당하는 부분을 수업으로 실연하시오.
2. [수업실연 1] 〈자료 1〉, 〈자료 2〉를 활용하여 강의식 수업을 실연하시오.
   1) 당시 이탈리아와 독일의 정치적 상황을 포함하시오.
   2) (이탈리아 혹은 독일의 통일 과정과 관련한 추가 자료를 제공하시오.)
3. [수업실연 2] 〈자료 3〉, 〈자료 4〉를 활용하여 모둠별 활동을 실연하시오.
   1) 〈자료 3〉과 [학습목표 3]을 고려하여 활동 시 유의 사항을 제공하되, 기사문에 반드시 포함되어야 하는 내용을 포함하시오.
   2) 〈자료 4〉의 [학생 2]의 댓글을 고려하여 〈자료 3〉의 구체적 사례인 [A]를 가정해 실연하시오.
4. [수업실연 3] 〈자료 3〉, 〈자료 4〉를 활용하여 모둠 활동에 대한 피드백 활동을 실연하시오.
   1) 〈자료 3〉의 [프랑스] 항목에 대한 구체적인 피드백 [B]를 포함하여 실연하시오.

* 유의사항
교사와 학생의 상호작용이 구체적으로 드러나게 실연하시오.

교수·학습 조건

1. 과목명: 세계사
2. 대상: 고등학교 2학년
3. 시간: 100분(블록타임제)
4. 단원명: Ⅳ. 유럽·아메리카 지역의 역사 - 국민 국가의 발전

성취기준	[12세사04-04] 시민 혁명과 국민 국가의 형성 과정을 이해하고, 산업 혁명의 세계사적 의미를 해석한다.		
단원의 구성	차시	주요 내용 및 활용	수업 형태
	1	과학 혁명과 계몽사상	
	2~4	시민 혁명	
	5~6	국민 국가의 발전	탐구 및 강의식 수업, 모둠 활동
	7	산업 혁명과 산업 사회의 형성	

5. 교수·학습 환경

학생 수	지도 장소	매체 및 기자재
24명	교실	전자칠판, 모둠 활동지, 그림 및 문서 자료, 태블릿 PC

자료 ❶ 이탈리아의 통일 과정

자료 ❷ 비스마르크의 의회 연설, 1862

프로이센은 지금까지 여러 번의 좋은 기회를 놓쳐 왔는데, 이를 거울삼아 앞으로의 좋은 기회에 대비하여 힘을 모아야 합니다. 프로이센의 국경은 정상적인 국가에 어울리는 것이 아닙니다. 언론이나 다수결로는 현재의 커다란 문제를 해결할 수 없습니다. 언론이나 다수결로 해결하려 하였던 것이 1848년과 1849년의 오류였습니다. 현재의 문제는 무기(철)와 피에 의해서만 해결할 수 있습니다.

자료 ❸ 유럽 자유주의·민족주의의 발전 기사문 개요 쓰기

모둠활동지 [1모둠]

[프랑스]	[영국]	[독일/이탈리아]	[미국/러시아]
1830년 7월, 국왕 샤를을 몰아내고 입헌군주제를 수립한 프랑스 국민이 다시 일어났다. 이번 혁명은 부유한 시민에게만 선거권이 부여된 것에 대한 불만에서 시작되어 중하층 시민들과 노동자들이 주도하고 있다.	……	[A]	……

자료 ❹ 피드백

[1모둠] 댓글창 ♥ 8 ○ 2 ⋮

[학생 1] [B]

[학생 2] 독일과 이탈리아의 통일 배경과 과정이 잘 드러났어요. 특히 이탈리아 왕국과 독일 제국의 성립이 유럽 사회에 미친 영향을 유추해 볼 수 있는 기사문이라고 생각해요.

2025학년도 중등학교 교사 신규임용후보자 선정 경쟁 시험 (2차)
역사 수업실연 문제지 [지도안]

수험번호								성명		관리번호	

단원	Ⅳ. 유럽·아메리카 지역의 역사 – 국민 국가의 발전	차시	5~6
학습목표	1. 유럽의 자유주의 확산의 배경과 과정을 설명할 수 있다. 2. 유럽의 국민 국가 형성 과정 및 민족주의 발전의 국가별 특징을 설명할 수 있다. 3. 기사문 쓰기 활동으로 유럽 자유주의·민족주의 과정을 정리하고, 유럽 사회에 미친 영향을 표현할 수 있다.		

학습 단계	학습 요소	교수·학습활동	자료 및 지도상 유의점	시간
도입	인사	인사 및 출석 확인		5
	전시 확인	전시학습 확인		
	동기 유발	들라크루아의 「민중을 이끄는 자유의 여신」을 보고, 그림에서 표현하는 자유의 의미에 대하여 자유롭게 이야기하는 시간을 가진다.		
	학습목표	학습목표 확인		
전개	〈전개 1〉 빈 체제와 자유주의의 확산	• 빈 체제와 자유주의·민족주의 확산에 대하여 설명한다. • 7월 혁명과 2월 혁명의 전개과정 및 결과를 설명한다. • 영국의 자유주의 개혁에 대하여 설명한다.		20
	〈전개 2〉 이탈리아와 독일의 통일	〈수업실연 1 부분〉 • 미국과 러시아의 발전을 설명한다.	〈자료 1〉 〈자료 2〉	30
	〈전개 3〉 모둠 활동	〈수업실연 2 부분〉 [독일/이탈리아] [A]	〈자료 3〉 〈자료 4〉 태블릿 PC	30

	〈전개 4〉 피드백	〈수업실연 3 부분〉 [1모둠] ♥ 8 ◯ 2 ⋮ [학생 1] [B]	〈자료 3〉 〈자료 4〉	10
정리	정리	질의응답을 통해 학습 내용을 정리한다.		5
	차시예고	다음 수업 주제를 안내한다.		
	인사	인사하고 마친다.		

7

2025학년도 공립 중등학교 임용 후보자 선정 경쟁 2차 시험
수업지도안 작성 문제지

수험번호										이름	

교수·학습지도안 작성 조건

- 교수·학습 지도안은 실제 교실에서의 수업 상황을 가정하여 작성할 것
- [지도안 작성 부분 1] 〈자료 1〉, 〈자료 2〉를 활용하여 판서를 이용한 강의식 수업을 작성하시오.
  - 〈자료 1〉, 〈자료 2〉에서 도출한 개념을 활용하여 판서 계획을 작성하시오.
  - 학생들이 자료에서 의미를 도출할 수 있는 공통 질문을 포함하시오.
- [지도안 작성 부분 2] 〈자료 3〉, 〈자료 4〉를 활용하여 강의식 수업을 작성하시오.
  - 영국과 독일, 영국과 프랑스의 갈등 상황을 포함하되, 〈자료 3〉을 활용하시오.
  - 열강의 식민지 분할 과정의 구체적 사례가 드러난 추가 자료를 제공하시오.
- [지도안 작성 부분 3] 〈자료 4〉, 〈자료 5〉를 활용하여 모둠별 활동을 진행하시오.
  - 〈자료 4〉를 활용하여 모둠 활동을 진행하되, 〈자료 5〉의 결과가 나오도록 활동을 설계하여 작성하시오.
  - 〈자료 5〉의 활동지에 들어가야 할 요소 [A]를 포함하여 활동 시 유의 사항을 작성하시오.
- [지도안 작성 부분 4] 〈자료 5〉을 활용하여 활동에 대한 피드백을 작성하시오.
  - [학습목표 3]을 고려하여 [1모둠] 이외의 다른 모둠의 활동에 대한 피드백 과정을 포함하시오.

※ 모든 작성 부분은 교사와 학생의 활동이 구체적으로 드러나도록 작성하시오.

교수·학습 조건

1. 과목명: 세계사
2. 대상: 고등학교 2학년
3. 시간: 100분(블록타임제)
4. 단원명: V. 제국주의와 두 차례 세계대전 – 제국주의의 등장과 식민지 분할

가. 단원의 성취기준

성취기준	[12세사05-01] 제국주의 열강의 침략과 이에 대항한 아시아 · 아프리카의 민족 운동에 대해 조사한다.

나. 단원의 구성

단원	차시	주요 내용 및 활용	수업 형태	평가 방법
제국주의와 민족 운동	1~2	제국주의의 등장과 식민지 분할	강의식 수업, 모둠 활동	선다형 평가
	3~4	중국의 개항과 민족 운동		
	5	일본의 개항과 근대화 운동		
	6~7	인도, 동남아시아, 서아시아의 민족 운동		

다. 교수·학습 환경

학생 수	지도 장소	매체 및 기자재
24명	교실	전자칠판, 모둠 활동지, 그림 및 문서 자료

자료 ❶ 세실 로즈, 『유언집』

나는 어제 런던의 이스트엔드에 가서 실업자 대회를 방청하였다. 그곳에서 빵을 달라고 하는 실업자들의 이야기를 들은 후 제국주의의 중요성을 더욱확신하였다. …… 우리 식민지 정치가는 대영 제국의 4천만 인구를 피비린내 나는 내란으로부터 지키고, 과잉 인구를 수용하기 위해 새로운 영토를 개척해야 한다. 그들이 공장이나 광산에서 생산하는 상품의 새로운 판로를 만들어 내야 한다.

자료 ❷ 사회 진화론과 인종주의

사회도 생물도 같이 하나의 유기체이며, 생물 유기체가 활동하고 생명을 유지하는 데 필요한 발전 법칙처럼 사회도 적응과 도태를 통해 저급의 상태에서 고급, 우등의 사회로 발전한다.

– 영국의 사회학자, 스펜서

인종은 백인종·황인종·흑인종으로 구분할 수 있다. 그 안에는 위계질서가 존재하는데, 그 가운데에서 백인종이 가장 우수하다.

– 프랑스의 외교관, 고비노

자료 ❸ 세실 로즈 풍자화

자료 ❹ 물타툴리, 『막스 하벨라르』

(가) (네덜란드) 정부는 자와인들의 소유지에 정부가 원하는 품종을 의무적으로 재배할 것을 강요하였고, 생산된 농산품을 정부가 아닌 제3자에게 파는 경우에는 처벌하였다. 그리고 생산된 농산품의 가격은 정부가 마음대로 정하여 구입하였다. …… 몇 년 전만 해도 기아로 (자와) 지역 전체가 모두 죽게 된 경우도 있었다.

(나) (영국 사료)

(다) (프랑스 사료)

(라) (미국 사료)

자료 ❺ 열강의 아시아·태평양 분할 만평 그리기 모둠 활동지

우리 모둠 만평 그리기 [1모둠]	
주제: 네덜란드의 인도네시아 식민 지배 정책	
네덜란드	인도네시아
(그림 1)	(그림 2)

다른 모둠 만평 평가			
모둠	[2모둠]	[3모둠]	[4모둠]
주제			
그림 속 인상적인 요소			
우리 모둠의 그림 해석			
발표 모둠의 그림 설명			
[A]			

관리번호	

2025학년도 공립 중등학교 임용 후보자 선정 경쟁 2차 시험
수업지도안 작성 답안지

수험번호									이름	

<table>
<tr><td>단원</td><td colspan="2">Ⅴ. 제국주의와 두 차례의 세계대전
- 제국주의의 등장과 식민지 분할</td><td>지도 대상</td><td>고등학교 2학년</td></tr>
<tr><td rowspan="3">학습목표</td><td colspan="4">1. 제국주의의 의미와 형성 배경을 설명할 수 있다.</td></tr>
<tr><td colspan="4">2. 열강의 아시아·아프리카 분할 과정을 설명할 수 있다.</td></tr>
<tr><td colspan="4">3. 만평 그리기 활동을 통해 제국주의 국가와 식민지 국가 간 관점의 차이를 표현할 수 있다.</td></tr>
<tr><td>학습 단계</td><td>학습 요소</td><td>교수·학습활동</td><td>시간</td><td>자료 및 지도상 유의점</td></tr>
<tr><td rowspan="4">도입</td><td>인사</td><td>인사 및 출석 확인</td><td rowspan="4">5</td><td rowspan="4"></td></tr>
<tr><td>전시 확인</td><td>전시학습 확인</td></tr>
<tr><td>동기 유발</td><td>19세기 대영 제국 지도를 참고하여 대영 박물관에 소장된 다른 나라의 문화재들이 어떻게 영국으로 가게 되었는지 이야기한다.</td></tr>
<tr><td>학습목표</td><td>학습목표를 확인한다.</td></tr>
<tr><td>전개</td><td>〈전개 1〉</td><td>〈지도안 작성 부분 1〉

〈판서 계획〉</td><td>15</td><td>〈자료 1〉
〈자료 2〉</td></tr>
</table>

<table>
<tr><td rowspan="3">전개</td><td>〈전개 2〉</td><td>〈지도안 작성 부분 2〉</td><td>20</td><td>〈자료 3〉
〈자료 4〉</td></tr>
<tr><td>〈전개 3〉</td><td>〈지도안 작성 부분 3〉</td><td>40</td><td>〈자료 4〉
〈자료 5〉</td></tr>
<tr><td>〈전개 4〉</td><td>〈지도안 작성 부분 4〉</td><td>15</td><td>〈자료 5〉</td></tr>
<tr><td rowspan="3">정리</td><td>정리</td><td>질의응답을 통해 학습 내용을 정리한다.</td><td rowspan="3">5</td><td rowspan="3"></td></tr>
<tr><td>차시예고</td><td>다음 수업 주제를 안내한다.</td></tr>
<tr><td>인사</td><td>인사하고 마친다.</td></tr>
</table>

관리번호	

2025학년도 중등학교 교사 신규임용후보자 선정 경쟁 시험 (2차)
역사 수업실연 문제지

수험번호								성명		관리번호	

○ 문항에서 요구하는 내용의 가짓수가 제한되어 있는 경우, 요구한 가짓수까지의 내용만 실연하시오.
○ 칠판과 분필 등을 활용한 판서만 가능하며, 기자재를 활용해야 하는 경우 언급으로 대신하시오.

【문제】 다음에 제시된 〈실연 방법〉, 〈교수학습조건〉, 〈자료〉, 〈교수학습지도안〉을 반영해 수업을 실연하시오.

실연 방법

1. 〈교수학습지도안〉의 [수업실연 1] ~ [수업실연 3]에 해당하는 부분을 수업으로 실연하시오.
2. [수업실연 1] 〈자료 1〉, 〈자료 2〉를 활용하여 강의식 수업을 실연하시오.
   1) 영국과 독일, 영국과 프랑스의 갈등 상황을 포함하되, 〈자료 1〉을 활용하시오.
   2) 열강의 식민지 분할 과정의 구체적 사례가 드러난 추가 자료를 제공하시오.
3. [수업실연 2] 〈자료 2〉, 〈자료 3〉을 활용하여 모둠별 활동을 실연하시오.
   1) 〈자료 2〉를 활용하여 모둠 활동을 진행하되, 〈자료 3〉의 결과가 나오도록 활동을 설계하여 실연하시오.
   2) 〈자료 3〉의 활동지에 들어가야 할 요소 [A]를 포함하여 활동 시 유의 사항을 안내하시오.
4. [수업실연 3] 〈자료 3〉을 활용하여 활동에 대한 피드백을 실연하시오.
   1) [학습목표 3]을 고려하여 [1모둠] 이외의 다른 모둠의 활동에 대한 피드백 과정을 포함하시오.

* 유의사항
교사와 학생의 상호작용이 구체적으로 드러나게 실연하시오.

교수·학습 조건

1. 과목명: 세계사
2. 대상: 고등학교 2학년
3. 시간: 100분(블록타임제)
4. 단원명: V. 제국주의와 두 차례 세계대전 – 제국주의의 등장과 식민지 분할

성취기준	[12세사05-01] 제국주의 열강의 침략과 이에 대항한 아시아 · 아프리카의 민족 운동에 대해 조사한다.		
단원의 구성	차시	주요 내용 및 활용	수업 형태
	1~2	제국주의의 등장과 식민지 분할	강의식 수업, 모둠 활동
	3~4	중국의 개항과 민족 운동	
	5	일본의 개항과 근대화 운동	
	6~7	인도, 동남아시아, 서아시아의 민족 운동	

5. 교수·학습 환경

학생 수	지도 장소	매체 및 기자재
24명	교실	전자칠판, 모둠 활동지, 그림 및 문서 자료

자료 ❶ 세실 로즈 풍자화

자료 ❷ 물타툴리, 『막스 하벨라르』

(가) (네덜란드) 정부는 자와인들의 소유지에 정부가 원하는 품종을 의무적으로 재배할 것을 강요하였고, 생산된 농산품을 정부가 아닌 제3자에게 파는 경우에는 처벌하였다. 그리고 생산된 농산품의 가격은 정부가 마음대로 정하여 구입하였다. …… 몇 년 전만 해도 기아로 (자와) 지역 전체가 모두 죽게 된 경우도 있었다.

(나) (영국 사료)

(다) (프랑스 사료)

(라) (미국 사료)

자료 ❸ 열강의 아시아·태평양 분할 만평 그리기 모둠 활동지

우리 모둠 만평 그리기 [1모둠]	
주제: 네덜란드의 인도네시아 식민 지배 정책	
네덜란드	인도네시아
(그림 1)	(그림 2)

다른 모둠 만평 평가			
모둠	[2모둠]	[3모둠]	[4모둠]
주제			
그림 속 인상적인 요소			
우리 모둠의 그림 해석			
발표 모둠의 그림 설명			
[A]			

2025학년도 중등학교 교사 신규임용후보자 선정 경쟁 시험 (2차)
역사 수업실연 문제지 [지도안]

수험번호								성명		관리번호	

<table>
<tr><td>단원</td><td colspan="3">V. 제국주의와 두 차례의 세계 대전 – 제국주의의 등장과 식민지 분할</td><td>차시</td><td>1~2</td></tr>
<tr><td rowspan="3">학습목표</td><td colspan="5">1. 제국주의의 의미와 형성 배경을 설명할 수 있다.</td></tr>
<tr><td colspan="5">2. 열강의 아시아·아프리카 분할 과정을 설명할 수 있다.</td></tr>
<tr><td colspan="5">3. 만평 그리기 활동을 통해 제국주의 국가와 식민지 국가 간 관점의 차이를 표현할 수 있다.</td></tr>
<tr><td>학습
단계</td><td>학습 요소</td><td>교수·학습활동</td><td colspan="2">자료 및
지도상 유의점</td><td>시간</td></tr>
<tr><td rowspan="4">도입</td><td>인사</td><td>인사 및 출석 확인</td><td rowspan="4" colspan="2"></td><td rowspan="4">5</td></tr>
<tr><td>전시 확인</td><td>전시학습 확인</td></tr>
<tr><td>동기 유발</td><td>19세기 대영 제국 지도를 참고하여 대영 박물관에 소장된 다른 나라의 문화재들이 어떻게 영국으로 가게 되었는지 이야기한다.</td></tr>
<tr><td>학습목표</td><td>학습목표 확인</td></tr>
<tr><td rowspan="4">전개</td><td>〈전개 1〉
제국주의
국가의 등장</td><td>• 제국주의의 배경에 대하여 설명한다.
• 사회 진화론과 인종주의가 제국주의를 정당화하였음을 설명한다.</td><td colspan="2"></td><td>15</td></tr>
<tr><td>〈전개 2〉
열강의
아프리카 및
아시아·
태평양 침탈</td><td>〈수업실연 1 부분〉</td><td colspan="2">〈자료 1〉
〈자료 2〉</td><td>20</td></tr>
<tr><td>〈전개 3〉
만평 그리기</td><td>〈수업실연 2 부분〉</td><td colspan="2">〈자료 2〉
〈자료 3〉</td><td>40</td></tr>
<tr><td>〈전개 4〉
동료 피드백</td><td>〈수업실연 3 부분〉</td><td colspan="2">〈자료 3〉</td><td>15</td></tr>
<tr><td rowspan="3">정리</td><td>정리</td><td>질의응답을 통해 학습 내용을 정리한다.</td><td rowspan="3" colspan="2"></td><td rowspan="3">5</td></tr>
<tr><td>차시예고</td><td>다음 수업 주제를 안내한다.</td></tr>
<tr><td>인사</td><td>인사하고 마친다.</td></tr>
</table>

8

2025학년도 공립 중등학교 임용 후보자 선정 경쟁 2차 시험
수업지도안 작성 문제지

수험번호									이름	

교수·학습지도안 작성 조건

- 교수·학습 지도안은 실제 교실에서의 수업 상황을 가정하여 작성할 것
- [지도안 작성 부분 1] 〈자료 1〉, 〈자료 2〉를 활용하여 판서를 이용한 강의식 수업을 작성하시오.
  - 〈자료 1〉, 〈자료 2〉 각각에 대한 발문을 제공하시오.
  - 미국과 영국, 프랑스의 대응 정책을 포함하시오.
- [지도안 작성 부분 2] 〈자료 3〉, 〈자료 4〉를 활용하여 강의식 수업을 작성하시오.
  - 자료 분석을 통해 〈자료 3〉과 〈자료 4〉의 공통점 및 차이점을 도출하는 과정이 드러나도록 작성하시오.
  - 당시 일본의 상황과 비교하는 과정을 포함하시오.
- [지도안 작성 부분 3] 〈자료 5〉를 활용하여 수행 과제를 안내하시오.
  - 과제 목표 [A]를 작성하시오.
  - 수행 준거(기준) [B]를 지식, 기능, 태도 측면으로 나누어 작성하시오.
- [지도안 작성 부분 4] 〈자료 5〉를 활용하여 학생 활동을 진행하시오.
  - 학생의 수행 과정 중 교사의 피드백 과정이 드러나도록 작성하시오.

※ 모든 작성 부분은 교사와 학생의 활동이 구체적으로 드러나도록 작성하시오.

교수·학습 조건

1. 과목명: 세계사
2. 대상: 고등학교 2학년
3. 시간: 100분(블록타임제)
4. 단원명: V. 제국주의와 두 차례 세계대전 – 두 차례의 세계대전

가. 단원의 성취기준

성취기준	[12세사05-02] 제1, 2차 세계대전의 원인과 결과를 알아보고, 세계 평화를 실현하기 위한 방법에 대해 토론한다.

나. 단원의 구성

단원	차시	주요 내용 및 활용	수업 형태	평가 방법
두 차례의 세계대전	1~2	제1차 세계대전과 러시아 혁명		
	3~4	전후 아시아의 민족 운동		
	5~7	대공황과 전체주의의 등장	강의식 수업, 글쓰기 활동	수행 평가
	8~10	제2차 세계대전		

다. 교수·학습 환경

학생 수	지도 장소	매체 및 기자재
24명	교실	전자칠판, 모둠 활동지, 사진 자료, 태블릿 PC

자료 ❶ 세계의 상품 생산(『아틀라스 세계사』, 2004)

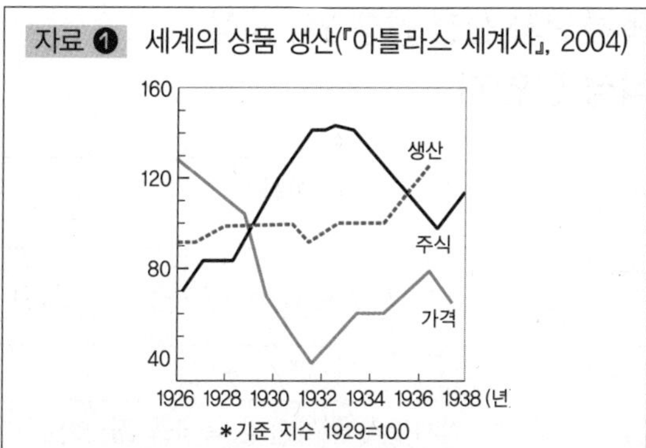

자료 ❷ 1930년대 실업률(『아틀라스 세계사』, 2004)

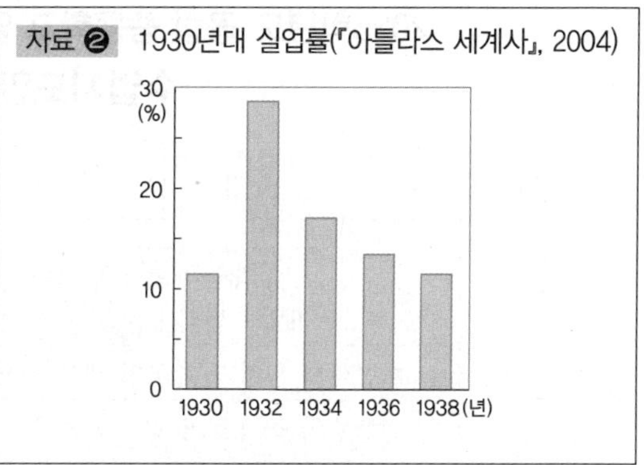

자료 ❸ 무솔리니, 『파시즘 독트린』

파시스트 국가 개념은 모든 것을 포괄한다. 국가를 떠나서는 어떤 인간적이거나 정신적인 가치도 효력이 없는 것은 말할 것도 없고 존재할 수조차 없다. 이러한 의미에서 파시즘은 전체주의적이고, 파시스트 국가는 국민의 삶을 해석하고 발전시키고 고양한다. 국가를 떠나서는 어떤 개인도, 어떤 집단도 있을 수 없다.

자료 ❹ 히틀러의 연설

우리는 개인과 계급 상호 간의 투쟁을, 신분과 종파와 정당 상호 간의 투쟁을 종식하였습니다! 우리는 그러한 토대 위에 독일 민족을, 그러니까 이제 여러분 모두가 여기 본인의 앞에 서 있는 것과 같은 독일 민족을 일으켜 세운 것입니다. 우리는 이 민족이 오직 민족으로서만 존속할 수 있으며 개인이나 정당 등의 집합으로서는 존속할 수 없다는 확신을 이 민족에게 심어주었던 것입니다.

자료 ❺ 전체주의에 대한 신문 사설 쓰기 안내문

신문 사설 쓰기 수행 과제 안내문		
과제 목표	• 글의 목적과 청중을 고려하여 정보와 생각을 전달하는 과정을 통해 의사소통 역량을 기른다. • [A: **수험생 작성 부분**]	
수행 과제	목표(G)	여러분의 목표는 신문에 사설을 기고하여 전체주의의 위험성을 경고하는 것입니다.
	역할(R)	여러분은 사설을 쓰는 칼럼니스트입니다.
	청중(A)	여러분은 일반 대중들에게 자신의 의견을 전달합니다.
	상황(S)	당신은 신문사에 사설을 기고할 예정입니다. 독재자의 등장이 우려되는 어떤 국가의 정치적 상황에 대한 자신의 의견을 과거 전체주의 시대에 빗대어 칼럼으로 작성합니다.
	수행(P)	여러분은 전체주의가 등장한 배경과 전체주의 국가들의 특징을 설명해야 합니다. 그리고 민주주의 사회에 살아가고 있는 현재의 관점에서 전체주의의 확산에 대한 자신의 생각을 전달해야 합니다.
	준거, 기준(S)	당신의 결과물은 다음의 사항들을 만족해야 합니다. [B: **수험생 작성 부분**]

관리번호	

2025학년도 공립 중등학교 임용 후보자 선정 경쟁 2차 시험
수업지도안 작성 답안지

수험번호									이름	

단원	V. 제국주의와 두 차례 세계대전 - 제2차 세계대전 전후 처리와 냉전 체제		지도 대상	고등학교 2학년
학습목표	1. 대공황의 원인과 각국의 대응 정책을 설명할 수 있다. 2. 전체주의 국가들의 공통점과 특수성을 파악하여, 전체주의 국가들의 특징을 정리할 수 있다. 3. 오늘날 민주적 가치의 소중함을 이해하고, 전체주의의 위험성을 사설로 작성할 수 있다.			
학습 단계	학습 요소	교수·학습활동	시간	자료 및 지도상 유의점
도입	인사	인사 및 출석 확인	5	
	전시 확인	전시학습 확인		
	동기 유발	대공황 시기 뉴욕 거리에서 무료 배식을 기다리고 구직 활동을 하는 실업자들의 사진을 보며, 사람들이 처한 삶을 유추하는 시간을 가진다.		
	학습목표	학습목표를 확인한다.		
전개	〈전개 1〉	〈지도안 작성 부분 1〉	20	〈자료 1〉 〈자료 2〉

<table>
<tr><td rowspan="2">전개</td><td>〈전개 2〉</td><td>〈지도안 작성 부분 2〉

• 소련의 스탈린 독재 체제 강화 과정을 설명한다.</td><td>15</td><td>〈자료 3〉
〈자료 4〉</td></tr>
<tr><td>〈전개 3〉</td><td>〈지도안 작성 부분 3〉

<table><tr><td rowspan="2">과제
목표</td><td>글의 목적과 청중을 고려하여 정보와 생각을 전달하는 과정을 통해 의사소통 역량을 기른다.</td></tr><tr><td>[A: 수험생 작성 부분]</td></tr></table>
<table><tr><td rowspan="2">준거,
기준
(S)</td><td>당신의 결과물은 다음의 사항들을 만족해야 합니다.</td></tr><tr><td>[B: 수험생 작성 부분]</td></tr></table></td><td>15</td><td>〈자료 5〉</td></tr>
</table>

	전개 4		40	〈자료 5〉
정리	정리 및 차시예고	수행평가지를 회수하고, 다음 수업 시간에 이어서 진행될 것임을 안내한다.	5	
	인사	인사하고 마친다.		

관리번호	

2025학년도 중등학교 교사 신규임용후보자 선정 경쟁 시험 (2차)
역사 수업실연 문제지

수험번호									성명		관리번호	

○ 문항에서 요구하는 내용의 가짓수가 제한되어 있는 경우, 요구한 가짓수까지의 내용만 실연하시오.
○ 칠판과 분필 등을 활용한 판서만 가능하며, 기자재를 활용해야 하는 경우 언급으로 대신하시오.

【문제】 다음에 제시된 〈실연 방법〉, 〈교수학습조건〉, 〈자료〉, 〈교수학습지도안〉을 반영해 수업을 실연하시오.

실연 방법

1. 〈교수학습지도안〉의 [수업실연 1] ~ [수업실연 3]에 해당하는 부분을 수업으로 실연하시오.
2. [수업실연 1] 〈자료 1〉, 〈자료 2〉를 활용하여 강의식 수업을 실연하시오.
   1) 자료 분석을 통해 〈자료 1〉과 〈자료 2〉의 공통점 및 차이점을 도출하는 과정이 드러나도록 실연하시오.
   2) 당시 일본의 상황과 비교하는 과정을 포함하시오.
3. [수업실연 2] 〈자료 3〉을 활용하여 수행 과제를 안내 부분을 실연하시오.
   1) 과제 목표 [A]를 포함하여 실연하시오.
   2) 수행 준거(기준) [B]를 지식, 기능, 태도 측면으로 나누어 제시하시오.
4. [수업실연 3] 〈자료 3〉을 활용하여 학생 활동을 실연하시오.
   1) 학생의 수행 과정 중 교사의 피드백 과정이 드러나도록 실연하시오.

* 유의사항
교사와 학생의 상호작용이 구체적으로 드러나게 실연하시오.

교수·학습 조건

1. 과목명: 세계사
2. 대상: 고등학교 2학년
3. 시간: 100분(블록타임제)
4. 단원명: V. 제국주의와 두 차례 세계대전 – 두 차례의 세계대전

성취기준	[12세사05-02] 제1, 2차 세계 대전의 원인과 결과를 알아보고, 세계 평화를 실현하기 위한 방법에 대해 토론한다.		
단원의 구성	차시	주요 내용 및 활용	수업 형태
	1~2	제1차 세계대전과 러시아 혁명	
	3~4	전후 아시아의 민족 운동	
	5~7	대공황과 전체주의의 등장	강의식 수업, 글쓰기 활동
	8~10	제2차 세계대전	

5. 교수·학습 환경

학생 수	지도 장소	매체 및 기자재
24명	교실	전자칠판, 모둠 활동지, 사진 자료, 태블릿 PC

자료 ❶ 무솔리니, 『파시즘 독트린』

파시스트 국가 개념은 모든 것을 포괄한다. 국가를 떠나서는 어떤 인간적이거나 정신적인 가치도 효력이 없는 것은 말할 것도 없고 존재할 수조차 없다. 이러한 의미에서 파시즘은 전체주의적이고, 파시스트 국가는 국민의 삶을 해석하고 발전시키고 고양한다. 국가를 떠나서는 어떤 개인도, 어떤 집단도 있을 수 없다.

자료 ❷ 히틀러의 연설

우리는 개인과 계급 상호 간의 투쟁을, 신분과 종파와 정당 상호 간의 투쟁을 종식하였습니다! 우리는 그러한 토대 위에 독일 민족을, 그러니까 이제 여러분 모두가 여기 본인의 앞에 서 있는 것과 같은 독일 민족을 일으켜 세운 것입니다. 우리는 이 민족이 오직 민족으로서만 존속할 수 있으며 개인이나 정당 등의 집합으로서는 존속할 수 없다는 확신을 이 민족에게 심어주었던 것입니다.

자료 ❸ 전체주의에 대한 신문 사설 쓰기 안내문

신문 사설 쓰기 수행 과제 안내문		
과제 목표	• 글의 목적과 청중을 고려하여 정보와 생각을 전달하는 과정을 통해 의사소통 역량을 기른다. • [A] ______	
수행 과제	목표(G)	여러분의 목표는 신문에 사설을 기고하여 전체주의의 위험성을 경고하는 것입니다.
	역할(R)	여러분은 사설을 쓰는 칼럼니스트입니다.
	청중(A)	여러분은 일반 대중들에게 자신의 의견을 전달합니다.
	상황(S)	당신은 신문사에 사설을 기고할 예정입니다. 독재자의 등장이 우려되는 어떤 국가의 정치적 상황에 대한 자신의 의견을 과거 전체주의 시대에 빗대어 칼럼으로 작성합니다.
	수행(P)	여러분은 전체주의가 등장한 배경과 전체주의 국가들의 특징을 설명해야 합니다. 그리고 민주주의 사회에 살아가고 있는 현재의 관점에서 전체주의의 확산에 대한 자신의 생각을 전달해야 합니다.
	준거, 기준(S)	당신의 결과물은 다음의 사항들을 만족해야 합니다. [B] ______

2025학년도 중등학교 교사 신규임용후보자 선정 경쟁 시험 (2차)
역사 수업실연 문제지 [지도안]

수험번호									성명			관리번호	

<table>
<tr><td>단원</td><td colspan="2">V. 제국주의와 두 차례 세계대전
– 제2차 세계대전 전후 처리와 냉전 체제</td><td>차시</td><td>5~7</td></tr>
<tr><td rowspan="3">학습목표</td><td colspan="4">1. 대공황의 원인과 각국의 대응 정책을 설명할 수 있다.</td></tr>
<tr><td colspan="4">2. 전체주의 국가들의 공통점과 특수성을 파악하여, 전체주의 국가들의 특징을 정리할 수 있다.</td></tr>
<tr><td colspan="4">3. 오늘날 민주적 가치의 소중함을 이해하고, 전체주의의 위험성을 사설로 작성할 수 있다.</td></tr>
<tr><td>학습 단계</td><td>학습 요소</td><td>교수·학습활동</td><td>자료 및 지도상 유의점</td><td>시간</td></tr>
<tr><td rowspan="4">도입</td><td>인사</td><td>인사 및 출석 확인</td><td rowspan="4"></td><td rowspan="4">5</td></tr>
<tr><td>전시 확인</td><td>전시학습 확인</td></tr>
<tr><td>동기 유발</td><td>대공황 시기 뉴욕 거리에서 무료 배식을 기다리고 구직 활동을 하는 실업자들의 사진을 보며, 사람들이 처한 삶을 유추하는 시간을 가진다.</td></tr>
<tr><td>학습목표</td><td>학습목표 확인</td></tr>
<tr><td rowspan="3">전개</td><td>〈전개 1〉
대공황의 발생</td><td>• 대공황의 배경과 영향에 대하여 설명한다.
• 대공황에 대한 미국, 영국, 프랑스의 대응 정책에 대하여 설명한다.</td><td></td><td>20</td></tr>
<tr><td>〈전개 2〉
전체주의 국가의 등장</td><td>〈수업실연 1 부분〉</td><td>〈자료 1〉
〈자료 2〉
태블릿 PC</td><td>15</td></tr>
<tr><td>〈전개 3〉
수행 과제 안내</td><td>〈수업실연 2 부분〉
<table><tr><td rowspan="2">과제 목표</td><td>글의 목적과 청중을 고려하여 정보와 생각을 전달하는 과정을 통해 의사소통 역량을 기른다.</td></tr><tr><td>[A]</td></tr></table>
<table><tr><td rowspan="2">준거, 기준 (S)</td><td>당신의 결과물은 다음의 사항들을 만족해야 합니다.</td></tr><tr><td>[B]</td></tr></table></td><td>〈자료 3〉</td><td>15</td></tr>
</table>

전개	〈전개 4〉 수행 과제 실시	〈수업실연 3 부분〉	〈자료 3〉	40
정리	정리 및 차시예고	수행평가지를 회수하고, 다음 수업 시간에 이어서 진행될 것임을 안내한다.		5
	인사	인사하고 마친다.		

9

2025학년도 공립 중등학교 임용 후보자 선정 경쟁 2차 시험
수업지도안 작성 문제지

수험번호								

이름	

교수·학습지도안 작성 조건

- 교수·학습지도안은 실제 교실에서의 수업 상황을 가정하여 작성할 것
- [지도안 작성 부분 1] 〈자료 1〉, 〈자료 2〉를 활용하여 강의식 수업을 진행하시오.
  - 〈자료 1〉의 키워드를 활용하여 판서 계획을 작성하시오.
  - 〈자료 2〉의 구체적인 사례를 바탕으로 수업을 진행하시오.
- [지도안 작성 부분 2] 〈자료 3〉을 활용하여 탐구식 수업을 진행하시오.
  - 〈자료 3〉의 [탐구질문 A], [탐구질문 B]를 완성하시오.
  - (가), (나), (다) 이외의 추가 자료를 제시하시오.
- [지도안 작성 부분 3] 〈자료 4〉를 활용하여 학생 활동을 진행하시오.
  - 〈자료 4〉를 참고하여 활동 단계 및 활동 목표를 제시하시오.
  - 활동 특성을 고려하여 [동료평가 1], [동료평가 2], [동료평가 3]을 완성하시오.
- [지도안 작성 부분 4] 〈자료 4〉를 활용하여 모둠 활동에 대한 발표 및 피드백을 진행하시오.
  - 태블릿 PC를 활용한 학생 상호 간의 피드백 과정이 드러나도록 작성하시오.
  - 평가기준 및 역사과 핵심역량에 근거한 교사의 피드백을 제시하시오.

교수·학습 조건

1. 과목명: 세계사
2. 대상: 고등학교 2학년
3. 시간: 100분(블록타임제)
4. 단원명: Ⅳ. 현대세계의 변화 – 냉전과 탈냉전

가. 단원의 성취기준

성취기준	[12세사06-01] 냉전 체제의 배경과 특징을 알아보고, 냉전 종식 이후 세계 질서의 재편에 대해 조사한다.

나. 단원의 구성

단원	차시	주요 내용 및 활용	수업 형태	평가 방법
냉전과 탈냉전	1~2	냉전 체제의 형성과 변화	강의식, 탐구식	동료평가
	3	지속되는 분쟁		
	4	국제 질서의 다원화		

다. 교수·학습 환경

학생 수	지도 장소	매체 및 기자재
25명	교실	칠판, 스크린, 교사용 컴퓨터, 전자칠판, 학습지, 모둠 활동지, 태블릿 PC

자료 ❶

【키워드】 트루먼 독트린, 마셜 계획, 북대서양 조약기구, 코민포름, 코메콘, 바르샤바 조약기구

자료 ❷ 모둠 활동지 1

지도 이름 만들기

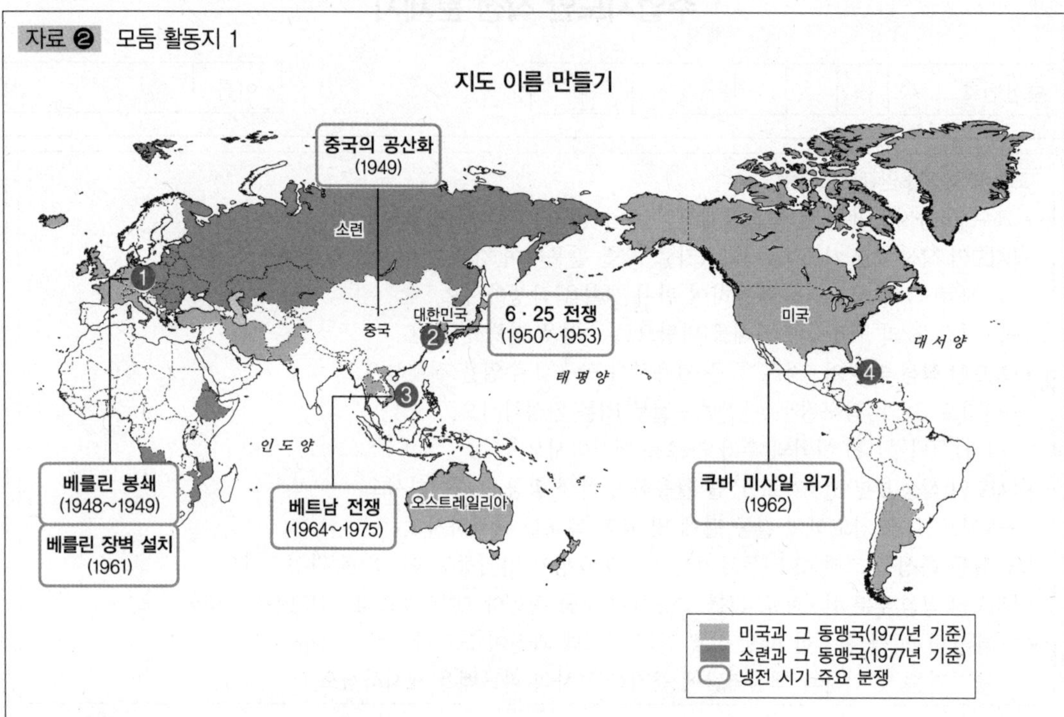

1. 모둠원이 각각 한 가지 사건을 맡아 조사해 봅시다.

사건 명칭	설명
베를린 봉쇄 및 장벽 설치	
중국의 공산화	
6·25 전쟁	
쿠바 미사일 위기	
베트남 전쟁	

2. 사건들의 공통점을 생각해보고, 모둠원이 공유해 봅시다.

공통점	

3. 모둠원의 의견을 모아 지도의 이름을 만들어 봅시다.

: 우리 모둠이 정한 지도의 이름은 “____________________________________”

자료 ❸ 학습지

(가) 닉슨 독트린(1969)

1. 미국은 앞으로 베트남 전쟁과 같은 군사적 개입을 피한다.
2. 미국은 강대국의 핵에 의한 위협의 경우를 제외하고는 내란이나 침략에 대하여 각국이 스스로 협력하여 그에 대처하도록 한다.
3. 미국은 '태평양 국가'로서 그 지역에서 중요한 역할을 계속하지만 직접적·군사적·정치적 과잉 개입은 하지 않는다.
4. 아시아 여러 나라에 대한 원조는 경제 중심으로 바꾸며 다수국에 대한 원조 방식을 강화하여 미국의 과중한 부담을 피한다.

(나) 고르바초프의 대통령 취임 연설(1990)

페레스트로이카 정책은 소련과 같은 (사회주의)국가가 새로운 질적 상태로의 전환, 즉 권위주의적이고 관료주의적인 체제에서 벗어나 인간적이고 민주적인 사회로 평화롭게 이행하는 유일한 길이라고 생각합니다. …… 나는 페레스트로이카의 모든 과정을 민주주의의 원칙에 근거하여 결단력 있게 추진할 것입니다.

(다) 고르바초프의 유럽 평의회 연설(1989)

유럽에는 제각기 다른 사회 체제를 가진 국가들이 있습니다. 그리고 각국의 사회적·정치적 질서는 꾸준히 변해 왔고, 앞으로도 계속 변해 갈 것입니다. 그러나 이는 그 나라 인민이 결정하고 선택할 문제입니다. 우방국이든 동맹국이든 간에, 어떤 식으로든 타국의 내정에 간섭하거나 주권을 제한하려 해서는 안 됩니다.

(가) – [탐구질문 A]	[수험생 작성 부분 1]
(나), (다) – [탐구질문 B]	[수험생 작성 부분 2]

자료 ❹ 모둠 활동지 2

○○ 모둠

UCC 제목: ______________________

모둠원(역할)				
주제				
제작 의도				
스토리 구성				
장면 번호	주제	사용할 영상, 사진	자막	화면 구성 및 설명
1				
2				
3				
4				

영상 길이		소품	
촬영 날짜		촬영 장소	

〈동료평가〉	☆☆ 모둠
1. [수험생 작성 부분 3]	① ② ③ ④ ⑤
2. [수험생 작성 부분 4]	① ② ③ ④ ⑤
3. [수험생 작성 부분 5]	① ② ③ ④ ⑤
4. 주제의 배경, 전개 과정, 결과 및 영향 등 다양한 측면이 반영되었나요?	① ② ③ ④ ⑤
5. 주제를 드러내는 방법이 창의적인가요?	① ② ③ ④ ⑤
6. 완성도가 높은가요?	① ② ③ ④ ⑤

관리번호	

2025학년도 공립 중등학교 임용 후보자 선정 경쟁 2차 시험
수업지도안 작성 답안지

수험번호									이름	

<table>
<tr><td>단원</td><td colspan="3">Ⅳ-1. 냉전과 탈냉전</td><td>지도 대상</td><td>고등학교 2학년</td></tr>
<tr><td rowspan="3">학습목표</td><td colspan="5">1. 냉전의 전개 과정을 여러 사례를 통해 파악할 수 있다.</td></tr>
<tr><td colspan="5">2. 냉전이 완화된 배경을 이해하고, 냉전의 붕괴 과정을 파악할 수 있다.</td></tr>
<tr><td colspan="5">3. UCC 스토리보드 제작을 통해 냉전 속 주요 사건에 대한 이해를 심화할 수 있다.</td></tr>
<tr><td>학습 자료</td><td colspan="5">교과서, 사료, TV, 컴퓨터, 태블릿 PC 및 학습에 필요한 모든 기자재</td></tr>
<tr><td>학습 단계</td><td>학습 요소</td><td colspan="2">교수·학습활동</td><td>시간</td><td>자료 및 지도상 유의점</td></tr>
<tr><td rowspan="4">도입</td><td>인사</td><td colspan="2">인사 및 출석 확인</td><td rowspan="4">5</td><td rowspan="4"></td></tr>
<tr><td>전시 확인</td><td colspan="2">제2차 세계대전</td></tr>
<tr><td>동기 유발</td><td colspan="2">'냉전'이라는 단어의 의미를 추론하여 자유롭게 발표하게 한다.</td></tr>
<tr><td>학습목표</td><td colspan="2">학습목표를 확인한다.</td></tr>
<tr><td>전개</td><td>〈전개 1〉</td><td colspan="2">〈판서 계획〉

〈지도안 작성 부분 1〉</td><td>30</td><td>〈자료 1〉
〈자료 2〉</td></tr>
</table>

<table>
<tr><td></td><td>〈전개 2〉</td><td>〈지도안 작성 부분 2〉
• 탐구질문
(가) – A: [수험생 작성 부분 1]
(나), (다) – B: [수험생 작성 부분 2]
• 추가 자료:

• 탐구 내용을 바탕으로 냉전의 완화 과정을 정리한다.
• 아시아와 아프리카의 신생 독립 국가들이 제3세계를 형성하였음을 설명한다.</td><td>20</td><td>〈자료 3〉</td></tr>
<tr><td></td><td>〈전개 3〉</td><td>〈지도안 작성 부분 3〉
• 동료평가
<table><tr><th>평가 내용</th><th>평가 점수</th></tr><tr><td>1. [수험생 작성 부분 3]</td><td>① ② ③ ④ ⑤</td></tr><tr><td>2. [수험생 작성 부분 4]</td><td>① ② ③ ④ ⑤</td></tr><tr><td>3. [수험생 작성 부분 5]</td><td>① ② ③ ④ ⑤</td></tr><tr><td>4. 주제의 배경, 전개 과정, 결과 및 영향 등 다양한 측면이 반영되었나요?</td><td>① ② ③ ④ ⑤</td></tr><tr><td>5. 주제를 드러내는 방법이 창의적인가요?</td><td>① ② ③ ④ ⑤</td></tr><tr><td>6. 완성도가 높은가요?</td><td>① ② ③ ④ ⑤</td></tr></table></td><td>25</td><td>〈자료 4〉</td></tr>
</table>

	〈전개 4〉	〈지도안 작성 부분 4〉	15	〈자료 4〉
정리	정리	학습목표 달성을 확인하고 질의응답 시간을 가진다.	5	
	차시예고	다음 차시를 예고한다.		
	인사	인사하고 마친다.		

관리번호	

2025학년도 공립 중등학교 임용 후보자 선정 경쟁 2차 시험
수업실연 문제지

수험번호									성명		관리번호	

○ 문항에서 요구하는 내용의 가짓수가 제한되어 있는 경우, 요구한 가짓수까지의 내용만 실연하시오.
○ 칠판과 분필 등을 활용한 판서만 가능하며, 기자재를 활용해야 하는 경우 언급으로 대신하시오.

【문제】 다음에 제시된 〈실연 방법〉, 〈교수학습조건〉, 〈자료〉, 〈교수학습지도안〉을 반영해 수업을 실연하시오.

실연 방법

1. 〈교수학습지도안〉의 [수업실연 1]~[수업실연 3]에 해당하는 부분을 수업으로 실연하시오.
2. [수업실연 1]에서는 다음의 조건을 포함하여 실연하시오.
   1) 〈자료 1〉의 키워드를 활용하여 학생과의 상호작용을 포함하여 강의식 수업을 진행하시오.
   2) 〈자료 2〉에 대한 모둠별 작성 활동이 끝났다고 가정하고, 구체적인 발표 사례가 드러나도록 실연하시오.
3. [수업실연 2]에서는 다음의 조건을 포함하여 실연하시오.
   1) 〈자료 3〉을 활용하여 탐구질문 A, B를 제시하고 탐구 활동을 진행하시오.
   2) ((가), (나), (다) 이외의 추가 자료를 제시하여 실연하시오.)
4. [수업실연 3]에서는 다음의 조건을 포함하여 실연하시오.
   1) 〈자료 4〉를 참고하여 활동 단계 및 활동 목표를 제시하시오.
   2) (모둠 활동에 대하여 예상되는 학생의 질문과 교사의 답변을 포함하여 실연하시오.)
   3) 활동 특성을 고려하여 〈동료평가 1〉, 〈동료평가 2〉, 〈동료평가 3〉을 완성하여 안내하시오.

* 유의사항
1. 수업의 전개 과정부터 실연하므로 학습목표는 판서하지 마시오.
2. [수업실연 2], [수업실연 3]에서 학생의 발표 장면은 생략하시오.

교수·학습 조건

1. 과목명: 세계사　　2. 대상: 고등학교 2학년　　3. 시간: 100분(블록타임제)
4. 단원명: Ⅵ. 현대 세계의 변화 – 냉전과 탈냉전

성취기준	[12세사06-01] 냉전 체제의 배경과 특징을 알아보고, 냉전 종식 이후 세계 질서의 재편에 대해 조사한다.		
단원의 구성	차시	주요 내용 및 활용	수업 형태
	1~2	냉전 체제의 형성과 변화	강의식 수업, 사료 탐구 수업, 모둠 활동
	3	지속되는 분쟁	
	4	국제 질서의 다원화	

5. 교수·학습 환경

학생 수	지도 장소	매체 및 기자재
25명	교실	칠판, 스크린, 교사용 컴퓨터, 빔 프로젝터, 학습지, 모둠 활동지

자료 ❶

【키워드】 트루먼 독트린, 마셜 계획, 북대서양 조약기구, 코민포름, 코메콘, 바르샤바 조약기구

자료 ❷ 모둠 활동지 1

지도 이름 만들기

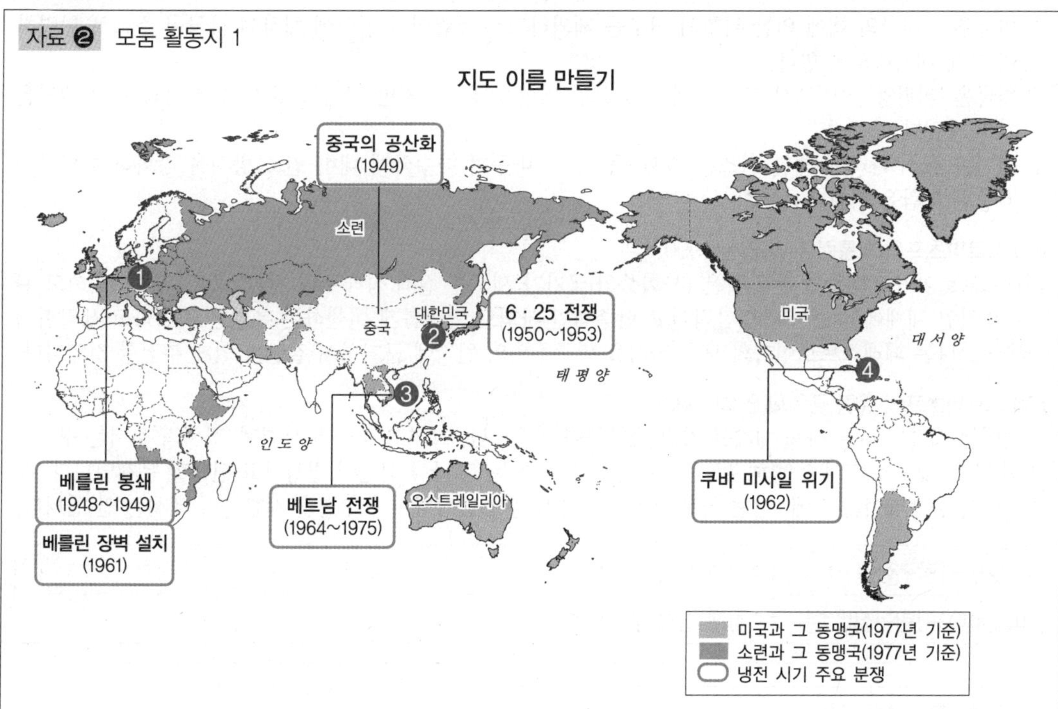

1. 모둠원이 각각 한 가지 사건을 맡아 조사해 봅시다.

사건 명칭	설명
베를린 봉쇄 및 장벽 설치	
중국의 공산화	
6·25 전쟁	
쿠바 미사일 위기	
베트남 전쟁	

2. 사건들의 공통점을 생각해보고, 모둠원이 공유해 봅시다.

공통점	

3. 모둠원의 의견을 모아 지도의 이름을 만들어 봅시다.

: 우리 모둠이 정한 지도의 이름은 "______________________________"

자료 ❸ 학습지

(가) 닉슨 독트린(1969)

1. 미국은 앞으로 베트남 전쟁과 같은 군사적 개입을 피한다.
2. 미국은 강대국의 핵에 의한 위협의 경우를 제외하고는 내란이나 침략에 대하여 각국이 스스로 협력하여 그에 대처하도록 한다.
3. 미국은 '태평양 국가'로서 그 지역에서 중요한 역할을 계속하지만 직접적·군사적·정치적 과잉 개입은 하지 않는다.
4. 아시아 여러 나라에 대한 원조는 경제 중심으로 바꾸며 다수국에 대한 원조 방식을 강화하여 미국의 과중한 부담을 피한다.

(나) 고르바초프의 대통령 취임 연설(1990)

페레스트로이카정책은 소련과 같은 (사회주의)국가가 새로운 질적 상태로의 전환, 즉 권위주의적이고 관료주의적인 체제에서 벗어나 인간적이고 민주적인 사회로 평화롭게 이행하는 유일한 길이라고 생각합니다. …… 나는 페레스트로이카의 모든 과정을 민주주의의 원칙에 근거하여 결단력 있게 추진할 것입니다.

(다) 고르바초프의 유럽 평의회 연설(1989)

유럽에는 제각기 다른 사회 체제를 가진 국가들이 있습니다. 그리고 각국의 사회적·정치적 질서는 꾸준히 변해 왔고, 앞으로도 계속 변해 갈 것입니다. 그러나 이는 그 나라 인민이 결정하고 선택할 문제입니다. 우방국이든 동맹국이든 간에, 어떤 식으로든 타국의 내정에 간섭하거나 주권을 제한하려 해서는 안 됩니다.

(가) – [탐구질문 A]	**[수험생 실연 부분]**
(나), (다) – [탐구질문 B]	**[수험생 실연 부분]**

자료 ❹ 모둠 활동지 2

○○ 모둠

UCC 제목: ____________________

모둠원(역할)		
주제		
제작 의도		
스토리 구성		

장면 번호	주제	사용할 영상, 사진	자막	화면 구성 및 설명
1				
2				
3				
4				

영상 길이		소품	
촬영 날짜		촬영 장소	

〈동료평가〉	☆☆ 모둠
1. **[수험생 실연 부분]**	① ② ③ ④ ⑤
2. **[수험생 실연 부분]**	① ② ③ ④ ⑤
3. **[수험생 실연 부분]**	① ② ③ ④ ⑤
4. 주제의 배경, 전개 과정, 결과 및 영향 등 다양한 측면이 반영되었나요?	① ② ③ ④ ⑤
5. 주제를 드러내는 방법이 창의적인가요?	① ② ③ ④ ⑤
6. 완성도가 높은가요?	① ② ③ ④ ⑤

2025학년도 공립 중등학교 임용 후보자 선정 경쟁 2차 시험
수업실연 문제지 [지도안]

수험번호									성명		관리번호	

단원	Ⅳ-1. 냉전과 탈냉전		차시	1~2
학습목표	1. 냉전의 전개 과정을 여러 사례를 통해 파악할 수 있다. 2. 냉전이 완화된 배경을 이해하고, 냉전의 붕괴 과정을 파악할 수 있다. 3. UCC 스토리보드 제작을 통해 냉전 속 주요 사건에 대한 이해를 심화할 수 있다.			
학습 단계	학습 요소	교수·학습활동	자료 및 지도상 유의점	시간
도입	인사	인사 및 출석 확인		5
	전시 확인	제2차 세계대전		
	동기 유발	'냉전'이라는 단어의 의미를 자유롭게 발표하도록 한다.		
	학습목표	학습목표를 확인한다.		
전개	〈전개 1〉 냉전의 형성과 전개	〈수업실연 1 부분〉	〈자료 1〉 〈자료 2〉	30
	〈전개 2〉 냉전의 완화	〈수업실연 2 부분〉 • 탐구 활동을 진행한 후 냉전의 완화 과정을 정리한다. • 아시아와 아프리카의 신생 독립 국가들이 냉전의 대립에 관여하지 않는 제3세계를 형성하였음을 설명한다.	〈자료 3〉	20
	〈전개 3〉 UCC 기획구성안 작성 안내	〈수업실연 3 부분〉	〈자료 4〉	25
	〈전개 4〉 모둠 활동 및 발표	• 모둠 활동을 진행한 후 발표와 피드백 시간을 갖는다.	〈자료 4〉	15
정리	정리	질의응답을 통해 본시 학습 내용을 정리한다.		5
	차시예고	냉전 이후 발생한 새로운 갈등 사례에 대해 알아본다.		
	인사	인사하고 마친다.		

10

2025학년도 공립 중등학교 임용 후보자 선정 경쟁 2차 시험
수업지도안 작성 문제지

수험번호									이름	

교수·학습지도안 작성 조건

- 교수·학습 지도안은 실제 교실에서의 수업 상황을 가정하여 작성할 것
- [지도안 작성 부분 1] 〈자료 1〉, 〈자료 2〉를 활용하여 문답 중심의 강의식 수업을 작성하시오.
  - 〈자료 1〉의 내용을 세계화와 연결할 수 있는 탐구 질문을 제공하시오.
  - 〈자료 2〉의 정책과 이전의 경제 정책의 차이점을 포함하시오.
- [지도안 작성 부분 2] 〈자료 3〉, 〈자료 4〉, 〈자료 5〉를 활용하여 모둠별 탐구 활동을 진행하시오.
  - 〈자료 3〉, 〈자료 4〉를 활용하여 모둠 활동을 진행하되, 〈자료 5〉의 결과가 나오도록 활동을 설계하시오.
- [지도안 작성 부분 3] 〈자료 4〉, 〈자료 5〉를 활용하여 모둠 활동에 대한 피드백을 진행하시오.
  - 〈자료 5〉의 [A]에 들어갈 내용을 작성하시오.
- [지도안 작성 부분 4] 〈자료 6〉을 활용하여 수업 정리 부분을 작성하시오.
  - 〈자료 6〉의 [B]에 들어갈 내용을 작성하시오.

※ 모든 작성 부분은 교사와 학생의 활동이 구체적으로 드러나도록 작성하시오.

교수·학습 조건

1. 과목명: 세계사
2. 대상: 고등학교 2학년
3. 시간: 100분(블록타임제)
4. 단원명: Ⅵ. 현대 세계의 변화 – 세계화와 과학·기술 혁명

가. 단원의 성취기준

성취기준	[12세사06-02] 세계화와 과학 · 기술 혁명이 가져온 현대 사회의 변화를 파악하고, 지구촌의 갈등과 분쟁을 해결하려는 태도를 기른다.

나. 단원의 구성

단원	차시	주요 내용 및 활용	수업 형태	평가 방법
오늘날의 세계	1~2	세계화와 과학·기술 혁명	강의식 수업, 모둠 활동	관찰 평가
	3	21세기 인류의 과제		

다. 교수·학습 환경

학생 수	지도 장소	매체 및 기자재
24명	교실	전자칠판, 모둠 활동지, 그림 및 자료, 태블릿 PC

자료 ❶ 세계 무역 기구(WTO)

세계 무역 기구(WTO)는 각국이 국제 무역 관련 국내 법률 및 규정을 어떻게 만들어야 하며, 이들을 어떻게 운용하여야 할 것인가에 대한 원칙적인 의무를 부과하였다. 그리고 이것은 다자간 협상, 토의, 분쟁 해결 등을 관장하는 기능을 행함으로써 이를 통하여 국제 간 교역 관계가 발전해 나갈 수 있도록 하였다. 한편, 적용 범위에 있어서 종래 관세 및 무역에 관한 일반 협정(GATT)은 상품 교역에만 제한되어 있었지만 WTO는 서비스, 아이디어 혹은 지적 재산권 등의 교역에도 적용되었다.

자료 ❷ 레이거노믹스와 대처리즘

[레이거노믹스] 미국 레이건 대통령(1981~1989)에 의해 추진된 경제 정책으로 세출 삭감, 소득세 대폭 감세, 정부의 기업 규제 완화, 고금리 정책 등을 골자로 한다.

[대처리즘] 영국의 총리 대처의 사회·경제 정책으로 복지를 위한 공공지출 삭감, 세금 인하, 공기업의 민영화, 시장 규제 완화 등을 추진하였다.

자료 ❸ 선진국과 개발 도상국의 수출 상품 비교

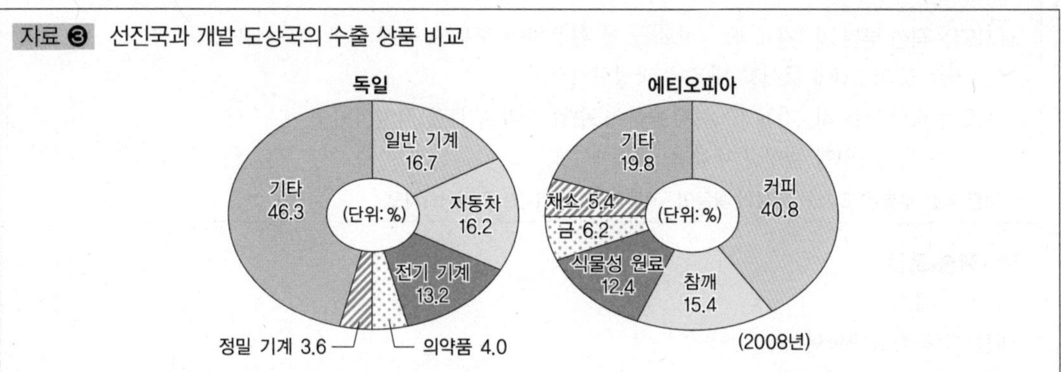

자료 ❹ 복제양 돌리

1996년 7월 5일 영국 로슬린 연구소의 이언 윌머트와 키스 캠벨은 6년생 양의 체세포에서 채취한 유전자를 핵이 제거된 다른 암양의 난자와 결합시켜 이를 대리모 자궁에 이식, 새끼 양 돌리를 낳게 하여 세계 최초로 포유동물을 복제하는 데 성공하였다. …… 로슬린 연구소에서 성공적으로 이루어진 복제 기술은 동물 복제를 이용해 인간의 질병의 치료할 수 있는 가능성을 열었다는 점에서 긍정적 반응을 얻었으나, 인간 복제 실험에 관한 논쟁으로까지 치닫는 윤리 문제를 불러일으키기도 하였다.

자료 ❺ 세계화와 과학 기술 발달은 사회에 어떤 영향을 미치고 있을까?

온라인 학습 게시판

1모둠 : 정보 통신 기술의 발달 ⋮	2모둠 : 유전 공학의 발전 ⋮
정보 통신 기술이 발달하면서 컴퓨터와 인터넷 사용으로 편리한 정보 검색과 의사소통이 가능해졌다. 스마트폰으로 SNS에 접속하여 지구 반대편에 살고 있는 친구와 실시간으로 메시지를 주고받을 수 있고, 먼 나라에서 발생한 소식도 빠르게 알 수 있다. 그러나 방대한 정보의 양으로 인해 진실과 거짓을 구분하기 어려울 때도 있고, 인터넷의 익명성이 주는 피해도 상당하다.	[A: **수험생 작성 부분**]
♥ 10 　 ◯ 2 [하나] 정보 통신 기술 발달의 긍정적, 부정적 측면을 모두 다뤄서 이해하기 좋았어요. [교사] 오늘날 인터넷 사용으로 인해 발생하는 문제점을 해결하기 위해서는 어떤 노력이 필요할까요?	♥ 9 　 ◯ 2 [교사] 유전 공학 발전의 부정적 측면만이 부각되지는 않았나요? [두리] 유전 공학, 의학 발전이 인류 사회에 미친 긍정적인 영향도 반영되면 좋겠어요.

자료 ❻

[교사] [B: **수험생 작성 부분**]

[학생] 우리가 편리하게 살아가는 데에 도움을 주는 것들을 당연하게만 생각하지 않고, 역기능까지 고려할 수 있는 시각을 가져야겠어요.

관리번호	

2025학년도 공립 중등학교 임용 후보자 선정 경쟁 2차 시험
수업지도안 작성 답안지

수험번호								이름	

단원	Ⅵ. 현대 세계의 변화 – 세계화와 과학·기술 혁명	지도 대상	고등학교 2학년
학습목표	1. 세계화의 개념과 장단점을 파악하여 설명할 수 있다. 2. 현대 과학·기술 혁명의 다양한 사례를 알고, 그 영향을 설명할 수 있다. 3. 세계화와 과학·기술의 발전의 긍정적 측면과 부정적 측면을 종합적으로 이해하고, 관련된 글을 객관적으로 평가할 수 있다.		

학습 단계	학습 요소	교수·학습활동	시간	자료 및 지도상 유의점
도입	인사	인사 및 출석 확인	5	
	전시 확인	전시학습 확인		
	동기 유발	인공지능 로봇과 관련된 다큐멘터리 일부를 시청하며 흥미를 유발한다.		
	학습목표	학습목표를 확인한다.		
전개	〈전개 1〉	• '지구촌'과 '세계화'의 개념을 설명한다. 〈지도안 작성 부분 1〉	20	〈자료 1〉 〈자료 2〉

<table>
<tr><td rowspan="2">전개</td><td>〈전개 2〉</td><td>〈지도안 작성 부분 2〉</td><td>25</td><td>〈자료 3〉
〈자료 4〉
〈자료 5〉</td></tr>
<tr><td>〈전개 3〉</td><td>〈지도안 작성 부분 3〉

2모둠 : 유전 공학의 발전 ⋮
[A: 수험생 작성 부분]

♥ 9 ◯ 2
[교사] 유전 공학 발전의 부정적 측면만이 부각되지는 않았나요?
[두리] 유전 공학, 의학 발전이 인류 사회에 미친 긍정적인 영향도 반영되면 좋겠어요.</td><td>40</td><td>〈자료 4〉
〈자료 5〉
태블릿 PC</td></tr>
</table>

<table>
<tr><td rowspan="3">정리</td><td>정리</td><td>• 질의응답을 통해 학습 내용을 정리한다.
〈지도안 작성 부분 4〉

[교사] [B: 수험생 작성 부분]

[학생] 우리가 편리하게 살아가는 데에 도움을 주는 것들을 당연하게만 생각하지 않고, 역기능까지 고려할 수 있는 시각을 가져야겠어요.</td><td rowspan="3">10</td><td rowspan="3">〈자료 6〉</td></tr>
<tr><td>차시예고</td><td>다음 수업 주제를 안내한다.</td></tr>
<tr><td>인사</td><td>인사하고 마친다.</td></tr>
</table>

관리번호	

2025학년도 중등학교 교사 신규임용후보자 선정 경쟁 시험 (2차)
역사 수업실연 문제지

수험번호									성명		관리번호	

○ 문항에서 요구하는 내용의 가짓수가 제한되어 있는 경우, 요구한 가짓수까지의 내용만 실연하시오.
○ 칠판과 분필 등을 활용한 판서만 가능하며, 기자재를 활용해야 하는 경우 언급으로 대신하시오.

【문제】 다음에 제시된 〈실연 방법〉, 〈교수학습조건〉, 〈자료〉, 〈교수학습지도안〉을 반영해 수업을 실연하시오.

실연 방법

1. 〈교수학습지도안〉의 [수업실연 1] ~ [수업실연 3]에 해당하는 부분을 수업으로 실연하시오.
2. [수업실연 1] 〈자료 1〉, 〈자료 2〉를 활용하여 판서를 활용한 강의식 수업을 실연하시오.
   1) 〈자료 1〉의 내용을 세계화와 연결할 수 있는 탐구 질문을 제공하시오.
   2) 〈자료 2〉의 정책과 이전의 경제 정책의 차이점을 포함하여 실연하시오.
3. [수업실연 2] 〈자료 3〉, 〈자료 4〉, 〈자료 5〉를 활용하여 모둠별 탐구 활동을 실연하시오.
   1) 〈자료 3〉, 〈자료 4〉를 활용하여 모둠 활동을 진행하되, 〈자료 5〉의 결과가 나오도록 활동을 설계하시오.
4. [수업실연 3] 〈자료 4〉, 〈자료 5〉를 활용하여 모둠 활동에 대한 피드백을 실연하시오.
   1) 〈자료 5〉의 [A]에 들어갈 내용을 채워 실연하시오.

* 유의사항
교사와 학생의 상호작용이 구체적으로 드러나게 실연하시오.

교수·학습 조건

1. 과목명: 세계사
2. 대상: 고등학교 2학년
3. 시간: 100분(블록타임제)
4. 단원명: Ⅵ. 현대 세계의 변화 – 세계화와 과학·기술 혁명

성취기준	[12세사06-02] 세계화와 과학 · 기술 혁명이 가져온 현대 사회의 변화를 파악하고, 지구촌의 갈등과 분쟁을 해결하려는 태도를 기른다.		
단원의 구성	차시	주요 내용 및 활용	수업 형태
	1~2	세계화와 과학·기술 혁명	강의식 수업, 모둠 활동
	3	21세기 인류의 과제	

5. 교수·학습 환경

학생 수	지도 장소	매체 및 기자재
24명	교실	전자칠판, 모둠 활동지, 그림 및 자료, 태블릿 PC

자료 ❶ 세계 무역 기구(WTO)

세계 무역 기구(WTO)는 각국이 국제 무역 관련 국내 법률 및 규정을 어떻게 만들어야 하며, 이들을 어떻게 운용하여야 할 것인가에 대한 원칙적인 의무를 부과하였다. 그리고 이것은 다자간 협상, 토의, 분쟁 해결 등을 관장하는 기능을 행함으로써 이를 통하여 국제 간 교역 관계가 발전해 나갈 수 있도록 하였다. 한편, 적용 범위에 있어서 종래 관세 및 무역에 관한 일반 협정(GATT)은 상품 교역에만 제한되어 있었지만 WTO는 서비스, 아이디어 혹은 지적 재산권 등의 교역에도 적용되었다.

자료 ❷ 레이거노믹스와 대처리즘

[레이거노믹스] 미국 레이건 대통령(1981~1989)에 의해 추진된 경제 정책으로 세출 삭감, 소득세 대폭 감세, 정부의 기업 규제 완화, 고금리 정책 등을 골자로 한다.

[대처리즘] 영국의 총리 대처의 사회·경제 정책으로 복지를 위한 공공지출 삭감, 세금 인하, 공기업의 민영화, 시장 규제 완화 등을 추진하였다.

자료 ❸ 선진국과 개발 도상국의 수출 상품 비교

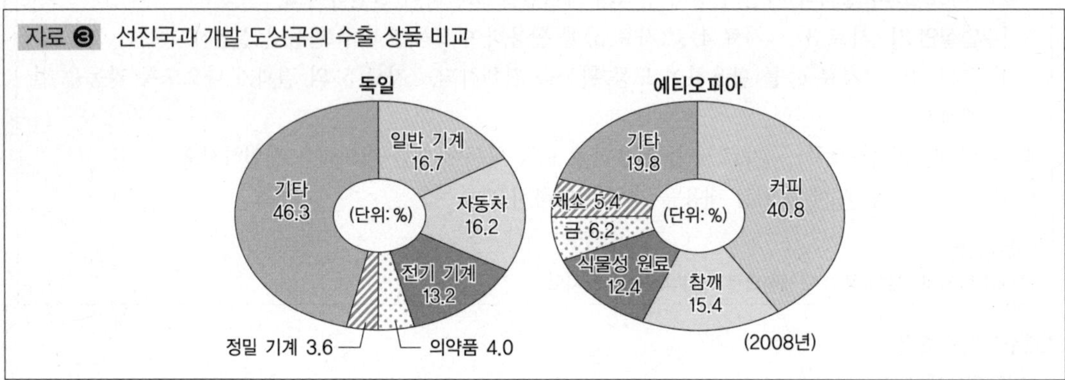

자료 ❹ 복제양 돌리

1996년 7월 5일 영국 로슬린 연구소의 이언 윌머트와 키스 캠벨은 6년생 양의 체세포에서 채취한 유전자를 핵이 제거된 다른 암양의 난자와 결합시켜 이를 대리모 자궁에 이식, 새끼 양 돌리를 낳게 하여 세계 최초로 포유동물을 복제하는 데 성공하였다. …… 로슬린 연구소에서 성공적으로 이루어진 복제 기술은 동물 복제를 이용해 인간의 질병의 치료할 수 있는 가능성을 열었다는 점에서 긍정적 반응을 얻었으나, 인간 복제 실험에 관한 논쟁으로까지 치닫는 윤리 문제를 불러일으키기도 하였다.

자료 ❺ 세계화와 과학 기술 발달은 사회에 어떤 영향을 미치고 있을까?

온라인 학습 게시판

1모둠 : 정보 통신 기술의 발달

정보 통신 기술이 발달하면서 컴퓨터와 인터넷 사용으로 편리한 정보 검색과 의사소통이 가능해졌다. 스마트폰으로 SNS에 접속하여 지구 반대편에 살고 있는 친구와 실시간으로 메시지를 주고받을 수 있고, 먼 나라에서 발생한 소식도 빠르게 알 수 있다. 그러나 방대한 정보의 양으로 인해 진실과 거짓을 구분하기 어려울 때도 있고, 인터넷의 익명성이 주는 피해도 상당하다.

♥ 10 댓글 2

[하나] 정보 통신 기술 발달의 긍정적, 부정적 측면을 모두 다뤄서 이해하기 좋았어요.

[교사] 오늘날 인터넷 사용으로 인해 발생하는 문제점을 해결하기 위해서는 어떤 노력이 필요할까요?

2모둠 : 유전 공학의 발전

[A: 수험생 실연 부분]

♥ 9 댓글 2

[교사] 유전 공학 발전의 부정적 측면만이 부각되지는 않았나요?

[두리] 유전 공학, 의학 발전이 인류 사회에 미친 긍정적인 영향도 반영되면 좋겠어요.

2025학년도 중등학교 교사 신규임용후보자 선정 경쟁 시험 (2차)
역사 수업실연 문제지 [지도안]

수험번호									성명		관리번호	

<table>
<tr><td>단원</td><td colspan="2">Ⅵ. 현대 세계의 변화 – 세계화와 과학·기술 혁명</td><td>차시</td><td>1~2</td></tr>
<tr><td rowspan="3">학습목표</td><td colspan="4">1. 세계화의 개념과 장단점을 파악하여 설명할 수 있다.</td></tr>
<tr><td colspan="4">2. 현대 과학·기술 혁명의 다양한 사례를 알고, 그 영향을 설명할 수 있다.</td></tr>
<tr><td colspan="4">3. 세계화와 과학·기술의 발전의 긍정적 측면과 부정적 측면을 종합적으로 이해하고, 관련된 글을 객관적으로 평가할 수 있다.</td></tr>
<tr><td>학습
단계</td><td>학습 요소</td><td>교수·학습활동</td><td>자료 및
지도상 유의점</td><td>시간</td></tr>
<tr><td rowspan="4">도입</td><td>인사</td><td>인사 및 출석 확인</td><td rowspan="4"></td><td rowspan="4">5</td></tr>
<tr><td>전시 확인</td><td>전시학습 확인</td></tr>
<tr><td>동기 유발</td><td>인공지능 로봇과 관련된 다큐멘터리 일부를 시청하며 흥미를 유발한다.</td></tr>
<tr><td>학습목표</td><td>학습목표를 확인한다.</td></tr>
<tr><td rowspan="3">전개</td><td>〈전개 1〉
신자유주의의
확산</td><td>〈수업실연 1 부분〉</td><td>〈자료 1〉
〈자료 2〉</td><td>20</td></tr>
<tr><td>〈전개 2〉
세계화와
과학·기술의
발달</td><td>〈수업실연 2 부분〉</td><td>〈자료 3〉
〈자료 4〉
〈자료 5〉</td><td>25</td></tr>
<tr><td>〈전개 3〉
세계화와
과학기술
발달의 영향</td><td>〈수업실연 3 부분〉

2모둠 : 유전 공학의 발전 ⋮

[A]

♥ 9 ▢ 2
[교사] 유전 공학 발전의 부정적 측면만이 부각되지는 않았나요?
[두리] 유전 공학, 의학 발전이 인류 사회에 미친 긍정적인 영향도 반영되면 좋겠어요.</td><td>〈자료 4〉
〈자료 5〉
태블릿 PC</td><td>40</td></tr>
<tr><td rowspan="3">정리</td><td>정리</td><td>질의응답을 통해 학습 내용을 정리한다.</td><td rowspan="3"></td><td rowspan="3">10</td></tr>
<tr><td>차시예고</td><td>다음 수업 주제를 안내한다.</td></tr>
<tr><td>인사</td><td>인사하고 마친다.</td></tr>
</table>

실전문항을 어떻게 풀어보면 좋을까?

01 중학교 역사 실전문항 예시답안

• **합격자 A 선생님**: 2. 삼국의 문화(문제 245 페이지 참고)

<table>
<tr><td>단원</td><td colspan="3">Ⅰ-4. 삼국의 문화와 대외 교류</td><td>지도 대상</td><td>중학교 3학년</td></tr>
<tr><td rowspan="3">학습목표</td><td colspan="5">1. 삼국의 생활 모습을 신분제와 고분 문화를 통해 파악할 수 있다.</td></tr>
<tr><td colspan="5">2. 고분 벽화와 껴묻거리를 통해 삼국 시대 사람들의 생활 모습과 생각을 이해할 수 있다.</td></tr>
<tr><td colspan="5">3. 삼국 시대의 시대적 특징과 사람들의 생활 모습을 반영하여 가상 일기를 작성할 수 있다.</td></tr>
<tr><td>학습 자료</td><td colspan="5">교과서, 사료, TV, 컴퓨터 및 학습에 필요한 모든 기자재</td></tr>
<tr><td>학습 단계</td><td>학습 요소</td><td colspan="2">교수·학습활동</td><td>시간</td><td>자료 및 지도상 유의점</td></tr>
<tr><td rowspan="4">도입</td><td>인사</td><td colspan="2">인사 및 출석 확인</td><td rowspan="4">5</td><td rowspan="4">영상자료</td></tr>
<tr><td>전시 확인</td><td colspan="2">전시 학습을 확인한다.</td></tr>
<tr><td>동기 유발</td><td colspan="2">〈한성 백제인의 하루〉 동영상을 시청한다.</td></tr>
<tr><td>학습목표</td><td colspan="2">학습목표를 확인한다.</td></tr>
<tr><td>전개</td><td>〈전개 1〉</td><td colspan="2">• 삼국 시대의 대표적 고분 양식인 〈자료 1〉의 그림 (가), (나), (다), (라)를 소개한 후 제작 방식을 간략히 설명한다.
〈지도안 작성 부분 1〉
• 〈자료 1〉의 [질문 1], [질문 2], [질문 3]을 모둠별로 탐구한 후 의견 발표를 진행한다.
- [질문 1] “(가)~(라) 중에서 도굴이 어려운 고분은 무엇일까요?”
- [질문 2] “(가)~(라) 중 벽화가 나타날 수 있는 고분은 무엇일까요?”
- [질문 2]에 대해 “(라)에는 껴묻거리 상자가 있어서 그림을 넣기 쉬웠을 것 같아요.”라는 의견에 피드백 후 또 다른 의견을 묻는다. “벽화를 그리기 위해서는 방이 있어야 하니까 (나) 구조에서 가능했을 것 같아요.”라는 새로운 의견을 통해 벽화의 개념을 정정한다.
- [질문 3]에 대한 학생들의 다양한 의견을 듣는다.
• 다른 모둠의 의견을 참고하여 학습지를 보완하는 시간을 갖는다.</td><td>30</td><td>〈자료 1〉</td></tr>
</table>

전개		• <자료 1>에 대한 탐구 내용을 바탕으로 삼국과 가야의 고분 문화 발달을 설명한다. – 고구려, 백제의 고분 양식 발달을 설명한다. – 신라의 초기 고분 양식을 설명하며 "왕권이 약했던 시기에 왜 무덤을 더 크게 만들고자 했을까요?"라고 발문한다. – 가야의 고분 문화 발달을 설명한다. **〈판서 계획〉** • 고구려: 돌무지무덤 ➡ 굴식 돌방무덤 • 백제: 계단식 돌무지무덤 ➡ 굴식 돌방무덤, 벽돌무덤(중국의 영향) • 신라: 돌무지덧널무덤 ➡ 굴식 돌방무덤 • 가야: 돌덧널무덤 ➡ 굴식 돌방무덤		
	〈전개 2〉	**〈지도안 작성 부분 2〉** • 활동지를 배부한 후 자료 탐구, 개별 발표, 피드백의 순서로 수업이 전개될 것임을 안내한다. • <자료 2>의 (가), (나), (다)를 소개하고, 벽화에서 삼국 시대 사람들의 생활 모습을 발표하게 한다. – [질문 A] 예상 발표: "고대에도 부엌이라는 공간이 따로 있었고, 고기 반찬을 먹었다는 것이 신기해요.", "의자에 앉아서 밥을 먹었다는 것을 알 수 있어요." – [질문 B] 예상 발표: "신분이 높을수록 크게 그렸을 것 같아요." • 학생 발표 내용을 바탕으로 삼국 시대에는 신분제가 존재했고, 신분에 따라 달랐던 의식주 생활을 정리한다.	35	〈자료 2〉 (가), (나), (다)
	〈전개 3〉	**〈지도안 작성 부분 3〉** • <자료 2>의 [질문 A], [질문 B]를 바탕으로 개별 활동 (라)를 진행한다. • 활동 시 유의사항을 안내한다. 1. 역사적 배경이 드러나는 요소를 포함한다. 2. 자신이 선택한 인물의 입장에 감정이입하여 작성한다. • 활동이 진행되는 동안 순회 지도를 한다. • 모둠원 간 활동지를 공유하고 우수 작품을 추천하는 발표를 진행한다. – 학생 발표: "OO이의 일기에는 그림 속에서 작게 그려진 천민의 생활 모습이 생생하게 드러나서 흥미로웠어요. 고기를 먹기 어렵고, 비단 옷을 입은 귀족을 부러워하는 모습이 공감되었어요." – 교사 피드백: "맞아요. 노비와 귀족의 생활이 어떻게 달랐는지 생생하게 표현했죠? 다른 모둠원들의 생각은 어떤가요?" – 학생 발표: "골품제에 대한 불만이 있는 것을 통해 신라에 살았던 사람으로 추정되는데, 이런 점이 구체적으로 드러나면 더 좋겠어요." • 발표 활동에 대한 전반적인 피드백을 제시한 후 발표 내용을 참고하여 활동을 수정·보완하는 시간을 부여한다.	35	〈자료 2〉 (라)
정리	정리	학습목표 달성을 확인하고 질의응답 시간을 가진다.		
	차시예고	다음 차시를 예고한다.		
	인사	인사하고 마친다.		

02 고등학교 한국사 실전문항 예시답안

• **합격자 B 선생님**: 10. 산업화로 나타난 사회·문화의 변화(문제 467페이지 참고)

<table>
<tr><td>단원</td><td colspan="3">Ⅳ-5. 경제 성장과 사회·문화의 변화</td><td>지도 대상</td><td>고등학교 1학년</td></tr>
<tr><td rowspan="3">학습목표</td><td colspan="5">1. 산업 구조의 변화를 사례를 통해 설명할 수 있다.</td></tr>
<tr><td colspan="5">2. 경제 발전 과정에서 나타난 다양한 문제를 파악할 수 있다.</td></tr>
<tr><td colspan="5">3. 다양한 문제점을 개선하기 위해 홍보하는 포스터를 제작할 수 있다.</td></tr>
<tr><td>학습 단계</td><td>학습 요소</td><td colspan="2">교수·학습활동</td><td>시간</td><td>자료 및 지도상 유의점</td></tr>
<tr><td rowspan="4">도입</td><td>인사</td><td colspan="2">인사 및 출석 확인</td><td rowspan="4">10</td><td rowspan="4"></td></tr>
<tr><td>전시 확인</td><td colspan="2">전시학습 확인</td></tr>
<tr><td>동기 유발</td><td colspan="2">전태일 기념관 가상답사를 통해 동기유발한다.</td></tr>
<tr><td>학습목표</td><td colspan="2">학습목표를 확인한다.</td></tr>
<tr><td rowspan="2">전개</td><td>〈전개 1〉</td><td colspan="2">〈지도안 작성 부분 1〉
• 〈자료 1〉, 〈자료 2〉를 통해 급격한 경제 성장으로 사회가 변화하였음을 설명한다.
- 발문 1] 〈자료 1〉에서 경공업에 비해 중공업이 증가한 이유는 무엇일까요?
- 발문 2] 〈자료 2〉의 판자촌이 생겨난 이유는 무엇일까요?
• 제3, 4차 경제개발 5개년 계획을 통해 중공업이 급격히 발전하고 경제가 하였음을 설명한다.
• 공업의 발전에 따라 많은 노동자가 도시로 이동하였으나 이를 수용할 수 있는 주택 문제가 해결되지 않아 판자촌이 생성되었음을 설명한다,
• 이처럼 이른 시일 안에 경제가 고도 성장하였으나 사회발전이 이를 따라오지 못해 교통, 환경, 빈곤, 주택 문제가 발생하였음을 설명한다.
• 대표적인 사건으로 주택 문제의 광주 대단지 사건과 노동 문제의 전태일 분신 사건 등을 설명한다.</td><td>15</td><td>〈자료 1〉
〈자료 2〉</td></tr>
<tr><td>〈전개 2〉</td><td colspan="2">〈지도안 작성 부분 2〉
• 국민소득은 증가하였으나 빈부격차가 심화된 사회에 관하여 설명한다.
- 도시화로 인해 일자리를 찾아 공업도시로 인구가 몰려들어 농촌인구가 감소하였음을 설명한다.
- 도시의 노동자가 빠르게 증가하고 일자리를 희망하는 사람들이 많아 비좁은 공간에서 오랜 시간 노동하는 문제가 발생하였음을 설명한다.
• 산업화로 인한 문제와 사례를 〈자료 3〉 활동지 속 탐구질문 답변하는 활동을 통해 알아보도록 안내한다.
- [탐구질문 1]을 통해 급격한 도시화로 인해 도시빈민이 발생하고 이들의 주거지가 보장되지 않아 생존권 문제가 발생하였음을 설명한다.</td><td>25</td><td>〈자료 3〉</td></tr>
</table>

<table>
<tr><td rowspan="2">전개</td><td></td><td>- [탐구질문 2]를 통해 공업화 과정에서 많은 노동자가 필요하였으나 이에 맞는 환경이 형성되지 않아 열악한 노동조건 및 환경 문제가 발생하였음을 설명한다.
- [탐구질문 3]을 통해 노동자들의 환경개선 및 노동조건 개선을 위해 노동조합을 구성하고 싶어하였음을 설명한다.

[수험생 작성 부분]
[탐구 질문 2] (나)와 같은 글을 작성한 이유를 이야기해보자.
[탐구 질문 3] (다)에서 노동조합을 결성을 주장한 이유를 이야기해보자.</td><td></td><td></td></tr>
<tr><td>〈전개 3〉</td><td>〈지도안 작성 부분 3〉
• 〈자료 4〉를 활용하여 경제 성장에 따라 발생한 사회문제를 홍보하기 위한 모둠별 포스터 제작 활동을 안내한다.
- 1단계) 다양한 사회문제 중 모둠별 주제 정하기
- 2단계) 모둠원 역할 분배하기(기획/제작/설명/발표)
- 3단계) 태블릿PC를 활용하여 포스터 작성하기
- 4단계) 작성한 포스터를 패들렛에 업로드하기
• 모둠별 포스터가 수행평가에 반영됨을 설명하고 평가기준을 안내한다.
• 모둠활동 시간 15분을 부여하고 학생들이 활동에 어려움이 없도록 순회지도를 한다.
• 모둠활동이 완료되면 패들렛에 업로드할 수 있도록 지도한다.
• 전자칠판을 활용하여 모둠별 발표하는 과정에서 피드백을 진행한다.
- 협동모둠의 〈자료 5〉에서 노동문제를 아동노동자 만의 문제로 설명하였기에, 당시의 노동문제는 아동뿐만 아니라 성인 및 여성 노동자 또한 열악한 환경에 있었음을 피드백한다.
• 모든 발표 및 피드백 이후, 피드백 내용을 토대로 수정하여 다시 패들렛에 업로드할 수 있도록 안내한다.</td><td>40</td><td>〈자료 4〉
〈자료 5〉
모든 기자재를 활용할 것</td></tr>
<tr><td rowspan="3">정리</td><td>정리</td><td>학습목표 달성을 확인하고 질의응답 시간을 가진다.</td><td rowspan="3">10</td><td rowspan="3"></td></tr>
<tr><td>차시예고</td><td>다음 수업 주제를 안내한다.</td></tr>
<tr><td>인사</td><td>인사하고 마친다.</td></tr>
</table>

03 고등학교 동아시아사 실전문항 예시답안

• **합격자 C 선생님:** 5. 국민 국가 수립을 위한 노력(문제 521 페이지 참고)

<table>
<tr><td>단원</td><td colspan="2">Ⅳ-1. 새로운 국제 질서와 근대화 운동</td><td>지도 대상</td><td>고등학교 3학년</td></tr>
<tr><td rowspan="3">학습목표</td><td colspan="4">1. 동아시아 국가들이 국민 국가를 건설하기 위해 전개한 활동을 비교할 수 있다.</td></tr>
<tr><td colspan="4">2. 동아시아에서 나타난 입헌 논의와 헌법 제정이 가지는 의의에 대해 발표할 수 있다.</td></tr>
<tr><td colspan="4">3. 하브루타 학습을 통해 동아시아 각국의 헌법을 비교하여 설명할 수 있다.</td></tr>
<tr><td>학습 자료</td><td colspan="4">교과서, 사료, 빔 프로젝터, 컴퓨터</td></tr>
<tr><td>학습 단계</td><td>학습 요소</td><td>교수·학습활동</td><td>시간</td><td>자료 및 지도상 유의점</td></tr>
<tr><td rowspan="4">도입</td><td>인사</td><td>인사 및 출석 확인</td><td rowspan="4">5</td><td rowspan="4"></td></tr>
<tr><td>전시 확인</td><td>전시 학습을 확인한다.</td></tr>
<tr><td>동기 유발</td><td>아편전쟁 당시 청의 사진을 보여주고, 학생에게 발문한다.</td></tr>
<tr><td>학습목표</td><td>학습목표를 확인한다.</td></tr>
<tr><td rowspan="2">전개</td><td>〈전개 1〉</td><td>〈지도안 작성 부분 1〉
• 일본에서 1870년대부터 의회 설립을 요구하는 자유민권 운동이 전개되었음을 설명한다.
• 자유민권운동과 관련하여 〈자료 1〉을 함께 살펴보고 발문한다.
- 발문 1) 지난 시간에 배운 내용을 토대로 보았을 때, 〈자료 1〉의 정부는 어떠한 정부를 의미하나요?
- 예상 답변 1) 메이지 천황이 중심이 되는 메이지 정부입니다.
- 발문 2) 민선 의원이 설립된다면 어떠한 변화가 있을까요?
- 예상 답변 2) 자신의 의견을 입법에 반영할 수 있어요, 원하는 세금을 걷을 수 있어요.
• 학생의 답변을 바탕으로 천황이 존재하나 의회가 정치에 참여할 수 있는 입헌 군주제를 시행하기 위해 의회 설립을 요구하였다고 정리하여 설명한다.
• 메이지 정부에서 자유민권운동을 탄압하였으나 서구식 제도에 필요성을 느껴 입헌제 바탕의 대일본제국 헌법을 제정하였음을 설명한다.
• 추후 일본제국, 청 및 대한제국의 헌법 내용을 비교하여 살펴볼 활동을 진행할 예정임을 안내한다.</td><td>15</td><td>〈자료 1〉</td></tr>
<tr><td>〈전개 2〉</td><td>• 독립협회에서 의회 설립 운동을 통해 입헌 군주제 수립을 요구하였다.
• 고종이 대한제국을 수립하고 광무개혁을 시행하였다.</td><td>10</td><td></td></tr>
</table>

전개	〈전개 3〉	〈지도안 작성 부분 2〉 • 청의 입헌 군주제 수립 노력과정의 주요내용을 판서하며 설명한다. – 캉유웨이, 량치차오가 중심이 되어 입헌 군주제 도입을 목표로 변법자강운동을 시행하였으나 실패하였음을 설명한다. – 반외세 성격의 의화단 운동을 실패하여 개혁의 필요성을 느낀 청 정부가 '신정'을 추진하였음을 설명한다. – 청 내부에서 입헌을 실시하기위해 '흠정헌법대강'을 공포하였음을 설명한다. • '쑨원'이 중심이 되어 청의 타도와 공화제 수립을 추진하였음을 설명한다. – 철도국유화 반대운동으로 봉기가 일어나 각 성이 청으로부터 독립하여 '신해혁명'이 일어났음을 설명한다. • 〈자료 2〉의 지도를 통해 신해혁명 당시의 청의 모습을 함께 살펴보고 관련 질문을 받는다. – 예상 질문 1) 이때 수립된 중화민국이 현재의 중국인가요? – 답변 1) 아니오. 현재의 중국 대륙에 있는 중국은 중화인민공화국입니다. 이와 관련한 자세한 내용을 추후 동아시아사 시간을 통해 배워 봅시다. – 예상 질문 2) 지도를 보니 중화민국 수립 이후에 청이 멸망하는데 그러면 동시에 2개의 정부가 있었던 건가요? – 답변 2) 맞아요. 당시 중국엔 잠시 중화민국과 청정부가 공존하였습니다. • 지도와 같이 난징에서 쑨원이 임시대총통으로 추대되고 중화민국이 수립되었음을 설명한다.	20	〈자료 2〉
	〈전개 4〉	〈지도안 작성 부분 3〉 • 〈자료 3〉을 활용하여 하브루타 방식을 통해 모둠별 활동이 진행될 것임을 안내한다. – 1단계로 〈자료 3〉을 읽고 나의 의견을 작성하기 – 2단계로 짝과 함께 나의 생각을 공유하여 짝의 의견을 작성하기 – 3단계로 모둠원과 토의하여 모둠의 의견을 작성하기 • 20분의 제한시간을 안내하고 활동 과정에서 질문이 있을 경우 손을 들고 질문하도록 한다. – 예상 질문 1) 황제나 천황이 존재하는데 이는 전부 입헌 군주제가 아닌 거 아닌가요? • 오늘날의 헌법과 비교하여 비록 의원 및 국민의 힘이 약하나 군주가 있는 상태에서 헌법을 제정하였기에 입헌 군주제의 정치형태라고 교정한다. • 활동이 진행되는 동안 순회 지도를 한다. • 활동을 마무리한다.	25	〈자료 3〉

<table>
<tr><td rowspan="3">전개</td><td rowspan="3">〈전개 5〉</td><td>• 조별로 하브루타 수업을 통해 완성한 〈자료 3〉의 내용을 발표한다.</td><td rowspan="3">20</td><td rowspan="3">〈자료 3〉</td></tr>
<tr><td>〈지도안 작성 부분 4〉</td></tr>
<tr><td>• 모든 모둠의 발표 중 가장 우수한 내용에 대해 피드백을 진행한다.
– 우수사례) 배려 모둠이 발표한 (가)~(다)의 공통점인 주권이 국민이 아닌 황제(천황)에게 있고, 무한한 권력을 소유하였다는 동아시아 근대 국민 국가 헌법이 특징이라고 설명한다.
– (가)~(다) 자료에 대한 '자료 분석과 해석 능력'에 대해 피드백을 제시한다.
• 모든 모둠의 발표 중 가장 미흡한 내용에 대해 피드백을 진행한다.
– 미흡사례) (다)를 제정한 주체가 변법자강운동을 진행하였던 캉유웨이, 량치차오라는 발표를 교정하며, (가)~(다) 모두 당시 정부가 주도하여 제정된 헌법임을 안내한다.
– 설명한 내용 중 중국의 근대 국민 국가 건설에 대한 '역사 사실 이해'능력이 아쉬웠으나, 교과서 및 배운 내용을 복습 시에 발전가능성에 대해 피드백을 진행한다.
• 발표 내용을 토대로 근대 국민 국가의 특징과 헌법에 대해 정리한다.</td></tr>
<tr><td rowspan="3">정리</td><td>정리</td><td>학습목표 달성을 확인하고 질의응답 시간을 가진다.</td><td rowspan="3">5</td><td rowspan="3"></td></tr>
<tr><td>차시예고</td><td>제국주의 침략과 동아시아 질서의 재편</td></tr>
<tr><td>인사</td><td>인사하고 마친다.</td></tr>
</table>

04 고등학교 세계사 실전문항 예시답안

• **합격자 D 선생님**: 5. 르네상스와 종교개혁(문제 615페이지 참고)

<table>
<tr><td>단원</td><td colspan="2">Ⅳ. 유럽 · 아메리카 지역의 역사
- 2. 유럽 세계의 형성과 동요</td><td>지도 대상</td><td>고등학교 2학년</td></tr>
<tr><td rowspan="3">학습목표</td><td colspan="4">1. 르네상스의 의미와 특징을 알고, 르네상스가 유럽 사회에 미친 영향을 설명할 수 있다.</td></tr>
<tr><td colspan="4">2. 이탈리아의 르네상스와 알프스 이북 지역의 르네상스를 비교할 수 있다.</td></tr>
<tr><td colspan="4">3. 종교 개혁과 종교 전쟁의 과정을 파악하고, 종교 개혁이 유럽 사회에 미친 영향을 정리할 수 있다.</td></tr>
</table>

<table>
<tr><th>학습 단계</th><th>학습 요소</th><th>교수·학습활동</th><th>시간</th><th>자료 및 지도상 유의점</th></tr>
<tr><td rowspan="4">도입</td><td>인사</td><td>인사 및 출석 확인</td><td rowspan="4">5</td><td rowspan="4"></td></tr>
<tr><td>전시 확인</td><td>전시학습 확인</td></tr>
<tr><td>동기 유발</td><td>고대, 중세, 르네상스 시대에 각각 그려진 여신들의 그림을 보고 어떤 표현의 차이가 있는지 생각해 본다.</td></tr>
<tr><td>학습목표</td><td>학습목표를 확인한다.</td></tr>
<tr><td>전개</td><td>〈전개 1〉</td><td>• '재생', '부활'이라는 뜻을 가진 르네상스의 의미를 확인한다.
• 이탈리아에서 르네상스가 시작될 수 있었던 배경을 설명한다.

〈지도안 작성 부분 1〉

• 르네상스 시기 인문주의가 발전하였음을 설명하고, 〈자료 1〉, 〈자료 2〉 라파엘로의 아테네학당, 〈자료 3〉을 활용하여 발문중심 탐구활동을 진행한다.
- 발문 1] 〈자료 1〉에서 '나'가 말하고자 하는 바는 무엇일까요?
• 학생의 답변을 바탕으로 인간을 개성적인 존재로 인정하고 인간의 위선을 비판하였음을 설명한다.
- 발문 2] 〈자료 2〉 아테네학당 속 인물은 누구일까요?
• 고대 그리스 플라톤과 아리스토텔레스를 통해 이탈리아 르네상스가 그리스, 로마 옛 문화를 찾으려 하였다고 설명한다.
- 발문 3] 〈자료 3〉을 통해 알 수 있는 사실은 무엇일까요?
• 신이 아닌 인간의 관심을 가지게 되었다고 설명한다.
- 발문 4] 〈자료 1〉, 〈자료 2〉, 〈자료 3〉의 공통점은 무엇일까요?
• 학생의 답변을 토대로 신이 아닌 인간 중심으로 변화한 것이 이탈리아 르네상스 특징임을 특징한다.</td><td>20</td><td>〈자료 1〉
〈자료 2〉
〈자료 3〉</td></tr>
</table>

전개	〈전개 2〉	〈지도안 작성 부분 2〉 • 16세기에 이르러 르네상스가 알프스를 넘어 유럽지역까지 전해졌음을 설명한다. • 지도를 통해 로마의 중심지였던 이탈리아와 알프스 이북은 다른 상황이었음을 설명한다. – 봉건세력의 힘과 교회세력이 여전한 것이 알프스 이북의 상황임을 설명한다. • 〈자료 4〉, 〈자료 5〉 토머스 모어의 유토피아를 활용하여 탐구활동을 진행한다. – 발문 1] 〈자료 4〉를 통해 알 수 있는 사실은 무엇일까요? – 발문 2] 〈자료 5〉를 통해 알 수 있는 사실은 무엇일까요? • 학생의 답변을 토대로 교회의 타락상과 현실사회를 비판하였음을 설명한다. • 이탈리아와 알프스 이북 르네상스의 공통점과 차이점을 탐구하는 비교학습을 진행한다. – 모둠별로 〈자료 1〉, 〈자료 2〉, 〈자료 3〉과 〈자료 4〉, 〈자료 5〉를 비교할 수 있는 시간 5분을 부여한다. – 모둠별 탐구내용을 토대로 신중심이 아닌 인간중심으로 변화하였다는 점을 공통점으로 도출한다. – 이탈리아 낭만적인 인문주의가 알프스 이북은 교회와 사회에 대한 비판을 중시하였다는 차이점을 도출한다.	15	〈자료 1〉 〈자료 2〉 〈자료 3〉 〈자료 4〉 〈자료 5〉
	〈전개 3〉	• 르네상스 시대 과학의 발달을 설명한다. 〈지도안 작성 부분 3〉 • 알프스 이북에 가해진 교회비판의 영향과 인쇄술과 같은 과학기술의 영향으로 종교개혁이 발생하였음을 설명한다. • 종교개혁이 루터, 칼뱅, 영국으로 나뉘어 이루어졌음을 설명하고, 모두 구교(가톨릭)에 대한 반발로 이루어졌음을 설명한다. • 모둠 내에서 〈자료 6〉과 태블릿PC를 활용한 탐구활동을 안내한다. – 〈자료 6〉의 주제 중 '개인별 주제 선정 → 태블릿PC를 활용한 주제탐구 → 개인별 탐구내용 모둠 내 공유 → 공유된 토의내용 정리 → 모둠활동 성찰하기' 순으로 진행됨을 설명한다. • 탐구활동 시간을 20분 부여하고 순회지도한다. • 탐구내용을 모둠 내 공유 및 정리할 수 있도록 지도한다. • 모둠활동 내용을 토대로 성찰 피드백을 진행한다.	50	〈자료 6〉 태블릿 PC

<table>
<tr><td rowspan="2">전개</td><td rowspan="2"></td><td colspan="2">모둠 토의 내용 정리

[A: 수험생 작성 부분]
구교(가톨릭)의 부패 및 교리에 대한 비판이 심화되어 이와 다른 교리를 주장하는 다양한 신교가 등장하였다. 「성서」를 근거로 하는 루터파와 예정설과 근면한 생활을 중시하는 칼뱅파가 등장하여 구교와 신교 간의 갈등으로 인해 종교개혁이 발생하였다. 이와는 다르게 종교적 이유가 아닌 개인의 이혼을 위해 종교개혁이 일어나 국교회로 독립한 영국의 사례도 있다. 루터파는 독일을 중심으로 퍼지게 되었고, 칼뱅파는 신흥 상공업자가 많은 네덜란드, 영국 등을 중심으로 퍼지게 되었다. 그 결과 종교적인 교리와 정치적 상황을 토대로 네덜란드 독립전쟁, 위그노 전쟁과 같은 전쟁이 발생하였다. 더불어 단순히 국가 간, 국가 내의 싸움이 아니라 다양한 나라들이 참여하여 국제적으로 일어난 30년 전쟁도 있다.</td><td rowspan="2"></td><td rowspan="2"></td></tr>
<tr><td>성찰하기</td><td>새로운 종교(신교)가 나타나게 된 배경 및 확산 요인, 결과 등 복잡한 내용들을 모둠원 각자가 열심히 공부하고 공유해 주어서 쉽게 이해할 수 있었다. 우리 모둠 토의 내용은 종교개혁이 전쟁으로 연결되는 과정에서 신교와 구교의 입장이 잘 드러난 것 같다. 그런데 30년 전쟁에 왜 여러 나라들이 얽히게 되었는지는 여전히 궁금하다.</td></tr>
<tr><td rowspan="3">정리</td><td>정리</td><td colspan="2">• 질의응답을 통해 학습 내용을 정리한다.

〈지도안 작성 부분 4〉

• 학습한 르네상스와 종교개혁 내용을 토대로 〈자료 7〉 질문에 대한 답변을 작성하도록 지도한다.
• 신 중심으로 이루어지던 중세시대에서 인간 중심의 근대로 변화하였기에 관련이 있다는 학생의 답변을 토대로 근대의 특징에 대하여 설명한다.

교사: 오늘 학습한 르네상스와 종교 개혁이라는 두 사건이 단원의 명칭인 '유럽 사회가 변화하다'와 어떤 관련이 있다고 생각하나요?
학생: [B: 수험생 작성 부분] 교회가 중심이 되었던 중세의 사회에서 인간이 중시되고 개성과 합리성을 존중하는 근대 사회로 변화했다는 점에서 종교적, 문화적으로 관련이 있습니다.</td><td rowspan="3">10</td><td rowspan="3">〈자료 7〉</td></tr>
<tr><td>차시예고</td><td colspan="2">다음 수업 주제를 안내한다.</td></tr>
<tr><td>인사</td><td colspan="2">인사하고 마친다.</td></tr>
</table>

초판인쇄 | 2024. 11. 15. **초판발행** | 2024. 11. 22. **편저자** | 김태규, 지선영, 이혜승, 김민지
발행인 | 박 용 **발행처** | (주)박문각출판 **표지디자인** | 박문각 디자인팀
등록 | 2015년 4월 29일 제2019-000137호
주소 | 06654 서울시 서초구 효령로 283 서경빌딩
전화 | 교재 문의 (02)6466-7202, 동영상 문의 (02)6466-7201

저자와의
협의하에
인지생략

ISBN 979-11-7262-319-7
정가 40,000원